Joseph Campbell

AS MÁSCARAS DE
DEUS
MITOLOGIA CRIATIVA

Joseph Campbell

AS MÁSCARAS DE
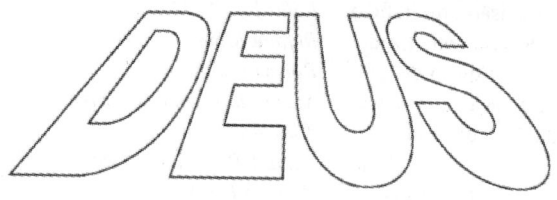
MITOLOGIA CRIATIVA

Tradução
Carmen Fischer

Palas Athena

Título original: *The Masks of God: Creative Mythology*
Copyright © 1968 by Joseph Campbell
Publicado originalmente por The Viking Penguin Inc. Nova York, 1968

JCF Joseph Campbell Foundation – Collected Works of Joseph Campbell
Robert Walter, Editor Executivo / David Kudler, Gerente Editorial.

Grafia segundo o Acordo Ortográfico da Língua Portuguesa de 1990,
que entrou em vigor no Brasil em 2009.

Projeto editorial:	*Lia Diskin*
Revisão técnica:	*Daniela Moreau, Lia Diskin e Tônia Van Acker*
Revisão de provas:	*Lucia Benfatti e Daniela Moreau*
Revisão ortográfica:	*Lidia La Mark*
Revisão atualizada:	*Rejane Moura*
Edição de arte:	*Roberto Sanz*
Editoração eletrônica:	*Maria do Carmo de Oliveira*
Produção e diagramação:	*Tony Rodrigues*
Capa:	*Soma.CP Comunicação*
Colaboração:	*Adir de Lima*
	Maria Cristina P. Cunha Canto

Dados Internacionais de Catalogação na Publicação (CIP)
(Câmara Brasileira do Livro, SP, Brasil)

Campbell, Joseph, 1904-1987.
    As máscaras de Deus : mitologia criativa / Joseph Campbell ; tradução Carmen Fischer. -- São Paulo : Palas Athena, 2010.

Título original : The Masks of God : creative mythology.
ISBN 978-85-60804-10-8

1. Mitologia I. Título.

10-02359   CDD-291.13

Índices para catálogo sistemático:
1. Mitologia 291.13

3ª edição, junho de 2021
Todos os direitos reservados e protegidos
pela Lei 9.610 de 19 de fevereiro de 1998.
É proibida a reprodução total ou parcial, por quaisquer meios,
sem a autorização prévia, por escrito, da Editora.

Direitos adquiridos para a língua portuguesa no Brasil por
Palas Athena Editora
Alameda Lorena, 355 – Jardim Paulista
01424-001 São Paulo, SP Brasil
Fone (11) 3050-6188
www.palasathena.org.br   editora@palasathena.org.br

O autor deseja agradecer o generoso apoio às suas pesquisas
dado pela Fundação Bollingen.
Quando o nome do tradutor não é indicado nas notas,
*as traduções nesta obra são do autor.**
Os trechos e ilustrações das obras relacionadas abaixo e outras citadas
nas notas de referência do autor são reproduzidos neste volume por
autorização dos detentores dos direitos autorais de publicação. Os dados
a seguir constituem uma extensão da página de créditos autorais.

E.P. Dutton & Co., Inc.: reproduções dos azulejos do Mosteiro Chertsey em *The Romance of Tristram and Ysolt* de Thomas of Britain, traduzido do francês antigo e escandinavo antigo por Roger Sherman Loomis; copyright 1923 de E.P. Dutton & Co., Inc., copyright 1931, 1951 de Columbia University Press, Dutton Paperback Edition (1967).

S. Fischer Verlag: As seguintes obras de Thomas Mann: *Betrachtungen eines Unpolitischen, Bemühungen, Die Forderung des Tages, Rede und Antwort, Leiden der Grossen Meister, Tonio Kröger* e *Der Zauberberg.*

Harcourt Brace Jovanovich, Inc.: *Collected Poems* 1909-1962 de T.S. Eliot; copyright 1936 de Harcourt Brace Jovanovich, Inc., copyright © 1963, 1964 de T.S. Eliot.

Alfred A. Knopf, Inc.: "Tonio Kröger"; copyright 1936 e renovado em 1964 por Alfred A. Knopf, Inc. Reproduzido de *Stories of Three Decades* de Thomas Mann, traduzido por H.T. Lowe-Porter. *The Magic Mountain* de Thomas Mann, traduzido por H.T. Lowe-Porter; copyright 1927 e renovado em 1955 por Alfred A. Knopf, Inc. *Joseph and His Brothers* de Thomas Mann, traduzido por H.T. Lowe-Porter; copyright 1934 e renovado em 1962 por Alfred A. Knopf, Inc. *Moses and Monotheism* de Sigmund Freud; copyright 1939 de Sigmund Freud e renovado em 1967 por Ernest L. Freud e Ann Freud. *The Decline of the West*, vols. I e II, de Oswald Spengler, traduzido por Charles Francis Atkinson; copyright 1926 e 1928 de Alfred A. Knopf, Inc.

W.W. Norton & Company, Inc.: *Meditations on Quixote* de José Ortega y Gasset, traduzido do espanhol para o inglês por Evelyn Rugg e Diego Marín; copyright © 1961 por W.W. Norton & Company, Inc.

---

* Joseph Campbell se refere aqui à tradução para o inglês. [N. da E.]

Princeton University Press: As seguintes obras das séries da Fundação Bollingen foram publicadas pela Princeton University Press e reimpressas por permissão da Fundação Bollingen, Princeton University Press e Routledge & Kegan Paul, Ltd.: *European Literature and the Latin Middle Ages* de Ernst Robert Curtius, traduzida por William R. Trask, Séries Bollingen XXVI, copyright 1953 da Fundação Bollingen. *Aurora Consurgens: A Document Attributed to Thomas Aquinas on the Problem of Opposites in Alchemy*, editado por Marie-Louise von Frank, traduzido por R.F.C. Hull e A.S.B. Glover, Séries Bollingen LXXVII, copyright © 1966 da Fundação Bollingen. *The Collected Works of C.G. Jung*, editados por G. Adler, M. Fordham e H. Read, traduzidos por R.F.C. Hull, Séries Bollingen XX. Citações e figuras do vol. 16, *The Pratice of Psychotherapy*, copyright © 1954, 1966 da Fundação Bollingen; vol. 12, *Psychology and Alchemy*, copyright © 1953 da Fundação Bollingen, Inc.; vol. 14, *Mysterium Coniunctionis*, copyright © 1963 da Fundação Bollingen; vol. 8, *The Structure and Dynamics of the Psyche*, copyright © 1960 da Fundação Bollingen, 2ª ed., copyright © 1969 da Princeton University Press; vol. 10, *Civilization in Transition*, copyright © 1956 da Fundação Bollingen.

Random House, Inc.: *Ulysses* de James Joyce; copyright 1914, 1918 de Margaret Caroline Anderson e renovado em 1942, 1946 por Nora Joseph Joyce. "Natural Music" e "Roan Stallion", em *The Selected Poetry of Robinson Jeffers*, copyright © 1924, 1925 e renovado em 1951, 1953 por Robinson Jeffers.

SUMÁRIO

PARTE I
A ANTIGA VIDEIRA

Capítulo 1: Experiência e autoridade
    I. Simbolização criativa   19
    II. De onde as palavras voltam   24
    III. O caminho sem trilhas   39
    IV. Montanhas eternas   47

Capítulo 2: O Mundo transformado
    I. A via do amor nobre   51
    II. A porta do diabo   55
    III. Heloísa   61
    IV. O leito cristalino   70
    V. Êxtase estético   72
    VI. A poção   78

Capítulo 3: A Palavra por detrás das palavras
    I. A linguagem simbólica   85
    II. A herança clássica   94
    III. A herança celto-germânica   107
    IV. O legado do Islã   122
    V. Os gnósticos   136

PARTE II
A TERRA DESOLADA

Capítulo 4: O amor-morte
    I. Eros, Ágape e Amor   159
    II. O coração nobre   169
    III. Anamorfose   174
    IV. A música do reino sob as ondas   180
    V. Touro lunar e corcel solar   186
    VI. A lenda da bela Isolda   197

Capítulo 5: O Fogo da Fênix
    I. "Ó noite verdadeiramente abençoada!"   227
    II. A via da mão esquerda   231
    III. *Puer Aeternus*   244
    IV. Caos   247

Capítulo 6: O Equilíbrio
   I. Honra *versus* amor 261
   II. O indivíduo e o estado 269
   III. Ironia erótica 279
   IV. Identidade e relação 288
   V. O caminho da beleza 300
   VI. O altar e o púlpito 308
   VII. A democracia e o terror 320
   VIII. A ferida de Amfortas 329

PARTE III
O CAMINHO E A VIDA

Capítulo 7: O Crucificado
   I. A roda giratória do terror-júbilo 347
   II. O rei pescador mutilado 356
   III. A busca além do significado 368

Capítulo 8: O Paracleto
   I. O filho da viúva 372
   II. Primeiro *intermezzo*: a restituição dos símbolos 388
   III. O cavaleiro da dama 394
   IV. Iluminações 399
   V. Segundo *intermezzo*: A secularização do mito 407
   VI. O castelo das maravilhas 420
   VII. Terceiro *intermezzo*: mitogênese 438
   VIII. A coroação do rei 469
   IX. O enviado: a cada um o que é seu 477

PARTE IV
O NOVO VINHO

Capítulo 9: A morte de "Deus"
   I. O crime de Galileu 487
   II. A nova realidade 488
   III. Nomes e formas 491
   IV. O novo universo 499
   V. O Cavaleiro da Triste Figura 509
   VI. Em direção a novas mitologias 516

Capítulo 10: O paraíso terrestre
   I. Todos os deuses no teu interior 529
   II. Simbolização 547

Notas de referência 573

Índice remissivo 603

ÍNDICE DE ILUSTRAÇÕES

Figura 1. Orfeu, o Salvador: teto da Catacumba de Domitila, Roma, século III d.C. Reproduzido na obra de Ludwig von Sybel, *Christliche Antike* (N.G. Elwert, Marburg, 1906-1909), vol. I, p. 155.   22

Figura 2. Tristão tocando harpa para o Rei Marcos: azulejos do Mosteiro Chertsey, *c.*1270. *The Romance of Tristram and Ysolt*, de Thomas da Bretanha. Traduzido do francês antigo e escandinavo antigo por Roger Sherman Loomis. Copyright © 1923 de E.P. Dutton & Co., Inc. Copyright 1931, 1951 da Columbia University Press. Dutton Paperback Edition (1967). Reproduzido com a permissão de E.P. Dutton & Co., Inc.   24

Figura 3. Taça sacramental órfica: Romênia, séculos III ou IV d.C. Alexander Odobesco, *Le Trésor de Pétrossa* (Karl W. Hiersemann, Leipzig, 1889-1896), vol. II, fig. 39.   25

Figura 4. A Deusa da taça, figura central na taça órfica. Ibidem, vol. II, figs. 40 e 41.   26

Figura 5. O Guardião dos Peixes: selo cilíndrico babilônico, segundo milênio a.C. *Revue d'Assyriologie et d'archeologie orientale*, vol. xxii (Paris, 1905), p. 57.   27

Figura 6. Neófito cristão vestido de peixe: antiga lamparina cristã. Raffaele Garrucci, *Storia dell'arte cristiana* (G. Guasti, Prato, 1872-81), vol. VI, gravura 474.   28

Figura 7. Homens-peixe fertilizando a Árvore da Vida: selo assírio, *c.*700 a.C. William Hayes Ward, *The Seal Cylinders of Western Asia* (The Carnegie Institution of Washington, Washington, D.C., 1910), p. 226, nº 687.   29

Figura 8. Deus-Pai, pescando o Diabo: miniatura, Alsácia, *c.*1180. *Hortulus deliciarum* da Abadessa Herrad von Landsberg (editado por A. Straub--Keller, Trubner, Estrasburgo, 1879-99), gravura 24.   31

Figura 9. Orpheos Bakkikos crucificado: selo cilíndrico, Museu de Berlim, *c.*300 d.C. Rober Eisler, *Orpheus the Fisher: Comparative Studies in Orphic and Early Christian Cult Symbolism* (J.M. Watkins, Londres, 1921), gravura XXXI.   36

Figura 10. Dido e Eneias: ilustração manuscrita do século X, Nápoles, Biblioteca Nacional, Cód. olim Vienna 58, fólio 55, v. Publicado em Erwin Panofsky, *Studies in Iconology* (Oxford University Press, Nova York, 1939; edição da Harper Torchbock e Harper e Row, Nova York e Evanston, 1962), gravura V, fig. 12.   95

Figura 11. O Santuário da Serpente Alada: taça órfica, séculos II ou III d.C. Hans Leisegang, "Das Mysterium der Schlange: Ein Beitrag zur Erforschung des griechischen Mysterienkultes und seines Fortlebens in der christlichen Welt", em *Eranos Jahrbuch 1939* (Rhein-Verlag, Zurique, 1940), gravura 3. 96

Figura 12. O lado externo da Taça da Serpente. Leisegang, op. cit., gravura 1. 97

Figura 13. A Música das Esferas: Itália, 1496 d.C. Franchinus Gafurius (Franchino Gaffurio), *Practica musice* (Milão, 1496), reproduzida em Edgar Wind, *Pagan Mysteries in the Renaissance* (Yale University Press, New Haven, 1958), p. 47. 99

Figura 14. O Domador de Feras: Inglaterra, 650-670 d.C. Detalhe de um fecho ornamental de uma bolsa encontrada no navio-sepultura de Sutton Hoo. *The Sutton Hoo Ship-Burial: A Provisional Guide* (Museu Britânico, 5ª impressão, Londres, 1956), gravura 18. 111

Figura 15. O Domador de Feras: Creta, c.1600 a.C. Figura sobre uma gema lenticular. De Arthur J. Evans, "Mycenaean Tree and Pillar Cult", em *The Journal of Hellenic Studies*, vol. xxi (1901), p. 163, fig. 43. 112

Figura 16. Estampa a partir de um bronze chinês: Período Shang Médio, 1384-1111 a.C. Li Chi, *The Beginnings of Chinese Civilization* (University of Washington Press, Seattle, 1957), grav. 1, fig. 1. 114

Figura 17. O tesouro do dragão: China, período Sung, século XII d.C. Detalhe do ornamento dos Nove Dragões, de Ch'en Jung, c.1234-c.1260 d.C.; tinta sobre pergaminho; Museu de Belas Artes, Boston. Conforme um desenho de Al Burkhardt. 115

Figura 18. Deus gaulês com um javali: Euffigneix (Haute-Marne). Provavelmente do século I a.C. (altura 10 1/4 polegadas, largura 3 1/8 polegadas, espessura 2 3/8 polegadas), de pedra nativa; Museu de St. Germain-en-Laye. Fotografias reproduzidas em T.G.E. Powell, *The Celts* (Frederick A. Praeger, Nova York, 1958), grav. 67; e em Marcel Pobé e Jean Roubier, *The Art of Roman Gaul* (The University of Toronto Press, Toronto, 1961), grav. 6. 118

Figura 19. A "Deusa da Visão". Três exemplares, c.2500 a.C.: a) em osso, da Espanha; b) em argila, da Síria; c) impressão de um sinete da Suméria. Respectivamente em Georg e Vera Leisner, *Die Megalithgräber der Iberischen Halbinsel* (W. de Gruyter, Berlin, 1943), grav. 92, nº 13; M.E.L. Mallowan, "Excavations at Brak and Chagar Bazar", em *Iraq*, vol. ix, grav. 51; e H. Frankfort, *Stratified Cylinder Seals from the Diyala Region* (Chicago University Press, Chicago, 1955), grav. 78. Reproduzidos em O.G.S. Crawford, *The Eye Goddess* (The Macmillan Company, Nova York, sem data), fig. 19c. 2 e grav. 4. 120

Figura 20. Javali sagrado: bronze, Hounslow (perto de Londres), provavelmente do século I a.C. (comprimento, 7,60 cm; altura da saliência 3,75 cm); atualmente no Museu Britânico. *Protocolos da Sociedade dos Arqueólogos de Londres*, 2ª série., vol. iii, Relatório de 23 de março de 1865, p. 91.   121

Figura 21. Deus de cócoras (Cernunnos) e javali: moeda gaulesa, provavelmente do século I a.C. Henri de La Tour, *Atlas de monnaies gauloises* (Librairie Plon, Paris, 1892), grav. XXXII, nº 145.   121

Figura 22. Mapa: extensão do domínio e influência do Islã no 10º século d.C. Do artigo de J.H. Kramers, "Geography and Commerce", em Sir Thomas Arnold e Alfred Guillaume (orgs.), *The Legacy of Islam* (The Clarendon Press, Oxford, 1931), p. 78.   123

Figura 23. A Serpente Erguida: táler de ouro, Alemanha, século XVI. Táler cunhado pelo ourives Hieronymus Magdeburger de Annaberg. Fotografia dos Arquivos Ciba, Basileia, reproduzida em C.G. Jung, *Symbols of Transformation*, Séries XX, Bollingen (Pantheon Books, Nova York, 1956), grav. IXb.   143

Figura 24. Cálice eucarístico: Monte Atos, século XIII d.C. Leisegang, op. cit., grav. 14.   150

Figura 25. Tristão ensinando Isolda a tocar harpa; azulejos do Mosteiro Chertsey, *c*.1270. Loomis, op. cit., p. 85.   182

Figura 26. Cavalo solar e carruagem em bronze: Dinamarca, *c*.1000 a.C. Sophus Müller, *Oldtidens Kunst i Danmark*, vol. II. *Bronzealderens Kunst* (Copenhague: 1921), p. 17.   186

Figura 27. Corcel solar e águia: moedas galesas, início do período gálico-romano. La Tour, op. cit., grav. XXII, nº 6578 e grav. XXVII, nº J 67.   187

Figura 28. Pablo Picasso, *Guernica*: 1937 (Museu de Arte Moderna, Nova York, N.Y.). De um desenho de Al Burkhardt.   188

Figura 29. Morold fere Tristão: azulejos do Mosteiro Chertsey, *c*.1270. Loomis, op. cit., p. 73.   196

Figura 30. Tristão mata Morold: azulejos do Mosteiro Chertsey, *c*.1270. Loomis, op. cit., p. 74.   198

Figura 31. Tristão flutuando em direção à Irlanda: azulejos do Mosteiro Chertsey, *c*.1270. Loomis, op. cit., p. 82.   201

Figura 32. Dioniso no barco: *kylix* (taça de cerâmica) grega com figura negra, século VI a.C. Museu de Munique. Fotografias reproduzidas em C. Kerényi, *The Gods of the Greeks* (Thames e Hudson, Londres e Nova York, 1951), grav. XV, e ibid., *The Religion of the Greeks and Romans* (E.P. Dutton & Co., Inc., 1962), grav. 66.   202

Figuras 33 Tristão e o dragão: azulejos do Mosteiro Chertsey, c.1270. Loomis, 208
e 34. op. cit., p. 100 e 101. 209

Figura 35. Tristão oferece a taça para Isolda: azulejos do Mosteiro Chertsey, c.1270.
Loomis, op. cit., p. 131. 212

Figura 36. Ostreiro respondendo a um "estímulo supranormal". N. Tinbergen, *The Study of Instinct* (The Clarendon Press, Oxford, 1951), fig. 43. 218

Figura 37. A viagem de Isolda ao encontro de Tristão; azulejos do Mosteiro Chertsey, c.1270. Loomis, op. cit., p. 283. 224

Figura 38. Rei Solar e Rainha Lunar: *Rosarium philosophorum*, século XVI. *Rosarium philosophorum. Secunda pars alchimiae de lapide philosophico vero modo praeparando... cum figuris rei perfectionen ostendentibus* (Frankfurt am-Main, 1550), reproduzido em C.G. Jung, *The Practice of Psychotherapy*, Séries Bollingen, XX (Pantheon Books, Nova York, 1954), p. 213. 233

Figura 39. Alquimistas e sua fornalha: *Mutus Liber*, século XVII. Do *Mutus Liber in quo tamen tota philosophia hermetica, figuris hieroglyphicis depingitur...* (La Rochelle: 1677), reproduzido em C.G. Jung, *Psychology and Alchemy*, Séries Bollingen, XX (Pantheon Books, Nova York, 1953), p. 3. 238

Figura 40. Homúnculo no vaso alquímico: *Cabala mineralis*. Segundo uma ilustração na *Cabala mineralis* (Museu Britânico MS. Additional 5245, uma obra do Rabino Simeon ben Cantars, exibindo figuras alquímicas em aquarelas com explicações em latim e inglês), reproduzida em C.G. Jung, *Psychology and Alchemy*, p. 227. 244

Figura 41. O banho mercurial: *Rosarium philosophorum*, século XVI. C.G. Jung, *The Practice of Psychotherapy*, p. 243. 251

Figura 42. O oceano materno: *Rosarium philosophorum*, século XVI. C.G. Jung, *The Practice of Psychotherapy*, p. 249. 254

Figura 43. Chuva mercurial: *Rosarium philosophorum*, século XVI. C.G. Jung, *The Practice of Psychotherapy*, p. 275. 257

Figura 44. O monograma de Thomas Mann, impresso nas capas de todos os volumes de suas *Obras Completas* (S. Fischer Verlag, Berlim, 1922-36). 310

Figura 45. O bispo Josefe concede o Graal ao Rei Alain: c.1300. MS Bibliotheque Nationale, fr. 344, fólio 122. Segundo uma fotografia reproduzida em Roger Sherman Loomis, *The Grail: from Celtic Myth to Christian Symbol* (Columbia University Press; University of Wales Press, Nova York e Cardiff, 1963), grav. 2. 350

Figura 46. A taça de Gundestrupp: Jutlândia, metade do século I d.C. Uma taça de prata (diâmetro da borda, 27 1/4 polegadas, altura, 16 polegadas) encontrada em 1891 num pântano. Gravura em Alexandre Bertrand, *La Religion des Gaulois, les druides et le druidisme* (Leroux, Paris, 1897), fig. 57. 352

Figura 47. O deus Cernunnos: detalhe da taça de Gundestrupp. Ibid., grav. XXX. 353
Figura 48. O Deus da Roda: França, período gálico-romano. Bronze encontrado em Châtelet (Haute-Marne). Ibid., p. 242, fig. 36. 357
Figura 49. O deus Sucellos; França, período gálico-romano. Bronze encontrado em Vienne (Isère). Ibid., p. 318, fig. 44. 358
Figura 50. Ixíon: espelho de bronze etrusco, século IV a.C. A.B. Cook, *Zeus* (Cambridge University Press, Cambridge, 1914), vol. I, grav. XVII. Museu Britânico. 361
Figura 51. Wolfram von Eschenbach. Segundo uma ilustração no assim chamado Heidelberg, ou Manesse, MS., *c*.1335. Reproduzido em Anton Heuberger, *Wolfram von Eschenbach und seine Stadt* (Selbstverlag der Stadt, Wolframs-Eschenbach, 1961), diante da p. 271. 370
Figura 52. Cena dionisíaca: detalhe da pintura de um vaso grego, metade do século V a.C. Do túmulo 313 no vale Trebba, Spina. Museu Arqueológico, Ferrara. Segundo uma fotografia reproduzida em Kerényi, *The Religion of the Greeks and Romans*, grav. 62. 392
Figura 53. O pescador entre os sátiros báquicos: taça pintada de vermelho, século VI ao V a.C. Paul Hartwig, *Die griechische Meisterschalen der Blütezeit des strengen rothfigurigen Stils* (Spemann, Stuttgart, 1893), grav. V. 392
Figura 54. As idades do mundo, de acordo com Joaquim de Fiori; *c*.1200. Leone Tondelli, *Il libro delle figure dell'abate Giachino da Fiore* (Società editrice internationale, Turim, 1953), grav. XIa, detalhe. 409
Figura 55. A cauda do pavão (*Cauda Pavonis*): Alemanha, 1702. De Jacobus Boschius, *Symbolographia, sive de arte synmbolica sermones septem* (Augsburg, 1702), reproduzida em C.G. Jung, *Psychology and Alchemy*, p. 213. 428
Figura 56. A invocação da Deusa: Índia, MS. ilustração, *c*.1800. Segundo Helmuth von Glasenapp, *Der Hinduismus* (Kurt Wolff, Munique, 1922), grav. 16. 559
Figura 57. Pablo Picasso, *Minotauro*: detalhe do desenho para capa de revista, 1933. Desenho a lápis com papelões e tecido pregado na madeira: *Minotaure*, nº 1 (Albert Skira, Paris, junho de 1933). De um desenho de Al Burkhardt. 564
Figura 58. Pablo Picasso, *Minotauromachy;* gravura, 1935. De um desenho de Al Burkhardt 566

Os desenhos das figuras 3, 4, 9, 10, 11, 12, 14, 23, 24 e 36 são de John L. Mackey. Os desenhos das figuras 16, 17, 18, 28, 32, 40, 45, 51, 52, 55, 57 e 58 são de Al Burkhardt.

SOBRE A CONCLUSÃO DE
AS MÁSCARAS DE DEUS

Olhando outra vez para os doze anos que passei trabalhando com prazer neste rico e gratificante projeto, concluo que, para mim, seu maior resultado foi a confirmação de uma ideia com a qual me ocupei longa e dedicadamente: a da unidade da raça humana, não apenas em termos biológicos, mas também na sua história espiritual que, em toda parte, se manifestou à maneira de uma única sinfonia, teve seus temas apresentados, desenvolvidos, ampliados e revolvidos, distorcidos e reafirmados, para hoje ressoar em uníssono num estrondoso *fortíssimo*, avançando irresistivelmente para uma espécie de portentoso clímax, do qual emergirá o próximo grande movimento. E não consigo ver nenhuma razão para que se suponha que no futuro os mesmos motivos já ouvidos não continuem a ressoar – em novas relações, é claro, mas, mesmo assim, os mesmos motivos. Eles estão todos presentes aqui, nos volumes desta obra, com muitas pistas e sugestões de como podem ser usados por homens razoáveis para fins razoáveis – ou por poetas para fins poéticos, e por dementes para fins absurdos ou catastróficos. Pois, conforme as palavras de James Joyce em *Finnegans Wake*: "absolutamente impossíveis como são todos esses eventos, eles podem ser tão semelhantes aos ocorridos na realidade quanto os que jamais pessoa alguma poderia ter imaginado possíveis de ocorrer".

AS MÁSCARAS DE DEUS

MITOLOGIA CRIATIVA

PARTE I

A ANTIGA VIDEIRA

CAPÍTULO 1

EXPERIÊNCIA E AUTORIDADE

I. SIMBOLIZAÇÃO CRIATIVA

Nos volumes anteriores deste estudo sobre as transformações históricas daquelas formas imaginárias que chamo de "máscaras" de Deus – por meio das quais os homens de todos os quadrantes procuraram se relacionar com o milagre da existência – os mitos e ritos dos antigos mundos primitivo, oriental e ocidental podiam ser explicados em grandiosos períodos uniformes. Isso porque na história de nossa ainda jovem espécie, um profundo respeito pelas formas herdadas inibiu o espírito de inovação. Milênios se sucederam com apenas pequenas variações emergindo sobre temas originados só Deus-sabe-quando.

Porém, não foi o que ocorreu em nossa cultura ocidental recente, na qual, desde a metade do século XII, uma crescente desintegração vem desmantelando a enorme tradição ortodoxa que chegou a seu apogeu naquela época. Com seu declínio irromperam as forças criativas liberadas por um grande grupo de destacados indivíduos, de maneira que não uma, ou mesmo duas ou três, mas uma galáxia de mitologias – tantas, poderia se dizer, quanto a multidão de seus gênios – tem de ser considerada em qualquer estudo do espetáculo de nossa própria era titânica.

Na esfera da teologia, outrora dominante, mas hoje claramente enfraquecida, surgiram, desde as vitórias de Lutero, Melâncton e a Dieta de Augsburgo de 1530, inumeráveis interpretações da revelação cristã. Por outro lado, nos campos da literatura, da filosofia secular e das artes, um tipo totalmente novo de revelação não teológica, de grande alcance, profundidade e infinita variedade tornou-se o verdadeiro guia espiritual e força estruturante da civilização.

No contexto de uma mitologia tradicional os símbolos apresentam-se em ritos socialmente preservados, pelos quais o indivíduo deverá experimentar, ou simular ter experimentado, certas percepções, sentimentos e compromissos. No que chamo de mitologia "criativa", por outro lado, essa ordem se inverte: o indivíduo tem uma experiência própria – de ordem, horror, beleza, ou até de mera alegria – que procura transmitir mediante sinais; e se sua vivência teve alguma profundidade e significado, sua comunicação terá o valor e a força de um mito vivo – obviamente para aqueles que a recebem e reagem a ela por conta própria, com empatia, sem imposições.

Os símbolos mitológicos tocam e estimulam centros vitais que estão fora do alcance dos vocabulários da razão e da coerção. Os modos de experiência e pensamento do mundo da luz progrediram tarde, muito tarde, na pré-história biológica de nossa espécie. Mesmo na vida de um indivíduo, o abrir dos olhos para a luz ocorre apenas depois de se realizarem todos os grandes milagres da formação de um corpo provido de órgãos já em funcionamento, cada um com seu propósito inerente, que não pode ser explicado ou conhecido pela razão.

Enquanto no curso e contexto mais amplos da evolução da vida – desde o silêncio do oceano primordial, cujo sabor ainda corre em nosso sangue – esse abrir de olhos só aconteceu depois de o primeiro princípio de toda existência orgânica ("Agora eu como você; agora você me come!") ter estado em ação por tantas centenas de milhões de séculos que não podia, e não pode hoje, ser anulado – embora nossos olhos e o que eles testemunham levem-nos a lamentar esse jogo monstruoso.

A primeira função de uma mitologia é reconciliar nossa consciência que desperta com o *mysterium tremendum et fascinans* deste Universo *como ele é*; a segunda é apresentar uma imagem interpretativa total do mesmo, como o conhece a consciência contemporânea. A definição de Shakespeare sobre a função de sua arte, "exibir um espelho à natureza", é igualmente uma definição de mitologia. É a revelação para a consciência dos poderes da sua própria fonte mantenedora.

A terceira função, entretanto, é a imposição de uma ordem moral: a conformação do indivíduo às necessidades de seu grupo social, geográfica e historicamente condicionado; e disso pode resultar uma ruptura com a natureza, como no caso (extremo) de uma *castração*.

Circuncisões, subincisões, escarificações, tatuagens etc. são marcas e cortes socialmente ordenados para unir o corpo humano meramente natural a um corpo cultural maior e mais duradouro, do qual ele é convocado a tornar-se um órgão – momento em que a mente e os sentimentos recebem o *imprinting*, estampagem ou marca de uma mitologia correlata. E não a natureza, mas a sociedade, é o alfa e o ômega dessa lição. Ademais, é nessa esfera sociológica moral que a autoridade e a coerção entram em cena, como o fizeram eficazmente na Índia com a manutenção das castas e dos ritos e a cerimônia do *sati*.

Na Europa cristã, já no século XII, foram universalmente impostas crenças que não mais se professavam *universalmente*. O resultado foi uma dissociação entre a existência aparente e a real, e o consequente desastre espiritual que, no imaginário da lenda do Graal, é simbolizado com o tema da Terra Desolada: uma paisagem de morte espiritual, um mundo esperando, esperando – "Esperando Godot!" – pelo Almejado Cavaleiro que resgataria a integridade da vida, e deixaria fluir novamente de sua fonte inesgotável aquelas águas vivificantes que se tinham perdido e esquecido. A ascensão e o declínio das civilizações no longo e vasto curso da história podem ser vistos, em grande parte, como uma função da integridade e poder de convicção dos cânones mitológicos em que se apoiam: porque não a autoridade, mas a aspiração é a motivadora, criadora e transformadora da civilização. Um cânone mitológico é uma organização de símbolos, de significado inefável, capaz de despertar e concentrar em um foco as energias da aspiração. A mensagem passa de coração para coração por meio do cérebro, e quando o cérebro não é persuadido a mensagem não consegue passar. A vida, então, permanece intocada. Para quem ainda valoriza uma mitologia local, há uma experiência tanto de concordância com a ordem social, quanto de harmonia com o Universo. Contudo, para quem os símbolos autorizados já não funcionam – ou, se funcionam, produzem efeitos desviantes –, o resultado é inevitavelmente uma dissociação com o vínculo social local. Então há uma entrega, interna e externamente, a uma busca de vida que o cérebro tomará como o "significado". Coagido ao padrão social, o indivíduo se endurece até se transformar em um morto-vivo; e se um número considerável dos membros de uma civilização se encontra nessa condição, terá ocorrido uma situação sem volta.

O *Discours sur les arts et sciences* [Discurso sobre as artes e ciências] de Jean Jacques Rousseau, publicado em 1749, marcou um desses períodos históricos. A sociedade corrompia o homem; a "volta à natureza" era o apelo: retornar à condição do "bom selvagem" como modelo do "homem natural" – que estava tão distante de ser o selvagem, com suas marcas tribais, como o próprio Rousseau. Uma vez que a fé na Escritura se desvaneceu no apogeu da Idade Média, também no apogeu do Iluminismo desvaneceu a fé na razão; e hoje, dois séculos mais tarde, lemos em *A terra desolada* de T.S. Eliot (obra publicada em 1922, com notas de rodapé):[1]*

> Aqui água não há, mas rocha apenas
> Rocha. Água nenhuma. E o arenoso caminho
> O coleante caminho que sobe entre as montanhas
> Que são montanhas de inaquosa rocha
> Se água houvesse aqui, nos deteríamos a bebê-la
> Não se pode parar ou pensar em meio às rochas
> Seco o suor nos poros e os pés na areia postos
> Se aqui só água houvesse em meio às rochas
> Montanha morta, boca de dentes cariados que já não pode cuspir
> Aqui de pé não se fica e ninguém se deita ou senta

---

* As notas de referência encontram-se no final do volume e iniciam na p. 573.

MITOLOGIA CRIATIVA

    Nem o silêncio vibra nas montanhas
    Apenas o áspero e seco trovão sem chuva
    Sequer a solidão floresce nas montanhas
    Apenas rubras faces taciturnas que escarnecem e rosnam
    A espreitar nas portas de casebres calcinados.

A quarta função de uma mitologia, mais crítica e vital que as anteriores, é auxiliar o indivíduo a encontrar seu centro e desenvolver-se integralmente em consonância: d) consigo mesmo (o microcosmo); c) com sua cultura (o mesocosmo); b) com o Universo (o macrocosmo); e a) com aquele terrível e último mistério que está tanto fora, quanto dentro de si mesmo e de todas as coisas:

    De onde as palavras voltam,
    Junto com a mente, sem haverem alcançado seu objetivo.[2]

Figura 1. Orfeu, o Salvador: teto da catacumba de Domitila, Roma, século III d.C.

A mitologia criativa, no sentido shakespeariano do espelho, "para mostrar à virtude sua própria expressão; ao ridículo sua própria imagem e a cada época e geração sua forma e efígie",[3] não provém, como a teologia, dos ditames da autoridade, mas das intuições, sentimentos, pensamento e visão de um indivíduo idôneo, leal à sua própria experiência e valores. Dessa maneira, ela reorienta a autoridade mantendo as formas que produziram e deixaram para trás vidas já vividas. Renovando o ato da própria experiência, resgata para a existência a qualidade da aventura, a uma só vez destruindo e reintegrando o estabelecido, o já conhecido, no fogo criativo do sacrifício desse algo em gestação constante, que não é senão a vida; não como *ela será* ou *deveria ser*, como *ela foi* ou como *jamais será*, mas como *ela é*, em profundidade, em processo *aqui e agora*, dentro e fora.

A figura 1 mostra uma antiga pintura cristã no teto da catacumba de Domitila em Roma, do século III d.C. No painel central, onde se podia esperar um símbolo de Cristo, aparece o lendário criador dos mistérios órficos, o poeta pagão Orfeu, subjugando animais selvagens com a magia de sua lira e de seu canto. Em quatro dos oito painéis circundantes, podem-se identificar cenas do Antigo e do Novo Testamento: Davi com sua funda (esquerdo superior), Daniel na cova dos leões (direito inferior), Moisés extraindo água da rocha, Jesus ressuscitando Lázaro. Alternadas a essas há quatro cenas de animais, duas apresentando entre árvores o touro, animal usualmente sacrificado nos ritos pagãos; as outras duas, o carneiro do Antigo Testamento. Perto dos cantos há oito cabeças de carneiros sacrificados (Cristo, o "Cordeiro de Deus" sacrificado), cada uma dando origem a um ramo vegetal (a Nova Vida), enquanto nas extremidades vemos a pomba de Noé carregando o ramo de oliveira, símbolo do ressurgimento da terra após o Dilúvio.

O sincretismo é deliberado: une temas das duas tradições das quais resultou o cristianismo, e indica assim através delas a origem, a experiência-mãe de uma verdade, um mistério, de onde surgiram suas diferentes simbologias. A profecia de Isaías sobre a era messiânica, quando "então o lobo morará com o cordeiro, e o leopardo se deitará com o cabrito" (Isaías 11:6), e o tema helenístico da realização da harmonia na alma individual são reconhecidos como variantes de uma única e mesma ideia, cuja plenitude estaria encarnada em Cristo: a vida que transcende a morte e que subjaz em todos os seres.

Podemos denominar esse tema como a "ideia arquetípica, natural ou elementar" e suas inflexões culturalmente condicionadas de "ideias sociais, históricas ou étnicas".[4] O foco do pensamento criativo está sempre no primeiro, que então é expresso, necessariamente, na linguagem da época. A mente clerical ortodoxa, por outro lado, está sempre centrada na expressão local, condicionada culturalmente.

A figura 2, de um conjunto de azulejos do piso da Abadia Chertsey (Surrey, Inglaterra), de aproximadamente 1270 d.C., mostra o jovem Tristão tocando harpa para o seu tio Marcos. Ninguém que visse a cena naquela época deixaria de associá-la com o jovem Davi tocando harpa para o rei Saul. Este, como sabemos, "tinha medo de Davi porque Iahweh estava com ele, mas tinha abandonado a Saul"

Figura 2. Tristão tocando harpa para o Rei Marcos

(Samuel I.18,12). Por analogia, como o reino de Saul passou para Davi, também a esposa de Marcos passou para o sobrinho. O monarca que meramente governa de acordo com a ordem de sua época (a esfera étnica), sem contato com os princípios imutáveis de sua própria natureza e do mundo (a esfera elementar), é substituído em sua soberania (em seu reino/em sua rainha) por aquele que revela a harmonia oculta de todas as coisas.

II. DE ONDE AS PALAVRAS VOLTAM

As figuras 3 e 4 mostram o interior e a imagem central de uma taça sacramental órfica de ouro, datada aproximadamente da época do teto da catacumba de Domitila. Foi descoberta no ano de 1837, perto da cidade de Pietroasa, na região de Buzau, na Romênia, junto com mais vinte e uma peças preciosas; e como um dos grandes braceletes do tesouro continha inscrições com os caracteres rúnicos, uma série de pesquisadores que examinou pela primeira vez o tesouro sugeriu que ele poderia ter sido enterrado pelo rei visigodo Atanarico quando, no ano de 381 d.C., buscou proteção em Bizâncio para se defender dos hunos.

EXPERIÊNCIA E AUTORIDADE

Figura 3. Taça sacramental órfica: Romênia, séculos III ou IV d.C.

Durante a Primeira Guerra Mundial a coleção foi levada para Moscou, para protegê-la dos alemães, onde foi fundida pelos comunistas russos em razão de seu ouro; de maneira que nada pode ser feito hoje para determinar sua origem ou precisar sua data. Entretanto, durante o inverno de 1867-68 esteve emprestada por seis meses à Inglaterra, onde foi fotografada e reproduzida pelo método da galvanoplastia.

MITOLOGIA CRIATIVA

Figura 4. A Deusa da taça, figura central na taça órfica

As imagens são toscas, segundo os padrões clássicos, e podem representar o trabalho de um artesão provinciano. Deve-se recordar que a Romênia foi ocupada por séculos pelas legiões romanas fronteiriças, que defendiam o Império dos godos e outras tribos germânicas, porém, com um número cada vez maior de auxiliares e mesmo oficiais germanos. Por toda a região e até na Europa central, foram descobertos[5] numerosos santuários dos mistérios de Mitra e, como revela essa taça órfica, o culto órfico era também conhecido.

Além do mais, considerando que foi justamente dessa província que por todo o período romano um fluxo contínuo de influências helênicas passou para o norte – tanto para as tribos célticas, quanto para as germânicas –, e que na Idade Média originou-se ali uma poderosa heresia de caráter gnóstico-maniqueísta que se estendeu para o oeste até o sul da França (precisamente no século em que surgiu o culto ao amor dos trovadores e lendas do Graal), as figuras dessa taça órfica têm significado especial, não apenas para as tradições religiosas como para as artísticas e literárias do Ocidente. De fato, já sua primeira figura mostrando Orfeu como pescador sugere uma série de associações.

1. Orfeu, o Pescador, é mostrado com sua vara de pesca, a linha enrolada nela, uma rede na sua mão levantada e um peixe a seus pés. Faz-nos lembrar das palavras de Cristo a seus apóstolos pescadores, Pedro, Tiago e João: "Eu vos farei pescadores de homens";[6] mas também do Rei Pescador das lendas do Graal; e com essa lembrança vem-nos à mente que a figura central da taça, sentada com um cálice nas mãos, talvez seja um protótipo da Donzela do Graal no castelo, em cuja busca o cavaleiro fora enviado pelo Rei Pescador. Um modelo muito antigo do pescador místico aparece em selos babilônicos na figura conhecida como o Guardião dos Peixes (figura 5),[7] enquanto a referência atual mais significativa está no anel usado pelo papa, o "Anel do Pescador", que tem gravada uma representação do milagre dos peixes que ocasionou as palavras de Cristo.

A imagem da pesca era especialmente apropriada à antiga comunidade cristã, pois no batismo o neófito era tirado da água como um peixe. A figura 6 é uma antiga lamparina cristã de cerâmica exibindo um neófito vestido como um peixe, para nascer pela segunda vez, de acordo com o ensinamento de Cristo que diz "quem não nascer da água e do Espírito não pode entrar no Reino de Deus".[8] A lenda hindu

Figura 5. O Guardião dos Peixes: Babilônia, segundo milênio a.C.

MITOLOGIA CRIATIVA

do grande sábio Vyāsa que veio ao mundo de uma virgem nascida de um peixe, apelidada Cheiro de Peixe (mas que na realidade se chamava Satyavati = Verdade) pode vir à mente nesse contexto;[9] e recordamos também de Jonas, renascido da baleia, de quem se diz no *Midrash* que na barriga do peixe ele representa o espírito do homem engolido por Sheol.[10] O próprio Cristo é representado por um peixe, e na sexta-feira deve-se comer peixe.

Evidentemente aqui entramos num contexto de considerável antiguidade, que se refere a um mergulho em águas abissais, para emergir como em um renascimento; uma experiência espiritual cuja lenda arcaica mais conhecida talvez seja a do mergulho do rei babilônico Gilgamesh para colher a planta da imortalidade do fundo do oceano cósmico.[11] A figura 7, de um selo cilíndrico assírio de cerca de 700 a.C. (período que usualmente se atribui ao profeta Jonas), mostra um devoto com braços estendidos alcançando essa planta da imortalidade no fundo do abismo, onde ela está guardada por dois homens-peixe.[12] O deus Assur de Nínive (cidade para a qual

Figura 6. Neófito cristão vestido de peixe: antiga lamparina cristã

Jonas se dirigia quando foi engolido pela baleia) flutua magnificamente sobre a cena. Mas Gilgamesh, como lembramos, perdeu a planta ao chegar à terra. Ela foi comida por uma serpente; de maneira que, enquanto as serpentes podem mudar de pele para renascer, o homem é mortal e deve morrer. E nas palavras do Deus do Éden para Adão, depois da queda, temos mais uma vez: "pois tu és pó e ao pó tornarás".[13]

Entretanto, essa não era a ideia dos gregos da tradição do mistério, uma vez que, segundo sua concepção, Deus (Zeus) não criou o homem do pó sem vida, mas das cinzas dos Titãs que devoraram seu filho Dioniso.[14] O homem é, por isso, parte da substância dionisíaca imortal e, ao mesmo tempo, parte da substância titânica mortal; e nas iniciações do mistério ele toma ciência da porção existente em seu interior do deus eternamente vivo, que morreu para si mesmo a fim de viver multiplicado em todos nós.

As dezesseis personagens da taça de ouro sacramental da figura 3 representam a sequência dos estágios iniciatórios dessa busca interior. Arrastado para o caminho místico pela linha de pesca de Orfeu, o neófito aparece no terceiro estágio iniciando a jornada pelo oceano das trevas, na direção do Sol, em volta da taça. Como o Sol poente, ele desce em morte simbólica à terra, e no décimo quarto estágio ressurge para um novo dia, preparado para experimentar o "encontro com os olhos" do Apolo Hiperbóreo no décimo sexto estágio.

Figura 7. Homens-peixe fertilizando a Árvore da Vida: Assíria, *c*.700 a.C.

2. Uma figura nua guardando a entrada, que tem sobre a cabeça uma arca sagrada (*cista mystica*) e uma espiga de trigo na mão,* oferece o conteúdo da arca a:

3. Um homem vestido com saiote, o neófito. Ele tem uma tocha na mão esquerda, símbolo da deusa do mundo ínfero, Perséfone, em cujo mistério (a verdade sobre a morte) ele será introduzido. Mas seus olhos continuam presos nos olhos do Pescador, o mistagogo. O corvo da morte está pousado em seu ombro,** enquanto com a mão direita ele ergue da arca mística uma imensa pinha, símbolo do princípio renovador da vida: a semente que será libertada pela morte e decomposição da pinha, sua portadora. Porque, como nas palavras de Paulo, também aqui: "o que semeias não readquire vida a não ser que morra. [...] O mesmo se dá com a ressurreição dos mortos; semeado corruptível, o corpo ressuscita incorruptível".[15]

4. Uma figura feminina envolta por uma túnica, guardiã do santuário, tendo na mão esquerda uma tigela e na direita um balde, conduz o neófito. Visto que, assim como o poder feminino residente na terra liberta da pinha a semente da vida, também o mistério das deusas liberta a mente do neófito de seu vínculo com o que Paulo (usando a linguagem dos mistérios) chamou de "este corpo de morte".[16] Nos antigos selos cilíndricos mesopotâmicos os guardiões nas entradas de santuários portavam baldes, como o dessa figura, com o hidromel da vida imortal.[17] Os homens-peixe da figura 7 também portam tais baldes. O neófito é guiado para o santuário das duas deusas:

5. Deméter em seu trono, tem na mão direita o cetro florido da vida terrestre e, na esquerda, a tesoura aberta com a qual o fio da vida é cortado. Ao seu lado está:

6. Sua filha, Perséfone, como senhora do mundo subterrâneo, entronada além do reino do cetro e da tesoura de Deméter. A tocha, seu emblema, símbolo da luz do mundo ínfero, é uma chama espiritual regeneradora.

O neófito descobriu o significado do corvo que pousou em seu ombro ao entrar no caminho místico, bem como da tocha e da pinha que lhe foram confiadas. Por isso, o vemos em seguida como:

7. O *mystes* ou iniciado, de pé, com a mão esquerda reverentemente no peito, e uma grinalda de flores na direita.

8. Tique, a deusa da Fortuna, toca o iniciado com uma vara que eleva seu espírito acima da mortalidade, tendo no braço esquerdo uma cornucópia, símbolo da abundância que ela concede.

Agora estamos a meio caminho, como se fosse meia-noite, onde:

9. Agatodemon, o deus da Boa Fortuna, traz na mão direita, direcionado para baixo, o talo da papoula do sono da morte e, na esquerda, apontada para cima, uma grande espiga do grão da vida. Ele deve apresentar o neófito ao:

---

* Nos relevos clássicos, as figuras que levam arcas sagradas são, frequentemente, menores do que as outras personagens em cena. Não se deve interpretá-las como sendo crianças.
** Compare com o simbolismo das iniciações de Mitra. *Mitologia Ocidental*, p. 212, e a deusa irlandesa da morte, p. 250-251.

EXPERIÊNCIA E AUTORIDADE

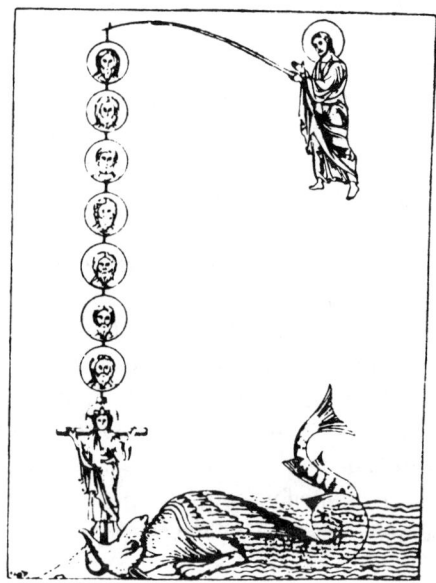

Figura 8. Deus-Pai, pescando: *c.*1180 d.C.

10. O Senhor do Abismo. Com o martelo em sua mão direita e no braço esquerdo uma cornucópia, esse terrível e tenebroso deus está entronado sobre um animal marinho escamoso, uma espécie de crocodilo transformado. Seu martelo é o instrumento do Divino Artífice platônico, com o qual o mundo temporal é modelado segundo as formas eternas. Mas o mesmo martelo é também símbolo do raio da iluminação, que destrói a ignorância a respeito desse mesmo mundo temporal. Comparem com o simbolismo do deus Zervan Akarana nas iniciações do mitraísmo;[18] e também com as divindades hindus, que tanto criam quanto destroem a ilusão do mundo.

O antigo deus-serpente sumério Ningizzida é o arquétipo último desse senhor do abismo das águas, do qual surge a vida mortal e para o qual ela retorna.[19] Entre os celtas, o deus do mundo subterrâneo Sucellos representava esse mesmo poder tenebroso;[20] nas mitologias clássicas ele era Hades-Plutão-Posídon; e na mitologia cristã ele é, precisamente, o Diabo.

A figura 8 mostra, entretanto, que há uma diferença importante entre o lugar do Diabo no universo cristão e o de Ningizzida ou Hades-Plutão-Posídon no pagão. A imagem foi extraída de um manual do século XII, com iluminuras, a respeito de tudo o que merece ser conhecido, chamado *The Little Garden of Delights* [O pequeno jardim dos prazeres] – *Hortulus Deliciarum* –, compilado pela Abadessa Herrad von Landsberg (morta em 1195) em seu convento em Hohenburg, Alsácia, para ajudar suas freiras nas tarefas de ensino.[21]

A figura baseia-se numa metáfora cunhada por Gregório, o Grande, durante seu papado (590-604), para ilustrar a doutrina da salvação predominante no cristianismo durante os primeiros mil e duzentos anos. Conhecida como "a teoria redentora da salvação", está fundamentada nas palavras do próprio Salvador, conforme relatadas nos Evangelhos de Marcos e Mateus: "Pois o Filho do Homem não veio para ser servido, mas para servir e dar a sua vida em resgate por muitos".[22] O bispo grego de Lyon no século II, Irineu (130?-202?), e o teólogo alexandrino Orígenes (185?-254?) parece que estiveram entre os primeiros que perceberam nessa metáfora a tese teológica que foi aceita inclusive por Santo Agostinho (354?-430).[23]

O que vemos é Deus-Pai no céu, pescando o Diabo na forma do monstro Leviatã, usando como linha os reis da casa real de Davi, tendo a Cruz como anzol e seu Filho como isca. O Diabo, graças a sua astúcia no Jardim do Éden, adquirira direito legítimo sobre a alma do homem, o que Deus, pelo fato de ser justo, teve de respeitar. Entretanto, como o direito fora adquirido por um ardil, Deus podia anulá-lo de maneira justa, também por um ardil. Ofereceu, para resgatar a alma do homem, a alma de seu próprio Filho divino, sabendo o que o Diabo desconhecia, isto é: a Segunda Pessoa da Trindade está fora do alcance da corrupção, em consequência Satã não poderia tocá-lo. A humanidade de Cristo era, assim, a isca que o Diabo mordia feito um peixe, apenas para se prender no anzol da Cruz, do qual escapou o Filho de Deus mediante sua ressurreição.

Não é de estranhar que Santo Anselmo (1033-1109) considerasse desejável uma nova interpretação da Encarnação. Em seu célebre tratado *Cur deus homo?* [Por que Deus se fez homem?], que marca uma época na teologia cristã, propôs que o reclamante não era o Diabo, mas o Pai, cuja ordem fora desobedecida; e a demanda, além do mais, era contra o homem. Consequentemente, não era necessário oferecer uma redenção a Satã, mas uma reparação a Deus, como satisfação, expiação, por uma ofensa prolongada. A ofensa fora cometida contra a majestade infinita de Deus, embora o homem fosse finito. Portanto, nenhum ato ou oferenda dos homens jamais poderia saldar a dívida. Desse modo, todo o projeto de Deus com a Criação estava frustrado por esse impasse legal. *Cur deus homo?*, a resposta é sugerida em duas etapas:

1. Em Cristo, verdadeiro Deus e verdadeiro Homem, a espécie humana tinha um representante perfeito, que ao mesmo tempo era infinito e, por essa razão, capaz de reparar uma ofensa infinita.

2. Entretanto, viver com perfeição, como fez Cristo, não seria suficiente para compensar a transgressão do homem, já que viver com perfeição não é nada mais do que o dever do homem e não produz nenhum mérito adicional. "Se o homem teve uma experiência agradável ao pecar" – Anselmo argumentava – "não é justo que

ele padeça a fim de redimir-se? Porém, a morte é a experiência mais dura e difícil que um homem pode sofrer espontaneamente, e não por obrigação, *para honrar a Deus; e de nenhuma maneira o homem pode se entregar mais plenamente a Deus do que quando se rende à morte em Sua honra*".

A morte de Cristo foi necessária porque ele a quis; mas ao mesmo tempo não era necessária, porque Deus não a exigiu. A morte do Filho foi, portanto, voluntária e o Pai tinha de recompensá-lo. Contudo, como nada podia ser oferecido ao Filho, que já possuía tudo, Cristo passou o benefício recebido para a humanidade; de maneira que agora Deus não rejeita nenhum homem que acuda a ele em nome de Cristo – com a condição de que chegue conforme o ordena a Sagrada Escritura.[24]

É difícil acreditar hoje que alguém pudesse levar a sério esses cálculos legais atribuídos a um Deus que se supõe transcendente. As doutrinas da redenção são conhecidas, respectivamente, como as doutrinas "redentora" e "punitiva". Uma terceira sugestão foi proposta pelo brilhante contemporâneo de Santo Anselmo, o amante de Heloísa, Abelardo (1079-1142), mas rejeitada pelos clérigos como inaceitável; ela afirmava: o autossacrifício de Cristo não foi dirigido nem ao Diabo nem a Deus, mas ao homem, para provar o amor de Deus, despertar uma resposta de amor e, dessa maneira, reconquistar o homem para Deus. Tudo o que se exigia para a redenção era uma resposta de amor, cujo poder bastaria para efetuar a *re*-ligação que é o verdadeiro propósito da humanidade.[25]

Mas, como observa o Professor Etienne Gilson, do Pontifício Instituto de Estudos Medievais, de Toronto, em sua *History of Christian Philosophy in the Middle Ages* [História da filosofia cristã na Idade Média],[26] há em todo o pensamento de Abelardo uma indiferença à distinção entre graça natural e sobrenatural, às virtudes meramente naturais do não batizado e a graça inestimável de Deus nos sacramentos. Abelardo era um dos que acreditavam que os não batizados pudessem se salvar; o que implicava que os sacramentos eram desnecessários e a graça natural suficiente para a salvação. Qual o destino dos filósofos pagãos em cujos escritos baseou-se a própria doutrina cristã?, perguntava. E o dos profetas e de todos aqueles que viveram de acordo com suas palavras? A respeito, o Professor Gilson escreve:

> Abelardo está aqui se entregando livremente à sua tendência geral de considerar a graça como uma bênção da natureza, ou, inversamente, [...] a conceber o cristianismo como a verdade absoluta que engloba todas as outras [...]. A revelação cristã jamais foi, para ele, uma barreira intransponível separando os eleitos dos condenados e a verdade do erro. [...] Não se pode ler Abelardo sem pensar naqueles cristãos cultos do século XVI, como Erasmo, para quem a distância entre a sabedoria antiga e a do Evangelho parece muito pequena.[27]

A representação bíblica de Deus como alguém que está "lá em cima" (semelhante ao deus Assur da figura 7), não na condição de substância, mas de criador deste universo, do qual ele é distinto, privou a matéria de uma dimensão divina e a reduziu a mero pó. Consequentemente, tudo o que o mundo pagão considerou como evidência de uma presença divina na natureza, a Igreja interpretou como um signo do Diabo. O tridente de Posídon (que na Índia é de Śiva) tornou-se assim o popular garfo do Diabo; o grande touro de Posídon, progenitor do Minotauro (na Índia, o touro Nandi de Śiva) deu ao Diabo sua pata fendida e chifres; o próprio nome, Hades, do deus do mundo ínfero tornou-se uma designação daquele inferno que Heinrich Zimmer certa vez descreveu sabiamente como "O luxuoso arranha-céu do Sr. Lúcifer, um apart-hotel para condenados à prisão perpétua precipitados das alturas para o abismo"; e o fogo vital criativo do mundo subterrâneo, representado na tocha de Perséfone, tornou-se o fumegante caldeirão de pecados.

A maneira mais simples, por isso, de sugerir em termos cristãos o significado da iniciação órfica representada na décima personagem da figura 3, seria dizer que ali o próprio Diabo é considerado a presença imanente de Deus. Porém, enquanto na visão cristã o Diabo, assim como Deus, é um personagem independente que está "lá fora", o que o *mystes* ou iniciado descobriu nesse estágio de aprendizagem órfica era que o deus do oceano criativo, o *tremendum* motor deste mundo, é um aspecto de si mesmo que devia ser experienciado *interiormente* – do mesmo modo como na tradição tântrica indiana, onde todos os deuses e demônios, céus e infernos, são revelados e expostos *dentro* de nós mesmos. Ele ainda compreendeu que essa dimensão do ser, que concede e igualmente toma as formas que aparecem e desaparecem no espaço e no tempo, embora seja intrincada e obscura não pode ser chamada de malévola sem que o mundo também seja assim considerado. A lição de Hades-Plutão, Posídon-Netuno-Śiva não é que a nossa parte mortal é ignóbil, mas sim que no seu interior – ou junto a ela – há aquela Pessoa imortal que os cristãos dividem em Deus e Diabo e a consideram "exterior".

E assim passamos para o próximo estágio:

11. O *mystes,* aqui já plenamente *iniciado,* carrega uma taça, como se estivesse dotado de uma nova capacidade. Seu cabelo é longo, e sua mão direita sobre o ventre lembra o gesto de uma mulher que concebeu. Porém o peito é nitidamente masculino. Sugere-se então um tema andrógino, símbolo de uma experiência espiritual que une os modos opostos de conhecimento do masculino e do feminino; e amalgamada a essa ideia está a de uma nova vida gerada no interior. Sobre a coroa, na cabeça – centro simbólico da realização – há um par de asas espirituais. O iniciado agora pode retornar ao mundo normal. Seguem:

12 e 13. Dois jovens que se contemplam mutuamente. Quanto à identidade destes houve uma considerável divergência acadêmica. O arqueólogo francês Charles de Linas acreditou que representassem Castor e Triptólemo.* Entretanto, o falecido Professor Hans Leisegang, da Universidade de Jena, objetou com razão que, nesse caso, Castor estaria afastado de seu inseparável gêmeo, Pólux.[28] O par, sugeriu Leisegang,

---

* Sobre Triptólemo, ver *Mitologia Ocidental,* figura 14.

poderia antes representar dois *mystes* carregando chicotes (uma vez que em certos mistérios, o açoitamento era comum). Entretanto, isso parece pouco provável, porque, se a intenção houvesse sido destacar o açoitamento, ele estaria representado antes, na série descendente e não na ascendente.

De minha parte, não vejo por que os dois não poderiam ser identificados como (12) o Pólux imortal e (13) o Castor mortal. Pois o *mystes*, ao sair do santuário de sua experiência de androginia (além dos opostos não apenas da masculinidade e feminilidade, mas também da vida e da morte, do tempo e da eternidade), tem de retomar seu lugar no mundo da luz sem perder a sabedoria conquistada; e nada mais oportuno ao sentido dessa passagem que o símbolo dual dos gêmeos, imortal e mortal, respectivamente, Pólux e Castor. As pernas dos dois estão retas, as únicas dessa maneira na composição; os pés se encostam e estão olhando um ao outro. Ambos eram cavaleiros; por isso os chicotes que portam nas suas mãos. Além do mais, no ombro do segundo volta a pousar o corvo que não era visto desde que se transpôs o limiar da deusa dual – que está no quadrante oposto do círculo – com o propósito de entrar na esfera do conhecimento além da morte, esfera essa da qual estamos agora emergindo. O corvo no ombro direito e a tocha na mão esquerda correspondem aqui ao corvo e à tocha do estágio 3, aos quais o chicote na mão direita adiciona agora um indício do conhecimento adquirido pelo iniciado: ele reconhece sua parte imortal como membro de sua sizígia simbólica dos gêmeos cavaleiros. E sinto-me apoiado nesta interpretação pela opinião do Professor Alexander Odobesco, da Universidade de Bucareste, o primeiro estudioso a examinar essa taça e que identificou esses dois como os Alcis, os equivalentes germânicos de Castor e Pólux.

Considerando que tanto gregos quanto romanos esforçavam-se para reconhecer analogias entre seus próprios deuses e os dos estrangeiros, é provável que, seja nas mãos de algum chefe germânico ou nas de um oficial romano, os gêmeos cavaleiros tenham sido reconhecidos tão prontamente pelos seus nomes germânicos quanto pelos seus nomes gregos ou romanos.

As três últimas figuras da série levam-nos de volta para o mundo da luz:

14. O *mystes* que retorna, vestido exatamente como no terceiro estágio, tem agora em sua mão esquerda o cesto da abundância e na direita o cajado do sábio. É conduzido por:

15. Uma figura feminina vestida com uma túnica, portando um balde e uma tigela, sósia da personagem do estágio 4. Há videiras e frutas à sua direita e esquerda: a plenitude foi alcançada. Ela conduz o iniciado em direção ao deus, a cuja visão ele finalmente chegou, e em quem seus olhos estão fixos:

16. O Apolo Hiperbóreo, a personificação mitopoética do aspecto *transcendente* do Ser dos seres, do mesmo modo que o Senhor do Abismo no estágio 10 representava o aspecto *imanente* deste. Ele está sentado graciosamente com uma lira na mão e um grifo repousando a seus pés: o verdadeiro deus chamado nos hinos órficos de o Senhor do Dia e da Noite:

> Pois tu guardas todo este espaço celeste infinito,
> E cada parte desta esfera terrestre
> Abundante, abençoada; e teu olhar penetrante
> Atravessa a escura e silenciosa noite;
> Os vastos limites do mundo, todo-florescentes, são teus,
> Porque de tudo és a origem e fim divinos.[29]

Tendo percorrido todo o círculo, o *mystes* detém agora o conhecimento daquele motor além dos movimentos do Universo, de cuja substância o Sol e as trevas recebem as suas espécies distintas de luz. A lira sugere a "harmonia das esferas" pitagórica e o grifo aos pés do deus – combinando as formas do pássaro solar e do animal solar, águia e leão – é o antagonista do simbólico animal-peixe, o crocodilo da noite. Além do mais, o conhecimento do mistério que transcende a dualidade, por meio desses dois deuses, é o único conhecimento adequado ao significado da figura 4:

A Grande Deusa. Qualquer que seja o seu nome, seu útero universal encerra tanto o dia quanto a noite, os mundos da vida, simbolizado por Deméter (5), e da

Figura 9. Orpheos Bakkikos crucificado: *c.*300 d.C.

morte, a filha da vida, Perséfone (6). A videira enroscando-se em seu trono corresponde àquela que envolve a borda externa da taça; e ela segura em ambas as mãos um grande cálice da ambrosia da videira do Universo: o sangue de seu filho eternamente morrendo e vivendo, morto e ressuscitado, Dioniso-Baco-Zagreu – ou, nos mais antigos mitos sumério-babilônicos, Dumuzi-absu, Tammuz – o "filho do abismo", cujo sangue, para ser bebido nesse cálice, é o protótipo pagão do vinho no sacrifício da Missa, que é transubstanciado pelas palavras da consagração no sangue do Filho da Virgem.

A figura 9 é de um selo cilíndrico de 300 d.C.[30] Corresponde à mesma época do teto da catacumba de Domitila e da taça de Pietroasa e, como sugere o Dr. Eisler, em cujo *Orpheus the Fisher* [Orfeu, o pescador] foi publicada pela primeira vez esta figura, ela deve ter pertencido a "um iniciado órfico que se tornou cristão sem abandonar completamente suas antigas crenças religiosas".[31] A inscrição é inconfundível: *Orpheos Bakkikos*. As sete estrelas representam as Plêiades, conhecidas na Antiguidade como a Lira de Orfeu, e a cruz sugere, além da Cruz cristã, as principais estrelas ∗∗∗ da constelação de Órion, conhecida também como a de Dioniso. A meia-lua simboliza a lua eternamente crescendo e minguando, que fica três dias escura como Cristo ficou três dias na sepultura.

Interpretado do ponto de vista órfico, este redentor crucificado, em seu caráter humano de *Orpheos* (Homem Verdadeiro), representaria exatamente aquela "entrega última do ser, com amor 'ao supremo'", que tanto o Bispo John A.T. Robinson de Woolwich quanto o falecido Dr. Paul Tillich consideraram como a lição mística da crucificação de Cristo.[32] Mas ao mesmo tempo, em seu caráter divino como *Bakkikos* (Deus Verdadeiro), a imagem simbolizaria a chegada até nós daquele transcendente "fundamento do Ser", personificado, cujo autodesmembramento voluntário na condição de substância deste mundo (não apenas como criador do mesmo) faz com que aquele que é um *ali* se torne estes muitos *aqui* – "como uma árvore abatida, cortada em toras" (*Rg Veda* I:32).

É, entretanto, por meio da Deusa Mãe do Universo, cujo ventre antecede o espaço e o tempo, que o um, *ali*, torna-se os muitos, *aqui*. É ela que é representada pela Cruz; como no símbolo astrológico e astronômico que simboliza a Terra ⊕. É nela e por ela que a substância divina penetra essa esfera do espaço e do tempo num ato contínuo de autodoação criadora do mundo; e por meio dela, em recompensa por sua orientação e ensinamentos, é que os muitos são levados de volta, para além de seu reino, para a luz além das trevas de onde tudo provém.

Retornando, portanto, à figura 3, observamos agora que no círculo interior que circunda seu trono há um ser humano reclinado, aparentemente um pastor, e entre suas pernas está deitado (ou brinca) um cachorro que tem diante de seu nariz um burrico deitado (ou fugindo). A figura reclinada, ao contrário das eretas da série exterior, sugere o sono, o estado espiritual do homem natural não iniciado, que vê sem entender. Por outro lado, o conhecimento adquirido pelo *mystes* no círculo exterior é das formas eternas, ou ideias platônicas, que são os princípios estruturantes e inerentes de todas as coisas, e que a mente deve reconhecer tão logo desperta.

Nesse círculo interior, do lado oposto do sonhador, dois asnos – um deitado, o outro de pé – comem uma planta e estão eles próprios prestes a ser devorados por um leopardo e um leão. A lição é a mesma que a de "A força que se autoconsome" representada no antigo sinete sumério de c.3500 a.C., reproduzido num volume anterior desta obra, *Mitologia Oriental*, figura 2. Nossos olhos veem o deus sempre morrendo e sempre vivo, que é a realidade de todos os seres, sendo o consumidor e o consumido. Entretanto, o iniciado, que transpôs o véu da natureza, sabe que a vida imortal pulsa em tudo: ou seja, o deus cujo símbolo é a videira que cresce aos pés da Deusa do Mundo e que circunda a composição. Desde outrora ele era conhecido como Dioniso-Orfeu-Baco; antes ainda, como Dumuzi-Tammuz; mas também sabemos a seu respeito pelas palavras daquele que, prestes a ser crucificado, falou no banquete da última Ceia (conforme o Evangelho de João) a seu zodíaco de apóstolos: "Eu sou a videira e vós os ramos. Aquele que permanece em mim e eu nele produz muito fruto; porque, sem mim, nada podeis fazer".[33]

Em resumo, portanto, os mesmos símbolos, palavras e mistérios estavam relacionados tanto com a antiga videira pagã, quanto com a nova do evangelho cristão. Pois o mito do deus morto e ressuscitado, cuja existência é a pulsação vital do Universo, era conhecido dos pagãos milênios antes da crucificação de Cristo. Nas primeiras comunidades agrícolas, a imagem era representada em ritos de sacrifício humano reais, cuja finalidade era mágica – para fecundar as colheitas. Nas cidades cosmopolitas helênicas posteriores, onde a preocupação com as colheitas já não se sentia tão intensamente, a questão fundamental passou a ser a da vida interior afastada das influências estabilizadoras da natureza e da terra; desse modo o antigo mito foi interiorizado, sua sintaxe de magia agrícola foi traduzida para a iniciação espiritual, do trabalho de vivificar os campos para o de vivificar o espírito.[34] E nisso ele foi associado à filosofia, ciência e artes gregas, para revelar as vias que conduzem ao conhecimento dessas formas inteligíveis que são os "modelos" (em termos platônicos; ou as "entelequias", segundo Aristóteles) de todas as coisas: os "pensamentos" imanentes daquele Primeiro Motor, chamado Deus, que tanto é distinto, "por Si mesmo", e ainda assim idêntico à natureza do Universo como a ordem e o potencial de suas partes.[35]

E se agora perguntássemos por que, no teto da catacumba de Domitila, é Orfeu, e não Jesus, que ocupa o lugar solar central, a resposta, acho eu, seria óbvia. A ideia judaica da era messiânica é a de um tempo futuro. A ideia cristã primitiva era que esse tempo já chegara. No final do século II, entretanto, estava claro que não tinha ocorrido o final dos tempos. Por isso surgiu a necessidade de reinterpretar a profecia como se referindo a um fim adiado para alguma data futura indefinida, ou a um fim não do mundo, como na ideia hebraica, mas da ilusão, como na grega. A primeira foi a solução cristã ortodoxa e a segunda a gnóstica órfica, dando a Cristo o papel de supremo mistagogo.

E consequentemente, como vimos, o símbolo de Cristo como o Deus-Homem crucificado teve então de ser interpretado não à maneira da doutrina "redentora" de São Gregório, nem da "punitiva" de Santo Anselmo, mas da "abordagem mútua" de Abelardo, Paul Tillich e do Bispo Robinson; ou seja, interpretada de lá para cá, como a do deus, o Ser dos seres, que vai para a Cruz para ser desmembrado, separado em fragmentos mortais, "como uma árvore abatida, cortada em toras"; e simultaneamente interpretada ao inverso – daqui para lá – como a do indivíduo abnegado que abandona o vínculo com sua parte mortal para retornar ao arquétipo, alcançando dessa maneira a reparação, não como uma legal "reparação por ofensa", mas no sentido anterior, místico do termo: re-con-ci-lia-ção.*

III. O CAMINHO SEM TRILHAS

"Que coisa pior pode imaginar-se para um Estado que serem mandados para o exílio como indesejáveis homens honestos, só porque pensam de maneira diferente e não sabem dissimular? Haverá algo mais pernicioso, repito, do que considerar inimigos e condenar à morte homens que não praticaram outro crime ou ação criticável senão pensar livremente, e fazer assim do cadafalso, que é o terror dos delinquentes, um palco belíssimo em que se exibe, para vergonha do soberano, o mais sublime exemplo de tolerância e de virtude?"[36]

Essas são palavras de Baruch de Espinosa (1632-1677), um judeu refugiado de sua própria sinagoga, a quem o romântico alemão Novalis (1772-1801) descreveu como *ein gottbetrunkener Mensch*, "um homem embriagado de Deus". Escrevendo em uma época de espantosos massacres religiosos – conforme ele declarou "para mostrar que a liberdade absoluta de filosofar é compatível com a devoção religiosa e com a paz do Estado, e que tirar tal liberdade é destruir a paz pública e mesmo a própria religiosidade" –, Espinosa é um dos defensores mais corajosos e admiráveis da história europeia desses princípios de esclarecimento e integridade. Seus escritos foram denunciados em sua época como um instrumento "forjado no inferno por um judeu renegado e pelo Diabo".

Em um mundo de dementes que se atiravam a Bíblia uns contra os outros – calvinistas franceses, luteranos alemães, inquisidores espanhóis e portugueses, rabinos holandeses e vários outros – Espinosa teve a coragem de observar (o que deveria ser evidente para todos) que a Bíblia "é em partes imperfeita, deturpada, errônea e incoerente consigo mesma", visto que a verdadeira "palavra de Deus" não é algo escrito num livro, mas "inscrita no coração e na mente do homem".

Os homens começavam a descobrir que o mundo não era uma série de esferas cristalinas em rotação com a Terra, que ocupava o seu precioso centro, e que o homem não era o principal objeto de interesse da Lua, do Sol, dos planetas, das estrelas fixas

---

* Em inglês, at-one-ment. [N. da T.]

e, além de tudo isso, um Rei dos Reis, em um trono de pedras preciosas engastadas em ouro, cercado por nove coros arrebatados de querubins, serafins, tronos, domínios, virtudes, potestades, principados, arcanjos e anjos. E que tampouco havia próximo ao centro da Terra uma cova de almas ardentes, gritando, torturadas pelos demônios que eram os anjos caídos. Como jamais houve um Jardim do Éden, onde o primeiro casal humano comeu do fruto proibido, enganado por uma serpente que falava, e com isso trouxe a morte ao mundo; porque a morte existira aqui por milênios antes de a espécie humana desenvolver-se: a morte dos dinossauros e dos trilobites, dos pássaros, peixes e mamíferos e mesmo de criaturas que eram quase humanas. Assim como nunca ocorreu aquele Dilúvio universal capaz de levar a coleção de animais da Arca de Noé para o monte Ararat, de onde eles teriam deliberadamente se arrastado, saltado, nadado ou galopado para seus continentes – os cangurus e ornitorrincos para a distante Austrália; as lhamas para o Peru; os porcos-da-índia para o Brasil; os ursos polares para o extremo norte e os avestruzes para o sul...

É difícil se acreditar hoje que por duvidar de tais extravagâncias um filósofo fosse de fato queimado vivo no Campo dei Fiori, em Roma, no ano de 1600 do Nosso Senhor; ou que ainda em 1859, no ano de publicação da *Origem das espécies* de Darwin, homens de autoridade ainda pudessem citar esse tipo de "sabedoria" contra uma obra de ciência.

"Diz o insensato no seu coração: 'Deus não existe!'" (Salmos 14:1; 53:2). Há, entretanto, um outro tipo de louco, mais perigoso e seguro de si mesmo, que diz para si e proclama para todo o mundo: "Não há nenhum Deus senão o meu".

Giordano Bruno (1548-1600), o imprudente filósofo, foi queimado no Campo dei Fiori – onde está hoje sua estátua esculpida por Ferrari – não porque tenha dito consigo mesmo "Não há nenhum Deus"; mas, na verdade, porque tinha pregado e escrito que há um Deus, que é tanto transcendente quanto imanente.

Como transcendente, de acordo com o entendimento de Bruno, Deus está fora e é anterior ao Universo e incognoscível pela razão; mas como imanente, ele é o próprio espírito e natureza do Universo, de cuja imagem foi criado, e desse modo é cognoscível pela percepção, pela razão e pelo amor, numa aproximação gradual. Deus está em tudo e em todas as partes, e nele todos os opostos, inclusive o bem e o mal, estão incluídos.

Bruno foi queimado vivo por ter defendido a verdade que o matemático Copérnico demonstrara cinco anos antes de seu nascimento; ou seja, que a Terra gira em torno do Sol, não o Sol em torno da Terra, o que, como todas as autoridades cristãs, católicas e protestantes sabiam, bem como o próprio Bruno, era uma doutrina contrária à Bíblia. *O verdadeiro ponto em questão, em todos os séculos de perseguição cristã, jamais foi a fé em Deus, mas a fé na Bíblia como a palavra de Deus, e na Igreja (esta ou aquela Igreja), como a intérprete dessa palavra.*

Bruno sustentava que o Antigo Testamento não ensinava ciência, nem história ou metafísica, apenas uma espécie de moralidade; e colocou-a no mesmo nível da mitologia grega, que prega uma moralidade de outra espécie.

EXPERIÊNCIA E AUTORIDADE

Também expressou opiniões não ortodoxas sobre as delicadas questões do nascimento de mãe virgem de Jesus e do mistério da transubstanciação. A função de uma Igreja, ele declarou, é a mesma que a de um Estado, ou seja, social e prática: a segurança da comunidade, a prosperidade e bem-estar de seus membros. Dissensões e conflitos são perigosos para o Estado, daí a necessidade de uma doutrina de autoridade e coação à sua aceitação e conformidade exterior; mas a Igreja não tem nenhum direito de ir além, de interferir na busca de conhecimento, da verdade, que é o objeto da filosofia ou da ciência.[37]

A novidade que causava todo o problema era o método científico de pesquisa, que no período de Galileu, Kepler, Descartes, Harvey e Francis Bacon avançava a passos largos. Todos os muros, todas as limitações, todas as certezas estabelecidas estavam ruindo em dissolução. Jamais houvera algo semelhante. Na verdade, essa época, da qual ainda participamos com uma abertura constante de novas perspectivas, pode ser comparada em magnitude e promessas apenas com as dos VIII ao IV milênios a.C.: a do nascimento da civilização nuclear no Oriente Próximo, quando as descobertas da produção de alimentos, do cultivo de cereais e criação de gado libertaram a humanidade da condição primitiva da busca por provisões e, dessa maneira, possibilitaram o estabelecimento de comunidades solidamente fundadas: primeiro aldeias, depois cidades, metrópoles, reinos e impérios. Leo Frobenius em sua obra *Monumenta Terrarum*[38] denomina aquela época de a Idade Monumental – que hoje está se concluindo – e sobre o período que agora temos diante de nós, como a Idade Global.

"Já não se trata de inflexões culturais", ele declarou, "mas da passagem de um estágio cultural para outro. Em todas as épocas anteriores, apenas partes limitadas da superfície da Terra eram conhecidas. Os homens procuravam olhar seus horizontes e, além deles, o grande desconhecido. Eles eram todos, por assim dizer, insulares, limitados. Ao passo que nossa visão não está mais confinada a um ponto do espaço na superfície terrestre, ela abraça a totalidade do planeta. E esse fato, a falta de horizonte, é algo novo".

Foi portanto – como já disse – principalmente devido ao método científico de pesquisa que ocorreu a libertação da humanidade em seu conjunto e, com ela, cada indivíduo desenvolvido foi libertado dos horizontes da terra local, do código moral local, dos modos locais de ideias e valores grupais, de heranças locais de símbolos que um dia o protegeram, e que agora porém estavam em dissolução. Mas esse método científico era produto das mentes de indivíduos confiantes e corajosos o suficiente para serem livres. Além do mais, não apenas nas ciências, mas em cada aspecto da vida, a vontade e a audácia para acreditar nas próprias percepções e para honrar as decisões próprias, para escolher as virtudes próprias e declarar sua própria visão da verdade foram as forças geradoras da nova era, as enzimas da fermentação do vinho dessa grande safra moderna – vinho que, entretanto, só podem beber com segurança aqueles com uma coragem própria.

Porque essa é uma era de aventura impetuosa e desbridada, não só para aqueles que se voltam para o mundo exterior, mas também para os vocacionados para o interior, libertos do jugo da tradição. Seu lema talvez esteja mais bem formulado na afirmação de Albert Einstein sobre o princípio da relatividade, estabelecido no ano de 1905: "A natureza é tal que é impossível determinar o movimento absoluto por qualquer experimento".[39] Nessas quatorze palavras, estão resumidos os resultados de uma década de experimentos em várias partes da Europa para estabelecer algum padrão absoluto de repouso, algum meio estático do éter, como um marco fixo de referência pelo qual os movimentos das estrelas e sóis pudessem ser mensurados. Nada foi conseguido. E esse resultado negativo confirmou o que Isaac Newton (1642-1727) já suspeitava quando escreveu, em seu *Principia*:

> É possível que nas regiões remotas das estrelas fixas, ou muito além delas, possa haver algum corpo em repouso absoluto, mas é impossível saber a partir das posições dos corpos em relação entre si, em nossas regiões, se qualquer um deles conserva a mesma posição em relação àquele corpo remoto. Conclui-se que o repouso absoluto não pode ser determinado a partir da posição dos corpos em nossa região.[40]

Poderia-se dizer, de fato, que o princípio da relatividade já fora definido em termos mitopoéticos, morais e metafísicos naquela frase do livro hermético do século XII, o *Livro dos vinte e quatro filósofos*: "Deus é uma esfera inteligível, cujo centro está em todas as partes e sua circunferência em lugar nenhum",[41] que foi citada durante séculos por um número significativo de importantes pensadores europeus, entre outros, Alan de Lille (1128-1202), Nicolau de Cusa (1401-1464), Rabelais (1490?-1553), Giordano Bruno (1548-1600), Pascal (1623-1662) e Voltaire (1694-1778).

Em certo sentido, portanto, nossos matemáticos, físicos e astrônomos recentes somente confirmaram em suas próprias áreas um princípio geral há muito reconhecido no pensamento e sentir europeus. Enquanto na visão de mundo arcaica da Suméria, preservada no Antigo Testamento, a ideia de uma ordem cosmológica estável prevalecera e estava unida ao conceito sagrado de uma ordem moral estabelecida, agora descobrimos que, comparando nosso recente reconhecimento cosmológico da relatividade de todas as medidas com o instrumento que faz a medição, há uma crescente compreensão, mesmo no campo moral, de que todos os julgamentos são (para usarmos as palavras de Nietzsche) "humanos, demasiadamente humanos".

Oswald Spengler, em *A decadência do Ocidente*, cunhou a expressão "pseudomorfose histórica" para designar "aqueles casos em que uma cultura estranha mais antiga impõe-se ainda tão fortemente sobre um país, que uma cultura mais recente, nascida nesse país, não consegue respirar e é incapaz, portanto, de alcançar formas de expressão específicas e genuínas, e mesmo de desenvolver plenamente sua autoconsciência".[42] A imagem foi adotada da terminologia da ciência da mineralogia, em que a palavra *pseudomorfose*, "falsa formação", refere-se à enganadora forma externa de um cristal que se solidificou dentro de uma fenda de rocha ou outro molde incompatível com sua estrutura interna. Uma parte importante da cultura levantina (ou mágica, como Spengler a chamou) desenvolveu-se dessa maneira sob pressões gregas e romanas; mas então, subitamente, libertou-se com Muhammad para desenvolver em estilo próprio a civilização islâmica.[43] De maneira semelhante, a cultura norte-europeia se desenvolveu, em todo o período gótico, sob uma camada de formas tanto clássicas greco-romanas quanto bíblicas levantinas, havendo em cada uma delas a ideia de uma única lei para a humanidade, conceito do qual apenas agora começamos a nos desvencilhar.

A lei bíblica era considerada como parte de uma ordem sobrenatural, recebida pela revelação especial de um Deus separado da natureza, que exigia submissão absoluta da vontade individual. Mas, na parte clássica de nossa dupla herança, também há o conceito de uma única lei moral normativa; neste caso, uma lei natural que a razão pode descobrir. Porém, se há uma coisa que as nossas pesquisas recentes em antropologia, história, fisiologia e psicologia provam, é que não há nenhuma norma humana que seja única.

O anatomista britânico Sir Arthur Keith atestou a determinação psicossomática desse relativismo há mais de trinta anos. "No cérebro", escreveu em um artigo para uma obra de divulgação, "há cerca de dezoito bilhões de unidades microscópicas vivas ou células nervosas. Essas unidades estão agrupadas em miríades de batalhões e estes se entrelaçam por um sistema de comunicação, cuja complexidade não tem paralelo em nenhum sistema de telecomunicações criado pelo homem. Dos milhões de unidades nervosas do cérebro, nenhuma está isolada. Todas estão relacionadas e participam da manipulação de ininterruptas correntes de mensagens passadas para o cérebro pelos olhos, ouvidos, dedos, pés, membros e corpo". E chegou à conclusão:

> Se a natureza não consegue reproduzir um único padrão nem mesmo em dois dedos, muito menos consegue reproduzir o mesmo padrão em dois cérebros, cuja organização é tão inconcebivelmente complexa! Toda criança nasce com um certo equilíbrio de capacidades, aptidões, inclinações e tendências instintivas. Nunca em duas crianças esse equilíbrio é o mesmo e cada cérebro diferente tem de lidar com um diferente fluxo de experiências. Por isso, eu me surpreendo, não porque um homem discorde de outro a respeito das realidades últimas da vida, mas porque tantos, apesar da diversidade de suas naturezas inatas, conseguem alcançar um padrão tão amplo de concordância.[44]

Assim como no mundo visível de Einstein, também no mundo invisível de Keith não há nenhum ponto de absoluto repouso, nenhuma "Rocha dos Tempos" sobre a qual um homem de Deus possa repousar seguro, ou um Prometeu possa ser acorrentado. Porém, isso foi algo que as artes e filosofias da Europa pós-gótica já haviam reconhecido; aliás, em termos metafísicos, nos escritos de Arthur Schopenhauer (1788-1860). Esse gênio melancólico – tocado, como o Buda, pelo espetáculo do sofrimento do mundo – foi o primeiro grande filósofo do Ocidente a reconhecer a importância do pensamento védico e budista; contudo, em sua doutrina do fundamento metafísico do caráter único de cada indivíduo humano, ele se manteve muito longe da indiferença de todo pensamento indiano a respeito da individuação. O objetivo na Índia, seja no budismo, hinduísmo ou jainismo, é eliminar a individualidade pela insistência, primeiro, nas leis absolutas das castas (*dharma*) e, em seguida, nos estágios há muito conhecidos do caminho (*mārga*) em direção à indiferença com as voltas do tempo (*nirvāna*). O próprio Buda apenas renovou a eterna doutrina dos Budas, e todos os Budas, libertos da sua individualidade, se parecem. Para Schopenhauer, entretanto (embora seja certo que no final ele considerou a negação da vontade de viver como a suprema meta espiritual), o critério de valor moral não era a casta ou ordem social, mas a autonomia inteligente e responsável na formação do caráter, assim como a piedade e a retidão, cuja referência moral é: "Não prejudique ninguém; mas, se possível, beneficie a todos".[45]

Pois na visão de Schopenhauer, a espécie *Homo sapiens* representa a realização de um estágio na evolução que vai além do significado da palavra "espécie" tal como aplicada a animais, posto que, entre os homens, cada indivíduo é como se constituísse em si mesmo uma espécie. "Nenhum animal" – ele afirma – "apresenta individualidade em um grau tão notável. É certo que as espécies superiores apresentam alguns traços; mas mesmo nessas, é a característica da espécie que predomina e há pouca individualidade fisionômica. Além disso, quanto mais o animal encontra-se afastado do homem mais desaparece qualquer traço individual de caráter no caráter comum da espécie, até que, por fim, permanece apenas a fisionomia geral".[46]

Nas artes visuais, observa Schopenhauer, há uma diferença entre os propósitos daquelas voltadas para a beleza e graça de uma espécie e a intenção de outras preocupadas em expressar o caráter de um indivíduo. A escultura e a pintura de animais são do primeiro tipo; o retrato na escultura e na pintura é do segundo. Um plano intermediário pode-se reconhecer na expressão do nu; pois nela – pelo menos nas artes clássicas – a figura traduz a beleza de sua espécie, não do caráter do indivíduo. Onde o indivíduo aparece, a figura está nua, não é propriamente um "nu".[47] Entretanto, a própria nudez pode alcançar o *status* de retrato se é dirigida para o caráter do sujeito; pois, na visão de Schopenhauer, a individualidade impregna todo o corpo.[48]

E notamos agora que na arte clássica a realização máxima, o apogeu, era um belo corpo despido em pé: uma revelação física da norma ideal da espécie humana, consonante com a busca da filosofia grega de uma norma moral e espiritual. Enquanto, ao contrário, no apogeu da realização renascentista e barroca floresceu a arte do retrato – nos quadros, por exemplo, de Tiziano, Rembrandt, Dürer e Velásquez. Mesmo os nus desse período são retratos e nas grandes pinturas históricas, como na *Rendição de Breda* de Velásquez (no Museu do Prado), o retrato também prevalece. As épocas da história são interpretadas não como efeitos impessoais, anônimos daquilo que hoje é chamado de "ventos da mudança" (como se a história se fizesse por si mesma), mas como conquistas de indivíduos específicos. E tanto nas pequenas quanto nas grandes questões da vida a ênfase permanece sobre o caráter – como nas pinturas do Moulin Rouge de Toulouse-Lautrec.

Os mestres dessas obras são, então, os profetas do atual alvorecer da nova era de nossa espécie, identificando aquele aspecto do milagre do mundo mais apropriado à nossa contemplação: um panteão não de bestas ou de super-homens celestiais, nem mesmo de seres humanos ideais transfigurados além de si mesmos, mas de indivíduos reais, vistos pelo olho que penetra nas presenças ali existentes.

Permitam-me citar de novo o filósofo:

> Como a forma humana geralmente corresponde à nossa vontade humana, também a forma física individual corresponde à vontade individualizada do caráter pessoal; consequentemente, em todas as partes ela é característica e plena de expressão.[49]

O fundamento do caráter individual, afirma Schopenhauer, em concordância com a descoberta de Sir Arthur Keith, encontra-se fora do alcance da pesquisa e da análise; encontra-se no corpo do indivíduo quando ele nasce. Por isso, as condições do meio em que o indivíduo vive não *determinam* o caráter. Apenas proporcionam os estímulos ou os obstáculos à sua realização temporal, como fazem a terra e a chuva com o crescimento e florescimento da semente.

"As experiências e relações travadas durante a infância e a primeira juventude", ele escreve antecipando o que viria a ser clinicamente confirmado por outros pesquisadores desde então, "tornam-se com o avançar da idade os tipos, padrões e critérios de todo conhecimento e experiência subsequentes, como se fossem as categorias segundo as quais todas as coisas posteriores são classificadas – entretanto, nem sempre conscientemente. Desse modo, em nossos anos de infância é lançada a base de nossa visão do mundo e, conforme sua superficialidade ou profundidade, ela será, nos anos que se seguem, desenvolvida ou realizada, mas não essencialmente alterada".[50]

O caráter inato, ou, como Schopenhauer o denomina, o caráter *inteligível*, é desenvolvido apenas gradual e imperfeitamente pelas circunstâncias; e o que surge disso, ele chama de caráter *empírico* (experienciado ou observado). Nossos próximos, pela observação desse caráter empírico, muitas vezes se tornam mais conscientes do que nós mesmos da personalidade inata inteligível que secretamente conforma as nossas vidas. Temos de descobrir pela experiência o que somos, queremos e podemos fazer e "antes disso", afirma Schopenhauer, "não temos caráter, somos ignorantes de nós mesmos e temos, frequentemente, de ser devolvidos para o nosso caminho por duros golpes exteriores. Entretanto, quando finalmente aprendemos, adquirimos o que o mundo chama de 'caráter' – quer dizer, caráter *adquirido*. E esse, em resumo, não é nem mais nem menos do que o mais completo conhecimento possível de nossa própria individualidade".[51]

Um grande retrato é, portanto, a revelação do caráter "inteligível" por meio do "empírico", de um ser cujo fundamento está fora de nossa compreensão. A obra é um ícone, por assim dizer, de uma espiritualidade fiel a esta Terra e à sua vida, onde as Deleitáveis Montanhas de nossa Jornada de Peregrinação se descobrem nas criaturas deste mundo e onde o brilho da Cidade de Deus se reconhece no Homem. A arte de Shakespeare e Cervantes, seus textos e episódios, são revelações da verdadeira mitologia viva de nossa humanidade em desenvolvimento. E como o objeto de contemplação é o homem – não o homem como espécie, ou representante de alguma classe social, situação típica, paixão ou ideia (como na literatura e arte da Índia)[52], mas como o indivíduo específico que é, ou foi, e nenhum outro –, pareceria que o panteão, os deuses desta mitologia, deve estar formado por seus indivíduos em suas diversidades, não como eles possam conhecer a si próprios, mas como os quadros de arte os revelam: cada um em si mesmo (na frase de Schopenhauer) "o Mundo inteiro como Vontade à sua maneira".

O escultor francês Antoine Bourdelle (1861-1929) costumava dizer aos aprendizes em seu atelier: "L'art fait ressortir les *grandes* lignes de la nature".*

James Joyce, em *Um retrato do artista quando jovem*, fala da "essência de uma coisa" como a "suprema qualidade da beleza", que é reconhecida quando "se percebe que aquela coisa é ela mesma e não outra".[53] E encontramos novamente a imagem do "espelho", de Shakespeare.

E exatamente como no passado cada civilização foi o veículo de sua própria mitologia, desenvolvendo seu caráter à medida que seu mito era progressivamente interpretado, analisado e elucidado por suas mentes mais importantes, no mundo moderno – onde a aplicação da ciência às esferas da vida prática dissolveu todos os horizontes culturais, para que nenhuma civilização possa novamente se desenvolver isoladamente – cada indivíduo é o centro de uma mitologia própria, da qual seu caráter inteligível é seu Deus Encarnado, por assim dizer, a quem sua consciência deve encontrar em sua busca empírica. O aforismo de Delfos, "Conhece-te a ti mesmo", é o lema. E não Roma, Meca, Jerusalém, Sinai ou Benares, mas cada "tu" é o centro deste mundo, na acepção daquela fórmula do *Livro dos vinte e quatro filósofos*, do século XII, que definiu a Deus como "uma esfera inteligível, cujo centro está em todas as partes e sua circunferência em lugar nenhum".

Na maravilhosa lenda do século XIII a respeito do Santo Graal, conta-se que quando os cavaleiros da Távola Redonda partiram em seus corcéis, em busca do Santo Graal, deixaram separadamente o castelo do Rei Artur. "E então cada um foi pela rota que escolhera, penetrando na floresta por caminhos que consideraram mais fechados", de maneira que cada um, seguindo por sua própria vontade, deixando para trás a boa e conhecida companhia e a távola da corte de Artur, guarnecida pelas torres, experimentaria à sua própria maneira heroica a floresta desconhecida e sem trilhas.[54]

Hoje, as muralhas e torres do mundo cultural que naquele então se construíam estão desmoronando; e enquanto os heróis de outrora podiam partir sozinhos do

---

* Em francês no original; literalmente, "A arte evidencia as *grandes* linhas da natureza". [N. da T.]

conhecido para o desconhecido, nós, hoje, queiramos ou não, temos de entrar na floresta por caminhos que consideramos mais fechados: e, agradando-nos ou não, o caminho sem trilhas é o único que temos pela frente.

Mas é claro, também, que aqueles que ainda conseguem viver dentro dos limites de alguma mitologia tradicional recebem proteção contra os riscos de uma vida individual; e para muitos a possibilidade de aderir dessa maneira a fórmulas estabelecidas é um direito inato que eles com razão prezam, porque dará significado e grandeza a suas vidas carentes de aventuras, do nascimento aos deveres do casamento, com a falência gradual das suas faculdades, até uma passagem tranquila pelo último limiar. Uma vez que, conforme louva o salmista, "Amor constante envolve aquele que confia no Senhor" (Salmo 32:10), aqueles aos quais tal proteção parece uma perspectiva merecedora de todo sacrifício encontrarão tanto os padrões quanto os valores de uma vida de boa reputação numa mitologia ortodoxa.

Entretanto, para outros, a quem tal vida não seria vida, mas uma morte antecipada, as montanhas circundantes, que aos outros parecem de pedra, estão envoltas pela névoa dos sonhos e o homem valoroso caminha exatamente entre seu Deus e seu Diabo, céu e inferno, branco e preto. Além daquelas muralhas, nas trevas da floresta inexplorada, onde o terrível vento de Deus sopra diretamente sobre o espírito desbravador, desprotegido, a confusão dos caminhos pode levar à loucura. Entretanto, eles também podem levar, segundo as palavras de um dos maiores poetas medievais, a "todas aquelas coisas das que estão feitos céu e terra".

IV. MONTANHAS ETERNAS

"Assumi uma tarefa" – escreveu o poeta Gottfried von Strassburg, cujo *Tristão*, composto por volta de 1210, tornou-se a fonte e o modelo da vigorosa obra de Wagner – "por amor ao mundo e para confortar os corações nobres, àqueles a quem eu prezo e aos que o meu coração sente-se atraído. Não estou me referindo ao mundo comum daqueles que (como ouvi dizer) são incapazes de suportar o sofrimento e desejam apenas viver na graça. (Que Deus os permita viver na graça!) Desse mundo e do modo de vida destes, a minha história não trata: a vida deles e a minha estão distantes. É outro o mundo que tenho em mente, ele comporta num mesmo coração sua doçura amarga, seu precioso sofrimento, seu prazer espiritual e sua dor anelante, sua vida grata e dolorosa morte, sua grata morte e dolorosa vida. É a esse mundo que desejo pertencer, para ser condenado ou para ser salvo com ele".[55]

James Joyce, em seu *Um retrato do artista quando jovem*, mostrou a mesma ousadia nas palavras do seu herói católico irlandês do século XX, Stephen Dedalus: "Não tenho medo de ficar só e não tenho medo de cometer um erro, mesmo um grande erro, um erro que perdure por toda a vida e, talvez, por toda a eternidade".[56]

É realmente incrível pensar que no mundo atual – com todas as suas ciências e tecnologias, suas megalópoles, seus conhecimentos sobre espaço e tempo, de vida noturna e de revoluções, tão diferente (aparentemente) do mundo pleno de Deus da

MITOLOGIA CRIATIVA

Idade Média – ainda existam jovens que enfrentam seriamente em suas mentes o mesmo risco de Gottfried no século XIII: desafiar o inferno. Se, por um momento, eu pudesse pensar no mundo ocidental em termos não de tempo, mas de espaço, não como mutável no tempo, mas como constante no espaço, com os homens de suas várias eras, cada um no seu meio, vivendo como contemporâneos, poder-se-ía, talvez, passar de um a outro numa inexplorada floresta mágica, ou como num jardim de caminhos sinuosos e pequenas pontes.

O fato de Wagner utilizar tanto o *Tristão* de Gottfried, como o majestoso *Parsifal*, do mais importante contemporâneo de Gottfried, Wolfran von Eschenbach, talvez indique uma pista; da mesma forma que a acentuada linha de ascendência de Gottfried até James Joyce. Há novamente uma coincidência (desta vez em dois contemporâneos) entre James Joyce (1882-1941) e Thomas Mann (1875-1955), percorrendo cada um o seu próprio caminho, ignorando a obra do outro, mas marcando, em ritmo compassado, as mesmas etapas, data por data, conforme segue:

a) Primeiramente, no livro *Os Buddenbrooks* (1902) e no conto *Tônio Kroeger* (1903) de Thomas Mann, *Stephen Hero* (1903) e *Um retrato do artista quando jovem* (1916) de James Joyce: tratam da separação de um jovem do contexto social de seu nascimento para buscar um destino pessoal, um saindo de um meio protestante e o outro do católico romano, mas cada qual resolvendo seu dilema em um momento de intuição inspiradora (sendo, em ambos os casos, a figura de uma jovem o objeto inspirador). Temos aqui a definição de uma teoria e escolha estéticas.

b) A seguir, *Ulisses* (1922) e *A montanha mágica* (1924) são dois relatos de busca de um princípio substancial revelador da existência em meio a uma mistura de critérios de uma civilização moderna. São episódios escritos à maneira de romance naturalista, mas em ambas as obras encontramos passagens retroativas que revelam analogias mitológicas: no caso de Joyce, em grande parte por meio de Homero, Yeats, Blake, Vico, Dante e da Missa Católica Romana, com muitos outros ecos; e no de Mann, por meio do *Fausto* de Goethe, de Schopenhauer, Nietzsche, a Montanha de Vênus de Wagner e do hermético saber alquímico.

c) Depois, em *Finnegans Wake* (1939) e na tetralogia de *José e seus irmãos* (1933-1943), ambos os romancistas mergulham inteiramente nas águas do mito, de maneira que, enquanto nos grandes romances anteriores os temas mitológicos tinham ressoado como lembranças e ecos, aqui a própria mitologia torna-se o texto, proporcionando visões do mistério da vida tão diferentes entre si quanto uma algazarra de uma festa irlandesa e uma visita guiada a um museu. Porém, mesmo assim, essencialmente do mesmo estofo. E, assim como na catacumba de Domitila as imagens sincreticamente organizadas libertaram a mente dos padrões étnicos, abrindo-a para o passado, para o além e para o interior, em direção à sua origem nas ideias elementares, também nesses vigorosos romances míticos (os maiores, sem dúvida, escritos no século XX) o conjunto de traços culturalmente estruturados evocam – dos infinitos recursos do abismo que deu origem à própria história – sugestões abundantes do milagre da nossa própria vida como criatura humana.

EXPERIÊNCIA E AUTORIDADE

Nos volumes anteriores de *As máscaras de Deus*, as mitologias tratadas são na sua maior parte do mundo comum daqueles que, nas palavras do poeta Gottfried, "são incapazes de suportar o sofrimento e desejam apenas viver na graça", quer dizer, as mitologias estabelecidas das grandes e pequenas religiões. Neste volume, por sua vez, aceito a ideia proposta por Schopenhauer e confirmada por Sir Arthur Keith, cuja intenção é considerar cada um dos mestres criativos desta nascente civilização do indivíduo, na condição de um ser absolutamente singular, um espécime único em si mesmo. Ele terá chegado a um lugar ou outro deste mundo, a uma época ou outra, para desenvolver, nas condições de seu tempo e lugar, a autonomia de sua natureza. Embora tenha recebido a estampagem de uma doutrina autorizada da herança religiosa ocidental – em qualquer dos estágios históricos de desintegração em que esteja – na juventude ele concebe a ideia de pensar por si mesmo, perscrutar com seus próprios olhos, seguindo o compasso de seu próprio coração.

Por isso, as obras dos verdadeiramente grandes mestres desta nova era não podem associar-se numa tradição unificada, à qual adiram seus seguidores, pois são individuais e distintas. São obras de indivíduos e, como tais, representarão modelos para outros indivíduos: não imperativos, mas evocativos. Wagner seguindo Gottfried, Wagner seguindo Wolfram, Wagner seguindo Schopenhauer, segue, de fato, ninguém senão a si mesmo. Os acadêmicos, obviamente, descobriram, descreveram e revelaram escolas em torno a determinadas tendências; e para os acadêmicos como classe, tais obras proporcionam meios para se construir uma carreira. Entretanto, isto não tem nada a ver com vida criativa e menos ainda com o que estou me referindo como mito criativo, que provém da imprevisível e inaudita experiência-em-iluminação de um objeto por um sujeito, seguida pelo trabalho de conseguir transmitir o resultado. É nesta segunda fase técnica da arte criativa, inteiramente secundária e à que chamamos de *comunicação*, que o tesouro, o dicionário por assim dizer, da infinitamente rica herança mundial de símbolos, imagens, motivos míticos e feitos heroicos pode ser evocada – a fim de transmitir a mensagem – conscientemente, como por Joyce e Mann, ou inconscientemente, como nos sonhos. Ou, ainda, podemos recorrer a temas e imagens locais, de todo inusitados – mais uma vez presentes em Joyce e Mann.

Porém não vou antecipar aqui as aventuras destas páginas, além de apontar que nos deteremos sobre o mistério do momento de arrebatamento estético, quando a possibilidade de uma vida como aventura abre-se para a mente; em seguida, vamos examinar um catálogo dos veículos de comunicação disponível ao artista ocidental para celebrar seu arrebatamento; e, por último, os processos de criação de certos mestres, dedicados ao mesmo *continuum* de temas do nosso passado mais antigo e obscuro que, muito recentemente, foi posto a ferver no caldeirão de *Finnegans Wake*.

Ademais, para alento daqueles que penetram em outras obras com esperança, mas deparam com pó e cinzas, podemos assegurar que, segundo o que se evidencia destas páginas, é possível alcançar a libertação do espírito da matriz de vínculos sociais herdados, o que, de fato, já foi alcançado muitas vezes: concretamente, por aqueles gigantes do pensamento criativo que, embora muito poucos em uma época determinada, ao longo dos séculos da humanidade são tão numerosos quanto as montanhas da terra e constituem, na verdade, um grande grupo de cuja graça o resto da humanidade extrai toda a força espiritual e virtude que pode aspirar.

As sociedades em toda a história desconfiaram e reprimiram esses espíritos elevados. Mesmo a nobre Atenas condenou Sócrates à morte e Aristóteles, no final, teve de fugir de sua indignação. Como Nietzsche disse por experiência própria: "O objetivo das instituições – sejam científicas, artísticas, políticas ou religiosas – jamais é produzir e incentivar exemplos excepcionais; as instituições se ocupam, antes, do comum, do normal, do medíocre". Porém, Nietzsche prossegue, "O propósito da humanidade não é ser vista na realização de algum estado final de perfeição, senão estar presente em seus mais nobres exemplos".

Que o homem superior possa aparecer e conviver convosco, por muitas vezes, *esse* é o sentido de todos os vossos esforços aqui na terra. Que sempre haja entre vós homens capazes de elevar-vos à vossa perfeição: esse é o prêmio pelo qual vos esforçais. Pois é apenas pela ocasional vinda à luz de tais seres humanos que vossa própria existência pode ser justificada. [...] E se vós mesmos não sois uma grande exceção, então sejais, pelo menos, uma pequena! e assim estareis alimentando na terra aquele fogo sagrado do qual pode surgir o gênio.[57]

CAPÍTULO 2

O MUNDO TRANSFORMADO

I. A VIA DO AMOR NOBRE

Um homem, uma mulher, uma mulher, um homem,
Tristão Isolda, Isolda Tristão.

"Quanto mais se aviva a chama do fogo do amor" – escreveu o poeta Gottfried – "mais imperativo é o desvario de quem ama. Mas esse sofrimento é tão pleno de amor, essa ansiedade tão encorajadora, que nenhum coração nobre a dispensaria depois de ter sido assim encorajado".[1]

De todos os tipos de experiência pelos quais o indivíduo pode ser arrebatado da segurança dos caminhos conhecidos para os perigos do desconhecido, o dos sentimentos, do erótico, foi o primeiro a despertar o homem gótico de seu refúgio infantil na autoridade; e, como disse Gottfried, havia aqueles, a quem ele chama de nobres, cujas vidas receberam desse fogo espiritual o mesmo alimento que o amante de Deus recebeu do pão e do vinho sacramentais. O poeta evoca intencionalmente, na celebração de sua lenda, os arrebatamentos religiosos da conhecida série de sermões de São Bernardo de Claraval sobre o Cântico dos Cânticos:

"Tenho tanta certeza disso quanto a da minha morte" – ele escreve –, "pois aprendi com a própria aflição: o amante nobre ama histórias de amor. Qualquer um que anseie por tais histórias não precisa ir longe: pois eu lhe contarei histórias de amantes nobres que deram provas de puro amor – ele apaixonado, ela apaixonada..."

> Nós lemos a respeito de sua vida, e sobre sua morte,
> E isso resulta para nós deleitoso como o pão.
> Sua vida, sua morte, são nosso pão.
> Assim vive sua vida, assim vive sua morte,
> Assim continuam vivos, embora estejam mortos
> E sua morte é o pão dos vivos.²

Como as outras lendas do ciclo arturiano, a de Tristão e Isolda foi destilada de um conjunto de temas derivado do mito céltico pagão, transformado e recontado como se fosse da fidalguia cristã. Daí a força de seu fascínio aos ouvidos ainda semipagãos que se abriram para ouvir seu canto na época das Cruzadas, e seu apelo aos corações românticos desde então. Isso porque, como em todas as grandes mitologias pagãs, há na mitologia céltica uma confiança essencial na natureza, ao passo que na doutrina eclesiástica a natureza fora tão corrompida pela Queda de Adão e Eva que não havia qualquer virtude nela.

O herói céltico, movido por uma graça *natural* infalível, segue sem medo os impulsos de seu coração. E embora estes possam prometer apenas sofrimento e dor, perigo e desastre – para os cristãos, até mesmo a catástrofe última do inferno por toda a eternidade – quando seguidos espontaneamente, sem pensar ou preocupar-se com as consequências, eles são sentidos como oferecendo à existência, se não a luz da vida eterna, ao menos integridade e verdade.

Santo Agostinho proclamara no início do século V, contra o herético irlandês Pelágio, a doutrina de que a salvação do Pecado Original só pode ser alcançada por meio de uma graça *sobrenatural* que não é dada pela natureza, mas por Deus, através de Jesus crucificado, e somente dispensada pelo clérigo de sua Igreja incorruptível, nos sete sacramentos. *Extra ecclesian nulla salus*. Porém, na Igreja gótica dos séculos XII e XIII, a corrupção, ao menos do caráter natural (se não do sobrenatural) de seu clero incorruptível era o maior escândalo da época.³

O romance arturiano sugeria a quem quisesse ouvir que apesar de tudo havia na natureza corruptível uma virtude, sem a qual a vida carecia de nobreza incorruptível; e ele transmitiu essa mensagem, que era conhecida havia séculos pela maior parte da humanidade, simplesmente vestindo de damas e cavaleiros cristãos os deuses e heróis, as heroínas e as deusas de origem celta. Justamente aí encontramos o desafio desses romances à Igreja.

E para tornar evidente que reconhecia esse grave desafio, o poeta Gottfried descreveu a gruta do amor, onde os amantes se refugiam do matrimônio sacramentado de Isolda com o rei Marcos, como uma capela no coração da natureza, com o leito da consumação do seu amor instalado no lugar correspondente ao altar.

> A gruta fora escavada em tempos pagãos na montanha erma [dizia Gottfried],
> quando reinavam os gigantes, antes da chegada de Corineu.* E ali eles tinham o

---

* Corineu era considerado o herói epônimo da Cornualha. Ele foi designado assim em *History of the Kings of Britain* 1.12, de Geofrey de Monmouth, cuja fonte para o nome foi a *Eneida* 9.571 e 12.298 de Virgílio.

hábito de se esconder quando desejavam privacidade para fazer amor. Na verdade, onde quer que uma tal gruta fosse encontrada, ela era fechada com uma porta de bronze e consagrada ao amor, com a inscrição: *La fossiure a la gent amant*, o que quer dizer, "A gruta para as pessoas apaixonadas".

O nome adequava-se bem ao lugar. Porque, como a lenda nos revela, a gruta era circular, ampla, alta e com paredes uniformes, planas, lisa e branca como a neve. No alto, a abóbada era finamente acabada e, em sua base havia uma coroa, belamente ornamentada pela arte da ourivesaria e com incrustações de pedras preciosas.

O pavimento inferior era de um mármore liso, brilhante e suntuoso, verde como a grama. No centro havia um leito linda e inteiramente escavado em cristal, alto e amplo, elevado do chão e todo gravado com letras que – segundo a lenda – proclamavam sua dedicação à deusa Amor. No alto, no teto da gruta, três pequenas janelas foram escavadas, pelas quais a luz penetrava aqui e ali. E no lugar da entrada e saída havia uma porta de bronze.[4]

Gottfried explica em detalhes a alegoria dessas formas.

O interior circular é Simplicidade no Amor; porque a Simplicidade é o que mais convém ao Amor, que não pode suportar quaisquer arestas. No Amor, a Malícia e a Astúcia são as arestas. A amplitude é o Poder do Amor. É infinito. A altura significa a Aspiração, que se eleva em direção às nuvens: nada é demais para ela quando se empenha em se elevar até onde as Virtudes Douradas unem a abóbada à base. [...]

A parede da gruta é branca, lisa e reta: a essência da Integridade. Seu brilho, uniformemente branco, jamais pode ser colorido; como tampouco qualquer tipo de Suspeita deve ser capaz de encontrar ali abrigo. O piso de mármore é a Constância, em seu verdor e dureza, cuja cor e caráter são os mais apropriados, pois a Constância é sempre tão verde quanto a grama e tão lisa e transparente quanto o cristal. O leito cristalino do Amor nobre, no centro, foi devidamente consagrado ao nome da Deusa, e o artesão que entalhou o cristal reconhecera a sua finalidade: porque o Amor, de fato, deve ser cristalino, transparente e translúcido.

Dentro da gruta, travando a porta de bronze, havia duas barras; e também uma aldrava interna, engenhosamente colocada na parede – exatamente onde Tristão a encontrara. Uma pequena alavanca a controlava, que passava de fora para dentro e a movia de um lado para o outro. Além disso, não havia nem fechadura nem chave; e vou dizer-vos por quê.

Não havia fechadura porque qualquer mecanismo que fosse colocado do lado de fora na porta, para fazê-la abrir ou fechar, significaria Traição. Porque, se alguém entra pela porta do Amor quando não foi admitido de dentro, isso não pode ser considerado Amor: é Engodo ou Violência. A porta do Amor está ali – porta do Amor de bronze – para impedir a entrada de qualquer um que não seja por Amor; e ela é de bronze para que não possibilite a entrada de alguém por nenhum artifício, seja por meio da violência ou da força, esperteza ou perícia, traição ou mentiras. Além do mais, as duas barras no interior, os dois selos do Amor, estão voltadas uma para a outra. Uma é de cedro e a outra de marfim. E agora sabereis o seu significado:

A barra de cedro indica a Compreensão e a Razão do Amor; o marfim, a sua Modéstia e Pureza. E esses dois selos, essas duas barras castas, guardam a morada do Amor a salvo da Traição e da Violência.

A pequena alavanca secreta colocada na aldrava a partir de fora era uma maneta de estanho, e a aldrava – como deve ser – de ouro. A aldrava e a alavanca, isto e aquilo: tampouco poderiam ser mais bem escolhidas por suas qualidades. Porque o estanho é o Esforço Suave em relação a uma esperança secreta, enquanto o ouro é a Consumação. Dessa maneira, estanho e ouro são apropriados. Cada um pode dirigir seu próprio esforço de acordo com sua vontade: de maneira limitada ou ampla, resumida ou extensamente, de maneira liberal ou estrita, de todas as maneiras possíveis, quase sem esforço – como com o estanho; e há pouco dano nisso. Mas se alguém então, com a devida suavidade, considerar a natureza do Amor, sua alavanca de estanho, essa coisa humilde, o levará ao sucesso dourado e, depois, a aventuras prazerosas.

E agora, aquelas pequenas janelas no alto da gruta, habilmente escavadas diretamente na rocha, permitiam entrar o brilho do Sol. A primeira é a Cordialidade, a segunda a Humildade e a última a Distinção; e através das três, sorria a luz suave daquele esplendor abençoado, a Honra, que de todas as luzes é a que melhor ilumina nossa gruta de aventura terrena.

E, finalmente, é também significativo que a gruta esteja isolada num ermo. A interpretação deve ser que as oportunidades de Amor não se encontram nas ruas nem em campos abertos. Ela (a deusa Amor) oculta-se em espaços selvagens. E o caminho até seu refúgio é penoso e austero. Por todas as partes há montanhas, com muitos desvios aqui e ali. As trilhas sobem e descem; as rochas nos martirizam obstruindo o caminho. Não importa o quanto nos mantemos na trilha certa, se errarmos um único passo, jamais saberemos regressar. Mas quem tiver a boa sorte de penetrar naquele ermo, obterá ditosa recompensa. Pois encontrará ali deleites para o seu coração. O ermo está abarrotado de tudo o que seu ouvido deseja ouvir e do que agrada sua vista; de maneira que *ninguém desejaria estar em outro lugar. E isso eu sei muito bem, pois já estive lá... As pequenas janelas pelas quais o sol penetra enviaram com frequência seus raios ao meu coração.* Eu conheço aquela gruta desde os onze anos, embora jamais tenha estado na Cornualha.[5]

Que alimento sustenta os amantes isolados naquela gruta? "Obcecados pela curiosidade e mistério" – o poeta Gottfried responde – "muitas pessoas ocuparam-se em saber como aquele casal, Isolda e Tristão, alimentava-se naquela Terra Desolada. Vou agora aplacar essa curiosidade".

"Eles olhavam um para o outro e se alimentavam disso. O que fruía de seus olhos alimentava a ambos. Nada além do amor e de seu estado de espírito eles consumiam. [...] E que melhor alimento poderiam ter, tanto para o espírito quanto para o corpo?

O Homem estava ali com a Mulher, a Mulher estava ali com o Homem. O que mais poderiam desejar? Tinham o que necessitavam e haviam alcançado seus desejos. [...]"[6]
"O culto do amor (*minne*) é cego, e o amor (*liebe*) destemido, quando é sincero."[7]

II. A PORTA DO DIABO

"Os séculos XII e XIII, examinados à luz da economia política, são insanos", escreveu Henry Adams em sua jocosa, mas profundamente séria, interpretação do grande apogeu da vida comunal criativa, na época da construção das catedrais, patenteada na sua obra *Mont-Saint-Michel and Chartres*:[8]

De acordo com as estatísticas, no século transcorrido entre 1170 e 1270, os franceses construíram oitenta catedrais e quase quinhentas igrejas de porte semelhante, que teriam custado, segundo estimativa feita em 1840, mais de cinco bilhões de francos – que equivale a um bilhão de dólares* –, e isso cobria apenas as grandes igrejas de um único século. A mesma escala de despesas vinha acontecendo desde o ano 1000 e quase toda paróquia na França reconstruiu sua igreja em pedra; até hoje a França está coberta pelas ruínas dessas construções e, mesmo assim, as igrejas ainda preservadas dos séculos XI e XII, junto com as igrejas dos períodos românico e de transição, contam-se às centenas e chegam mesmo a milhares.

A parte desse capital que foi – se podemos usar uma imagem comercial – investida na Virgem não pode ser determinada, como tampouco a soma total concedida a objetos religiosos entre 1000 e 1300; mas em um sentido espiritual e artístico, foi quase a totalidade e expressou uma intensidade de convicção jamais alcançada outra vez por qualquer paixão, seja por religião, lealdade, patriotismo ou riqueza, talvez jamais equiparada por qualquer outro empenho econômico, salvo na guerra.[9]

Mas notamos – ou não? – que o início do desenvolvimento de grandes civilizações foi marcado identicamente por sinais de insanidade: os esforços prodigiosos na construção das pirâmides, por exemplo,[10] e a extraordinária pantomima astronômica das sepulturas reais de Ur.[11] De fato, como apareceu ali e como aqui a reconhecemos, a civilização, considerada seriamente, não pode ser descrita em termos econômicos. Em seus períodos de apogeu, as civilizações são inspiradas mitologicamente, como a juventude. As primeiras artes não são, como as tardias, meros interesses secundários de um povo dedicado primeiramente à economia, à política, ao conforto e, depois, em seu tempo de lazer, ao prazer estético.

Ao contrário, a economia, a política e mesmo a guerra (Cruzadas) são, em tais períodos, nada mais do que funções de um sonho motivador do qual as artes da mesma forma são uma expressão irreprimível. A força formadora de uma civilização tradicional é uma espécie de neurose compulsiva compartilhada pelos membros desse meio, e a principal função *prática* da educação religiosa (isto é, mitológica)

---

* Adams escreveu em 1904. O equivalente hoje (1968) seria algo aproximado a dez bilhões de dólares.

é, portanto, contagiar os jovens com a insanidade de seus antepassados – ou, em termos sociológicos, transmitir a seus indivíduos o "sistema de valores" do qual o grupo depende para a sua sobrevivência como unidade. Permitam-me citar em favor desse argumento, mais uma vez, uma passagem, já referida no volume *Mitologia Primitiva*, do célebre antropólogo britânico do Trinity College, Cambridge, o falecido Professor A.R. Radcliffe-Brown:

> Para que uma sociedade subsista, ela depende da presença, nas mentes de seus membros, de determinado sistema de valores que regule a conduta do indivíduo de acordo com as necessidades dessa sociedade. Toda característica do próprio sistema social e todo evento ou objeto que de alguma maneira afete o bem-estar ou a coesão da sociedade tornam-se objeto desse sistema de valores. *Na sociedade humana os valores em questão não são inatos, mas desenvolvidos no indivíduo pela ação da sociedade sobre ele* [o grifo é meu]. Os hábitos cerimoniais de uma sociedade são meios pelos quais os valores em questão recebem uma expressão coletiva em ocasiões adequadas. A expressão cerimonial (isto é, coletiva) de qualquer valor serve tanto para mantê-lo no requerido grau de intensidade na mente do indivíduo, quanto para transmiti-lo de uma geração a outra. Sem tal expressão, os valores envolvidos não poderiam existir.[12]

No grande período criativo das catedrais e das Cruzadas, a principal musa da civilização, conforme Adams observou corretamente, foi a Virgem Mãe Maria, a quem Dante, um século mais tarde, louvaria na célebre oração que marca a culminação de sua aventura espiritual pelo Inferno, Purgatório e pelas esferas do Paraíso, até à visão beatífica da Trindade no centro da rosa celestial:

> Ó Virgem Mãe, filha do Filho teu,
> humilde e mais sublime criatura,
> pedra angular do desígnio do Céu;
> tu foste aquela que a humana Natura
> assim enobreceu, que o seu Feitor
> não desdenhou de assumir sua figura.
> Reacende-se no ventre teu o Amor,
> por cujo alento, na eterna bonança,
> germinou aqui esta divina Flor.
> Raio és aqui que um Sol merídio lança
> de caridade e, entre os mortais, na Terra,
> és a perene fonte da esperança.
> Tal é teu império que, por certo, erra
> quem busca Graça, e a ti não recorre,
> como a voar sem asas quem se aferra.
> Não só a benignidade tua socorre

a quem implora, mas por tua vontade,
antes do rogo, muita vez, já corre.
Em ti misericórdia, em ti piedade,
em ti grandeza; é em ti que se consuma
quanto haja uma criatura de bondade. [...][13]

Entretanto, como Oswald Spengler observou com razão, o mundo de pureza, luz e extrema beleza do espírito da Virgem Mãe Maria – cuja coroação no céu foi um dos primeiros motivos da arte gótica, é, simultaneamente, 1) tanto uma figura luminosa, em branco, azul e dourado, rodeada pelas hostes celestiais, 2) quanto uma mãe terrena inclinada sobre seu filho recém-nascido, e 3) ao pé da Cruz e sustentando com resignação em seus joelhos o cadáver de seu filho assassinado – teria sido inimaginável sem a ideia contrária e inseparável do Inferno. A respeito Spengler diz:

> Uma ideia que constitui uma das máximas da criação gótica, uma de suas insondáveis criações – que a atualidade esquece, *deliberadamente*. Enquanto ela está sentada no trono, sorrindo em sua beleza e ternura, no fundo há outro mundo que por toda a natureza e toda a humanidade trama e produz o mal, rompe, destrói e seduz – ou seja, o reino do Diabo. [...]
>
> É impossível exagerar a grandeza desse quadro poderoso e repetitivo, ou a profunda sinceridade com que se acreditava nele. Os mitos de Maria e do Diabo formaram-se juntos, lado a lado, um não sendo possível sem o outro. Desacreditar de qualquer um deles era pecado mortal. Havia um culto de orações a Maria e um culto de mágicas e exorcismos ao Diabo. O homem caminhava continuamente na beira de um poço sem fundo. [...]
>
> Porque o Diabo apossara-se das almas humanas e as seduzira para a heresia, a luxúria e a magia negra. Havia-se declarado guerra a ele na terra, travada a fogo e espada contra aqueles que se entregaram a ele. Hoje é fácil desvencilharmo-nos de tais ideias, porém, se eliminarmos essa espantosa realidade do gótico, tudo o que resta é mero romantismo. Não apenas se elevavam aos céus os hinos de louvor a Maria, mas igualmente os gritos de inumeráveis piras. Ao lado das catedrais estavam os patíbulos e as rodas de suplício. Todo homem vivia naquela época consciente de um enorme perigo, e era o inferno, não o carrasco, que ele temia. Incontáveis milhares de bruxas acreditavam verdadeiramente sê-lo; denunciavam a si mesmas, suplicavam absolvição e, por puro amor à verdade, confessavam seus passeios noturnos e seus tratos com o demoníaco. Os inquisidores, com lágrimas de compaixão pelas miseráveis pecadoras, condenavam-nas ao suplício para salvar suas almas. Esse é o mito gótico, do qual surgiram a catedral, o cruzado, a intensa pintura espiritual, o misticismo. Em sua sombra floresceu aquela profunda bem-aventurança gótica, da qual não conseguimos hoje nem mesmo formar uma ideia.[14]

Mas o Diabo, com seu exército de espíritos noturnos, lobisomens e bruxas não desapareceu do cenário europeu com o declínio da Idade Média; com os puritanos foi transportado para Plymouth Rock e Nova Inglaterra e com Cortez foi para o México para se unir com as forças do inferno asteca, Mictlan; porque ali também se conhecia o pesadelo cósmico: havia nove infernos e treze céus; entretanto, até a chegada da religião cristã, jamais fora concebida a ideia de um inferno *eterno*. No nono e último inferno asteca, que o espírito alcançava depois de uma torturante jornada de quatro anos, ele encontrava o repouso eterno ou desaparecia para sempre.

James Joyce, em *Um retrato do artista quando jovem*, apresenta uma reprodução inesquecível do sermão jesuítico clássico sobre o inferno, pregado até hoje nas escolas católicas por professores retrógrados, para preencher os sonhos dos alunos com pesadelos e prender seus pés no caminho reto e estreito. O cenário é a capela de uma escola católica irlandesa. O padre está pregando a seus jovens pupilos calma e suavemente, com verdadeira solicitude:

> Agora tentemos por um momento nos darmos conta, tanto quanto possível, da natureza daquela morada dos amaldiçoados que a justiça de um Deus ofendido criou para castigo eterno dos pecadores. O inferno é uma prisão apertada e escura e fétida, uma morada de demônios e de almas perdidas, cheia de fogo e fumaça. O confinamento desse presídio é expressamente destinado por Deus a punir aqueles que se recusaram a se sujeitar às Suas leis. Nas prisões terrenas o pobre cativo tem ao menos alguma liberdade de movimento, seja ela apenas dentro das quatro paredes de sua cela ou no pátio sombrio da prisão. Não é assim no inferno. Ali, devido ao grande número de malditos, os prisioneiros são empilhados juntos em sua prisão medonha, cujas paredes diz-se terem cerca de dois quilômetros de espessura: e os amaldiçoados são tão totalmente confinados e desamparados que, como um abençoado santo, Santo Anselmo, escreve em seu livro sobre similitudes, eles não conseguem sequer retirar de dentro do olho um verme que o corrói.
>
> Eles se encontram em escuridão eterna. Pois, lembrem-se, o fogo do inferno não produz nenhuma luz. Como, por ordem de Deus, o fogo da fornalha da Babilônia perdeu seu calor mas não sua luz assim também, por ordem de Deus, o fogo do inferno, embora retendo a intensidade de seu calor, queima eternamente na escuridão. É uma interminável invasão de escuridão, chamas escuras e fumaça escura de enxofre ardente, em meio ao qual os corpos estão empilhados uns sobre os outros, sem um vislumbre sequer de ar. De todas as pragas com as quais a terra dos faraós foi infligida, uma praga apenas, a da escuridão, foi considerada horrível. Que nome, então, daremos à escuridão do inferno que deve durar não por três dias apenas mas por toda a eternidade?
>
> O horror desta prisão apertada e escura é ampliado por seu horrível mau cheiro. Somos informados de que toda a imundície do mundo, toda a escória e lixo do mundo correrá para ali como para um vasto esgoto infecto quando a terrível conflagração do último dia tiver expurgado o mundo. O enxofre também que queima ali em quantidade tão prodigiosa enche todo o inferno com seu intolerável mau cheiro; e os corpos dos malditos eles mesmos exalam um odor tão pestilento que, como diz São

Boaventura, um único deles seria suficiente para infectar o mundo inteiro. O próprio ar deste mundo, aquele elemento puro, torna-se fétido e irrespirável depois de ter estado confinado por muito tempo. Considerem então como deve ser a sordidez do ar do inferno. Imaginem algum cadáver fétido e putrefato que ficou apodrecendo e se decompondo no túmulo, uma massa geleada de decomposição líquida. Imaginem este cadáver sendo a presa de chamas, devorado pelo fogo de enxofre ardente e exalando densos gases sufocantes de uma putrefação asquerosa e repugnante. E então imaginem este mau cheiro nojento, multiplicado um milhão de vezes e novamente um milhão de vezes de milhões e milhões de carcaças fétidas amontoadas na escuridão infecta, um imenso fungo humano apodrecendo. Imaginem tudo isso e terão alguma ideia do horror que é o mau cheiro do inferno.

Mas este mau cheiro, por mais horrível que seja, não é o maior tormento físico ao qual são submetidos os amaldiçoados. O tormento do fogo é o maior tormento ao qual o tirano tenha alguma vez sujeitado seus semelhantes. Coloque seu dedo por um momento na chama de uma vela e você sentirá a dor do fogo. Mas nosso fogo terrestre foi criado por Deus para benefício do homem, para manter nele a centelha de vida e para ajudá-lo nas artes mecânicas, enquanto o fogo do inferno é de outra qualidade e foi criado por Deus para torturar e punir o pecador impenitente. Nosso fogo terrestre também consome mais ou menos rapidamente conforme o objeto que ataca seja mais ou menos combustível, de modo que o engenho humano conseguiu até inventar preparados químicos para sustar ou frustrar sua ação. Mas o enxofre sulfúrico que queima no inferno é uma substância especialmente destinada a queimar com fúria indescritível por todo o sempre e por todo o sempre. Além do mais nosso fogo terrestre destrói ao mesmo tempo em que queima de modo que quanto mais intenso for mais curta a sua duração; mas o fogo do inferno tem esta propriedade, a de preservar aquilo que queima e embora devaste com incrível intensidade ele assola para sempre.[15]

E assim continua por mais uma terrível meia hora.

> [...] Todos os sentidos da carne são torturados e todas as faculdades da alma. [...] Considerem por último que o tormento desta prisão infernal é aumentado pela companhia dos próprios malditos. [...] Os malditos berram e gritam uns com os outros, sua tortura e cólera intensificada pela presença de seres igualmente torturados e enfurecidos. Todo o sentido de humanidade é esquecido. [...] Por último considerem o tormento assustador para aquelas almas amaldiçoadas, tanto as tentadoras quanto as tentadas, que é a companhia dos demônios. Esses demônios vão atormentar os amaldiçoados de duas maneiras, com sua presença e com suas recriminações. Não podemos ter ideia de quão horríveis são estes demônios. Santa Catarina de Siena certa vez viu um demônio e ela escreveu que preferia andar até o fim de sua vida sobre carvões em brasa a olhar novamente por um único instante para um monstro tão assustador quanto aquele.

O jovem herói do romance de Joyce ouvia, consciente de seus precoces pecados já cometidos e, quando o padre despediu-se dos alunos – "Ó meus queridos irmãozinhos em Cristo!" – com os votos de que eles jamais tivessem de escutar da voz de Deus a terrível sentença da condenação: *"Afastai-vos de mim, vós amaldiçoados, e ide para o fogo eterno que foi preparado para o demônio e seus anjos!"*, o rapaz se levantou de seu banco e desceu a nave lateral da capela, "com suas pernas tremendo e seu couro cabeludo estremecendo como se tivesse sido tocado por dedos espectrais. [...] E a cada passo temia que já tivesse morrido. [...] Ele era julgado. [...] Seu cérebro começou a se abrasar". Na sala de aula, reclinou-se debilmente sobre a carteira. "Não tinha morrido. Deus ainda o havia poupado. [...] Ainda havia tempo. Oh Maria, refúgio dos pecadores, intercedei por ele! Oh Virgem Imaculada, salvai-o do abismo da morte!"[16]

É sobre esse pano de fundo aterrorizante, levado infinitamente mais a sério do que a própria terra e a vida a ser vivida nela (porque a terra e a vida acabam, mas essa cena de hospício infernal jamais), que os amores de Isolda e Guinevère, e das mulheres da época das grandes catedrais, têm de ser entendidos. O casamento na Idade Média era geralmente um negócio de conveniência. Além do mais, as meninas prometidas na infância por motivos sociais, econômicos ou políticos, casavam-se muito cedo e frequentemente com homens muito mais velhos, que invariavelmente levavam bastante a sério seus direitos de propriedade sobre as mulheres com quem se casavam. Eles podiam permanecer nas Cruzadas por anos; a esposa teria de permanecer inviolada e se, por alguma razão, o verme da Suspeita começava a atormentar o cérebro do marido, seu ferreiro podia ser convocado para colocar um cinturão da castidade de ferro na bacia pélvica da jovem e mortificada esposa.

E, mais que isso, a Igreja sacramentava esses sórdidos direitos de propriedade, com todo o peso do Inferno, Céu, eternidade e a vinda do Cristo glorificado no dia do Juízo – esse dia tão belamente representado na rosácea da fachada ocidental de Chartres: aquela "explosão de Sol adornando o peito da Virgem", conforme descreveu Henry Adams, "com três grandes ornatos pendentes". De maneira que, em contraposição a tudo isso, o despertar do coração de uma mulher para o amor era, na Idade Média, uma desgraça realmente terrível e ameaçadora, não apenas para si mesma, com a perspectiva da tortura e fogueira, como para seu amante; e não só aqui na terra, mas igualmente – o que era mais terrível ainda – no mundo futuro, para sempre. Daí, em uma frase cunhada por um dos primeiros Padres da Igreja, Tertuliano, que por muito tempo foi uma das mais citadas nos púlpitos, a mulher – quer dizer, terrena, real – despertada para a sua natureza era *janua diaboli*, "a porta do Diabo".

III. HELOÍSA

Abelardo tinha trinta e oito anos, Heloísa dezoito e corria o ano de 1118 d.C. "Havia em Paris uma jovem chamada Heloísa, sobrinha de um certo cônego, Fulbert", lemos na desventurada carta autobiográfica de Abelardo, conhecida como a *Historia calamitatum*.

> Eu tinha até aquele momento vivido castamente, mas agora, olhando ao redor, vi que ela possuía todos os atrativos que os amantes procuram; também não considerei incerto meu sucesso, ao refletir sobre a minha reputação e minha pessoa agradável, além de seu amor pelas letras. Arrebatado de amor, pensei na melhor maneira de tornar-me íntimo dela. Ocorreu-me que eu poderia conseguir alojamento com seu tio, alegando que os cuidados domésticos distraíam-me dos estudos. Amigos logo o persuadiram sobre isso, e apesar de ser avaro, o velho desejava dar instrução para sua sobrinha. Ele prontamente me confiou sua tutela e pediu para lhe dedicar todo o tempo que sobrasse de minhas leituras, autorizando-me a vê-la a qualquer hora do dia ou da noite e puni-la quando necessário. Fiquei maravilhado com a facilidade com que ele confiou uma tenra ovelha a um lobo faminto.[...] Bem, o que mais se precisa dizer: fomos unidos primeiro por um único teto acima de nós e depois por nossos corações.

Nessas circunstâncias, pode ou não ser relevante que Abelardo, como o Tristão da lenda, tenha nascido na Bretanha céltica, onde naquele tempo formava-se a lenda frequentemente narrada de amor ilícito que (na expressão de Gottfried) era "o pão para os corações nobres". Abelardo, como Tristão, era um harpista de renome: suas canções compostas para Heloísa eram cantadas em todo o Bairro Latino. E, como Tristão, ele recebeu a incumbência de instruir a jovem dama que, como a jovem Isolda, era comparável (novamente nas palavras de Gottfried) "apenas às sereias com seus encantos, que atraíam para si navios extraviados". Gottfried escreve, a respeito de Isolda:

> Ela cantava ao mesmo tempo em alta voz e secretamente, fazendo tremular muitos corações por meio dos ouvidos e olhos. A melodia entoada em voz alta, em público ou junto de seu tutor, era a da sua doce voz e ao som suave das cordas, que atravessava clara e nitidamente o reino dos ouvidos, indo fundo até o coração. Porém, seu canto secreto era a sua própria beleza prodigiosa, que oculta e silenciosamente deslizava pelas janelas dos olhos, para instilar em muitos corações nobres a magia que aprisionava imediatamente seus pensamentos e os agrilhoava de desejo e da urgência do desejo.[17]

O amor pairava no ar naquele século de trovadores, configurando não menos vidas do que lendas; mas as vidas específica e unicamente daqueles de coração nobre, cuja coragem em desvendar o amor anunciava o grande tema que se tornaria a característica de nossa cultura: a audácia de contrapor à tradição todo o conhecimento confirmado pela lucidez de nossa própria experiência. Pois o primeiro de tais conhecimentos criativos no destino do Ocidente foi o da majestade do amor contra o utilitarismo sobrenatural do sistema sacramental da Igreja. E o segundo foi o da razão. De maneira que se pode perfeitamente dizer que o primeiro manifesto publicado dessa nova era do mundo – a era do indivíduo confiante em si mesmo – surgiu no alvorecer do século mais criativo da Idade Média gótica, no amor e nas nobres cartas de amor da dama Heloísa a Abelardo. Porque, ao descobrir que estava grávida, seu amante, temeroso, mandou-a para a casa da irmã dele, na Bretanha; e quando ela deu à luz o filho deles – a quem eles batizaram de Astrolábio – Abelardo, conforme relata a calamitosa carta, propôs-lhe que se casassem.

Entretanto, retornando às palavras de Abelardo:

> Ela discordou veementemente e apresentou dois motivos contra o casamento: o perigo e a desgraça nos quais eu seria envolvido.
>
> Ela jurou – o que ficou comprovado – que nenhuma reparação jamais satisfaria seu tio. Perguntou-me como poderia dar-lhe qualquer glória, se ela destituía-me dessa glória e se humilhava tanto a si própria quanto a mim. Que penas o mundo iria lhe cobrar se ela o privasse de tal erudito; que maldições, que prejuízo para a Igreja, que lamentações dos filósofos adviriam desse casamento! Quão indecente e lamentável seria para um homem, a quem a natureza tinha feito para todos, declarar que pertencia a uma mulher, e sujeitar-se a tal vergonha!

A seguir a carta de Abelardo expõe alguns dos argumentos empregados por Heloísa na dissuasão.

> Do fundo de sua alma ela detestava esse casamento, que seria extremamente ignominioso e um fardo para mim. Discorria sobre a desgraça e inconveniência do matrimônio para mim e citou o apóstolo Paulo exortando os homens a evitá-lo. Se eu não aceitasse o conselho do apóstolo, ou ouvisse o que diziam os santos a respeito do jugo matrimonial, eu deveria, ao menos, dar atenção aos filósofos – às palavras de Teofrasto sobre os males intoleráveis do casamento e à recusa de Cícero em tomar uma esposa depois de divorciar-se de Terência, quando disse que não poderia se dedicar a uma mulher e à filosofia ao mesmo tempo. "Ou" – ela continuou – "deixando de lado o conflito entre os estudos e a esposa, considera o que seria para ti a vida de um homem casado. Que doce harmonia haveria entre pupilos e a vida doméstica, entre copistas e berço, entre os livros e as tarefas femininas, entre a pena e a fiação? Quem, em meditações religiosas ou filosóficas, poderia suportar o choro de um bebê e as cantigas para acalmá-lo, além de todo o alvoroço das criadas? Poderias tu suportar a sujeira de crianças? Os ricos podem, dizes, com seus palácios e alojamentos de todos os tipos; sua riqueza não sente o dispêndio ou as tarefas e perturbações cotidianas.

Mas eu digo, a situação dos ricos não é a dos filósofos; nem os homens envolvidos em riquezas e negócios têm tempo para o estudo da Escritura ou da filosofia. Os célebres filósofos de antigamente, desprezando o mundo, preferiram escapar a ceder a ele, proibiram-se de todos os prazeres e repousaram nos braços da filosofia... Se leigos e gentios, sem nenhuma profissão religiosa, viviam dessa maneira, certamente que tu, um clérigo e cônego, não preferirias os prazeres vis aos deveres sagrados, nem permitirias que te absorva essa Caribdes e te asfixie essa sujeira. Se tu não valorizas o privilégio de um clérigo, ao menos defende a dignidade do filósofo. Se a reverência a Deus for desprezada, ao menos permite que o amor à decência tempere a imodéstia". [...]

Finalmente [continuou Abelardo a seu amigo], ela disse que seria arriscado trazê-la de volta a Paris; era mais conveniente para mim, e mais agradável para ela, ser minha amante, para que apenas a afeição me mantivesse sendo dela e não o poder de coação de qualquer prisão matrimonial; e se tivéssemos de nos separar por um tempo, ao nos encontrarmos nossa felicidade seria maior por sua raridade. Quando, por fim, com todas as suas persuasões e dissuasões, ela não conseguiu afastar-me de minha loucura, e não suportando magoar-me, com uma explosão de lágrimas, ela desistiu de argumentar com estas palavras: "Resta uma coisa: na ruína de nós dois, o sofrimento que advir não será menor do que o amor que o precedeu".

"Tampouco lhe faltou aqui o espírito de profecia", acrescentou o pobre homem; pois o mundo sabe o que ocorreu então. Deixando o filho na Bretanha aos cuidados da irmã de Abelardo, o casal retornou a Paris e casaram-se na presença do cônego Fulbert, tio dela, que, ainda ressentido pela sedução, defloramento e casamento de sua sobrinha, retaliou de uma maneira selvagem.

"Tendo subornado meu criado – escreveu Abelardo – eles me atacaram à noite, quando eu estava dormindo, e vingaram-se de mim de maneira tão cruel e irreparável quanto vil e vergonhosa." O cônego Fulbert e seus salteadores tinham feito de Abelardo um eunuco – que, entretanto, no espírito de um verdadeiro cristão penitente foi capaz de refletir em sua carta confessional, anos mais tarde: "Meditei nas minhas esperanças e glória arruinadas e percebi que pelo julgamento justo de Deus fui punido no que eu mais tinha pecado, e que Fulbert tinha justamente vingado a traição com a traição".

Essa é a primeira parte desta história cruel. A segunda nos leva mais longe, pois Abelardo, em sua humilhação, entrou para o mosteiro de São Denis como monge, e Heloísa, cumprindo o desejo do amado, no convento de Argenteuil como freira. Seguiram-se dez anos de silêncio, quando então, do convento para o mosteiro chegou uma carta com o seguinte sobrescrito: "A seu mestre, ou melhor, para um pai; a seu marido, ou melhor, para um irmão; sua donzela, ou melhor, sua filha, sua esposa, ou melhor, sua irmã, para Abelardo, Heloísa..."

E nela, entre muitas outras coisas que podem ser lidas, encontramos:

Tu sabes, meu querido – e quem não sabe? –, o quanto eu me perdi em ti, e que um vergonhoso ato de traição roubou-me de ti e de mim ao mesmo tempo. [...] O amor transformou-se em loucura e acabou com a esperança de tudo o que era sua aspiração, quando, obediente, troquei meu hábito e meu coração para provar que tu és o único senhor do meu corpo, bem como do meu espírito. Deus sabe que sempre busquei em ti apenas a ti mesmo, desejando simplesmente a ti e não o que era teu. Não pedi nenhum contrato matrimonial, não quis nenhum dote; não o meu prazer, não a minha vontade, mas os teus eu procurei satisfazer. E mesmo que o nome de esposa parecesse mais sagrado ou mais poderoso, a palavra amante (*amica*) sempre foi mais doce para mim, ou mesmo – não fica furioso! – concubina ou prostituta; porque quanto mais eu me rebaixasse diante de ti, mais esperava conquistar teus favores e menos eu prejudicaria a glória do teu renome.

Peço a Deus que testemunhe que, se Augusto, o dono do mundo, me honrasse com o matrimônio e me desse poderes iguais, ainda assim me seria mais caro e honrado ser chamada de tua prostituta do que sua imperatriz. O que é rico e poderoso não é o melhor homem: aquele é por uma questão de sorte, este, por mérito. E aquela que prefere um homem rico a um pobre é mercenária e está mais interessada nas riquezas do marido do que nele próprio. Essa mulher merece pagamento e não afeição. Ela não está interessada no homem, mas em seus bens e desejaria, se possível, prostituir-se para um ainda mais rico.

Assim falou a fêmea representante da espécie, o que nos lembra intensamente das palavras nobres daquela mulher abissínia citada no volume *Mitologia Primitiva*: "Como pode um homem saber o que é a vida de uma mulher...";[18] de maneira que, novamente, como tantas vezes nestas páginas, o mesmo diálogo secular entre os sexos é ouvido, o qual foi representado pela primeira vez nos símbolos alternados das ordens mitológicas orientadas para o feminino e o masculino: primeiro, as pequenas estatuetas paleolíticas da Vênus em pedra nos primitivos refúgios rochosos aurinhacenses que em seguida deram lugar aos homens dançarinos com vestimentas mágicas das pinturas dos templos-caverna; posteriormente, as numerosas estatuetas femininas de cerâmica encontradas em todos os lugares em que o homem neolítico cultivou a terra e, após, a súbita aparição daquelas divindades masculinas arremessadoras de raios, das grandes tribos guerreiras patriarcais semitas e árias.

Nas antigas lendas irlandesas da ousada Rainha Meave, desdenhando as pretensões patriarcais de seu marido guerreiro sobre ela, temos uma versão céltica primitiva do desafio vindo do "outro lado", enfrentado com uma enorme força barbárica;[19] e agora, elevado em Heloísa a um plano de civilização vários séculos mais avançado, o desafio à ordem moral – barbaramente patriarcal e sacramentada da maneira eclesiástica de seu tempo – é outra vez lançado e com igual desdém, embora muito mais cautelosa e graciosamente verbalizado. Do lado oposto, a monja, agora abadessa de seu convento, revê as cenas do amor de juventude da ovelha tenra com o lobo voraz de meia-idade: "Que rainhas não invejaram meus prazeres e meu leito?" ela escreveu a seu mutilado amante de outrora.

> Havia em ti duas qualidades com as quais conseguias atrair a alma de qualquer mulher, o dom da poesia e o dom de cantar, dons que a outros filósofos faltavam. Como uma distração do trabalho, tu compunhas canções de amor com métrica e rima, canções que por seu sentimento e música têm sido cantadas exaustivamente e feito teu nome andar de boca em boca. Tuas doces melodias não permitem que nem mesmo os analfabetos te esqueçam. Por causa desses dons as mulheres suspiravam por teu amor. E, como as canções falavam de nosso amor, elas rapidamente difundiram o meu nome em muitas regiões e tornaram-me a inveja do meu sexo. Que excelência de mente ou de corpo não adornou tua juventude?

Esse tinha sido o amante de outrora; enquanto agora, como ela o faz lembrar, durante os dez anos de separação, não recebeu desse amante uma só linha escrita. "Diga-me" – escreveu Heloísa – "uma coisa", e aqui lançou seu dardo:

> Por que, depois de nossa conversão, exigida por ti mesmo, eu caí no esquecimento, para não ser mais reanimada por tuas palavras ou cartas? Dize-me, eu peço, se puderes, ou eu direi o que sinto e todo mundo suspeita: foi o desejo mais do que a amizade que te atraiu para mim, mais a luxúria do que o amor. Por isso, quando o desejo cessou, o que quer que estivesses manifestando em seu nome desapareceu igualmente. Essa, meu querido, não é tanto a minha opinião quanto o é a opinião de todos. Quisera fosse apenas minha, e que teu amor pudesse encontrar defensores para afastar com seus argumentos minha dor. Será que eu poderia inventar alguma razão para te escusar e ainda ocultar minha baixeza? Peço-te que escutes minha solicitação, e ela te parecerá muito pequena e fácil. Como estou impedida de tua presença, ao menos expressa votos em palavras, pois, delas tens em abundância, e assim mantém diante de mim a doçura de tua imagem. [...] Quando era pouco mais do que uma menina, fiz os árduos votos de uma monja, não por devoção, mas por tua ordem. Se não mereço nada de ti, como foi em vão meu esforço! Não posso esperar recompensa de Deus, já que não fiz nada por amor a Ele. [...] Deus sabe que à tua ordem eu teria te seguido, ou te precedido às chamas ardentes. Porque meu coração não está comigo, mas contigo.[20]

Conforme o Professor Henry Osborn Taylor, de cuja tradução extraí estas citações, observa: "Fazer comentários sobre essa carta seria como profanar um santuário. Tinha aquele homem profanado esse santuário?"[21]

Obviamente que o tinha; e esse mesmo homem, agora um monge eunuco, estava prestes a fazê-lo de novo. Pois o santuário da Abadessa Heloísa estava consagrado a uma divindade não reconhecida pelos ofícios da teologia de Abelardo: uma experiência real, de amor, não por uma abstração, mas por uma pessoa; uma chama de amor na qual luxúria e religião são igualmente consumidas, de maneira que, na verdade, Abelardo era o seu deus. Em suas próprias palavras – que podem ser coroadas no Céu como a mais nobre marca de seu século – não as necessidades naturais, animais do desejo, não o desejo sobrenatural, angelical, de arder para sempre na visão beatífica, mas a experiência do amor puramente humano, feminino, por um ser humano concreto, bem como a coragem para se queimar por esse amor eram o reino e a glória de uma vida verdadeiramente humana. Abelardo, entretanto, jamais chegou a conhecer esse reino. Porque, apesar de todas as suas canções e sua filosofia, o ímpeto da sedução da jovem certamente fora por luxúria e o impulso por detrás de sua ordem para que ela se tornasse monja fora o medo – emoções que ela transcendera com seu amor. Esse é o sentido dos célebres versos do poeta persa do amor, Hafiz (1325-1389): "Escravo do amor eu sou, e de ambos os mundos livre".

E agora, qual seria a resposta de Abelardo? Uma carta endereçada como segue: "Para Heloísa, sua amada irmã em Cristo, Abelardo, seu irmão no Mesmo". E, após uma série de parágrafos edificantes, ele oferece uma oração que compôs:

> Ó Deus, que fizeste a mulher da costela de um homem e que sancionaste o sacramento do matrimônio; que concedeste à minha fraqueza a cura de sua incontinência; não menosprezes as súplicas de tua criada, bem como as súplicas que eu derramo por meus pecados e os da minha amada. Perdoa nossos grandes pecados e que a enormidade de nossas culpas encontre a grandeza de tua inefável misericórdia. Castiga os culpados no presente; poupa-nos no futuro. Tu nos uniste, Senhor, e tu nos separaste, conforme tua vontade. Agora conclui o que misericordiosamente começaste em clemência e aqueles que tu separaste neste mundo, une-os eternamente no céu, tu que és nossa esperança, nosso alimento, nossa confiança e nosso consolo. Deus seja louvado para sempre. Amém.
>
> Adeus em Cristo, esposa de Cristo; com Cristo vai e com Cristo vive. Amém.[22]

Essas duas comunicações torturantes, do convento para o mosteiro e do mosteiro para o convento, revelam a cisão que, naquele período do apogeu gótico, separava estas duas verdades: a da experiência humana e a dos artigos da fé imposta. As heresias daquele tempo e a fúria para suprimi-las também dão testemunho da incongruência entre Fé e Libido. Contudo, essas heresias, na sua maioria, sejam as maniqueístas ou as valdenses do cristianismo [23] – bem como as grosseiramente obscenas e patológicas da missa negra – estavam, juntamente com a Igreja Romana, comprometidas com o dogma dualista, importado do Levante, segundo o qual a vida espontânea não é inocente, mas corrupta. Além disso, mesmo depois da inevitável explosão da Reforma e a separação dos luteranos, calvinistas, anabaptistas e outros, todo o movimento protestante carregou consigo o mesmo dualismo, levando-o adiante. Assim, os caibros de suas capelas rangeram, racharam e empenaram sob o peso de inflamados sermões sobre a Queda do Homem, a expiação e o cheiro fétido do Inferno.

Ao contrário, o testamento de Heloísa referia-se a uma experiência real de amor puro, que apagava do coração todo o apelo do outro mito. Isso lembra as palavras da maior mística do Islã, Rabia de Basra (morta em 801 d.C.), proclamando em seus poemas um amor tão grande a Deus que transbordava, como uma taça de vinho, de maneira que não havia nela lugar para o medo do Inferno, para o desejo do Paraíso, nem, tampouco, para amar ou odiar qualquer outro ser – nem mesmo o próprio Profeta.[24]

Essa devoção ao ser amado, expressa nas declarações dessas duas mulheres, corresponde perfeitamente ao ideal de fervor religioso cultivado na Índia nos séculos do movimento popular *bhakti*. A devoção religiosa era ali definida como de duas ordens: 1. litúrgica, formal (*vaidhī bhakti*); e 2. apaixonada, guiada pelos sentimentos (*rāgānuga bhakti*). A primeira, correspondendo à visita rotineira ao templo, era chamada de devoção apenas por polidez; enquanto a segunda, em contrapartida, não podia ser adquirida pela prática nem pela vontade. Como atingido por um raio, assim se é alcançado pelo amor, um arrebatamento divino que transmuta a vida e apaga qualquer pensamento que interfira. Conforme lemos em um texto bengali que celebra essa experiência: "O eu está vazio, o mundo está vazio; o céu, a terra e o espaço intermediário estão vazios: neste êxtase, não há lugar para virtude nem pecado."[25]

As lendas indianas do período purânico que tratam de Kṛṣṇa e das Gopis, e o apaixonado *Gīta Govinda* do jovem poeta do amor Jayadeva (floresceu em 1170 d.C.)[26] representam o espírito dessa tradição de arrebatamento divino. E também no mundo muçulmano, o movimento místico dos sufis – celebrando *fanā*, a "morte do eu", e *baqā*, a "vida unitiva em Deus" – tornou-se igualmente a inspiração não apenas das ordens de êxtase religioso (dervixe) como de uma poesia secular amorosa de tom místico,[27] tendo como um de seus principais centros a Espanha moura.

Mas aqui estamos no caminho que nos devolve a Abelardo e Heloísa, Tristão e Isolda; pois, com a reconquista de Toledo, no ano de 1085, pelo rei cristão Afonso, o Conquistador – Afonso VI, de Castela e Leão –, os portais da poesia, da música, da mística e da ciência orientais foram amplamente abertos para a Europa. É possível que, mesmo antes dessa data, uma corrente de ideias tenha sido impulsionada da Espanha moura para o norte, em particular por mar até a Irlanda céltica, Gales, Cornualha e Bretanha (as terras do romance de Tristão e Isolda), onde uma idade de ouro nascida da amálgama da poesia e da ciência pagãs e cristãs abriu espaço para o brilho de uma estranha e indômita luz ao longo da lúgubre Alta Idade Média cristã.[28]

De qualquer modo, o fato decisivo foi a reconquista de Toledo. E entre as primeiras de suas grandes consequências estavam os nascimentos simultâneos das artes do amor e da poesia amorosa nas vidas e obras dos trovadores.

O próprio termo trovador (provençal, *trobador*) provavelmente se deriva da raiz árabe TRB (Ta Ra B = "música, canção"), acrescido do sufixo espanhol -dor (como em conquista-dor); de maneira que Ta Ra B-dor originalmente significaria apenas "Compositor de canção ou música".[29] O Professor Philip K. Hitti, que apoia essa etimologia, afirma em sua *História dos árabes* que "os trovadores assemelhavam-se aos cantores árabes, não apenas em sentimento e caráter, mas também nas próprias formas de sua arte". E ainda diz que "certos títulos que os cantores provençais deram às suas baladas não passam de traduções dos títulos árabes".[30] E o Professor H.A.R. Gibb observou ainda a relação entre as duas tradições, notando mesmo que os poemas do primeiro trovador europeu, o Conde Guilherme IX de Poitiers, Duque de Aquitânia (1071-1127), foram compostos em métrica por vezes idêntica àquela do seu contemporâneo árabe-andaluz Ibn Quzman.[31]

67

Além disso, o Professor Hitti observou que no início do século XII, quando surge a tradição elitista de poesia europeia arabeizada, também irrompe o "culto à dama" com características que "seguiam o precedente árabe".[32] Assim, temos agora evidências de uma tradição aristocrática não interrompida, embora variadamente modificada, de uma cultura erótica de tom místico que vai da Índia para o leste até a elegante corte Fujiwara com base em Kioto e eternizada nas páginas da escritora Murasaki.[33] Mas também vai em direção oeste, para a Europa, e assim abraça uma extensão da Irlanda ao mar Amarelo cujo ápice ocorre exatamente na mesma época da calamitosa aventura de Abelardo e Heloísa. Desse modo, podemos afirmar que as canções que ele ofereceu ao mundo e que, nas palavras da própria Heloísa, teriam capturado a alma de qualquer mulher, eram de fato os ecos setentrionais dos jardins de Granada, Trípoli, Bagdá e Caxemira.

Porém, enquanto no Oriente a referência maior da poesia de amor era o arrebatamento unitivo epitomizado no canto do místico sufi persa Bayazid de Bistan (morto em 874 d.C.) – "Sou o que bebe o vinho, sou o vinho e o copeiro!", "Amante, amado e amor são um único!"[34] –, o ideal europeu era antes celebrar a pessoa amada que, via de regra, era uma mulher de alta estirpe e personalidade cultivada. No Oriente, em contrapartida, a poesia de amor não está dirigida a uma pessoa em especial, e quando ela aparece trata-se de uma simples escrava, cortesã profissional, ou (nos rituais eróticos indianos) uma mulher de casta inferior.[35] No caso de Dante, é verdade, nenhuma relação pessoal além do encontro dos olhares foi estabelecida aqui na terra entre o poeta e sua amada. Entretanto, foi Beatriz e unicamente ela – Beatriz Portinari, em seu caráter espiritual, não como um mero exemplo do poder feminino geral (*śakti*), mas como aquela dama florentina de beleza única que ela fora quando seus olhos se encontraram –, cuja lembrança, na década após sua morte, permitiu-lhe experimentar o esplendor e a beatitude daquele "Amor Divino", como escreve Dante, "que move o Sol e os outros astros".[36] Mas ela não foi deixada para trás, anulada, esquecida no êxtase daquele esplendor beatífico; ela estava ali, aos pés de Deus quando a consumação foi alcançada. E a própria obra foi escrita – afirma o poeta – especificamente para celebrar *Beatriz*.

Do ponto de vista oriental, essa mudança de ênfase do arrebatamento espiritual abstrato para sua expressão terrena natural foi considerada com frequência como um aviltamento. Por exemplo, o Grande Xeque Idries Shah, no seu livro *The Sufis*, afirma que, ao se introduzir no Ocidente, "a corrente sufi foi parcialmente obstruída, pois certos elementos – necessários ao conjunto e impossíveis de serem expostos sem um exemplo humano do caminho sufi – permaneceram quase desconhecidos".[37] Mas, por outro lado, na Europa raramente foi desejada ou pretendida, ou mesmo apreciada uma aniquilação do eu à maneira oriental na experiência arrebatadora do Único com o único, exceto em alguns claustros, uma vez que a manutenção, mesmo em êxtase, da consciência deste mundo – e com isso uma grata apreciação dos valores da personalidade – foi o estado de espírito preferido no Ocidente na maior parte de sua história. Nas palavras de Nietzsche, "Uma nova vaidade, meu

Ego me ensinou, e eu ensino-a agora aos homens: deixar de esconder a cabeça na areia das coisas celestiais, e trazê-la livremente, uma cabeça terrena que dá sentido à terra!"[38]

Algo semelhante aparece em alguns dos escritos místicos avançados do Japão; por exemplo, nos versos do mestre zen Hakuin, do século XVIII (1685-1768):

> Não sabendo quão próxima está a verdade,
> As pessoas a procuram distante: que pena!
> Esta própria terra é o Reino do Lótus da Pureza,
> E este corpo é o corpo do Buda.[39]

Entretanto, mesmo lá, na mais jovem e vívida nação do extremo Oriente, o ideal – mesmo nos mosteiros zen – é seguir as regras de disciplina transmitidas pelos mestres do passado para a realização de fins espirituais específicos, enquanto na Europa da nova mitologia da autodescoberta e autoconfiança que estava vindo à luz no século de Heloísa (fora da Igreja, fora do mosteiro), não foram previstos regras nem objetivos. A mente penetrava no bosque, por assim dizer, "onde ele era mais espesso", em uma verdadeira aventura, e a própria experiência imprevista, sem precedente, tornava-se então a desbravadora e determinante de um caminho singular.

Abelardo fora para Heloísa essa determinante e ela, por sua vez, poderia ter-se tornado o mesmo para ele se tivesse tido a coragem de deixá-la permanecer fora do sistema de ideias que professava e não a tivesse cominado ao casamento. Mas, em vez disso – para a desgraça dos dois! – ele agarrou-se a seu passado, seus sacramentos, Céu e Inferno, e tudo foi perdido. Ele tornou-se o que Nietzsche chamou de "o criminoso frouxo": "Um pensamento tornou esse homem fraco. Quando realizou seu ato, ele estava à altura dele, mas não suportou a imagem dessa ação depois de tê-la praticado".[40]

Em resumo, podemos dizer que a primeira e absolutamente essencial característica da nova mitologia secular, que emergia na literatura dos séculos XII e XIII, era que seus temas estruturadores não procediam do dogma, da educação, da política ou de quaisquer conceitos vigentes do bem social geral, mas eram expressões da experiência individual: o que eu chamei de Libido em oposição a Credo.

Com certeza os mitos de todas as tradições, grandes e pequenas, originaram-se em primeiro lugar das experiências individuais: na verdade, possuímos um mundo de lendas que nos falam de profetas e visionários por meio de cujas realizações pessoais se instituíram os cultos, seitas e mesmo as grandes religiões. Entretanto, à medida que estes se tornaram os veículos oficiais, autorizados e mesmo santificados de heranças culturais estabelecidas, atribuiu-se a eles uma origem divina e com frequência foram impostos sob pena de morte – representando o que o Professor Ortega y Gasset definiu como "fé coletiva" em oposição à "fé individual". Deixaram de ser determinados pela experiência do indivíduo, seus sentimentos, pensamentos e motivações para se converterem em suas determinantes.

Nas palavras de Ortega y Gasset:

> À parte do que acreditam os indivíduos como tais, isto é, cada um por si mesmo e pela sua própria conta, sempre há um estado coletivo de crença. Esta fé social pode coincidir ou não com a que sente tal ou qual indivíduo. [...] O que é específico, o constitutivo da opinião coletiva, é que sua existência não depende de que seja ou não aceita por um indivíduo determinado. Partindo da perspectiva de cada vida individual, a crença pública aparece como se fosse uma coisa física. A realidade, por assim dizer, tangível da crença coletiva não consiste em que eu ou você a aceitemos, mas, ao contrário, ela é a que, com ou sem o nosso beneplácito, nos impõe sua realidade e nos obriga a contar com ela.[41]

As mitologias tradicionais, sejam elas dos primórdios ou culturalmente mais elaboradas, antecedem e controlam a experiência. Ao passo que o que estou denominando como Mitologia Criativa é resultado e expressão da experiência. Seus criadores não alegam autoridade divina para suas obras humanas, demasiado humanas. Não são santos nem sacerdotes, mas homens e mulheres *deste* mundo; e sua primeira condição é que tanto suas obras quanto suas vidas se desenvolvam a partir de convicções provenientes de sua própria experiência.

IV. O LEITO CRISTALINO

O nosso poeta Gottfried, por exemplo – que foi um dos primeiros grandes gênios modernos da história das letras europeias –, esforçou-se especialmente para assegurar a seus leitores que ele sabia do que falava quando se referia aos mistérios do amor que outorgam poder à vida. De fato, a única afirmação deste mestre que contém alguma alusão à sua vida pessoal segue imediatamente à sua descrição da gruta do amor e do ermo simbólico à sua volta:

> *Ninguém desejaria estar em outro lugar. E isso eu sei muito bem, pois já estive lá.* Também persegui pássaros e animais selvagens daquele ermo, veados e outros bichos de caça por muitos córregos nos bosques; mas, mesmo tendo minha oportunidade, jamais consegui uma presa. Meus trabalhos e esforços não trouxeram nenhuma recompensa.
>
> Eu descobri a alavanca e vi a aldrava daquela gruta; por vezes, cheguei mesmo ao leito cristalino. Na verdade, dancei à sua volta várias vezes, mas nunca cheguei a descansar nele. E tanto pisei no mármore ao lado dele que, por duro que seja, se não fosse renovado continuamente o seu verdor – que é sua maior virtude e pela qual se renova sempre –, ver-se-iam nele as marcas do verdadeiro Amor. Meus olhos igualmente se deleitaram com aquelas paredes iluminadas e, com o olhar voltado para cima, para o medalhão, a abóbada e sua base, desgastei ansiosamente minha vista em seus adornos, tal era a sua Excelência. *As pequenas janelas pelas quais o sol penetra, enviaram com frequência seus raios ao meu coração.*[42]

Porque a gruta do amor, como o centro daquele círculo cuja circunferência não se encontra em lugar algum, pode encontrar-se tanto na região do Reno quanto nas proximidades de Tintagel. E para aqueles que descansam em seu leito cristalino, as limitações do tempo dissolvem-se na eternidade. Conforme Gottfried relata sobre os dois amantes de sua história: "Eles olhavam um para o outro e se alimentavam disso. [...] Nada além do amor e de seu estado de espírito eles consumiam".* Quão poucos, entretanto, conheceram a pureza daquele leito!

Podemos nos aproximar e afastar-nos dele, percebê-lo de relance e até mesmo nos embeber em sua beleza por um tempo, porém poucos são aqueles que se fortaleceram no conhecimento de sua ubiquidade que a Antiguidade chamava de *gnose* e o Oriente chama de *bodhi*: o pleno despertar para a pureza cristalina do leito, ou o fundamento da verdadeira existência de si próprio e do mundo. Como o cristal perfeitamente transparente, ele está ali, embora seja como se não estivesse; e quando se vê através dele, todas as coisas tornam-se luminosas. Além disso, ele é duro, resiste para sempre. E o solo verde, que permite a aproximação, revela a excelência do tempo, eternamente a se renovar.

Em resumo, a gruta do amor, em sua solidão, pode ser comparada ao santuário-caverna dos clássicos mistérios de Elêusis, ou ao lugar sagrado da tríade feminina mostrada nos estágios 4-5-6 da taça de ouro da figura 3. A guia e guardiã do portão secreto (no estágio 4) leva na mão um pequeno balde com a ambrosia da eternidade, mas o corvo da morte aparece antes, já que todos os que desejam conhecer a eternidade têm de morrer primeiro em suas esperanças e medos temporais, bem como deixar seus nomes terrenos. A guia e guardiã indica o caminho tanto para o acesso à sabedoria, quanto para o retorno com ela ao mundo (figura 3, estágios 4 e 15). Pode-se dizer, com certeza, que Heloísa apareceu como essa guia para Abelardo.

Nos ritos dos cultos clássicos de mistério, os neófitos espiritualmente preparados experimentavam uma série de impactos simbólicos iniciatórios que os levavam passo a passo por meio de revelações até o sinal-experiência à mostra no coração do santuário, onde se oferecia a epifania consumadora.

Mas a vida também apresenta iniciações, e as mais poderosas são as relativas ao sexo e à morte. A vida igualmente transmite impactos reveladores, porém eles não têm uma evolução pedagógica. Essas iniciações são administradas tanto aos preparados quanto aos despreparados, todavia, enquanto estes não recebem delas nenhuma instrução ou, pior ainda, saem prejudicados (dementes, um pouco exauridos, defensivamente endurecidos ou inertes), os preparados recebem iniciações que podem equivaler e até superar as revelações dos mistérios. Uma vez que a própria vida é a origem de onde os profetas antigos, tanto dos pequenos quanto dos grandes sistemas cerimoniais, extraíram suas inspirações iniciais, ela contém ainda as possibilidades da mesma iluminação, até mesmo com mais e maior intensidade.

---

* *Supra*, p. 54.

V. ÊXTASE ESTÉTICO

Na linguagem artística, tal arrebatamento é chamado de êxtase estético. Conforme caracterizado por James Joyce nas palavras de seu herói Stephen Dedalus, é aquele "encantamento do coração" que arrebata a mente, elevando-a, acima do desejo e da repulsa, a um êxtase luminoso do prazer estético. "Essa qualidade suprema é sentida pelo artista", declara Stephen, "quando a imagem estética é concebida em sua imaginação".[43] O momento é descrito por Dante no início de sua *Vita Nuova*, quando Beatriz – que então não passava, como ele, de nove anos de idade – surgiu pela primeira vez diante de seus olhos.

> Afirmo na verdade que naquele instante o espírito da vida, que habita o mais recôndito do coração, começou a tremer com tal violência que pareceu assustador em suas menores pulsações e, receoso, disse estas palavras: *Ecce deus fortior me, qui veniens dominabitur mihi* (Vejo um deus mais forte do que eu, que virá me governar).
>
> Naquele instante o espírito da alma, que habita o compartimento supremo para o qual todos os espíritos sensitivos enviam suas percepções, começou a maravilhar-se e falando especialmente para o espírito da visão, disse estas palavras: *Apparuit jam beatitudo vestra* (Agora surgiu tua bem-aventurança).
>
> Então o espírito natural, que habita a parte que regula a nossa nutrição, começou a choramingar e disse estas palavras: *Heu miser! quia frequentar impeditus ero deinceps* (Ai de mim, desgraçado! porque muitas vezes daqui em diante serei estorvado).
>
> Confio que desde então o Amor dominou a minha alma, que muito prontamente o desposou; e ele começou a exercer tal controle e domínio sobre mim, pelo poder que minha imaginação atribuiu-lhe, que me vi obrigado a satisfazer completamente todas as suas demandas.[44]

Toda a carreira artística de Dante desenvolveu-se a partir daquele instante; pois, conforme ele relata no final de *Vita Nuova*, após publicar na juventude os emotivos sonetos e *canzoni*, decidiu não falar mais de sua afortunada até que pudesse tratá-la com mais merecimento. "E para chegar a isso" – ele declarou – "eu me esforço até o máximo da minha capacidade, como ela bem sabe. De maneira que – se agrada Àquele por quem todas as coisas vivem que minha vida seja prolongada por alguns anos – espero dizer dela o que jamais foi dito de qualquer mulher".[45]

James Joyce igualmente escreve sobre esse momento na juventude de seu *alter ego*, Stephen. Ele chegara, do ponto de vista espiritual, a uma Terra Desolada de total desilusão com as metas e ideais que lhe foram oferecidos pela sociedade e pela igreja nas quais ele nascera. "Onde" – pergunta o autor – "estava agora sua meninice? Onde estava a alma que resistira a seu destino, para meditar sozinha sobre a vergonha de suas feridas e em sua morada de sordidez e subterfúgio?" [...] Meditando nesse estado de espírito infeliz, ele andava descalço pela vasta praia de Dollymount, ao norte de Dublin, à margem de um regato. "Ele estava só, ignorado, feliz e perto do coração selvagem da vida."

O MUNDO TRANSFORMADO

E então, vejam!

Uma moça estava de pé diante dele no meio do mar, só e quieta, fitando as águas. Ela se parecia com alguém a quem alguma mágica houvesse emprestado a aparência de um pássaro marinho estranho e belo. Suas longas pernas esguias e nuas eram delicadas como as de uma garça e puras exceto onde um rastro esmeralda de alga marinha se amoldara como um sinal sobre a carne. Suas coxas, grossas e de uma tonalidade suave como o marfim, estavam despidas quase até os quadris onde as dobras brancas de sua calcinha eram como plumagens de penugem branca e suave. Sua saia cinzento-azulada estava pregueada audaciosamente em volta de sua cintura e se juntava atrás por meio de machos como as caudas de uma andorinha. Seu busto era suave e frágil como o de andorinha de plumagem escura. Mas seus cabelos louros e longos eram de moça; e de moça, tocado pelo prodígio da beleza mortal, seu rosto.

Ela estava só e quieta, fitando o mar; e quando sentiu a presença dele e a adoração em seus olhos os olhos dela se voltaram para ele com a tolerância silenciosa de seu olhar, sem vergonha ou malícia. Por muito, muito tempo ela tolerou seu olhar e então tranquilamente retirou seus olhos dos dele e baixou-os para o mar, agitando suavemente a água com seu pé aqui e ali. O primeiro ruído tênue da água suavemente agitada quebrou o silêncio, baixo e tênue e sussurrante como os sinos do sono; aqui e ali, aqui e ali; e uma chama tênue tremulou em sua face.

– Deus do céu! gritou a alma de Stephen, numa explosão de alegria profana.

Virou subitamente as costas para ela e partiu através da praia. Suas faces estavam afogueadas; seu corpo estava alvoroçado, seus membros estavam trêmulos. Caminhou mais e mais e mais e mais, para bem longe por sobre a areia, cantando desvairadamente para o mar, gritando para saudar o advento da vida que clamara por ele.

A imagem dela penetrara sua alma para sempre e nenhuma palavra quebrara o silêncio sagrado de seu êxtase. Os olhos dela o haviam chamado e sua alma atendera ao chamado. Viver, errar, sucumbir, triunfar, recriar vida da vida! Um anjo selvagem lhe aparecera, o anjo da juventude e da beleza mortal, um mensageiro das belas cortes da vida, para abrir diante dele num momento de êxtase os portões de todos os caminhos do erro e da glória. Mais e mais e mais e mais![46]

Na lenda de Tristão, esse instante do encontro do olhar, quando o mundo se detém, ocorreu quando o casal, navegando da Irlanda para a Cornualha, bebeu por equívoco a poção mágica que a mãe de Isolda preparara para a noite de núpcias da filha com o Rei Marcos. Entretanto, há uma divergência de opiniões entre os poetas e críticos quanto a esse equívoco: se ele foi um mero catalisador ou a própria causa da paixão. Mas suponho que existam amantes que se perguntam se chegariam a conhecer a tempestade selvagem que eles atravessam se não tivessem permanecido – apenas para uma taça a mais – naquela noite de lua nas águas do Caribe. "A poção" – afirma uma autoridade – "foi, de fato, a verdadeira causa da paixão dos amantes e de tudo o que sucedeu posteriormente".[47] "A poção do amor" – afirma outro – "é um símbolo poético, e Gottfried talvez tenha usado a bebida afrodisíaca porque ela proporcionava um excelente clímax. Com ou sem poção afrodisíaca, o clímax, em seu *Tristão e Isolda*, estava propenso a acontecer".[48]

Não sabemos como a questão foi tratada nas versões iniciais da lenda. Muitos estudiosos apontaram, entretanto, que na primeira versão que chegou até nós – a de Thomas da Bretanha, escrita por volta de 1165 e 1170 – a bela virgem e o jovem herói já estavam apaixonados antes de a poção ter aberto seus corações.[49] Na versão posterior de Eilhart von Oberge (c.1180-1190) a influência da magia enfraquece após um período de quatro anos; e na versão franco-normanda de Béroul (c.1191-1205), que segue a tradição de Eilhart, o período atribuído é de três anos: em ambas, a poção é a causa. Nas palavras de Eilhart: "Por quatro anos, seu amor foi tão intenso que eles não conseguiam separar-se nem por meio dia. Se não se vissem todos os dias, caíam doentes: estavam apaixonados por causa daquela poção. E se tivessem deixado de se ver por uma semana, teriam morrido: de tal maneira fora preparada a poção e tal o seu poder. E isso tem de ser levado em total consideração!"[50] Gottfried (c.1210), por outro lado, seguiu Thomas, e Richard Wagner seguiu Gottfried.

Mas, se a poção não é a causa do amor, então qual poderia ser para esses grandes poetas – Thomas, Gottfried e Wagner – o significado de sua magia?

No caso de Wagner, sabemos por sua autobiografia e suas cartas que, durante os anos da composição de sua obra *Tristão e Isolda*, 1854-1859, ele estava perdidamente apaixonado por Matilde, esposa de seu mais generoso amigo e benfeitor, Otto Wesendonck, até o ponto de conceber-se a si mesmo como Tristão, Wesendonck como o Rei Marcos, e sua musa Matilde como a Rainha Isolda, em cujos braços (segundo suas palavras frequentemente repetidas) ele desejava morrer. Como Gottfried, esse incurável amante de esposas de outros homens dançara frequentemente em volta do leito cristalino, mas jamais repousara sobre ele. E, de fato, se tais poetas tivessem algum dia encontrado tal repouso, jamais teríamos as suas obras.

"Porque nunca experimentei a verdadeira graça do amor", escreveu Wagner a seu amigo Franz Liszt, em dezembro de 1854, "erigirei um monumento ao mais belo de todos os sonhos, no qual este amor poderá embriagar-se, completamente".[51] Ele conhecera Matilde, a sua Beatriz, dois anos antes. E – o que não é menos relevante – descobrira, como Dante, na linguagem da filosofia os meios para não apenas decifrar em profundidade o segredo de seu coração aflito, como também para expressar o sentido de sua agonia docemente amarga nas metáforas atemporais do mito. Porque, conforme se lê em seu próprio relato autobiográfico, foi no ano da concepção desse monumento a um sonho que ele descobriu as obras de Schopenhauer; e, como ele mesmo declara nestas palavras: "Certamente o estado de ânimo que despertou em mim a leitura de Schopenhauer foi a causa que me impulsionou a expressar o êxtase dessas ideias estruturadoras, e que me inspirou a concepção de *Tristão e Isolda*."[52]

O MUNDO TRANSFORMADO

Schopenhauer, devemos lembrar, trata do amor como o grande poder transformador que converte a vontade de viver em seu oposto, revelando assim uma dimensão da verdade além do mundo dominado pelo Rei Morte: além dos limites do espaço, do tempo e do oceano turbulento, dentro dos limites dos centros conflitantes e egoístas da nossa vida. Conforme ele escreve em seu célebre ensaio *Sobre o fundamento da moral*, premiado no ano de 1840 pela Sociedade Real Dinamarquesa de Ciências: "Se eu realizo um ato inteira e unicamente no interesse de outrem, é então *seu bem ou seu mal que se tornou minha motivação imediata* – exatamente como em qualquer outro ato meu o interesse atendido é o meu próprio [...]".

"Mas como" – ele pergunta – "pode ser possível que o bem e o mal de outro movam a *minha* vontade; quer dizer, tornem-se minha motivação, como se o fim atendido fosse o meu próprio; até a ponto de meu próprio bem-estar e sofrimento – que são normalmente meus dois únicos motivos de conduta – tornarem-se mais ou menos ignorados?"

Ele responde, numa passagem essencial, que pode ser lida agora como o tema básico não apenas do *Tristão,* de Wagner, como de seu *Parsifal* e do *Anel dos Nibelungos*:

> Manifestamente, só por meio do fato de que o outro se torne de tal modo *o fim último* de minha vontade como eu próprio o sou. Através, portanto, do fato de que quero imediatamente *seu* bem e de que não quero *seu* mal, tão diretamente como se fosse o *meu*. Isto, porém, pressupõe necessariamente que eu sofra com o seu mal-estar, sinta seu mal como se fora o meu e, por isso, queira seu bem como se fora o meu próprio. Isto exige, porém, que eu me identifique com ele, quer dizer, que aquela diferença total entre mim e o outro, sobre a qual repousa justamente meu egoísmo, seja suprimida pelo menos num certo grau. Já que não posso entrar na pele do outro, então só através do *conhecimento* que tenho dele, isto é, da representação dele na minha cabeça, é que posso me identificar com ele, na medida em que minha ação anuncie aquela diferença como suprimida.

Raciocinando assim, Schopenhauer prossegue com o seu julgamento metafísico; e à luz das palavras de Heloísa para Abelardo, que já lemos, esses parágrafos relativamente desapaixonados desse lúcido filósofo solteirão parecerão antes atenuar do que exagerar a mensagem que Wagner refletiu e amplificou nas melodias suaves e doces da *Liebestod* [morte por amor] de Isolda.

> O processo aqui analisado não é sonhado ou apanhado no ar, mas algo bem real e de nenhum modo raro: é o fenômeno diário da *compaixão*, quer dizer, *a participação* totalmente imediata, independente de qualquer outra consideração, no *sofrimento* de um outro e, portanto, no impedimento ou supressão deste sofrimento, como sendo aquilo em que consiste todo o contentamento e todo o bem-estar e felicidade. Esta compaixão sozinha é a base efetiva de toda a justiça *livre* e de toda caridade *genuína*.

Somente quando uma ação dela surgiu é que tem valor moral, e toda ação que se produz por quaisquer outros motivos não tem nenhum. Assim que esta compaixão se faça sentir, o bem e o mal do outro me atingem diretamente do mesmo modo, embora nem sempre no mesmo grau que os meus. Portanto, agora, a diferença entre mim e o outro não é mais absoluta.

Certamente este processo é digno de espanto e até misterioso. É, na verdade, o grande mistério da ética, seu fenômeno originário e o marco além do qual só a especulação metafísica pode arriscar um passo.[53]

É fascinante ler no relato de Wagner sobre seus estudos naqueles anos que, mesmo enquanto absorto nas obras de Schopenhauer e concentrado na composição de seu *Tristão*, ele despertara vivo interesse pela *Introduction à l'histoire du Bouddhisme indien* (1844), de Eugène Burnouf, e chegou a pensar em escrever uma ópera "baseada nesta simples lenda", conforme ele nos conta, "da aceitação de uma jovem de casta intocável na elevada ordem dos mendicantes do Śākyamuni, graças a seu intenso e puro amor ao principal discípulo do Buda, Ananda".[54] Porém Schopenhauer já reconhecera e mesmo celebrara a relação de sua metafísica não apenas com o pensamento indiano budista e vedantino, mas também com uma tendência herética sempre presente na filosofia ocidental. Como podemos ler, por exemplo, voltando-nos com Wagner mais uma vez para o ensaio *Sobre o fundamento da moral*:

> Esta doutrina de que toda a multiplicidade é apenas aparente, que em todos os indivíduos deste mundo, por infinito que seja o número em que eles se apresentem, sucessiva ou coexistentemente, só se manifesta *uma* e a mesma essência, que é verdadeiramente e neles todos presente e idêntica, esta doutrina é bem anterior a Kant. Poder-se-ia mesmo dizer que sempre existiu. Antes de mais nada, pois, ela é a doutrina principal e fundamental dos mais velhos livros do mundo, os sagrados Vedas,* cuja parte dogmática ou antes a doutrina esotérica se apresenta nos "Upanishads".** Lá mesmo encontra-se, em quase todas as páginas, a grande doutrina. Ela é repetida incansavelmente em incontáveis versões e esclarecida por múltiplas imagens e alegorias. Não é de duvidar que ela estava no fundamento da sabedoria de Pitágoras, mesmo de acordo com as escassas notícias de sua filosofia que chegaram até nós. É geralmente conhecido que nela estava contida toda a filosofia da escola eleata. Mais tarde, os *neoplatônicos* foram penetrados por ela, pois ensinavam: "διὰ τὴν ἑνότητα ἀπάντων πάσας ψυχὰς μίαν εἶναι" ("propter omnium unitatem cunctas animas unam esse") [que, por causa da unidade de todas as coisas, todas as almas são uma. Plotino, *Enéadas* 4,9]. Vemo-la aparecer inesperadamente na Europa, no século IX, através

---

* No século de Schopenhauer, as tabuletas de barro da Suméria ainda não tinham sido descobertas, tampouco os textos das pirâmides decifrados. Ademais, uma exagerada antiguidade era atribuída aos *Vedas*. Esses textos e suas datas são discutidos no volume *Mitologia Oriental* desta coleção.
** "Os Upanixades", escreveu Schopenhauer em uma passagem frequentemente citada, "proporcionam a leitura mais gratificante e enaltecedora deste mundo: eles são o consolo da minha vida, como o serão da minha morte" (*Parerga und Paralipomena* XVI. 187).

de Escoto Erígena,[55] que, impressionado por ela, esforça-se para vertê-la nas formas e expressões da religião cristã. Entre os muçulmanos, reencontramo-la como mística inspirada dos *sufis*.[56] Mas, no Ocidente, Giordano Bruno teve de expiá-la com uma morte ignomiosa e cheia de tormentos, já que não pôde resistir ao ímpeto de proferir aquela verdade. No entanto, vemos também os místicos cristãos envolverem-se com ela, mesmo contra sua própria vontade e intenção, onde quer que apareçam. O nome de Espinosa identifica-se com ela. Finalmente, nos nossos dias, depois que Kant aniquilou o velho dogmatismo e o mundo ficou estupefato diante das ruínas fumegantes, aquele conhecimento foi de novo despertado pela filosofia eclética de Schelling, que, amalgamando as doutrinas de Plotino, Espinosa, Kant e Jacob Boehme com os resultados da nova ciência da natureza, rapidamente compôs um todo para satisfazer provisoriamente as necessidades urgentes de seus contemporâneos e, depois, executou-o com variações. Em consequência disto, aquele conhecimento atingiu uma validade universal entre os eruditos da Alemanha, estendendo-se mesmo quase que, no geral, aos meramente cultos. Conforme as palavras de Voltaire:

On peut assez longtemps, chez notre espèce,
Fermer la porte à la raison.
Mais, dès qu'elle entre avec adresse,
Elle reste dans la maison,
Et bientôt elle en est maitresse.*

Apenas os filósofos universitários de hoje representam uma exceção, por serem aqueles que têm a difícil tarefa de trabalhar contra o assim chamado *panteísmo*, em vista do que, metidos em grandes dificuldades e apuros, lançaram mão, na sua angústia, quer de miseráveis sofismas, quer de frases bombásticas, para com isso remendar uma fantasia conveniente, vestindo com ela uma filosofia de saias, da moda e outorgada. Em resumo, o "'Εν και παν" [um e todo] foi, em todos os tempos, a zombaria dos tolos e a infinita meditação dos sábios. Todavia a prova disto só pode ser conduzida a partir da doutrina de Kant, como foi feito acima, embora o próprio Kant não o tenha feito, dando, a modo de um orador esperto, apenas as premissas e deixando aos ouvintes a alegria de tirar a conclusão.

De acordo com isso, a multiplicidade e a separabilidade pertencem somente ao mero *fenômeno*, e é uma e a mesma essência que se apresenta em todos os viventes. Assim, a apreensão que suprime a diferença entre o eu e o não eu não é a errônea, mas sim a que lhe é oposta. Encontramos esta última indicada pelos hindus pelo nome de *māyā*, quer dizer, ilusão, engano, fantasma. Aquele primeiro aspecto é o que encontramos como sendo aquilo que está no fundamento do fenômeno da compaixão e mesmo como a expressão real dele. Seria portanto a base metafísica

---

* Pode-se por muito tempo, na nossa espécie, fechar a porta à razão. Mas desde que ela entre com habilidade, ela fica na casa e logo se torna dona.

da ética e consistiria no fato de que *um* indivíduo se reconhece a si próprio, a sua essência verdadeira, imediatamente no *outro*. [...] Este conhecimento, para o qual, em sânscrito, a expressão corrente é "tat tvam asi", quer dizer, "tu és aquilo".[57]

VI. A POÇÃO

A interpretação de Wagner sobre a poção afrodisíaca de Tristão e Isolda foi, em grande parte, inspirada na filosofia poética de Schopenhauer, embora, como um dia ele percebeu e declara com espanto em sua autobiografia, sua própria obra criativa já antecipara essas intuições metafísicas. Schopenhauer, seu mistagogo, amadureceria sua arte e o levaria da gruta do amor de Tristão ao castelo de Amfortas, protetor do Graal, não por influência de autoridade doutrinária, mas por meio de uma elucidação e validação, ansiosamente desejadas, voluntárias e gratamente aceitas de sua própria ideia motivadora, embora inconsciente, da transfiguração do amor.

Como ocorre sempre a quem se apaixona por uma experiência de vida, eu avancei, tão rapidamente quanto pude, para as conclusões do sistema de Schopenhauer. Contudo, apesar de sua expressão estética satisfazer-me completamente e de modo particular me surpreender a sua notável compreensão a respeito da música, eu estava, entretanto, chocado – como qualquer pessoa em meu estado de espírito ficaria – com suas conclusões morais. Porque a extinção da vontade de viver, a renúncia absoluta, foi apresentada como a nossa única redenção real, o último dos vínculos (agora pela primeira vez ardentemente sentidos) de nossa limitação individual para compreender e lidar com o mundo. Para alguém como eu, que esperara extrair da filosofia uma justificativa para atuar política e socialmente em nome da chamada "liberdade individual", não havia ali, obviamente, nada a se ganhar; a única proposta era uma convocação para se desviar inteiramente desse caminho e reprimir o impulso de uma atuação pessoal. No início, isso não tinha absolutamente nada a me dizer. Não tão prontamente, pensei, me permitiria renunciar ao "prezado" ponto de vista grego, em que sustentava meu ensaio *The Artwork of the Future* [A obra de arte do futuro, escrito em 1849 e publicado em 1850]. Na verdade, foram as ideias convincentes de Herwegh* que me levaram a reconsiderar minha emoção. "Toda tragédia" – ele sugeriu – "depende da percepção da nulidade do terreno da aparência. Todo grande poeta e, na verdade, todo grande homem tem de se reconciliar intuitivamente com essa verdade". Pensei no meu poema dos Nibelungos e para minha surpresa descobri que o que agora me causava tanta dificuldade em termos teóricos já era familiar à

---

* George Herwegh (1817-1875) foi um importante poeta revolucionário do movimento Jovem Alemão que, como Wagner, envolvera-se nas revoltas do ano de 1848 e encontrava-se agora, como o próprio Wagner, em exílio político por um tempo em Zurique. Wagner conheceu-o ali em 1851, nos aposentos de outro literato revolucionário, Adolph Kolatscheck, que editava um jornal mensal em alemão, dedicado a perpetuar no plano intelectual a revolução que fracassara no plano político (cf. Wagner, *Mein Leben*, F. Bruckmann, Munique, 1911, p. 547-548).

minha imaginação poética. De maneira que só então compreendi o meu próprio "Wotan" e, desse modo, retornei abalado a Schopenhauer, para iniciar um estudo mais cuidadoso de sua obra. Percebi que a coisa mais importante era compreender corretamente o livro I de *O mundo como vontade e como representação*, em que ele interpreta e amplia a doutrina de Kant da mera idealidade deste mundo de espaço e tempo, que nos parece tão solidamente fundado; e acreditei ter dado o primeiro passo real no caminho da compreensão, quando passei ao menos a reconhecer quão singularmente difícil era essa doutrina. Por muitos anos subsequentes, jamais abandonei aquele livro. No verão do ano seguinte, eu o estudara com grande zelo já por quatro vezes. A influência que ele, aos poucos, exerceu sobre mim foi extraordinária e, por certo, decisiva por toda a minha vida.[58]

Sumarizada nos termos o mais elementares possível para nosso propósito, poderíamos explicar essa "singularmente difícil" doutrina da nulidade do mundo aparente lembrando do seguinte fato: toda impressão visual, sonora, olfativa, gustativa e tátil procede necessariamente de alguma parte do espaço e perdura por determinado período de tempo; espaço e tempo são, portanto, as condições inevitáveis de toda experiência exterior. A nossa existência se dá em um ambiente, como o peixe na água, e não podemos nem sequer imaginar uma condição de existência independente do tempo e do espaço. Tampouco podemos esperar aprender mediante a razão, pois todo pensamento é condicionado pelas leis da gramática e da lógica. Assim, todas as formas vistas no mundo exterior e todos os pensamentos a seu respeito estão distanciados pelas condições de percepção e pela cogitação daquilo que poderia ser o estado essencial – ou não estado – de qualquer Ser-em-si-mesmo: o *Ding an sich* de Kant.

O mito da caverna de Platão,[59] bem como a doutrina indiana de *māyā*,[60] prenunciam a mesma ideia; que também reconhecemos nos belos versos de Shelley:

A vida, como uma cúpula de vidro multicolorido,
Macula o brilho branco da Eternidade.[61]

E no início da parte II do *Fausto*, de Goethe, aquela ideia fica evidente quando o herói vira-se, incapaz de olhar diretamente para a luz ofuscante do Sol, e vê uma cachoeira, ornada por um arco-íris. "Que o Sol permaneça às minhas costas!", ele declara [...], "Temos a vida no reflexo colorido".[62]

Porém – e aqui Schopenhauer distancia-se de Kant –, enquanto a vista voltada para fora, para o multicolorido, percebe formas fenomênicas aparentes, o olhar voltado para dentro observa algo diferente. Interiorizando-se em meditação, deixando para trás as formas ilusórias recordadas da experiência exterior e os conceitos abstratos extraídos tanto dessa experiência quanto da estrutura da própria mente, continuando a se aprofundar além de tudo isso, obtém-se por último o contato não com formas ou pensamentos, mas com o que Schopenhauer denominou de vontade (*die Wille*): a pura vontade de viver, que é simplesmente a parte da vontade geral de viver que corresponde a cada criatura e, portanto, o fundamento da existência de toda natureza, manifesta tanto nas leis físicas que dão forma aos cristais e movem um ímã, quanto nas energias criadoras do mundo vegetal, do reino animal e dos corpos, cidades e civilizações.

"É o mais secreto" – afirma Schopenhauer –, "constitui o âmago de cada coisa individual e também do todo, patentiza-se em cada força que atua de maneira cega na natureza; revela-se, assim mesmo, nos feitos consideráveis dos homens, e a grande diferença entre os dois é apenas uma questão de nível de exposição, não da essência do que se manifesta".[63]

> Até os dias atuais subsumiu-se o conceito de VONTADE sob o conceito de FORÇA. Eu, porém, faço precisamente o contrário, e intento pensar cada força na natureza como vontade. Não se vá imaginar que isso é uma mera discussão de palavras, algo trivial. Antes, trata-se de assunto da mais alta significação e importância. Pois ao conceito de FORÇA subjaz, como a todos os outros, em última instância, o conhecimento intuitivo do mundo, isto é, o fenômeno, a representação, justamente no que se esgota qualquer conceito. O conceito de força é abstraído do domínio em que regem causa e efeito. [...] O conceito de VONTADE, ao contrário, é o único dentre todos os conceitos possíveis que NÃO tem sua origem no fenômeno, NÃO a tem na mera representação intuitiva, mas antes provém da interioridade, da consciência imediata do próprio indivíduo, na qual este se conhece de maneira direta, conforme sua essência, destituído de todas as formas, mesmo as de sujeito e objeto, visto que aqui quem conhece coincide com o que é conhecido.[64]

Identifica-se imediatamente a relação do conceito da vontade, de Schopenhauer, com a ideia indiana do *brahman*, que é idêntico ao Si-Mesmo (*ātman*) de todos os seres ("tu és aquilo" *tat tvam asi*). A vontade, como *brahman*, transcende a relação objeto-sujeito e é, portanto, não dual (*nir-dvandva*). A dualidade (*dvandva*), por outro lado, é uma ilusão da esfera do espaço e tempo (*māyā*): tanto o nosso medo da morte (*māra*), quanto nosso desejo pelos prazeres deste mundo (*kāma*) provém e nos prendem a essa ilusão múltipla, da qual somente se alcança a libertação (*mokṣa*) quando o medo da morte e o desejo de prazer são extintos mediante o conhecimento (sânscrito, *bodhi*; grego, *gnosis*) da não dualidade (*nir-dvandva: tat tvam asi*). Com isso, o véu da ilusão se dissolve e percebemos imediatamente que somos todos – como assevera Schopenhauer – "um único e mesmo Ser". E o sentimento correspondente a essa experiência desinteressada é a compaixão (*karuṇā*).

> A individuação é o mero fenômeno que nasce mediante o espaço e o tempo, que não são nada além de formas de todos os objetos condicionadas por meio de minha faculdade cerebral de conhecimento. Por isso, também a multiplicidade e a diferenciação dos indivíduos é um mero fenômeno, quer dizer, só está presente na

minha *representação*. Minha essência interna verdadeira existe tão imediatamente em cada ser vivo quanto ela só se anuncia para mim, na minha autoconsciência.[65]

E com isso deciframos o significado da poção no romance wagneriano de Tristão. Ela não é a causa nem o catalisador da paixão amorosa; porque o amor já estava presente em seus corações antes que a tivessem bebido e, além do mais, ambos sabiam de sua presença. O significado da esplêndida cena da poção é que o casal acredita que está bebendo a morte e aquiesce espiritualmente com esse ato de renúncia; pois na versão de Wagner no navio onde viajava a noiva há uma poção mortal, bem como uma poção para o amor, ambas preparadas pela mãe de Isolda. E a criada de Isolda, Brangaene (que aqui desempenha o papel de guardiã do portal da iniciação, levando nas mãos o balde de ambrosia, a bebida da imortalidade), substituiu a poção de amor por outra em sua taça. Assim, como eles renunciaram psicologicamente tanto ao amor quanto ao desejo e ao medo da morte, quando eles bebem, e sobrevivem, e novamente se olham, o véu da *māyā* tinha sido rasgado.

Isolda joga a taça para o lado. Ambos são tomados por tremores. Levam a mão ao peito convulsivamente. A música desenvolve o tema da "Poção do Amor" e, depois de um momento de estupefação e tormento, os dois irrompem num canto selvagem:

> Isolda: Tristão!
> Tristão: Isolda! [...] Que sonho foi o que eu tive, sobre a honra de Tristão?
> Isolda: Que sonho foi o que eu tive, sobre o pudor de Isolda?

Será que ouvimos um eco de Heloísa?!

E no poema de Gottfried, o prodígio causado pela poção é o mesmo; pois, se ele não teve, em sua filosofia, nenhum Schopenhauer para invocar, tinha os gregos e a graça de suas Musas – as mesmas que abririam os sentidos dos poetas e artistas da Renascença para a música das esferas. Quando fazia uma pausa em seu trabalho para invocar inspiração divina, não era Jesus, Maria ou qualquer santo cristão que ele invocava, mas as Nove Musas (as Camenes) e o mestre de sua dança cósmica – Apolo com sua lira:

> Elevarei agora, de todo o coração e com as mãos em prece, minhas orações e súplicas a Hélicon nas alturas, para aquele trono nônuplo do qual jorram as fontes de onde provém o dom das palavras e significados. Seu patrono e suas nove anfitriãs são Apolo e as Camenes. [...] E, se eu obtivesse delas uma única gota, minhas palavras mergulhariam no cadinho ardente da inspiração das Camenes, para serem transmutadas em algo incrivelmente maravilhoso, perfeitamente lavradas, como o ouro árabe.[66]

A teoria da arte de Schopenhauer, que tanto impressionou Wagner, a ponto de ele a tomar para si, elucida à luz do século XIX o mesmo conceito helenista das Musas invocadas por Gottfried. Um conceito, ademais, que harmoniza as representações de ambos os poetas quanto ao efeito da poção; porque as águas das fontes de inspiração dispensadas pelas Musas aos artistas, o licor nos pequenos baldes dos guias e guardiães dos mistérios, a bebida dos deuses e o extrato do amor são o mesmo, em suas distintas graduações, a saber: ambrosia (sânscrito, *amṛta*, "imortalidade"), a poção da vida eterna experimentada aqui e agora. É leite, vinho, chá, café, qualquer coisa que se preferir, desde que bebida com uma certa percepção – a própria vida, quando experimentada com uma certa profundidade e altura.

Pois normalmente, em termos biológicos, a função animal dos olhos é estar vigilante a respeito das coisas no campo do espaço e do tempo, que podem ser: a) desejáveis, ou b) perigosas. Eles são os precursores de um canal alimentar, que se pergunta: "Posso comer isso, ou isso me comerá?" E, quando os órgãos de conhecimento superior funcionam nesse nível zoológico-econômico-político, estão apenas a serviço da vontade de viver, servindo – como afirma Schopenhauer – apenas "como um meio para conservação do indivíduo e da espécie como qualquer outro órgão do corpo. Por conseguinte, originariamente a serviço da VONTADE para a realização de seus fins, o conhecimento permanece-lhe quase sempre servil, em todos os animais e em quase todos os homens. Todavia, [...] em alguns homens, furta-se a essa servidão, emancipa-se desse jugo e pode subsistir para si mesmo livre de todos os fins do querer, como límpido espelho do mundo, do qual procede a arte".[67]

Porque é possível, em certas circunstâncias, dissociar o ato de ver da vontade de viver do indivíduo. É possível ver um objeto não na condição de sua relação com o bem-estar do sujeito que vê, mas em sua própria existência, em e por si mesmo. O objeto é então visto com a visão não de um indivíduo temporal, mas de uma consciência descomprometida: o olho do mundo, como o denomina Schopenhauer – sem desejo, sem medo, absolutamente dissociado das vicissitudes da mortalidade no espaço e no tempo, e das leis de causa e efeito que operam neste campo. Não é o olho do homem que dorme aos pés da deusa central da figura 3, no círculo dos animais assustados e vorazes, mas o do Apolo Hiperbóreo no pico do monte Hélicon, com a lira na mão, contemplando aquelas formas eternas que se manifestam por meio de todos os fenômenos e que Platão chamou de "ideias" universais. Segundo Schopehauer:

> A transição possível – embora, como dito, só como exceção – do conhecimento comum das coisas particulares para o conhecimento das Ideias ocorre subitamente, quando o conhecimento se liberta do serviço da Vontade e, por aí, o sujeito cessa de ser meramente individual e, agora, é puro sujeito do conhecimento destituído de Vontade, sem mais seguir as relações conforme o princípio de razão, mas concebe em fixa contemplação o objeto que lhe é oferecido, exterior à conexão com outros objetos, repousando e absorvendo-se nessa contemplação.[68]

Ou, como James Joyce formula esta mesma percepção ao explicar (em *Um retrato do artista quando jovem*) o momento do êxtase estético na contemplação de um objeto: "Vês que aquela coisa é ela mesma, e nenhuma outra. [...] A mente nesse instante misterioso, Shelley comparou a uma brasa que se extingue".[69]

A ciência, declara Schopenhauer, ocupa-se com as leis de causa e efeito, que não são o objeto da arte. A matemática dedica-se às condições do espaço e do tempo; essas condições não são o objeto da arte. A história se ocupa com a motivação; a motivação não é o objeto da arte. A arte é informada pela contemplação do objeto em seu caráter de "ideia", não como um "conceito" abstraído pelo intelecto, mas como uma coisa considerada em e por si mesma, dissociada do fluxo temporal de leis causais. "Pois o objeto de sua contemplação" – explica Schopenhauer – "ela o retira da torrente do curso do mundo e o isola diante de si. E este particular, que na torrente fugidia do mundo era uma parte ínfima a desaparecer, torna-se um representante do todo, um equivalente no espaço e no tempo do muito infinito".[70]

Essa maneira de ver é a maneira do gênio, a maneira da arte, da perfeita objetividade, a do olho do mundo e não se deve confundir com a abstração intelectual ou com a referência alegórica. Mas, para aqueles que são incapazes de suportar seu impacto – que aniquila momentaneamente o mundo inteiro e as referências do indivíduo autoprotegido, biológica e politicamente evoluído – a consequência é a loucura. Schopenhauer faz referência a uma sentença de Aristóteles citada por Sêneca: *Nullum magnum ingenium sine mixtura dementiae fuit*.[71] Ele alude ainda aos versos de Dryden:

> A genialidade está certamente muito próxima da loucura,
> E tênues fronteiras separam os seus limites.[72]

E, finalmente, ele nos lembra do mito platônico da caverna,* em que o poeta-filósofo afirma que aqueles que estiveram fora dela são escarnecidos quando retornam, porque seus olhos, desacostumados à escuridão, não podem mais ver com clareza e avaliar as suas sombras. O gênio pode ser então aquele que consegue viver simultaneamente em duas visões de mundo – da arte e da vontade – sem enlouquecer.[73]

Segundo essa filosofia, tão apreciada por Wagner, cada uma das artes é mais apropriadamente aplicada a um aspecto da visão cósmica. Por exemplo, a arquitetura expressa as disposições físicas da harmonia universal: peso, coesão, rigidez e magnitude, o jogo do claro-escuro, forma e simetria. A pintura paisagística e a jardinagem mostram a força silenciosa, em paz espiritual, da vontade impessoal na natureza; a escultura e a pintura de animais revelam o caráter das espécies. O nu na escultura e na pintura exprime a graça da espécie humana; e o retrato, conforme já se disse, o caráter inteligível do indivíduo como uma espécie em si mesma. A música, entretanto, tem um papel à parte; porque ela lida não com formas no espaço, mas com o tempo, puro tempo. Ela não é, como as demais artes, uma expressão do que

---

* Platão, *A República*, 7; *supra*, p. 79.

Platão chamou de "ideias", mas da própria vontade, a vontade do mundo da qual as "ideias" são apenas inflexões. "Poder-se-ia chamar o mundo de 'música corporificada', bem como de 'vontade corporificada'", escreveu Schopenhauer, confirmando assim o antigo tema da música das esferas.

E na arte da ópera de Wagner, portanto, a música deve expressar o sentido do tempo interior das cenas apresentadas no espaço exterior do cenário. Sua relação com essas cenas é a mesma que a da vontade com o corpo e é equivalente, tanto em sentido quanto em efeito, à poção do amor, pela qual as duas vontades, de Isolda e de Tristão, atuaram como uma só.

> Os dois acreditam que estão bebendo a morte: anularam sua vontade de viver. Bebem e... de pronto a música do universo se transforma:
> Isolda: Tristão! Liberado do mundo, tu triunfaste para mim, Tristão!
> Tristão: Isolda! [...] tu triunfaste para mim!
> Os dois juntos: Para mim! Tu, meu único pensamento, supremo deleite de amor![74]

Ou, como Gottfried, afirmava:

> O amor, assaltante de todos os corações, tinha roubado [...]. Aqueles que antes eram dois e duplos, converteram-se, agora, em um único [...]. Um era tão translúcido para o outro quanto o cristal: os dois possuíam um único coração [...].
> O pensamento de Isolda, não importando para onde ela o dirigisse, fixava-se somente no Amor e em Tristão [...]. Pois o florescer do Amor torna os amantes ainda mais generosos. Essa é a semente do Amor, pela qual ele jamais morre.[75]

CAPÍTULO 3

A PALAVRA POR DETRÁS DAS PALAVRAS

I. A LINGUAGEM SIMBÓLICA

As coisas mais importantes não conseguem ser ditas, as que são menos importantes são mal compreendidas. Depois temos a conversa civilizada, seguida pela doutrinação de massa e, por fim, o intercâmbio cultural. E assim prosseguindo chegamos ao problema da comunicação: ou seja, da exposição da verdade e profundidade próprias para a profundidade e verdade do outro, de maneira a estabelecer uma autêntica comunhão de vida.

Já disse que a mitologia que tratamos neste volume provém da experiência individual, não de um dogma, da erudição, de interesses políticos ou de programas para a renovação da sociedade; e o tipo de experiência que lemos nas palavras de Heloísa, Rabia, Gottfried, Dante, Wagner e Joyce foi o da inocência e majestade do amor. Tenho consciência de que suas experiências eram diferentes e de que aquilo que Heloísa, Gottfried e Wagner chamavam de amor, Dante condenou como luxúria no Canto V do *Inferno*.

Entretanto, Dante jamais duvidou da inocência e majestade de seu próprio sentimento; e o que estamos discutindo aqui não é o que uns homens pensaram a respeito dos outros, mas a força de suas convicções baseada nas experiências próprias; e a isso podemos chamar de fé – na acepção do termo atribuído por Ortega y Gasset, "crença individual", em oposição à "coletiva": não a fé no que foi dito para a pessoa crer, ou no que, para ganhar dinheiro, cargo político ou fama pode-se achar oportuno acreditar, mas fé na experiência própria, seja de sentimento, fato, razão ou visão. Pois, como observa Ortega:

MITOLOGIA CRIATIVA

Não está no poder do homem pensar e crer conforme lhe agrada. Pode-se querer pensar diferentemente do que realmente se pensa, pode-se empenhar honestamente para mudar de opinião e mesmo conseguir-se êxito. Mas o que não podemos fazer é confundir nosso desejo de pensar de outra maneira com a simulação de que já estamos pensando conforme desejamos. Um dos expoentes da Renascença, o singular Leonardo da Vinci, cunhou para todos os tempos o adágio: *Che non puo quel che vuol, quel che puo voglia* – aquele que não pode fazer o que quer, deixe-o fazer o que pode.[1]

As mitologias e cultos socialmente legitimados das tradições clássica e medieval, bem como de várias outras primitivas e orientais, pretendiam, e geralmente conseguiam, incutir uma crença. Em casos notórios, sua eficácia foi tal que determinaram a forma e o conteúdo das mais profundas experiências pessoais. Ninguém até hoje relatou que um *arhat* budista foi surpreendido por uma visão de Cristo, ou uma monja cristã pela visão do Buda. A imagem do veículo da graça, chegando de profundezas intangíveis em uma visão, assume a forma do símbolo mítico local do espírito e, à medida que esses símbolos atuam, não há questionamento com a sua preservação. Eles servem como guias do indivíduo, e não menos eficazmente como suportes da ordem social.

Entretanto, as mitologias "coletivas" nem sempre funcionam assim. Sempre houve indivíduos para quem as formas socialmente impostas não resultaram nem em visão nem em convicção. Alguns deles isolaram-se na solidão ou na loucura; outros foram entregues à fogueira ou ao pelotão de fuzilamento. Hoje, felizmente, é a própria mitologia coletiva que está se desintegrando em todas as partes, deixando até mesmo o não indivíduo (*salve-se quem puder!*) ser sua própria luz. É verdade que os hospícios estão lotados e os psicanalistas milionários. Porém, qualquer pessoa suficientemente sensata para olhar um pouco além de sua igreja decaída terá visto que há em todas as partes do mundo esclarecido, ou em processo de esclarecimento, um grupo de indivíduos poderosos: a grande ordem daqueles que no passado encontraram, e que no presente continuam encontrando, toda a orientação necessária em si mesmos.

As mitologias desta obra são as produções, as revelações – as mensagens lançadas ao mar em garrafas – de tais homens e mulheres que tiveram a coragem de ser coerentes com seus desejos e ações, seu conhecimento e seu discurso. E podemos deixar que Deus, Dante, nosso clérigo ou jornal local os coloque no Céu ou no Inferno. Todavia, melhor no Inferno com individualidade própria, do que no Céu com qualquer outra; uma vez que seria exatamente fazer do Inferno o Céu, e do Céu o Inferno.

Professar crenças que não são as próprias e viver de acordo com elas – mesmo que o resultado seja a sensação de participação social, realização ou euforia – conduz inevitavelmente à perda de si mesmo e à falsificação. Pois em nossos papéis públicos e crenças convencionais somos – depois de tudo! – substituíveis. "Lá fora" não somos nós mesmos, mas no melhor dos casos apenas o que se espera de nós e, no pior, o que somos obrigados a ser. A intenção das antigas mitologias, de integrar o indivíduo em seu grupo, de imprimir em sua mente os ideais do grupo, de moldá-lo de acordo com um ou outro de seus estereótipos ortodoxos e de convertê-lo dessa maneira em um clichê absolutamente dependente, foi assumida no mundo moderno por uma série de instituições seculares, desmitologizadas e coercitivas, em que pese sua tolerância.

Entretanto, uma nova inquietação com relação a esse desenvolvimento está se tornando evidente; porque com o aumento, por um lado, de nossa eficiência na doutrinação de massa e, por outro, de nosso interesse ocidental peculiarmente moderno em educar indivíduos autênticos, está surgindo para muitos uma nova e dolorosa percepção da profundidade com que as impressões, estereótipos e arquétipos da esfera social determinam nossos sentimentos, atos, pensamentos e mesmo capacidades para a experiência pessoal.

O dramaturgo Ionesco, em sua "comédia do absurdo" *A cantora careca*, coloca um casal britânico devidamente casado, numa devidamente insípida sala de visitas, onde cada um tem o curioso pressentimento de já ter visto o outro em algum lugar. Eles são estranhos um para o outro. E na mesma linha, T.S. Eliot, em seu poema *Os homens ocos,* de 1925 – e no anterior, *A terra desolada,* de 1922 –, declara que hoje todos nos encontramos tão despidos de valores que mesmo

> À hora em que estamos
> Trêmulos de ternura
> Os lábios que beijariam
> Rezam a pedras quebradas.[2]

Nas palavras memoráveis do poeta expatriado:

> Nós somos os homens ocos
> Os homens empalhados
> Uns nos outros amparados
> O elmo cheio de nada. Ai de nós!
> Nossas vozes dessecadas,
> Quando juntos sussurramos
> São quietas e inexpressas
> Como o vento na relva seca
> Ou pés de ratos sobre cacos
> Em nossa adega evaporada
>
> Forma sem forma, sombra sem cor,
> Força paralisada, gesto sem vigor.[3]

Nas esferas primitiva e oriental de autoridade e fé coletivas, os costumes locais eram sempre mitologicamente interpretados de maneira exagerada, como se fossem de origem super-humana. Entre os primitivos em geral, os antepassados mitológicos da era mitológica eram considerados os introdutores, uma vez por todas, dos costumes aos quais os descendentes teriam de se submeter se quisessem que o mundo e eles próprios subsistissem. Tanto no longínquo Oriente, como na antiga Suméria e Acádia, Egito e Babilônia, a ordem social ortodoxa era aceita tradicionalmente como uma parte da ordem natural, estabelecida – como o movimento dos planetas – em um contexto da lei cósmica eterna, impessoal e de todo implacável. E, de acordo com a nossa própria tradição, as ordens morais tanto do Antigo quanto do Novo Testamento resultaram da vontade de um Deus Criador pessoal que habita (como o Bispo Robson observou em seu pequeno e ousado livro *Honest to God* [Sincero com Deus]) em algum lugar "lá fora", ou "lá em cima".

Coube aos gregos e romanos e, mais tarde, aos celtas e germânicos, compreender que as leis pelas quais os homens regulamentam suas vidas são de origem humana: convencionais, não irrefutáveis, consequentemente alteráveis pela vontade humana para convir aos fins e meios humanos. Nós consideramos a filosofia grega e o direito romano, bem como o conceito moderno do Estado secular, como os grandes marcos dessa libertação do homem das garras de seu próprio pesadelo do passado.

E com essa desmitologização das regulamentações da sociedade – sua redução ao *status* de um expediente, racionalmente ordenado, de estrutura convencional, em cuja esfera neutra as vidas humanas de várias espécies deveriam ser capazes de prosperar com os mínimos obstáculos possíveis – o centro moderno de interesse supremo passou da ordem social *como um fim* para o indivíduo. Surgiu, entretanto, ultimamente, um retrocesso patológico aos tempos e ideais arcaicos no vasto império eurasiano de despotismo bizantino modernizado (protegido por metralhadoras apontadas para a sua própria população aprisionada) onde a lavagem cerebral científica substituiu o catecismo e a confissão; o comissário, ao bispo e *O capital*, à Bíblia. O genial Friedrich Nietzsche, já em 1881, previu essa possibilidade e advertiu sobre ela – chegou mesmo a descrevê-la – no capítulo sobre "O Novo Ídolo" (o Estado) em seu *Assim falava Zaratustra*:

> O Estado é o mais frio dos monstros frios. É frio mesmo quando mente; e eis aqui a mentira que sai da sua boca: "Eu, o Estado, sou o Povo".
> Mentira! Os que criaram os povos e suspenderam sobre as suas cabeças uma fé e um amor, esses eram criadores; assim serviram à vida.
> Mas destruidores armaram laços à multidão, e a isso chamam Estado; suspendem sobre as suas cabeças um gládio e mil apetites.
> Nos pontos onde ainda há um povo, ele não compreende nada do Estado e odeia-o como uma maldição, como um pecado contra a moral e o direito.
> Eu dou este sinal: cada povo fala uma língua particular em matéria de bem e de

mal que o vizinho não compreende. Inventa para seu uso uma língua em matéria de moral e de direito.

Mas o Estado sabe mentir em todas as línguas do bem e do mal; e em tudo quanto diz, mente; e quanto tem, roubou-o.

Tudo nele é falso; morde com dentes postiços, esse impaciente. Até suas entranhas são falsas. [...]

Onde acaba o Estado começa o canto da necessidade, a melodia única, insubstituível.

Onde *acaba* o Estado – olhai para lá, meus irmãos! Não distinguis o arco-íris e as pontes que levam ao Super-homem?[4]

Duas grandes dificuldades, entretanto, confrontam o indivíduo que, sozinho, vai além do tumulto do Estado, nos silêncios da terra e do mar e no silêncio de seu coração buscar a Palavra por detrás das palavras do mistério da natureza e de sua potencialidade como homem – como o cavaleiro errante avançando na floresta "onde ele a viu ser mais fechada".* A primeira é a dificuldade para romper e transcender o sistema de ilusão impresso e embutido em seus próprios nervos pelas forças – simultaneamente morais e linguísticas – de sua juventude.

Sigmund Freud descreveu como um processo de introjeção o mecanismo psicológico pelo qual, na infância, as ordens dos pais são impressas indelevelmente nos centros motivadores da vontade; e o linguísta Benjamin Lee Whorf demonstrou com uma série de comparações detalhadas em que medida a linguagem aprendida na infância determina não apenas a maneira segundo a qual os pensamentos e sentimentos têm de ser expressos, mas também os verdadeiros padrões dos próprios pensamentos e sentimentos.[5]

Portanto, mesmo nas solidões daquelas fortalezas mais remotas, onde o Estado pode parecer ausente, as impressões de nossa comunidade continuam conosco, tatuadas no interior de nossa pele. Esse é o sentido da enigmática ordem do mestre zen japonês: "Mostra-me o rosto que tinhas antes de nascer." No *Tao Te Ching* chinês lemos sobre o retorno "à pedra não talhada". E os Upanixades indianos apontam em cada linha para esse interior, fonte inefável da existência, consciência e felicidade, "de onde as palavras retornam, juntamente com a mente, sem ter chegado".[6]

> Que se ilumina a si mesmo, fixo, ainda que saiba se mover
> na cavidade secreta do coração,
> Esse é o grande suporte. Nele habita tudo
> o que se move e respira e cintila.[7]

E no Ocidente: "Ó agradável silêncio, onde todas as coisas estão imóveis e a voz do Amado é ouvida no som mais tênue!" escreveu o espanhol São Tomás de

---

* *Supra*, p. 46.

Vilanova (1488-1555),[8] Arcebispo de Valença, que foi um pregador do caminho místico no púlpito de sua diocese.

Mas, a quem foi concedida uma experiência própria – transcendendo as categorias impressas por sua comunidade sobre a face da natureza – ao retornar, por assim dizer, à corte do rei e unindo-se ali, na Távola Redonda, aos outros que igualmente no bosque escuro tiveram suas próprias experiências, surge a segunda dificuldade: a de criar algum tipo de vida, não nos termos da antiga "fé coletiva", mas em termos próprios.

T.S. Eliot, em uma nota de rodapé em *A terra desolada*, cita uma passagem de *Appearance and Reality* [Aparência e realidade], de F.H. Bradley:

> Minhas sensações externas não me são menos privativas do que são minhas ideias ou meus sentimentos. Em cada caso, minha experiência se desenvolve dentro de meu próprio círculo, um círculo que se fecha no exterior; e, ainda que todos os seus elementos sejam símiles, cada esfera permanece opaca em relação às que a rodeiam... Em suma, considerado como uma existência que se manifesta em uma alma, o mundo inteiro é, para cada um de nós, peculiar e privativo dessa alma.[9]

À luz de Freud e Whorf, entretanto, isso não pode ser totalmente verdadeiro, porque as categorias segundo as quais nossas experiências tornam-se conscientes, para nós mesmos, foram-nos proporcionadas por nossa sociedade e são compartilhadas por todos. As experiências realmente privadas não ocorrem enquanto essas categorias não forem dissolvidas; e então surge a segunda tarefa, a da comunicação: comunicação que não leve de volta todo o discurso – e a própria vida da pessoa – para baixo e para trás, para o modelo transcendido.

Na esfera do eremita absoluto, nenhuma comunicação é tentada e nem mesmo desejada; ele se encontra no estado "solitário" de Nietzsche. No caso de um arrebatamento de amor compartilhado (o caso da "solidão a dois" de Nietzsche), conforme celebrado por Gottfried na sua caverna do leito cristalino, uma linguagem secreta de símbolos e palavras imediatamente compreensível passa a existir, da qual o mundo é automaticamente excluído. E de maneira semelhante, num contexto mais amplo, em que um time – uma empresa, uma tribo ou um povo – compartilha de significativas experiências comuns, inevitavelmente surge uma linguagem que é, em profundidade, incompreensível para os que estão fora, mesmo quando seu significado racional ou pragmático parece ser óbvio e traduzível.

No volume *Mitologia Primitiva* desta coleção usei o termo "zona mitogenética" para designar qualquer área geográfica onde surge essa linguagem de símbolos míticos e ritos correspondentes.[10] Entretanto, quando as formas dos ritos e símbolos são então difundidas para outras zonas, ou passadas para novas gerações que não participaram da experiência anterior, elas perdem a profundidade, o sentido, a alma; de maneira que, enquanto originalmente seu sentido e efeito tinham sido espontaneamente reconhecidos e expressos – como o sentido e os efeitos dos trinados dos pássaros entre as distintas espécies –, no uso posterior, tendo perdido a sua força, eles são conscientemente reinterpretados e aplicados a temas novos e mesmo contrários – como ocorreu no caso do símbolo da serpente no Oriente Próximo, onde ele passou da mitologia sumério-babilônica para a Bíblia.[11]

No mundo moderno da ciência e da máquina movida a energia, comércio global e intensos intercâmbios culturais, desapareceram os contextos sociais e físicos onde emergiram as antigas ordens simbólicas. Ademais, em nosso atual ambiente mundial composto de diferentes comunidades religiosas, nacionalidades, raças e classes sociais e econômicas, não podemos encontrar nenhuma verdadeira e profunda comunidade, mesmo onde, para fins práticos, parece ter-se conseguido acordos.

Ninguém que tenha participado seriamente de um congresso de filósofos orientais e ocidentais, de um diálogo inter-religioso, ou de uma sessão da ONU acredita ainda que alguma coisa além de barris vazios (que, como diz o provérbio, são os que fazem mais barulho) possa atravessar uma fronteira cultural. Como os antigos romanos costumavam dizer, *Senatus bestia, senatores boni viri*: "O Senado é uma besta, os senadores são homens bons". A arena parlamentar foi por séculos vista como o próprio campo de jogo do Diabo, com seus engodos e compromissos. Entretanto – para fazer justiça ao Diabo – barris completamente vazios são exatamente do que se precisa nesta época de novos vinhos.

Isso porque, como até mesmo o olhar mais pessimista reconhecerá, o compromisso e o engodo – *force majeure* e acomodação – estão configurando gradualmente em nosso mundo (embora talvez – tragicamente – com demasiada lentidão) uma espécie de ordem social descomprometida, conformada à maneira de um *esperanto legal*, que servirá, por fim, como uma estrutura desmitologizada, sem enfeites, meramente prática para que todas as possibilidades de existência, individual ou em comunidades, ainda possam ser desenvolvidas para si mesmas nesta terra e além, no espaço infinito. Há ainda o perigo, é claro, do novo ídolo: o Estado, com sua lavagem cerebral científica e seu espantoso e repulsivo produto em série, a boneca não individualizada de carne viva, que não se move a partir do seu interior, mas por controle remoto e estímulo externo, como um cachorrinho de Pavlov. Citando novamente T.S. Eliot em *Os homens ocos*, "O senhor Kurtz – o morto".

Aqui rondamos a figueira-brava
Figueira-brava, figueira-brava
Aqui rondamos a figueira-brava
Às cinco em ponto da madrugada

Entre a ideia
E a realidade
Entre o movimento
E a ação
Tomba a Sombra
Porque Teu é o Reino

> Entre a concepção
> E a criação
> Entre a emoção
> E a reação
> Tomba a Sombra
> *A vida é muito longa*
>
> Entre o desejo
> E o espasmo
> Entre a potência
> E a existência
> Entre a essência
> E a descendência
> Tomba a Sombra
> *Porque Teu é o Reino*
>
> Porque Teu é
> A vida é
> Porque Teu é o
> *Assim expira o mundo*
> *Assim expira o mundo*
> *Assim expira o mundo*
> *Não com uma explosão, mas com um suspiro.*[12]

E continuando, chegamos à questão de traduzir uma experiência verdadeira de vida para a linguagem desses mortos – que não estão, entretanto, mortos, mas adormecidos e entre os quais (como devem saber mesmo os críticos sociais mais pessimistas) movem-se muitos que não estão mortos nem adormecidos, mas buscando; e muitos outros que já desvelaram em seu interior uma vida mais alerta do que a filosofia desses críticos já sonhou.

Cada um de nós se move em dois mundos: o interior de nossa consciência e o exterior da participação na história de nosso tempo e lugar. O cientista e o historiador se ocupam deste último, ou seja, do mundo das coisas "lá fora", onde as pessoas são substituíveis e a linguagem serve para comunicar informações e ordens. Os artistas criativos são, por outro lado, aqueles que despertam a humanidade para a lembrança: chamam a nossa mente exterior para o contato consciente com nós mesmos, não como participantes neste ou naquele fragmento da história, mas como espíritos na consciência do ser. A tarefa deles, por isso, é comunicar diretamente de um mundo interior para outro, de tal maneira que se produza um verdadeiro impacto de experiência – não uma mera transmissão de informação e persuasão, mas uma comunicação efetiva através da vacuidade do espaço e tempo de um centro de consciência para outro.

Entretanto, nos sistemas tradicionais essa era a função do mito e do rito. Originaram-se, como observei, na zona mitogenética de algum lugar e tempo particulares, como a linguagem interior espontaneamente compartilhada por todos ou pela maioria dos membros de uma comunidade homogênea. Esse código simbólico perdeu sua força quando as circunstâncias em que havia surgido foram historicamente alteradas e, em consequência, apareceram novas condições propícias para experimentar o mistério da existência. Todos esses códigos encontram-se hoje em dissolução e, devido à composição heterogênea de nossas atuais estruturas sociais e ao fato, também, de não mais existirem em nosso mundo horizontes fechados – nos limites dos quais um enclave de experiência compartilhada poderia se estabelecer –, não podemos mais buscar na comunidade a criação dos mitos.

Hoje, a zona mitogenética é o indivíduo em contato com sua própria vida interior, comunicando-se por meio de sua arte com aqueles que estão "lá fora".

Para isso é necessário o emprego de sinais de comunicação: palavras, imagens, movimentos, ritmos, cores, perfumes e sensações de todos os tipos que, entretanto, chegam de fora ao artista criativo e, inevitavelmente, carregados de associações, matizadas pelo passado e também pela comunicação contemporânea.

> Entre a concepção
> E a criação
> Entre a emoção
> E a reação
> Tomba a Sombra.

Como é possível transcender essa intervenção?

Gerhart Hauptmann escreveu em algum lugar: *Dichten heisst, hinter Worten das Urwort erklingen lassen*: "Fazer poesia consiste em deixar que a Palavra ressoe por detrás das palavras".

Algumas escolas poéticas procuraram, por meio de retórica enlevada, intocada pelos ecos do mercado, transportar a mente refinada para as alturas; outras procuraram renovar em nós a força da terra, enfatizando o solo e o canto dos animais selvagens. Algumas, mais recentemente, tentaram expurgar qualquer forma de linguagem, ideia e civilização, emitindo sons, sílabas, tinir de campainhas, grunhidos de porcos, guinchos de águias, uivos de babuínos e silêncios, retornando assim ao Paleolítico Inferior para começar novamente. Mas grunhidos de porcos por si mesmos não expressam mais transcendência nem eloquência do que as estrofes de versos alexandrinos.

A arte necessária consiste em produzir sons, palavras e formas, sejam eles de origem ordinária ou sublime, como se estivessem abertos para trás, para a disponibilidade do eterno, e isso requer do artista que ele próprio, em sua experiência pessoal, tenha tocado de uma maneira original aquele ponto imóvel deste mundo em movimento, cujas formas míticas imemoriais são os símbolos e a sua garantia.

MITOLOGIA CRIATIVA

Na verdade, a julgar pela história, o segredo compartilhado de todos os grandes artistas realmente criativos do Ocidente foi se deixarem despertar pelos símbolos mitológicos inesgotavelmente sugestivos de nossa rica e complexa herança europeia de entrelaçadas tradições. Tais símbolos, em vínculo recíproco, também foram revitalizados por eles. Evitando, por um lado, o equívoco comum de interpretar a mitologia como um referencial de fatos históricos e, por outro, a infantilidade de rejeitar o ensinamento dos séculos, afogando-se como um adolescente nas águas rasas do primeiro nível, eles passaram para além daquele ponto do naufrágio de Cila e Caribdes, e chegaram à porta do sol cantada em todos os tempos por esses inspirados que a conheceram, cada um na linguagem de seu próprio mundo.

Tendo permitido que suas imaginações fossem despertadas pela força dos símbolos, eles seguiram os ecos de sua expressão interior – cada um abrindo um caminho próprio para o espaço do silêncio, onde os símbolos deixam de existir. E retornando então ao mundo e à sua comunidade, depois de aprenderem em suas próprias profundezas a gramática da linguagem simbólica, eles estão aptos a dar uma nova vida ao passado obsoleto, bem como aos mitos e sonhos do seu presente – para trazer dessa maneira (como no coro final de *Parsifal* de Wagner) "redenção ao Redentor", fazendo com que o sangue petrificado e historicizado do Salvador flua novamente como uma fonte de vida espiritual.

Vamos agora reconsiderar brevemente as principais correntes de linguagem e os símbolos tradicionais que serviram aos nossos grandes poetas e artistas tanto de guias até o silêncio da Palavra por detrás das palavras, quanto de meios para comunicar seu arrebatamento. Começaremos na época daqueles ousados poetas dos séculos XII e XIII, que foram os primeiros autores individuais no sentido moderno, para chegarmos à época atual com seus grandes mestres da Palavra.

II. A HERANÇA CLÁSSICA

Já observamos a forma como Gottfried celebrava Apolo e as Nove Musas no topo paradisíaco do monte Hélicon. Dante também invocou as Musas – no início do *Inferno*, Canto II – e foi guiado através de seu Inferno até o topo paradisíaco do Monte Purgatório pelo pagão Virgílio, que por toda a Idade Média fora idealizado como *l'altissimo poeta*, o supremo mestre literário.

A figura 10 é uma concepção singular de Dido e Eneas de Virgílio, de um manuscrito do século X, que se encontra na Biblioteca Nacional de Nápoles. Por sua forma e postura, as figuras não são clássicas, mas medievais; pois como o Professor E.R. Curtius afirma em seu excelente estudo *European Literature and the Latin Middle Ages* [Literatura europeia e Idade Média latina], "A Idade Média tinha sua própria visão da Antiguidade". Não menos em filosofia e ciência do que em literatura e arte, a autoridade da herança greco-romana, mesmo incluindo o período obscuro dos séculos V ao XI, foi tal que o Professor Curtius pode escrever sobre uma única tradição clássica europeia estendendo-se, sem interrupção, de Homero a Goethe.[13]

A PALAVRA POR DETRÁS DAS PALAVRAS

Estava alimentada por duas correntes inter-relacionadas: uma, aparente, era a dos poetas e filósofos, gramáticos, cientistas e historiadores que liam e ensinavam abertamente nas escolas. A outra, mais oculta, subterrânea, era a dos cultos de mistério que nos últimos séculos romanos tinha florescido por todo o mundo clássico, da Índia e do Nilo Superior até as Ilhas Britânicas celtas.

As figuras 11 e 12 mostram o interior e o exterior de uma taça de alabastro de período aproximado à de Pietroasa, das figuras 3 e 4. No centro – onde na outra taça uma deusa está sentada no trono circundado por uma videira – a parte dianteira de uma serpente alada (uma das asas está perdida) enrosca-se em torno de um montículo hemisférico, de cuja base se irradiam línguas de fogo. Dezesseis figuras, nove mulheres e sete homens, todas nuas, estão em postura de adoração, com os olhos voltados para a serpente, muitas com uma das mãos no peito, na postura do iniciado da figura 3, estágio 7. Cinco mulheres estão em postura semelhante à de Vênus de Médici, sugerindo a atitude do andrógino do 11º estágio da outra série; e ali – como aqui – dezesseis figuras podem ser vistas. A serpente alada combina as asas do grifo do estágio 16 com o caráter réptil da besta do estágio 10, que indica que estamos ante um santuário como aquele da outra série em que entrou o candidato do estágio 10:

Figura 10. Dido e Eneias: século X d.C.

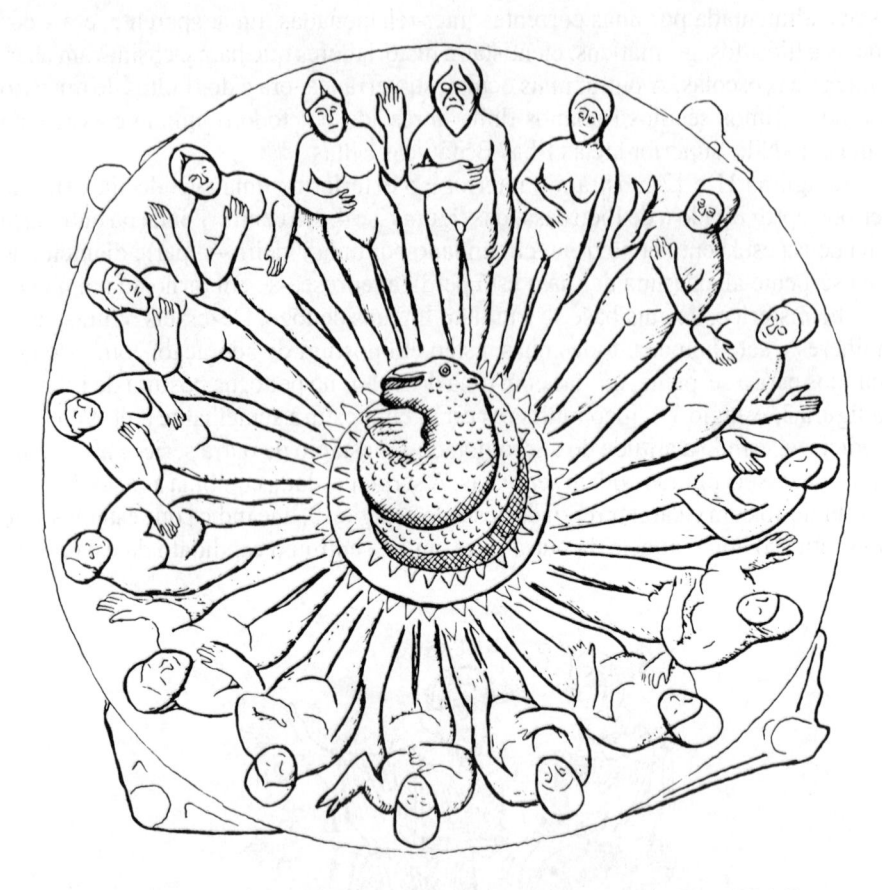

Figura 11. O Santuário da Serpente Alada: taça órfica, século II ou III d.C.

do mistério além dos "pares de opostos", depois do qual, no 11º, o iniciado aparece como um andrógino, com as asas do Espírito Santo sobre sua cabeça.

Nos cultos helênicos de mistério, os iniciados entravam frequentemente nus no santuário dos santuários e, ao passo que as mulheres eram excluídas dos ritos mitraicos,[14] nos órficos-dionisíacos elas eram essenciais, seja como incitadoras do arrebatamento místico, seja como veículos da revelação. A taça de Pietroasa testemunha sua relevância como guias e como divindades; ali tanto elas quanto os iniciados estão vestidos e tudo está em movimento, aqui tudo está imóvel. O montículo no centro, encoberto pela serpente alada, é o topo do ovo cósmico órfico, dentro do qual habitam todas as criaturas mortais.

Esse grupo está do *lado de fora* e *por cima* do ovo. Eles ascenderam (espiritualmente) pela porta do sol, que se abre ao meio-dia, no topo do céu. As rochas coli-

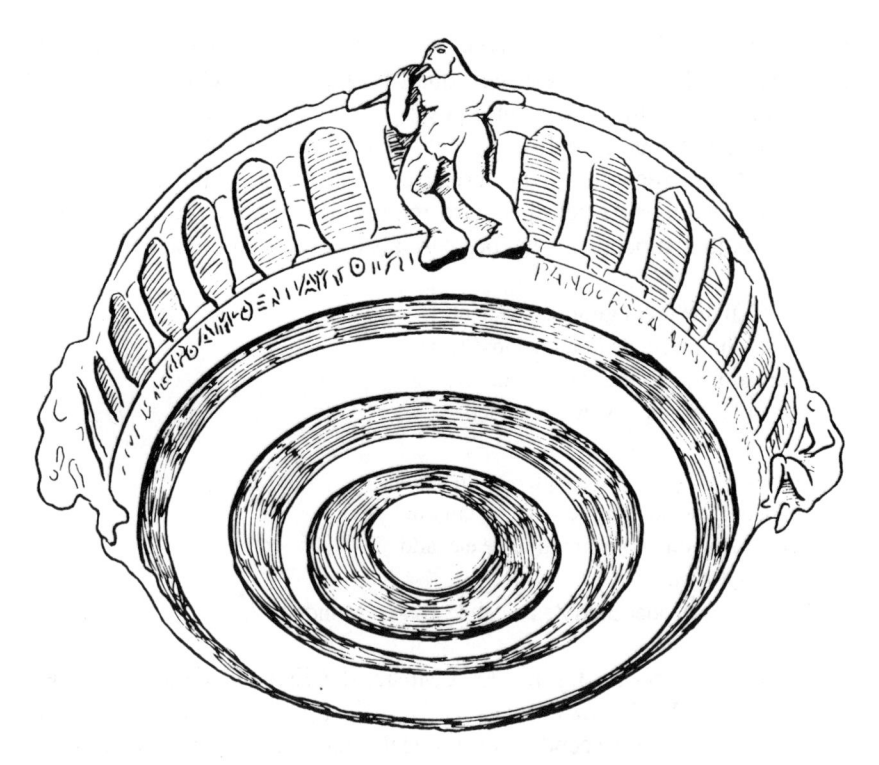

Figura 12. O lado externo da Taça da Serpente

dentes (Symplegades), que se separaram naquele instante, fecharam-se novamente atrás deles e eles estão agora (no conhecimento) na eternidade, além de todos os pares de opostos: morte-nascimento, masculino-feminino, sujeito-objeto, bem-mal, luz-trevas. As limitações normais do pensamento e dos sentidos humanos, as vestes da mente, foram destruídas na passagem ígnea, cujas chamas purificadoras estão queimando agora *a seus pés*; e a serpente envolvendo o montículo, que eles contemplam em arrebatamento silencioso, articula as formas que antes teriam sido vistas como opostas: a serpente rastejando-se sobre o ventre e o pássaro em voo elevado.

Essa imagem de sentido transcendente representa o mesmo poder imanente no mundo, simbolizado na outra taça pela poção que inspira êxtase, contida no cálice da Deusa Mãe de toda existência. De pé na taça da serpente alada, estamos dentro do cálice sacramental, bebendo com nossos olhos, por assim dizer, a bebida embriagadora, ali simbolizada como o vinho, do mistério da substância de nosso ser.

A figura 12, o lado externo da taça, é uma vista da cúpula celestial a partir da abóbada da concha cósmica em eterno movimento – a vista meramente exotérica que conhecemos por meio de nossos olhos e dos instrumentos da ciência. Quatro querubins nus tocando trombetas e conchas nos quatro pontos cardeais simbolizam os quatro ventos do ciclo espacial e as quatro estações do ciclo temporal; vinte e quatro colunas suportam essa estrutura espaço-tempo, como as horas sustentam o dia; enquanto abaixo, no piso do céu, o teto de nosso mundo, estão os círculos das órbitas das esferas. Ademais, uma inscrição em volta da base, num grego levemente incorreto, foi reconhecida pelo primeiro intérprete dessa taça, o Professor Hans Leisegang, como composta de citações parciais de quatro diferentes hinos órficos:

> Ouve, Tu que fazes girar eternamente
> a esfera luminosa de movimento distante...
> Originalmente Céu e Terra eram
> uma única forma – o Ovo Cósmico...
>
> Primeiro, surgiu a luz – Fanes – : chamada
> também Dioniso, porque se move em um
> círculo em volta do infinitamente elevado
> Monte Olimpo...
> Ele está resplandecendo Zeus, Pai de Todo o Mundo.[15]

Vamos agora observar a figura 13, "A Música das Esferas", de uma obra neoplatônica do século XV, *Practica musice* de Gafurius, publicada em 1496 em Milão. A imagem da serpente descendo é dramática; quando ela penetra nas esferas dos quatro elementos, divide-se numa tríade de cabeças de animais: um leão no centro, um lobo à esquerda e um cão à direita. Gafurius identificou essa besta com o cão guardião do Hades, Cérbero,[16] que no período helênico era representado com três cabeças e cauda de serpente.

Em um templo de Alexandria dedicado ao deus sincrético greco-egípcio Serápis (que era sincreticamente identificado com Zeus, Dioniso, Fanes, Apolo, Osíris e o touro Ápis), a divindade estava sentada num trono elevado com Cérbero a seus pés, como aqui.[17] As cabeças do animal simbolizam o Tempo Devorador em seus três aspectos – Presente, Passado e Futuro – mediante o qual a presença imutável do deus é experimentada, sempre efêmera, aqui na terra.

Conforme se lê em *Saturnalia* de Macrobius (século V d.C.): "O leão, violento e repentino, expressa o presente; o lobo, que arrasta suas vítimas, é a imagem do passado, que nos arrebata as lembranças; o cão, bajulando o seu dono, sugere-nos o futuro, que incessantemente nos ilude com a esperança".[18]

Na base do desenho de Gafurius, bafejada pela cabeça de leão encontra-se uma figura feminina chamada Tália, "Abundância", a primeira das nove Musas. As outras oito, em série ascendente, aparecem ao longo da margem esquerda e em cima se encontra novamente o nome de Tália, designando ali, entretanto, o membro central da tríade de Graças, dançando nuas no paradisíaco monte Hélicon diante do trono de Apolo.

A PALAVRA POR DETRÁS DAS PALAVRAS

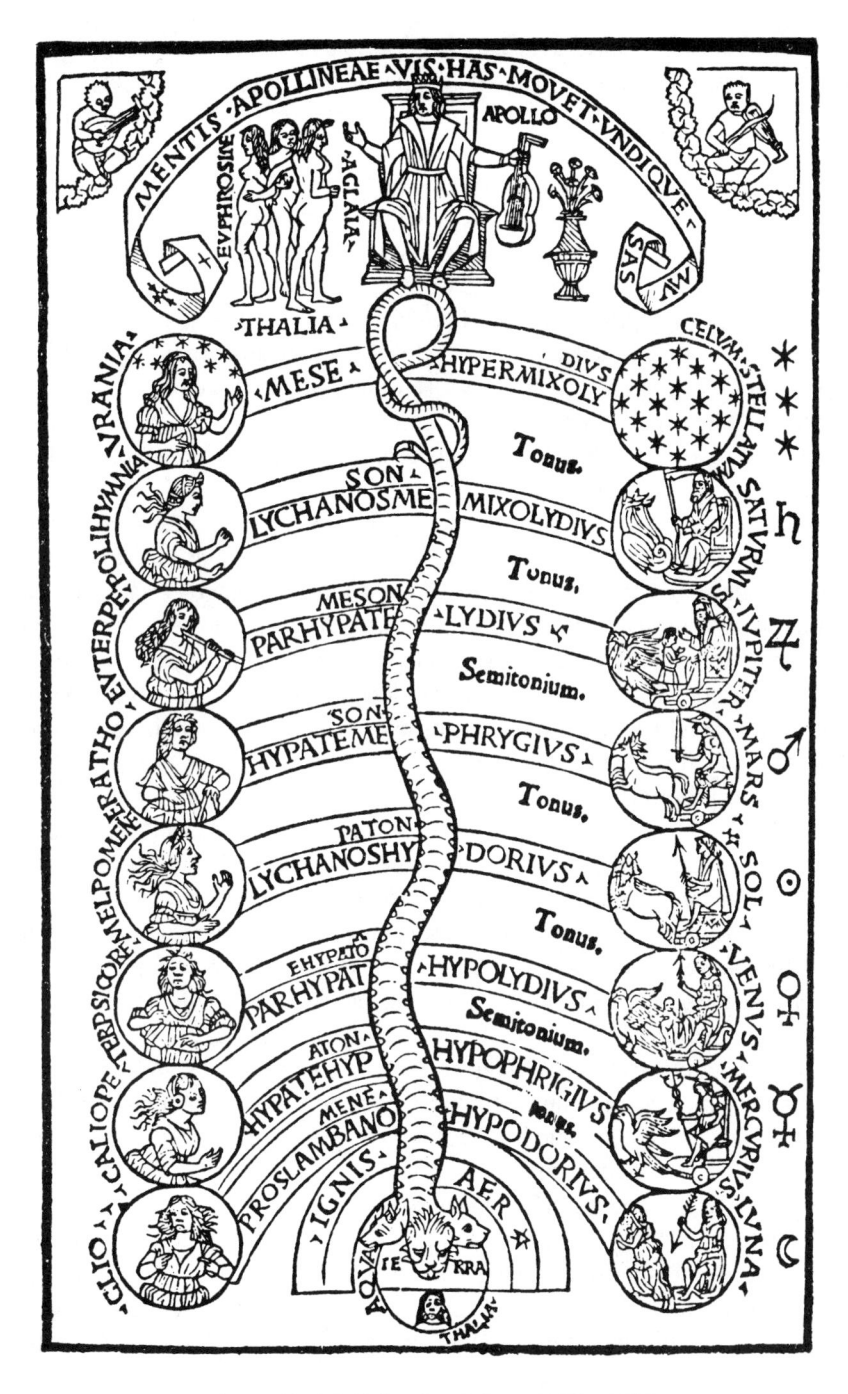

Figura 13. A Música das Esferas, Itália, 1496.

Tália, no papel de Musa, na base, é a inspiração da Poesia Bucólica e da Comédia e, conforme aqui representada, *abaixo* da superfície da terra, invisível, ela é a "Tália Silenciosa", *Surda Tália*, a Musa não escutada. Visto que os homens confrontados com os aspectos assustadores do tempo, que eles não compreendem, tornam-se cegos e surdos à inspiração da Musa da poesia da natureza; é apenas quando o espírito de um homem é transportado para o topo da sabedoria que sua glória é revelada.

Interpretada segundo a tradição eclesiástica, a Graça Tália, na parte superior, poderia sugerir Eva em seu estado de pureza; Eufrósina, "Alegria", de costas ao deus, sua inclinação para a rebeldia; Tália abaixo, Eva expulsa, sujeita à serpente e, em decorrência, aos medos, esperanças e privações do tempo; e por último, a Graça Aglaia, "Esplendor", acima, com seu olhar voltado para o deus, a Virgem Mãe Maria, "alterando o nome de Eva" – Eva para Ave! – e com isso desfazendo a obra de Eufrósina, "Alegria", ou, como diria um verdadeiro cristão, do "Prazer Pecaminoso".

Entretanto, ao olhar novamente para a figura do Deus Pai pescando (figura 8) nos lembramos, de acordo com a habitual interpretação cristã de tais símbolos, que o poder da serpente não é uma emanação em direção à vontade criativa de Deus, mas uma força contrária, oposta a ela; por isso as Musas, colocadas em sequência por Gafurius ao longo do corpo da serpente, seriam, no pensamento ortodoxo, associadas antes com a Queda do que com a redenção e as artes estariam condenadas: como o estão, de fato, tanto no puritanismo cristão, como no primeiro mandamento bíblico contra as imagens (Êxodo 20:4).

Numa arte propriamente cristã as formas não seduzem os sentidos para este mundo, mas são alegorias de temas espirituais e das lendas do Salvador e seus santos, em virtude das quais a mente e o espírito são elevados para além deste mundo, para Deus, que é transcendente e separado. Entretanto no desenho de Gafurius – como em geral na arte clássica – as Musas representam e estão consagradas para as esferas de suas respectivas posições, pertencendo todas elas ao corpo e âmbito do poder da própria serpente. E a serpente, por sua vez, não é oposta ao Senhor da Vida e da Luz, mas uma manifestação de sua força e harmonia criativa.

Para perceber isso e elevar-se então pela escala ascendente de uma glória à outra, tem-se apenas que encarar e ousar entrar na boca do leão: a porta flamejante do sol do presente, absorto totalmente no viver aqui e agora, sem esperança, sem medo. Então o arrebatamento das Musas – as artes – começará a ser experimentado no próprio corpo deste mundo, conduzindo nosso espírito de glória em glória, até aquele topo de regozijo consciente onde o olho do mundo – além da esperança, além do medo – observa o Universo em seu ir, vir e existir.

Visto que, exatamente como a serpente não se opõe ao Senhor, mas é um veículo de sua graça descendente, o mesmo acontece com as Musas – vestidas com os trajes deste mundo – que tampouco se opõem às Graças despidas, mas são as precursoras terrenas de sua dança paradisíaca num ritmo triplo (3 vezes 3). E elas são nove porque (como Dante fala de sua própria Musa, Beatriz) sua raiz (a raiz quadrada de nove é três) está acima na trindade.

Além da aparência assustadora do tempo que a tudo consome, as artes – as Musas – iniciam-nos na harmonia duradoura do Universo, cujos planos ou aspectos são controlados pelos planetas e suas esferas. Gafurius expõe os signos e divindades à direita de seu desenho, fazendo-os coincidir com as Musas à esquerda. Como Tália, abaixo, preside a terra, também Clio (esquerda inferior), a Musa da História, preside o plano da lua, controladora das estações do tempo; enquanto Calíope, a poesia heroica, está unida a Mercúrio (Hermes), guia das almas para além da esfera temporal. Em seguida vem Terpsícore, Musa da Dança e Canto Coral, na esfera de Vênus e Cupido; Melpômene, a Tragédia, que purifica e ilumina com o fogo e a luz do Sol; e Erato, Poesia Lírica e Erótica, no plano de Marte, deus da guerra.

Fora dessa trágica tríade central, somos libertos pelo poder da música de todas e quaisquer formas visíveis.* Euterpe, a Musa da Arte da Flauta, eleva a mente para o plano de Júpiter, onde o espírito, como a criança em relação ao pai no sacramento da confirmação à direita, volta-se para o aspecto protetor do Senhor. Polímnia, a Musa do Canto Sacramental, celebra o aspecto do Pai em Saturno, empunhando a foice que nos livra deste mundo controlado pelas esferas planetárias, depois do que, na esfera das estrelas fixas, a Musa Urânia, a Astronomia, leva-nos completamente do corpo da serpente (cujo guizo da cauda sugere a porta do sol) até os pés da suprema transformação do Pai, a luz absoluta.

Essa escala das estruturas planetárias, apresentada por um mestre de música italiana do século XV para demonstrar, como ele declara, "que as Musas, os planetas, as escalas musicais e as cordas correspondem uns aos outros",[19] na verdade é uma ideia muito antiga. Já era conhecida dos estoicos e está desenvolvida em "O sonho de Cipião Africano, o Jovem" de Cícero (citado no volume III de *As máscaras de Deus, Mitologia Ocidental*),[20] em que as esferas são nomeadas nessa mesma ordem e dizem que o movimento de suas rotações produz um som alto e agradável. Mas a esfera terrestre, a nona, "permanece eternamente imóvel e estacionária na sua posição no centro do universo": daí a *Surda Tália* de Gafurius. "Os homens instruídos, imitando essa harmonia em instrumentos de corda e no canto", afirma Cícero, "conquistaram para si um retorno a essa região". E Gafurius, concordando, atribuiu a cada degrau tanto uma nota da escala, quanto um modo musical grego.

Os nomes das notas encontram-se à esquerda; eles provêm do conjunto tetracórdio dório-frígio clássico (nossa escala em lá- menor), conforme segue: Proslambanomenos (lá), Hypate hypaton (si), Parhypate hypaton (dó), Lichanos hypaton (ré), Hypate meson (mi), Parhypate meson (fá), Lichanos meson (sol) e Mese (a oitava). À direita encontram-se os modos correspondentes: Hipodório, Hipofrígio, Hipolídio, Dório, Frígio, Lídio, Mixolídio e Hipomixolídio. Também é atribuído a cada esfera um metal, cujo símbolo corresponde a um planeta: a prata para a Lua, o mercúrio

---

* Compare a Schopenhauer, *supra*, p. 84.

para Mercúrio, o cobre para Vênus, o ouro para o Sol, o ferro para Marte, o estanho para Júpiter e o chumbo para Saturno. O espírito, ao descer de sua morada celestial, assume a matéria e o peso desses metais e, quando sobe, desfaz-se deles, para retornar nu à região acima. Daí o simbolismo da nudez – o espírito nu – diante de Deus; as Graças nuas diante de Apolo e as figuras na taça do culto do mistério. Do mesmo modo, a "dança dos sete véus" executada por Salomé diante de Herodes, e ainda a mais antiga versão existente do simbólico "desnudamento do eu" é a "Descida de Inanna aos Infernos" que encontramos na Suméria de cerca de 2500 a.C.[21]

Mas, de acordo com Hesíodo (século VIII a.C.), as nove Musas eram as filhas de Mnemósina, "Memória", e de Zeus.[22] Nascidas da Memória, elas fazem o espírito *lembrar* de sua esquecida condição superior, onde, no topo desse nobre caminho óctuplo de retorno, descobre-se o próprio deus da luz representado na taça de Pietroasa (figura 3) e homenageado nos hinos órficos de nossa segunda taça (figura 12). Além disso, o número de nus femininos dentro do santuário dos santuários dessa segunda taça é nove, o mesmo número das Musas; enquanto o número de homens é sete, o número das esferas visíveis.

No desenho de Gafurius as Musas vestidas correspondem às guias femininas da primeira dessas duas taças, e as Graças despidas dançando, aos iniciados nus da segunda. Eufrósina, "Alegria", de costas à Presença, representa o movimento descendente, dirigido ao exterior, da graça divina que anima o mundo; Aglaia, "Esplendor", defronte ao Senhor, é a graça que retorna do espírito humano; e Tália, "Abundância", que é una com a Musa da Natureza, denota o equilíbrio envolvendo os modos que representam a exteriorização e o retorno.

O círculo dessas três Graças é ampliado no ritmo tríplice que anima o mundo das Nove e abaixo, refletido na tríade das cabeças de Cérbero: o futuro, o presente e o passado. Ademais, a forma ascendente dessa serpente é a aparição alada da figura 11, tendo no lugar dessas cabeças de animais, a cada lado, as asas do espírito revelado. E Tália, a Musa do Idílio no Jardim da Vida – que no estágio inferior estava silenciosa – agora, no conhecimento da eternidade, está una com os movimentos tanto de Esplendor quanto de Alegria. E todas as três, por sua vez, são desdobramentos do espírito da deusa Vênus, o Amor, cuja arte específica abaixo é a dança.

Dessa maneira, este diagrama renascentista compreende o sentido das duas taças. A Tália silenciosa na base corresponde à deusa que no centro da taça de Pietroasa segura o cálice de sangue embriagador exultante da vinha; e o círculo que a limita, a terra envolta pelas águas do abismo, tendo ar e fogo por cima, corresponde ao círculo interno da taça, onde o pastor sonha o sonho da vida. A escada ascendente com suas Musas guias corresponde ao círculo de iniciações, que conduz à visão do deus; e como ali no momento da chegada apareciam vinhas e frutas, aqui também há um vaso de flores.

O instrumento nas mãos do deus tem sete cordas, as sete esferas, que são correspondidas na segunda taça (figura 12) pelos círculos que levam ao centro, à porta do sol para a iluminação. Tanto o interior dessa segunda taça quanto o interior do cálice da deusa de Pietroasa (figura 4) correspondem, portanto, ao topo da representação de Gafurius, cuja lição cosmológica está escrita na faixa acima do deus: "*Mentis Apollineae vis has movet undique Musas*: A energia da mente apolínea anima as Musas em todas as partes" – que é, exatamente, o sentido do primeiro dos hinos órficos inscrito na taça de alabastro:

> Ouve, Tu que fazes girar eternamente
> A esfera luminosa de movimento distante...*

Finalmente, os dois músicos nas margens superiores correspondem nesse desenho bidimensional às quatro figuras despidas que sopram chifres e conchas em volta da taça.

No curso dos cinco séculos da ocupação romana da Gália e Bretanha (*c*.50 a.C.- 450 d.C.), os mitos e rituais dos mistérios helenísticos não foram apenas transportados para aquelas colônias, mas associados sincreticamente com os deuses locais apropriados. Por exemplo, no altar galo-romano de Reims mostrado no volume *Mitologia Oriental*, p. 243, o deus celta Cernunnos está sentado na postura de Hades-Plutão, entre Mercúrio e Apolo, como se estivesse unindo os poderes dos dois.

Igualmente, no volume *Mitologia Ocidental*, p. 252 e 253, mostram-se dois painéis de um altar galo-romano encontrado em uma escavação perto da Notre Dame de Paris, nos quais uma divindade gaulesa identificada com o herói irlandês Cuchullin está cortando uma árvore embaixo da qual está um touro, montado por *três* deusas na forma de grous de longos pescoços. Cuchullin era o protótipo do cavaleiro da Távola Redonda, Sir Gawain.[23] As lendas pagãs a seu respeito foram registradas durante o período de civilização cristã irlandesa, entre o século VI e o XI, quando a erudição grega e latina era cultivada pelo clero irlandês como em nenhuma outra parte da Europa devastada.

O Abade Aileran de Cloncard, escrevendo por volta de 660 sobre os significados místicos dos nomes da genealogia de Cristo, por exemplo, citou com familiaridade Orígenes, São Jerônimo, Fílon e Santo Agostinho. O Abade Sedulius de Kildare, por volta do ano 820, corrigiu seu Novo Testamento em latim a partir de um original grego e escreveu para o neto de Carlos Magno um tratado sobre a arte de governar.[24] O neoplatônico Escoto Erígena (*c*.815-877),[25] a quem o Professor Adolph Harnack chamou de "o mais culto e, talvez, o mais sábio de sua época",[26] deve ser nomeado *magna cum laude* neste contexto.

E para um pouco de evidência visual da relação entre o simbolismo neoplatônico tanto de Alexandria quanto da Renascença e as obras e preces dos monges escribas irlandeses de Glendalough, Dingle e Kells, uma reconsideração da página *Tunc* do Livro dos Kells do século IX deveria ser suficiente (reproduzida e discutida no volume *Mitologia Ocidental*, p. 378-381 e 389). A invocação por Gottfried das nove Musas

---

* *Supra*, p. 98.

diante do trono de Apolo adquire para nós uma nova força – particularmente com relação ao poder de encantamento da harpa de Tristão (figura 2), que é equivalente à de Orfeu, que na mais antiga tradição cristã podia representar, como no afresco de Domitila (figura 1), o Redentor. Toda *A divina comédia* de Dante compartilha também dessa visão pagã de uma dimensão espiritual do universo.

"A meio caminhar de nossa vida fui me encontrar em uma selva escura: estava a reta minha via perdida." Assim começa a grandiosa obra.[27] E o poeta afirma que não sabe dizer ao certo como chegou naquele bosque. "Tão tolhido de sono me encontrava", ele conta, "que a verdadeira via abandonei".

"Mas quando ao pé de um monte eu já chegava, tendo o fim desse vale à minha frente, que o coração de medo me cerrava, olhei para o alto e vi a sua vertente vestida já dos raios do planeta que certo guia por toda estrada a gente."[28]

A suspeita de que o bosque escuro do medo de Dante deve ser análogo ao círculo da Tália Silenciosa, e a colina onde o vale acabava, coberta pelos "raios do planeta que certo guia por toda estrada a gente", semelhante ao monte Hélicon, com Apolo no cume, aumenta com o próximo episódio da aventura. Uma vez que imediatamente, conforme narra Dante, apareceram três feras perigosas: a primeira, uma onça "ligeira e desenvolta, de pelo maculado recoberta"; o segundo, um leão, "que parecia que contra mim viesse com a fronte erguida e com fome raivosa"; e por último, uma loba, "de cobiça ansiosa, em sua torpe magreza carregada, que a muita gente a vida fez penosa".[29]

A onça, de aparência bela e variegada, representava para Dante as tentações da carne, aquela falsa tentação do desejo que no desenho de Gafurius está representada pela cabeça de um cão. O leão significava a soberba, o pecado capital que impede ao homem autocentrado a visão de Deus. E a loba simbolizava a avareza, buscando o que o tempo toma. Essas são as forças – funções da falsa sedução do tempo – que mantém aprisionados na ilusão aqueles que se perderam do caminho reto.

Entretanto, como no desenho de Gafurius, também aqui a graça da poesia, enviada pelas Musas, coloca o viajante fora do alcance das feras perigosas. Ao retroceder temeroso diante delas, ele viu se aproximar a figura de Virgílio.

"Eu te irei guiando", disse o poeta pagão.[30]

"Musas", Dante então suplicou; "grão Gênio, vossa potestade me ajude!"[31]

E com esse nobre guia, expulsando o medo, o cristão perdido avançou pelo caminho escuro e selvagem até a boca do próprio inferno.[32]

Além de Virgílio, havia ainda seis outros mestres clássicos a quem Dante encontrou no seu caminho e que, conforme demonstra o Professor Curtius, eram as principais autoridades intelectuais da Idade Média: Homero, Horácio, Ovídio e Lucano, no Limbo, o primeiro círculo do Inferno; Catão ao pé do Monte Purgatório; e Estácio no seu pico, o Paraíso Terreno, onde Dante, por fim, reencontrou sua musa pessoal, Beatriz. Em vida ela abrira seus olhos para a beleza terrena,*

---

* *Supra*, p. 72.

e agora, morta, conduziu seu espírito, em fé, para além das virtudes naturais dos pagãos, pela mesma escala dos planetas do desenho de Gafurius, para o lugar daquele deus trino dos cristãos, uma única substância em três pessoas divinas, do qual (segundo a visão cristã) a mera luz natural da razão de Apolo não passa de uma representação terrena.

Essa desvalorização cristã do ideal pagão supremo, Apolo, e com ele de toda a tradição clássica dos mistérios, da qual o cristianismo em parte procedia, é uma forma elegante de um culto suplantar a outro anterior. Simplesmente recusando-se a reconhecer a interpretação de seus símbolos, dada pelos seus iniciados supremos, interpretando-os de uma maneira reducionista e colocando seu próprio símbolo no lugar supremo esvaziado. A conclusão de que o poder dos pagãos só pode conduzir Dante até o pico do Monte Purgatório, o Paraíso Terreno, está de acordo com a fórmula de Aquino, segundo a qual a razão pode levar, como o fez com os clássicos da Antiguidade, ao máximo da virtude terrena, mas apenas a fé e a graça sobrenatural (personificadas em Beatriz) podem orientar para além da razão, para a morada de Deus.

Entretanto, quando consideramos junto com Dante as características desse deus com aspecto de uma trindade, somos levados a outra observação: que na doutrina cristã das *três pessoas divinas em uma única substância divina*, o que temos na realidade é uma transposição do simbolismo das *três Graças* e do *Apolo Hiperbóreo* para uma ordem mitológica de máscaras de Deus exclusivamente masculinas – que está bem de acordo com o espírito patriarcal do Antigo Testamento, mas em desarmonia radical com as conotações simbólicas e, portanto, espirituais, não apenas de sexo e dos sexos, mas de toda a natureza.

A fórmula grega era de idade incomensurável e representava, além do mais, um sistema simbólico de aplicação surpreendentemente ampla. Podemos lembrar, por exemplo, os mitos de Hainuwele e suas duas irmãs no Seram Ocidental (Indonésia) e a importância não apenas do número três, mas também do número nove.[33] Ou reconsiderar aquelas garças-azuis no dorso do touro celta. Na revisão patriarcal da antiga simbologia heterossexual, o Filho corresponde à Graça descendente; o Espírito Santo, à que retorna; o Pai, à Graça infinita; e a Substância Una, à luz da mente de Apolo.

De acordo com o pensamento clássico, três pessoas diferenciadas teriam de ser consideradas como condicionadas; isto é, compreendidas numa esfera de relações, dentro da matriz da deusa cósmica Espaço-Tempo, como aparecem na imagem francesa do século XV da mãe de Deus, reproduzida no volume *Mitologia Ocidental*, p. 417, figura 32. Mesmo que definidas como masculinas, representam funções de *māyā** e poderiam apropriadamente, portanto, ter conservado a forma feminina.

Além disso, uma dificuldade quase ridícula resultou dessa exclusão do princípio feminino de sua função cósmica normal. As figuras mitológicas femininas do mito

---

* *Supra*, p. 80-81 e *Mitologia Oriental*, p. 205.

cristão tiveram de ser interpretadas historicamente: a Mãe Eva, antes e depois da Queda, como uma personagem pré-histórica num jardim que jamais existiu; e Maria, a "mãe de Deus", como uma virgem que concebeu de forma miraculosa e foi fisicamente colocada num lugar chamado "acima do céu", que não existe no mundo real.

Por toda a história do culto cristão, a tendência a reinterpretar seus símbolos historicizados em um sentido mitológico geral tem sido um perigo constante; como também o é a suscetibilidade das mitologias gregas – e mesmo budistas, hindus, navajas e astecas – a interpretações tendenciosamente cristãs, da qual tiraram proveito em tempos recentes T.S. Eliot em seu *Quatro quartetos*, James Joyce em *Finnegans Wake* e Thomas Mann em *José e seus irmãos*.

Muitos artistas dos períodos renascentista e barroco, igualmente, recorreram a essas possibilidades e mesmo no período das catacumbas há aquele teto de Domitila (figura 1). Na verdade, essa possibilidade e o conhecimento dela são o que eu chamei de fluxo secreto, subterrâneo, de nossa herança clássica de comunicação simbólica.

Para concluir este breve resumo da riqueza de nossa herança clássica, vejamos rapidamente a recapitulação do Professor Curtius sobre o significado que tiveram para a Idade Média aqueles seis grandes nomes que Dante encontrou enquanto era conduzido por seu caminho:

> Para a Idade Média, Homero, como augusto antepassado, não passava de um grande nome, pois a Antiguidade medieval é Antiguidade latina; devia, porém, ser mencionado. Sem Homero, não haveria a *Eneida;* sem a ida de Ulisses ao Hades, não teria havido a viagem de Virgílio ao outro mundo; sem esta, não empreenderia Dante sua viagem. Para todo o fim da Antiguidade, para a Idade Média, como para Dante, é Virgílio "o altíssimo poeta". A seu lado vem Horácio, como representante da sátira romana, que, na Idade Média, é considerada salutar pregação moral, contando numeroso séquito de imitadores, a partir do século XII. Além do mais, é a *Comédia* de Dante uma censura à época. Ovídio, porém, apresenta para toda a Idade Média fisionomia inteiramente diversa do que para nós. Na parte inicial das *Metamorfoses* encontrou o século XII uma cosmogonia e cosmologia acordes com o platonismo contemporâneo. Mas havia também nas *Metamorfoses* um repertório empolgantemente romanesco da mitologia. Quem era Faetonte? Licáon? Procne? Aracne? Ovídio era o *Who's Who* para milhares de perguntas semelhantes. Era preciso conhecê-lo muito bem; do contrário, impossível compreender os poetas latinos. Demais, todas essas histórias mitológicas possuíam cunho alegórico. Era, pois, Ovídio também um tesouro de moral. Dante orna episódios do *Inferno* com metamorfoses que deviam sobrepujar as de Ovídio, como ele sobre-excede a *terribilità* de Lucano, esse *virtuose* da emoção (*pathos*) horripilante, e conhecedor do averno e seus fantasmas.
>
> Era, ainda, a fonte histórica da guerra civil romana, o glorificador do íntegro Catão de Útica, que Dante designa para guarda da montanha da purificação. Finalmente, impunha-se Estácio como cantor da epopeia da guerra civil tebana, cujo remate é uma homenagem à divina *Eneida*. A história de Tebas tornara-se livro favorito da Idade Média, tão popular como as lendas do rei Artur. Encerrava episódios

dramáticos, personagens impressionantes. Édipo, Anfiarau, Capaneu, Hipsípile, o lactente Arquêmoro: personagens da *Tebaida* revivem, a cada passo, na *Comédia*. O encontro de Dante com a *bella scuola* atesta a adoção da épica latina no mundo da poesia profana cristã. Compreende um lugar ideal, onde ficou reservado um nicho para Homero, e onde se acham reunidas todas as grandes figuras do Ocidente: os imperadores (Augusto, Trajano, Justiniano); os Padres da Igreja; os mestres das sete artes liberais; os luminares da filosofia; os fundadores de ordens; os místicos. O reino desses fundadores, organizadores, mestres e santos só se encontraria, porém, naquele complexo histórico da cultura europeia: na latinidade medieval. Nele deita raízes a *Divina Comédia*. É a velha estrada da Antiguidade ao Mundo Moderno.[34]

III. A HERANÇA CELTO-GERMÂNICA

Vamos agora voltar nossa atenção para aquele legado do saber nativo norte-europeu, que nos séculos XII e XIII tornou-se subitamente e com resultado surpreendente a principal inspiração da idade de ouro do romance cortesão. Influências clássicas, bem como cristãs e islâmicas haviam sido detectadas nas lendas. Na esfera celta, os altares galo-romanos já notados comprovam a influência clássica,[*] enquanto em relação aos germânicos há uma antiga escrita rúnica, desenvolvida a partir do grego, que nos primeiros séculos da nossa era passou das províncias góticas helenizadas para o noroeste até o mar Negro, subindo pelo Danúbio e descendo pelo Elba, para chegar à Escandinávia e Inglaterra.[35] Há ainda a figura de Odin (Woden, Wotan), autocrucificado no Freixo do Mundo na forma de uma oferenda a si mesmo, para conquistar a sabedoria oculta daquelas runas, que constituem nitidamente um tema helênico (ver a figura 9).

Porém, talvez a revelação mais sugestiva já exposta do que uma autoridade chamou de "cultura altamente cosmopolita" das antigas cortes germânicas é a que pode ser vista na surpreendente descoberta do navio-sepultura Sutton Hoo, que em 1939 foi escavado em Suffolk, na região do Rio Deben, a seis milhas da costa. O imenso casco enterrado com seu rico e pesado tesouro foi atribuído a uma data entre 650 e 670, e o príncipe guerreiro lá sepultado parece ter sido o rei anglo-pagão Aethelhere (morto em 655), cuja esposa, uma cristã, abandonou-o para entrar em um convento próximo de Paris, ou seu irmão mais jovem, o rei Aethelwald (morto entre 663 e 664), um cristão.

Entre os objetos encontrados havia travessas de prata de Bizâncio, moedas de ouro merovíngias, algo que parece ser uma espada sueca, uma linda harpa pequena e numerosas joias finamente confeccionadas de manufatura anglo-saxã local. O Sr. R.L.S. Bruce-Mitford, do Museu Britânico, onde hoje os objetos encontram-se expostos, observa que nesse tesouro "há a revelação dos amplos contatos – francos, escandinavos, centro-europeus, bizantinos e outros – de uma casa real saxônica

---

[*] *Supra*, p. 103.

do início do século VII", e acrescenta: "Com toda probabilidade, já no tempo de Redward (c.618) desenvolvera-se na Ânglia Oriental uma cultura altamente cosmopolita, em cujos traços nota-se um conhecimento direto dos objetos e padrões do mundo clássico."[36]

O primeiro nome conhecido na história da literatura inglesa pertence à data do sepultamento do navio, ou seja, o do virtuoso poeta Caedmon, que se distinguiu entre 657 e 680. Segundo a lenda preservada pelo Venerável Beda (cujas datas também são dessa época, 673-735), ele era um camponês a serviço da Abadessa Santa Hilda de Whitby, que por falta de instrução acostumara-se a deixar os banquetes sempre que os convidados começavam a cantar e a harpa fazia-se ouvir. Retirando-se para o estábulo, ele se deitava desconsolado para dormir; mas ali, numa noite, conforme conta a lenda:

> Enquanto ele dormia, alguém se postou a seu lado em um sonho, saudou-o, chamou-o pelo nome e lhe disse, "Caedmon, canta algo para mim". Ele respondeu, "Não sei cantar; é por isso que abandonei a festa. Estou aqui porque não sei cantar". A personagem insistiu: "Não importa, tens de cantar para mim". "Bem" – ele respondeu –, "o que devo cantar?" Ao que o outro respondeu: "Canta o princípio da criação das coisas". E com isso, imediatamente Caedmon cantou em louvor a Deus, o Criador, versos que jamais ouvira.[37]

Essa história faz-nos lembrar da lenda chinesa do patriarca zen Hui-neng, cujas datas, 638-713, coincidem com as de Caedmon.[38] As duas lendas expressam a mesma doutrina de uma sabedoria que não se obtém com a instrução; porém ninguém, que eu saiba, até hoje elaborou ou mesmo sugeriu qualquer relação entre os mundos espirituais do camponês britânico e do auxiliar de cozinha chinês. A julgar-se pela aparência, a ideia comum envolvida é – no sentido junguiano – arquetípica e podia se esperar que surgisse independentemente em diferentes tradições. Entretanto, é um fato que nos primeiros tempos medievais havia grandes movimentações de povos guerreiros nas regiões entre a Europa e o Extremo Oriente.

Já no século V de nossa era, tribos de hunos penetraram simultaneamente na Europa, Índia e China. Uma dinastia de poderosos reis tibetanos estava expandindo suas conquistas e sua influência ao interior da Ásia desde o período de Song-tsen Gam-po (c.630) até a morte de Ral-pa-chen (838). Mosteiros nestorianos e maniqueus encontravam-se nos caminhos das caravanas para a China, e mesmo grassaram nesse país até o reinado do imperador fanático Wu-tsung (reinou de 841 a 846).[39] E, como observamos no volume de *Mitologia Oriental*, há uma similaridade mais do que acidental entre os mitos e lendas da Idade do Ferro celta e japonesa – sendo as datas das primeiras compilações japonesas, *Kojiki* e *Nihongi*, 712 e 720 d.C.[40] Toda a questão encontra-se totalmente em aberto, é fascinante e, que eu saiba, inexplorada até hoje pelos estudiosos.

Segundo os nossos manuais escolares, o contemporâneo de Hui-neng, Caedmon, é importante para a literatura por ter aplicado as técnicas de versificação germânica tradicional na interpretação de temas bíblicos em anglo-saxão. Ele foi seguido, talvez por volta de 730-750,[41] pelo desconhecido poeta do *Beowulf*, que cantava no mesmo estilo germânico para uma audiência aristocrática, não monástica, adaptando para seus ouvidos recentemente convertidos ao cristianismo uma antiga lenda épica escandinava sobre as mortes de um monstro e de um dragão por um bravo rei escandinavo, antepassado da estirpe anglo local.[42]

Estudiosos reconhecidos detectaram sinais da influência de Virgílio nessa obra pagã cristianizada[43] e, à luz do conhecimento sobre aquela época, tal influência era quase inevitável. Beda, o "Pai da História Inglesa", estava escrevendo sua importante *Historia Ecclesiastica Gentis Anglorum*, que ao menos uma autoridade designou como "provavelmente a melhor história escrita por um inglês antes do século XVII".[44] Beda foi o autor também de obras fundamentais sobre teologia, gramática, ciência natural, cronologia e de um calendário. Já nos referimos ao estado da cultura na Irlanda desse período. O poeta do *Beowulf* era também um erudito, tanto no saber local, quanto no clássico.

Mas em Beda há sinais também de influência oriental, pois em sua *Historia Ecclesiastica* existe uma visão interessante do Inferno, atribuída a um certo Drihthelm de Cunningham, na qual aparece um inconfundível traço oriental. "De face e olhar radiantes e em vestes esplendorosas estava aquele que me guiou...", começa a passagem.

> Chegamos ao vale de grande amplitude e profundidade, além de distância infinda. [...] Uma parte era horrível, pois estava repleta de chamas flamejantes; a outra não menos intolerável pelo frio do granizo e da neve. Ambas estavam repletas de almas humanas, que pareciam lançadas aos dois lados como que pela violência subjugante de uma grande tempestade. Quando elas não podiam suportar a força do calor excessivo, corriam em sua agonia para o meio do frio excessivo; e como não encontravam ali nenhum alívio, voltavam para o meio do fogo ardente e das chamas inextinguíveis.[45]

No volume *Mitologia Oriental* vimos que nos infernos jainista e budista a tortura pelo frio é tão proeminente quanto pelo fogo.[46] Ela sobressai também na crença zoroastriana, por onde penetrou na tradição do Islã. Mas, como o Padre Miguel Asín y Palacios afirma em seu estudo pioneiro sobre a influência muçulmana sobre Dante, "a escatologia bíblica não faz nenhuma menção a qualquer tortura pelo frio no inferno".[47] A influência do pensamento e imaginário islâmicos sobre Dante é hoje reconhecida, mesmo (embora com relutância) na própria Itália. E, na realidade, como poderia deixar de ter havido? Desde o período de Carlos Magno (reinou de 768 a 814) e, com maior força, desde a Primeira Cruzada (1096-1099), a civilização do Oriente Próximo dera uma enorme contribuição à Europa.

A Espanha sucumbira aos mouros em 711. A Sicília, saqueada já em 655, permaneceu sendo um campo de batalha das duas religiões por todos os séculos IX,

X e XI. Os trovadores do século XII e os teólogos escolásticos do século XIII estavam em grande débito com o Islã. Além do mais, a corte napolitana do imperador mais admirado por Dante, Frederico II (reinou de 1220 a 1250), acolhia de maneira entusiasta o saber muçulmano. Portanto, embora seja um pouco surpreendente encontrar um motivo budista-zoroastriano na visão cristã do Inferno já em 731, data da conclusão por Beda de sua *Historia*, ela não é improvável; e na época de Dante seria impossível não ter ocorrido tal influência.*

Assim o *Beowulf* foi o produto de uma época de tradições já mescladas. É a mais antiga obra de extensão considerável que se conserva nas literaturas vernáculas do norte da Europa, e ressoa em seus versos vigorosos um número significativo de temas que seriam ecoados, ampliados, reafirmados e reinterpretados por muitos séculos, até chegar ao nosso. O "tom aristocrático" do poema, o "refinamento e a profunda reverência da vida nas cortes dos reis guerreiros" que ele retrata foram notados pelo Professor C.L. Wrenn, de Oxford, em seus comentários sobre a obra: "Sua nobreza de tom" – conforme ele declara – "está de acordo com a dignidade de um estilo que se serve livremente de circunlóquios".[48] Ou, como o meu próprio reverenciado mestre, o falecido Professor W.W. Lawrence, de Columbia, afirma em sua obra *Beowulf and the Epic Tradition* [Beowulf e a tradição épica], "apesar de procedente em grande parte de fontes populares", o poema era "o produto de uma *ars poetica* de princípios definidos e de desenvolvimento cuidadoso".[49]

> No século VII [continua o Professor Lawrence] os monges irlandeses atuavam no norte e suas pregações receberam o apoio da célebre missão [romana] de Agostinho [morto em 604: o primeiro arcebispo de Canterbury], que no mesmo século ampliou efetivamente sua obra a partir da sua base no sul para o reino anglo no norte. Os monges irlandeses eram tanto eruditos quanto missionários; suas escolas eram famosas e eles ensinavam a seus convertidos o melhor que restara das letras clássicas.
>
> Os clérigos romanos traziam também um conhecimento do latim e do grego, o amor pelos livros e pelo saber, não apenas estabelecendo notáveis centros eclesiásticos como mantendo contato estreito com o melhor que o continente tinha para oferecer. O resultado foi que a Inglaterra chegou a liderar o mundo das letras. Quando Carlos Magno [reinou de 768 a 814] procurou um erudito para dirigir a escola de seu palácio e combater a heresia, ele não escolheu um erudito continental, mas o célebre Alcuíno [735-804], um produto da escola da Catedral de York.[50]

É claro que por "mundo" o Professor Lawrence só pode ter-se referido ao pequeno mundo da Europa. Pois no *mundo* a verdadeira liderança das letras naquela época

---

* Que as obras ou, pelo menos, a reputação desse Venerável Beda, eram conhecidas por Dante, está confirmado por sua aparição na esfera do Sol, no lugar reservado no *Paraíso* para os grandes teólogos cristãos (*Paraíso* X.131).

estava na Índia e na China da dinastia T'ang, e Bagdá e Córdoba não tardariam a chegar: de maneira que a corte de Carlos Magno era na realidade ela própria, em muitos sentidos, uma colônia do Oriente através do Islã. Ou, como Spengler expõe, em seu estilo característico:

> Em Carlos Magno se manifesta claramente essa mescla de uma alma primitiva, pronta a despertar, e um tipo sobreposto de intelectualidade tardia. Alguns traços de seu reinado nos autorizam a denominá-lo o califa dos francos, mas ele ainda é, por outro lado, o chefe de uma tribo germânica. A combinação dessas duas tendências confere ao fenômeno seu caráter simbólico, como nas formas da capela de Aquisgrán, que não é mais uma mesquita e tampouco é uma catedral.[51]

E o poeta do *Beowulf*, um contemporâneo de Carlos Magno, nascido como ele em uma tribo germânica recentemente convertida, combinava também de uma maneira rica em contradições, as duas profundamente incompatíveis influências da Europa e do Levante. Ele era um inglês escrevendo sobre os suecos e dinamarqueses, uma escrita cristã sobre pagãos; e um de seus grandes argumentos talvez tenha sido que Deus, a divindade cristã, dera proteção àqueles antigos povos guerreiros, embora eles estivessem muito longe de Jerusalém. "Essa verdade" – ele escreveu – "revela que Deus todo-poderoso sempre governou a raça humana".[52]

Ainda não foi demonstrado que o herói Beowulf, navegando pelo Kattegat por volta de 500 d.C., fosse um personagem histórico, como parece ter sido Artur, seu

Figura 14. O Domador de Feras: Inglaterra, 650-670 d.C.

Figura 15. O Domador de Feras: Creta, *c.*1600 a.C.

contemporâneo britânico. O Rei Hygelac, seu tio no poema, foi o verdadeiro rei dos geats, uma tribo germânica do sul da Suécia, exterminada pelos francos no baixo Reno por volta do ano de 521; enquanto o amigo de Hygelac, o Rei Hrothgar dos dinamarqueses, para ajuda do qual chegou Beowulf, parece também ter sido histórico: entretanto, dificilmente foi histórica a aventura.

A figura 14, de um fecho ornamental de uma bolsa encontrada no navio-sepultura de Sutton Hoo, certamente *não* representa o matador de monstros Beowulf entre suas duas horríveis vítimas, Grendel e sua fêmea; mas seu tema sugere essa possibilidade. Ela ilustra uma variante do antigo tema mítico do Domador de Feras. A figura 15 é de um selo cretense, de cerca de 1600 a.C. e a figura 16 de um bronze chinês, datado de aproximadamente 1200 a.C.

No caso de Beowulf, a aventura teve início quando seu nobre tio, Hygelac, recebeu a notícia de que a corte do rei dinamarquês estava sendo acossada por um monstro, Grendel. Quando a noite caía, essa criatura nociva, saindo de seus charcos e brejos, ia espiar o salão dos bravos guerreiros quando todos dormiam e, entrando nele, pegava trinta guerreiros, levava-os para o seu esconderijo e devorava-os exultante. Hygelac mandou Beowulf dominar esse demônio da raça de gigantes de Caim. (Visto que foi Caim quem gerou todos os elfos e monstros que vagueiam como gigantes.) E Beowulf cumpriu sua missão.

Na escuridão da noite a porta do salão abria-se e um vulto errante em forma de homem, Grendel, exultante, pegava um guerreiro adormecido, dilacerava-o, abocanhava até seus ossos, devorava pedaço por pedaço e saía em busca de outro. Porém seu braço jamais sentira tamanha dor como a que se apoderou dele naquele momento – o homem que havia tocado era Beowulf, e na sala senhorial irrompeu um tumulto. Bancos ornamentados de ouro caíram no chão e no ombro de Grendel apareceu um ferimento. Os tendões se retesaram e o braço caiu, o monstro fugiu e quando amanheceu as pessoas seguiram admiradas o rastro de sangue coagulado até um lago, cujas águas encontravam-se manchadas de vermelho.

Notamos que se deu uma interpretação cristã aos monstros. Eles são descendentes da raça de Caim. Com isso o sentido de um mal moral foi acrescentado ao antigo terror natural pagão. Os leões no selo cretense da figura 15 são domados, não mortos; e, mesmo se fossem mortos, não teriam sido *moralmente* maus. O mesmo ocorre na figura 16, em que os animais são tigres: na China o tigre não representa o mal, mas é um símbolo da terra, e no folclore, é um espírito protetor; pois como afirma um especialista, "ele jamais ataca desnecessariamente os seres humanos, e além disso toma como presa muitos animais nocivos a seus campos".[53]

E assim as feras desse antigo bronze chinês devem ser consideradas guardiãs e não antagonistas; como pode também ser o par do Sutton Hoo (figura 14). É, portanto, possível que originalmente na saga de *Beowulf* os monstros fossem concebidos não como espíritos malignos, mas como defensores das forças naturais, que não se deve matar, mas sim domar e integrar. Na verdade, sua morada no Reino sob as Ondas sugere uma associação com aqueles poderes infernais que sempre foram reconhecidos como perigosos e assustadores, embora essenciais à vida. E na aventura seguinte de Beowulf contra a mãe de Grendel, a cena revela-se antes com o sentido de um terrível prodígio da natureza, do que de um mal moral e pecado.

Como relata o poeta na sequência, o matador de monstros, depois de sua vitória, recebeu aposentos com as devidas honras numa ala separada; e naquela noite foi a mãe de Grendel que entrou no palácio para se vingar. Espadas reluziram, escudos bateram-se; ela apoderou-se de um conde e fugiu. Ao amanhecer todos seguiram para o lago encantado ao qual o sangue coagulado de Grendel conduzira-os da outra vez. Em suas águas havia estranhos monstros marinhos – muitas espécies de dragões se agitando nas ondas, e sobre as rochas monstros aquáticos aquecendo-se ao sol – e todos eles desapareceram quando o grupo chegou. Em um deles Beowulf disparou uma flecha e, quando as lanças dos homens o trouxeram de volta para a terra, espantaram-se diante da criatura horrenda.

O herói vestiu sua armadura, tomou seu escudo e uma espada que jamais traíra qualquer homem que a empunhara e dirigiu-se então para o lago. A fêmea aquática viu-o aproximar-se, agarrou-o, arrastou-o até uma câmara em que a água não chegava e em cujo teto brilhava uma estranha luz de fogo. Sua espada zuniu então seu sôfrego canto de guerra na cabeça da fera, mas a lâmina falhou e ele lançou-a no chão. Agarrou a fera pelos ombros e ela o derrubou. (Porém Deus, o Justo Senhor, Regente do Céu, dispôs-se a intervir para decidir a vitória.) Beowulf viu uma velha espada, obra de gigantes, tão grande que nenhum homem poderia empunhá-la e, temendo por sua vida, pegou-a pelo punho e a lançou com tanta fúria que a lâmina acertou a fera no pescoço, rompeu seus ossos e atravessou-a. Ela caiu e a luz do abrigo resplandeceu.

Figura 16. Estampa a partir de um bronze chinês: c.1384-1111 a.C.

Ao descobrir Grendel desamparado num leito, Beowulf cortou sua cabeça, depois do que os guerreiros que estavam na superfície perceberam sangue nas ondas e acreditaram que seu herói estava morto. Na sua mão a lâmina da espada, manchada pelo sangue do monstro, dissolvia-se como gelo. Era surpreendente ver como se derretia! E quando ele voltou à superfície, com a cabeça de Grendel, quatro homens a levaram para o portal do palácio, onde o braço já estava pendurado sobre os portões.

Como Teseu depois de sua façanha com o Minotauro, Perseu com a cabeça da Górgona e Jasão com o Velocino de Ouro, Beowulf retornou à pátria, e no tempo certo sucedeu ao trono, em que permaneceu por cerca de cinquenta anos. Quando já estava velho, esgotado pelo peso da idade, enfrentou uma última aventura – para sua perdição.

A figura 17, de um pergaminho chinês, mostra um dragão surgindo entre névoas e ondas, apertando em sua pata de quatro garras uma esfera incandescente. Uma pérola? O Sol? Em qualquer caso, um grande tesouro. Os dragões chineses são causadores de chuva, perigosos mas benignos. E na Índia, igualmente, os "reis-serpente" protegem tanto as águas da imortalidade quanto os tesouros da terra.

Figura 17. O tesouro do dragão. China, século XII d.C.

Aos dragões interessam não apenas joias e riquezas, mas também belas mulheres. Certamente se recordará da lenda clássica de Andrômeda, salva de um monstro marinho por Perseu, e, talvez, também, da lenda japonesa do deus da tempestade Susano-O e do dragão que ele matou valendo-se de um ardil para salvar a oitava filha de um casal, cujas sete primeiras já tinham sido devoradas.[54]

No caso de Beowulf, o dragão a enfrentar protegia um tesouro escondido. Em um túmulo de pedra, num urzal protegido das ondas do mar, onde havia um caminho desconhecido pelos homens, um príncipe de outrora tinha escondido seus instrumentos de batalha e taças de ouro, com uma prece à terra protetora:

> Guarda tu, Terra, este nobre tesouro;
> Pois foi de ti que os bravos homens de outrora o obtiveram.
> Não tenho mais nenhum deles para empunhar a espada ou polir o ouro.
> A morte em combate levou cada um do meu povo.

E esse malvado dragão, destruidor sombrio, que à noite voava envolto em chamas, tinha um dia encontrado aquele tesouro proporcionador de alegria, ao qual ele pusera-se a vigiar. E assim permaneceu por trezentos anos até que um homem tirou daquele tesouro uma taça preciosa. Despertando, irado, o dragão farejou pelas rochas, encontrou o rastro, mas não o homem. E terrível foi para o povo da região o início daquela contenda.

À noite aquele guardador do tesouro voava e incendiava esplendorosas fazendas. Voltava para o seu tesouro antes do amanhecer. E assim repetia-se, noite após noite. Então Beowulf, agora um velho rei, pressentiu que a morte estava diante de si. Encomendou um admirável escudo feito de ferro e o homem que tinha tirado a taça foi obrigado a servir de guia. Com onze outros, mais ele próprio, o décimo segundo e o guia o número treze, o velho rei sentou-se no promontório e disse adeus a seus companheiros terrenais.

> Seu coração estava pesaroso,
> e pronto para a morte: *wyrd* bem junto de si.[55]

Aqui, essa palavra anglo-saxônica *wyrd* tem o sentido de fatalidade iminente que foi retomado por Shakespeare nas personagens das Três Bruxas. Elas são as transformações em bruxas das Deusas do Destino do antigo mito germânico, que (conforme descritas na saga escandinava "Profecia da Vidente", *Völuspá*) vivem junto do poço de Urth, cujas águas irrigam as raízes do Freixo do Mundo. O trio de Shakespeare, numa "charneca erma", entre trovões, relâmpagos e chuvas, conjura de seu caldeirão de bruxas profecias que Macbeth ouve como se viessem do além, embora se refiram a feitos que já amadurecem em seu coração.

Em islandês antigo os nomes das três Deusas do Destino são dados como Urd, Verdandi e Skuld:[56] "Devir, Devindo e Porvir", Passado, Presente e Futuro, o que parece, entretanto, ser uma invenção tardia (século XII d.C.?), inspirada talvez no modelo das três Graças gregas. Tudo indica que originalmente houve apenas uma Deusa do Destino: chamada Urd em escandinavo antigo, Wurd no antigo alto alemão e Wyrd em anglo-saxão. A palavra pode estar relacionada com o verbo alemão *werden*, "devir, tornar-se em", que sugere um sentido de destino interior, inerente, comparável em essência ao conceito de "caráter inteligível" de Schopenhauer.

Outra associação é com o antigo alto alemão *wirt, wirtel*, "fuso", com o qual se sugere a ideia de fiar e tecer do destino. A clássica tríade das Moiras pode ter contribuído para essa imagem; especificamente Cloto, a "Fiandeira", que fia o fio da vida; Láquesis, "A Que Sorteia o Destino", determinando a duração da vida; e Átropos, a "Inflexível", que corta o fio. E assim o sentido do fuso tornou-se símbolo do destino, bem como o tecido, o da vida.

Isso faz-nos lembrar da Linda Rosa Juvenil do conto de fada (*A Bela Adormecida*) que nos seus quinze anos foi picada pelo fuso de uma bruxa cruel, e dormiu por um século, até ser beijada por um príncipe que abriu caminho em meio a roseiras bravas para chegar a seu castelo, onde estava adormecida.[57] E há a história cômica das Três Fiandeiras, "a primeira das quais tinha um pé largo e chato, a segunda um lábio inferior tão grande que pendia pelo queixo e a terceira um polegar imenso", respectivamente: por pedalar a roca, umedecer os fios e torcê-los.[58]

Retornando, porém, à *Völuspá* – que Wagner tomou como inspiração para seu *Götterdämmerung* [Crepúsculo dos deuses] – descobrimos que ali o próprio universo desenvolve-se a partir do interior, organicamente, até o dia do seu juízo, quando Garm, o cérbero de Hel, late diante da "Caverna-Abismo", o portal de Hel, e então gigantes, anões e elfos, libertam-se e os deuses (que já conhecem o destino que os aguardava) vão se enfrentar em uma matança mútua com aqueles monstros das trevas, no final dos tempos.

E assim também o rei Beowulf e o dragão de seu destino no término de sua vida: "Nem um passo para trás" – ele disse – "eu darei diante do monstro guardador do tesouro, mas como Wyrd, o regente de todos os homens, decida, assim ocorrerá conosco no combate." E, resoluto, levantou-se com seu elmo e carregou seu escudo de batalha até os degraus de granito, onde, sob uma parede e arco de pedra, uma torrente de fumaça dos fogos de combate precipitava-se da colina. O velho rei fez soar a sua voz e para o guardador do tesouro não havia mais tempo para a paz.

Primeiro irrompeu o sopro fumegante do monstro e a terra ressoou enquanto o corajoso guerreiro elevou o escudo aguardando seu destino. Enroscando-se, o dragão se aproximou: de início lentamente, e depois mais depressa, até que, atingido pela espada, emitiu um fogo mortal e a lâmina perdeu sua resistência. (Nenhuma jornada fácil terá agora o velho rei dos geats, que têm de deixar esta terra totalmente contra a vontade para buscar outra morada. E assim todo homem tem de abandonar esta vida!) Novamente os dois se envolveram em combate.

E foi então que um jovem escudeiro, Wiglaf, percebendo o árduo empenho de seu senhor, aproximou-se da cena do massacre levando seu elmo para o lado do seu rei. Mas seu escudo imediatamente se derreteu e o aniquilador de pessoas, com presas mordazes, agarrou Beowulf pela garganta, cujo sangue jorrou com força. Wiglaf feriu o pescoço do dragão; sua espada penetrou-o e o fogo cessou. O velho rei puxou seu punhal e juntos cortaram o monstro em dois.

Mas essa foi a última hora triunfante do rei neste mundo; pois o veneno subia em seu peito. "Caro Wiglaf, rápido agora" – ele disse – "ajuda-me a ver esse antigo tesouro, o brilho de suas joias, curiosamente escondido, para que eu possa entregar mais facilmente minha vida e a realeza que tive por tanto tempo."[59]

Conforme uma série de críticos observou, não havia nada do espírito cristão nessa nobre morte: nenhuma ideia de pecado, perdão ou Paraíso, mas sim as antigas virtudes germânicas de lealdade e coragem, orgulho nos cumprimentos do dever e, para um rei, a preocupação paternal e generosa pelo bem de seu povo. O regozijo de Beowulf, além disso, frente à visão do tesouro terreno é mesmo decididamente *não* cristão;[60] pois a obra é repleta de amor pelo prodígio da vida neste mundo, sem nenhuma palavra de ansiedade ou de desejo pelo próximo.

A cena final é a da incineração do corpo do herói, depois da construção do túmulo. E como em Sutton Hoo, também aqui colocaram na sepultura todos os anéis, joias e ornamentos tirados do tesouro do dragão; em seguida, doze filhos de nobres, valentes em combate, cavalgaram ao redor do túmulo, enquanto louvavam seu nome.

O próprio nome Beowulf, "*bee-wolf*", aparentemente significando *urso*, sugere afinidades com uma figura de prodigiosa força, amplamente conhecida do folclore popular, o Filho do Urso (ver novamente a figura 16),[61] cujas manifestações, tanto na América do Norte quanto na Eurásia, apontam para uma origem naquele culto primordial de reverência ao urso discutido no volume *Mitologia Primitiva*, e que pode ainda ser observado entre os ainos no Japão.[62]

Figura 18. Deus gaulês com um javali: França, século I a.C.

Um segundo animal reconhecido mitologicamente, que aparece no contexto lendário celto-germânico da Europa, é o porco, o javali, aquele cujos dentes causaram a morte de Adônis e uma ferida na coxa de Ulisses, que o fez ser reconhecido quando regressou (ao deter-se na choupana de seu próprio porqueiro) de sua viagem ao mundo ínfero, onde fora introduzido por Circe, cuja magia transformava homens em porcos.[63]

Entretanto, enquanto a difusão do tema do Filho do Urso sugere uma ordem circumpolar ártica e uma origem – em última instância – nos cultos e santuários do urso da caverna do Paleolítico, as tradições do porco-javali e do deus morto e ressuscitado são do posterior complexo cultural agrícola "mediterrâneo", que chegou à Irlanda pela rota marítima do Gibraltar, por volta de 2500 a.C., e que na Inglaterra está representado no grande círculo de Stonehenge (c.1900-1440 a.C.),[64] atribuído no folclore popular à magia do druida Merlin.

Os celtas, como os germânicos, eram árias patriarcais; entretanto, com seu movimento para o oeste até a Gália e as Ilhas Britânicas no primeiro milênio a.C., eles entraram na esfera da Grande Deusa da Idade do Bronze e de seu filho morto e ressuscitado, cujos cultos do ciclo das estações anuais e do renascimento foram rapidamente fundidos com os seus próprios. A figura 18 é a imagem de um deus gaulês usando o típico ornamento de pescoço das castas de nobres e guerreiros celtas, um colar de ouro, torcido, com um porco selvagem diante de si. É uma obra em pedra, com 25 cm de altura, do século I a.C., aproximadamente da época das Guerras Gaulesas de César.[65]

Em vez de braços, encontramos olhos enormes de ambos os lados, exatamente do tamanho do porco e dispostos, como ele, verticalmente. É difícil explicar esses traços sem fazer referência à arte megalítica pré-céltica de aproximadamente dois milênios antes, que havia passado da Espanha e Portugal para o norte, através da França, até as Ilhas Britânicas. Porque nessa arte ressalta particularmente o tema dos olhos, associado com a Deusa Mãe (a Deusa-Olho).[66] Na figura 19 há três exemplos: a) numa peça de osso da Espanha; b) uma estatueta de argila da Síria; e c) a impressão de um sinete da Suméria, sendo todos datados de aproximadamente 2500 a.C.

As linhas toscas de pedra da figura gaulesa com o javali sugerem o estilo megalítico pré-céltico, que foi contemporâneo nas Ilhas Britânicas da Creta minoica e Troia,[67] cujo centro criativo no Ocidente – reflexo da Idade do Bronze da Mesopotâmia, do Egito e do Egeu pré-homérico – se encontrava no sul da Espanha. E como lá, também aqui a divindade principal era a deusa de muitas formas e nomes, cujo filho e esposo era o sempre vivo, morto e ressuscitado senhor da imortalidade: Tammuz, Adônis, Átis etc., o deus morto pelo porco.

Nas proximidades das fortalezas célticas do centro da Espanha e norte de Portugal foi encontrada uma série de grandes esculturas de porcos em pedras,[68] e em Orléans, França, há no museu histórico um exemplar de bronze com mais de 1,20 m de comprimento e 68 cm de altura.[69] A figura 20 mostra um bronze com 7,60 cm de comprimento, escavado perto de Londres. Mais ainda, o porco aparece em muitas

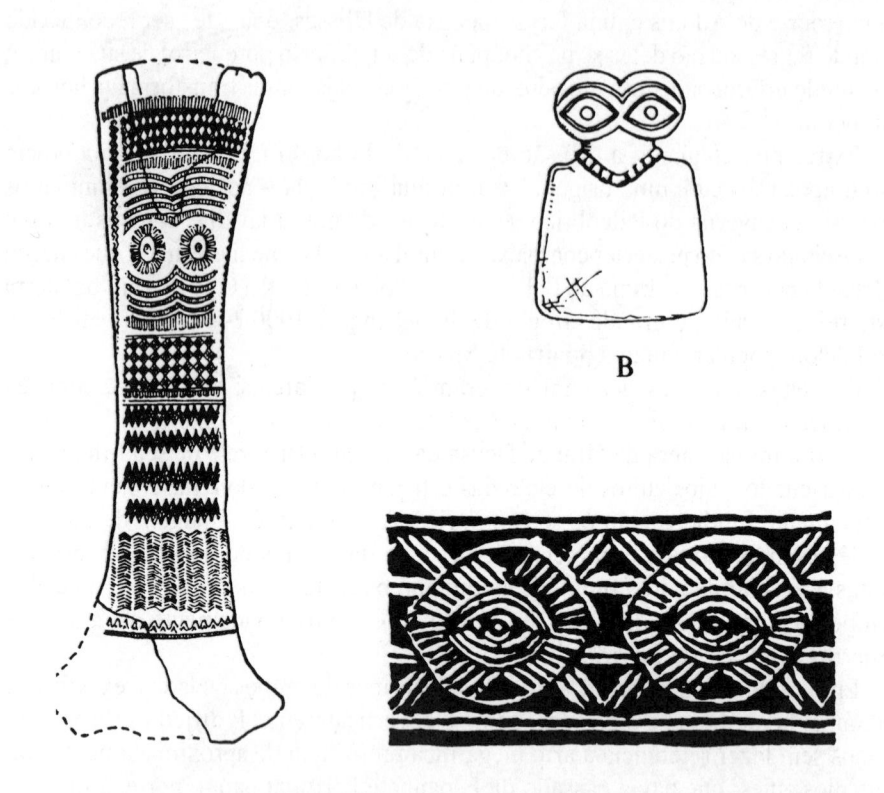

Figura 19. A "Deusa da Visão", três exemplares, *c.*2500 a.C.: a) em osso, da Espanha; b) em argila, da Síria; c) impressão de um selo cilíndrico, da Suméria.

moedas gaulesas como a da figura 21, em cujo reverso vemos um deus de cócoras com um torque* na mão direita, similar ao da figura 18. Ali ele é identificado como o deus céltico que os romanos relacionavam como seu próprio Senhor do Mundo Ínfero, Plutão (Hades grego), que raptou Proserpina (Perséfone); e quando a terra abriu-se para recebê-la, levou consigo uma vara de porcos.[70]

A associação do porco com a jornada no mundo ínfero, o motivo do labirinto e os mistérios da imortalidade foram discutidos detalhadamente tanto no volume *Mitologia Primitiva* quanto em *Mitologia Oriental* e têm especial interesse neste contexto da cerimônia melanésia dos Maki,[71] em que o porco é identificado com

---

* Torque: ornamento de metal torcido usado pelos antigos gregos, romanos, gauleses, persas, bretões. [N. da T.]

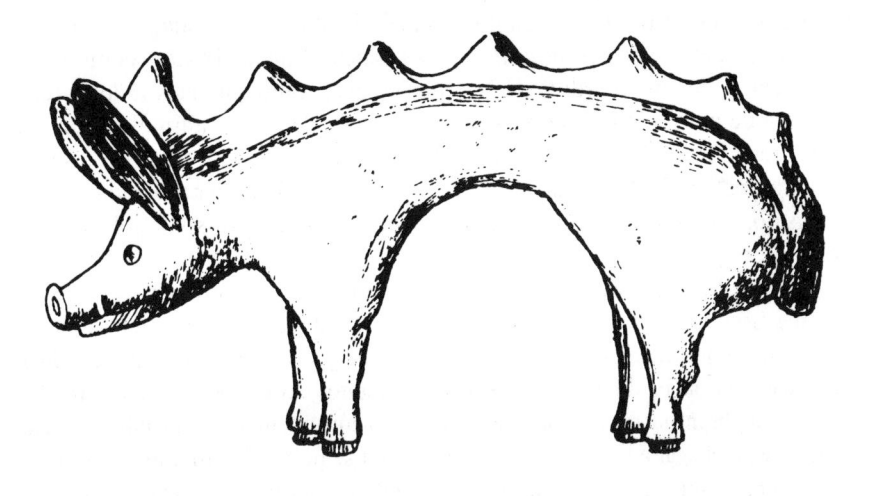

Figura 20. Javali sagrado: bronze, Inglaterra, Período Romano.

Figura 21. Deus de cócoras e javali; moeda gaulesa, provavelmente do século I a.C.

o Salvador sacrificado, abridor do caminho e guia para a vida eterna – correspondendo ao touro e ao cordeiro sacrificados do Ocidente (ver figura 1) – e também com os ritos realizados em associação com um complexo de santuários e câmaras mortuárias megalíticas, que é quase certamente uma extensão remota da cultura da Idade do Bronze da Europa ocidental.

Na lenda irlandesa, a filha do Rei da Terra da Juventude recebeu uma cabeça de porco quando se uniu a Oisin, o filho de Finn McCool.[72] E mais, o herói irlandês Diarmuid – que fugiu com Grianne, a noiva de Finn McCool, e cuja fuga para a floresta era o protótipo dos "anos no bosque" de Tristão e Isolda – foi morto por um javali que ele caçava, como o foi Beowulf pelo dragão. Tristão, como Ulisses, tinha a cicatriz de uma mordida de javali na coxa e, como que insistindo na relação desse tema de amor e morte com o antigo tema do deus cujo animal é o javali, há uma surpreendente passagem da versão de Gottfried do romance em que o senescal do Rei Marcos, Marjadoc – que nutria ele próprio uma paixão por Isolda –, sonhou com Tristão, louco de amor, transfigurado em um javali agressivo violando o leito do rei:

> Quando Marjadoc dormia, viu um javali, horrível e espantoso, vir correndo do bosque. Espumando, com os olhos chamejantes, afiando suas presas e arremessando-se contra o que encontrava em seu caminho, dirigia-se para a corte do rei. Uma multidão de criados do palácio o perseguiu e muitos cavaleiros tentaram cercá-lo. Porém, nenhum ousou enfrentar a besta. O javali precipitou-se grunhindo pelo palácio e ao chegar ao quarto de Marcos, lançou-se porta adentro. Revirou a cama designada ao rei em todas as direções, sujando o leito real e os lençóis com sua espuma. E apesar de todos os súditos do rei terem testemunhado o acontecimento, nenhum deles o impediu.[73]

IV. O LEGADO DO ISLÃ

1.

Quando o padre católico, Professor Miguel Asín y Palacios, em sua obra pioneira publicada em Madri em 1919, provou solidamente a extensão com que Dante e seu círculo foram influenciados pela inspiração muçulmana, foi um verdadeiro choque para os estudiosos do Poeta.[74] "As possíveis analogias demonstradas pelo autor entre a *Divina comédia* e o islamismo são tão numerosas e de tal natureza", escreveu o autor da resenha nos *Analecta Bollandiana*, "que chegam a perturbar a mente do leitor, obrigando-o a um exercício de imaginação em que o grande épico do cristianismo passa a pertencer ao mundo do misticismo muçulmano, como se adentrássemos numa mesquita consagrada ao culto cristão."[75]

Entretanto, tem-se hoje absoluta certeza de que nosso poeta Dante foi significativamente influenciado não apenas pelos filósofos, mas também pelos poetas do Islã e, de forma particular, por um certo sufi espanhol, Ibn Arabi de Murcia (1165-1240), cuja obra em doze volumes intitulada *Revelações da Meca* antecipa muitos dos mais elevados temas espirituais não apenas da *Comédia*, como também da *Vita Nuova*.

Asín observa que a famosa escola de tradutores de Toledo – dirigida pelo Rei Afonso, o Sábio, de Leão e Castela (reinou de 1252 a 1284) – encontrava-se em plena atividade na época da visita à Espanha do mestre de Dante, Brunetto Latini (1210-1294), a quem o poeta saúda respeitosamente no sétimo círculo do Inferno,[76] e que a lenda do *Mi'rāj* (as jornadas de Muhammad pelo Inferno e Paraíso), de cuja arquitetura e detalhes a *Comédia* revela muitas marcas, fora traduzida para o

A PALAVRA POR DETRÁS DAS PALAVRAS

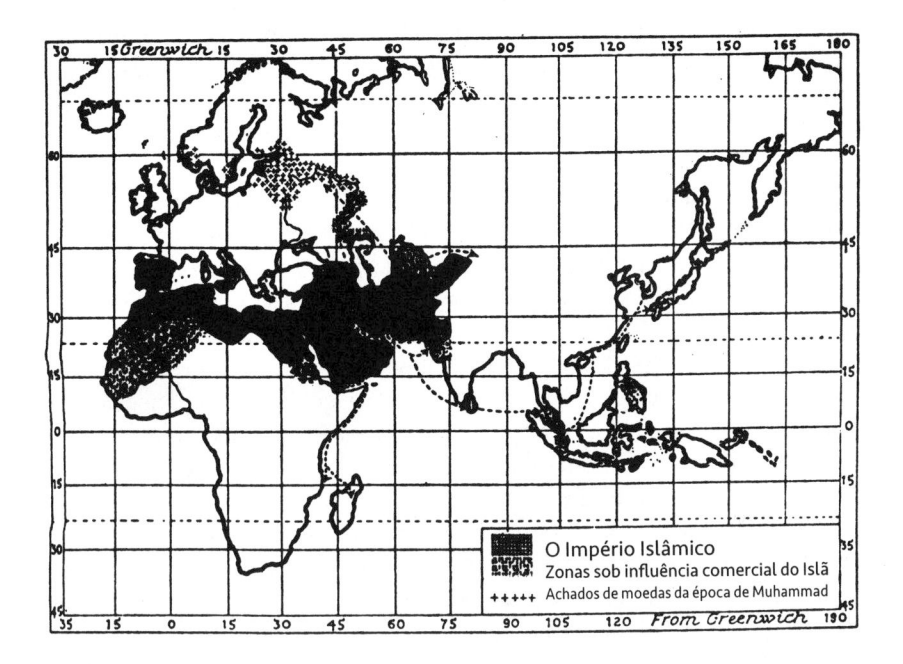

Figura 22. Extensão do domínio e influência do Islã no século X d.C.

castelhano no ano de 1256 – quatro anos antes da visita de Brunetto.[77] Além disso, conforme conclui o Padre Asín:

> É inconcebível que Dante, com uma vida de intensa atividade mental, ignorasse a cultura muçulmana, que a tudo impregnava naquela época; que ele não estivesse interessado em uma ciência que estava atraindo para a corte de Toledo eruditos de todas as partes da Europa cristã, e cuja influência dominava a Europa daquela época, introduzindo romances, fábulas e provérbios do Oriente, bem como obras científicas e apologéticas. O prestígio desfrutado pelo Islã devia-se principalmente às vitórias muçulmanas sobre os cruzados.
>
> Roger Bacon, contemporâneo de Dante, atribuiu as derrotas dos cristãos exatamente à sua ignorância das línguas semíticas e ciências aplicadas, nas quais os muçulmanos eram mestres.[78] Em outro campo do conhecimento, Alberto Magno, o fundador da escolástica, estava de acordo com Bacon quanto à superioridade dos filósofos árabes;[79] e Raimundo Lúlio chegou a recomendar a imitação dos métodos muçulmanos de pregação popular.[80]

"Raramente", conclui o Padre Asín, "a opinião pública foi tão unânime em admitir a superioridade mental de um adversário".[81]

Para resumir as correspondências proeminentes entre a obra de Dante e a do místico sufi Ibn Arabi, conforme observou o Padre Asín, permitam-me citar a afirmação de R.A. Nicholson, harmônica com essa visão, em seu ensaio sobre o misticismo muçulmano em *The Legacy of Islam* [O legado do Islã]:

> As regiões infernais, os céus astronômicos, os círculos da rosa mística, os coros dos anjos em torno do foco de luz divina, os três círculos simbolizando a Trindade – todos são descritos por Dante exatamente como Ibn Arabi os descreveu. Dante conta-nos como, à medida que ascendia no Paraíso, seu amor tornava-se mais forte e sua visão espiritual mais intensa ao contemplar a crescente beleza de Beatriz. A mesma ideia ocorre em um poema de Ibn Arabi escrito mais ou menos um século antes. [...] Pode-se acrescentar que Ibn Arabi também tinha uma Beatriz – Nizam, a bela e perfeita filha de Makinu'ddin – e que, devido ao escândalo causado pelas odes místicas compostas em sua homenagem, ele escreveu um comentário para convencer seus críticos de que estavam equivocados.
>
> De maneira similar, no *Convito*, Dante declara sua intenção de interpretar o significado esotérico de quatorze canções de amor que compusera anteriormente e cujo tema levara à interpretação equivocada de elas tratarem antes de amor sensual do que intelectual! Em resumo, o paralelismo, geral e particular, vai tão longe que apenas uma conclusão é possível. As lendas religiosas muçulmanas, isto é, o *Mi'rāj* ou a Ascensão do Profeta, junto com as concepções populares e filosóficas da vida no além – derivadas dos tradicionalistas muçulmanos e escritores como Farabe, Avicenna, Ghazali e Ibn Arabi – devem ter passado para o fundo comum da cultura literária acessível às melhores mentes da Europa do século XIII. Os conquistadores árabes da Espanha e Sicília repetiram, embora em escala menor, o mesmo processo de impregnação ao qual eles próprios foram sujeitados pela civilização helenística da Pérsia e da Síria.[82]

Mas há também uma fase anterior a essa história. A figura 22 é um mapa mostrando a extensão geográfica do domínio islâmico e sua influência comercial no século X da nossa era. Especialmente interessante é a evidência de um tráfego comercial pelo mar Cáspio, subindo o vale do Volga até o Báltico e continuando até a Suécia, a Dinamarca e a Noruega – terras nativas dos vikings. "Do século VIII ao XI", observa o Padre Asín, "um comércio ativo era desenvolvido entre os países muçulmanos do Oriente e a Rússia e outros países do norte da Europa. Expedições partiam regularmente do Cáspio e, subindo o Volga, chegavam ao golfo da Finlândia e dali atravessavam o Báltico para a Dinamarca, a Bretanha e mesmo até a Islândia".

As quantidades de moedas árabes encontradas em escavações em vários lugares nessa ampla zona comercial dão testemunho irrefutável de sua importância. "No século XI" – continua o Padre Asín –, "o comércio era realizado pela rota marítima mais fácil através do Mediterrâneo, principalmente por meio de embarcações genovesas, venezianas ou árabes. Grandes colônias de comerciantes italianos foram fundadas em todos os portos muçulmanos do Mediterrâneo e mercadores, exploradores e aventureiros navegavam à vontade em suas águas".

Todavia esse intercâmbio foi ainda mais longe, como observa o Padre Asín:

> Ao estímulo comercial deve ser acrescentado o impulso do ideal religioso. Peregrinações à Terra Santa, suspensas devido às primeiras conquistas do Islã, foram retomadas e – com o estabelecimento, sustentado por Carlos Magno (reinou de 768 a 814), do Protetorado Franco sobre as igrejas cristãs do Oriente – asseguradas por convenções e auxiliadas pela fundação de albergues e mosteiros em terras muçulmanas. Durante os séculos IX, X e XI, o número de peregrinos aumentou e algumas expedições chegaram a reunir até doze mil pessoas; essas expedições foram as precursoras das Cruzadas. [...]
>
> Mais importante e mais relevante, entretanto [...] é o contato das duas civilizações na Sicília e Espanha. Começando no século IX com ataques de pirataria nas costas do Atlântico e do Mediterrâneo, os normandos aos poucos foram criando colônias nas cidades muçulmanas da península Ibérica (como Lisboa, Sevilha, Orihuela e Barbasto) e na Sicília. Na verdade esta ilha, que fora permeada pelo islamismo, foi conquistada no século XI e governada por uma dinastia de reis normandos até o século XIII. Por todo esse período a população siciliana era composta de uma mistura de raças professando diferentes religiões e falando diversas línguas.
>
> A corte do rei normando Rogério II (reinou de 1130 a 1154), em Palermo, era formada tanto de cristãos quanto de muçulmanos, que eram igualmente versados em literatura árabe e ciência grega. Cavaleiros e soldados normandos, nobres e clérigos italianos e franceses, homens muçulmanos de erudição e literatura da Espanha, África e do Oriente conviviam a serviço do rei, formando uma organização palaciana que em todos os sentidos era uma cópia das cortes muçulmanas. O próprio rei falava e lia árabe, mantinha um harém à maneira muçulmana e vestia-se de acordo com a moda oriental. Mesmo as mulheres cristãs de Palermo adotaram a vestimenta, o véu e a fala de suas irmãs muçulmanas.

Entretanto, por mais importante que fosse a Sicília normanda, a Espanha tinha ainda maior influência nessa interação de culturas. "Porque a Espanha" – conforme assinala o Padre Asín – "foi a primeira região da Europa cristã a entrar em contato íntimo com o Islã". De 711 a 1492 as duas populações viveram lado a lado na guerra e na paz. "Já no século IX os cristãos de Córdoba tinham adotado o estilo de vida muçulmano, alguns até mesmo a ponto de manterem haréns e serem circuncisados. Seu deleite na poesia e ficção árabes e seu entusiasmo pelo estudo das doutrinas filosóficas e teológicas do Islã são lamentados no *Indiculus luminosus* de (o Bispo) Álvaro de Córdoba (floresceu em 850). [...] Por todo o século X monges e soldados arabizados acorriam para Leão, onde sua cultura superior garantia-lhes altos postos na corte e na administração eclesiástica e civil do reino".

MITOLOGIA CRIATIVA

E finalmente: "O Rei Afonso VI (1065-1109), o conquistador de Toledo, desposou Zaida, a filha do rei mouro de Sevilha, e seu palácio se parecia com a sede de uma corte muçulmana. A moda difundiu-se rapidamente para a vida privada; os cristãos vestiam-se no estilo mouro e a emergente língua românica de Castela foi enriquecida por um grande número de palavras árabes. No comércio, nas artes e nos intercâmbios, na organização municipal, bem como nas atividades agrícolas, a influência dos mudéjares (muçulmanos vivendo sob o domínio de reis cristãos) era predominante e dessa maneira foi aberto o caminho para a influência literária que atingiria seu clímax na corte de Afonso X, o Sábio".[83]

2.

A luz da cultura helenística fora extinta para a Europa sete séculos antes da época de Afonso quando, no ano de 529, o imperador bizantino Justiniano ordenou o fechamento das escolas de filosofia pagãs em Atenas. Os repositórios restantes da filosofia e ciência gregas de então foram a Pérsia dos sassânidas, a Índia Gupta[84] e a Irlanda, a única chama tremeluzente no Ocidente.* Entretanto, os árabes que conquistaram a Pérsia em 641 em nome de Muhammad não se interessavam por filosofia nem por ciência. Seu Profeta morrera em 632. Seus sucessores imediatos, os califas "ortodoxos", mantiveram o controle do império em expansão até 661, quando uma dinastia rival também originária da Meca, os omíadas, usurpou o califado.[85] Reinaram até 750, quando seu décimo quarto califa foi assassinado e os vitoriosos eram agora os abássidas – para fortuna da humanidade –, persas que, ao contrário dos intolerantes árabes dos dois califados anteriores, eram patronos tão favoráveis da filosofia, ciência e das artes que Bagdá, sua nova capital (750-1258), tornou-se em poucas décadas a mais importante sede de erudição clássica do mundo.

Conforme seus próprios poetas, Bagdá era então um paraíso terrestre de cultura, bem-estar e graça onde o solo era irrigado com água de rosas e o pó das estradas era almíscar, flores e plantas cobriam os caminhos e a atmosfera era perpetuamente encantada com o som dos pássaros, enquanto o trinar dos alaúdes, o gorjeio das flautas e o som de prata dos cânticos das huris subia e descia em uma cadência melodiosa vinda das janelas dos palácios que se erguiam em uma vasta sucessão entre jardins e pomares com eterno verdor.

As obras de Aristóteles, Hipócrates, Galeno, Euclides, Arquimedes, Ptolomeu e Plotino eram traduzidas ali para o árabe. Poetas e músicos, matemáticos, astrônomos, geógrafos, jurisprudentes, filósofos e historiadores levavam adiante as obras de uma humanidade civilizada, à qual também chegavam contribuições da Índia e da China. Aqueles foram os anos dourados do Grande Oriente: os séculos das dinastias T'ang e Sung na China (618-1279); Nara, Heian e Kamakura no Japão (710-1392); Angkor no Camboja (*c*.800-1250); e na Índia a arte atemporal dos reis

---

* *Supra*, p. 103.

Chalukya e Rashtrakuta, Pala, Sena e Ganga, Pallava, Chola, Hoyshala e Pandya (550-1350).[86]

Em toda a Europa e Ásia havia então apenas quatro línguas essenciais de cultura, ciência e religião: no Levante, o árabe; latim na Europa; sânscrito na esfera indiana; e chinês no Extremo Oriente. E como o árabe era dominante entre as duas línguas do Ocidente, também o era o sânscrito no Oriente. Das trilhas do iaque do Tibete aos mercados das aldeias de Bali, suas sílabas eram audíveis em todas as partes sobre as colunas de fumaça de incenso para o vácuo além da existência e não existência que é o destino, em última instância, de toda prece oriental. E seus ecos chegavam também ao Ocidente.

A influência do pensamento indiano sobre os sufis é indubitável e há o caso, além disso, do Buda, transformado em dois santos cristãos: os abades Barlaam e Josaphat, cuja lenda de seus trabalhos na Índia, registrada pela primeira vez por João Damasceno (c.676-770), foi imortalizada no século XIII por Voragine no capítulo sobre o dia dedicado a eles, 27 de novembro, em sua obra *Legenda Áurea*.[87]

A perspectiva mais elucidativa dos caminhos, veredas e transformações pelos quais um corpo de tradição oriental podia passar do sânscrito para o latim e, consequentemente, para a vida europeia é dada por um livro de fábulas indiano, o *Pañcatantra*. Traduzido por volta de 550 da nossa era para o persa, pelo rei sassânida Khosru Anushirvan (531-579), ele foi passado para o árabe aproximadamente em 760 com um novo título: *Kalilah e Dimnah, As Fábulas de Pilpai*; que foi então traduzido para o siríaco, por volta do ano 1000; para o grego, c.1080; hebraico, c.1250 e espanhol antigo, 1251. Por perto de 1270 surgiu uma tradução em latim da versão hebraica, *Directorum humanae vitae*, que, por sua vez, tornou-se, em 1481, *Das Buch der Byspel der alten Wysen* e, em 1552, *La moral filosophia* de A.F. Doni, que em 1570 Sir Thomas North traduziu como *The Morall Philosophie of Doni*. Finalmente, temos as elegantes *Fábulas* de La Fontaine, do século XVII, que em 1678 escreveu na introdução ao seu segundo volume: "É preciso reconhecer que devo a maior parte da inspiração ao sábio indiano Pilpai. Seu livro foi traduzido em todas as línguas".[88]

Mas até o início do século XII, os eruditos europeus não assumiram seriamente a tarefa de levar de volta para a Europa, dos jardins de Bagdá, o tesouro que haviam perdido no tempo de Justiniano. Já mencionamos Toledo. Em 1143, Pedro, o Venerável, Abade de Cluny, em uma visita aos mosteiros espanhóis de sua ordem, conheceu o bispo daquela cidade, Ramon de Sauvetat (1126-1151), que dirigia os trabalhos dos estudantes na tradução do árabe não apenas dos textos dos gregos, como dos comentários sobre esses textos e também das obras dos árabes, por cujas mãos o legado passara.

A Gerardo de Cremona (c.1114-1187), por exemplo, o mais famoso dos estudiosos de Toledo naquela época, são creditados não menos do que setenta títulos importantes, muitos de grande extensão, incluindo, além dos livros mais significativos de Aristóteles, Plotino, Proclo, Euclides, Ptolomeu e Galeno, o *Canône* médico do árabe Avicena, que por um tempo substituiu os escritos de Galeno mesmo no Ocidente. Pedro de Cluny, impressionado, sugeriu a seu anfitrião que a versão latina do Alcorão seria uma grande ajuda na refutação do islamismo e quando o trabalho, assumido por Roberto de Kelene, foi concluído naquele mesmo ano, o abade escreveu sua célebre refutação: *Libri II Adversus Nefarium Sectam Saracenorum*.

Também deve ser mencionado o interessante texto hermético, traduzido anonimamente, *Liber XXIV Philosophorum* [Livro dos vinte e quatro filósofos], do qual provém a sentença que foi mais de uma vez citada nestas páginas: *Deus est sphaera infinita, cujus centrum est unique, circumferentia nusquam.**

Seria motivo de surpresa então que, no âmbito do folclore e do romance, ao voltarmo-nos das populares *Mil e uma noites* do Islã para as lendas do Rei Artur, descobríssemos que apenas passamos de uma sala para outra do mesmo palácio encantado? Conforme observei na introdução do meu livro *The Portable Arabian Nights*: "As cenas de batalha poderiam muito bem aparecer em a *Morte D'Arthur*; os contos de castelos encantados, espadas prodigiosas, troféus talismânicos e a busca dos reinos dos djins lembram, em numerosos aspectos, dos episódios preferidos do romance arturiano; o modelo de amor romântico é em essência idêntico ao da Provença do século XII; os relatos religiosos exalam o mesmo perfume de infância espiritual, e os exemplos misóginos, o mesmo rancor monástico similar aos da Europa cristã; as fábulas de animais são as mesmas; e a convenção da estrutura narrativa (representada no Ocidente pelo *Decameron* e pelo *Contos de Canterbury* de Chaucer) é aqui um recurso básico. Tampouco é possível deixar escapar o tema voyeurístico de Lady Godiva, no conto 167, intitulado 'Kemerezzeman e a esposa do joalheiro'. Paralelos existem mesmo com as primeiras literaturas irlandesa e germânica".[89] Além do mais: "Exatamente como os deuses celtas tornaram-se as fadas do folclore irlandês cristão, também os persas, egípcios, babilônios e indianos tornaram-se os djins da crença popular muçulmana".[90] E do maior interesse é a proeminência nessas duas tradições vizinhas de um tipo de lenda de encantamento e desencantamento, que no lado europeu é representado pelas lendas do Graal.

Nelas o herói é em geral alguém isolado por temperamento ou acidente, que chega por acaso a uma situação de encantamento. Sempre há alguém presente familiarizado com as regras desse encantamento, embora nada possa ser feito sem a ajuda de um jovem inocente, cuja chegada é aguardada com ansiedade. Ele deve ser uma espécie de *puer aeternus*, virtuoso e destemido, cuja natureza será a chave para o desfazer de um feitiço que nenhum programa *intencional* de coragem ou virtude poderia alterar.

---

* *Supra*, p. 42 e 46.

É assim que, seja nos claustros dos grandes mosteiros, nos salões e quartos das damas dos castelos ou nas cabanas humildes iluminadas à vela do povo trabalhador analfabeto, o legado do vizinho Islã e, como parte dele, todo o Oriente, estava contribuindo amplamente para despertar e nutrir a imaginação europeia dos séculos XII e XIII, que levaria nos próximos três séculos ao alvorecer de uma nova e espetacular era, não apenas no Ocidente, mas em todo o mundo.

3.

Entretanto, faz parte da essência do nosso estudo reconhecer que, não importa quão grande possa ter sido a força da contribuição oriental para o florescimento da imaginação europeia dos séculos XII e XIII, a vida interior e o espírito daquela época europeia foram em todos os sentidos diferentes de qualquer coisa que o Oriente já atingira ou tinha a probabilidade de atingir. Porque, como qualquer estudo sério de intercâmbio cultural demonstra, é simplesmente um fato – uma lei básica da história, aplicável a todas as áreas da vida – que os componentes trazidos de qualquer tempo passado para o tempo presente, ou de uma cultura para outra, deixam seus valores no umbral cultural e dali em diante ou tornam-se meras curiosidades ou passam por uma transformação mediante um processo de confusão criativa.

Já observamos as transformações do culto do Amor quando ele passou dos "*tarab*-dores" mouros aos "trovadores" da Provença.* No volume *Mitologia Oriental*, no capítulo sobre a poderosa influência de Roma sobre o florescimento Gupta na Índia, as palavras do Dr. Hermann Goetz foram citadas em favor desse argumento: "Apesar de terem sido absorvidas tantas ideias, técnicas e formas inusitadas que acabaram por dar início a um novo e importante capítulo na arte indiana, elas jamais foram tomadas em bloco. [...] Tudo foi fragmentado, traduzido em conceitos indianos e reconstruído sobre princípios indianos".[91] E com referência particularmente à transmissão múltipla da preciosa herança humanista helenista da Europa para o Levante e do posterior retorno para a Europa, tem de ser citado o esclarecedor capítulo terceiro do volume II de *A decadência do Ocidente* de Spengler, no qual ele compara os axiomas e suposições da jurisprudência romana, bizantina e europeia moderna: "três histórias do Direito", ele escreve, "relacionadas apenas por elementos linguísticos e sintáticos, tomados uma da outra, voluntária ou forçosamente, sem que a receptora jamais tenha chegado a se ver face a face com a natureza estranha a ela subjacente".[92]

Pois a força configuradora de uma civilização é a *experiência por ela vivida* e, como Spengler demonstrou, a maneira como se interioriza difere não só nas diversas civilizações, mas também nos distintos períodos de uma mesma civilização. Ela não depende, portanto, de "influência" externa, não importa quão grande ou inspiradora seja. Consequentemente, quando os historiadores limitam sua atenção

* *Supra*, p. 67.

a rastrear e mapear tais "influências", sem a devida consideração com a força da assimilação interior e a disposição reestruturadora e formadora do destino para a vida local, suas obras inevitavelmente naufragam em detalhes secundários. Spengler prossegue:

> Que riqueza psicológica encerra-se nas atrações, resistências, seleções e reinterpretações, mal-entendidos, penetrações e reverências que têm lugar não apenas entre culturas em contato direto, seja em admiração mútua ou em conflito, senão também às vezes entre uma cultura viva e o mundo de formas de uma cultura morta, cujos vestígios ainda permanecem visíveis na paisagem! E no entanto, quão pobres e estreitas são as concepções que os historiadores empregam para tudo isso quando recorrem a fórmulas verbais como "influência", "continuidade" e "efeito"!
>
> Essa catalogação é típica do século XIX. Tudo "resulta", nada é originário, primigênio, quando se busca meramente uma cadeia de causas e efeitos.
>
> Quando os elementos formais que pertencem à camada superficial das culturas velhas são de novo descobertos em outras culturas mais jovens, diz o historiador que esses elementos produziram efeitos e "continuam atuando". E quando um historiador consegue apontar um conjunto dessas "influências", acredita ter realizado uma obra valiosa.

Ao contrário – e este é o ponto crítico de Spengler – "não são os produtos que 'influenciam', mas os criadores que 'absorvem'".[93]

O argumento é elementar e, uma vez colocado, pode-se achar que é autodemonstrativo. Entretanto, quando pode ser classificada e descrita uma torrente de "influências" como aquela que jorrou, por toda a Idade Média, do Oriente Próximo para a Europa, é fácil para alguém com cultura livresca ignorar a força ativa da interpretação criativa segundo a qual tudo é recomposto e revivificado quando passa de um centro de experiência, expressão e comunicação para outro.

Além do mais, o homem erudito, mas de pouca vivência, pode facilmente ser levado, pelo discurso puramente cerebral da filosofia, a supor que uma vez que as *palavras* de duas tradições se equivalem em dicionários bilíngues, as *experiências* às quais elas se referem devem ser as mesmas: as implicadas, por exemplo, nos nomes *fate*, *kismet* e *wyrd*. Na verdade, a maneira de um povo experienciar o "destino" (*fate*) como vida e a maneira de seus filósofos discutirem o "destino" como um problema metafísico de causa e efeito não precisam ter nenhuma relação significativa entre si, já que a última é um jogo de palavras abstratas, jogado de acordo com regras estabelecidas, enquanto a primeira é uma realização íntima da existência.

Filosoficamente, é impossível resolver o enigma do destino, a não ser por alguma fórmula como a de Schopenhauer, segundo a qual, quando vistos de fora, lógica ou cientificamente, os eventos do mundo podem ser reconhecidos como regidos a tal ponto pelas leis de causa e efeito que parecem inexoravelmente determinados;

enquanto, se experienciados intimamente, do ponto de vista de um sujeito atuante, a vida se apresenta como uma série de escolhas.

E como essas visões contraditórias não são mais do que funções de modos alternados de conhecimento condicionado da humanidade (o mundo como "ideia" e o mundo como "vontade"), ambas não conseguem responder à questão última quanto à causa do devir e do ser do homem.

Tanto no islamismo quanto no cristianismo, teólogos e filósofos, em seus esforços para persistir nas regras básicas de toda mitologização biblicamente fundamentada, dão crédito simultaneamente à presciência de Deus e ao livre-arbítrio do homem como a *causa* última do destino e, dessa maneira, se ataram em nós tão pitorescos quanto os de marinheiro, que podem ser estudados e classificados em manuais.[94] Entretanto, nos romances mais populares dos dois mundos culturais associados, um contraste é evidente entre as diferentes ordens de experiências epitomizadas nos termos *kismet*, por um lado, e *wyrd*, por outro.

A chave para o sentido do termo muçulmano está na fórmula corânica de submissão: "Não há nenhum poder e nenhuma virtude a não ser em Deus, o Mais Alto, o Supremo!" – pois, segundo prometeu o Profeta, nenhum crente que assim o professasse, confundir-se-ia. A própria palavra árabe *islām* significa, literalmente, "render-se (à Vontade de Deus)", e no plano do sentimento e crença populares, ela sustenta um significado passivo para *kismet*: "sorte, parte, destino". "Teu augúrio", afirma o Alcorão, "está nas mãos de Deus".[95] A ideia, em essência, é de um *determinante exterior* – a vontade onipotente de Deus – segundo o qual o destino de uma pessoa é inevitavelmente predeterminado.

E apesar de a doutrina cristã oficial recomendar um sentimento semelhante (acrescentando uma explicação da forma como a Graça sobrenatural de Deus afeta, mas não executa, a escolha do homem, que é livre), em toda a literatura épica da Europa a experiência comunicada está mais do lado de *wyrd* do que de *kismet*: não na rendição à força invencível de um determinante exterior, mas na sensação de uma potencialidade interna no processo do devir acompanhado, entretanto, de um fim próximo inevitável.

4.

Eu disse que nas reflexões dos filósofos as regras básicas de seus jogos de palavras podem ter, se é que têm, pequena relação com o sentimento autóctone da vida que atua criativamente em sua cultura. Estão habituados, na verdade, a buscar externamente seus termos e temas de discurso em pensadores de épocas anteriores e em tradições estrangeiras; de maneira que o que se registra nos manuais de história formal do pensamento é em grande parte uma espécie de teatro de argumentos imponderáveis, refutados reciprocamente e com grande sofisticação a fim de sustentar suas próprias interpretações. Foi assim quando Aristófanes escreveu sua comédia

As Nuvens. Assim é hoje. E assim foi naquele grandioso período da recepção do legado do Islã pelas mentes superiores da Europa.

A obra mestra dessa comédia medieval de confusão foi um duelo de vaidades no cenário estilhaçado da Sorbonne pelos campeões respectivamente equiparados da "dupla verdade" e da "verdade única". A "dupla verdade" era uma doutrina atribuída erroneamente ao grande imã e filósofo de Córdoba, Averróis (Ibn-Rushd, 1126-1198), segundo a qual o que é verdadeiro de acordo com a razão pode não ser o certo para a fé e vice-versa, enquanto a doutrina da "verdade única" defendia que as verdades da razão e da religião deviam ser reconciliadas filosoficamente em uma única.

O principal porta-voz da primeira visão na Universidade de Paris foi o brilhante averroísta sueco Sigério de Brabante (floresceu em 1260) e, aliados a ele, como contemporâneos e seguidores, principalmente Boécio da Suécia (floresceu em 1270), Martinho da Dinamarca (morto em 1304), João de Jandun (morto em 1328) e Marcílio de Pádua (morto em 1336 ou 1343). O mais vigoroso defensor da doutrina da "verdade única", por outro lado, foi o dominicano italiano Tomás de Aquino (1225?-1274) que, ao mesmo tempo em que disputava com Sigério, salvava seus parágrafos com refutações silogísticas daqueles mesmos árabes – Alfarabi, Avicena e Averróis – de cujas mãos ele recebera não apenas seu conhecimento de Aristóteles, como sua ideia e método mais importante de reconciliar, em uma *Suma Teológica*, a razão com a revelação e a filosofia com a fé. Sigério, que supunha seguir Averróis, dizia justamente o contrário, enquanto Aquino, que pensava debater com o muçulmano, dizia a mesma coisa e, por vezes, com extrema fidelidade. No século dessa disputa havia tantas sombras agindo no cenário, que os ataques verbais atingiam tão frequentemente o ar quanto as cabeças, e com a mesma frequência caíam no erro ou no acerto; de maneira que, vista em retrospectiva, toda a controvérsia tem muito de uma ópera bufa.

Escreveu o averroísta Sigério de Brabante:

> Desejando viver no estudo e contemplação da verdade tão dignamente quanto possível nesta vida, estamos nos propondo a tratar das coisas naturais, morais e divinas segundo a doutrina e ordem de Aristóteles, mas não estamos atentando contra os direitos da fé ortodoxa que nos é manifestada à luz da revelação divina, pela qual os próprios filósofos não foram iluminados. Considerando o curso ordinário e habitual da natureza e não os milagres divinos, eles explicaram as coisas à luz da razão sem, ao fazerem isso, contradizerem a verdade teológica cuja cognição provém de uma luz superior. Quando um filósofo conclui que uma certa coisa é impossível ou necessária do ponto de vista das causas inferiores acessíveis à razão, ele não está contradizendo a fé, que afirma que as coisas podem ser de outra maneira graças à Causa Suprema, cujo poder causal não pode ser compreendido por nenhuma criatura. Tanto isso é verdade que os próprios santos profetas, imbuídos do espírito de profecia, mas levando em conta a ordem das causas inferiores, predisseram certos eventos que não ocorreram porque a Causa Primeira dispôs de outra forma.[96]

O que disse Averróis, na verdade, foi que, embora a filosofia e a revelação (em seu caso, obviamente, o Alcorão) em certos pontos pareçam divergir, elas podem e devem ser reconciliadas. Conforme afirma em sua obra fundamental *Tratado decisivo determinando a conexão entre a Lei e a Sabedoria*:

> Nós, a comunidade muçulmana, sabemos definitivamente que o estudo demonstrativo (isto é, a filosofia) não leva a conclusões conflitantes com o que a Escritura nos ofereceu; pois a verdade não se opõe à verdade, mas concorda com ela e presta testemunho dela. Sendo assim, sempre que o estudo demonstrativo leva a um modo de conhecimento sobre qualquer categoria ontológica, este é inevitavelmente mencionado ou não mencionado na Escritura. Se ele não é mencionado, não há contradição e é similar a um ato cuja categoria não se encontra mencionada, de maneira que o alfaqui tem de inferi-la a partir da Escritura.* Se a Escritura fala a seu respeito, o sentido literal das palavras necessariamente está de acordo ou em conflito com as conclusões da sua demonstração. Se esse significado aparente está de acordo, não há nenhuma disputa, mas se está em conflito há necessidade de uma interpretação alegórica. O significado de "interpretação alegórica" é: levar o significado de uma expressão literal para a metafórica, sem com isso abandonar as práticas metafóricas padronizadas do discurso árabe, como chamar uma coisa pelo nome de algo com que ela se parece, ou uma causa, consequência ou efeito secundário dela, ou outras coisas como as enumeradas em avaliações dos tipos de discurso metafórico. [...] A razão de termos recebido uma Escritura com um significado aparente e um oculto está na diversidade das capacidades naturais das pessoas e na diferença de suas disposições inatas a respeito da aceitação.[97]

Averróis classificou as pessoas em três categorias: 1. *a classe demonstrativa*, que é capaz de raciocínio preciso e de demonstração de acordo com as leis da lógica de Aristóteles; 2. *a classe dialética*, que se satisfaz com as opiniões plausíveis comuns a pessoas pensantes; e 3. *a classe retórica*, que são persuadidas simplesmente pelo que lhes é dito e cujas opiniões não resistem à crítica. É à última e à segunda, de acordo com sua opinião, que são dirigidas as *interpretações literais* da Escritura, não tanto para sua iluminação, mas para seu aperfeiçoamento e controle moral. Isso porque tais pessoas não conseguem compreender as demonstrações filosóficas e, se levadas à confusão mental, estariam moralmente destruídas. O milagre do Alcorão, sustentava Averróis, é que ele serve simultaneamente a todos os tipos e, por isso, a função própria da filosofia é extrair pela demonstração às pessoas da classe superior o significado mais profundo da Palavra de Deus. Ou, como ele formula a proposição:

---

* Sobre este método dos muçulmanos legalistas, ver *Mitologia Ocidental*, p. 349-357.

MITOLOGIA CRIATIVA

Com respeito às coisas que em razão de seu caráter recôndito são reconhecíveis apenas pela demonstração, Deus foi benevolente com aqueles de Seus servos que não têm acesso a essa categoria, devido a suas naturezas, hábitos ou falta de condições para a instrução. Ele cunhou alegorias para essas pessoas, já que é possível ocorrer a aquiescência com tais alegorias mediante os sinais comuns a todos os homens, isto é, as alusões dialéticas e retóricas. Essa é a razão por que a Escritura está dividida em significados literal e profundo: o significado literal consiste daquelas alegorias que foram cunhadas para corresponder àquelas ideias, enquanto o significado profundo são as próprias ideias, agora inteligíveis apenas para a classe demonstrativa.[98]

Essa é, em suma, a *verdadeira* doutrina averroísta da dupla verdade. Ironicamente, ela é, em essência, a mesma de Santo Tomás de Aquino e não a de Sigério de Brabante. E o próprio Padre Miguel Asín y Palácios, que revelou a dívida de Dante com o Islã, demonstrou isso em um artigo com abundante documentação sob o título "A Teologia Averroísta de Santo Tomás de Aquino":

O pensamento religioso de Averróis, estudado em si mesmo, em contraposição ao dos averroístas latinos e comparado com o de Santo Tomás, parece ser totalmente análogo ao deste último: equivalente em sua atitude, seu ponto de vista geral, em suas ideias e ilustrações e, por vezes, mesmo em suas palavras. Essa é a conclusão que se impõe após um exame atento das passagens paralelas aqui reunidas e discutidas.

Mas como devemos lidar com tantas analogias? [...] A hipótese de pura coincidência seria a mais apropriada se o que queremos é deixar o problema sem solução. Isso estaria de acordo com os nossos hábitos de indolência intelectual, bem como com a propensão de teóricos populares de sempre ver, numa obra de síntese escolástica, o fruto espontâneo e a idiossincrasia do gênio de seus autores, não influenciados por nada que seja estranho à tradição cristã. Entretanto, é axiomático há muito tempo para a história das ideias, como o é igualmente na biologia, que a ideia de geração espontânea é absurda. [...] Em uma palavra: a hipótese da coincidência acidental pode ser considerada aceitável (e então apenas provisoriamente) quando a distância que separa os autores de sistemas análogos é tal, em espaço e tempo, que qualquer comunicação entre os dois seria impossível explicitar.* Entretanto, o caso que examinamos não preenche essas condições. O desenvolvimento e aperfeiçoamento da síntese escolástica do século XIII são plenamente explicados pela introdução da enciclopédia muçulmana na Europa e, acima de tudo, pelos comentários de Averróis sobre as obras do Estagirita. Contatos entre os padrões do islamismo e da escolástica, portanto, longe de serem improváveis, são concreta e historicamente demonstráveis. Temos, por isso, de rejeitar a hipótese da coincidência.[99] [...]

Como, entretanto, Santo Tomás poderia ter conhecido a doutrina de Averróis? [...] Acredito ter encontrado o fio condutor que levou a doutrina reconciliadora, com

---

* Ver *Mitologia Primitiva*, p. 155-181.

a qual nos ocupamos, à síntese tomista – ou, ao menos, a seu ponto fundamental: sua doutrina da necessidade moral da revelação divina. Ao tratar dessa questão, *Utrum necessarium sit homini habere fidem* [Se é necessário para o homem ter fé],[100] Santo Tomás baseia a necessidade em cinco motivos que declara explicitamente ter copiado de Maimônides. E como aquele filósofo era um discípulo, indireto, de Averróis, segue-se com toda probabilidade que suas obras tenham sido o canal que levou a doutrina do filósofo de Córdoba até Santo Tomás.* Nem na *Suma contra os gentios*, nem na *Suma Teológica* o Doutor da Igreja cita novamente essa referência, e logo se atribuiu a ele o crédito de uma doutrina da qual ele próprio não era o autor.

Eis, então, o primeiro canal provável de comunicação: as obras de Maimônides, cuja influência sobre as de Santo Tomás, em relação principalmente à filosofia, já foi estudada por Jacob Guttmann.[101]

Mas não acho que temos de recorrer à intervenção somente de Maimônides, quando é evidente que os principais livros de Averróis estiveram nas mãos de Santo Tomás. Desde o ano de 1217 os *Comentários* (sobre Aristóteles) do filósofo de Córdoba tinham circulado pelas escolas, traduzidos por Michael Scot em Toledo; e embora o caráter filosófico dessas obras faça parecer pouco provável que Averróis discutisse nelas quaisquer problemas de teologia, a relação íntima entre essas duas disciplinas na Idade Média, tanto para os cristãos quanto para os muçulmanos, é bem conhecida. *A priori*, então, poder-se-ia supor que uma análise minuciosa dos *Comentários* de Averróis e os de Santo Tomás revelassem traços de flagrante imitação, mesmo em questões teológicas.[102]

E o Padre Asín, para demonstrar ao menos um exemplo desse plágio, compara os dois grandes autores à vista da proposição: *Scientia Dei est causa rerum*, "A ciência de Deus é a causa das coisas."[103]

É de fato surpreendente! A doutrina da dupla verdade de Sigério de Brabante, o averroísta sueco, foi condenada oficialmente pela Igreja e o próprio Sigério talvez tenha sido executado. Tomás de Aquino refutou tanto Sigério quanto Averróis, em sua *Suma contra os gentios*, bem como no tratado especial *A unidade do intelecto contra os averroístas*. Porém, no Paraíso de Dante, na esfera do Sol – o lugar dos doutos em teologia – quem encontramos, em paz luminosa e tão confortavelmente instalado quanto o próprio grande Santo Tomás, é nada mais e nada menos que Sigério de Brabante que, nas palavras do guia de Dante, "gravame a si causou silogizando o vero"![104] Averróis, enquanto isso, está no Limbo, no idílico primeiro círculo do Inferno, com seu amigo muçulmano Avicena, conversando com o ídolo deles Aristóteles, e também com Sócrates e Platão, Demócrito, Diógenes, Anaxágoras e

---

* "Além do mais" – Asín acrescenta em uma nota de rodapé –, "podemos encontrar nas páginas do *Guia dos perplexos* de Maimônides praticamente todas as ideias de Averróis e de Santo Tomás abordando esse tema da analogia entre fé e razão." Esses teólogos viveram nos seguintes anos: Averróis, 1126-1198; Maimônides, 1135-1204; Aquino, 1225-1274.

MITOLOGIA CRIATIVA

Tales, Empédocles e Heráclito, Zenão, Dioscórides, Orfeu, Túlio e Lino, Sêneca, Euclides, Ptolomeu e Galeno.[105] Mas procura-se em vão pelo nome do próprio precursor islâmico e modelo poético de Dante, Ibn Arabi, enquanto Muhammad e seu primo Ali, terrivelmente mutilados, encontram-se no oitavo círculo do Inferno.[106]

V. OS GNÓSTICOS

1.

Assim como a herança clássica das formas simbólicas chegou posteriormente aos poetas e artistas da Europa em duas correntes paralelas, uma sobre a superfície e a outra de modo subterrâneo,* da mesma maneira ocorreu com a herança levantina: na superfície por meio da Igreja ortodoxa e no subterrâneo com as várias seitas gnósticas. As águas das duas correntes subterrâneas, a clássica e a gnóstica, misturaram-se em certos pontos, mas jamais se fundiram realmente. Porque, tanto na visão gnóstica como na cristã oficial, o mundo da natureza é visto como corrupto, ao passo que nos mistérios pagãos ele é considerado divino.

Tampouco a corrente oficial cristã e seu complemento gnóstico subterrâneo tiveram essa fusão, uma vez que na cristã a corrupção da natureza era atribuída à Queda do homem, e no gnosticismo atribuía-se ao Criador. Dessa maneira, conforme a primeira, podia-se alcançar a redenção por um ato de arrependimento e a subsequente obediência ao que era aceito como as leis de Deus. Em contrapartida, os gnósticos buscavam se libertar da corrupção com uma sistemática *des*-obediência a essas leis por um dos dois caminhos: o ascetismo ou seu oposto, a orgia.

Em essência, o pensamento e as práticas dos ascetas gnósticos eram semelhantes às jainistas da Índia;[107] pois eles também pressupunham um dualismo radical de espírito e não espírito, e adotavam um regime gradual de votos de renúncia visando purificar o elemento espiritual da contaminação pelo material: a vida neste mundo e o próprio mundo eram concebidos como uma mistura de ambos. Como entre os jainistas, também entre os gnósticos havia leigos iniciando o trabalho, que poderia continuar por muitas vidas; mestres dedicados a instruir os outros e a disciplinar a si próprios; e solitários nos estágios finais de dissolução psíquica. É importante lembrar que já na época de Alexandre, as práticas e teorias ascéticas dos iogues indianos maravilhavam os gregos.[108]

Mais tarde, o monarca budista Ashoka (reinou de 268 a 232 a.C.) enviou monges missionários ao Ocidente, para as cortes da Síria, Egito, Cirene, Macedônia e Épiro;[109] de maneira que nos intercâmbios de ideias e mercadorias que se seguiram ao "casamento do Oriente com o Ocidente" de Alexandre temos de contar com as marés da tradição indiana fluindo para o Ocidente, bem como da cultura clássica fluindo para o Oriente. Diversos estudiosos competentes observaram que o neoplatonismo de

---

* *Supra*, p. 95.

místicos como Plotino compartilha praticamente todos os seus pontos essenciais com a filosofia Sânquia de Kapila.[110] E como as florestas da Índia com seus eremitérios, os desertos levantinos dos séculos II, III e IV d.C. estavam inundados de atletas espirituais, empenhados em separar suas almas das glórias e riquezas deste mundo. Alguns se empoleiravam nos galhos das árvores ou no topo das colunas dos templos em ruínas; outros se acorrentavam a rochedos ou se enclausuravam em celas; muitos carregavam pesadas cangas nos ombros; e outros ainda se alimentavam de ervas.[111]

O indestrutível Santo Antão (251-356!?!) é o exemplo da versão ortodoxa daquela mentalidade que negava a vida; modelo que prosseguiu com os monges da Idade Média, chegando até os tempos modernos, e que adota as palavras e exemplo de Cristo: "Se queres ser perfeito, vai, vende os teus bens e dá aos pobres [...] Depois, vem e segue-me". "Segue-me e deixa que os mortos enterrem seus mortos."[112] Além do mais, os gnósticos tinham também sua própria versão das palavras de Jesus, como no *Evangelho de Tomé:* "Quem conhece o mundo, descobre um cadáver. Mas o mundo não é digno daquele que descobre um cadáver".[113]

Com as vitórias de Constantino no início do século IV e o subsequente estabelecimento de um cristianismo imperial, a direção do movimento de renúncia passou dos gnósticos do Oriente Próximo para a nova religião maniqueísta da Pérsia – conforme notado em *Mitologia Ocidental*[114] – fundada pelo profeta Mani um século antes (216?-276? d.C.), sob o patrocínio e proteção do rei sassânida Chapur I (reinou de 241 a 272), conhecido por sua tolerância e abertura.

Mani pregava uma doutrina sincrética combinando ideias budistas, zoroastrianas e cristãs, na qual o Criador do Antigo Testamento identificava-se com o poder zoroastriano das trevas e da mentira, Angra Mainyu. Esses dois, por sua vez, equiparavam-se ao princípio budista da ilusão (*māyā*), segundo o qual a mente desviada da pura luz da consciência incondicionada é aprisionada pelo fascínio dos fenômenos passageiros deste universo de nomes e formas, espacial e temporalmente condicionado, que são uma mistura de luz e trevas.

Ele relacionou as profecias cristãs e zoroastrianas sobre um fim concreto do mundo com a doutrina budista puramente psicológica da iluminação (*bodhi*) como o fim da ilusão (*māyā*), declarando que o primeiro, o fim literal, ocorreria quando a última, a realização total da iluminação, fosse alcançada. E associou a doutrina de abandono do mundo e o desengajamento social pregados por Jesus, e ilustrados por seus quarenta dias no deserto, com a Grande Partida e abandono do mundo consumados pelo Buda.[115]

O protetor de Mani, Chapur I, morreu no ano de 272 e o clero zoroastriano ortodoxo conseguiu martirizar o profeta que, de acordo com uma versão, foi deixado morrer na prisão; segundo outra, foi crucificado; e ainda conforme uma terceira, foi esfolado vivo e sua pele, empalhada, foi pendurada no portal da cidade de Gundi--Chapur, conhecida dali em diante como Portão de Mani.

Apesar de toda a perseguição, a doutrina de Mani – sobre a transformação da luz em trevas e do seu retorno à pureza de sua original e verdadeira natureza

MITOLOGIA CRIATIVA

– difundiu-se para leste até a China (onde sobreviveu até os anos dos expurgos antibudistas e estrangeiros do imperador Wu-tsung, 842-844)[116] e para o oeste, até o então Império Romano Cristão, onde também foi perseguida. Santo Agostinho (354-430) foi maniqueísta por nove anos críticos antes de aceitar a fé cristã de sua mãe, Santa Mônica, e escrever então sua grande obra dualista, *A Cidade de Deus*. Toda sua influente teologia está impregnada de uma repulsa gnóstico-maniqueia da carne, e sua principal mudança de caráter ontológico foi substituir a doutrina maniqueísta da imanência da luz divina em todas as coisas pela doutrina cristã da transcendência absoluta da divindade – que, não obstante, é a vida que anima a vida interior de todos os seres.

"Tu não és os corpos; não, nem ainda a alma, que é a vida dos corpos", ele escreveu a Deus em suas *Confissões*. "Mas Tu és a vida das almas".[117] Uma distinção sutil, mas de grande significado para Santo Agostinho; e coerente com essa distinção, enquanto concordava com São Paulo (também reconhecido como autoridade pelos gnósticos) que "os desejos da carne são contrários ao Espírito, e os desejos do Espírito são contrários à carne",[118] ele rejeitou o dualismo de seus colegas maniqueístas que, conforme declarou em sua grande obra, "detestam nossos corpos como se fossem de uma natureza perversa".[119]

A repulsa do corpo do próprio santo cristão não estava baseada na ideia de uma natureza má, mas de uma natureza benévola, como foi criada por Deus, corrompida, entretanto, por seu ato malévolo de desobediência a Deus. A consequência desse ato é que a vontade do homem, embora livre, é incapaz de desejar qualquer coisa senão o mal, a não ser quando redimida de sua corrupção pela graça dos sacramentos da Igreja. Como vemos em *A cidade de Deus*:

> Assim que nossos primeiros ancestrais transgrediram a ordem (escreveu Santo Agostinho), a graça divina abandonou-os e eles ficaram confusos diante de sua própria perversidade; e por isso eles pegaram folhas de videira (que foram possivelmente as primeiras que viram à mão em seu confuso estado mental) e cobriram sua vergonha; pois, embora seus membros continuassem os mesmos, agora tinham uma vergonha que antes não tinham. Eles experimentaram uma nova agitação em sua carne, que já não os obedecia, em justo castigo por sua desobediência a Deus. Pois a alma, festejando sua liberdade e rejeitando servir a Deus, foi privada do comando que antes tivera sobre o corpo. E porque tinha voluntariamente desprezado seu Senhor, ela não mais controlava seu próprio servo inferior; nem podia manter a carne sujeitada, como seria sempre capaz caso permanecesse submissa a Deus. Então a carne começou a ter desejos contrários ao Espírito, em cujo conflito nós nascemos, resultando da primeira transgressão um germe da morte, e nutrindo em nossos membros e em nossa natureza viciada o conflito, ou mesmo a vitória, da carne.[120]

O que acabei de citar é a exposição do grande teólogo Santo Agostinho sobre a doutrina cristã fundamental do Pecado Original, de cujas consequências mortais apenas a encarnação e crucificação do próprio Filho de Deus foram capazes de nos redimir. Os maniqueístas, por outro lado, atribuíam a terrível condição do universo ao próprio ato da criação. E nisso eles estavam de acordo com aqueles primeiros gnósticos cristãos que também haviam identificado o deus do Antigo Testamento com o diabo da doutrina zoroastriana, Angra Mainyu.

2.

Entretanto, como já foi mencionado, a libertação ascética da ilusão do mundo não era o único método praticado pelos gnósticos; havia também um caminho orgiástico. E a principal ocasião para essa prática – que em pouco tempo proporcionou aos cristãos um nome ofensivo no mundo romano pagão[121] – era o antigo festival da Igreja, o *Ágape*, ou Banquete do Amor (ἀγάπη "amor", com o sentido de "caridade" ou "amor fraterno"), que variava tanto de uma congregação para outra que, enquanto o ritualístico "beijo de amor" era em algumas trocado com comedido decoro, em outras se tornou um rito em si mesmo. O próprio São Paulo escrevera: "Cristo nos remiu da maldição da Lei";[122] mas aparentemente sem prever o alcance em que o sentido dessa observação poderia ser empregado.

Parece que, originalmente, a primitiva festa cristã do amor celebrava-se relacionada com a Eucaristia, ou independente dela, na forma de um banquete de igreja, com os abastados provendo a maior parte da comida para todos, igualmente ricos e pobres. Em não poucas comunidades essas festas se tornaram meros banquetes para os pobres; entretanto, já no primeiro século há evidência, como na Primeira Epístola de São Paulo aos Coríntios (*c*.54-58), de uma tendência totalmente diferente: "Quando, pois, vos reunis" – escreveu o apóstolo –, "o que fazeis não é comer a Ceia do Senhor; cada um se apressa por comer a sua própria ceia; e, enquanto um passa fome, o outro fica embriagado. Não tendes casas para comer e beber? Ou desprezais a Igreja de Deus e quereis envergonhar aqueles que nada têm?"[123]

Quarenta anos mais tarde (*c*.93-96), no Livro do Apocalipse, a voz do próprio Cristo ressuscitado podia ser ouvida castigando a congregação de Tiatira na Ásia Menor:

> Conheço tua conduta: o amor, a fé, a dedicação, a perseverança e as tuas obras mais recentes, ainda mais numerosas que as primeiras. Reprovo-te, contudo, pois deixas em paz Jezabel, esta mulher que se afirma profetisa: ela ensina e seduz meus servos a se prostituírem, comendo das carnes sacrificadas aos ídolos. Dei-lhe um prazo para que se converta; ela, porém, não quer se converter da sua prostituição. Eis que vou lançá-la num leito, e os que com ela cometem adultério, numa grande tribulação, a menos que se convertam de sua conduta. Farei também com que seus filhos morram [...] Quanto a vós, porém, os outros de Tiatira que não seguem esta doutrina, os que não conhecem "as profundezas de Satanás" – como dizem –, declaro que não vos imponho outro peso; o que tendes, todavia, segurai-o firmemente até que eu venha.[124]

MITOLOGIA CRIATIVA

No mesmo texto sagrado, a congregação de Pérgamo é acusada de tolerar aqueles que "seguem a doutrina de Balaão [...] para que comessem das carnes sacrificadas aos ídolos e se prostituíssem".¹²⁵ E pelo início do século II, a Epístola de Judas (*c*.100-120) foi totalmente dirigida contra "uns ímpios, que convertem a graça do nosso Deus num pretexto para licenciosidade [...] São eles que constituem escolhos nos vossos ágapes, regalando-se irreverentemente, apascentando-se a si mesmos".¹²⁶ No início do século seguinte o Pai da Igreja, Tertuliano, escreveu com imenso desprezo (*c*.217 d.C.) sobre aqueles "para quem" Ágape ferve no caldeirão, a fé arde na cozinha e a esperança está num prato: e a maior de todas é a 'caridade' deles, em nome da qual os homens dormem com suas irmãs".¹²⁷

Voltemos à taça de alabastro com o motivo da serpente das figuras 11 e 12. Como dissemos, foi provavelmente o cálice de uma seita dionisíaco-órfica dos primeiros séculos depois de Cristo. Se não fosse, entretanto, por sua inscrição dedicada a Apolo, ela poderia ser tomada pelo cálice de alguma seita gnóstica cristã e seu cenário, consequentemente, interpretado como o de um santuário do Banquete do Amor. Porque tanto a nudez quanto o culto à serpente eram associados em muitos dos cultos cristãos primitivos com o retorno ao Paraíso e à libertação dos grilhões do tempo.

Nas palavras gnósticas do *Evangelho de Tomé:* "Maria perguntou a Jesus: 'A quem se assemelham teus discípulos?' Ele respondeu: 'Eles são semelhantes a meninos que penetraram em um campo que não lhes pertence. Quando chegarem os proprietários do campo, dirão: deixem-nos o nosso campo. Então, os meninos hão de tirar as roupas, hão de reconhecer que estão nus diantes deles, abandonarão o campo e o devolverão aos proprietários' ".¹²⁸ E novamente, " 'Em que dia será tua manifestação? Em que dia teremos nossa visão?' Respondeu Jesus: 'No dia em que estiverdes nus como crianças recém-nascidas que andam por cima de suas roupas, então, vereis o Filho do Vivente. E deixareis de ter medo' ".¹²⁹

Santo Epifânio (*c*.315-402) – que por trinta e cinco anos foi o bispo de Constância, em Chipre, onde Afrodite e seu esposo serpente foram por milênios as principais divindades e cujo tempo de vida abarcou aquele século crítico do reinado de Constantino (324-337) ao de Teodósio I, "o Grande" (379-395), quando o Império Romano estava se convertendo à religião cristã¹³⁰ – denunciou em um tratado o culto eucarístico de uma das seitas cristãs ofídicas (*'όφις, "serpente"*) de seu tempo:

> Eles têm uma serpente, que guardam em determinada cesta – a *cista mystica* – e que ao celebrar seus mistérios tiram de seu refúgio. Eles amontoam pão sobre a mesa e chamam a serpente. Como a cesta está aberta, ela sai. É um animal esperto e, conhecendo as extravagâncias humanas, sobe rastejando para a mesa e se enrosca no pão. Este, eles dizem, é o sacrifício perfeito. Logo, não apenas repartem e comem o pão no qual a serpente se enroscou, mas cada um dos presentes beija a serpente na boca, porque ela foi subjugada por um feitiço, ou amansada pelo artifício de algum

outro método diabólico. Prostram-se diante dela e chamam isso de Eucaristia, consumada pela serpente enroscada no pão. E por meio desse rito, eles dizem, entoam um hino ao Pai no céu, e assim concluem seus mistérios.[131]

O Professor Leisegang, cujos estudos sobre a taça de alabastro das figuras 11 e 12 e da taça de ouro das figuras 3 e 4 já citamos, afirma sobre esse sacramento ofídico descrito por Epifânio que também nos ritos de muitos mistérios pagãos e, particularmente, naqueles de caráter dionisíaco, uma cobra era mantida numa cesta. E ele acrescenta: "Sabemos também que a cobra viva era, às vezes, substituída por uma de ouro, utilizada na realização do rito de casamento místico do iniciado com a divindade.* E parece ainda possível" – ele conclui – "que uma serpente artificial pudesse substituir a real na liturgia dos ofitas. [...] Não poderia a taça de alabastro" – ele questiona – "servir para a oferenda de hóstias consagradas em um ritual eucarístico como o descrito por Epifânio?"[132]

A questão abre uma vasta perspectiva. Pois se é possível explicar dessa maneira a passagem da seita cristã para a pagã e de uma pagã para a cristã, é preciso também perguntar até que ponto as versões gnósticas do Ágape avançaram em direção à orgia dionisíaca, e como a serpente – precisamente ela! –, que no pensamento cristão ortodoxo é a figura do próprio Satanás, poderia ter recebido o papel central numa versão cristã do casamento místico.

A figura 23 mostra um táler de ouro alemão do século XVI, cunhado por um célebre ourives da cidade de Annaberg na Saxônia, de nome Hieronymus Magdeburger. Corresponde aproximadamente à mesma época da "Música das Esferas" de Gafurius (figura 13), e pode ter sido influenciado pelo pensamento neoplatônico renascentista. À primeira vista, poder-se-ia supor que a figura refere-se à versão ascendente da serpente órfica descendente de Gafurius; e uma referência ao Orfeu-Baco crucificado (figura 9) parece apoiar essa interpretação, já que Baco e a serpente alada da taça de alabastro do culto dos Mistérios são o mesmo.

Entretanto, há também uma maneira perfeitamente ortodoxa de interpretar seu simbolismo, baseada numa sentença do quarto Evangelho: "Como Moisés levantou a serpente no deserto, assim é necessário que seja levantado o Filho do Homem".[133] A referência é àquele episódio do Livro dos Números, no qual os hebreus no deserto reclamam de Deus e de Moisés (porque não havia comida nem água): "Então Iahweh enviou contra o povo serpentes abrasadoras, cuja mordedura fez perecer muita gente em Israel. Veio o povo dizer a Moisés: 'Pecamos ao falarmos contra Iahweh e contra ti. Intercede junto de Iahweh para que afaste de nós estas serpentes'. Moisés intercedeu pelo povo e Iahweh respondeu-lhe: 'Faze uma serpente abrasadora e coloca-a em uma haste. Todo aquele que for mordido e a contemplar viverá'. Moisés, portanto, fez uma serpente de bronze e a colocou em uma haste; se alguém era mordido por uma serpente, contemplava a serpente de bronze e vivia".[134]

---

* Compare *Mitologia Ocidental*, p. 156.

Podemos deixar que a ciência da teologia resolva a incoerência dessa ordem em vista da suposta anterior, dada no Sinai, para que não se fizesse nenhuma "imagem esculpida de nada que se assemelhe ao que existe lá em cima, nos céus, ou embaixo na terra, ou nas águas que estão debaixo da terra" (Êxodo 20:4). Do ponto de vista histórico, a lenda foi derivada do assim chamado texto Elohim (E) de cerca de 750 a.C.,[135] e em sua origem foi aparentemente designada para explicar a origem do deus-serpente de bronze que naquele tempo era adorado no Templo de Jerusalém, juntamente com certas imagens de sua deusa-esposa cananeia, Aserá. O Rei Ezequias, c.725 a.C., conforme narra o Livro dos Reis, "quebrou as estelas, derrubou os postes sagrados, e reduziu a pedaços a serpente de bronze que Moisés havia feito, pois os filhos de Israel até então ofereciam-lhe incenso; chamavam-na Noestã".[136]

A alegoria cristã oficial diz simplesmente que, se a serpente de bronze levantada por Moisés numa vara neutralizou o veneno de uma praga de serpentes, também a elevação de Jesus na cruz neutralizou o veneno da serpente no Paraíso. Os dois eventos são reconhecidos como históricos e o primeiro é interpretado como uma *prefiguração* do último. Não devemos pensar em Cristo crucificado como se fosse, de alguma maneira, outra forma da serpente. Em outras palavras, os dois lados do táler de ouro de Hieronymus não devem ser considerados como detentores do mesmo valor; tampouco o valor superior está do lado da serpente. Ou, ao menos, isso é o que um verdadeiro cristão gostaria de pensar sobre a intenção do ourives.

Poderia ser, entretanto, que Hieronymus tivesse uma intenção contrária, isto é, que Cristo fosse uma referência da serpente, ou mesmo que os dois fossem manifestações alternadas de um poder que transcende a ambos?

Em todo o desenvolvimento desta coleção, intitulada *As máscaras de Deus*, nos volumes sobre *Mitologia Primitiva, oriental* e *ocidental,* aparecem com frequência mitos e ritos da serpente e com um significado simbólico constante. Onde quer que a natureza seja reverenciada como autopropulsora e, portanto, inerentemente divina, a serpente é reverenciada como símbolo dessa vida divina. Em contrapartida, no Livro do Gênesis, em que a serpente é amaldiçoada, toda a natureza perde valor e seu poder de vida é considerado insignificante por si mesmo. A natureza é ali também autopropulsora, com vontade própria, mas apenas em virtude da vida que lhe é dada por um ser superior, seu criador.

Na mitologia cristã, que se soma ao Antigo Testamento, a serpente é via de regra identificada com Satanás, e as palavras pronunciadas por Jeová para a serpente no Paraíso ("Porei hostilidade entre ti e a mulher, entre tua linhagem e a dela. Ela te esmagará a cabeça e tu lhe ferirás o calcanhar")[137] são usadas para se referir ao filho crucificado de Maria, por cujos ferimentos a força de Satanás seria destruída. Conforme observado no volume *Mitologia Ocidental,*[138] a semelhança da lenda cristã do redentor morto e ressuscitado com os antigos mitos dos deuses mortos e ressuscitados, Tammuz, Adônis, Dioniso e Osíris, apresentou certa vantagem para os pregadores do novo evangelho, mas também um perigo. Se por um lado a analogia possibilitou-lhes proclamar que na realidade histórica da crucificação de Cristo as

A PALAVRA POR DETRÁS DAS PALAVRAS

Figura 23. A Serpente Erguida: Táler de ouro, Alemanha, século XVI d.C.

promessas meramente míticas das religiões anteriores tinham sido sobrepujadas,* por outro também fica evidente que essas mesmas semelhanças viabilizaram que pagãos convertidos considerassem a nova revelação como apenas mais uma transformação da tradição dos mistérios helenísticos e, na verdade, muitas seitas dos primeiros cinco ou seis séculos podem ser mais bem compreendidas exatamente dessa maneira.

Santo Hipólito (morto *c*.230), escrevendo aproximadamente um século e meio antes da época de Epifânio, revela uma perspectiva para o sentido oculto ou "sabedoria superior" (γνῶσις) da adoração da serpente em sua descrição da cosmologia dos perates, uma seita cristã ofiolátrica de sua época:

> Seu cosmos consiste dos três princípios: Pai, Filho e Matéria, cada um deles contendo infinitas forças. Entre o Pai e a Matéria, o Filho, o Logos, ocupa um lugar equidistante; ele é a Serpente que se move eternamente em direção ao Pai imóvel e a Matéria mutante; ora se volta para o Pai e reúne forças em seu semblante; ora, depois de reunir forças, volta-se para a Matéria, que não tem atributos nem forma, e imprime nela as ideias anteriormente gravadas no Filho pelo Pai.
>
> Mais que isso, ninguém pode ser salvo ou se reerguer sem o Filho, que é a serpente. Pois foi ele quem trouxe os modelos paternos do alto, e é ele quem leva de volta para as alturas aqueles que foram despertados do sono e reassumiram as características do Pai.[139]

---

* Como na Segunda Epístola de Pedro (*c*.120 d.C.): "Com efeito, não foi seguindo fábulas sutis, mas por termos sido testemunhas oculares da sua majestade, que vos demos a conhecer o poder e Vinda de nosso Senhor Jesus Cristo." (II Pedro 1:6)

A serpente que desce no desenho de Gafurius e a serpente circundando a margem da página *Tunc* do *The Book of Kells* [O Livro de Kells][140] foram influenciadas de maneira evidente por essa imagem inesquecível. Além do mais, outra questão é saber se na mente do ourives Hieronymus a relação entre os dois lados de sua moeda não poderia, afinal, ser oposta à sugerida pela interpretação bíblica: não a serpente como prefiguração de Cristo, mas Cristo como encarnação da serpente. E se foi assim, então poderia haver ainda outra heresia, mais oculta, dissimulada em seu inocente desenho. Porque, de acordo com a visão da maioria das primitivas seitas ofiolátricas, o "Pai" mencionado na figura cosmológica dos perates não seria o Jeová do Antigo Testamento, mas uma divindade infinitamente superior a ele, mais serena; e a primeira descida da serpente daquela infinitude não teria sido voluntária, mas uma queda; e mais, essa queda teria sido causada precisamente pelas tramas de Jeová, o criador do mundo decaído do Antigo Testamento, que é mesclado de luz divina e trevas abomináveis.

Resumindo: a ideia básica de todos esses sistemas era que a origem do mal coincidia com o próprio ato da Criação. O deus do Antigo Testamento, esse deus secundário – o Demiurgo, como ele é chamado – não criou o mundo do nada, mas absorvendo uma parcela de luz do verdadeiro Pai infinito. Essa luz, o Espírito, ele atraiu, conjurou ou lançou para baixo, para a Matéria, onde agora ela se encontra enredada. Essa foi a primeira descida da serpente, o Filho, que levou os modelos paternos (ou, como diriam, "a imagem de Deus") do reino do Pai para a Matéria. E essas forças espirituais, imagens, modelos ou ideias mantêm-se agora enredadas no universo criado, custodeadas pelos lugares-tenentes do Demiurgo, os arcontes ("governantes") dos planetas, que tanto controlam as leis da natureza, quanto fazem cumprir os mandamentos do Antigo Testamento – que não são do Pai verdadeiro, mas do Demiurgo.

Assim, a segunda descida da serpente foi voluntária, para libertar as forças espirituais enredadas; e a lenda bíblica da serpente no Paraíso é uma versão dessa aparição. Porque a serpente ali fez com que o homem e a mulher, Adão e Eva, violassem o mandamento do Demiurgo e, com isso, iniciou-se o trabalho de redenção. Em represália, Jeová entregou a Moisés um conjunto irrealizável de leis morais, ao que a serpente respondeu descendo como o redentor e habitando em um mortal, Jesus – que não foi ele próprio o redentor, senão o instrumento do redentor e, como tal, pregou a desobediência às leis, tanto da natureza, com o ascetismo, quanto do Antigo Testamento, com seu novo evangelho. Conforme disse Paulo: "Cristo redimiu-nos da maldição da lei". Por isso, as várias seitas gnósticas, seguindo o ensinamento da serpente, desobedecem àquela Lei de várias maneiras: nas seitas ascéticas, às leis da natureza, adotando um rígido ascetismo; e nas seitas orgiásticas, às leis do código moral.

Então, a matéria em si mesma é inerte e sem forma. Contudo, uma vez que recebeu vida e forma do Espírito enredado do Pai, ela se converte no vívido e belo universo de sofrimento e medo do homem. A natureza deste universo é, por isso, mista: um composto de espírito e matéria. Em consequência, embora a atitude gnóstica usual fosse estritamente dualista, e sua aspiração – como os jainistas da Índia – fosse separar o espírito da matéria, com um intenso sentimento de repugnância pelo mundo, é possível também encontrar em outros textos gnósticos remanescentes passagens de afirmação inspiradora, como as palavras atribuídas a Jesus no Evangelho gnóstico de Tomé: "O Reino do Pai está espalhado por toda a terra e os homens não o veem"; ou ainda: "O Reino está dentro de vós, e também, fora de vós. Quando conhecerdes a vós mesmos, então sereis conhecidos e sabereis que sois os filhos do Pai, o Vivente".[141]

Entretanto, dada essa atitude positiva, não haveria necessidade de supor que o Filho, a serpente, fosse originalmente trazido para baixo contra sua vontade. Ele teria descido voluntariamente, para criar da matéria informe a glória deste universo; e, na verdade, esse parece ser o sentido da imagem cosmológica dos perates, que (se nosso informante, Santo Hipólito, descreve seu mito corretamente) não menciona nenhum criador secundário. Sua serpente desce e sobe continuamente por si mesma, dando forma à matéria e liberando-a num círculo incessante. Além disso, os próprios membros da seita interpretavam seu nome, perates, como derivado do grego πέρᾱτος, cujo significado é "do lado oposto", que equivale exatamente ao sânscrito *pāramitā*, "a margem de lá". E, como vimos em numerosos textos budistas Mahayana exatamente do mesmo período desses perates gnósticos, há uma "Sabedoria da Margem de Lá" (*prajñā-pāramitā*), que é, na verdade, a sabedoria última da realização budista;[142] ou seja, um conhecimento além de todas essas concepções dualistas como matéria e espírito, escravidão e libertação, sofrimento e êxtase.

De fato, pensar desse modo é permanecer preso às categorias *desta* margem, a margem de cá: a margem daqueles que permaneceram do lado de fora da taça das figuras 11 e 12. Enquanto para aqueles que se encontram dentro da taça, que passaram para além do círculo das vinte e quatro colunas das horas do tempo e do horizonte dos quatro ventos, não há absolutamente nenhuma dualidade. Aqueles que passaram para a outra Margem contemplam, em uma visão imortal, o símbolo da serpente de mudança temporal unido com o símbolo da asa da libertação; ou, para usar uma imagem dos perates: em um instante imortal todo o círculo da serpente girando eternamente em seu movimento entre a Matéria e o Pai.

A palavra grega *gnosis* (daí "gnosticismo") e a sânscrita *bodhi* (daí "budismo") têm exatamente o mesmo significado, "conhecimento" – referindo-se, entretanto, a um conhecimento que transcende aquele extraído da experiência empírica dos sentidos e também ao derivado da razão por meio das categorias de pensamento. Esse conhecimento inefável transcende também os termos e imagens segundo os quais ele é metaforicamente sugerido; como o de uma serpente movendo-se entre o reino do Pai e o da Matéria.

Nossa maneira cristã habitual tem sido assumir literalmente as metáforas mitológicas do Credo, sustentando que *há* um Pai num Céu que *existe* na realidade; *há* uma Trindade, *houve* uma Encarnação e *haverá* uma Segunda Vinda e cada um de nós *tem* uma alma eterna para ser salva.

MITOLOGIA CRIATIVA

As doutrinas gnóstico-budistas, por outro lado, fazem uso de suas imagens e palavras, mitos, rituais e filosofias como "meios convenientes ou acessos" (*upāya* em sânscrito, da raiz *i*, "*ir*", mais *upa-*, "em direção a"),[143] por e mediante os quais se aponta sua gnose ou *bodhi* inefável. Tais meios não são fins em si mesmos, mas portos de partida, por assim dizer, de navios fazendo-se à vela para a margem que não é nenhuma margem; e há um grande número desses portos. Na tradição budista Mahayana eles são conhecidos como Reinos de Buda.[144] Para os acadêmicos modernos, são seitas. E os portos variam conforme a necessidade dos aspirantes: dos mais simples, menos desenvolvidos (portos planejados, por assim dizer, para lidar com grupos de turistas que requerem guias, panfletos, informações sugestivas, dicionários de conversação etc.) até os mais equipados, para a manutenção dos navios e repouso dos senhores do mar. Os perates parece que foram mestres espirituais desse último tipo, como os iluminados budistas da escola Mahayana, para quem as ideias dualistas de matéria e espírito, escravidão e libertação, ser e não ser foram deixadas para trás como ilusórias. Entretanto, muitas outras seitas gnósticas – ao contrário dos perates – eram da "margem de cá", não apenas reconhecendo a distinção entre aprisionamento e liberdade do espírito, mas também trabalhando de maneira dedicada para realizar literalmente o fim mitológico dos tempos, quando a última centelha de luz encoberta será libertada de sua espiral material. E eles desempenharam essa tarefa incongruente de duas maneiras contrárias, embora aliadas, já mencionadas: o ascetismo extremo e a festa orgiástica.

A melhor autoridade para uma avaliação fidedigna do que estava ocorrendo com aquelas famosas ceias na Igreja, os primeiros Banquetes do Amor cristãos, é mesmo Santo Epifânio, de cujos escritos já extraímos o relato sobre o sacramento cristão da serpente. Porque em sua juventude, na busca do caminho que leva ao lugar que todos desejam encontrar, ele ingressara numa congregação gnóstica síria conhecida como os fibionitas, seduzido por certas mulheres que eram – como ele mais tarde confessou – "muito belas de feições" mas, "na corrupção de seu espírito, era como se tivessem conquistado para si mesmas toda a repugnância do Diabo". Como ainda não era o santo que por fim se tornaria, Epifânio permaneceu entre aquelas mulheres e suas corrupções por tempo suficiente para adquirir um conhecimento completo de suas liturgias; e apenas depois disso ele abraçou seu caminho mais conhecido, denunciando por volta de oitenta de seus antigos correligionários para o bispo ortodoxo local, que tomou as devidas providências, à maneira da época, e a cidade foi prontamente purificada de sua corrupção. Nas palavras do próprio Epifânio:

> Dividem entre si suas mulheres e, quando chega alguém estranho à sua doutrina, os homens e mulheres têm uma senha que permite reconhecerem-se entre si. Quando estendem suas mãos, aparentemente para saudar, eles fazem cócegas na palma da mão do outro de um modo combinado, e com isso descobrem se o recém-chegado pertence a seu culto. Depois de se assegurarem dessa maneira, eles se dirigem para

a festa, servindo carnes e vinhos em abundância, mesmo que sejam pobres. Após o banquete, empanturrados, por assim dizer, até a saturação, eles começam a incitar-se mutuamente. Os maridos se separam de suas mulheres e o homem dirá à sua própria esposa: "Levanta e celebra a 'festa do amor' (*Ágape*) com teu irmão". Os desgraçados juntam-se e, embora eu esteja verdadeiramente mortificado ao narrar as infâmias que cometem, não hesitarei em nomear o que não vacilam em fazer, de maneira que posso provocar um arrepio de pavor naqueles que me ouvem falar das obscenidades a que eles se atrevem.

Depois de se juntarem em uma orgia desenfreada, prosseguem em sua blasfêmia ao Céu. A mulher e o homem tomam a ejaculação em suas mãos, levantam-se, lançam para trás suas cabeças em abnegação para o Céu – e mesmo com aquela impureza nas mãos, pretendem orar como supostos Soldados de Deus e Gnósticos, oferecendo o que está em suas mãos ao Pai, o Ser Primeiro de Toda Natureza, com estas palavras: "Oferecemos a Ti esta oblação, que é o verdadeiro Corpo de Cristo". Em seguida, sem mais preâmbulos, eles a consomem e dizem: "Este é o Corpo de Cristo, o Sacrifício Pascal pelo qual nossos corpos sofrem e são obrigados a reconhecer os sofrimentos de Cristo". E quando a mulher está menstruada, fazem o mesmo com sua menstruação. Pegam da mesma maneira e bebem juntos o fluxo impuro de sangue. E isso, dizem, é o Sangue de Cristo. Porque ao lerem na Revelação, "Eu vi a árvore da vida com seus doze tipos de fruto, produzindo seus frutos a cada mês" (Apocalipse 22:2), eles interpretam como uma alusão à menstruação da mulher.

Porém, em seu ato sexual, eles impedem a concepção. Pois que o objetivo de sua corrupção não é a geração de filhos, mas a mera satisfação do desejo, e o Diabo se vale desse jogo para ridicularizar a imagem proveniente de Deus.

Satisfazem o seu desejo até o limite, mas se apropriam do sêmen de suas baixezas, não permitindo que seja emitido para a procriação de filhos, engolindo eles próprios o fruto de sua vergonha. E se acaso, em virtude de algum escoamento natural a mulher engravidar – escutai as coisas horríveis de que ainda são capazes: arrancam o embrião enquanto ele pode ser agarrado, retiram o fruto inconveniente do corpo e o socam num pilão, acrescentando pimenta, mel e certos outros bálsamos e ervas, para que não cause repugnância. Então, junta-se à volta toda a manada de porcos e cães e cada um tira com o dedo um bocado da criança imolada. Quando eles acabam de consumir seu ato canibal, oram a Deus da seguinte maneira: "Não nos deixamos enganar pelo Arconte do Desejo, mas corrigimos o erro de nosso irmão". E eles acreditam ser isso Missa perfeita.

E cometem muitos outros horrores. Porque, quando novamente se excitam até a loucura, enchem suas mãos com a vergonha de seus fluidos e elevam-nas, sujas, e oram, completamente nus, como se com esse ato grotesco pudessem estabelecer uma conversa franca e aberta com Deus.

As mulheres e os homens envolvem seus corpos, noite e dia, com unguentos, banhos e toda espécie de autoindulgências; repousam tranquilos, refestelando-se e bebendo. Eles execram aqueles que jejuam, dizendo, "Não se deve jejuar. Jejuar é obra do Arconte criador desta era do mundo. É necessário se alimentar, para que os corpos sejam fortes e capazes de produzir seus frutos no tempo devido".[145]

A ideia subjacente de todas essas obras religiosas sensacionalistas era que, da mesma maneira que Cristo, o Filho do Pai, está enredado no campo da Matéria, também todo o Universo é a cruz na qual o Filho é crucificado. Assim enredado, impregnando tudo, é ele que dá vida a todas as coisas (figura 9). Mas havia, também, uma teoria biológica extremamente arcaica envolvida nos ofícios desse culto, uma que é, na realidade, amplamente mantida entre os povos orientais e primitivos: que o milagre da reprodução se efetua no útero com a união do sêmen e o sangue menstrual. A interrupção das regras na mulher durante a gravidez levava à suposição de que o sangue retido estava se transformando no corpo da criança em virtude da influência do esperma sobre ele.

O sangue menstrual e o sêmen eram a uma só vez temidos e reverenciados como os veículos da vida – separados como masculino e feminino, porém únicos em essência. E como a força vital inerente a cada um era a substância daquele Filho crucificado – que sofre no interior de todas as coisas –, as necessidades e substâncias do sexo, em virtude das quais se transmitia a vida, isto é o Filho, eram, como esses gnósticos declaravam em suas orações, "o verdadeiro Corpo de Cristo". Aumentando em si mesmos a força dessa vida sem se permitir produzir novos corpos de aprisionamento, eles acreditavam que realizavam aquela divina obra de redenção, a liberação da luz. E quando por acidente a vida era continuada, ela era solenemente retirada no rito descrito como "a Missa perfeita".

3.

No apogeu da Idade Média europeia – no mesmo século das grandes Cruzadas, dos trovadores, do romance arturiano e do florescimento das catedrais que Henry Adams chamou de momento do apogeu da unidade cristã europeia, quando começou "o movimento da unidade para a multiplicidade"[146] – ocorreu uma tal eclosão de heresias maniqueístas, gnósticas e outras por toda a Europa, embora mais visivelmente no sul da França, que por fim o Papa Inocêncio III (1198-1216), para defender a hegemonia de Roma, liberou uma versão do flagelo de Deus, em sua Cruzada albigense, que deixou o sul da França não apenas um deserto, como dividiu a Igreja gótica.[147] A maioria das revoltas apresentava uma forte tendência reformista; pois os vícios do supremo clérigo tinham se tornado tão notórios que o próprio Inocêncio, em uma carta a seu núncio apostólico em Narbonne, descreveu aqueles que ali administravam os sacramentos como "cães estúpidos que se esqueceram como se latia; simoníacos que vendiam justiça, absolvendo os ricos e condenando os pobres; eles próprios negligentes com as leis da Igreja, acumulando benefícios para si mesmos, conferindo dignidades a sacerdotes indignos ou jovens analfabetos.[...] Em razão disso reinava a insolência dos heréticos e o desprezo, tanto dos proprietários feudais quanto do povo, por Deus e sua Igreja". "Nada" – ele continuou dizendo –, "é mais comum do que monges e cônegos regulares desfazerem-se de seus hábitos e se lançarem aos jogos de azar, à caça e à união com concubinas, tornando-se trapaceiros ou curandeiros".[148]

Os dois principais movimentos reformistas foram o dos valdenses e o dos albigenses. Os primeiros eram cristãos, e marcadamente antipapistas, rejeitando todas as práticas clericais cuja autoridade não estivesse fundada no Novo Testamento; e apelavam àquele princípio popular da heresia donatista do início do século IV, que Santo Agostinho atacara como o maior perigo para a Igreja,[149] nomeadamente a convicção de que os sacramentos administrados por clérigos de caráter indigno não podem ser eficazes. Os albigenses, por outro lado, não eram cristãos, mas maniqueístas. O centro geográfico a partir do qual sua doutrina se estendeu até a Europa ocidental, e do qual eles continuavam recebendo apoio, não era o grande mundo muçulmano do Levante, da Sicília ou da Espanha – onde as doutrinas maniqueístas foram absorvidas e transformadas pelos sufis e pelos xiitas –, mas o sudeste da Europa: Bulgária, Romênia e Dalmácia, a mesma zona em que foi encontrada a taça de ouro órfico-dionisíaca de Pietroasa, das figuras 3 e 4.

Na figura 24 vemos outro cálice sacramental basicamente da mesma tradição artística das figuras 3 e 4; mas os símbolos religiosos são de caráter cristão. Esse, na verdade, é um cálice eucarístico ortodoxo do mosteiro grego do monte Atos, século XIII d.C., a época da Cruzada Albigense. E, como os dois já vistos, ele servia como receptáculo para hóstias sacramentais. Temos outra vez um círculo com exatamente dezesseis figuras radiantes; mas no centro, em vez de uma serpente alada ou a deusa com um cálice semelhante ao do Graal em suas mãos, temos a Virgem Mãe com o Menino Jesus em seu regaço: a Verdadeira Vinha, a serpente para ser elevada como na figura 23. As presenças que a rodeiam são agora anjos adoradores, a congregação do *mystai* no Paraíso, com um santo acima de cada um, um novo iniciado em oração. E no décimo sexto quadro há um tabernáculo: o santuário da presença de Deus em sua Igreja, correspondendo ao quadro 16 da taça de Pietroasa (figura 3).

Como observa o Professor Leisegang – de cuja excelente análise desses três cálices eucarísticos desenvolvi meu argumento:

> Nos territórios europeus do leste, dominados pela igreja ortodoxa grega, tanto as formas quanto o espírito dos antigos mistérios foram preservados até hoje. Na seita russa dos Homens de Deus, à qual, segundo Fülöp-Miller,[150] pertenceu Rasputin, encontramos o mesmo segredo, os hinos, as danças de roda na direção do curso do Sol e no sentido contrário, imitando as danças dos anjos celestiais; os iniciados tiram suas roupas para vestirem camisas brancas usadas unicamente para esse propósito; cantam e dançam para induzir um estado de êxtase no qual o Espírito Santo fala por meio de seus profetas e profetizas e que culmina numa orgia sexual, resultando na concepção de filhos pelo Espírito Santo. O próprio Rasputin dançou diante de seus fiéis e tirou as roupas no clímax. Uma foto bem conhecida, reproduzida por Fülöp-

MITOLOGIA CRIATIVA

Figura 24. Cálice Eucarístico: Monte Atos, século XIII

-Miller, mostra-o na mesma atitude assumida pelos *mystai* na nossa taça de alabastro: uma mão no peito, a outra levantada até a altura da cabeça em oração e súplica.[151]

Não é estranho, então, saber que na Europa dos séculos XII e XIII floresciam as formas orgiásticas bem como as monásticas de devoção religiosa. Os albigenses eram da linha ascética; como era também (pelo menos oficialmente) o clérigo da Igreja romana. Entretanto, como sabemos de muitas fontes, sempre que os poderes nutridores da vida são negados como deuses, ressurgem em formas malignas como demônios. E naqueles séculos, o saber religioso que chegava do Oriente à Europa, tão fértil em relíquias, não se limitava apenas à afluência de objetos sagrados como os ossos, braços e pernas dos apóstolos, fragmentos da cruz verdadeira, pequenos frascos com leite da Virgem, hálito de São José e as lágrimas do Senhor, vários prepúcios de Jesus, partes da sarça ardente, penas das asas do anjo Gabriel e a pedra fundamental rejeitada pelos construtores.[152] Há, por exemplo, a seguinte descrição – extraordinariamente familiar a esta altura – dos supostos ritos praticados por uma provável comunidade de cristãos descobertos na cidade de Orléans, França, no ano de 1022, cujos membros foram queimados vivos. Uma testemunha da época revela tais práticas:

> Antes de prosseguir vou descrever detalhadamente, para os que ignoram o método, como o chamado "Alimento do Céu" é produzido. Em certas noites do ano, eles se reúnem numa determinada casa, cada um trazendo na mão uma lanterna; ali entoam os nomes dos demônios à maneira de uma litania, até que subitamente veem que o Diabo chegou entre eles na forma de algum animal. E sendo ele avistado por todos, eles largam as lanternas e imediatamente cada um agarra a primeira mulher que surge à sua frente, mesmo que ela seja a sua própria mãe, irmã ou uma freira, sem pensar em pecado, pois consideram tal prática tão sagrada como a religião. E quando nasce uma criança, gerada dessa maneira tão obscena, eles voltam a se reunir no oitavo dia, acendem uma grande fogueira no centro, e fazem-na atravessar o fogo, como os antigos pagãos, e, dessa maneira, a cremam. Juntam então as cinzas e guardam com tanta reverência quanto os cristãos conservam o sagrado Corpo de Cristo; e aos que estão prestes a morrer administram uma porção dessas cinzas como extrema-unção. Além disso, há tal poder naquelas cinzas, infundido pelo artifício do Diabo, que alguém ao ser corrompido por aquela heresia, mesmo que tenha provado uma quantidade mínima dela, dificilmente pode voltar sua mente para o caminho da verdade.[153]

Isso faz lembrar os ritos religiosos e artes sagradas, audaciosamente obscenos, que se desenrolavam durante aqueles mesmos séculos na Índia; por exemplo, nos templos esculpidos de Belur, Khajuraho, Bhuvaneshvara e Kanarak.[154] E como os cristãos gnósticos procuraram se libertar das fainas ilusórias deste mundo, violando ritualmente os códigos morais de sua cultura, também na Índia os seguidores da "via da mão esquerda" praticavam os ritos contestatórios das Cinco Coisas Proibidas – os "Cinco Ms", como são chamadas – a saber o vinho (*madya*), a carne (*māṁsa*), o peixe (*matsya*), as posturas iogues envolvendo mulheres (*mudrā*) e a união sexual (*maithuna*).[155] Ademais, há uma inconfundível semelhança a ser observada particularmente entre os ritos do sul da Índia, por exemplo o "culto corpete" (*kancuḷi*), descritos em *Mitologia Oriental*,[156] e um certo costume galante da nobreza elegante do sul da França do século XII.

Nos ritos indianos, pode-se recordar, as mulheres que fazem votos, ao entrarem no santuário, depositam suas vestes superiores em uma caixa a cargo do guru e no final das cerimônias preliminares cada um dos homens pega uma peça da caixa, pelo que a mulher à qual ela pertence – "mesmo que seja um familiar próximo" – torna-se sua parceira para a consumação. A versão europeia dessa cerimônia não convencional – adaptada ao gosto de um espírito mais lúdico e secular, em que à mulher, não ao homem, é dada a iniciativa – conserva os vestígios de sua obscura origem religiosa apenas no uso de uma máscara carnavalesca, em sua conexão com uma paródia da Missa e com o nome de um mártir do século III, São Valentim (morto a 14 de fevereiro de *c*.270), de quem se diz que no dia de sua decapitação os pássaros começaram a se acasalar. Os ritos desses chamados "*Valentine Clubs*" podem, na verdade, ter-se originado entre o século II e IV em algum tipo de casamento espiritual dos gnósticos valentinianos de Alexandria (Valentim, o fundador, floresceu entre 137 e 166 d.C.) e chegado ao sul da França juntamente com as outras características gnósticas dessa época. Eles são descritos na curiosa passagem extraída do pequeno livro de John Rutherford, *The Troubadours* [Os trovadores].

> Todos os anos, no dia 14 de fevereiro, esses valentins reuniam-se montados a cavalo em algum lugar conveniente, normalmente o centro da cidade mais próxima. Ali formavam colunas, cada uma com uma dama e um cavalheiro; e dali partiam para percorrer as vizinhanças. Eram precedidos por duas filas encarregadas de representar Cupido, Clemência, Lealdade e Castidade e eram devidamente acompanhados por trombeteiros e porta-estandartes, para não falar da inevitável plebe. A procissão acabava na sede administrativa da localidade, cuja sala principal era decorada festivamente para a ocasião. Ali os valentins veneravam o Amor, numa clara paródia da Missa. Então cada casal se beijava e se separava, para formar outro par. Um porta-joias era então providenciado, contendo os nomes de todos os cavalheiros presentes escritos em tiras de pergaminho. Cada uma das mulheres pegava uma tira, até não sobrar nenhuma no porta-joias. Depois disso, o presidente, vestido de Cupido, lia os nomes escritos nas tiras e os cavalheiros, cujos nomes eram lidos, tornavam-se os namorados (valentins) das respectivas damas que tinham tirado seus nomes para o ano seguinte. Quando todos os valentins estavam já reunidos em pares, as leis da instituição eram lidas pelo presidente. Elas explicavam que cada cavalheiro tinha de ser fiel à sua dama pelo período de doze meses; mantê-la bem suprida com as flores de cada estação, oferecer-lhe presentes nas ocasiões determinadas; acompanhá-la

aonde quer que ela desejasse ir com objetivos de devoção ou prazer; fazer-lhe canções, se era poeta, e lutar pela honra dela, se hábil nas armas; e ofender-se ao extremo a cada insulto a ela dirigido. As leis especificavam ainda que, se o cavalheiro falhasse voluntariamente em qualquer um dos itens, seria expulso e desonrado pela sociedade. Nesse caso, os valentins se reuniriam, como em 14 de fevereiro, e se dirigiriam até sua casa. Nesse local, seu crime e sentença seriam proclamados e queimariam um monte de palha na soleira de sua porta, como sinal de sua excomunhão. Finalmente, o casamento de um casal de valentins estava estritamente proibido, sob a mesma penalidade. Quando o presidente acabava a leitura dos estatutos, outra paródia dos serviços da Igreja da época era realizada, e a reunião se dispersava.[157]

Não é apenas nos cultos da via da mão esquerda que as semelhanças entre as religiões da Índia e da Europa da Idade Média são encontradas. As catedrais e templos construídos em ambas as regiões, entre os séculos X e XIII, eram comparáveis em muitos traços fundamentais.

Decorados externa e internamente por figuras esculpidas de seres extasiados – nas catedrais, anjos e santos, nos templos, frequentemente obscenas –, eram projetados para sugerir a morada de uma presença divina supranormal, comparáveis em ampla escala com o interior da taça de alabastro das figuras 11 e 12. Entra-se por um portal simbólico até uma longa nave, o *mandapa*, que conduz a um santuário (sânscrito, *garbha-gṛha*, "morada do embrião" ou "útero") em que a presença real da divindade deve ser adorada em profunda e introspectiva meditação. Na Europa, a presença é do próprio Jesus Cristo, na hóstia consagrada; na Índia, pode ser a Deusa, na sua imagem consagrada, o símbolo da *yoni;* seu esposo, Śiva, como o *liṅgam*; Viṣṇu, ou algum outro deus em símbolo ou imagem. No templo Rajrani em Bhuvaneshvara, perto de Puri,[158] não há qualquer símbolo no escuro santuário dos santuários. Esse pequeno e belo templo foi construído por volta de 1100 da nossa era por uma abastada cortesã para seu rei; e a lenda local conta que ao entrar no santuário a presença que ele encontrou foi a própria cortesã consagrada. Seja verdadeira ou falsa, a lenda é certamente análoga, por um lado, à da gruta do amor de Tristão e Isolda e, por outro, às lendas purânicas dos amores de Kṛṣṇa e Radha entre as Gopis, que estavam começando a florescer naquela época na Índia e que culminaram, por volta de 1170, na arrebatadora *Gīta Govinda* de Jayadeva – a que comparei no volume de *Mitologia Oriental* com os romances de Tristão da mesma época.[159]

Deve-se ainda notar a surpreendente semelhança, ponto por ponto, das formas e parafernália dos ritos realizados nos templos e catedrais. Conforme Sir John Woodroffe observou em sua obra fundamental *The Principles of Tantra* [Os princípios do tantra], a seguinte declaração do Concílio de Trento (1545-1563) da Igreja católica pode ser facilmente anotada em sânscrito para indicar os paralelos indianos; ou seja: "A Igreja Católica, rica em sua tradição secular e revestida desse esplendor, introduziu a bênção mística *(mantra)*, o incenso *(dhūpa)*, água *(ācamana, padya* etc.*)*, luzes *(dīpa)*, sinos *(ghaṇṭā)*, flores *(puṣpa)*, vestimentas e toda a magnificência de suas cerimônias para despertar o espírito religioso à contemplação dos profundos mistérios que revelam. Como seus fiéis, a Igreja é composta de corpo *(deha)* e alma *(ātman)*. Portanto, presta ao Senhor *(īśvara)* uma dupla veneração: exterior *(vāhya-pūjā)* e interior *(mānasa-pūjā);* sendo esta última a oração *(vadana)* dos fiéis, o breviário de seu sacerdote e a voz Dele intercedendo sempre em nosso favor, ao passo que a primeira corresponde aos gestos exteriores da liturgia".[160]

Pode-se mencionar também o uso do rosário, introduzido na Europa no período tardio da Idade Média. Além disso, tanto a forma quanto o conteúdo da cerimônia principal em ambos os recintos religiosos são os mesmos. Um sacerdote conduz o rito, iniciando com orações preliminares e, nos momentos solenes, com entoação de cânticos. Uma oferenda – pão e vinho no Ocidente; na Índia, leite ou manteiga, frutas, um animal ou ser humano – é consagrada, simbólica ou factualmente imolada, e consumida parcialmente na comunhão; depois do que se oferecem orações de graças e a reunião se dispersa.

As primeiras aparições desse estilo artístico sacro na Índia datam – significativamente – do Período Gupta, do reinado de Chandragupta II (reinou de 378 a 414), contemporâneo – conforme observado nos volumes de *Mitologia Oriental* e *ocidental*[161] – do imperador bizantino Teodósio, o Grande (reinou de 379 a 395), cujos éditos antipagãos iniciaram um êxodo de intelectuais de todas as classes – clérigos, filósofos e artistas – em direção ao leste, para a Pérsia e a Índia. As centenas de equivalências – mostradas por Hermann Goetz – entre a arte romano-síria e as formas culturais que surgiram abruptamente na Índia naquele período dão amplo testemunho do que ocorreu. Surgiu uma idade de ouro na arte, literatura e arquitetura de templos hindus e budistas, que desde o século V à metade do XIII exibiu muitas das formas de mitologia e culto que estavam sendo suprimidas durante o mesmo período no Ocidente.

É uma pena que nenhum outro estudo transcultural tenha ainda se realizado sobre as consequências da grande crise teodosiana, com a finalidade de investigar, por um lado na Índia Gupta e subsequentemente na China da dinastia T'ang e, por outro, nos movimentos heréticos clandestinos e epidemias de bruxaria da Europa semicristianizada, os dois ramos de uma tradição amplamente difundida de mistérios, cuja origem e raízes podem ser identificadas no Egito helenístico, Síria e Ásia Menor.

Há aqui uma grande oportunidade para a ciência da mitologia comparada registrar toda a constelação de causas e de efeitos – geográficos, psicológicos, sociológicos, filosóficos, religiosos e estéticos – de um importante exemplo de transformação histórica por difusão, observando tanto a continuidade através dos séculos de um único e vigoroso contexto de saber mítico e ritualístico, como sua divisão em um confronto de opostos mutuamente incompreensíveis, contrários em cada tendência e característica, vício, virtude e ideal. Da mesma forma como os caracteres de duas irmãs, uma enigmática a outra explícita, podem em sua relação iluminar uma à outra, ocorre também com esses dois mundos congêneres do Oriente e da Europa medieval.

E particularmente quanto à interpretação de seus símbolos comuns, o valor de um rápido olhar da Europa até a Índia pode ser considerável. Porque enquanto na Europa apenas uma interpretação ortodoxa, muito literal e precisa foi oficialmente permitida, na Índia, tanto no culto quanto na arte, foi aplicada toda inflexão simbólica de significado possível. Portanto qualquer investigação que se restrinja a uma só região tende a ser confundida por fenômenos que um conhecimento não delimitado por essas fronteiras elucidaria instantaneamente. E na esperança daquele entendimento ecumênico que é o propósito e a necessidade última de todos os esforços globais em andamento neste mundo, ligando o Oriente e o Ocidente, parece que um exame sério, sistemático e completo desse material seria um objeto oportuno de atenção.

Voltemos, portanto, nosso olhar para os grandes mestres criativos do Ocidente, considerando como um princípio básico de nosso estudo que os símbolos colocados em prática por eles vieram de longe. Suas fontes são muito mais profundas, amplas e antigas e estão muito mais intimamente associadas com as faculdades primárias do espírito humano, do que podem permitir os limites de qualquer tradição religiosa, secular, moral ou antinômica. Em consequência, independentemente do meio que se apresentam, falam de além desse próprio meio – como a serpente do Jardim do Éden, conhecida dos povos do antigo Oriente Próximo muito antes do advento de Jeová. Os órficos a escutaram numa língua muito diferente da que ouviram os rabinos e Padres da Igreja; para os ofiólatras também falou de outra maneira. E a nós, elas têm ainda mais a dizer. O mesmo ocorre com os símbolos da vida amorosa, da morte por amor, do homem e da mulher, da mulher e do homem, de Tristão e Isolda e de Isolda e Tristão: para compreender sua vida, para compreender sua morte e para avaliar a força de seu grande poeta é preciso ir além das mitologias locais da época de Gottfried e da nossa própria, é preciso ouvir os tons mais baixos e mais altos, os tons novos e os antigos, do cântico imortal de sua arte.

PARTE II

A TERRA DESOLADA

CAPÍTULO 4

O AMOR-MORTE

I. EROS, ÁGAPE E AMOR

Não consigo compreender como alguém que realmente tenha lido sobre o gnosticismo e a poesia de Gottfried possa sugerir – como fez há pouco tempo um estudioso da psicologia do *amor* – que não apenas Gottfried, mas também os demais poetas de Tristão, bem como os trovadores, fossem maniqueístas.[1] É verdade que o seu auge coincide com o da heresia albigense. Também é certo que o culto do *amor*, com sua luz guia, a "Bela Dama do Pensamento", era em princípio adúltero e não voltado para a reprodução. Ademais, a consagração desse amor não era uma questão eclesiástica de excomunhão, mas unicamente do caráter e sentimentos privativos do casal envolvido. E, finalmente, as provações às quais se submetia um amante em nome do amor podia às vezes se aproximar das verdadeiras loucuras dos penitentes dos bosques.

Há um relato sobre um deles que teria comprado uma camisola de leproso, cuia e chocalho de um pobre coitado e, depois de mutilar um dedo, sentou-se entre um grupo de doentes e esfarrapados diante da porta de sua amada, esperando suas esmolas. O poeta Peire Vidal (*c*.1150-1210?), em honra de uma dama chamada "A Loba", vestira-se com uma pele de lobo e, provocando os cães de um pastor de ovelhas, correu na frente deles até que fosse alcançado e o deixassem quase morto – depois do que a condessa e seu marido, rindo, o trataram até ele se recuperar.[2] Sir Lancelote saltou das alturas da janela de Guinevère e correu enlouquecido pelos bosques por meses, vestido apenas com uma camisa.[3] Tristão também enlouqueceu. Parece que tais amantes, conhecidos como *Gallois*, se não eram numerosos, ao menos não eram raros, na época do apogeu dos cavaleiros.

Houve alguns que adotaram a provação conhecida na Índia por "estações trocadas", quando o penitente, à medida que o calor aumentava, usava cada vez mais roupas, até que por volta do meio do verão ele se tornava um esquimó e, enquanto o inverno se aproximava, ele as despia, até ficar no pleno inverno como Lancelote, apenas de camisa[4]. Isso nos lembra do contemporâneo desses poetas, o cândido São Francisco (1182-1226), o qual, considerando-se o trovador da Senhora Pobreza, pedia esmolas com os leprosos, vagava sem camisa pelos bosques invernais, escrevia poesias aos elementos da natureza e pregava sermões aos pássaros.

Entretanto, o primeiro ponto a ser notado em relação à doutrina albigense é que, enquanto de acordo com a visão gnóstico-maniqueísta a natureza é corrupta e a sedução dos sentidos deve ser repudiada, na poesia dos trovadores, na história de Tristão e, acima de tudo, na obra de Gottfried, a natureza em seu momento mais nobre – a realização do amor – é um fim e uma glória em si mesma; e os sentidos, enobrecidos e refinados pela atenção e pela arte, pela temperança, lealdade e coragem são os guias dessa realização. Como uma flor em sua semente, o botão da consumação do amor encontra-se potencialmente em todos os corações (ou, ao menos, em cada coração nobre) e requer apenas ser adequadamente cultivado para desabrochar.

Então, se o culto cavalheiresco do *amor* deve ser catalogado conforme sua heresia, ele o deveria ser antes como pelagianista do que como gnóstico ou maniqueísta pois, conforme foi notado no volume *Mitologia Ocidental*,[5] Pelágio e seus seguidores rejeitaram categoricamente a doutrina de nossa herança do pecado original e pregaram que não temos necessidade de graça sobrenatural, já que nossa própria natureza é plena de graça; nenhuma necessidade de uma redenção milagrosa, mas apenas de despertar e amadurecer; e que, embora o cristão seja favorecido pelo exemplo e ensinamentos de Cristo, todo homem é, em última instância (e tem de ser), o autor e os meios de sua própria realização. Nos poemas dos trovadores ouvimos pouco ou nada sobre a queda e a corrupção, sejam elas dos sentidos ou do mundo.

Mais que isso, ao contrário do espírito indiscriminado do Banquete do Amor – seja do tipo fibionita orgiástico ou da ceia paroquial caritativa – o objeto do *amor* é pessoal. Conforme dissemos, ele obedece ao comando e ao fascínio dos sentidos e, em particular, do sentido mais nobre, que é o da visão. No Banquete do Amor todo o significado e a própria virtude do amor comunal está em seu objeto ser indiscriminado. "Amarás o teu próximo como a ti mesmo".[6] A seletividade, a função principal da visão e do coração, é sistematicamente repudiada no *ágape*. As luzes se apagam, por assim dizer, e o que quer que esteja ao alcance torna-se objeto do amor – seja à maneira angelical da caridade ou à maneira orgiástica, demoníaca, de uma orgia dionisíaca –, mas em ambos os casos, religiosamente: renunciando ao ego, ao juízo do ego e à preferência do ego.

É surpreendente que nossos teólogos continuem escrevendo sobre *ágape* e *eros* como radicalmente opostos, como se eles fossem a palavra final do princípio do "amor": sendo o primeiro a "caridade recíproca – religiosa e espiritual – dos homens numa comunidade", e o segundo, natural e carnal, a "luxúria como a necessidade, o desejo e o prazer do sexo".⁷ Parece que em nenhum púlpito jamais se ouviu falar do *amor* como um terceiro princípio, seletivo e discriminador em oposição aos outros dois. Porque *amor* não é nem o caminho da via direita (o espírito que sublima a mente e a comunidade do homem), nem o caminho indiscriminado da esquerda (a espontaneidade da natureza, o incitamento mútuo do falo e do útero), mas é o caminho que está diante de cada um, dos olhos e com sua mensagem ao coração.

Há um poema com esse tema de um grande trovador (talvez o maior de todos), Guiraut de Borneilh (*c*.1138-1200?):

>   Assim, pelos olhos, o amor atinge o coração:
>   Pois os olhos são os espiões do coração.
>   E vão investigando
>   O que agradaria a este possuir.
>   E quando entram em pleno acordo
>   E, firmes, os três em um só se harmonizam,
>   Nesse instante nasce o amor perfeito, nasce
>   Daquilo que os olhos tornaram bem-vindo ao coração.
>   O amor não pode nascer nem ter início senão
>   Por esse movimento originado do pendor natural.
>
>   Pela graça e o comando
>   Dos três, e do prazer deles,
>   Nasce o amor, cuja clara esperança
>   Segue dando conforto aos seus amigos.
>   Pois, como sabem todos os amantes
>   Verdadeiros, o amor é bondade perfeita,
>   Oriunda – ninguém duvida – do coração e dos olhos.
>   Os olhos o fazem florescer; o coração o amadurece:
>   Amor, fruto da semente pelos três plantada.⁸

Adentramos aqui em um novo terreno: ainda não trilhado no longo curso de nossa pesquisa das tradições primitiva, oriental e ocidental. É o campo, único e novo, sobre o qual se sustenta o indivíduo moderno autoconfiante – ao menos à medida que ele foi capaz de amadurecer, descobrir a si próprio e preservar esse terreno conquistado frente à oposição dos antigos e novos pensadores tribais e de massa.

Nos dezenove versos do poema já aparece um prenúncio desse mundo do homem renascentista que na arte logo seria simbolizado nos princípios, descobertos objetivamente, da perspectiva (linear) do Renascimento: a organização de um campo selecionado ou imaginado por uma visão pessoal, seguindo linhas que se projetam, a partir de um par de olhos vívidos, a um ponto desvanecente – seguindo o impulso do coração desse indivíduo.

O mundo agora se revela em sua luz e forma próprias, ao menos a homens e mulheres sensíveis, que ousam olhar, ver e reagir. As grandes questões que aborda a tradição religiosa governante são, em geral, ignoradas e o ponto de vista do indivíduo torna-se decisivo.

E assim, embora seja verdade que no século dos trovadores vicejasse por toda a Europa uma heresia maniqueísta, e que muitas das damas celebradas nos poemas fossem conhecidas como heréticas – da mesma forma que outras eram cristãs praticantes e que mesmo os poetas fossem porta-vozes de uma ou outra tradição –, em seu caráter artístico e em sua poesia e canto os trovadores estavam distantes de ambas as tradições.

Todo o significado de suas estrofes estava na celebração de um amor cujo fim não era nem o casamento nem a dissolução do mundo. Tampouco era a relação carnal; e também não – como entre os sufis – o desfrutar, por analogia, do "vinho" de um amor divino e a extinção da alma em Deus.

Seu fim era, antes de tudo, a vida diretamente na experiência do amor como uma força mistagógica, purificadora e sublimadora, por si mesma, abrindo o coração enternecido à triste, doce e amarga melodia comovedora da existência, por meio da angústia e alegria do amor.

Isso nos lembra dos cavalheiros japoneses e seus amores descritos em *Tale of Genji* [Conto de Genji] da senhora Murasaki e há, na verdade, um sentimento comum na "consciência da compaixão das coisas" do budismo da tradição Mahayana (japonês: *mono no awaré wo shiru*);[9] entretanto, conforme observado no volume *Mitologia Oriental*, o ambiente religioso permeia tudo ali, enquanto nos poemas de amor dos trovadores, mesmo quando parecem óbvias as analogias com certos motivos religiosos, são ignoradas as referências mitológicas e o poema permanece total e abertamente secular, tendo o poeta como devoto de sua dama, que é exultante e potente não por analogia, mas com um brilho e uma graça próprios que são suficientes para a vida neste mundo.

Permitam-me citar, por exemplo, três estrofes de um célebre poema conhecido como "A alegria de amar", de outro grande mestre provençal, Bernart de Ventadorn (*c*.1150-1200?):

> Não é milagre que eu cante
> Melhor do que qualquer outro cantor;
> Pois meu coração me atrai mais para o Amor,
> E estou mais pronto a lhe obedecer.
> Coração e corpo, sabedoria e razão,
> Força e poder, eu empenhei:
> A rédea me conduz tanto para o Amor
> Que eu não presto atenção em mais nada.
>
> Este amor me castiga tão gentilmente
> O coração e com tal doçura!

O AMOR-MORTE

>De aflição eu morro cem vezes ao dia,
>E de alegria revivo, outras cem.
>Meu mal é, na verdade, de uma qualidade nobre;
>Ele tem mais valor do que qualquer outro bem:
>E como este mal me faz tanto bem,
>Boa, após o mal, será sua cura.
>
>Nobre Dama, nada peço de ti
>Apenas que me aceites como teu servo.
>Servir-te-ia como se serve a um bom senhor,
>Seja qual for a recompensa.
>Vê, estou às tuas ordens:
>Humilde e sincero, alegre e cortês.
>Tu não és urso ou leão,
>Que me vá matar, quando estou rendido ante ti.[10]

Das cortes da Provença essa poesia passou para a Alemanha, onde foi adaptada à linguagem e espírito dos trovadores germânicos, os cantores de *minne (amor)*; e entre esses o principal mestre, errando de corte em corte, foi Walther von der Vogelweide (*c.*1170-1230), que deu a seus poemas um caráter tipicamente germânico de profundidade e fervor moral, orientada por uma nova simpatia pelo rústico e natural contra os artificialismos da época.

Entretanto, a moralidade desse poeta cristão era de um tipo não pregado na igreja; pois, como Henry Osborn Taylor observou sobre seu pequeno e jovial poema "Sob a tília": "Ele proporciona a maravilha do espírito da alegria do amor recordado – e antecipado também. A imoralidade é total [...] e expressa da maneira mais fascinante pela extrema felicidade da canção da garota – nenhum arrependimento, nenhum remorso; apenas alegria e riso jocoso".[11]

Os belos movimentos de rima e o senso encantador de inocência da linguagem medieval acho que são impossíveis de reproduzir, mas a sensação da alegria jovial, creio que é mantida:

>Sob a tília,
>Na charneca,
>Estava nosso leito de casal;
>Ali se encontram,
>Graciosamente arranjadas,
>Flores e capim amassados.
>Ao lado do bosque, num vale,
>   *Tandaraday!*
>Cantava ternamente o rouxinol.

> Fui andando
> Junto ao córrego,
> Meu amante já chegara.
> Ali fui recebida:
> "Minha formosa dama!"
> O que me deixou feliz para sempre.
> Se ele me beijava? Certamente mais de mil vezes.
> *Tandaraday*!
> Vejam como vermelhos estão meus lábios.
>
> Ali ele preparara,
> Suntuosamente,
> Um leito de flores;
> Que ainda me provocava um sorriso
> Intimamente,
> Se alguém passasse por ali,
> Entre as rosas poderia ver,
> *Tandaraday*!
> O travesseiro onde apoiaria minha cabeça.
>
> Que ele se deitava a meu lado
> Se alguém soubesse
> (Deus me livre!), eu ficaria intimidada.
> Mas o que quer que ele fizesse comigo,
> Ninguém poderá jamais
> Saber absolutamente nada: apenas ele e eu
> E um minúsculo pássaro,
> *Tandaraday*!
> De quem jamais sairá uma palavra.[12]

A moralidade aqui é a mesma de Heloísa nos primeiros dias de seu amor e seu corajoso evangelho pode ser ouvido novamente nos muitos dos versos de Walther:

> Aquele que diz que o amor é pecado,
> Que antes considere bem:
> Muitas virtudes residem nele
> Com as quais, por direito, deveríamos conviver.[13]

"Mulher será sempre o nome mais nobre para a mulher, com mais dignidade do que Dama!", escreveu Walther.[14] "Foi preciso um alemão dizer isso", afirma o Professor Taylor.[15] E também foi necessário que um alemão reconhecesse no *minne*, "amor", esse sentimento que transfigura o mundo, uma experiência do mesmo plano da existência transcendente e imanente, além da dualidade, que Schopenhauer celebraria seis séculos mais tarde em sua filosofia. Já observamos em Gottfried von Strassburg a celebração desse mistério, com sua simbologia da gruta do amor e seu leito cristalino no lugar do altar do sacramento. Uma série de poemas de Walther, da mesma forma, leva a revelação da deusa Minne a uma profundidade metafísica não alcançada nem pela poesia provençal nem pela antiga poesia de amor francesa de seu tempo:

> Minne não é homem nem mulher
> Não tem alma nem corpo,
> Não se assemelha a nada imaginável.
> Seu nome é conhecido; mas seu ser incompreensível.
> Entretanto ninguém dela separado
> Merece a bênção da graça divina.
> Jamais está presente num coração falso.[16]

Todavia, é significativo que no período dessa poesia idílica, o mundo da dura realidade fosse uma das moradas mais perigosas e improváveis para o *amor*, como o pesadelo que a história sempre produziu. Já mencionamos a devastação do sul da França. Toda a Europa central encontrava-se igualmente num estado terrível de desordem. Porque, com a morte do Imperador Hohenstaufen Henrique VI, apelidado o Cruel, no ano de 1197, a coroa do Sacro Império Romano-Germânico caíra no chão e rolava como uma bola de futebol à espera de que alguém a pegasse. E os exércitos que a disputavam – de um lado, os aliados ingleses, o papado e os guelfos e, de outro, os príncipes alemães e o pretendente Filipe de Suábia – em todas as partes pilhavam cidades e aldeias, devastando províncias inteiras e perpetrando os crimes mais brutais e revoltantes.[17] A devastação continuou até por volta de 1220, quando o jovem sobrinho do assassinado Filipe, Frederico II (1194-1250), foi finalmente coroado Imperador na basílica de São Pedro por um relutante e apreensivo papa. Walther presenciara aqueles horrores e escreveu sobre eles com um consumado escárnio:

> Vi com meus próprios olhos coisas ocultas sobre homens e mulheres, vi e ouvi o que eles fizeram e disseram. Ouvi como Roma enganou e traiu a dois reis. E quando os papas e os leigos formaram partidos adversários, desencadeou-se a guerra mais terrível que jamais houve ou haverá: a pior, porque tanto o corpo quanto a alma nela foram mortos...[18]

Não parece irônico que em nome do amor e da paz na terra aos homens de boa vontade, tenham ocorrido traição, incêndio, pilhagem, massacre por todas as partes, e em uma época como essa, tenham sido exaltadas as visões magníficas em cristal resplandecente e pedra esculpida daquela paz e amor alcançados! Alcançados, entretanto, não na terra, mas num reino distante deste vale de lágrimas, do qual a mais feliz desbravadora do caminho é aquela mulher brilhante como o Sol, à qual a própria catedral é dedicada, terrena, porém Mãe de Deus – a Virgem Maria, Nossa Senhora. Nas palavras do hino "Salve Rainha", composto pelo contemporâneo de Abelardo, Adhemar de Monteil, Bispo de Le Puy (morto em 1098), que até hoje se encontra gravado no coração de todo católico praticante:

> Salve Rainha, Mãe de Misericórdia,
> Nossa vida, nossa doçura e nossa esperança,
> Salve!
> A ti suplicamos, pobres desterrados filhos de Eva;
> A ti suspiramos, chorando e sofrendo neste vale de lágrimas.
> Por isso, ó nossa Protetora,
> Volta para nós teus olhos misericordiosos;
> E depois deste nosso desterro,
> Mostra-nos Jesus, o fruto bendito do teu ventre.
> Ó misericórdiosa, ó generosa, ó doce Virgem Maria![19]

As três últimas invocações, "ó misericordiosa, ó generosa, ó doce Virgem Maria!" foram acrescentadas por outro contemporâneo de Abelardo, arguto no debate, o poderoso São Bernardo de Claraval (1091-1153), a quem Dante, na *Comédia*, coloca na posição mais alta, aos pés do próprio Deus. Durante toda sua vida esse pregador apaixonado da euforia transcendental enfatiza cada metáfora no livro do amor para elevar os olhos dos homens, afastando-os das mulheres visíveis desta terra para a forma glorificada daquela coroada Virgem Mãe, que é a Rainha dos Anjos e dos Santos – e Dante, a seu tempo, seguiu o exemplo.

Entretanto, os trovadores, cantadores do *minne* e poetas épicos do século, em sua celebração do *amor*, permaneceram "fiéis a esta terra" no sentido nietzschiano, este vale de lágrimas onde o demônio vaga buscando a perdição das almas. Pois na visão deles, não o céu, mas esta terra florescente deveria ser reconhecida como o verdadeiro domínio do amor, como o é da vida, e a corrupção do amor não era fruto da natureza (cuja essência é o amor), mas da sociedade, tanto leiga quanto eclesiástica: a ordem pública e, mais imediatamente, seus matrimônios sacramentados desprovidos de amor.

Entre as formas poéticas dos trovadores, a canção da despedida dos amantes ao alvorecer, ao sinal do vigia (a *Alba*, "Canção do Alvorecer" ou *Aubade*, que se tornou a *Tagelied** dos trovadores do amor), expressava de maneira simples, porém dramática, o senso de descontinuidade entre os dois mundos, o êxtase do amor e da ordem social resumida no perigoso esposo da dama, "o ciumento", *lo gilos*. Eis aqui um poema anônimo citado frequentemente:

---

* Em alemão no original: "canção do dia" [N. da T.]

Num pomar, sob um espinheiro,
A Dama abraça seu amante,
Até que o vigia anuncia a aurora.
Ó Deus! Ó Deus! este alvorecer! quão rápido ele vem!

Por Deus que a noite jamais deveria acabar,
Para que meu amor não tivesse que partir,
Nem o vigia anunciar o dia ou o alvorecer.
Ó Deus! Ó Deus! este alvorecer! quão rápido ele vem!

Doce amor, recomecemos nosso querido jogo
No jardim onde cantam os pássaros,

Até o vigia fazer soar novamente seu flajolé.
Ó Deus! Ó Deus! este alvorecer! quão rápido ele chega![20]

No romance de Tristão, o Rei Marcos desempenha o papel do esposo ciumento; e seu domínio real, Tintagel, com sua refinada corte, representa os valores do mundo diurno, da realidade – história, sociedade, honra cavalheiresca, façanhas, carreira e fama, vida cortês e amizade – em oposição à gruta da eterna deusa Minne, que pertence à ordem da natureza permanente, na floresta onde os pássaros continuam a cantar.

Separada de todas as esferas das transformações históricas, a Montanha de Vênus com seu leito cristalino foi visitada pelos amantes de todas as espécies em todas as épocas. Sua morada encontra-se no coração da natureza – externa e interna – que são a mesma. E sua virtude, igualmente, não provém dessa ou daquela cultura particular: *Veda*, *Bíblia* ou *Alcorão;* mas do homem prístino do Universo, ao qual jamais veremos neste vale de lágrimas, já que somos criados (ou não somos?) no terreno étnico desta ou daquela cultura.

Ainda que perdido – mas não esquecido –, o reino imanente no interior de todos nós é, na mitologia e folclore célticos, alegorizado como o Reino sob as Ondas, o Reino da Juventude, as Montanhas Mágicas e, no romance arturiano, como aquela Terra do Nunca e a Dama do Lago, onde Lancelote foi criado e de quem Artur recebeu sua espada Excalibur.

Na mais antiga crônica do Rei Artur – a *Historia Regum Britanniae* (1136 d.C.) do monge galês Geoffrey de Monmouth – conta-se que na época de sua última grande batalha com seu filho traidor Mordred, "Artur foi ferido mortalmente e, com a finalidade de curar seus ferimentos, foi levado para a ilha de Avalon".[21] E em uma obra posterior, a *Vita Merlini* (*c.*1145?), o mesmo cronista acrescenta que o barco foi comandado por um velho abade irlandês, Barinthus, e que em Avalon o rei ferido foi cuidado pela Fada Morgana e suas irmãs.

O que tomamos conhecimento a seguir é de uma antiga crônica francesa em verso, de um poeta normando chamado Wace, o *Roman de Brut* (1155), em que é acrescentado que "Artur continua em Avalon e é aguardado pelos bretões; pois, como eles dizem e acreditam, retornará daquele lugar para onde foi e voltará a viver".[22]

E então, finalmente (*c*.1200), um sacerdote rural inglês, chamado Layamon, não apenas transformou o velho abade irlandês em algo mais romântico, como deixou que o próprio rei ferido anunciasse a profecia de sua segunda vinda. Artur, lemos ali, fora atingido por não menos do que quinze graves ferimentos, no menor dos quais poderiam ter cabido duas luvas e, a um jovem parente que lhe era caro, que ficara a seu lado enquanto esteve deitado no chão, ele falou com o coração aflito:

> Constantino, tu eras filho de Cador. Dou-te aqui meu reino. Defende sempre meus bretões durante tua vida; mantém para eles todas as leis do meu tempo e todas as boas leis do tempo de Uther. E eu irei a Avalon, com a mais bela de todas as mulheres, a rainha Argante, uma fada maravilhosamente bela, que curará todas as minhas feridas e me restabelecerá com uma poção. E em breve eu retornarei ao meu reino e viverei feliz entre os bretões.
>
> E enquanto ele falava, aproximou-se pelo mar um pequeno barco, trazido pelas ondas. Havia nele duas formosas mulheres que pegaram Artur e o levaram rapidamente, acomodando-o no barco da forma mais confortável possível, e se fizeram ao mar.[23]

Isso nos lembra o significativo verso de Tennyson "Morte de Artur", nos *Idylls of the King:*

> Da grande profundidade para a grande profundidade vai,

quando o rei ferido em um barco obscuro, em que havia três rainhas funestas, foi para Avalon, "para ser rei entre os mortos".

O nome, Avalon, desse reino eterno, além do pôr do sol,

> Onde não cai nenhum granizo, chuva ou neve
> Nem mesmo o vento sopra ruidoso,

tem a mesma raiz do galês *afallen*, "macieira" (de *afal*, "maçã"), e dessa maneira revela a afinidade daquele Reino Céltico sob as Ondas com a Ilha das Maçãs Douradas das clássicas Hespérides[24] – e, consequentemente, com todo o complexo daquele jardim da imortalidade da Grande Deusa dos mundos da morte e da vida, aos quais tantas páginas deste estudo das mitologias da humanidade foram dedicadas.

Um eco do mesmo tema do jardim paradisíaco da Deusa, com sua árvore da imortalidade, pode se reconhecer mesmo na primeira estrofe da "Canção do Alvorecer" citada anteriormente, em que a dama, sob um espinheiro, abraça o amante para que permaneça a seu lado. A figura cristã da *pietà*, o Salvador morto nos joelhos de sua mãe, que em breve retornará vivo, também pertence a esse complexo. Será então acidental o fato de o rei sofrer quinze ferimentos – uma vez que o décimo quinto dia da lua é o da culminação de seu crescimento e o começo de seu minguar, em direção à morte, para depois de três dias de escuridão ressurgir? Ademais, a primeira viagem de Tristão, mortalmente ferido, para a baía de Dublin, em um barco à deriva, que o levou infalivelmente ao castelo de Isolda, certamente não passa de outra variante desse mesmo motivo do Reino sob as Ondas: de maneira que Isolda, a Dama do Lago e a Deusa-Mãe da *pietà*, em seu sentido último, são uma única. Contudo, conforme o julgamento do nosso mundo diurno, dos Filhos da Luz, elas são opostas em todos os sentidos.

II. O CORAÇÃO NOBRE

Como na poesia dos trovadores, também no Tristão de Gottfried o amor nasce dos olhos, no mundo da luz, num momento de arrebatamento estético, mas abre-se internamente para o mistério da noite. A questão surge pela primeira vez em sua versão da história de amor dos pais de Tristão, Brancaflor e Rivalino. Pois no caso deles não houve nenhuma poção que inspirasse magicamente uma premonição *a priori* do caminho para o qual a atração sensual os levaria, do encontro amoroso dos olhos, para a dor do amor, êxtase do amor e para a morte.

Bela e inocente, Brancaflor, a irmã do Rei Marcos, estava sentada entre as damas, assistindo a um tipo de competição chamado *bohort*, no qual os cavaleiros, sem armaduras, lutam apenas com escudos e lanças cegas, quando começou a ouvir os murmúrios à sua volta: "Veja! Que homem maravilhoso. Como cavalga!" E seus olhos, buscando, descobriram Rivalino. "Como maneja bem o escudo e a lança!", diziam todas.

"Que cabeça nobre! Que cabelo! Feliz da mulher que conquistá-lo!"

Tratava-se de um jovem que chegara recentemente de suas terras na Bretanha, atraído pela fama da corte do Rei Marcos. E quando a competição chegou ao fim, o cavaleiro que despertava os comentários aproximou-se velozmente de Brancaflor para saudar da maneira cortês a irmã de seu anfitrião, e já conquistara a coroa no reino de seu coração. Seus olhos se encontraram. "Que Deus a abençoe, bela dama!"

"*Merci!*", ela respondeu gentilmente; e, apesar de perturbada por seu olhar, continuou: "Que Deus, que abençoa todos os corações, abençoe seu coração e disposição! Parabenizo-o de todo o coração; porém, tenho uma pequena queixa a fazer."

"Ah?" disse ele. "Bela dama, o que fiz?"

Ela respondeu: "Em razão de um amigo meu, o melhor que já tive" – e com isso ela queria dizer seu coração.

"Meu Deus!", ele pensou. "Que história é essa?"[25]

Desse momento em diante, a análise de Gottfried sobre a aproximação do casal enamorado abre-se pungentemente, começando por uma história de amor jovem e seguindo ao tema ominoso da morte por amor, já anunciado no Prólogo* e que se desenvolverá, sempre em ascensão, com a descrição da lenda do filho deles. Como no poema do trovador Borneilh, também na obra de Gottfried o amor nasce nos olhos e no coração.

Entretanto, aqui é colocado um novo interesse no coração tocado: o que acontece ali e com que finalidade; pois nem todos os corações abrem-se para o amor. O termo de Gottfried é "o coração nobre" (*das edele herze*) e, como o mais erudito e conhecedor de seus intérpretes recentes, o Professor Gottfried Weber demonstra em um estudo completo do romance,[26] esse conceito crucial é, na verdade, o tema central de toda a obra do poeta. Ele abre-se interiormente para o mistério do caráter, do destino e da dignidade e, ao mesmo tempo, exteriormente, para o mundo e o milagre da beleza, em que coloca o amante em contraposição à ordem moral.

No Prólogo, o poeta já dedicara sua vida e sua obra apenas àqueles que podiam suportar, ao mesmo tempo num único coração, a "querida dor" bem como a "amarga doçura"; e, como observa o Professor Weber, é exatamente essa disposição de abraçar a dor do amor juntamente com seu êxtase que torna o coração nobre excepcional. "Tampouco é a dor assim suportada – escreve – meramente casual, sobreposta exteriormente a um prazer que é verdadeiramente essencial ao amor. A dor está implícita, antes, no próprio prazer que a complementa – a tal ponto que o prazer e a dor são indissoluvelmente interligados, como componentes de uma mesma experiência existencial. E, na verdade – essa percepção crítica conclui –, a intenção do poeta ao dar força verbal a essa ideia é o que justifica, tanto poética quanto filosoficamente, o uso repetido – já antecipado no Prólogo – do artifício retórico do oxímoro".[27]

Esse termo retórico clássico, "oxímoro", é definido no *Webster's Dictionary* como "uma combinação para efeito epigramático de palavras contraditórias e incongruentes (*bondade cruel, ócio laborioso*)".[28] É um termo derivado do grego (ὀξύμωρος) "propositadamente tolo", e denota um modo de falar comumente encontrado em textos religiosos orientais, onde é usado como recurso para apontar além daqueles pares de opostos que limitam todo pensamento lógico, para uma "esfera que não é esfera", além dos "nomes e das formas"; como quando lemos nos Upanixades sobre "o Oculto-Manifesto, chamado 'Movimento Secreto', que é conhecido como 'Ser e Não Ser.' "[29]:

> Ali onde não chega a vista;
> A fala não alcança, e tampouco a mente.[30]

ou quando em uma obra zen-budista intitulada *The Gateless Gate*** lemos sobre "o momento infinito" e o "vazio pleno":

---

* *Supra*, p. 47-48 e 51-52.
** Em tradução livre, *O caminho sem trilha*. [N. da T.]

Antes de o primeiro passo ser dado a meta é alcançada.
Antes de a língua mover-se, a fala é concluída.[31]

Comparemos a linguagem dos textos budistas sobre "A sabedoria da outra margem" (*prajñā-pāramitā*), discutida no volume *Mitologia Oriental*:

"O Iluminado parte na Grande Barca", lemos em um texto deste período, "mas não há ponto de partida. Ele parte do universo; mas na verdade, ele parte de nenhum lugar. Sua barca está equipada com todas as perfeições, e não é manejada por ninguém. Ela se apoiará em absolutamente nada e se apoiará no estado de tudo saber, que lhe servirá como não apoio".[32]

Denominamos este discurso de "anagógico" (do verbo grego ἀνάγω, "dirigir para cima") porque aponta para além de si mesmo, além da fala. William Blake, de acordo com a mesma sabedoria da outra margem, escreveu *O Casamento do Céu e do Inferno*. Nicolau de Cusa (1401-1464) escreveu em sua *Apologia doctae ignorantiae* [Apologia da douta ignorância] que "Deus é a implicação mútua e simultânea de todas as coisas, mesmo das contraditórias", e nesse sentido criticou o que ele chamou de "a presente predominância da seita aristotélica, que considera uma heresia a coincidência dos opostos, visto que sua admissão é o ponto de partida para ascender à teologia mística".[33] Até mesmo Santo Tomás de Aquino declara, em uma frase de revelação mística, que "só conhecemos verdadeiramente a Deus quando acreditamos que ele está muito mais acima do que o homem consegue pensar de Deus".[34] E, da mesma forma, em Gottfried, para quem o modo da manifestação divina na vida humana é o amor, o oxímoro "propositalmente tolo" é o recurso estilístico mais apropriado para esse mistério do qual sua obra é o texto.

No desenrolar de sua lenda, a tensão sempre crescente das polaridades do júbilo e da dor, do amor contra a honra, morte-vida, luz e trevas, pode ser interpretada como um aprofundamento e expansão gradual da natureza daquela poderosa deusa que está além da polaridade masculino-feminino, celebrada pelo trovador alemão Walther:[*] a mesma representada no centro da taça órfica de Pietroasa (figura 3), entre os dois senhores da luz e da escuridão, o olho e o coração, Apolo e o deus do abismo; ou ainda, daquela cujo poder de fascínio se manifesta nas Graças e nas Musas (figura 13) – dançando em trípode diante do olho do céu, ainda que a silenciosa Tália esteja imóvel na terra.

Não se pode deixar tampouco, neste contexto, de pensar na descoberta moderna no campo da física atômica do "princípio de indeterminação ou complementaridade", segundo o qual, nas palavras do Dr. Werner Heisenberg, "o conhecimento da posição de uma partícula é complementar ao conhecimento de sua velocidade ou

---

[*] *Supra*, p. 164-165.

impulso. Se conhecemos uma com alto grau de precisão, não podemos conhecer a outra com a mesma exatidão; mas temos de conhecer as duas para determinar o comportamento do sistema. A descrição do espaço-tempo dos eventos atômicos é complementar à sua descrição determinista".[35]

Aparentemente, em toda esfera de busca e experiência humanas, o mistério da natureza última da existência irrompe no paradoxo oximorônico e o melhor que se pode dizer dele é que tem de ser considerado simplesmente uma metáfora – ou como partículas e ondas ou como Apolo e Dioniso, prazer e dor. Portanto, hoje é reconhecido tanto na ciência quanto na poesia o princípio da metáfora anagógica, e apenas no púlpito e na imprensa é que se ouve falar em verdades e virtudes definitivas. No mundo de Gottfried não havia tolerância com a "Festa do Asno" (conforme a denominação de Nietzsche) daqueles que desejam tornar pensável o impensável da existência. "A própria vida" – escreveu Nietzsche – "confiou-me esse segredo: 'Veja – ela disse – eu sou o que tem sempre de se superar a si mesmo'".[36] E também no mundo de Gottfried, o poder da vida que se supera a si mesmo, que se experimenta quando o amor desperta no coração nobre, introduz a dor em todo o sistema de conceitos, julgamentos, virtudes e ideais definitivos do ser enamorado.

A condição espiritual de Rivalino, após a primeira rápida troca de olhares – olho no olho – com a bela Brancaflor, o poeta equipara à agonia de um pássaro que pousou num galho visguento: "Quando ele percebe o visgo e ergue-se para voar, sente como os pés estão presos. E ao abrir as asas para voar, dá-se conta de que onde quer que ele toque no visgo, por mais leve que seja, fica mais preso ainda".[37] O nobre jovem logo percebeu que estava prisioneiro. Como adverte o poeta:

> Porém, mesmo agora que o sublime Amor dispusera de seu coração e mente de acordo com sua vontade, ainda lhe era ignorado o tormento violento que seria o amor. Não antes de ele ter ponderado em todos os detalhes, de ponta a ponta, o encontro [*aventiure*]* com sua Brancaflor – seu cabelo, sua fronte, suas têmporas, faces, boca e queixo, o alegre Dia de Páscoa que se ocultava sorrindo em seus olhos – foi que surgiu o amor verdadeiro [*diu rehte minne*], esse infalível atiçador de chamas, que acendeu a febre do desejo. E a chama que então consumiu seu coração e incendiou seu corpo o fez sentir em toda a sua plenitude como são penetrantes a dor e a agonia do desejo... O silêncio e a melancolia eram o melhor que ele podia mostrar ao mundo, e o que antes fora a sua alegria, agora se tornou uma ansiosa necessidade.
>
> Tampouco Brancaflor escapou dessa aflição. Ela experimentou o mesmo peso do sofrimento por ele; pois o amor, o tirano, [*diu gewaltaerinne minne*] também invadira seus pensamentos de modo demasiadamente impetuoso e tomara dela, à

---

* *Aventiure* (médio alto alemão, e do antigo francês *aventure*, latim *adventura*), "evento, ocorrência" ou mais comumente "um prodígio, um acidente, um começo ousado de resultado incerto" e, especialmente, "uma ocorrência feliz; um destino". Matthias Lexer, *Mittelhochdeutsches Taschenwörterbuch* (Leipzig: Verlag von S. Hirzel, 17ª ed., 1926), p. 9.

força, quase toda a sua serenidade. Sua conduta era insólita para ela mesma e para quem convivia consigo. Os prazeres a que estivera acostumada, os divertimentos que desfrutava, todos agora a desagradavam. Sua vida transformou-se na própria imagem da aflição, do que transtornava seu coração; da ansiedade que a fazia sofrer ela nada compreendia. Jamais experimentara tamanho pesar e necessidade em seu coração. "Ó Deus", ela dizia a si mesma a toda hora, "que vida a minha!"[38]

Esse casal desamparado perdera o poder de escolher livremente, e mesmo de conceber qualquer finalidade ou prazer além do destino que a deusa-tirana Amor *(diu gewaltaerinne minne)* reservara-lhes. Como em uma corrente, fora de seu conhecimento ou controle, eles seriam conduzidos à tarefa – a sina de superarem-se a si mesmos – a que estavam destinados; e a ocasião ocorreu como se fosse arranjada para eles – embora aparentemente apenas por acidente – quando o jovem e valente conde, combatendo ao lado de seu anfitrião numa guerra iniciada por um rei vizinho, foi atravessado por uma lança e levado do campo de batalha prestes a morrer.
Conforme narra Gottfried:

> Muitas mulheres nobres choraram por ele, muitas damas prantearam por sua vida. Todos os que o tinham visto lamentaram a desgraça. Todavia, por mais que tenham ficado tristes por seus ferimentos, foi apenas Brancaflor – a donzela pura, bondosa e graciosa – que, fervorosamente, pranteou e chorou com seus olhos e coração pelos padecimentos de seu querido coração.[39]

Sua velha ama, ansiosa pela vida da jovem, considerava: "Que mal pode haver com um homem já quase morto?", e permitiu a entrada de sua delicada protegida, sozinha, no quarto silencioso em que estava deitado o conde ferido. E a angustiada jovem aproximou-se com todo cuidado e, percebendo a proximidade que ele estava da morte, desfaleceu de pesar. Ela inclinou-se para observá-lo, levou ternamente sua face junto à dele e desmaiou. Agora os dois estavam deitados naquele leito, inconscientes e imóveis, faces unidas, como se ambos estivessem mortos. E assim permaneceram por algum tempo.

> Quando Brancaflor recuperou-se, abraçou seu amado e, pousando seus lábios nos dele, num curto espaço de tempo beijou-o uma centena de milhares de vezes; isso despertou nele os sentidos e incendiou a fornalha do seu amor, de modo que ele puxou aquela maravilhosa mulher para junto de seu corpo ferido em um ardente abraço, e logo o desejo de ambos foi consumado. Do corpo dele aquela doce mulher recebeu um filho. O homem estava quase morto – tanto pela mulher quanto pelo amor – e jamais teria se recuperado se Deus não estivesse a seu lado em sua necessidade. Mas ele se recuperou, porque assim deveria ser...

E desse modo Brancaflor curou-se dos padecimentos de seu coração; mas o que ela carregou dali em diante foi a morte. Com a chegada do amor, desvaneceu-

-se sua tristeza, mas, com seu filho, ela recebeu a morte. Da criança e da morte dentro de si, ela não sabia, mas do amor e do homem ela conhecia bem. Pois ele era dela e ela dele; ela era ele e ele era ela. Onde eles estavam, estava o verdadeiro amor.[40]

O restante pode ser narrado resumidamente.

Ao receber notícias de que seu condado fora invadido, Rivalino, com sua Brancaflor, rumou para a Bretanha, onde foi morto numa batalha. Quando a jovem, agora com a gravidez avançada, recebeu a terrível notícia, sua língua congelou e seu coração petrificou-se; ela não exprimiu nem um "Ai!", mas caiu no chão e, quatro dias mais tarde, com dores, deu à luz e morreu.

"Mas eis que o menino vive!"[41]

Para proteger o nome dos pais mortos desse sobrinho do Rei Marcos, o leal marechal de seu pai, Rual li Foitenant e sua esposa criaram-no como se fosse seu próprio filho, não deixando que ninguém – nem mesmo o menino – soubesse a verdade sobre a sua origem. Eles chamaram-no de Tristão, porque *triste* significa "tristeza" e fora na tristeza que Tristão viera ao mundo. Quando completou sete anos, enviaram-no com um tutor chamado Curvenal (o Kurvenal de Wagner) para aprender línguas no exterior; e em pouco tempo ele estudou mais livros do que qualquer jovem já conseguira. Aprendeu também a caçar, a cavalgar com escudo e lança, a tocar todos os instrumentos de corda conhecidos e aos quatorze anos retornou a casa, ainda com Curvenal.

Entretanto, ele foi sequestrado por mercadores que, ao serem atingidos por uma tempestade que agitou seu navio por oito dias, abandonaram-no na costa da Cornualha. O menino abandonado, chegando em Tintagel, impressionou tanto o bom Rei Marcos com suas habilidades que se tornou o principal caçador, harpista e companheiro do rei, seu tio desconhecido. Assim, aparentemente, aconteceu que – conforme Gottfried conclui essa parte de sua história – "Tristão, sem saber, chegou em casa, embora ele próprio se achasse perdido. E o seu insuspeitado 'pai', o nobre e magnífico Marcos, comportou-se com ele generosamente... e o quis de todo o coração".[42]

III. ANAMORFOSE

O tema mitológico universal conhecido pelos estudiosos do folclore como *exílio e retorno da criança,* traz na lenda da infância de Tristão, como ocorre sempre, a sugestão inerente de um destino desdobrando-se inevitavelmente – como a semente em flor – nos incidentes de uma vida.

Na história de amor dos pais de Tristão, por outro lado, não há nenhuma tendência mítica. Os eventos são apresentados à maneira de um romance naturalista, como se fossem determinados apenas pelo acaso. O desdobramento dos destinos *resulta* – ou ao menos *parece* resultar – de circunstâncias externas. Porém sabemos que lá,

O AMOR-MORTE

como aqui, tudo estava predeterminado na mente do autor e o que foi interpretado como evento essencial, na verdade, não passava de um disfarce, um emaranhado de circunstâncias, conjurado para a realização de uma trama já urdida.

Poder-se-ia dizer o mesmo das circunstâncias de nossas vidas? Como adverte Schopenhauer em seu maravilhoso ensaio "Sobre a aparente intencionalidade no destino do indivíduo": "Tudo a respeito dessas ideias é questionável: o próprio problema é controverso – sem falar em sua solução".

Porém, como ele observa adiante:

> Toda pessoa, durante o transcorrer de sua vida, torna-se consciente de certos acontecimentos que, por um lado, trazem a marca de uma necessidade moral ou interior, por sua importância decisiva para ela, e, em contrapartida, mostram com clareza o caráter da casualidade exterior, completamente acidental. A repetida ocorrência desses acontecimentos pode levar gradualmente à noção, que com frequência se torna convicção, de que a trajetória da vida individual, por mais confusa que possa parecer, é um todo em sua essência, com uma direção definida e autocoerente e um sentido instrutivo – não menor do que a mais elaborada das epopeias.[43]

No plano naturalista do romance de Brancaflor e Rivalino, a trama coerente das duas vidas unidas em um mesmo destino e significado tornava-se conhecida, para o leitor e pelos personagens, apenas *a posteriori* – no que parecia ser um acontecimento acidental; enquanto num romance como o de Tristão e Isolda, baseado abertamente em formas mitológicas simbólicas, que emergem com força crescente à medida que a narrativa avança, o sentido transmitido é antes da força do destino na conformação de uma vida ou, usando um antigo termo germânico, do *wyrd*.* Racionalmente, conforme sugere Schopenhauer, no mesmo ensaio:

> O plano aparente do transcorrer de uma vida poderia ser explicado, até certo ponto, como fundado na imutabilidade e continuidade do caráter inato,** que sempre conduz o indivíduo de volta para seu mesmo caminho. Cada um reconhece de modo tão seguro e imediato o que é apropriado para seu próprio caráter que, via de regra, raramente chega a trazê-lo para sua consciência reflexiva, porém age imediatamente, como se fosse por instinto. [...]
> Entretanto, se considerarmos a poderosa influência e a enorme força das circunstâncias exteriores, nossa explicação sobre o caráter interior não parece suficiente. Além disso, é difícil acreditar que a coisa mais importante do mundo – a vida do indivíduo, conquistada às custas de tanto esforço, tormento e dor – receba o complemento exterior, a outra metade de seu caminho, totalmente das mãos da casualidade cega. Casualidade sem significado ou regulamentação alguma.

---

* *Supra*, p. 115-116 e 130-131.
** *Supra*, p. 45.

Antes, tendemos a acreditar que – exatamente como nos casos daquelas figuras chamadas anamorfoses, que a olho nu são apenas deformidades descontinuadas e fragmentárias, mas quando refletidas num espelho curvo revelam formas humanas normais – também a interpretação puramente empírica da trajetória do mundo parece-se com a visão daquelas figuras a olho nu, ao passo que o reconhecimento do desígnio do Destino assemelha-se ao que reflete o espelho curvo, unindo e organizando os fragmentos separados e interrompidos.[44]

Gostaria de enfatizar essa analogia da anamorfose (a palavra é derivada do grego μορφόω, "formar", mais ἀνα "de novo": ἀναμορφόω "formar de novo"). Porque é uma ideia que trará muitos esclarecimentos no campo da literatura e das artes modernas – como, por exemplo, para o título *Ulisses,* de James Joyce, para um romance sobre as andanças por Dublin de um agente publicitário judeu. Os eventos casuais, acidentais e fragmentários de uma vida aparentemente insignificante revelam a forma e a dimensão de uma epopeia clássica do destino quando o espelho curvo é aplicado, de uma forma que nossas próprias vidas fragmentadas também são, então, vistas como anamorfoses.

Como o espelho de Shakespeare refletindo a natureza, os símbolos do mito revelam aquela sugestiva Forma das Formas que, por uma descontinuidade aparente se "manifesta" – "embora esteja oculta", segundo os Upanixades, chamada "Movendo-se-em-segredo".* O pensamento primitivo e oriental está repleto de pressentimentos desse tipo: no nível mais elementar, na percepção da magia e sua força; mais sutilmente, no reconhecimento da força dos sonhos e das visões para a configuração de uma vida; e, mais grandiosamente, nas intuições de um fundamento não apenas para a vida individual, mas de todas as coisas, como nos versos do *Muṇḍaka Upaniṣad*:

> Aquilo que mantém entrelaçado o céu, a terra e o espaço entre si;
> Também a mente, com o sopro de vida;
> Apenas isso deve ser reconhecido como o espírito único. Rejeita qualquer outra conversa.
> Essa é a ponte para a imortalidade.[45]

E no Ocidente também encontramos tais pensamentos; como nos célebres "Versos compostos a algumas milhas da abadia de Tintern, ao revisitar, durante uma excursão, as margens do Wye. 13 de julho de 1798", do poeta romântico William Wordsworth:

> Pois aprendi
> A contemplar a natureza, não como no tempo
> De juventude irrefletida; mas ouvindo muitas vezes

---

* *Supra*, p. 89.

A música triste e serena da humanidade,
Nem dura nem áspera, embora tenha grande poder
De purificar e aquietar. E senti
A presença que me perturba com a alegria
De pensamentos elevados; um sentido sublime
De algo muito mais profundo que conecta e permeia,
Cuja morada é a luz do Sol, ao entardecer,
O oceano circundante, o ar vivo,
O céu azul, a mente do homem:
Um movimento e um espírito que impelem
Todos os seres pensantes, tudo quanto pensamos,
E perpassam todas as coisas.⁴⁶

A sensação experimentada pelos amantes, já no encontro do primeiro olhar, de ter descoberto no mundo exterior o complemento perfeito de suas próprias verdades e, portanto, a incrível coincidência do destino e acaso, dos mundos interior e exterior, podem, no curso de uma vida alimentada por esse amor, levar à convicção poética de uma harmonia universal entre o visível e o invisível.

Mas é claro que para aqueles a quem nem o amor, nem a natureza, nem o símbolo jamais proporcionou qualquer espelho curvo, tal romantismo é pura fantasia. Ademais, como afirma Schopenhauer em suas reflexões: "A visão de um Destino determinante pode sempre ser contraposta pela comparação de um desígnio ordenado que nós mesmos imaginamos identificar nos fatos dispersos de nossas vidas e que, no entanto, é apenas a mera ação inconsciente de nossa própria fantasia organizadora e esquematizadora. Como, ao olhar para uma parede manchada, vemos nela insinuadas figuras e grupos humanos – e a verdade é que nós próprios introduzimos as relações ordenadoras num espaço de manchas dispersas por puro acaso".⁴⁷

O leitor moderno recordará o teste de Rorschach, com suas manchas de tinta nas quais diferentes pessoas veem diferentes formas, sintomas psicológicos de suas mentes fantasiosas. E mesmo o mundo, dizem alguns, é como uma dessas manchas, no qual as pessoas leem suas próprias mentes: o universo ordenado, o vasto curso da história e da evolução, as normas da vida humana. Há uma passagem com esse sentido em *Ulisses*, na cena em que Stephen está argumentando com John Eglinton na biblioteca: "Nós caminhamos" – afirma Stephen – "através de nós mesmos, encontrando ladrões, fantasmas, gigantes, velhos, jovens, esposas, viúvas, cunhados, mas sempre nos encontrando".

Nesse diálogo, Stephen Dedalus acaba de citar uma frase de Maeterlinck: "Se Sócrates sair de sua casa hoje, vai encontrar o sábio sentado no beiral da sua porta. Se Judas sair esta noite, é para Judas que os passos dele o conduzirão". E ele aplicou a lição desse solipsismo a uma interpretação da arte de Shakespeare, sugerindo, por sua vez, que tal criatividade é análoga, por projeção, à criação do mundo por

Deus: "Ele encontrou no mundo exterior como real aquilo que existia no mundo interior como possível".[48]

No romance quimérico micro e macrocósmico *Finnegans Wake,* Joyce deixa o plano de visão do nível da consciência individualizada por um nível inconsciente – da espécie: um "Reino sob as Ondas" interior que, transformado de uma maneira ou outra, segundo influência local, é comum à humanidade. Entretanto, em *Ulisses,* ao menos até o momento do grande ruído ensurdecedor que dissipa o encantamento e que ocorre exatamente na metade do livro[49] (depois do que os dois universos que parecem distintos de Leopold Bloom e Stephen Dedalus abrem-se pouco a pouco um para o outro e revelam seus traços comuns), o plano e ponto de vista é o mesmo do nosso mundo cotidiano no século XX, de indivíduos isolados, que se preservam e se afirmam a si mesmos; e são, individualmente, fragmentos de uma anamorfose geral, para a qual nenhum deles encontrou o espelho curvo.

De fato, por ventura não proliferam hoje em dia pensadores, inclusive filósofos, que – sustentando cada um ao seu modo a noção bíblica da natureza corrupta – não conseguem descobrir na natureza do homem ou do universo sinais de ordem inerente? Para não dizer da congruência entre os dois mundos: o interior e o exterior!

Consideremos, por exemplo, a queixa de Jean-Paul Sartre para quem é "extremamente embaraçoso o fato de Deus não existir; porque sem Ele desaparece toda possibilidade de encontrar valores num paraíso compreensível. [...] Na verdade, tudo é permitido se Deus não existe e, em consequência, o homem é abandonado, pois não consegue encontrar apoio nem dentro, nem fora de si mesmo. [...] Somos abandonados à nossa própria sorte, sem escapatória. É o que quero dizer ao afirmar que o homem está condenado a ser livre".[50]

Em contrapartida, há aqueles que acreditam que conhecem – absolutamente – a ordem na mente de Deus para a humanidade inteira, e podem agir conforme ela e até mesmo ensiná-la. Aprenderam isso na Bíblia, no Alcorão ou, de modo mais apaixonado ainda no histórico "salto de fé" e "decisão" inspirados pelo Espírito Santo. Como vemos, por exemplo, no diário de Søren Kierkegaard (1813-1855), exatamente um século antes de Sartre:

> A coisa mais fantástica concedida ao homem é a escolha, a liberdade. E se você deseja salvá-la e preservá-la há apenas uma maneira: no mesmo instante, incondicionalmente, com total resignação, devolvê-la a Deus, e você próprio com ela. [...] Você tem liberdade de escolha, diz, e assim mesmo não escolheu Deus. Então você ficará doente, a liberdade de escolha se tornará sua ideia fixa, até que, por fim, você ficará igual ao homem rico que se imagina pobre, e morrerá na miséria: você lamenta ter perdido sua liberdade de escolha – e seu equívoco consiste apenas em não ter se afligido de maneira suficientemente profunda, caso contrário a recuperaria. [...]
>
> Existe um Deus; sua vontade me é dada a conhecer pela Sagrada Escritura e por minha consciência. Esse Deus deseja intervir no mundo. Porém, como ele poderá fazê-lo a não ser com a ajuda *do,* isto é, *com o* homem?[51]

Entre esses dois campos opostos de teóricos inflexíveis, com seus saltos e atos de fé em uma ou outra direção, existem aqueles de caráter menos dogmático que estão dispostos – como Schopenhauer e Wordsworth – a reconhecer que, embora se possa estar pleno, na contemplação da natureza e da própria vida, como Wordsworth, de "um sentido sublime de algo muito mais profundo", é bom e apropriado lembrar que "em tais pensamentos tudo é questionável" e, conforme Schopenhauer afirma: "respostas definitivas são, consequentemente, [nesses assuntos] a última coisa que se deve expressar". E é ainda ele quem pergunta:

> É possível um desajuste completo entre o caráter e o destino de um indivíduo? Ou é cada destino apropriado em sua totalidade ao caráter que o carrega? Ou, ainda, há algum determinante secreto inexplicável, semelhante ao autor de um drama, que sempre une a ambos de maneira apropriada? Mas esse é exatamente o ponto que desconhecemos.

E enquanto isso continuamos imaginando que somos, a cada momento, os donos de nossas ações. É apenas quando voltamos o olhar para os caminhos trilhados de nossas vidas, e revemos os passos mais desastrosos juntamente com suas consequências, que nos surpreendemos com nossa capacidade de agir de determinada maneira, ou nossa incapacidade de agir de outro modo; e pode então nos parecer que uma força estranha guiou nossos passos. Como diz Shakespeare:

> Destino, mostre a tua força; não somos donos de nós mesmos;
> O que está determinado terá de ser, e assim seja![52]

Ou como diz Goethe em *Götz von Berlichingen* (Ato V): "Nós não controlamos a nós mesmos; os espíritos malignos receberam poderes sobre nós, para exercerem sua perversidade para a nossa destruição". E também em *Egmont* (Ato V, última cena): "O homem imagina que ele próprio controla sua vida, que guia a si próprio; e seu ser mais íntimo é arrastado irresistivelmente a seu destino".

E já foi dito pelo profeta Jeremias: "Não estão em seu poder as ações do homem; não está no poder de nenhum homem, como ele se move e percorre seu caminho" (10:23). Compare com Heródoto I.91 ("É impossível, mesmo para um deus, escapar da vontade do destino") e IX.16 ("Não é possível para um homem evitar o que Deus determinou que lhe ocorra."); ver também *Diálogos dos Mortos* XIX e XXX de Luciano.

Os antigos jamais se cansaram de insistir, em verso e prosa, sobre a força do destino e a relativa impotência do homem. Pode-se ver em todas as partes que essa era sua profunda convicção e que eles suspeitavam da existência de uma misteriosa relação entre as coisas, que é mais profunda que a puramente empírica. Daí a grande variedade de termos, no grego, para essa ideia: πότμος ("aquilo que sucede a alguém"), ἄισα ("o desígnio divino da sorte de uma pessoa"), εἱμαρμένη ("o que é destinado"), πεπρωμένη ("o que é predestinado"), μοῖρα ("a parte que lhe cabe"), Ἀδράστεια (um nome da deusa Nêmesis, deusa da recompensa divina), e provavelmente ainda muitos outros. A palavra πρόνοια ("previsão, presciência"), por outro lado, desvia o nosso entendimento do problema: pois ela é derivada de νοῦς ("mente, um pensamento, um ato da mente"), que é o fator secundário e, apesar de tornar tudo claro e compreensível, é superficial e falso.

E toda essa situação enigmática é uma consequência do fato de nossas ações serem inevitavelmente o resultado de dois fatores: o primeiro é que nosso caráter está estabelecido de maneira invariável, mas que se torna conhecido por nós apenas gradualmente, *a posteriori*;* e segundo, nossas motivações, que nos vêm de fora, são fornecidas inevitavelmente pelo curso dos eventos do mundo e determinam nosso caráter recebido, condicionando-o, em termos dos limites e possibilidades de sua constituição permanente, a uma inexorabilidade quase mecânica. Mas, por fim, nosso ego avalia o evento resultante em seu papel de mero sujeito de conhecimento. Nessa condição, ele é distinto tanto do caráter quanto da motivação e, consequentemente, não é nada além do que um observador crítico de seus efeitos. Não é de surpreender que por vezes ele fique admirado!

Todavia, uma vez que se tenha compreendido a ideia desse fatalismo transcendente e aprendido a contemplar a vida individual desse ponto de vista, tem-se a sensação, por vezes, de assistir ao mais maravilhoso de todos os espetáculos teatrais – no contraste entre o caráter óbvio, físico e casual de uma situação e sua necessidade moral-metafísica: mesmo que esta jamais seja demonstrável, e talvez seja apenas imaginária.[53]

IV. A MÚSICA DO REINO SOB AS ONDAS

No contexto da lenda de Tristão, as formas e motivos simbólicos pelos quais a ideia de um destino e um poder exterior é comunicada (que, paradoxalmente, é uma função do caráter do indivíduo motivado) procedem – como vimos – da tradição céltica pagã da Irlanda, Cornualha e Gales. Inerente a eles, consequentemente, havia a antiga mensagem, em geral pagã, da divindade imanente em todas as coisas e da manifestação desse Ser dos seres oculto, que se revela particularmente em certos indivíduos heroicos, colocando-os, dessa maneira, como epifanias daquele "manifesto-oculto" que se move e vive em todos nós e é o segredo da harmonia da natureza.

Essa figura era o Cristo dos gnósticos. Como era Orfeu com sua lira (figura 1). As lendas e mitos célticos estão repletos de narrativas dos cantores e harpistas das montanhas mágicas, cuja música tem o poder de encantar e mover o mundo: de fazer os homens chorar, de induzi-los ao sono e ao riso. Eles surgem misteriosamente do Reino da Eterna Juventude, do Reino das Montanhas Mágicas, do Reino sob as Ondas; e embora vistos como seres humanos – desde logo, estranhos e excepcionais, porém tão individualizados quanto você ou eu –, na realidade não eram, pois estavam abertos.

---

* *Supra*, p. 45.

O AMOR-MORTE

O malandro mitológico irlandês, Manannan Mac Lir, era uma figura desse tipo. Na verdade, era um deus do mar – e dele a Ilha de Man recebeu seu nome – que com sua magia ocultou dos olhos humanos aquelas montanhas mágicas, as Síd, onde os deuses célticos de antigamente, os Tuatha De Danann, seguem banqueteando-se até hoje com a carne inesgotável de seus porcos divinos, regada com sua cerveja da imortalidade. Como o clássico deus das águas Proteu, Manannan podia mudar de forma; e conta-se que ele aparecia em várias formas ilusórias até mesmo no século XVI, como foi o caso numa famosa festa em Ballyshannon, onde o anfitrião era o histórico Black Hugh O'Donnell (morto em 1537).

Como se tivesse surgido do nada, o velho e selvagem deus do mar apareceu naquela festa aparentando um simplório, ou camponês, usando andrajos de couro: "a água lamacenta estava salpicada em seus tamancos e a metade da sua espada descoberta sobressaía na sua traseira, enquanto na mão direita trazia três lanças flexíveis de azevinho com pontas temperadas a fogo". As três lanças sugerem o tridente de Posídon e a água lamacenta em seus sapatos rústicos é outro símbolo significativo. Depois de ter desafiado cada um dos quatro hábeis harpistas da festa (que tocavam todos, conta-se, melodias tão harmoniosas, suaves e agradáveis, cujo mágico encanto podia levar os homens ao sono), esse simplório gritou que, pelas três graças do Céu, ele jamais ouvira tanta dissonância deste lado do Inferno, onde os artistas do Demônio e de Albiron, com suas marretas, batem o ferro.

"E com isso" – continua o documento – "pegando um instrumento, ele tocou uma melodia tão doce e com tal maestria despertou as vibrações sonoras da harpa, que no mundo inteiro todas as mulheres em trabalho de parto, todos os guerreiros feridos, soldados mutilados e heróis apunhalados – com todos os outros que em geral estavam feridos e doentes – puderam com o encantamento de sua melodia adormecer e cair em sono profundo. 'Pela graça do Céu' – exclamou O'Donnell – 'desde que ouvi falar pela primeira vez da fama daqueles que vivem dentro das montanhas e debaixo da terra e que tocam a música mágica, que faz alguns adormecer, outros chorar e outros ainda rir, música mais suave do que a tocada por tuas cordas jamais ouvi: tu és, em verdade, o malandro mais melodioso que existe!' 'Um dia sou doce, outro sou amargo', replicou o simplório". E então, sem demora, pegando mais uma vez o instrumento, ele tocou uma música que embriagou de tal maneira o grupo, que todos se enfureceram e começaram uma briga generalizada – enquanto ele desapareceu.[54]

A figura 25 é outra da série de azulejos do Mosteiro Chertsey, de cerca de 1270. É a do jovem Tristão ensinando a donzela Isolda a tocar harpa por ocasião de sua primeira visita à Irlanda: com a mesma harpa e música que já encantara seu tio (figura 2).

Tristão, ouve! – o Rei Marcos dissera – Tu tens todos os talentos que eu aspiro.
Tu fazes tudo o que eu gostaria de fazer: caças, falas diferentes línguas, tocas harpa.
Vamos ser companheiros: tu meu e eu teu. Vamos sair a caçar de dia e à noite des-

MITOLOGIA CRIATIVA

Figura 25. Tristão ensinando Isolda a tocar harpa.

frutar das diversões palacianas – tocar harpa, cantar, tocar violino – aqui em casa. Tu fazes tudo isso tão bem! Faze-o agora para mim. E para ti eu cantarei a ária que sei, pela qual talvez teu coração já anseia: roupas e cavalos magníficos. Tudo o que quiseres eu te darei e com isso tu farás boas serenatas. Vê, meu amigo, a ti eu confio minha espada, minhas esporas, minha balista e minha concha de ouro de beber.[55]

Nascido no além-mar, de uma viúva que morreu ao dar-lhe à luz, Tristão como que viera do nada. Lançado na costa pelas águas turbulentas, era como se tivesse nascido do útero da própria natureza: o menino foi levado à margem pelo golfinho, o porco-do-mar. Pode-se dizer que surgira miraculosamente, com o poder e a glória de um deus, porém na forma de um menino. Outrossim, a embarcação que o havia raptado de seu local de nascimento, além das águas (a outra margem), fora um navio mercante (*ein kaufschif*). Hermes, o guia das almas em seu renascimento, era o senhor e padroeiro dos mercadores – e também do roubo e da esperteza.

Neste momento devemos lembrar que Hermes criou a lira quando era apenas um recém-nascido. Filho de Zeus e de uma ninfa do céu noturno, chamada Maia (que significa "mãe idosa, avó, mãe de criação, ama idosa ou parteira"; mas também um tipo de caranguejo grande), nasceu numa caverna, ao alvorecer; e engatinhando de seu berço antes do meio-dia, chegara por acaso – ou aparentemente por acaso – à entrada da caverna onde encontrou uma tartaruga (um símbolo animal primitivo do Universo), cujo casco ele rompeu para fazer uma lira, e com ela já cantou ao meio-dia, maravilhosamente. Naquela tarde ele roubou o rebanho de Apolo e para acalmar o deus deu-lhe a lira, que Apolo passou a seu filho Orfeu (figuras 1 e 9). E, como sabemos, o som daquela lira nas mãos de Orfeu aquietava os animais selvagens, movia árvores e rochas e até mesmo encantou o senhor dos infernos, quando o amante desceu vivo ao abismo para resgatar Eurídice, sua noiva perdida.

Bem, como já foi observado com relação ao antigo deus céltico do javali nas figuras 18, 20 e 21, as raízes últimas do folclore e mitologia célticos repousam no estrato da cultura megalítica da Europa ocidental, que foi contemporânea e manteve contato comercial com as civilizações navegantes pré-helênicas de Creta e Micenas, das quais Posídon era um poderoso deus e de onde procederam as correntes dionisíacas-órficas não homéricas da mitologia e ritual clássicos.[56] Há, portanto, uma verdadeira relação familiar, arqueologicamente documentada, entre os harpistas míticos do além-mundo céltico e dos mistérios órficos e gnósticos.

Além do mais, conforme observado no volume *Mitologia Primitiva*,[57] há também evidências de um parentesco genérico entre os cultos clássicos de mistério, não apenas com o grandioso complexo mítico egípcio daquele deus morto Osíris e o mesopotâmico Tammuz, como também com aqueles mitos e ritos primitivos amplamente difundidos do sacrifício do jovem ou da donzela imolada (ou, mais vividamente, do jovem casal ritualmente morto numa cerimônia sacramental de amor e morte),[58] cuja carne, consumida em comunhão canibal, simboliza o mistério daquele Ser além da dualidade, de algum modo partilhado no interior de cada um de nós. A mesma ideia é expressa mitologicamente na versão indiana citada em *Mitologia Oriental*, da primeira criatura, o Si-Próprio que, no princípio, depois de se expandir, dividiu-se em homem e mulher e, com isso, gerando por si mesmo todas as criaturas deste mundo, tornou-se este mundo.[59]

O deus indiano que equivale a Posídon e ao deus do mar irlandês Manannan é Śiva, que, como já foi visto, tem em sua mão direita o tridente, e na versão cristã do inferno é o Diabo. Ele é conhecido como o "Senhor das Bestas" *(paśu-pati)*[60] e também como o "Tocador de Lira" *(viṇa-dhara)*; é, além do mais, um deus fálico e, como detentor do símbolo liṅgam-yoni, frequentemente é representado em um único corpo com sua deusa, sendo ela o lado esquerdo e ele o direito. A metáfora de Gottfried de Tristão e Isolda como um único ser é, na Índia, um ícone familiar do mistério da não dualidade. Hermes, também, é tanto o senhor do falo quanto do masculino e feminino ao mesmo tempo. A palavra "hermafrodita" (Hermes-Afrodite) aponta para esse segredo de sua natureza. E associamos inevitavelmente a deusa

MITOLOGIA CRIATIVA

Afrodite com seu filho, o caçador alado cujo arco é muito perigoso: o Cupido romano, o Eros grego – o menino sobre o golfinho. Afrodite também nasceu do mar. E ela é, além do mais, a consorte do deus que morre e ressuscita eternamente, ferido pelo javali, cujo signo celeste é a lua minguante e crescente: o senhor da magia da noite. De maneira que Tristão, mestre nas artes da caça, da música e de todas as línguas, levou consigo para a Cornualha os poderes desses deuses.

Para Marcos ele seria o que o ano novo era para o velho, ou o que Davi era para Saul (figura 2). Ele era o jovem deus destinado a substituir o velho na posse da rainha, que na tradição ritualística da Idade do Bronze simbolizava a terra, o reino, o próprio Universo e, na linguagem dos cultos posteriores helenistas de mistério tornou-se guia e símbolo do reino interior da alma: aquele reino espiritual que pode ser encontrado e fertilizado apenas pela morte, a humilhação e a submissão do princípio solar de consciência racional, autoconfiante, à música, à música do sonho, do abismo interior, onde os dois – o homem e a mulher – tornam-se um (figura 3, estágio 11). Podemos lembrar também aquelas harpas cujo formato evoca um touro, encontradas nas tumbas reais de Ur, que tocavam a música da harmonia do Universo e do amor-morte da deusa e do deus dos abismos ali celebrada: Inanna e Dumuzi-absu, Ístar e Tammuz.[61]

Numa tríade galesa há um fragmento de uma antiga versão extraviada da lenda de Tristão que abre uma nova perspectiva para o passado mitológico da relação de Tristão e Isolda:

> Tristão, filho de Tallwch, disfarçado de guardador de porcos,
> Cuidou dos porcos de Marcos, filho de Meirchyon
> Enquanto o (verdadeiro) guardador de porcos levou uma mensagem para Isolda.[62]

Descobre-se aqui, em primeiro lugar, que o pai do herói não é chamado de Rivalino, mas Tallwch. Reconstruindo a história da lenda, por suas fases bretã, córnica, galesa e irlandesa, o considerado estudioso céltico do século passado*, Dr. H. Zimmer** descobriu que nos charcos dos pictos, ao sul da Escócia, do século VI ao IX d.C., de fato houve uma série de reis chamados Drustan, alternados a outros chamados Talorc, dos quais aquele que reinou de 780 a 785 foi Drustan, filho de Talorc, da primeira versão – extraviada para sempre – de nossa lenda.[63] Drustan, filho de Talorc, tornou-se, em Gales, Tristão, filho de Tallwch e o nome Rivalino só foi introduzido ao chegar o romance à Bretanha, depois do ano 1000 da nossa era, quando recebeu sua forma definitiva.

---

* Século XIX [N. da E.].
** Conforme observado em *Mitologia Ocidental*, p. 41, H. Zimmer (1851-1910) não deve ser confundido com seu filho de igual nome, o célebre sanscritista Heinrich Zimmer (1890-1943), que citei em *Mitologia Oriental*. Para impedir tal confusão, designei o pai de H. Zimmer e o filho de Heinrich Zimmer.

O AMOR-MORTE

O episódio do amante disfarçado de guardador de porcos de Marcos, enviando sua mensagem à rainha de Marcos, por meio do verdadeiro guardador de porcos, que é desconhecido no ciclo de Tristão, sugere intensamente a lenda tratada no volume *Mitologia Primitiva* do rapto de Perséfone para o inferno por Hades, em que se conta que uma manada de porcos desceu também quando a terra abriu-se para recebê-la.[64] É significativo que o nome do porcariço daquela manada desaparecida seja Ebuleu, "O bom conselheiro", um apelido do próprio Hades; e, como observa Sir James Georg Frazer em *O ramo dourado*, Perséfone, em seu caráter animal, era um porco.[65] Ou ainda: na *Odisseia* há aquele episódio da ilha mágica de Circe que, após devolver aos companheiros de Ulisses suas formas anteriores (porém, mais jovens e belos do que antes), levou Ulisses para a sua cama, depois do que o conduziu para o mundo ínfero, onde ele conversou com – entre outros dos mortos-vivos – o sábio homem-mulher Tirésias (novamente ver figura 3, estágio 11). No corpo geral do folclore céltico a lenda clássica da guia-deusa-porco para os mistérios além do plano da morte equivale ao conto popular irlandês, relatado em *Mitologia Primitiva* e mencionado algumas páginas atrás, da filha do Rei do Reino da Juventude, que tinha a cabeça de um porco. Quando apareceu na terra e se uniu ao filho de Finn McCool, Oisin, este beijou sua cabeça de porco fazendo-a desaparecer e tornou-se o Rei do Reino da Juventude.[66]

No poema de Gottfried, a imagem de Tristão como de um porco selvagem usurpando a cama do Rei Marcos, sua caracterização como porcariço na tríade galesa e a lenda da cicatriz na sua coxa, apontam na mesma direção: a sua proveniência do deus céltico-megalítico do javali com os olhos da Grande Mãe esculpidos em cada lado (figura 18) que, como senhor das matas, do mundo ínfero, e da força vital da natureza, também era rei do Reino sob as Ondas e músico e mestre de seu encantamento.

Por outro lado, parece que o Rei Marcos era associado a um contexto mítico completamente distinto, tão oposto ao de Tristão quanto o dia da noite, ou o mundo das roupas luxuosas e cavalos ao da harpa, do violino, do canto e do culto do amor e da Lua. Porque enquanto Tristão, como acabamos de ver, era originalmente um rei picto, pré-céltico, de uma linhagem matrilinear da Idade do Bronze – possivelmente com lembranças não muito distantes de ritual regicida –, e a Rainha Isolda, como filha lendária da Irlanda pré-céltica, um pouco ao gênero da Rainha Meave,[67] era igualmente de uma linhagem matriarcal, o Rei Marcos – conhecido também como Eochaid, no País de Gales – parece ter sido um rei céltico da Cornualha do período de Drustan/Tristão (*c*.780-785 d.C.), cuja lenda, ao introduzir-se em Gales algum tempo antes do ano 1000, fundiu-se com a das outras duas – em uma relação comparável à do príncipe guerreiro céltico Ailill com a Rainha Meave.

Seu nome, Marcos, é entendido como tradução do nome latino Marcus, derivado do nome do deus da guerra, Marte. Entretanto, também pode ter alguma relação com a palavra do médio alto alemão *marc*, que significa "cavalo de batalha", com a galesa *march*, a irlandesa antiga *morc* ou *margg*, "garanhão ou cavalo de batalha";

185

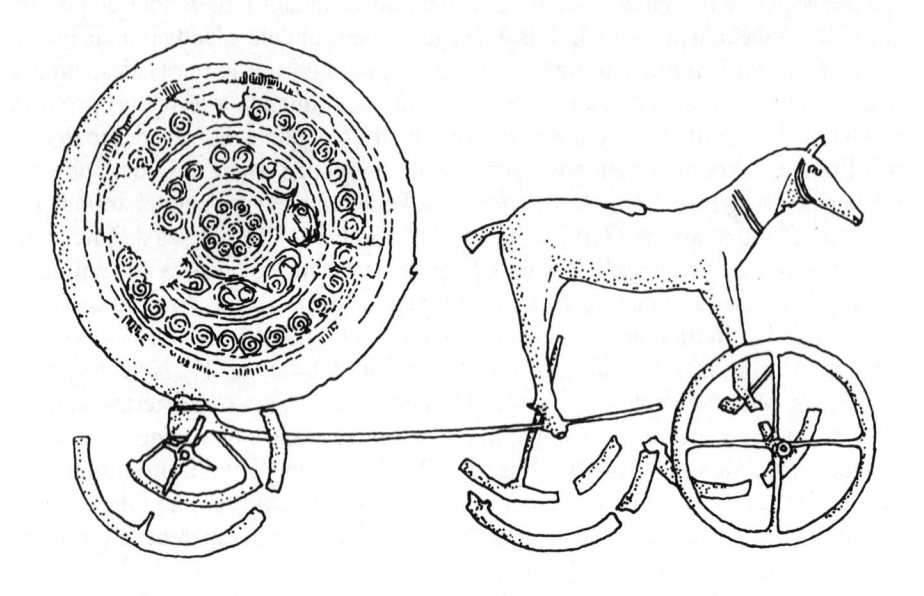

Figura 26. Cavalo solar e carruagem em bronze: Dinamarca, *c.*1000 a.C.

e essa alternativa é apoiada pelo seu outro nome céltico, *Eochaid*, relacionado com o antigo irlandês *ech*, o latino *equus*, "cavalo". Também, em uma antiga versão francesa do romance (do poeta normando Béroul, *c.*1195-1205 d.C.) encontramos a surpreendente afirmação:

> *Marc a orelles de cheval,*

"Marcos tem orelhas de cavalo."[68] E com isso somos lançados num vórtice extremamente sugestivo de associações mitológicas e históricas.

V. TOURO LUNAR E CORCEL SOLAR

Pensamos em primeiro lugar na lenda clássica do Rei Midas, que tinha orelhas de burro e cujo toque transformava tudo, inclusive sua filha, em ouro, o metal do Sol; lembramos também que os líderes da invasão anglo-saxônica da Bretanha (*c.*450 d.C.) foram Hengest e Horsa, nomes germânicos que significam "cavalo". A figura 26 mostra um disco solar de bronze ornamentado com um desenho de espirais de ouro sobre rodas de bronze e com um corcel também de bronze diante dele, encontrado em Trundholm, Nordseeland, Dinamarca (de onde vieram Hengest e Horsa),

Figura 27. Corcel solar e águia: França, período galo-romano

usualmente datado por volta de 1000 a.C.; enquanto na figura 27 há um par de moedas galesas tardias mostrando cavalos, cada um com uma águia (o pássaro solar) em seus lombos, e em uma delas o cavalo tem a cabeça de um homem.

Sabemos que em Roma, sempre em outubro, era sacrificado um cavalo a Marte, e que, no solstício de verão, tanto os celtas quanto os germanos sacrificavam cavalos. Na Índia ária, o "sacrifício do cavalo" *(aśva-medha)* era um rito reservado aos reis, em que, conforme visto no volume *Mitologia Oriental*,[69] o nobre animal era identificado não apenas com o Sol, mas também com o rei em cujo nome o rito era celebrado; e a rainha devia representar, numa cova, um ritual de intercurso simulado com o cavalo imolado: tudo isso conferia a seu esposo a condição de rei solar, cuja luz iluminaria a terra. E, mais remotamente, há a lenda do nascimento do bem amado príncipe japonês Shotoku (573-621 d.C.), enquanto sua mãe inspecionava os arredores do palácio. "Quando ela chegou ao Departamento dos Cavalos e acabara de chegar à porta dos estábulos, subitamente, pariu-o sem esforço".[70]

É quase certo, à luz desses fatos, que a associação do Rei Marcos com um cavalo, e mesmo com as orelhas de cavalo, atesta o envolvimento original de sua imagem com o contexto dos ritos solares da realeza. Os ritos daqueles árias célticos que, com sua ordem patriarcal de orientação masculina, aniquilaram durante o primeiro milênio antes de Cristo o antigo mundo da Idade do Bronze da Deusa Mãe e do direito materno. A composição da moeda na figura 27, em que um cavalo com cabeça humana salta sobre um touro – como o Sol salta sobre a Terra – sugere a relação das duas ordens dos conquistadores e conquistados naquela idade heroica céltica; e quando comparamos essas figuras com o quadro de Pablo Picasso intitulado *Guernica* (figura 28), em que um cavalo e seu cavaleiro foram abatidos, e um touro permanece em pé vigoroso e intacto, são ilustrados de maneira notavelmente coerente o princípio e o fim da longa e majestosa época, na Europa, do cavaleiro conquistador e sua montaria.

MITOLOGIA CRIATIVA

Figura 28. Pablo Picasso: *Guernica*, 1937.

O AMOR-MORTE

Oswald Spengler, em sua obra publicada em 1933, *Years of the Decision* [Os anos decisivos], delineou em dois ousados parágrafos o alcance dessa grande época, cujo crepúsculo estamos vivendo agora:

> No transcorrer da história mundial, houve duas grandes revoluções na maneira de se fazer a guerra, provocadas por aumentos súbitos na mobilidade. A primeira ocorreu nos primeiros séculos do primeiro milênio a.C., quando, nas vastas planícies entre os rios Danúbio e Amur, apareceu o cavalo de montaria. Exércitos com cavalaria eram muito superiores a homens a pé.* Os cavaleiros podiam aparecer e desaparecer antes que se pudesse organizar uma defesa ou perseguição. Foi em vão que populações do Atlântico ao Pacífico complementaram suas forças de infantaria com contingentes de cavalaria: estes últimos eram estorvados em suas manobras pela infantaria. Tampouco os impérios chinês e romano foram salvos com a construção de muralhas e valas: como a muralha que pode ser vista até hoje cortando a Ásia ao meio; ou como o *limes* romano descoberto recentemente no deserto sírio-árabe.
>
> Era impossível fazer com que um exército organizado atravessasse essas barreiras com rapidez suficiente para realizar um ataque de surpresa. As populações camponesas assentadas nas esferas chinesa, indiana, romana, árabe e da Europa ocidental foram frequentemente dominadas, indefesas e aterrorizadas, por bandos de partos, hunos, citas, mongóis e turcos. É evidente que cavalaria e campesinato são irreconciliáveis. Foi dessa maneira, por sua superior velocidade, que os exércitos de Genghis Khan tornaram-se vitoriosos.
>
> Estamos testemunhando atualmente a segunda transformação decisiva com a substituição do corcel pelo "cavalo-vapor" (CV) de nossa tecnologia faustiana. Em época tão recente como a da (Primeira) Guerra Mundial, havia nos regimentos da antiga e famosa cavalaria da Europa ocidental, uma atmosfera de orgulho cavalheiresco, aventuras ousadas e heroísmo, que suplantou a de qualquer outra força militar. Durante séculos, eles foram os verdadeiros vikings da terra firme. Representaram, muito mais do que as infantarias, a verdadeira vocação da vida do soldado e da carreira militar. No futuro, tudo isso mudará. De fato, as unidades aéreas e blindadas já tomaram seu lugar e a mobilidade foi superada com a substituição dos limites da possibilidade orgânica para o limite inorgânico da máquina: de máquinas *pessoais* (por assim dizer) que, ao contrário da impessoalidade do fogo da metralhadora das trincheiras da (Primeira) Guerra Mundial, voltará a apresentar ao heroísmo pessoal o desafio para missões grandiosas.[71]

---

* "E também a carros de combate, que podiam ser usados apenas em combate e eram inúteis na marcha. Os carros surgiram pela primeira vez mais ou menos 1000 anos antes do que o cavalo montado, na mesma região e, sempre que usados, eram invencíveis nos campos de batalha da época: na China e na Índia, logo depois de 1500 a.C.; no Oriente Próximo um pouco antes e na esfera helênica logo depois de 1600 a.C. Eles não demoraram para serem usados em todas as partes, mas desapareceram quando tropas montadas passaram a ter uso generalizado – mesmo quando essas eram usadas apenas como auxiliares especiais da infantaria." (Nota do próprio Spengler).

Na *Guernica* de Picasso, a lâmpada elétrica brilhante é o único sinal da nova ordem de poder e vida que está destruindo a antiga; aquela do touro domesticado e do cavalo de batalha, do campesinato e da cavalaria. O corcel, veículo conquistador do período que está terminando, parece ter sido trespassado pela lança de seu próprio cavaleiro e escornado pelo touro. O golpe de espada é uma referência evidente à Guerra Civil Espanhola de 1936-1939, durante a qual a cidade basca de Guernica foi bombardeada, em abril de 1937. Mas a raça e a língua bascas são pré-árias. Representam, assim, como os pictos de Drustan, um período histórico anterior à época e ao povo do cavalo.

Elas tipificam e representam até hoje o espírito tenaz daqueles longos e penosos milênios da chegada e estabelecimento na Europa de sua população camponesa básica: quando os mitos e ritos do touro sacrificial – símbolo do senhor que morre e ressuscita das estações da vida, cujo signo celeste é a Lua – eram as formas que sustentavam a vida de fé e oração. Na arena do touro, onde Picasso buscou sua inspiração, o velho e desgastado cavalo do picador é escorneado pelo touro, mas o próprio touro é também morto por uma arma solar – a espada do matador, que usa a chamada "vestimenta da luz". Na obra de Picasso não há tal vingador: o touro enigmático continua de pé. O tempo do cavaleiro está no fim; e retrocedendo nos séculos, para identificar os momentos simbólicos de seu começo, ápice, crise e dissolução, podemos distinguir os estágios desse período cultural:

1. O longo período representado pelas moedas da figura 27, dos princípios pagãos árias do que hoje é a civilização ocidental: os séculos das expansões, ataques e invasões célticas (Hallstatt e La Tène), *c*.900-15 a.C., e depois, do surgimento do império universal da Roma pagã, *c*.400 a.C.-400 d.C.[72]

2. Dos tenebrosos anos iniciais da Idade Média cristã, mas que posteriormente vão se tornando mais iluminados: primeiro, da conversão forçada e queda imediata do Império Romano na Europa (Teodósio, o Grande, 379-395 d.C.); em seguida, dos santos da Irlanda cristã, que mantiveram uma luz tênue porém constante enquanto, no continente, às devastações e pilhagens das guerras germânicas pagãs somava--se a ação dos cavaleiros hunos asiáticos e mouros africanos (as terríveis ordálias dessa fase prolongaram-se do século VI ao IX);[73] começa então a melhorar entre os francos, lombardos e saxões, a partir principalmente da escola palatina (mas também das armas) de Carlos Magno (Sacro Imperador Romano de 800 a 814 d.C.); e então – finalmente! – com a queda da Toledo moura no ano de 1085 e a organização, dez anos mais tarde, da Primeira Cruzada, o súbito florescimento da idade de ouro do *amor* cortês europeu, da teologia, das catedrais e dos cavaleiros aventureiros: aquela época *par excellence* da cavalaria e do corcel de montaria, da qual os protótipos sempre serão os cavaleiros e damas formosas das cortes dos reis Marcos e Artur.

Mas agora, passado o apogeu daquela era do cavalo, e aproximando-nos em direção a uma época posterior, quando a pólvora e os canhões darão vantagem à infantaria, perguntamos:

3. Quem poderia ser aquela estranha silhueta contra o pôr do sol, que vai cavalgando, esguio como um picador, num cavalo alto, magro e de joelhos nodosos, com uma segunda figura baixa e rechonchuda trotando ora ao lado ora atrás, montada num burro? Não é senão Dom Quixote, com sua armadura remendada, sobre Rocinante, seu "Cavalo de Outrora": o Cavaleiro da Triste Figura, indo, por volta de 1605 d.C., em busca de aventura na planície empoeirada de La Mancha, seguido por seu fiel escudeiro, Sancho Pança, "pobre em dinheiro e pobre em inteligência".

Conforme Ortega y Gasset observou em suas *Meditações do Quixote*: "De certo modo, é Dom Quixote a paródia triste de um Cristo mais divino e sereno: um cristo gótico macerado em angústias modernas; um cristo ridículo de nosso bairro, criado por uma imaginação dolorida que perdeu a inocência e a vontade e foi em busca de outras novas..."[74]

"Dom Quixote é a aresta na qual se cortam ambos os mundos, formando um bisel"; escreve ainda: "os dois mundos, por um lado, da aspiração poética e aventura espiritual e, por outro, da realidade empírica, "o não poético *per se*".[75]

"Cervantes enxerga o mundo", afirma Ortega, "postado na culminância do Renascimento. O Renascimento apurou mais as coisas [...]. Galileu exerce a severa polícia do universo, com sua física. Começou um novo regime e tudo caminha mais dentro de moldes. Nesta nova ordem de coisas a aventura é impossível..."[76]

Entretanto, acrescenta Ortega,

> Outra característica do Renascimento é a primazia do psicológico.[...] O Renascimento descobre em toda sua vasta amplitude o mundo interno, o *me ipsum*, a consciência, o subjetivo.
>
> Flor desta nova e grande volta que toma a cultura é o *Quixote*. Nele periclita para sempre a épica com sua aspiração a suster um orbe mítico lindando com o dos fenômenos materiais, mas dele distinto. [...] A realidade da aventura fica reduzida ao psicológico, a um simples humor do organismo, talvez. Real, enquanto vapor do cérebro. Sua realidade será, antes, a de seu contrário, a material.[...]
>
> Por si mesma, olhada em sentido direto, não o seria nunca; pois este é o privilégio do mítico. Podemos, porém, tomá-la obliquamente, como destruição do mito, como crítica do mito. Desta forma a realidade, que é de natureza inerte e insignificante, quieta e muda, adquire movimento, converte-se em poder ativo de agressão ao orbe cristalino do ideal. Quebrado seu encanto, este se dissolve em poeira irisada que vai perdendo as cores até fixar-se no pardo da terra.[77]

E com isso chegamos ao nosso último estágio, ou seja:

4. O atual, do cavalo abatido e do cavaleiro alquebrado e desvalido de Picasso: *A Terra Desolada* e "Os homens ocos" de T.S. Eliot. Porque, em meados do século XIX, três séculos após Galileu, Quixote e Hamlet de Shakespeare ("Ser ou não ser..."), não só haviam reduzido os movimentos da vida a fórmulas mecanicistas, mas até mesmo os da mente e da vontade estavam a ponto de serem interpretados dessa maneira. Mais uma vez nas palavras de Ortega:

As ciências naturais, baseadas no determinismo haviam conquistado durante os primeiros lustros o campo da biologia. Darwin acredita ter aprisionado o vital – nossa derradeira esperança – dentro da necessidade física. A vida reduz-se a nada mais que pura matéria. A fisiologia, à mecânica.

O organismo, que parecia uma unidade independente, capaz de agir por si mesma, é inserido no meio físico, como o desenho num tapete. Já não é ele que se move e sim o meio nele. Nossas ações não passam de reações. Não existe liberdade, originalidade. Viver é adaptar-se; adaptar-se é permitir que o contorno material penetre em nós, expulse-nos de nós mesmos. Adaptação é submissão e renúncia. Darwin varre os heróis da face da terra.[78]

É nesse cenário sombrio de cidades mecanizadas, de autômatos "ajustados", que emerge a era, como afirma Ortega, do *roman expérimental* de Émile Zola e outros.

> Trata-se sempre de falar-nos do homem, porém como o homem agora não é sujeito de seus atos, mas é movido pelo meio em que vive, a novela insistirá na representação do meio. O meio será o protagonista único. Fala-se em reproduzir o "ambiente". Submete-se a arte à polícia: a verossimilhança. [...] O belo é o verossímil e o verdadeiro é só a física. A novela aspira à fisiologia.[79]

Com os experimentos de reflexos condicionados realizados em cães pelo fisiologista russo Ivan Petrovich Pavlov (1848-1936)[80] e a aplicação de seus métodos ao estudo e controle do pensamento e comportamento humanos,[81] a própria psicologia tornou-se um ramo da mecânica. O último refúgio escuro do "caráter inteligível" individual concebido por Schopenhauer estava prestes a ser completamente iluminado por uma lâmpada de laboratório, e a antiga noção germânica de destino como *Wyrd*, um processo irreversível do devir de uma potencialidade interna,* estava reduzido a um diagrama elétrico de nervos aferentes e eferentes.

Assim, aquilo a que os românticos ainda atribuíam a alguma força vaga, sentida como sagrada, interior, era de fato para ser analisada como uma propriedade da matéria, nem mais nem menos misteriosa ou divina do que o fenômeno que ocorre dentro do carburador e dos cilindros de um carro. Nas palavras de um mestre norte-americano desse ramo da ciência do século XIX:

> Há fatores comuns permeando todas as ações humanas. Em cada ajuste há sempre uma *resposta* ou *ato* e um *estímulo* ou *situação* que provocam aquela resposta. Sem ir muito além de nossos fatos, parece possível afirmar que o estímulo é sempre dado pelo meio, externo ao corpo, ou pelos movimentos dos próprios músculos do homem e secreções de suas glândulas; por último, que as respostas sempre ocorrem imediatamente após a apresentação do estímulo. Na verdade são suposições, mas parecem ser fundamentais para a psicologia.[...] Se as aceitarmos provisoriamente

---

* *Supra*, p. 115-116 e 130-131; também, p. 175.

podemos dizer que o objetivo do estudo psicológico *é averiguar os dados e leis que, dado o estímulo, a psicologia pode prever qual será a resposta; ou, por outro lado, dada a resposta, ela pode especificar a natureza do estímulo efetivo.*[82]

Não é de surpreender então que, na apocalíptica *Guernica* de Picasso, o herói derrotado revele-se como uma estátua oca e seu Rocinante ferido um estranho objeto de *papier-mâché*. A criança morta da *pietà*, à esquerda, é uma boneca e toda a tela, apesar do seu tamanho (350 x 870 cm), sugere um palco de marionetes: os únicos centros de vida possível são as cabeças e bocas, com suas línguas flamejantes, do touro, da mãe e do cavalo relinchando, mais as caudas dos dois animais, o cabelo da mãe e a modesta flor na mão direita do herói caído. As outras bocas não têm língua. À direita, mesmo as chamas da mulher extática (caindo ou levantando?) são irreais. As figuras são desenhos em duas dimensões, sem profundidade, como se espera que todos nós sejamos neste mundo mecânico autopropelido: apenas máscaras sem nada por detrás.

Essa parece ser uma maneira exclusivamente moderna de conceber o Universo e a humanidade. Entretanto, na longa perspectiva aberta pela ciência da mitologia comparada, tem-se de reconhecer que ela foi antecipada, junto com suas implicações morais, na cosmologia absolutamente impessoal do espaço-tempo matemático e na ordem social correspondente daqueles sacerdotes que perscrutavam o firmamento das antigas cidades-templos sumérias (quarto milênio a.C.). Foi dessas observações e raciocínios correlatos que o mundo recebeu todos os elementos básicos da civilização arcaica superior: a astronomia do calendário, a matemática, a escrita e a monumental arquitetura simbólica; a ideia de uma ordem moral do Universo, revelada em um céu noturno, onde a lua minguante e crescente é seu signo central (o touro lunar morrendo e ressurgindo ritmicamente, cuja luz se apaga por três noites) e, subordinados a isso, a ordem moral e os ritos simbólicos do estado sacerdotal hierático, cujo rei e corte, igualmente simbólicos, representam e reforçam aqui na terra a ordem da morte na vida e da vida na morte dada a conhecer nos céus. Discutimos tudo isso detalhadamente nos volumes anteriores desta obra: em *Mitologia Primitiva*, p. 117-130 e 312-371; em todo o decorrer do volume sobre *Mitologia Oriental*; e em *Mitologia Ocidental*, p. 13-121. Não deve, portanto, haver nada de novo ou surpreendente para nós.

Entretanto, o que eu acho surpreendente e não posso deixar de assinalar, é o fato de que nas figuras atormentadas da obra-prima de Picasso (e ele certamente sabia o que estava fazendo – como se verá adiante) o que contemplamos é uma constelação de símbolos mitológicos absolutamente tradicionais, arranjados de maneira a transmitir-nos em sua linguagem silenciosa (seja intencional ou não por parte do artista) uma mensagem ainda em perfeita harmonia com o espírito e cultura do antigo touro lunar sumeriano: "Aquele – segundo o *Shatapatha Brahmana* indiano – que é a Morte da qual nossa vida depende.[...] Ele é um ali, mas muitos aqui, em suas criaturas".[83]

Em *Mitologia Ocidental* há uma ilustração (figura 16, p. 54) na qual o antigo touro lunar barbado da antiga Suméria aparece com um pássaro solar empoleirado em seu lombo, mordendo seu flanco. O touro permanece indiferente, como na obra de Picasso. Além disso, as chamas saindo dos joelhos do animal simbólico primitivo têm seu correspondente no espigão flamejante que sobressai do joelho direito do touro de *Guernica*. E mais, como o pico sobre o qual está o antigo touro lunar sumério representa o corpo-montanha da Deusa Mãe Terra, cujo filho é aquele deus que morrendo e ressuscitando eternamente é, em substância, uno com seu pai (e, assim, é "o touro", como dizem, "de sua própria mãe"),[84] simbolicamente, nos termos tradicionais que Picasso conhecia, o touro e a *pietà* de sua *Guernica* correspondem sem dúvida ao touro lunar e montanha do mundo do antigo ícone sumeriano.

A criança morta é o deus vivo do oxímoro de sua morte: o Cristo do sacrifício, que na visão gnóstica (conforme já vimos) é a substância viva de todos nós. E a cena do cavalo escorneado no campo central triangular – iluminado pela lâmpada, que transmite abaixo a luz superior – é a cena dessa morte querida que é a nossa amarga vida, em que, conforme lemos na *Bhagavad Gītā:* "Como uma pessoa desfaz-se das roupas velhas e veste outras que são novas, o que é corporificado desfaz-se dos corpos gastos e se introduz em outros que são novos".[85]

O herói oco da visão de Picasso e o corpo destroçado de seu cavalo de papel contrastam funestamente com os heróis-símbolos, jovens e inocentes, que nas antigas moedas pagãs europeias manifestavam vontade e ousadia para viver. A ave de rapina, o pássaro solar montado no lombo do cavalo corcoveando, tornou-se, nesta obra da modernidade, uma alquebrada e estridente pomba. A coisa mais óbvia a se dizer é que a iniciativa de configurar a história e o destino do homem abandonou o cavaleiro e sua civilização; e com ele, um grandioso ciclo cultural terminou – queiramos ou não.

O touro enigmático de Picasso, ileso, tem olhos em duas perspectivas. O olho no centro da testa está naquele ponto em que, na arte indiana, abre-se o olho da visão que transcende o tempo para reconhecer, nas formas transitórias deste mundo o mero jogo de sombras daquele círculo inevitável, amargo, ainda que agridoce, que James Joyce chamou em *Finnegans Wake* de "os Júbilos do Aqui-estamos-novamente":[86] a dança do solo em chamas, cruel, extática, incessante e eternamente repetitiva do deus-touro Śiva.

E o outro olho, abaixo da orelha pontuda, aparentemente contempla – com atitude semelhante à da orelha que escuta – a catástrofe da época: isto é, daquela que testemunha a pintura; pois seu foco está, certamente, dirigido a nós. Vale a pena notar também que as narinas do touro e do cavalo sacrificial, bem como os olhos tanto da mãe chorosa quanto da figura flamejante da direita, sugerem os conhecidos elementos *yang* e *yin* do símbolo chinês do inelutável caminho e lei da natureza, luz e escuridão, sempre recorrente, o Tao: ☯[87]

Os raios da lâmpada luminosa são escuros e claros. Assim também é o corpo da pomba, que, ao contrário da águia solar no lombo dos cavalos vitoriosos das moedas galo-romanas, sugere sofrimento, queixa, em oposição ao lado ativo, agressivo, energético da polaridade *yin-yang*. Entretanto, as Graças – as três mulheres da direita, que participam com surpresa e angústia da cena, como se não fosse uma passagem já conhecida de sua repetida coreografia – não têm línguas. Elas ocupam o lugar da Tália Silenciosa na base da escala da Música das Esferas de Gafurius (figura 13), sobre a qual – acima daquela resplandecente lâmpada, como os *mystai* da figura 11 estão sobre a porta luminosa do Sol – elas teriam se revelado em seu aspecto celeste, naquela dança diante do Senhor da Luz, da qual essa cena, abaixo, é apenas um reflexo na caverna de sombras de Platão.

O touro de Picasso, como a serpente do desenho de Gafurius, é, assim, o veículo da aparição de um eterno presente no campo do tempo transitório: futuro, presente e passado. Colocado na posição do touro pai do mundo do antigo arquétipo sumério, fora do triângulo da luz inferior, no qual aparece a tragédia do cavalo trespassado, ele nos eleva, com seus dois olhos, para aquela esfera superior onde seus chifres sugerem o equilíbrio da lua minguante e crescente. Por último, notamos que o elemento floral do desenho de Gafurius, as flores no vaso da água imortal na extremidade superior, tem aqui seu correspondente na humilde flor ao lado da mão fechada do derrotado herói oco e do joelho direito dobrado de seu cavalo.

Sobre o tratamento que Picasso dá às formas simbólicas tradicionais, teremos mais a dizer no capítulo final. Já é óbvio aqui, entretanto, o poder de sua arte em captar e dar novas inflexões às múltiplas ambiguidades da linguagem silenciosa daqueles símbolos milenares. Sua opção pelo preto e branco para essa obra-prima, bem como seu cenário – ao mesmo tempo interior e exterior – sugere imediatamente o jogo de sombras da caverna platônica. A porta na extrema direita está entreaberta; uma parede omite-se à esquerda; a janela na direita superior abre-se para um vácuo, um vazio claro, enquanto o espaço vazio dentro do cavalo é escuro, do mesmo modo que o vazio dentro do homem oco...

Em seu ensaio "Sobre uma aparente intencionalidade no destino do indivíduo" Schopenhauer questiona se em um evento tão incomensurável, como este apresentado por Picasso, seria possível detectar uma concordância entre as circunstâncias exteriores e o caráter íntimo dos indivíduos envolvidos. A figura do homem *oco* de Picasso sugere fortemente que pode. Além disso, como todos os outros elementos de sua cena são símbolos clássicos bem conhecidos da ação de uma vontade secreta no transcorrer geral dos acontecimentos temporais – a própria morte, como quer que ela chegue, sendo essência, parte e parcela, da vida de todo homem, e com a qual ele tem de se reconciliar caso queira ir além da fantasmagórica aparência das coisas, ao que o poeta Robinson Jeffers chamou de a "torre além da tragédia" –, é evidente que aqui, como em toda verdadeira arte trágica (em oposição à caricatura crítica), há implícita uma afirmação em profundidade deste mundo exatamente como ele é, ou como se poderia lhe ensinar a ser.

O último é o caminho do herói histórico, o herói de uma época: o cavaleiro de uma cruzada, o piloto em seu bombardeiro. Toda a história de uma cultura, contada resumidamente, depende da incidência de heróis desse tipo, fiéis e experimentados; como nesse ciclo europeu das quatro fases de uma era passada que identificamos esquematicamente como: 1. o alvorecer, na moeda pagã céltica-ária, com o cavalo saltando sobre o touro, que representa o novo e bárbaro começo; 2. a manhã, do mundo cortesão do Rei Marcos (ou, alternativamente, de Artur), naquele período supremo de florescimento da imaginação criativa europeia quando, conforme considerou Henry Adams, alcançou-se o momento do apogeu da espiritualidade (1150-1250); 3. a tarde, de Dom Quixote (1605), quando o amor ao ideal, embora ainda presente, não mais competia com a força da matéria; e finalmente 4. a hora do ângelus na *Guernica* de Picasso e do *Crepúsculo dos Deuses* de Wagner.

Figura 29. Morold fere Tristão.

Mas há ainda outro tipo de heroísmo, em especial o do filho do abismo, Dumuzi--absu: não o cavalo de batalha, mas o filho eternamente morrendo e ressuscitando, que é "o touro de sua própria mãe", e cujo signo é a esfera, não do dia, mas da noite; cujo mundo não é o da história, mas o da natureza com seus mistérios. Ou seja, a natureza exterior e a natureza interior, ou ainda como na música de Wagner ao final de seu ciclo do *Anel dos Nibelungos*, ou a do segundo ato de seu *Tristão*, onde os amantes juntos – "Com os corações e lábios unidos" – amaldiçoam o dia com seus enganos:

> Fantasmas diurnos!
> Visões matinais!
> Vãs e vazias!
> Fora! Vão embora!

VI. A LENDA DA BELA ISOLDA

A FERIDA ENVENENADA

A figura 29 mostra outro dos azulejos do Mosteiro de Chertsey. À esquerda está o Príncipe Morold, o Poderoso, tio materno de Isolda, que chegou da Irlanda para convocar sessenta filhos dos nobres da corte de Marcos. Há aqui um eco da lenda dos rapazes e moças que a cidade de Atenas devia entregar ao Minotauro cretense. Morold chegou como emissário do Rei Gurmun, o Lascivo, de Dublin, descendente de uma família do noroeste africano que, tendo conquistado a Irlanda muitos anos antes, casou-se com a irmã de Morold, e depois se voltou contra a Cornualha, onde impôs esse tributo cruel. Gurmun é o Minos dessa lenda. Sua filha, Isolda, que leva o mesmo nome de sua mãe, será Ariadne. Tristão, que se encontra à direita, será o herói Teseu. Quando da cobrança do tributo anterior, Tristão ainda não chegara do mar. Mas agora ele é um cavaleiro inigualável e desafia o combatente experimentado da Irlanda a um enfrentamento singular. Na figura ele está recebendo em sua coxa esquerda um golpe da espada envenenada do inimigo.

"E agora?", Morold gritou, "Te renderás?". Ele girou seu cavalo e, em guarda, continuou gritando protegido por seu elmo. "Pense rápido! Nenhum médico poderá salvá-lo, apenas minha irmã Isolda, rainha da Irlanda. Esse ferimento, a não ser que eu ajude, será tua morte."[88]

A figura 30 mostra a resposta de Tristão. "Ele desferiu um golpe no elmo" – afirma Gottfried – "penetrando-o tão profundamente que ao puxar a arma, um pedaço de lâmina ficou cravado na cabeça – o que, no tempo devido, seria fonte de grande risco e aflição".[89]

Na antiga versão franco-normanda da lenda de Thomas da Bretanha – a fonte de Gottfried – os dois heróis lutaram num campo de batalha; na de Gottfried,

MITOLOGIA CRIATIVA

Figura 30. Tristão mata Morold.

entretanto, enfrentaram-se numa ilhota próxima da costa da Cornualha, para onde foram transportados, com suas montarias, em embarcações. Morold entrou numa delas, levando consigo seu cavalo, tomou o remo e dirigiu-se à ilha. "E quando chegou na ilhota" – lemos – "ele puxou o barco para a praia e amarrou-o. Em seguida montou rapidamente, empunhou sua lança e galopou pela ilha elegantemente. Suas investidas eram tão ligeiras e naturais que pareciam um jogo".[90] E o jovem Tristão, com 18 anos, também invicto até então, estava de pé na proa de seu barco, pedindo ao seu tio que o encomendasse a Deus. "Não tema por mim e minha vida. Coloquemos tudo nas mãos de Deus", ele disse e, avançando, remou, também com sua montaria a bordo, em direção da ilhota.

É interessante notar que nas figuras dos azulejos do Mosteiro de Chertsey, onde Tristão ataca, o leão de seu escudo empina-se para a frente, mas quando atacado, o leão está de costas. Trata-se do Leão de Anjou, o emblema da casa real inglesa na época do poeta normando Thomas. Gottfried, por outro lado, dá ao emblema de Tristão um javali negro. "O escudo" – ele declara – "fora lustrado até se tornar um espelho reluzente. Sobre ele foi gravado um javali, de forma perfeita e magistral, tão negro quanto o carvão".[91] Mas o javali, como vimos detalhadamente, era o animal sacrificado nos Mistérios do mundo ínfero, como aqueles a que Tristão estava agora destinado, enquanto o leão, o animal real solar, pertencia antes à esfera de Marcos. Apesar de seguir estritamente a Thomas quanto às linhas mestras de sua lenda, Gottfried parece que reconheceu a imagem do javali como sendo a mais adequada; e ele acrescentou, além disso, o símbolo de uma flecha gravada no elmo de Tristão, a que podemos associar a profecia do amor, amor esse que conforme ele nos conta "por mais tempo que ele fosse poupado, no devido tempo se consumaria".[92]

Quando o corpo decapitado e a cabeça do herói Morold chegaram à Irlanda, as lamentações foram grandes, tal como nos relata Gottfried:

> Mas a tristeza de sua irmã, a Rainha Isolda, superou a tudo em seu sofrimento e pranto. Ela e sua filha (como fazem as mulheres) abandonaram-se completamente a todo tipo de tormento. Fixavam seu olhar no morto, apenas para continuar seu lamento e intensificar a dor em seus corações. Beijavam seu rosto e aquelas mãos que haviam submetido povos e reinos. O ferimento em sua cabeça, elas inspecionaram minuciosa e desconsoladamente até que a sábia e inteligente rainha percebeu o pedaço de metal. Ela mandou buscar um par de pinças e com elas retirou o fragmento. Com dor e tristeza, mãe e filha observaram o metal e, por fim, guardaram-no num porta-joias – o que, a seu devido tempo, colocaria Tristão em verdadeiro perigo.[93]

De maneira que novamente, quase por acaso, o curso do destino foi traçado por incidentes externos e improváveis: uma troca de sinais da morte que, ao mesmo tempo, preanunciam o amor e abrem o seu caminho.

Na ópera de Wagner, o tema da poção mortal desenvolve-se a partir dessa base. Em sua versão muito resumida do romance – começando bem depois da cena da poção afrodisíaca a bordo do navio –, as aventuras, encontros e preparativos anteriores, que nas versões dos séculos XII e XIII ocupavam quase a metade da trama, foram drasticamente reduzidos a uma dúzia de versos cantados de maneira apaixonada no primeiro ato: onde Kurvenal, numa balada sarcástica, insulta Isolda com o relato da morte de Morold – que, na reconstrução de Wagner, fora seu pretendente, não seu tio.

Pois no drama de Wagner não havia nem tempo nem lugar para o desenvolvimento gradual de uma sutil epopeia psicológica. Modificando a relação de Isolda com o homem que Tristão matara, o compositor quis intensificar e motivar convincentemente a ambivalência dos sentimentos dela, exacerbados ao extremo e, assim, condensar numa única cena ardente toda a força daquela crescente agonia do ódio-contra-o-amor, que culminaria em sua decisão desesperada de estabelecer com o objeto de sua paixão um pacto não de amor ou de renúncia eterna ao amor na companhia e a serviço do Rei Marcos, mas de morte – naquele mesmo instante, sobre as ondas do mar. Mas surpresa! A poção que eles pensavam que os levaria à morte, deu-lhes o amor.

Ao contrário, nas versões anteriores a poção foi tomada acidentalmente, não como uma bebida mortal, mas como um vinho. Porque a passagem simbólica pela porta da morte já fora tratada numa série de aventuras relacionadas com a cura do ferimento de Tristão, e o ressentimento de Isolda pelo assassinato já se amenizara de tal maneira que ela e Tristão podiam falar naturalmente sobre o assunto durante a viagem até o Rei Marcos. Na verdade, os sentimentos do formoso casal eram de uma inocência casta; enquanto Wagner permeou sua arte com a magia de seu próprio arrebatamento improvavelmente inocente por Matilde, a esposa de seu amigo e benfeitor Otto Wesendonck, em cujos braços ele desejava morrer.

Além disso, Wagner estava imbuído das filosofias de Schopenhauer e do Buda; de maneira que sua arte também perdera sua inocência. Os primeiros acordes do prelúdio já criam uma atmosfera de desejo, indecisão, solidão e luxúria; e quando a cortina sobe, mostra Isolda e sua criada Brangaene no convés do navio de Tristão (que, a propósito, parece-se mais com um galeão espanhol do século XVI do que com qualquer embarcação navegando no mar da Irlanda em toda a Idade Média), enquanto os primeiros versos entoados na canção do marinheiro solitário no cordame revelam imediatamente o tema de perda e passagem em uma jornada mística pelo mar da noite, até um clímax desconhecido:

> Para o oeste voltam-se os olhos,
> Para o leste move-se o navio,

referindo-se a uma perda não apenas da casa, mas do autodomínio e do passo irreversível a que Wagner chamou de "o mais belo de todos os sonhos", o amor apaixonado, compulsivo – que antecipa o final da obra e a grandiosa canção de despedida do amor-morte: afogando e dissolvendo, finalmente, no mar inconsciente da noite, no alento universal de todas as coisas. Na versão original:

> In dem wogenden Schwall,
> in dem tönenden Schall,
> in des Welt Athems wehendem All –
> – ertrinken,
> versinken,
> unbewusst,
> höchste Lust!

A cortina cai com o último acorde. E no transcorrer de três horas inesquecíveis, tudo o que nas versões anteriores desenrolara-se de maneira amena, calma e detalhada, e com um certo distanciamento da realidade (como as cenas e figuras de uma tapeçaria) foi-nos apresentado pleno de intensidade em um tríptico de formas

O AMOR-MORTE

emolduradas, no que – conforme Nietzsche declarou sobre seu grande amigo Wagner – provou ser "o Orfeu da dor secreta da vida".

"Suas criações mais bem-sucedidas" – escreveu Nietzsche – "provêm dos recônditos mais profundos da felicidade humana, como se viessem de seu cálice já esvaziado, onde as gotas mais amargas e repugnantes uniram-se às doces, para o bem ou para o mal".[94]

O BARCO À DERIVA

A poção agridoce que Wagner derrama como música pelos pórticos de nossos ouvidos, Gottfried e os outros poetas de seu tempo ofereceram silenciosamente, em um sentido interior, nas asas dos símbolos míticos para os quais as janelas daquele tempo ainda estavam abertas. A figura 31, também dos azulejos de Chertsey, mostra Tristão ferido, navegando magicamente em um barco sem leme, sem remos, para a Irlanda da rainha Isolda. Nas palavras de Gottfried:

Figura 31. Tristão flutuando em direção à Irlanda.

Figura 32. Dioniso no barco.

O ferimento exalava um cheiro tão assustador que sua vida tornava-se insuportável, seu próprio corpo lhe repugnava. E ele compreendia cada vez mais a importância das palavras de Morold. Ademais, ele frequentemente ouvira, em tempos passados, como era bela e astuta a irmã de Morold; pois em todas as regiões vizinhas onde seu nome era conhecido, havia um dito popular sobre ela:

"A bela Isolda, a prudente Isolda:
Radiante como a alvorada!"[95]

Na versão de Thomas da Bretanha, o herói em putrefação, de cheiro desagradável, suplicou a seus amigos que o colocassem num barco, equipado apenas com sua harpa, e assim foi levado flutuando para a Irlanda; de maneira que o mesmo menino

O AMOR-MORTE

maravilhoso que fora levado para a Cornualha pela tempestade quando jovem, era novamente carregado pelas ondas. Eu compararia esse quadro à representação de Dioniso (figura 32) de um *kylix* grego do século VI a.C., que ilustra o seguinte mito que chegou até nós a partir de um hino homérico:

O deus, conta-se, estava parado num promontório na forma de um jovem quando piratas etruscos acostaram e, lançando-se sobre ele, amarraram-no e o levaram. Mas no mar, as amarras soltaram-se, vinho começou a jorrar pelo navio, uma videira brotou em cima do mastro e uma hera enroscou-se nos toletes. O jovem, transformado num leão, rugindo, estraçalhou o capitão, enquanto os demais, saltando no mar, tornaram-se golfinhos.[96]

Falaremos mais de Dioniso oportunamente. Por enquanto, seu avatar do século XII, Tristão, repousando confiadamente no peito daqueles poderes cósmicos que controlam os movimentos dos céus e de todas as coisas na terra, foi levado pelo acorde de sua harpa órfico-irlandesa, ecoando à música do mar e das esferas, para aquela mesma baía de Dublin onde o herói de James Joyce, Dedalus, iria andar séculos mais tarde, interrogando seu coração se algum dia ele teria coragem para se entregar à vida. Na configuração da lenda de Gottfried, o tema mágico do barco desgovernado foi omitido. Rejeitando o pequeno milagre, o poeta narra com ênfase mais racional como os amigos do infeliz Tristão transportaram-no numa embarcação apropriada ao alto-mar, até a entrada da baía de Dublin e ali, à noite, colocaram-no à mercê das ondas em seu barco, a pouca distância da Costa de Sandymount. E ao amanhecer:

> Quando os habitantes de Dublin viram aquele pequeno barco à deriva sobre as ondas, decidiram dirigir-se a ele. E uma expedição partiu. Quando se aproximaram, incapazes de ver qualquer pessoa nele, ouviram, com satisfação, uma encantadora harpa, tocando com doçura; e acompanhando a harpa a voz de um homem cantando tão agradavelmente que todos a consideraram como uma maravilhosa saudação e milagre. E enquanto ele tocou harpa e cantou os presentes não conseguiram se mover.[97]

A visão e o mau cheiro do que eles encontraram dentro do barco, vestido como um menestrel, assustou-os; mas em razão de seu canto, deram-lhe boas-vindas. Ele declarou que era da Espanha. Tendo zarpado em um navio mercante, segundo seu relato, fora atacado por piratas, ferido e colocado no barco, no qual ele flutuava já por volta de quarenta dias e quarenta noites – o período de provações e jejum de Cristo no deserto.

O EMBUSTEIRO

Tristão afirmou que seu nome era Tãotris e, quando foi rebocado para a costa, deixou a cidade tão repleta das doces melodias de seu canto, que todos se aglomeravam para ouvi-lo. Um médico levou-o para sua casa, onde um sacerdote do palácio, maravilhado com a cortesia do jovem e seu talento para a música e línguas, dele teve pena e levou-o à rainha, que ao vê-lo foi tomada de compaixão.

"Oh!", ela exclamou, examinando sua perna. "Pobre menestrel! Estás envenenado."

Tristão simulou surpresa.

"Tãotris, confia em mim, que vou realmente te curar. Eu serei teu médico", ela disse; então perguntou se tinha forças suficientes para tocar para ela, e ele respondeu que nada podia impedi-lo de fazer perfeitamente qualquer coisa que ela pedisse. Trouxeram-lhe a harpa. E também chegou a filha da rainha, a fim de ouvir aquele prodígio.

"Selo do amor, era ela" – afirma Gottfried – "pois a partir daquele momento, o coração de Tristão seria lacrado e interditado para todo mundo, exceto para ela. A bela Isolda entrou e observou com muita atenção aquele que estava ali tocando harpa. E ele tocou como jamais o fizera em sua vida".[98]

Entretanto, a repugnante ferida em sua coxa exalava um fedor tão insuportável que, apesar do arrebatamento de sua música, ninguém suportava permanecer nem sequer uma hora a seu lado. A rainha então falou.

"Tãotris, assim que pudermos fazer com que esse odor diminua e as pessoas consigam ficar perto de ti, permite-me confiar esta jovem dama a tuas lições." – Reverberações de Abelardo e Heloísa! – "Ela sempre se dedicou aos livros e à música e, considerando o tempo e a oportunidade que ela teve para isso, sai-se muito bem. Em recompensa, te darei tua vida e teu corpo pleno de saúde, além de boa aparência. Está apenas em minhas mãos, conceder-te ou não."[99]

Isso nos lembra a Medusa grega, de quem o sangue que corre do lado esquerdo causava a morte, e o do direito, a vida.[100] Pois essa Rainha Isolda era uma daquelas poderosas rainhas-deusas do passado céltico que controlavam os destinos e poderes, até mesmo dos deuses. Na Irlanda, continuam reinando até hoje. "Já viste uma fada ou algo semelhante?", o poeta Yeats perguntou a um velho do condado de Sligo. "Acaso deixam de me perturbar?", foi a resposta. "Os pescadores daqui sabem alguma coisa das sereias?", ele questionou a uma mulher em uma aldeia do condado de Dublin. "Na verdade, eles não gostam de vê-las", ela respondeu, "porque sempre trazem mau tempo".[101] Há pouco motivo, portanto, para surpresa a respeito da magia da bela Rainha Isolda de Dublin, na lenda medieval de Tristão. O que sim é assombroso é a maneira como ela deixou a compaixão cegar seus olhos a ponto de impedi-la de reconhecer a identidade do embusteiro que estava em suas mãos.

"A astuta rainha" – afirma Gottfried – "empenhou toda a sua arte e sabedoria na tarefa de curar o homem por quem ela de boa vontade teria dado sua vida e reputação para ver destruído. Odiava-o mais do que amava a si própria, mas mesmo assim não pensava em outra coisa que não aliviá-lo e obter sua melhora, trazendo-lhe a sua cura – com esse objetivo ela se empenhou e se esforçou dia e noite".[102] E com tal resultado que em vinte dias as pessoas conseguiam suportar a proximidade dele e a princesa foi confiada aos seus cuidados. A jovem dama esforçou-se diligentemente e descobriu que o que já sabia ajudava muito; pois falava francês, latim e irlandês, tocava violino ao estilo galês, além de lira e harpa e cantava melodiosamente. As lições de Tristão aperfeiçoaram-na em todos esses predicados e, além do mais, ele instruiu-a na valiosa disciplina chamada *moraliteit* que, de acordo com a definição de Gottfried, é "a arte que ensina as belas maneiras".

"Todas as mulheres" – recomenda Gottfried – "deveriam dedicar-se a essa arte na juventude; pois é um saber encantador, puro e saudável em harmonia com o mundo e com Deus, que mostra com seus preceitos como agradar a ambos. Deve ser a ama de leite de todos os corações nobres, para que em sua arte eles busquem sua conduta e seu modo de vida. Pois se a *moraliteit* não dirigir suas vidas, não desfrutarão de bem-estar ou boa reputação".[103]

Em nenhuma dessas palavras há qualquer sugestão, nuança ou possibilidade de descobrir qualquer traço daquela filosofia gnóstico-maniqueísta de rejeição do mundo, que alguns críticos atribuíram a Gottfried. De fato, seria difícil cunhar uma fórmula com menos maniqueísmo. O professor August Closs, da Universidade de Bristol, na introdução à sua edição do texto em médio alto alemão, compara o conceito de *moraliteit* de Gottfried com o ideal clássico de καλοκάγαθία, o caráter e conduta do homem perfeito, um ideal, conforme ele observa, que pode ser alcançado apenas "nos momentos mais sagrados da vida de homens ou nações".[104] E o próprio Gottfried aponta nessa direção – não a maniqueísta – quando afirma que a sua gruta do amor fora criada por gigantes dos tempos pagãos e invoca as Musas e Apolo para inspirar sua obra.

A bondosa, bela e fadada Isolda, a quem Tristão inconscientemente estava instruindo para a sua própria perdição, aprendeu a tocar lira e harpa com tal graça que em seis meses toda a Irlanda falava nela. "E com quem" – pergunta o poeta –"eu poderia comparar aquela bela e talentosa jovem senão com as Sereias, que usando seu magnetismo atraíam as embarcações para si? [...] Ela cantava ao mesmo tempo em voz alta e secretamente, e agitava muitos corações através dos olhos e dos ouvidos. O canto entoado em público e quando estava com seu tutor era o canto melodioso e o suave tanger das cordas, que aberta e nitidamente penetravam o reino dos ouvidos e chegavam aos corações. Mas seu canto secreto era sua singular beleza, que deslizava oculta e silenciosa pelas janelas dos olhos até muitos corações nobres, onde produzia o feitiço que capturava instantaneamente e aprisionava-os com o anelo e os tormentos do anelo".[105]

Assim foi específica e explicitamente da beleza sensual dessa jovem donzela que a flecha do amor trespassou pelos olhos para chegar ao coração – como no poema do trovador Borneilh. E foram esses resultados não intencionais que moldaram o destino de Isolda. Ela foi, em certo sentido, a vítima involuntária de sua própria beleza. Entretanto, se for levada a sério a proposição de Schopenhauer de que o corpo de uma pessoa é uma "objetivação" de seu "caráter inteligível",* fica

---

* *Supra*, p. 44.

evidente que, embora o seu pensamento possa não ter moldado o seu destino, sua existência certamente o fez; e que num sentido profundo, essa existência era mais verdadeiramente ela – uma expressão da sua "vontade" mais essencial – do que foram todos os seus sonhos e pensamentos inconstantes de jovem. Além disso, reciprocamente, a reação do coração nobre de Tristão à sua beleza também era um efeito de *seu* caráter e vontade, pois ele jamais tocara melhor em toda sua vida! De maneira que, por uma espécie de valência além de sua vontade consciente, as vontades de ambos já se encontravam coproduzindo o romance que se tornaria, aparentemente por acaso, a única realização no tempo e no espaço de seu único destino possível.

Quando a ferida de Tãotris, que era Tristão, foi curada – graças aos esforços da rainha inadvertida que houvesse preferido trucidá-lo –, tanto a mãe, sábia, porém enganada, como sua filha, inocente e provocante, pediram ao respeitável embusteiro que permanecesse com elas na Irlanda. Ele, entretanto, prudentemente suplicou para regressar à sua esposa inexistente na Espanha com tal fervor que, com agradecimentos, grande honra e cortesia, teve permissão para partir em nome de Deus.

O INCITAMENTO DO REI MARCOS

Tristão retornou à Cornualha. Quando relatou sua aventura, interrogaram-no especialmente sobre a jovem Isolda e ele respondeu com tantos elogios que nem Marcos nem os demais ouvintes conseguiram tirar sua imagem do pensamento. "Ela é uma jovem", disse, "tão encantadora que tudo o que o mundo elegeu como beleza é insignificante comparado com ela". E continuou: "A radiante Isolda é uma princesa tão encantadora, tanto em comportamento quanto em aspecto, que jamais nasceu ou nascerá outra igual. A luminosa e resplandecente Isolda brilha como o ouro árabe".[106]

Na versão do romance de Eilhart-Béroul,* invoca-se um tema de conto de fadas como causa para a segunda viagem de Tristão à Irlanda. Uma andorinha, construindo seu ninho na janela do Rei Marcos, entrou esvoaçando no quarto e deixou cair um fio de cabelo dourado, longo e belo, brilhando como um raio de luz; e o rei, cujos barões estavam pressionando a se casar, concordou em satisfazê-los com a condição de que encontrassem a jovem a quem pertencia aquele fio de cabelo. O espírito desse motivo de conto de fadas coincidia com um tema dos trovadores da época, da "Princesa distante". O grande trovador Jaufre Rudel (floresceu de 1130 a 1150) apaixonara-se imediatamente ao ouvir o nome da Princesa de Trípoli. "Triste e feliz serei", cantava, "quando encontrar meu amor distante".[107] Gottfried ironizava o artifício de conto de fadas de Eilhart. "Alguma andorinha já construiu seu ninho", ele pergunta, "de maneira tão singular que, havendo tantos recursos em sua própria terra, tenha ido procurar material para seu ninho no além-mar?"[108] Em sua

---

* Cf. *supra*, p. 74.

própria versão, seguindo Thomas da Bretanha, não houve necessidade de nenhuma andorinha, já que a própria boca de Tristão oferecia suficientes maravilhas.

"Eu tinha acreditado", disse o inocente apaixonado, "a partir dos livros que li em louvor de Helena, a filha de Aurora, que apenas nela todas as belezas das mulheres tinham-se congregado, como numa única flor; mas agora estou livre dessa ilusão. Isolda quebrou as amarras dessa crença que me fez pensar que o sol nascia em Micenas. A beleza suprema jamais se mostrou sobre a Grécia; senão unicamente aqui. Que o pensamento de todos os homens dirijam-se à Irlanda. Que os olhos ali se deleitem e vejam como o novo sol, seguindo à luz de seu próprio alvorecer – Isolda após Isolda – ilumina de Dublin a todos os corações!"[109]

É nítido que o Tristão de Gottfried já está completamente apaixonado e a poção, consequentemente, irá apenas abrir as comportas para uma maré que já pressionava para irromper: não conscientemente reprimida, como no moderno século XIX wagneriano, mas absolutamente ignorada, inocentemente cegada por um ideal de lealdade e certa noção do bem comum. A descrição entusiasmada do jovem a respeito de uma mulher brilhante como o sol, concorda em tudo com a definição de C.G. Jung de uma projeção anímica arquetípica: a atribuição a uma mulher viva da imagem masculina inconsciente da Mulher de sua alma.[110] E não é de estranhar que todo o reino da Cornualha esteja incitando o Rei Marcos, que jurou permanecer solteiro e deixar o trono para o seu sobrinho, a tomar como esposa aquela perfeição irlandesa, cuja fama fora anunciada por aquele mesmo inebriado sobrinho.

"O Rei Gurmun e a Rainha Isolda têm apenas uma herdeira", disseram os cortesãos. "Com Isolda vem a própria Irlanda."

E Marcos, em dúvida, respondeu pesaroso: "Tristão colocou-a nas profundezas de meu pensamento".[111] O que, no livro de Gottfried, era um ponto contra Marcos, pois ele próprio não tinha visto Isolda, a magia de sua beleza não penetrara seus olhos para chegar ao coração, mas recebera apenas a descrição dela, que chegou através dos ouvidos ao cérebro. Não era *amor* o que o ligaria a Isolda, mas prudência, negócios de Estado, conselheiros insistentes e uma certa indecisão. No final, preparou-se uma expedição com vinte cavaleiros, vinte barões e três vezes vinte homens; Tristão, novamente como Tãotris, mas agora simulando um mercador, partiu mais uma vez em direção à baía de Dublin.

A PROCURA DA NOIVA

Do ponto de vista de um estudioso de folclore, esta segunda viagem não é mais do que uma repetição modificada da primeira, que culmina não no abandono, mas na captura da noiva. E como na primeira, antes de encontrar Isolda, Tristão teve de enfrentar Morold, que o envenenou mortalmente, também nesta terá de enfrentar um guardião de portal. Na versão de Thomas da Bretanha, o escudo de Morold estava decorado com a figura de um dragão.[112] Morold era uma manifestação em forma humana do mesmo obscuro poder que Tristão terá agora de enfrentar no seu

Figura 33. Tristão e o dragão.

próprio terreno e em sua forma animal primitiva (figuras 33 e 34). No texto de Gottfried:

A lenda relata sobre uma serpente-dragão que habitava a região – um monstro malévolo que sobrecarregava o povo e o país com desgraças tão espantosas que Gurmun, o Lascivo, o rei irlandês, jurara por sua honra que entregaria a mão de sua filha Isolda a qualquer nobre cavaleiro que liquidasse o monstro. A notícia e a beleza arrebatadora da jovem foram suficientes para custar a vida de milhares de cavaleiros, que vinham combater e encontravam ali a morte. Por toda a Irlanda contava-se esta história. Tristão conhecia-a bem; eis o motivo que o encorajava a fazer a viagem, pois não tinha outra esperança em que se sustentar para alcançar sua meta.[113]

Tristão galopou até as flamejantes mandíbulas abertas do monstro e enterrou fundo sua lança na garganta dele; porém, ao cerrarem-se suas mandíbulas, toda a

O AMOR-MORTE

Figura 34. O dragão.

parte dianteira de sua montaria, até a sela, foi tragada. O dragão virou-se e, espalhando fogo para ambos os lados, encaminhou-se para sua toca, perseguido por Tristão, a pé; ao ver-se encurralado, o monstro voltou-se e se seguiu uma terrível batalha até que, com a lança ainda em sua garganta, as forças da besta esmoreceram. Afundando-se no chão, expirou quando Tristão cravou sua espada em seu coração.

Uma batalha muito diferente daquela travada por Beowulf cinco séculos antes!

O vencedor cortou a língua do monstro e guardou-a em seu peito – porém ela emitiu um veneno tão ardente pelo seu corpo que, para se refrescar, ele mergulhou numa lagoa próxima e permaneceu apenas com a boca e o nariz fora d'água.

Mas havia na corte irlandesa um covarde camareiro que fazia anos espiava todas as batalhas contra esse dragão, na expectativa de atribuir-se o mérito pela façanha quando o monstro fosse liquidado. E esse idiota, ao ouvir à distância o trovejar da batalha de Tristão com o dragão, cavalgou apressadamente até o local. Ao ver o que restava do cavalo mutilado, ficou otimista e, seguindo o rastro de cinzas, subitamente viu o monstro morto bem a sua frente. Chocado, puxou as rédeas com tanta força que ele e seu cavalo caíram por terra; então olhou para o monstro e fugiu. Mas, em breve, retornou e cautelosamente estudou a situação. Sacou sua espada e se pôs a cortar e apunhalar o monstro inerte, gritando enquanto golpeava, "*Ma blunde Isot ma bele*". E, no final, cortou a prodigiosa cabeça, mandou buscar uma carreta na corte e nela transportou seu troféu até o rei.

A rainha, entretanto, percebendo que o relato não podia ser verdadeiro, encaminhou-se com sua filha, intuitivamente, para a lagoa, onde encontraram Tristão, quase morto. Elas encontraram também a língua do dragão e souberam logo o que ocorrera; levaram secretamente o cavaleiro a seus aposentos, trataram-no e, quando o camareiro fez a sua tola reivindicação diante da corte, as duas Isoldas, tão espertas quanto belas, apresentaram, para espanto de todos, seu cavaleiro – que simplesmente pediu que as mandíbulas do troféu fossem abertas, exibiu a língua que faltava e com isso ganhou o litígio e a jovem – não para si, mas para seu país e seu rei.[114]

A CENA DA BANHEIRA

Ainda não explicamos o significado do nome Isolda. Do mesmo modo que o dragão está associado mitologicamente com Morold, o porco com Tristão e o cavalo a Marcos, também Isolda está relacionada com o pássaro solar, o pássaro-leão da Magna Mater.[115] Em uma passagem de grande beleza Gottfried a descreve como o falcão da deusa.

> Então chegou a Rainha Isolda, a clara Aurora; e pela mão levava o seu Sol, a maravilha da Irlanda, a resplandescente donzela Isolda [...] modelada como se o Amor a tivesse convertido em seu próprio falcão. Sua postura era tão ereta e altiva como a de um gavião, bem como tão adornada quanto um papagaio. Como um falcão sobre um galho, ela deixou seus olhos perambularem. Eles buscavam sua presa de uma maneira que não era nem dócil, nem demasiadamente intensa. Eles faziam um voo rasante, silencioso e encantador, e não houve ali olhos que não contemplassem nesses espelhos reluzentes um milagre e uma fonte de prazer.[116]

Não há dúvida que Gottfried conhecia as figuras mitológicas que empregava. Tomou cuidado, entretanto, para subordiná-las a um ideal pretendidamente racional de naturalismo e verdade objetiva, como Ovídio disfarçara em suas *Metamorfoses*, uma obra mitológica que apesar de expurgada de todas as listas eclesiásticas de "livros autorizados" nos séculos XII e XIII,[117] influenciou decisivamente toda a arte narrativa da tradição secular. E Gottfried aplicou esse princípio muito habilmente em seu tratamento da célebre cena da banheira, que ocorreu durante o período de convalescença de Tristão, entre a luta com o dragão e sua vitória na corte.

A cena é fundamental. Primeiramente, no plano mitológico, revela o aspecto terrível da deusa – a deusa do leão e do machado duplo – que vai consumir o sacrifício de nosso divino porco selvagem, numa versão doméstica do abismo das águas. Em segundo lugar, no plano psicológico, a cena representa uma inversão total dos sentimentos das duas Isoldas com relação a seu hóspede, e dessa maneira foi usada por Wagner para motivar a cólera de sua heroína no primeiro ato. Por último, no plano puramente narrativo, certos temas isolados da primeira e segunda viagens à Irlanda foram interligados de maneira dramática, e com isso toda a coloração emocional do romance foi transformada.

A cena ocorre logo após as duas Isoldas, mãe e filha, terem levado seu salvador em potencial da lagoa na qual ele procurara aplacar o fogo do veneno – quase morto, novamente, por um ferimento de dragão. A repetição é óbvia. As mulheres novamente estão cuidando em seus aposentos de um homem que desconhecem e cujo próprio nome falseou; mas desta vez ele não veio disfarçado de menestrel, mas armado, com espada e escudo. E enquanto ele estava mergulhado numa banheira – na água novamente, como na lagoa onde o encontraram; ou nas águas, por assim dizer, às quais ele se entregara, sozinho com sua harpa, no pequeno barco sem remos; ou, ainda, nas águas do Reino sob as Ondas, Avalon, a Ilha além do Pôr do Sol, cujo símbolo é a Irlanda –, foi que a jovem Isolda, no outro quarto, examinando sua armadura, por acaso puxou sua espada – e, surpresa, seus olhos de falcão lançaram-se sobre o dente na lâmina.

Aterrada, ela largou a arma, voltou-se para o cofre de relíquias, retirou o fragmento e comparou-o com o entalhe na lâmina; e eles se encaixavam. Compreendeu então que os nomes Tãotris – Tristão também se equivaliam, como o negativo com o positivo. Chocada, mortificada e revoltada com a traição daquele a quem ela dera amor, tomou a poderosa lâmina em sua mão, subitamente forte, e dirigiu-se ao homem indefeso em sua banheira. Isso nos recorda Clitemnestra quando do regresso de seu esposo, Agamênon; também, retrospectivamente, lembramos do assassinato de Marat por Charlotte Corday.

"Assim que és Tristão!", disse ao aproximar-se dele com sua própria espada. "Assim que é *este* que tu és!"

Ele respondeu, indefeso, "Não, minha senhora! Sou Tãotris!"

"Sim", ela disse, "Tãotris e Tristão, e os dois estão agora a ponto de morrer".

Porém, no momento exato, entrou a rainha Isolda e imobilizou sua mão. O herói, da banheira, suplicou clemência e a criada Brangaene, que também entrara, suplicou juízo – argumentando que para provar a falsidade do senescal, esse herói deveria permanecer vivo. E foi assim que, depois de um momento de hesitação, enquanto a espada tornava-se mais pesada na mão de Isolda, o perigo passou e as Três Graças se retiraram para permitir que o homem pudesse sair, com novo nome, renascido, por assim dizer, da banheira das damas.

Figura 35. Tristão oferece a taça para Isolda.

A POÇÃO DO AMOR

Com isso, o veneno do ódio, que penetrara nas mentes das duas Isoldas como o metal incrustado na cabeça de Morold, e o veneno da magia da rainha, que da lâmina do mesmo Morold assassinado penetrara na ferida de Tristão, foram unidos dramaticamente para se transformarem, em seu devido tempo, no aspecto demoníaco do *amor* – não menos letal. O amor inocente de Isolda foi eclipsado por um ataque violento de ódio e, como Wagner reconheceu em sua criação, o sentido psicológico de toda a primeira parte da lenda é sintetizado nesse momento de peripécia. No convés principal de seu palco lírico, Isolda, presa de emoções contraditórias, canta a seu Tristão, que durante toda a viagem evita sua companhia, "A culpa de um homicídio paira entre nós!"

"Isso", canta o tenor de Wagner, "já foi absolvido".
"Não entre *nós*!" ela replica.
E aos acordes mesclados dos temas da Exaltação Espiritual, do Desejo, dos Chamados dos Marinheiros e da Morte, Isolda revive os episódios da cura de Tristão, o reconhecimento da lasca da espada e sua intenção fracassada de matá-lo.
"Porém, ao que com a mão e os lábios prometi ali, juro manter-me fiel, em segredo".
"O que, mulher, tu prometeste?"
"Vingança! – ela responde – Por Morold!"
A figura 35 mostra outro dos azulejos do Mosteiro Chertsey. Em seu estilo do século XII, o jovem Tristão está passando a taça para Isolda, que os dois supõem conter vinho. Pois não houvera durante toda a viagem, nas versões anteriores, nenhuma situação de tensão entre o desejo e a fuga que Wagner concebeu para o seu primeiro ato. Tristão, na verdade, visitava com frequência a cabine de Isolda, para confortá-la em sua ansiedade e solidão, na sua viagem até o Rei Marcos, onde, conforme narra Gottfried:

> sempre que chegava e encontrava-a em lágrimas, tomava-a com delicadeza e doçura em seus braços, mas apenas à maneira que um vassalo trataria sua dama. O que ele desejava lealmente era apenas consolar a sua dor. Entretanto, antes de seu braço estreitá-la, a adorável jovem lembrava da morte de seu tio e dizia: "Pare aí, senhor, afaste-se! Retire seu braço! É demasiado inconveniente! Por que fica me tocando?"
> "Estou fazendo algo de errado, minha senhora?"
> "Na verdade está, porque o odeio."
> "Mas por que, minha cara senhora?"
> "Porque matou meu tio."
> "Já paguei por tudo aquilo."
> "Mesmo assim, acho-o insuportável; pois se não fosse por sua causa, não teria preocupações e inquietações. [...]"[118]

E foi num desses momentos íntimos que a poção foi bebida por acidente. E é surpreendente que muitos estudiosos modernos achem difícil interpretar aquela beberagem. Alguns, como já mencionamos (*supra*, p. 70), argumentaram que na visão de Gottfried a poção foi a *causa* do amor. O Prof. A.T. Hatto, por exemplo, na introdução à sua tradução, declara de modo contundente que o poeta "adere estritamente à tradição de sua lenda, ou seja, que ela era uma poção que fez com que os amantes se apaixonassem".[119] O Prof. August Closs, por outro lado, afirma que "a poção amorosa de Gottfried não é a causadora do amor, mas o que o simboliza,"[120] o que sem dúvida é preferível. Entretanto, se há um ponto totalmente claro na versão do próprio Gottfried, é que a poção não pode ter marcado o surgimento do amor, nem como símbolo, nem como causa, uma vez que o amor já estava presente nesse casal perfeitamente unido em harmonia havia algum tempo.

Poderia pensar-se que, mesmo se nossos estudiosos, por sua aplicação à filologia, tivessem eles próprios sido privados de experimentar, na sua juventude, essa misteriosa transformação em que o amor, pela magia de um catalisador, passa de seu modo estético-pessoal para seu modo demoníaco-compulsivo, eles poderiam, ao menos, recordar as palavras na cena do Inferno de Dante, da condenada ao fogo eterno do Inferno, Francesca de Rimini: aquela famosa passagem, frequentemente citada, que descreve a circunstância de sua queda naquilo que Dante e seu Deus do Amor condenaram como pecado carnal. Tristão também se encontrava naquele círculo dantesco do Inferno, arremessado com os outros pobres amantes – Dido, Semíramis, Cleópatra, Páris, Helena etc. – no torvelinho de um vento abrasador.

Quando Paolo e Francesca passaram, ainda abraçados, em tormento, Dante, como um sociólogo, perguntou-lhes o que os levara àquela situação.

"Dos suspiros no momento, com que e como concedeu-te amor do secreto desejo o entendimento?"

A questão antecipa claramente a nossa moderna teoria do inconsciente por uns bons seiscentos anos. E Francesca respondeu:

> Líamos um dia nós dois, para recreio,
> de Lancelote e do amor que o prendeu;
> éramos sós, e sem qualquer receio.
> Vezes essa leitura nos ergueu
> olhar a olhar, no rosto desmaiado,
> mas um só ponto foi que nos venceu.
> Ao lermos o sorriso desejado
> ser beijado por tão perfeito amante,
> este, que nunca seja-me apartado,
> tremendo, a boca me beijou no instante.
> Foi Galeoto o livro, e o seu autor;
> nesse dia não o lemos mais adiante.[121]*

O professor Gottfried Weber, de Colônia, cujo excelente estudo sobre Tristão já citamos, interpreta a poção corretamente quando a vê como "uma metáfora daquele momento psicológico de amor em que duas pessoas de forte atração erótica perdem o controle da capacidade de livre escolha, influenciadas por uma mútua aproximação interior, ardente e insuspeitada, e os fluxos da paixão acumulados no inconsciente transbordam juntos, submergindo-os, fazendo-os perderem toda a força de vontade". Adiante, "o poeta eleva esse processo psicológico – e este é

---

* Galehaut (também Galehos) é o nome de um rei adversário de Artur em um texto em prosa conhecido como *Vulgata artúrica*, composto entre 1215 e 1230 (ver *infra*, p. 452), que seria a versão mais popular do romance na Baixa Idade Média. Em alguns manuscritos a extensa primeira seção desta versão recebe o nome de "Galehaut".

um ponto importante – a uma experiência objetiva de um absoluto existencial e o descreve como uma força independente, mais do que humana, abrindo-se para o transcendente".[122]

> Com o efeito da poção mágica [ele continua], o poeta deu forma estética à ideia de que Tristão e Isolda foram encantados por uma força sobrenatural, que se encontra atuando irresistivelmente neles, sem nenhuma possibilidade de um ato de vontade capaz de controlá-la; e é essa força dominante, dentro e acima deles, que está arrebatando-os um para o outro, para o ato físico da união amorosa. Assim, na poção mágica a convicção e a experiência do poeta é formulada pela falta de liberdade de escolha e pela força compulsiva da circunstância. Os amantes são incapazes de resistir um ao outro.
>
> Ademais, eles não querem resistir; mas, ao contrário, afirmam sua falta de liberdade – cárcere que não se limita à esfera da fenomenologia de seu amor tornando urgente a união física, mas aprisiona-os completamente, forjando para eles um destino comum até a morte.[...] E essa força mágica foi experimentada e interpretada pelo poeta como divina: a própria existência e atuação da deusa Minne [...] [o que quer dizer, em oposição à imagem e ao dogma ortodoxos da graça sobrenatural], à maneira de uma *analogia antitética*, mesmo de uma *analogia antitética demoníaca*.[...] Pois o sofrimento do amor [que, em seu estado extremo, é o Inferno] é consequência direta e inevitável tanto do ardor irresistível de sua experiência de prazer sensual, como do fato adicional de sua imperiosa e subjugante consumação elevar-se ao estado espiritual de uma autoafirmação voluntária.[123]

No poema de Gottfried a passagem da inocência para a experiência não ocorre instantaneamente, como na cena dramática de Wagner – ou como no caso de Paolo e Francesca. A necessidade de estar perto um do outro, o ardor, uma nova sensação de dor e o surgimento da compreensão de que isso na verdade era amor, levava um ou dois dias, até que, no momento em que o casal encontra-se outra vez e Tristão pergunta de modo inocente – mas nem tanto – por que a bela Isolda parecia então tão aflita, ela responde: "Tudo em que penso me atormenta; tudo o que vejo causa-me dor. O céu, o mar, eles me oprimem. Meu corpo e minha vida são um fardo. Ela inclinou-se, repousando seu braço nele – e esse foi o começo para ambos."[124] Para confortá-la, ele a tomou delicadamente em seus braços e lhe perguntou mais uma vez o que a afligia.

"*Lameir!*", ela respondeu; e ele então esforçou-se para descobrir o sentido da palavra. "*L'ameir*, a amargura?" ele perguntou. "*La meir*, o mar?"

"Não, meu senhor, não!", ela respondeu. "Nenhum dos dois: nem o ar, nem o mar, mas *l'ameir*".

E assim ele chegou ao significado da palavra: *l'ameir, l'amour* – ao que ele respondeu: "Ó minha querida, o mesmo acontece comigo: *l'ameir* e tu: tu és meu tormento. Isolda querida, rainha do meu coração, apenas tu e meu amor por ti acabaram com meu juízo. Tenho andado tão perdido que jamais voltarei ao normal. Não há em todo este mundo nada que me seja mais caro do que tu".

Isolda respondeu: "Senhor, o mesmo tu és para mim".

"E como os amantes", lemos, "compreenderam então que havia entre eles apenas um pensamento, um coração e uma vontade, seu sofrimento começou a cessar e a vir à luz na mesma hora. Fixaram seus olhares e dirigiram-se um ao outro mais ousadamente: o homem, a mulher; a mulher, o homem. A desconfiança entre eles desapareceu. Ele a beijou e ela o beijou, amorosamente, docemente. E isso, para a cura do Amor, foi um começo deleitoso".[125]

A CONSUMAÇÃO DO AMOR

Brangaene era a única pessoa a bordo que sabia sobre a poção amorosa; porque a mãe de Isolda confiara-lhe o frasco em segredo, para ser servido a Isolda e ao Rei Marcos, como se fosse vinho: "Uma bebida afrodisíaca", explica Gottfried, "produzida com tal astúcia e poder que, com quem se compartilhasse essa bebida, ambas as pessoas, quisessem ou não, amar-se-iam sobre todas as coisas: teriam assim uma única vida e uma única morte, uma só dor e uma só alegria".[126]

A bondosa Brangaene estava fora da cabine quando a bebida foi servida e, ao retornar, quase desmaiou ao perceber o que sua negligência causara. Jogou o frasco no mar e guardou o segredo para si, mas agora, ao reconhecer o efeito da bebida, suplicou ao casal atormentado que lhe dissesse por quem suspiravam, lastimavam, afligiam-se e reclamavam o tempo todo.

"Pobre de mim e pobre Isolda!", Tristão respondeu. "Não sei o que aconteceu conosco. Num breve instante, ficamos ambos exasperados com uma singular aflição. Estamos morrendo de amor, mas não encontramos nem tempo nem lugar para ele, já que tu vigias com tanta diligência, dia e noite. E asseguro que, se morrermos, não haverá ninguém mais a culpar se não tu." Isolda concordou e Brangaene disse "Que Deus tenha piedade! Por que o Demônio escarneceu-se de nós dessa maneira! Vejo agora que não tenho outra alternativa, senão atuar de um modo que é doloroso para mim e que trará vergonha para vós".[127]

Jurando guardar segredo, ela se retirou. "E naquela noite", conta o poeta:

> quando a encantadora donzela Isolda estava deitada, ansiando por seu amado, chegaram às escondidas à sua cabine, suavemente, seu mui querido e sua médica, Tristão com a deusa Amor. A médica levava pela mão seu paciente, Tristão, e ali encontrou a outra paciente, Isolda. Ela tomou conta dos dois, imediatamente, dando ela a ele e ele a ela, para que se tornassem um a cura do outro. Pois o que mais poderia curar aqueles dois do sofrimento que sentiam quando estavam separados, senão a união de ambos e o entrelaçamento de seus sentidos? Amor, o que enlaça, teceu aqueles dois corações com a trama de sua doçura, tão habilmente e com um poder tão incrível, que permaneceram unidos pelo resto de seus dias.[128]

MORTE ETERNA

Então surgiu o problema de presentear o Rei Marcos com uma virgem na noite de núpcias e a solução encontrada foi pedir a Brangaene que ocupasse o lugar de Isolda. A criada, ao ouvir o pedido, ficou vermelha e pálida seguidamente, "pois, afinal", diz Gottfried, "aquele era um estranho pedido". Finalmente, sentindo-se contrariada, ela consentiu; porque se dava conta de que a culpa era sua.

"Querida senhora", disse a Isolda, "tua mãe, a abençoada senhora Rainha, confiou-me teus cuidados. Eu deveria proteger-te nesta viagem, mas em vez disso, tu estás agora padecendo de dor e sofrimento por descuido meu".

Consternada, Isolda perguntou a que se referia.

"No outro dia", respondeu Brangaene, "eu lancei um frasco no mar".

"Ah sim?"

"Aquele frasco e o que ele continha será vossa morte", ela disse e contou-lhes toda a história.

Tristão replicou: "De maneira que será feita a vontade de Deus, seja ela a morte ou a vida! Porque aquela poção envenenou-me docemente. Nada sei sobre a morte que tu falas; mas *essa* morte me convém. E se a maravilhosa Isolda continuar sendo minha morte, então eu, com prazer, cortejarei uma morte eterna".[129]

E esse, em suma, é o tema amor-morte, entendido por Gottfried e por todos os verdadeiros amantes da Idade Média gótica. Dante, como vimos, enviou Paolo e Francesca para o Inferno; e para Gottfried também o significado de "morte eterna" era "Inferno". Este era o amor-morte desejado por Heloísa e temido por Abelardo – que, embora bretão e um trovador do amor, não foi nenhum Tristão. Três tipos de "morte" são referidas nesta passagem:

1. Aquela, da qual Brangaene falou, a morte física.
2. Aquela, a qual Tristão se referiu em sua celebração "desta" morte, ou seja, seu êxtase em Isolda – que, como demonstrou o professor Weber, é o principal tema místico desenvolvido em todo o poema, em analogia antitética com a ideia cristã do amor. O leito cristalino na gruta é, obviamente, o símbolo máximo dessa analogia. A referência clara é ao sacramento do altar no seu sentido dual de amor e morte: o amor-morte de Cristo, celebrado na eloquente passagem da Epístola aos Filipenses 2:6-8, que é representada misticamente todos os dias – na verdade, a cada hora do dia – nos inumeráveis altares da igreja cristã.

O apaixonado São Bernardo, contemporâneo de Heloísa e Abelardo, numa famosa série de sermões sobre o Cântico dos Cânticos bíblico, divulgou para uso eclesiástico um rico vocabulário de termos eróticos baseado na alegoria da alma – ou, alternadamente, da Santa Madre Igreja – como a esposa de Cristo, respondendo com desejo no seu leito nupcial ao ardor de Deus; e Gottfried seguiu os ecos do arrebatamento seráfico do santo celibatário nos muitos versos de sua inspirada obra:

"O amor se expressa em toda essa canção nupcial", o monge declarou em celebração de seu texto, "e se algum dos que a leem deseja alcançar conhecimento dele, que ele ame." [...]

Figura 36. Ostreiro respondendo a um "estímulo supranormal".

"Ó amor, precipitado, apaixonado, impetuoso, que sofre por não pensar em nada além de ti mesmo, que detesta a tudo o mais, que despreza tudo a não ser tu mesmo, que te basta apenas a ti mesmo! Transformas a ordem em confusão, desrespeitas os costumes, não conheces limites. Em teu próprio nome triunfas e submetes sobre tudo o que parece uma questão de decência, prudência ou juízo."[130]

Mas o Cântico dos Cânticos, que o santo interpretava, não é, conforme se declara tradicionalmente, um poema composto no século X a.C. pelo rei de mil esposas e concubinas, mas uma coletânea de fragmentos eróticos, na maioria incompletos, todos posteriores ao século V a.C. O livro exigira ser reinterpretado antes de ser incluído no cânone. Entretanto, a atribuição de sua autoria a Salomão fizera-o parecer desejável, e o problema foi resolvido pelo tratamento "como uma imagem de amor entre Jeová e o Israel ideal".[131] Mas o monge cristão estava agora interpretando-o em outro sentido, com a esposa do Senhor representada por uma instituição que o suposto autor jamais conhecera. E em nome desta segunda esposa, pregava a sua congregação, como em um paroxismo de sofrimento enlouquecido, ilícito:

"O desejo, não a razão, me impele...

Um senso de modéstia protesta, é verdade; entretanto, o amor vence...

Não ignoro o fato de a honra do rei amar o bom senso. Mas o amor intenso não permite julgamento. Ele não é dissuadido pelo conselho; não é controlado por um sentido de falsa modéstia; não se sujeita à razão. Peço, imploro, suplico com todo o meu coração: Beije-me com os beijos de sua boca."[132]

Na Índia havia igualmente uma doutrina do amor divino florescendo na época de Bernardo;* entretanto, suas metáforas de arrebatamento não estavam confinadas a sermões, mas expostas na escultura dos templos e traduzidas em ritos semelhantes aos de nossos amigos gnósticos, os fibionitas.** "O Canto do Pastor", de Jayadeva, celebrando em detalhes voluptuosos o amor – ilícito e divino – do deus-homem Kṛṣṇa pela matrona terrena Radha, vai consideravelmente além de Bernardo em suas intimidades eróticas;[133] mas sua finalidade espiritual é a mesma: oferecer uma base para meditação de modo que o coração possa se elevar da esfera terrena para a sobrenatural, mediante o que, em um jargão psicológico se poderia chamar de "imagem supranormal".[134]

A figura 36, do livro do Prof. N. Tinbergen, *The Study of Instinct* [O Estudo do Instinto], mostra um pássaro potencialmente santo, um ostreiro, reagindo espiritualmente a um ovo gigante, um "estímulo supranormal", imensamente maior que o seu próprio, o menor dos três. O ovo de tamanho médio é de uma gaivota. O professor Tinbergen afirma: "Se lhe for apresentado um ovo de tamanho normal de um ostreiro, um do tamanho do de uma gaivota e um do dobro do tamanho de um ovo de gaivota, a maioria das escolhas recai sobre o ovo maior".[135] São Bernardo continua agora a lição desse pássaro:

> Dessa maneira, mesmo neste nosso corpo a alegria da presença do noivo é frequentemente sentida, mas não em sua plenitude; pois embora sua visita alegre o coração, a sua ausência o entristece. E isso a amada deve suportar necessariamente, até que ela tenha abandonado o peso do corpo carnal, quando então também voará para o alto, levada nas asas de seus desejos, conduzindo-a livremente pelos reinos da contemplação e com a mente desimpedida, seguindo a seu Amado *para onde quer que ele vá.*[136]

Gottfried está chamando de volta aquele pássaro espiritual para a terra, o ostreiro para o seu ninho, profeticamente de acordo com a verdade de Nietzsche, "para permanecer fiel a esta terra". E com isso ele inverte a perspectiva do mundo de lá: não abandonar o pequeno pelo grande, mas experimentar no pequeno o arrebatamento do grande. Porque não existe um amor que seja puramente espiritual ou meramente sensual. O homem é composto de corpo e espírito (se é que ainda podemos usar tais termos) e é dessa maneira um mistério essencial em si mesmo; e o âmago mais profundo deste mistério (na visão de Gottfried) é o mesmo ponto tocado e despertado pelo e no mistério do amor, cuja pureza sacramental não tem absolutamente nada

---

* *Supra*, p. 151 e 152.
** *Supra*, p. 146-148.

a ver com a suspensão ou supressão do sensual e dos sentidos, mas inclui e mesmo repousa sobre a realização física.

A visão de Gottfried sobre a pureza do amor compreende, assim, dois fatores: a) exclusividade, singularidade, lealdade incondicional à experiência do amor; e b) uma disposição irrestrita para o sofrimento deste amor – que nos leva, finalmente, à terceira e última ordem da "morte" na sua interpretação do amor-morte:

3. Uma "morte eterna" no Inferno.

Mas essa, na verdade, é apenas uma afirmação absoluta da "pureza" do amor contra os terrores supranormais do mito cristão: ou mesmo em afirmação voluntária do fogo meramente como o aspecto amargo do êxtase, agridoce, que permaneceria ali para sempre. Até que ponto Heloísa temeu realmente aquele fogo? Ela acreditava nele, como Abelardo. Com que intensidade sofreram Paolo e Francesca nas chamas em que Dante imaginou ouvir seus lamentos? Há uma "memorável fantasia" do poeta William Blake que pode esclarecer esta questão. "Enquanto eu andava – ele escreveu – "entre as chamas do Inferno, encantado com os prazeres do Espírito, que para os Anjos pareciam tormento e loucura, reuni alguns de seus Provérbios..." E entre um grande número deles estava o seguinte: "Mergulhe no rio aquele que adora a água".[137]

Pois Dante, quando parou para interrogar Francesca, estava no começo de uma longa jornada de sonhos que iria levá-lo em seu último canto ao auditório de uma preleção de São Bernardo para a população do Paraíso, junto com uma visão deste, ao passo que para Gottfried e seu Tristão, como para Heloísa (embora não para Abelardo), não o ovo grande mas o pequeno era o real, e o sofrimento do crucificado, simbolizado como o de Deus e, portanto, eterno, é o êxtase do amor nesta terra, onde todas as coisas morrem.

Entretanto, como diz Gottfried, apesar de o amor ser a essência mesma da vida, ele está embrutecido em todas as partes.

> Eu tenho pena do Amor [ele escreve] com todo o meu coração; pois embora a maioria das pessoas se prendam e se apeguem a ela*, ninguém reconhece seu mérito. Todos queremos sua companhia e o prazer que ela nos proporciona. Mas não! Amor não é o que nós fazemos dela com nossas trapaças. Enfrentamos as coisas da maneira errada. Semeamos meimendro-negro e esperamos colher lírios e rosas. Mas, acreditem-me, isso não é possível.
>
> É realmente verdadeiro o que eles dizem: "Amor é fustigada e perseguida até os confins da terra". Tudo o que possuímos dela é a palavra, apenas o nome nos resta. Porém, com esse também brincamos, abusamos e vulgarizamos tanto, que a coitadinha está envergonhada de seu nome, desgostosa com o seu próprio som. Ela vive se encolhendo e se acovardando. Humilhada e desrespeitada, anda furtivamente pedindo de porta em porta, arrastando vergonhosamente um saco todo remendado,

---

* O amor é tratado no feminino, como deusa. [N. da T.]

abarrotado de bugigangas furtadas, que ela nega a si própria e oferece para vender na rua. Meu Deus! Nós mesmos criamos aquele mercado. Traficamos com ela de uma maneira espantosa e então pretendemos ser inocentes. Amor, a rainha de todos os corações, a nascida livre, a única e exclusiva, é exposta à venda pública! Que tributo aviltante é esse que exigimos dela![138]

E assim *incipit tragoedia!*
Porque não apenas o amor, mas também a honra motivavam Tristão e Isolda: suas reputações no elegante mundo palaciano da época, além de seus compromissos no âmbito da história e do seu tempo. E por empenharem-se para honrar seus compromissos ao mesmo tempo que o amor, sacrificaram ambos e, assim, chegaram finalmente àquela morte aludida por Brangaene.

"Cultivamos o amor", diz Gottfried, "com mentes exasperadas, com mentiras e enganos e, então, esperamos que dele brote prazer para o corpo e ao coração; porém, ele nos proporciona apenas dor, corrupção, infortúnio e doença – conforme seu solo foi semeado".[139]

O CASAMENTO DO REI MARCOS

O barco nupcial aportou na Cornualha e foi recebido com pompa real. Na cerimônia matrimonial, os olhos de todos voltaram-se para a desafortunada noiva, resplandecente como o Sol. Quando chegou a hora de dormir, o rei se retirou, e as mulheres trocaram rapidamente seus vestidos. Tristão conduziu Brangaene a seu altar de sacrifício e Isolda apagou as luzes.

"Eu não sei", confessa Gottfried, "como Brangaene se sentiu quando tudo começou; ela comportou-se com tanta discrição que não emitiu nenhum som. O que quer que seu parceiro tenha exigido dela, ela representou e satisfez, com todo empenho, tão perfeitamente quanto ele desejou". Isolda, entretanto, estava ansiosa. "Senhor Deus", ela orou, "proteja-me e ajude-me, para que minha protetora não me traia. Eu temo que, se ela continuar por demasiado tempo nesse jogo erótico, ou muito ardentemente, ela venha a gostar e permanecer ali até o amanhecer, quando nos tornaremos motivo de riso e comentários do mundo".

Mas não! Brangaene era fiel e leal. Quando acabou de cumprir sua obrigação, silenciosamente deixou a cama e Isolda ocupou o seu lugar. O rei pediu vinho; pois era costume naquela época depois de um homem ter deflorado uma virgem, os dois beberem juntos; e, de fato, para esse momento é que a poção fora preparada. Tristão chegou com uma vela e o vinho; o rei e a rainha beberam. Os dois deitaram-se, a luz foi novamente apagada e Isolda cumpriu com suas próprias obrigações, com não menos nobreza do que a criada Brangaene, enquanto o rei não percebeu nenhuma diferença. Uma mulher era igual a outra, para ele.[140] E esse foi o erro trágico no qual Marcos também foi envolvido, juntamente com o casal, nas armadilhas da rede mágica da deusa Amor.

Indiferente à individualidade de sua rainha, ele se apaixonara por sua beleza, sem unir-se a seu coração. "E meu Deus", exclama o poeta, "quantos Marcos e quantas Isoldas encontramos hoje que são tão cegos, ou ainda mais, em seus olhos e corações! O desejo é a força que, em todo o mundo e em todos os tempos, vem enganando os olhos perspicazes. Porque tudo o que se possa dizer da cegueira, nada cega tão perigosa e assustadoramente quanto o desejo e o apetite. Por mais que neguemos, o velho ditado permanece verdadeiro: "Tome cuidado com a beleza!"[141]

E assim ocorreu, até que a verdadeira personalidade da mulher que ele desposara começou a ser comentada na corte e seu camareiro real, Marjadoc (que tinha sonhado com aquele porco selvagem),* relatou-lhe os rumores e boatos. O bom e nobre Rei Marcos, totalmente empenhado na sua função social e nos conceitos palacianos de honra do casamento real, ficou profundamente perturbado, preocupado, desconfiado até que se transformou no protótipo do inimigo, *lo gilos*. – ("Ó Deus! Ó Deus! Que rápido chega o amanhecer!"). Ele começou a colocar guardas e armadilhas que, entretanto, apenas estimularam a imaginação e os encontros dos amantes. Gottfried continua o relato:

> Eis a razão que desaconselha a vigilância. A vigilância, quando é praticada, só nutre e produz farpas e espinhos. Essa é a exacerbação insana que acaba com a honra e a reputação e priva muitas mulheres da honra na qual ela se manteria, caso fosse devidamente considerada. Mas quando ela é maltratada, sua honra e sua lealdade também se deterioram, de maneira que a vigilância apenas inverte sua condição.
>
> E afinal, não importa o que se faça, a vigilância é tempo perdido quando se trata de mulher. Já que nenhum homem consegue vigiar uma mulher desleal, porque a correta não precisa ser vigiada: como dizem, ela vigiará a si própria. E se, contudo, um homem consegue vigiá-la, o que ganhará será seu ódio. Ele será a ruína de sua esposa, tanto em relação à sua vida, quanto à sua reputação; e muito provavelmente a tal ponto que ela jamais se recuperará o suficiente como para se libertar daquilo que originou sua cerca de espinhos. [...] Consequentemente, o homem sábio, ou aquele que reconheça a honra de sua mulher, não deve lançar outra vigilância sobre ela, além de sua própria boa vontade, o seu conselho, a instrução, o afeto e a ternura. Com esse expediente, deveria cuidar dela – e, então, teria a segurança de que jamais haveria melhor vigilância.[142]

No caso do pobre Marcos, seus olhos vigilantes acabaram por lhe revelar tudo. Suas armadilhas malograram; seus espiões e informantes também. Mas seus próprios olhos, sempre alertas, viram a verdade muitas vezes quando os olhos dos amantes se cruzavam e foi grande a dor em seu coração. Em seu cego sofrimento, atormentado e enlouquecido, ele ordenou trazer os dois diante da corte e, expondo inteiramente seu coração diante de todos, desterrou-os. "Meu sobrinho Tristão, minha esposa Isolda",

---

* *Supra*, p. 121-122.

ele disse-lhes, "Vocês são-me caros demais, por mais difícil que me seja admitir, para condená-los à morte ou para causar-lhes qualquer outro dano. Entretanto, como observo em ambos, contra a minha vontade, que vocês amam e sempre se amaram mais do que a mim, então se vão, permaneçam juntos como é a sua vontade. Não tenham nenhum receio de mim. Já que seu amor é tão grande, daqui por diante eu não os perturbarei nem me intrometerei em seus assuntos. Dêem-se as mãos e vão embora desta corte e deste país. Porque, se é para ser enganado por vocês, prefiro não os ver nem os ouvir nunca mais. [...] Seria degradante para um rei colaborar conscientemente com tal intriga de amor. Portanto, vão com Deus! Amem-se e vivam como lhes agradar! Nossa convivência chegou a seu fim."[143]

POR HONRA E POR AMOR

Seguiram-se os "anos da floresta" na caverna dos amantes, *la fossiure a la gent amant*: o santuário daquele leito cristalino onde a verdade além das leis deste mundo consome-se eternamente. No momento certo, entretanto, o tempo os alcançaria. Pois um dia, ao ouvirem um som de cornetas e cães de caça soando distante pela floresta (chegamos aqui ao final do Ato II de Wagner, entretanto com uma diferença notável), os amantes suspeitaram que fosse de uma expedição de caça do palácio e naquela noite, para que não fossem pegos de surpresa, dormiram naquele leito cristalino separados pela espada de Tristão – uma violação da lei do amor, em nome da honra, que marcou o princípio do seu fim. Porque, na verdade, os cães de caça e as cornetas eram do Rei Marcos. Ele estava cavalgando com seu principal ajudante de caça, perseguindo um estranho animal, um veado branco com uma crina igual a de um cavalo, grande e forte, cuja galhada estava mudando. A caça desaparecera. Marcos e o caçador estavam perdidos. E por obra do destino, chegaram à caverna dos amantes, com sua segura porta de bronze e, aquelas minúsculas janelas no teto, por uma das quais o rei espiou e chocado reconheceu seu sobrinho e sua esposa dormindo, separados pela espada de Tristão.

"Misericordioso Senhor dos Exércitos, o que significa isso?", ele pensou; e suas dúvidas novamente o assaltaram: "São culpados?" "Certamente, sim!" "São culpados?" "Obviamente, não!" E enquanto contemplava a beleza da radiante face de sua esposa perdida, sobre a qual a ilusão do amor espalhara seu melhor cosmético, dourada fantasia, um Amor Reconciliador assaltou em seu coração. A beleza dela jamais lhe parecera mais desejável. Um raio de sol penetrou pela janela e iluminou seu rosto; e foi-lhe um êxtase contemplar aquelas duas luzes. Para protegê-la do sol, Marcos juntou folhas, flores e ervas e com elas cobriu ternamente a janela e, então, entregando-a a Deus, foi embora chorando.

Decidido e reconciliado, em breve ele chamou o casal de volta para a corte onde, entretanto, logo os descobriu novamente na cama, e Tristão teve de fugir sozinho para a Bretanha. "Para quaisquer que sejam as regiões da terra que tu vás", Isolda disse-lhe quando se despediram, "cuida-te: tu és meu corpo. Se eu, teu corpo, fico

Figura 37. A viagem de Isolda ao encontro de Tristão.

órfã de ti, terei perecido. E eu atentamente cuidarei de mim, teu corpo, por ti, não por mim. Porque tu e tua vida – bem sei – residis em mim: somos um corpo e uma vida."[144]

A SEGUNDA ISOLDA

Na Bretanha, como todos sabemos, Tristão desposou uma segunda Isolda, a Isolda das Mãos Brancas, unicamente por amor a seu nome; e nesse ponto interrompe-se o texto de Gottfried. Não está claro quanto ao porquê. No ano de 1212 ocorreu em Estrasburgo o primeiro julgamento de heréticos naquela cidade e esse foi aproximadamente o ano da morte do poeta. Fora condenado? Se assim fosse, haveria algum registro da execução. Teria ele se suicidado, por desespero ou medo deste mundo? É improvável. Ele pode ter-se destruído psicologicamente pelas tensões, evidentes em toda sua obra, entre os seus dois mundos, da deusa Amor e do Deus cristão.[145] De qualquer maneira, para os episódios finais da lenda, temos de nos voltar para a fonte de Gottfried, Thomas da Bretanha.

Em resumo: na sua terra natal, Bretanha, enquanto auxiliava um cavaleiro chamado (significativamente) Tristão, o anão, a resgatar sua esposa raptada, Tristão foi ferido nos quadris por uma lança envenenada: e com isso voltamos à Parte I; pois, como numa sinfonia, todos os temas iniciais retornam agora, transfigurados e transpostos. O contendor com a espada envenenada, pode-se dizer que era um cavaleiro-dragão com sete cabeças, porque tinha seis irmãos. Os sete morreram em luta; assim como Tristão, o anão. E o herói Tristão só poderia ser curado pela Rainha Isolda, a Bela, esposa do Rei Marcos – e em sua busca o irmão da segunda Isolda de Tristão pôs-se ao mar. E fizeram um acordo que, se Isolda respondesse ao chamado, ele retornaria com uma vela branca; caso contrário, uma negra.

O AMOR-MORTE

A figura 37 mostra Isolda acudindo Tristão. Mas, como na lenda clássica do retorno de Teseu a Atenas após sua luta com o Minotauro, houve uma confusão com as velas. A segunda Isolda estava desconfiada, pois, embora casada, continuava virgem. Não amava a mais ninguém no mundo a não ser Tristão, cujo coração estava com a Isolda da Irlanda; enquanto Marcos possuía o corpo daquela Isolda e desfrutava dele a seu bel-prazer, o coração dela, entretanto, estava com Tristão. Conforme observa o poeta Thomas da Bretanha: "O amor entre esses quatro é, certamente, um insólito amor".[146]

A esposa de Tristão, que não era esposa, estava sentada ao lado de seu leito, olhando o mar.

"Meu amor" – ela disse –, "estou vendo teu barco. Queira Deus que ele traga consolo ao teu coração."

"Meu amor" – ele respondeu –, "estás segura de que é o nosso? Diga-me, então, como é a vela?"

"A vela" – ela respondeu – "é negra".

Tristão virou-se para a parede e murmurou. "Isolda, meu amor, Deus nos salve". Por três vezes ele repetiu, "Isolda, meu amor", e morreu.

O barco aportou e suas velas eram brancas.

Desse modo ocorreu a morte dos dois, conforme previra Brangaene: Tristão, de amor; Isolda, de compaixão. Ela estendeu seu corpo junto ao dele, colocou sua boca sobre a dele, entregou seu espírito e expirou. Este é o amor-morte que Wagner concebeu – entretanto, dentro de uma esfera oriental inspirada em Schopenhauer, o da transcendência da dualidade na extinção.

Na ópera omite-se todo o tema do casamento com a segunda Isolda, e Tristão é ferido mortalmente ao final do segundo ato por um amigo traidor, Melot, que nos textos mais antigos não passava de um anão maldoso, que levava mexericos ao rei. Com Marcos, Melot precipita-se sobre os amantes, Tristão é ferido, e termina o ato.

O Ato III desenrola-se na Bretanha, sem a segunda Isolda. O leal criado de Tristão, Kurvenal, transportou-o a salvo para seu país, seu berço natal, onde a chegada de Isolda é aguardada; e o amante ferido, despertando de um profundo estado de coma, canta seu anseio pelo reino da noite, do qual apenas o desejo de ver novamente seu sol, Isolda, trouxe-o de volta a este mundo. A flauta de pastor de Tristão entoa a "Ária do Pastor Triste", *Oed' und leer das Meer* – Deserto e vazio o mar –; mas subitamente muda para a "Ária do Pastor Feliz"; porque o barco apareceu, com sua bandeira jubilante na ponta do mastro. Não há aqui confusão de velas. "Ela está a bordo!", Kurvenal grita. "Está fazendo sinais!" "Ela está viva – grita Tristão – a vida continua a me reter em sua teia!" E quando seu guia, Kurvenal, deixa o palco para saudar a rainha, o amante, erguendo-se em delírio de seu leito, gritando, arranca suas bandagens para saudar a vida e, quando Isolda entra, morre em seus braços – como Wagner desejara morrer nos braços de Matilde.

Em seguida, aparecem Melot, Marcos e Brangaene, tendo a criada finalmente revelado ao Rei o segredo da poção. Este chegou a perdoar – demasiadamente tarde. Então a orquestra ataca os acordes do "Motivo da Morte por Amor" de Isolda, e começa a ária docemente atormentada, da transfiguração do amor, da separação e júbilo no mar ruidoso da noite eterna.

CAPÍTULO 5

O FOGO DA FÊNIX

I. "Ó NOITE VERDADEIRAMENTE ABENÇOADA!"

James Joyce renova o tema de Tristão, com todas as suas "equivalências de opostos", por todo o infinito labirinto de seu livro-sonho, *Finnegans Wake*. O primeiro parágrafo inicia-se com as palavras: *"Sir Tristram, violer d'amores..."*, e Chapelizod, a lendária terra natal de Isolda, à margem do rio Liffey, perto do Parque Fênix em Dublin, é o principal cenário de seus eventos oníricos. O adormecido, cheio de culpa, por cuja paisagem interior encharcada de uísque nos conduzem as preleções de um erudito guia turístico, "do-tipo-cada-conto-um-deleite-em-si-mesmo"[1] (como Dante seguiu as orientações de Virgílio em seu visionário Purgatório carregado de pecados), é um robusto dono de taverna, de meia-idade, de Chapelizod, chamado Humphrey Chimpden Earwicker, sobre o qual um constrangedor escândalo espalhou-se na imprensa e era até cantado em baladas no interior de seu próprio hospitaleiro estabelecimento. O incidente – se é que realmente houve, porque jamais ficamos completamente seguros quanto a isso – ocorreu no Parque da Fênix (ou no Éden?, ou no Calvário?), possivelmente à noite, e envolvidos estavam, além do sonhador, duas criadas e três soldados britânicos bêbados, como testemunhas. Quatro velhos frequentadores da taverna, que se confundem com os quatro Evangelistas, com os quatro pontos cardeais e as quatro pernas da cama, relatam a lenda de formas diversas, enquanto um zodíaco de clientes embriagados levam-na adiante, transformando-a cada vez mais com suas confusas elucidações. Em seu pesadelo angustiante, autodefensivo, porém também autoincriminador, o sonhador identifica-se com (entre numerosos outros personagens, inclusive os Três-em-Um da Trindade) Sir Tristram mas, ao mesmo tempo, com o Rei Marcos. Sua esposa, dormindo a seu lado, é a primeira Isolda; sua filha, no andar superior, a segunda; cada uma confundindo-se com a outra e as duas com as criadas no parque. Seu par de filhos

MITOLOGIA CRIATIVA

incompatíveis, que aparecem respectivamente como os lados popular e impopular de sua confusa imagem, levam seu sonho de Tristão ao futuro transportando-o, como Marcos, para o passado, e fugindo com ambas as Isoldas, enquanto os frequentadores ruidosos de sua taverna são os boateiros do agitado castelo de Tintagel do Rei Marcos, ou "Tintangle", como aparece aqui.² Em meio a tudo isso, uma voz áspera não identificada agride os ouvidos com uma canção vulgar:

> Três para o Senhor Marcos!
> É claro que ele não dá nem meio latido
> E certamente tudo o que ele tem está fora de sintonia.
> Mas, ó Venerável Todo-Poderoso, não seria uma grande travessura
> Ver aquele velho desprezível gritando por sua camisa no escuro
> E procurando por suas calças manchadas em volta do
> Parque de Palmerstown?
> Hahaha, peludo Marcos!
> Tu és o mais estranho galo velho que já saiu da arca de Noé
> E tu pensas que és o galo do *wark*.
> Galinhas levantai! Tristy é o jovem e esperto galanteador
> Que a galará, a casará e deitar-se-á com ela e a fará se entusiasmar
> Sem jamais mover sequer a ponta de uma pluma
> E é assim que esse sujeito vai fazer sua fama e sua fortuna!³

A linguagem de pesadelo deste intencionalmente irritante, imensamente fascinante, sábio, porém imbecil Livro da Abertura dos Olhos para a Noite – ou, como lemos, "Das Duas Maneiras de Abrir a Boca" ⁴ – em que cada personagem é seu próprio oposto e todos juntos constituem uma unidade, é tão difícil de traduzir para um senso de vida diurna quanto o é a fantasmagoria dos sonhos; pois seu significado é enigmático e múltiplo. "A própria metamorfoseante representação gráfica" – dizem-nos – "é um poliedro de escritura". E ainda, "de olhos fechados as características que demarcam o *chiaroscuro* se unem e seus contrários se eliminam em um alguém estável".⁵ E esse Alguém é, obviamente, o agitado sonhador, cujas iniciais, H.C.E. leem-se alegoricamente como *"Here Comes Everybody"* (Aí Vem Todo Mundo)⁶ para significar o arquétipo de todos nós; visto que a origem de sua angústia, como a nossa, espreita aquela imagem dual do deus de cuja forma o homem (de acordo com a Bíblia) foi criado. Porque, como nos foi ensinado, "Deus criou o homem à sua imagem, à imagem de Deus ele o criou; homem e mulher ele os criou".⁷ De maneira que nem ele sozinho, "o correto", o sonhador no seu leito de paixões, nem a outra só, ao seu lado na cama, "aquele zero atribuindo-lhe sua nulidade",⁸ podem representar o Todo em todos nós; mas os dois juntos são esse Todo: H.C.E.* e seu pesadelo A.L.P., ou, como disse Gottfried:

---

* *Here Comes Everybody.*

Um homem, uma mulher; uma mulher, um homem:
Tristão Isolda; Isolda Tristão.

"Lemos acerca de sua vida, lemos a respeito de sua morte e para nós ela é tão agradável como o pão."*

O sentido de tudo isso é indicado por Joyce numa intrincada chave numérica que se mantém em toda a sua obra, em todos os tipos de transformações: como uma data, 1132 d.C.; um parágrafo de um código jurídico, "subseção 32, seção 11"; um intervalo de tempo, "das onze e meia até as duas da tarde"; uma composição musical, "Opus onze, trinta e dois"; um endereço, 32 West 11 Street; o número de uma patente, 1132⁹, e assim por diante. Mas 32 (como Leopold Bloom cismava em suas perambulações por *Ulisses*) é o número de pés em que as coisas caem "por segundo, por segundo", o número, portanto, da Queda; enquanto 11 é o número da renovação da década e, portanto, da Redenção.¹⁰ Decodificado dessa maneira, o número envolve um tema mítico das associadas Árvore do Éden e Árvore do Calvário, Pecado-Redenção, Morte-Ressurreição, Despertar dos Mortos e Despertar do Despertar, que é o tema central do pesadelo *Finnegans Wake*.

Entretanto, para encontrar uma clara e concisa verbalização da teologia moral desse tema numérico, o leitor terá que buscá-la ao acaso em um esconderijo de ovo de Páscoa, totalmente fora do livro, ou seja, na Epístola de São Paulo aos Romanos, capítulo 11, versículo 32, que diz: "Pois Deus destinou todos os homens à desobediência para que possa ser misericordioso com todos". E essa é a boa nova proclamada no célebre oxímoro de Santo Agostinho, que também reverbera em todo o livro *Finnegans Wake*: *O felix culpa!* "Ó culpa feliz!" – a frase de esperança que anualmente é repetida pelo celebrante do ritual católico romano da bênção do círio pascal no Sábado de Aleluia: a noite escura em que o corpo de Cristo está na tumba, entre a Sexta-Feira da Paixão e o Domingo de Páscoa.

O tabernáculo da igreja está aberto – vazio – para simbolizar o mistério espantoso da morte de Deus e sua descida ao Inferno. "Esta" – diz o sacerdote – "é a noite, que liberta das trevas do pecado e da corrupção do mundo aqueles que hoje por toda a terra creem em Cristo, noite que os restitui à graça e os reúne na comunhão dos Santos. *Esta é a noite, em que Cristo, quebrando as cadeias da morte*, Se levanta vitorioso do túmulo. De nada nos serviria ter nascido se não tivéssemos sido resgatados. Oh admirável condescendência da vossa graça! Oh incomparável predileção do vosso amor! Para resgatar o escravo, entregaste o Filho. Oh necessário pecado de Adão, que foi destruído pela morte de Cristo! Oh ditosa culpa [*O felix culpa*], que nos mereceu tão grande Redentor! *Oh noite bendita, única a ter conhecimento do tempo e da hora em que Cristo ressuscitou do sepulcro!* Esta é a noite, da qual está escrito: A noite brilha como o dia e a escuridão é clara como a luz".¹¹

---

* *Supra*, p. 51.

"Pobre Felix Culapert!", lamenta uma voz anônima no pesadelo do pecador do Parque da Fênix.[12] Como o Primeiro Adão ele peca e leva o mundo consigo, mas, como o Segundo, desperta com todos nós, e os dois Adãos são um único. Eles são a mesma alma-pássaro multicolorida, ou seja, a Fênix do "Parque Félix" (Éden--Calvário), que ressuscita – "quando o pássaro flamejante ressurge"[13] – das cinzas de sua autoimolação.

Mas entre as maneiras de interpretar os símbolos cristãos de Joyce e do clero católico há um mundo de diferença. O artista interpreta-os à maneira universalmente conhecida greco-romana antiga, celto-germânica, hinduísta-budista-taoista e neo-platônica, como uma experiência do mistério, além da teologia, que é imanente em todas as coisas, incluindo deuses, demônios e moscas. Os sacerdotes, por outro lado, insistem na finalidade absoluta de seu conceito baseado no Antigo Testamento, de um Deus criador pessoal, que está "lá fora", que, apesar de onipresente, onisciente e oni-tudo-o-mais, é ontologicamente distinto da substância viva deste mundo – e, mais que isso, é um Pai-de-Ninguém enfadonho, vingativamente egocêntrico e cruel, além do mais. Quando, em *Ulisses*, ao final da Noite de Walpurgis da cena do bordel (*O felix culpa!*), chega O FIM DO MUNDO com um sotaque escocês e A VOZ DE ELIAS com um americano, esse último, à maneira de um pregador da danação-do-inferno, apela para o trio de prostitutas (Três Graças no Abismo)[*] e sua trindade de companheiros, chamando-os "Florry Cristo, Stephen Cristo, Zoe Cristo, Bloom Cristo, Kitty Cristo, Lynch Cristo", e grita apocalipticamente: "Cabe a vocês perceber essa força cósmica. [...] Vocês têm aquela coisa dentro de vocês, o ser superior. [...] Estão todos nesta vibração? Eu digo que estão. Uma vez que vocês apreendam isso, uma congregação, uma alegre cavalgada fanfarrã ao céu se torna uma coisa antiquada".[14]

Recordemos agora as palavras de Jesus no Evangelho gnóstico de Tomé: "Eu sou o Todo, o Todo emanou de Mim e o Todo veio a Mim. Rache um pedaço de madeira, eu estou ali; erga a pedra e Me encontrará ali";[15] e acrescentemos as palavras de Kṛṣṇa na *Bhagavad Gītā* indiana: "Eu sou a origem de tudo; de mim procedem todas as coisas.[...] Eu sou o Si-Próprio, fundado nos corações de todos os seres, seu princípio, meio e fim... Eu sou a aposta dos trapaceiros. Sou a força dos fortes. Eu sou a vitória. Sou esforço. Eu sou o princípio da harmonia no bem".[16]

Na cena do bordel de *Ulisses*, depois de ELIAS ter dado sua mensagem e ouvido as confissões, surge no cone de um holofote a figura barbuda do velho deus do mar irlandês Manannan Mac Lir – o da grande gargalhada[**] –, erguendo-se lentamente, com o queixo nos joelhos, por detrás de um balde de carvão. Um gélido vento marítimo sopra de seu manto de druida. Sobre sua cabeça contorcem-se enguias e seus filhotes. Ele está incrustado de ervas e conchas. Sua mão direita segura uma bomba

---

[*] Ver *supra*, figura 13 (p. 99): Tália Surda.
[**] Ver *supra*, p. 181, "O Simplório de O'Donnell".

de bicicleta (lembra *pneuma*, *spiritus*, ar, o sopro da vida). Com a mão esquerda sustenta um grande lagostim por suas presas. (Câncer, "o Caranguejo", signo do solstício de verão, declínio, desintegração, morte.)

MANANAUN MAC LIR

(*Com uma voz de ondas*) Aum! Hek! Wal! Ak! Lub! Mor! Ma! Branco adepto de ioga dos deuses. Oculto livro hermético de Hermes Trismegistos. (*com uma voz de vento sibilante do mar*) Punarjanam patsypunjaub! Não vou permitir que me passem a perna. Foi dito por alguém: cuidado com a esquerda, o culto de Śakti. (*com um grito de pássaros da tempestade*) Śakti Śiva, Pai escuro oculto! (*ele golpeia com sua bomba de bicicleta a mão esquerda do lagostim. No seu quadrante cooperativo fulgem os doze signos do zodíaco. Ele lamenta com a veemência do oceano*) Aun! Baum! Pyjaum! Eu sou a luz do lar! Eu sou a manteiga da sonhadora leiteria.[17*]

Aproximamo-nos a toda velocidade da visão de *Finnegans Wake*, onde o oculto Pai sombrio e sua Śakti retornam vivos em virtude da magia da via da mão esquerda. Estamos, por assim dizer, no caminho perigoso do santuário do leito da escura floresta interior, *la fossiure a la gent amant*, o leito nupcial e dos sonhos, que existe em todos os lares, em cada coração e que Joyce – igual a Gottfried – representa como o altar e a cruz da iniciação consumada.

II. A VIA DA MÃO ESQUERDA

A figura 38 é de um texto alquímico do início do século XVI, o *Rosarium philosophorum*, "Jardim de rosas dos filósofos", no qual a arte de destilar o espírito da natureza é ensinada em termos metafóricos, que são intencionalmente enganadores. Isto porque, como diz o texto abaixo da gravura: "*Note bem*: na arte de nosso ofício os filósofos não ocultam nada, salvo o segredo da arte, que não pode ser revelado a todos em conjunto. Porque, se isso acontecesse, aquele homem seria amaldiçoado: incorreria na ira de Deus e morreria de apoplexia. Por esse motivo, surge todo tipo de erros nessa arte, ou seja, porque o homem não começa com a substância apropriada". E, em outra página: "De maneira que não declarei tudo o que aparece e é

---

* O nome do deus do mar, Manannan Mac Lir, transforma-se aqui sugerindo a sílaba sagrada *Aum* e igualmente a palavra irlandesa *aun*, que significa "um". As sete exclamações expressam os mantras místicos da meditação hindu e budista. *Aum* é o supremo som sagrado. *Hek* aparece em *Finnegans Wake* para designar H.C.E. *Wal* sugere a "parede" [*wall*] da Queda [*Fall*] em *Finnegans Wake* e *Ak* o estrondo que provoca ao cair, a voz tronante de Deus, o final do enredo e o começo do rumor. *Lub* em *Finnegans Wake* é associado com "amor, libido" e também com "lubricidade". Ao longo do livro a palavra *Mor* é objeto de jogos semânticos. Em irlandês significa "velho", e sugere em francês *mort* [morte] e *more* [mais] em inglês. Por último *Ma* (sânscrito *mā*, "medir") que sugere *Ma*, ou seja, "mãe", é a raiz verbal da palavra *māyā* que significa a força que cria a ilusão do mundo.

necessário nesta obra, porque há coisas das quais um homem não deve falar.[...] Tais questões têm de ser transmitidas em termos místicos, como a poesia que utiliza de fábulas e parábolas".[18]

O próprio Cristo, podemos recordar, fez uma advertência semelhante àqueles que pretendessem falar das coisas espirituais: "Não deis aos cães o que é santo, e nem atireis as vossas pérolas aos porcos, para que não as pisem e, voltando-se contra vós, vos estraçalhem".[19] E, de novo: "A vós" – disse a seus discípulos – "foi dado conhecer os mistérios do Reino de Deus; aos outros, porém, em parábolas, a fim de que *vejam sem ver e ouçam sem entender*".[20]

A maneira como James Joyce cobre e ao mesmo tempo descobre suas pistas pode, afinal, não ter sido, como muitos críticos sustentaram, sintoma de alguma estranha disfunção psicológica; pois ele também, "concebendo na forja de sua alma a consciência inexistente de sua raça" (*Um retrato do artista quando jovem*, últimas linhas), estava movendo-se em uma zona para a qual não se chega por caminhos, apenas por um salto espiritual. O antigo mestre alquimista árabe, Muhammad ibn Umail at-Tamimi (*c*.900-960) – conhecido na Europa pelo seu codinome Senior e cujo *Livro da água argêntea e da terra estrelada* foi traduzido para o latim na época de Gottfried –, descreve o produto final de sua arte mística como "essa pedra à qual dirige seus olhos aquele que a conhece, e quem a desconhece, lança-a num chiqueiro".[21] Do mesmo modo, em *Finnegans Wake*, foi de um chiqueiro que uma certa galinha "olhe-me pouco, goste-me muito", chamada Belinda dos Dorans, ciscando encontrou "uma folha de papel de carta de tamanho relativamente grande", que ao "examiná-la" mostrou-se, de fato, ser algo digno de se ver. E o alquimista flamengo do século XVI, Theobald de Hoghelande, poderia estar aludindo à forma como Joyce trata esse arcano quando escreveu: "Esta ciência transmite sua obra mesclando o falso com o verdadeiro e vice-versa, às vezes brevemente, por outras de maneira prolixa, sem ordem e com frequência na ordem inversa; esforça-se por transmitir a obra de maneira obscura e de ocultá-la tanto quanto possível".[22] Porque, segundo afirmou outro mestre do século XVI, "os segredos que se fazem públicos perdem o seu valor".[23]

E assim, retornando à nossa gravura com um olhar mais atento, notamos agora que o rei solar e a rainha lunar não se deram suas mãos direitas, porém as esquerdas. Ao jardim de rosas dos filósofos se entra, então, pela via da mão esquerda.

"Para esta obra" – continua o texto sobre a figura – "deve-se aproveitar a Venerável Natureza, porque é dela, por ela e nela que nasce a nossa arte e em nada mais: e, portanto, nosso ofício é obra da Natureza e não do artífice".

Foi exatamente essa ideia de uma abordagem do espírito através da natureza a principal heresia daquele ousado jovem monge dominicano (contemporâneo aproximado do autor do *Rosarium Philosophorum*) cujo nome, transformado de diversas maneiras, aparece, desaparece e reaparece em cada episódio do *Finnegans Wake*: o mesmo que, na manhã de 16 de fevereiro de 1600, foi queimado vivo no Campo di Fiori em Roma, com a idade de cinquenta e dois anos, por ter jogado suas

Figura 38. Rei Solar e Rainha Lunar.

pérolas diante de Clemente VIII e dos eruditos doutores do Santo Ofício Romano da Inquisição.

"Tudo de Deus está em todas as coisas (embora não totalmente, mas em algumas de forma mais abundante, em outras menos)", Giordano Bruno de Nola escrevera, sem rodeios, em sua obra censurada, *A Expulsão da Besta Triunfante*. "Porque como a Divindade desce, de uma certa maneira, a ponto de se comunicar com a Natureza, assim também se ascende à Divindade pela Natureza, quando, por meio de uma vida resplandecente nas coisas naturais, eleva-se à vida que as governa."[24]

Um dominicano ordenado, porém um herético incorrigível, fugindo de cidade em cidade dos diferentes sabujos de Deus – Nápoles, Roma, Veneza, Pádua, Bréscia, Bérgamo, Milão, Chambéry, Genebra, Toulouse, Paris, Oxford, Londres, Paris novamente, Marburg, Wittenberg, Praga, Helmstadt, Frankfurt-am-Main, Zurique e (meu Deus!) Veneza novamente (Ofício da Inquisição), para acabar em Roma (oito anos nas masmorras da Inquisição e, por fim, de modo inevitável, a fogueira) – ora em hábito clerical, ora em secular, ora aqui, mais frequentemente acolá, insultando seus amigos, de modo involuntário, às claras seus perseguidores, considerado calvinista por alguns, embora por eles expulso de Genebra, Bruno era, ele próprio, uma encarnação daquela "coincidência de opostos" sobre a qual escreveu eloquentemente, e, de uma maneira joyceana, foi seu próprio pior inimigo. "Um Dédalo", ele chamava a si mesmo, "quanto aos hábitos do intelecto".[25] E quando escutou sua condenação, erguendo-se diante da Besta Triunfante disse: "Vós pronunciais a sentença sobre mim talvez com temor maior do que eu a recebo".[26] Ele foi queimado e também seus livros, mas ressurgiu no *Wake*: como Bruno, Bruin, Sr. Brown, o Nolan, Nayman de Noland (o Ninguém de Lugar Nenhum), os livreiros de Dublin Browne e Nolan, Nolans Brumans etc. etc., e, como o Professor William Tindall, da Universidade de Columbia, parece ter sido o primeiro a observar, os nomes Tristopher e Hilary, atribuídos aos dois filhos incompatíveis do dono da taverna de Chapelizod em um dos episódios de seu sonho,[27] procedem do lema de Giordano Bruno no início de sua obra *Il Candelaio* ["O Fabricante de Velas"]: *In tristitia hilaris hilaritate tristis*, "Na tristeza, anime-se, no ânimo, pranteie", que corresponde perfeitamente ao ideal do coração nobre expresso por Gottfried.

A via da mão esquerda é, portanto, a rota de uma passagem pelos sentidos – os olhos, o coração e a espontaneidade do corpo – para uma realização e manifestação "no imóvel ponto do mundo giratório", vivido aqui na terra, do esplendor, harmonia, generosidade e alegria da natureza no cume do monte Hélicon, de onde se escuta a lira de Apolo, as três Graças dançam e a rosa de ouro desabrocha. Nas palavras de T.S. Eliot em "Burnt Norton":

> [...] No imóvel ponto do mundo que gira. Nem só carne nem sem carne.
> Nem de nem para; no imóvel ponto, onde a dança é que se move,
> Mas nem pausa nem movimento. E não se chame a isso fixidez,
> Pois passado e futuro aí se enlaçam. Nem ida nem vinda,
> Nem ascensão nem queda. Exceto por este ponto, o imóvel ponto,
> Não haveria dança, e tudo é apenas dança.
> Só posso dizer que estivemos *ali*, mas não sei onde,
> Nem quanto tempo perdurou este momento, pois seria situá-lo no tempo.[28]

O caminho da natureza para o jardim não é, como supunham os adeptos do deus divorciado da natureza, de um declive constante, meramente material. As mãos direitas do rei solar e da rainha lunar oferecem flores, e na intersecção de seus talos surge uma terceira flor, trazida por uma pomba que desce de uma estrela. A estrela é formada de seis pontas, unidas por três linhas que se cruzam: três pares de opostos. Assim também é a ordem dos talos das flores, que unem norte e sul, leste e oeste, abaixo e acima, todos juntos no centro: "o ponto imóvel", aqui embaixo, nas mãos do homem e da mulher. Do mesmo modo que acima, no céu: como acima, também embaixo; como embaixo, também acima. Além do mais, cada talo tem duas flores: a unidade converte-se em dois e os dois são um.

Notamos, também, que toda a composição está ordenada de acordo com este tema: uma linha descendo da estrela bifurca-se e continua em duas paralelas equilibradas que terminam no Sol e na Lua; o conjunto da figura sugere o sétimo signo do zodíaco, Libra, que inicia pelo Sol no equinócio de outono o momento de sua descida para a noite de inverno. Astrologicamente, Libra é um signo diurno, masculino, móvel, sanguíneo, equinocial, cardinal, quente e úmido; oeste, com relação à triplicidade etérea, e a principal mansão de Vênus. A pomba é o pássaro simbólico de Vênus-Afrodite-Ístar-Astarté-Ísis-Minne-Amor; e notamos que o artista, mesmo com seu traço ligeiro, conseguiu sugerir "o encontro dos olhos".

A via da mão esquerda, assim concebida, *não* é obviamente do tipo orgiástico do Ágape cristão primitivo, ou do "culto corpete" indiano,* nem dos Clubes de Enamorados, que foram moda na Provença do século XII. Uma vez que a obra do alquimista era intimamente pessoal, e envolvia a cooperação de uma mulher real no papel mítico de *regina, soror, filia mystica*, a relação era necessariamente, por sua dimensão psicológica, de caráter pessoal e exclusivo. Jung, que dedicou mais de quarenta anos ao estudo da simbologia alquímica, demonstrou sem dúvida que para todos os seus praticantes autênticos, seja na Europa, Oriente Próximo ou no Extremo Oriente, a alquimia era uma proto ou pseudociência tão inconscientemente psíquica quanto conscientemente física. De maneira geral, comparável à relação de um pintor com as cores e materiais de sua paleta e ateliê, o alquimista projetava associações psíquicas, das quais não estava totalmente consciente – nem tinha pleno controle – nos metais, retortas e outros materiais de seu laboratório. A retorta vazia, como a superfície vazia da tela, era um receptáculo para receber qualquer demônio interior que lutava para se manifestar exteriormente, e a obra avançava por uma interação de impulso (espontaneidade) e senso crítico (avaliação) em relação com os atos físicos de misturar, aquecer, acrescentar, subtrair, resfriar e observar os metais. O Dr. C.G.Jung afirma:

> O *opus* alquímico não concerne em geral unicamente aos experimentos químicos como tais, mas a algo semelhante aos processos psíquicos, expresso numa linguagem pseudoquímica. Os antigos conheciam aproximadamente o que eram os processos químicos; deviam saber pelo menos que o que praticavam não era química comum. O conhecimento desta diferença já se exprime no título de um tratado atribuído ao (pseudo-) DEMÓCRITO, o qual data do primeiro século: τὰ φνσικὰ καὶ τὰ μνστικά

---

* *Supra*, p. 151-152 e *Mitologia Oriental*, p. 283.

(a Física e a Mística). E logo depois as evidências se acumulam de que na alquimia há duas correntes heterogêneas (segundo nos parece), fluindo lado a lado e que não podemos conceber como sendo compatíveis. O *"tam ethice quam physice"* (tanto eticamente – isto é, psicologicamente – quanto fisicamente) da alquimia é inconcebível pela nossa lógica. Se admitimos que o alquimista usa o processo químico só simbolicamente, então por que trabalha num laboratório com cadinhos e alambiques? E se, como ele constantemente afirma, está descrevendo processos químicos, por que os desfigura com seu simbolismo mitológico até torná-los irreconhecíveis?[29]

Ao responder a essas perguntas, Jung cita uma série de textos de alquimistas que descrevem detalhadamente seu verdadeiro trabalho, suas meditações, dos quais o mais recente é o do *Abtala Jurain*, publicado em 1732.

A CRIAÇÃO

Toma uma boa medida de água de chuva comum, pelo menos dez quartilhos, conservando-a num frasco de vidro bem tampado pelo menos durante dez dias; ela deixará no fundo um depósito de material e detritos. Decanta o líquido claro e coloca-o num recipiente de madeira redondo como uma bola, corta-o pelo meio, enchendo a terça parte do recipiente; põe-no sob o sol do meio-dia, num lugar secreto e isolado.

Depois, pinga uma gota de vinho tinto consagrado na água. Instantaneamente verás surgir, na superfície da água, névoa e uma densa obscuridade, tal como ocorreu na primeira criação. Pinga em seguida mais duas gotas e verás a luz sair da escuridão; depois, sucessivamente, a cada metade de um quarto de hora põe a terceira, depois a quarta, a quinta, a sexta gota, e então para; verás com teus próprios olhos surgir na superfície da água uma coisa após outra, tal como Deus criou todas as coisas nos seis dias e o modo pelo qual isto aconteceu, sendo que esses segredos não devem ser enunciados, nem eu tenho o poder de revelá-los. Cai de joelhos antes de empreender esta operação. Deixa que teus olhos o testemunhem, pois o mundo foi criado desta forma. Deixa as coisas ficarem assim, e meia hora depois tudo desaparecerá.

Nisso verás claramente os segredos de Deus, os quais se acham agora ocultos como às crianças. Compreenderás o que Moisés escreveu acerca da criação; verás que espécie de corpo Adão e Eva tiveram antes e depois da queda, o que era a serpente, a árvore, de que frutos comeram; o que é o paraíso e onde ele se encontra, com que corpos as pessoas ressuscitarão, não com o corpo que recebemos de Adão, mas com o que alcançamos pelo Espírito Santo, a saber, com aquele que o nosso Salvador trouxe do céu.

Outro experimento, não menos assombroso, realizado pelo mesmo autor anônimo, é relatado assim:

OS CÉUS

Tomai sete moedas feitas de cada um dos metais, denominadas segundo os planetas,* e imprimi em cada uma o caráter do planeta em sua casa; cada moeda deve ter o tamanho e a espessura de um rose noble.** O mercúrio, porém, deverá pesar apenas um quarto de onça*** e nada deve ser impresso nele.

Em seguida, colocai as moedas num cadinho, segundo a ordem em que se apresentam no céu, e fechai todas as janelas do aposento, de modo a torná-lo totalmente escuro. Depois, devereis fundi-las conjuntamente no meio do aposento, pingando em seguida sete gotas na pedra abençoada; sairá então imediatamente do cadinho uma chama que se espalhará por todo o aposento (não temais qualquer dano) e o fará brilhar mais intensamente do que o Sol e a Lua, e vereis sobre vossas cabeças todo o firmamento como um céu estrelado, e os planetas terão seu curso certo como no céu. Deixai que tudo cesse por si mesmo; num quarto de hora tudo voltará ao seu lugar.[30]

Mais um exemplo; agora do mestre flamengo do século XVI, Theobald de Hoghelande.

Vários nomes teriam sido atribuídos à "pedra" devido à multiplicidade maravilhosa de figuras que aparecem no decorrer da obra, sendo que muitas vezes surgem cores ao mesmo tempo, assim como imaginamos estranhas formas de animais, répteis ou árvores nas nuvens ou no fogo. Encontrei também algo semelhante num livro atribuído a Moisés: depois de dissolvido o corpo, diz o livro, aparecerão às vezes dois ramos, às vezes três ou mais, às vezes formas de répteis; às vezes podemos ter a impressão de ver um homem com a cabeça e todos os membros, sentado numa cátedra.[31]

Segundo comenta Jung, "As observações de Hoghelande vêm provar, tal como os dois textos anteriores, que durante as experiências de laboratório ocorrem alucinações ou visões, as quais só podem ser projeções de conteúdos inconscientes. Hoghelande reproduz uma citação de Senior que afirma 'ser mais importante buscar' a 'visão' do vaso hermético do que a 'escritura'. (Não é esclarecido o significado de "scriptura" – tratar-se-ia acaso da descrição tradicional do vaso nos tratados dos mestres ?)".[32]

A figura 39 mostra dois alquimistas ajoelhados ao lado da fornalha, pedindo a bênção de Deus.[33] Eles são um homem e uma mulher e, obviamente, pessoas reais, enquanto o casal da figura 38 é, obviamente, mitológico. Entre os dois alquimistas estão a fornalha, os recipientes e outros materiais de sua ambígua arte, em que ocorrerão as várias transformações, às quais se atribuirão nomes e interpretações

---

* Eles são: mercúrio (Mercúrio), cobre (Vênus), prata (Lua), ouro (Sol), ferro (Marte), estanho (Júpiter) e chumbo (Saturno). *Supra*, p.103.
** Uma moeda inglesa dos séculos XV e XVI.
*** Medida de peso antiga, equivalente a 28,691 g. [N. da T.]

Figura 39. Alquimistas e sua fornalha.

mitológicas. Quer dizer, será naqueles recipientes e materiais que o rei solar e a rainha lunar mostrarão que estendem suas mãos esquerdas um para o outro, e a pomba descerá, enquanto os metais e outros materiais – mercúrio, sal, enxofre, vinho consagrado, água da chuva etc. – atuam um sobre o outro, combinando-se, separando-se, mudando de cor etc. Mas, como vimos, os alquimistas terão de acompanhar esses processos com sentimentos apropriados e com suas meditações criativas, se quiserem obter os resultados desejados. A fermentação, putrefação e sublimação dos metais deverão corresponder a processos análogos nos corações unidos, em harmoniosa cooperação do *artifex* e sua *soror mystica*, pois a ideia fundamental é que a divindade se encontra como se estivesse enredada na matéria física dos corpos dos homens e das mulheres, bem como nos elementos da natureza, e que no laboratório do alquimista liberam-se as energias dessa presença espiritual imanente. O Dr. Jung explica essa ideia básica:

> Para o alquimista, não é o homem o primeiro a necessitar de redenção, e sim a divindade, perdida e adormecida na matéria. Só depois ele anuncia sua esperança de que o corpo transformado o beneficie como uma panaceia ou "medicina catholica", do mesmo modo como beneficia os "corpora imperfecta", tais como os metais vis, "doentes" etc. Ele não visa sua própria salvação pela graça de Deus, mas a *libertação de Deus* das trevas da matéria. Ao realizar esta obra miraculosa, ele se beneficia secundariamente de seu efeito salutar. Ele pode abordar a obra como um ser necessitado de redenção, mas sabe que a sua redenção depende do sucesso da sua obra, isto é, da libertação da alma divina por seu intermédio. Para consegui-lo precisa da meditação, do jejum e da oração; necessita do auxílio do Espírito Santo, como seu

τάρεδρος (paredros). Não é o homem que deve ser redimido, mas sim a matéria. Por isso, o espírito que se manifesta na transformação não é o "Filho do Homem", mas o "filius Macrocosmi", como acertadamente diz Khunrath[34*]. Assim sendo, não é o Cristo que emerge desta transformação, mas um ser material inefável denominado "pedra"; este ser apresenta as qualidades mais paradoxais e também possui "corpus", "anima", "spiritus", além de poderes sobrenaturais. Poderíamos ser tentados a explicar o simbolismo alquímico da transformação como sendo uma caricatura da Missa, se sua origem não fosse pagã e portanto muito mais antiga.

A matéria que contém o segredo divino encontra-se em toda parte; podemos achá-la até mesmo no monturo mais repugnante.[35]

Em essência, é a mesma ideia que inspirava as obscenas Festividades do Amor dos fibionitas e outras seitas cristãs primitivas, contra as quais São Paulo, Tertuliano e muitos outros pregadores do evangelho viram-se obrigados a tomar medidas corretivas. Nelas, entretanto, o método empregado para libertar a energia da substância divina encarnada de seu enredamento dual, masculino e feminino, não podia ser mais grosseiramente físico, enquanto aqui a ênfase principal devia ser – para os participantes *humanos* – psicológica. O aspecto *físico* da destilação e união das energias masculinas e femininas – o *coniugium, matrimonium, coitus*, ou *coniunctio* e *oppositorum*, como era diversamente denominado – ocorria dentro do *vas Hermeticum*, a retorta hermeticamente fechada, e qualquer ato, por parte do *artifex* e sua *soror,* que pudesse se desenrolar, era entre duas pessoas intimamente relacionadas, unidas emocionalmente e com personalidades mutuamente respeitosas – sem nenhuma semelhança com o indiscriminado e anônimo Ágape-na-obscuridade dos antigos redentores cristãos do Redentor.

Mas ainda assim há suficientes motivos teológicos comuns às duas ordens religiosas para evidenciar que elas são semelhantes. No contexto alquímico posterior, o equivalente da "criança divina", gerada ocasionalmente pelos praticantes do Ágape para ser consumida de modo ritual,** era o misterioso hermafrodito *lapis, rebis*, ou a "pedra filosofal", também conhecida como tintura, elixir, vinagre, água, urina, dragão, serpente, *filius, puer* e inúmeros outros nomes. O recipiente místico, *vas Hermeticum*, representado nas distintas retortas, nas quais produziam-se as transmutações, era considerado com a máxima reverência religiosa, pois era equiparado ao útero virgem, fecundado pelo espírito de *Mercurius*. Um verdadeiro *vas mirabile*, que se assemelhava também com (ou mesmo era chamado) a Árvore do Fruto da Vida Imortal e, em alguns textos posteriores dos séculos XV e XVI, com a Cruz de Cristo, ou o útero de Maria. Conforme resumido nas palavras do Dr. Jung:

---

* Nota de Jung: *Hyleal. Chaos*, p. 59 e *passim*. Lê-se em MORIENUS (*De transmut. met. em: Art. aurif.* II, p. 37) que é bem mais antigo: "In hoc enim lapide quatuor continentur elementa, assimilaturque Mundo, et Mundi compositioni". [De fato, esta pedra contém os quatro elementos e ela se torna semelhante ao mundo e a tudo o que compõe o mundo]. [N. do E.]
** *Supra*, p. 146-148 e 151-152.

Ele deve ser completamente redondo, à semelhança do cosmos esférico, de maneira que a influência das estrelas pode contribuir para o sucesso da operação. É uma espécie de "matrix" (matriz) ou "uterus" do qual deve nascer o "filius philosophorum", a pedra milagrosa. Daí a exigência de que o vaso, além de ser redondo, também tenha a forma de um ovo. Pensa-se naturalmente que esse vaso é uma espécie de retorta ou frasco; mas logo se percebe que tal concepção é inadequada, porquanto o vaso é muito mais uma ideia mística, um verdadeiro símbolo, como todas as ideias principais da alquimia. Percebemos então ser a água, ou melhor, a "aqua permanens", o próprio Mercúrio dos filósofos. No entanto ele não é somente a água, como também seu oposto, o fogo.[36]

E finalmente, mais uma complicação: como é da essência dessa filosofia que a divindade é inerente, tanto nas coisas inferiores, quanto nas mais nobres, um dos traços impressionantes de sua literatura é a frequente representação de seus arcanos em símbolos grosseiros e mesmo repulsivos. Um texto árabe do século VIII, do príncipe omíada Kalid ibn Yazid, traduzido para o latim por volta do século XII como o *Liber Secretorum Alchemiae*, dá, por exemplo, esta curiosa receita: "Cruza um cão Corascene com uma cadela armênia, e eles conceberão um cão de coloração celeste, e se ele tiver sede, dá-lhe água do mar para beber: porque ele protegerá teu amigo e te protegerá do teu inimigo e ele te ajudará onde quer que estejas, permanecendo sempre a teu lado, neste mundo e no próximo".[37]

Na lenda de Tristão há um cachorrinho desse tipo, que ele enviou como presente para Isolda, durante uma de suas separações. Ele o recebera de um príncipe galês em gratidão por ter matado um gigante. O príncipe, por sua vez, o recebera como um sinal de amor da deusa da ilha encantada de Avalon. Na versão de Gottfried:

> Diante de Tristão estenderam sobre uma mesa uma toalha púrpura, fina, rica, rara e maravilhosa e um cachorrinho foi colocado sobre ela. Como se disse, era encantador.[...] Sua mescla de cores era tão surpreendentemente bonita que ninguém concluía com certeza qual era de fato a cor do pequeno animal. Seu pelo tinha tantas colorações que ao se olhar para o seu peito afirmaríamos que era mais branco do que a neve; porém seus flancos eram mais verdes do que o trevo, um lado mais vermelho do que o escarlate e o outro mais amarelo do que o açafrão; a parte inferior era como o índigo, enquanto por cima havia uma tão bela mescla que nenhuma das cores se distinguia: não era nem verde, nem vermelho, nem preto, nem branco, nem amarelo, nem azul, embora todas essas cores estivessem na composição de um marrom opalino sedoso. E quando essa pequena maravilha da ilha de Avalon era observada a contrapelo, ninguém, por mais esperto que fosse, podia dizer qual era sua cor; porque ela ficava tão imprecisa e com tantos matizes, que parecia não ser de cor alguma.
>
> E em volta de seu pequeno pescoço havia uma corrente de ouro, na qual estava pendurado um sininho, tão doce e claro que, ao tocar, Tristão, triste como estava,

ficou sentado, aliviado de todas as preocupações e angústias quanto a seu destino, esquecido até mesmo de seu sofrimento por Isolda. [...] Estendeu suas mãos e acariciou com suas palmas o pequeno cãozinho e enquanto o acariciava, pareceu-lhe que tocava na mais fina seda, tão macio era seu pelo. Não rosnou, nem latiu; tampouco demonstrou qualquer sinal de mau caráter, quaisquer que fossem as travessuras feitas com ele. Além do mais, não comia, nem bebia – ou, pelo menos, é o que diz a lenda. Mas quando o levaram embora, a tristeza e a dor de Tristão voltaram, tão intensas como costumavam ser.[38]

Em *Ulisses*, Stephen Dedalus encontra um cão assim – ou pelo menos é o que parece por um momento, à sua imaginação. Ele está sentado numa rocha na praia de Sandymount, mais ou menos no lugar em que Tristão deve ter tocado a terra pela primeira vez; e ele está olhando além das linhas brancas da arrebentação, para onde um barco está se dirigindo, esperando que suba à tona o corpo de um homem afogado. "Cinco braças ali" – Stephen pensa. "Umas boas cinco braças abaixo teu pai repousa". O problema em que ele medita é sobre a consubstancialidade do Pai e do Filho, por meio da qual sua mente identifica o Pai com o mistério da substância; o Todo em todos nós: a mesma presença ubíqua que em termos alquímicos pode representar-se como a "pérola" ou "tesouro do mar", ou como o rei solar (o Pai) nas obscuras profundezas do mar, como se estivesse morto, porém que vive e grita das profundezas: "Aquele que me libertar das águas e me conduzir para a terra firme, eu favorecerei com riquezas eternas".[39] Stephen continua a pensar:

"Um cadáver branco de sal se erguendo na ressaca, um boto balançando passo a passo em direção à terra. [...] Saco de gás cadavérico ensopado em salmoura infecta. Uma trepidação de barrigudinhos, gordura de um petisco esponjoso, jorra através das fendas da braguilha abotoada de sua calça. Deus se torna homem se torna peixe se torna bernaca se torna montanha de leito-de-penas. Sopros mortais eu respiro vivo, piso em pó morto, devoro os restos urinosos de todos os mortos. Arrastado rígido por sobre a amurada ele exala para cima o odor fétido de sua sepultura verde, o orifício leproso de seu nariz ressonando para o sol."[40]

Sentado assim, olhando para o barco ao largo, meditando sobre a morte, a desintegração, a vida na morte e a substância única de tudo, Stephen nota em seguida um ponto, descendo a praia, um cão esperto, aproximando-se, correndo. "Meu Deus – pensa – irá atacar-me?"

Ao longe, duas figuras, um homem e uma mulher, catadores de conchas, caminham com seus sacos molhados.

> O cachorro deles marchava em volta de um banco reduzido de areia, trotando, farejando para todos os lados. Procurando alguma coisa perdida em tempos idos. De repente ele fugiu como uma lebre saltitante, as orelhas jogadas para trás, caçando uma gaivota em voo rasante. O assobio estridente do homem atingiu suas orelhas flácidas. Ele se voltou, saltou para trás, se aproximou, trotando com suas pernas reluzentes.

Num campo alaranjado um cervo, saltitante, trêmulo, de cor adequada, desprovido de chifres. Na orla rendada da maré ele se deteve, com as patas da frente enrijecidas e as orelhas apontando para o mar. O focinho erguido ele bradou para o tumulto das ondas e para os bandos de vacas-marinhas. Elas serpentearam em direção a seus pés, se encrespando, desfraldando crista por crista, toda nona, quebrando, salpicando, vindo de longe, de bem longe, ondas e mais ondas.

Apanhadores-de-conchas. Eles andaram um pouco na água e, se inclinando, encharcaram suas sacolas e as erguendo novamente saíram da água. O cão ganiu correndo para eles, se ergueu e pôs as patas neles, caindo sobre as quatro patas, as ergueu novamente até eles com um mudo afago rude. Ignorado, permaneceu junto deles enquanto eles se dirigiam para a areia mais seca, com um frangalho de língua rapace vermelho-ofegante pendendo de suas mandíbulas. Seu corpo sarapintado caminhava à frente deles e então deu longos passos num galope de bezerro. A carcaça se encontrava em seu caminho. Ele parou, farejou, rastejou em volta dela, irmão, esfregando o focinho mais perto, andou à sua volta, fungando rapidamente como um cão por cima de todo o couro enlameado do cão morto. Crâniocanino, fungada canina, olhos no chão, ele se dirige para um grande alvo. Ah, pobre corpodecão! Aqui jaz o pobre corpo do corpodecão [Dogsbody].*

– Andrajos! Cai fora, seu vira-lata!

O grito o trouxe esquivo de volta para o seu dono e o pontapé violento de um pé descalço o lançou em fuga, servilmente agachado mas incólume através de um banco de areia. Ele se moveu de volta furtivamente fazendo uma curva. Não me vê. Ao longo da borda do quebra-mar ele saltou, zaranzou, cheirou uma rocha e empinando a perna traseira urinou nela. Saiu trotando em frente e levantando novamente a perna traseira urinou agora um pouco e rápido numa rocha não cheirada. Os prazeres simples dos pobres. Suas patas traseiras espalharam então a areia: em seguida suas patas dianteiras salpicaram areia e esgravataram. Alguma coisa ele enterrou ali, sua avó. Ele fuçou a areia, chapinhando, esgravatando e parou para escutar o vento, cavou de novo a areia com a fúria de suas garras, cessando logo, um leopardo, uma pantera, nascida do adultério, rapinando os mortos.[41]

T. S. Eliot pergunta em *A terra desolada:*

O cadáver que plantaste ano passado em teu jardim
Já começou a brotar? Dará flores este ano?
Ou foi a imprevista geada que o perturbou em seu leito?
Conserva o Cão à distância, esse amigo do homem,
Ou ele virá com suas unhas outra vez desenterrá-lo![42]

É impressionante a coerência com que as imagens retornam. O cão mágico de Avalon além das ondas, onde repousa o rei ferido que ressurgirá, pode de imediato

---

* "Dogsbody" é um dos nomes de Stephen para si mesmo, seu próprio corpo doentio.

não sugerir Andrajos correndo ao longo da orla da maré, onde um homem afogado jaz entre peixes e um barco de pesca flutua além da rebentação (ver figura 6); entretanto, a mudança da forma desse animal – ora uma lebre saltitante, ora um cervo veloz, rude, servil, com um corpo salpicado de manchas, uma língua rapinante, num galope de bezerro e assim por diante – é tão variada quanto a coloração do outro cão. Sua aproximação assusta Stephen, enquanto Tristão, ao avistar o cão, alivia-se de todo sofrimento e dor.

Os efeitos são opostos. Entretanto, um novo olhar para o cão Cérbero da figura 13 explicará isso. Mais adiante, Joyce[43] ao colocar seu espelho demoníaco diante da natureza, descobre que a palavra "Dog" (cão) ao inverso significa "God" (Deus); e Eliot sugere o mesmo segredo ao escrever com inicial maiúscula. A descida e a subida são do mesmo corpo de cão, Corpo de Deus; e enquanto Stephen, prendendo-se a seu ego no fundo, é confrontado pela presença do terror mortal, Tristão, perdido em Isolda, ao cuidado das Musas, é conduzido para o alto.

"Umas boas cinco braças abaixo teu pai repousa", pensa Stephen, citando a canção de Ariel em *A tempestade*; e Eliot, em *A terra desolada*, continua a citação, começando com um verso da "Ária do Pastor Triste", do último ato de *Tristão* de Wagner:*

> Oed' und leer das Meer.
> Madame Sosostris, célebre vidente,
> Contraiu incurável resfriado; ainda assim,
> É conhecida como a mulher mais sábia da Europa,
> Com seu trêfego baralho. Esta aqui, disse ela,
> É tua carta, a do Marinheiro Fenício Afogado.
> (Essas são as pérolas que eram seus olhos. Olha!)[44]

A mulher mais sábia da Europa é o Espírito da Terra, de Wagner, em *O anel dos Nibelungos*: a profetisa édica do *Völuspó*.** No poema de Eliot, ela continua:

> Eis aqui Beladona, a Madona dos Rochedos,
> A Senhora das Situações.
> Aqui está o homem dos três bastões, e aqui a Roda da Fortuna,
> E aqui se vê o mercador zarolho, e esta carta,
> Que em branco vês, é algo que ele às costas leva,
> Mas que a mim proibiram-me de ver. Não acho
> O Enforcado. Receia morte por água.
> Vejo multidões que em círculos perambulam.[45]

---

* *Supra*, p. 225-226.
** *Supra*, p. 116-117.

Encontramos o homem dos três bastões na história do simplório, de O'Donnell. O mercador de um olho só é Votam – Hermes – o senhor das iniciações, dos caminhos e dos mercadores; o deus que se autocrucificou na Árvore Cósmica (figura 9), que é o que ele carrega nas costas. " [...] o Homem dos Três Bastões" – escreve Eliot numa nota de rodapé – "associo-o, de forma bastante arbitrária, ao próprio Rei-Pescador",[46] apontando assim para a lenda do Graal, em que, na verdade, encontraremos todas essas figuras, novamente transformadas.

III. *PUER AETERNUS*

A figura 40, de um manuscrito sem data que se encontra no Museu Britânico, a "Cabala Mineralis" do Rabino Simeon ben Cantara,[47] mostra uma série de balões de vidro comunicantes em uma experiência alquímica. À direita está um frasco perfeitamente esférico, com um longo pescoço fálico, que contém uma substância catalogada como *Sophaium* (se é que interpretei corretamente), da qual se está destilando ao fogo um vapor espiritual chamado *Mercurius Vivus*, simbolizado pelos caduceus de Mercúrio-Hermes. À esquerda há um recipiente em forma de útero, contendo um dragão alado chamado *Hermafroditum*, que está comendo sua própria cauda. Ele é banhado por uma chuva que cai de três nuvens, chamada Esperma de

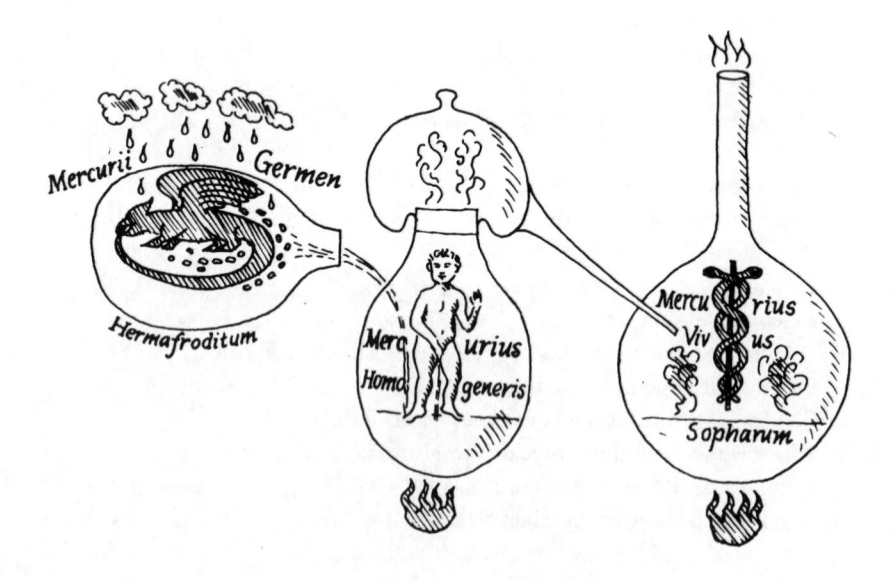

Figura 40. Homúnculo no vaso alquímico.

Mercúrio (*Mercurii Germen*), as quais conforme o nome indica são uma transformação em "água viva" da energia do "fogo vivo", flamejando da boca aberta do frasco fálico: três línguas de fogo mercurial neste, três nuvens de água mercurial naquele. A referência biológica é, obviamente, a fertilização do útero.

A referência alquímica, entretanto, é a um processo conhecido como *nigredo* (negrura) ou *melanosis* (enegrecimento), que se caracteriza pela decomposição ou desintegração (*putrefactio, solutio*) dos materiais na retorta e, portanto, sua redução à condição de matéria elementar (*prima materia*); quer dizer, o estado indiferenciado das energias ou águas primevas das quais se criou o mundo.* Porque, no final de cada era cósmica, as formas de todas as coisas têm de se desintegrar e dissolver-se nesse estado primal para que possa surgir um novo universo; e, de maneira análoga, quando o útero é fertilizado, a substância em seu interior (que, de acordo com a ciência arcaica, consiste de sangue menstrual não liberado) desintegra-se para se transformar em nova vida.

Durante o período entre o final de um ciclo e o início do próximo, essa matéria primeva indiferenciada é um caos, ou *massa confusa*, na qual os pares de opostos – quente-frio, úmido-seco, alto-baixo, norte-sul, leste-oeste, passado-futuro, masculino-feminino, sujeito-objeto etc. – não se distinguem entre si. Por isso, o dragão na retorta em forma de útero, que simboliza essa condição, é uma serpente alada comendo a si mesma. "Antes do mar e das terras e do céu, que tudo cobre", afirma Ovídio no início de sua *Metamorfoses,* "um só era o aspecto da natureza no orbe inteiro: Caos lhe chamaram. Era uma massa informe e confusa, nada a não ser um peso inerte, nela amontoando-se as sementes e discordantes de coisas desconexas. [...] Nada conservava a sua forma, cada coisa opunha-se a outra, pois no mesmo corpo o frio guerreava o quente, úmido lutava com o seco, o mole com o duro, o peso com a ausência de peso".[48] Em breve, entretanto, a chuva de Esperma Mercurial inicia nessa *massa confusa* um processo de separação (*divisio, separatio*) dos pares de opostos. "Um deus", como diz Ovídio, "ou a natureza já mais benigna, pôs fim à disputa. De fato, as terras separou do céu, das terras as ondas, e dividiu o céu puríssimo da atmosfera espessa. Após os ter desembaraçado e extraído da escura massa, uniu cada um ao seu lugar, em harmoniosa paz. O fogo, a energia imponderável do céu convexo, pôs-se a brilhar e fez para si um lugar no ponto mais alto. O que lhe é mais próximo, pelo lugar e em leveza, é o ar. A terra, mais densa que eles, arrastou partículas maiores, e o seu peso puxou-a para baixo. A água, fluindo à volta, tomou posse do último espaço e confinou o disco sólido".[49]**

No balão de vidro à esquerda, vemos o começo desse processo. Ele é indicado pelos pontos negros – "um depósito de material e detritos"*** – espalhados em volta do dragão e pelo vapor que emana do orifício do balão, atuando sobre o recipiente ovalado no centro. Dentro deste último há um menino, *Mercurius Humunculus*, na postura do famoso "*Anão Urinando*", da fonte da cidade de Bruxelas.

---

* Ver, acima, o experimento com a água da chuva, p. 235-237.
** Ver Gênesis 1.
*** Ver *supra*, p. 236, início do experimento com a água da chuva.

Porque a crença no poder terapêutico e outras propriedades da urina, particularmente de meninos castos, era uma lenda muito antiga na medicina arcaica. Esse "vinho" já é recomendado na influente *Historia Naturalis* de Plínio, o Velho (23-79 d.C.).⁵⁰ Alexandre de Tralles, um médico bizantino da época de Justiniano, recomendava-a especificamente contra a epilepsia e a gota.⁵¹ O monge beneditino Teófilo (floresceu em 1100 d.C.), em seu *Schedula Diversarum Artium*, sugere o uso da urina de um pequeno menino ruivo,⁵² para temperar o ferro; enquanto o médico português, que se tornou o Papa João XXI (pontificado de 1276 a 1277) pergunta, em um comentário sobre dieta, por que a urina humana enriquece as vinhas.

Joyce, tanto em *Finnegans Wake,* como em *Ulisses*, brinca repetidamente com esse tema. Já o vimos no cão urinando sobre uma pedra. Junto com suas repetidas referências ao estrume, montes de estrume e similares, essas alusões deram-lhe a reputação, entre críticos freudianos de unhas polidas, de ter sofrido uma fixação escatológica infantil. Entretanto, seu uso parece-me estar em perfeita concordância com a inspiração alquímica e o propósito de sua arte, que era apresentar – desde a primeira página de *Um retrato do artista quando jovem*, passando por *Ulisses*, até *Finnegans Wake* e continuando até a obra que nunca escreveu – o processo de uma total transmutação de todo o universo da experiência humana, de seu primeiro estágio infantil do "Era uma vez e uma vez muito boa mesmo uma vaquinha-mu que vinha andando pela estrada encontrou um garotinho engrachadinho chamado bebê tico-taco..."*⁵³, passando pelos estágios cada vez mais amplos e profundos, progressivamente mais claros de um jovem intelecto masculino em crescimento, até chegar nos episódios da primeira metade de *Ulisses*, quando atinge o impasse de alguém que "ama tanto a sua vida" que se encontra em perigo iminente de perdê-la.

Em seguida, ressoa um estouro prodigioso: – "Um estrondo negro de barulho na rua, aqui, que pena, gritou, um eco. Alto, à esquerda Thor trovejou: com raiva terrível o arremessador de martelo"⁵⁴ – e o arrogante Stephen, que apesar de sua aparência dura é, interiormente um feixe de fobias, fica paralisado por um medo irracional. Lemos: "Chegou então a tempestade que silenciou seu coração". Imediatamente depois disso, o processo alquímico iniciou-se de um *nigredo* e *separatio* que culminaria no pandemônio da cena noturna do bordel – depois da qual, o próprio leitor será sublimado no *vas mirabile* de *Finnegans Wake*, a um estado em que toda a "matéria" abjeta de *Ulisses* sofrerá uma transubstanciação, com o ego autodefensivo de Stephen reduzido à mera sombra de um dos dois incompatíveis filhos do sonho de H.C.E.

Na alquimia, não apenas as fezes e a urina eram utilizadas em pesquisas e experimentos, mas o termo técnico *urina puerorum* era uma das denominações usuais da *aqua permanens*, a "água da vida que permanece para sempre". Aqui, neste balão de vidro, ela procede do próprio *puer aeternus*, que é um correspondente antropo-

---

* Início de *Um retrato do artista quando jovem*, cf. trad. de Bernardina da Silveira Pinheiro, Editora Objetiva, 2006 [N. da T.].

mórfico do *lapis* [varinha] que converte todas as coisas em ouro: entretanto, como sempre insistiram os antigos mestres, não o ouro comum, *aurum vulgi*, dos mercados deste mundo, mas o "ouro da filosofia", *aurum philosophicum, aurum mercurialis, aurum nostrum, aurum volatile, aurum non vulgi*. Ouro, em outras palavras, como apenas a arte concede à mente com a transubstanciação da matéria deste mundo.

Abaixo do frasco contendo o Homúnculo, uma chama vaporiza a urina mercurial; e numa retorta especial, esse vapor é condensado e dirigido para o balão da direita, de onde se iniciou o caminho; de maneira que há indicado ali um circuito fechado, da transformação do mercúrio: o que novamente nos recorda *Finnegans Wake*; porque a última frase do livro interrompe-se abruptamente num vácuo – "a way a lone a last a loved a long the   " – deixando ao leitor a alternativa de permanecer ali, com o círculo interrompido, ou de retornar ao início do livro, onde a continuação da sentença aguarda, para nos apanhar e nos levar mais uma vez, pelo curso do rio deste sonho do Parque da Fênix, para outra volta.

IV. CAOS

Fica claro, portanto, que o rei solar e a rainha lunar da figura 38 não são o *artifex* e sua *soror mystica*, mas símbolos de um processo que ocorre (ou supõe-se que ocorra) nas retortas. Os alquimistas, enquanto isso, como na figura 39, permanecem na terra. Porém, em suas dimensões espirituais sutis eles são, na verdade, aquele casal real, temerariamente suspensos no céu pelas asas de uma pomba descendo de uma estrela. Que estrela? Tanto de Vênus quanto de Belém. Que pomba? Mercurius Vivus e o Espírito Santo.

A figura 41, também do *Rosarium Philosophorum*, continua a aventura da via da mão esquerda do enxofre, sal, mercúrio e outros materiais na retorta. Essa figura corresponde ao estágio do *nigredo*, o começo de uma dissolução, um processo de aproximação ao estado primal do caos, onde todos os pares de opostos se unem; e na esfera psicológica humana ele corresponde ao começo de uma regressão – o retrocesso da civilização até o idílio do Paraíso e, além dele, para o abismo primevo.

No volume *Mitologia Oriental*, encontramos uma série de tais disciplinas de regressão intencional; na Índia, a ioga e, na China, na ideia taoísta de um "retorno à pedra não esculpida":

> Inexpressivos como um pedaço de madeira não esculpida;
> Porém receptivos como um abrigo nas montanhas.
> Escuros como um rio turbulento –
> Quem de vós consegue assumir tal obscuridade, para no final tornar-se
> calmo e límpido?
> Quem de vós consegue ficar inerte, para
> No final tornar-se ativo e cheio de vida?[55]

Recordamos também o antigo mito sumério, com seus ritos relacionados à descida de Inanna ao mundo ínfero, para juntar-se a seu falecido irmão-esposo real: de como ela atravessou os sete portões, despojando-se, em cada um deles, de um de seus adornos, até que:

> Ao passar pelo sétimo portão,
> Todos os adornos de seu corpo foram retirados.
>
> Ela foi transformada num cadáver:
>
> E o cadáver foi pendurado em uma estaca.

Entretanto:

> Depois de três dias e três noites terem-se passado,
> Seu mensageiro Ninshubur,
> Seu mensageiro de ventos favoráveis,
> Seu portador de palavras encorajadoras,
> Encheu os céus de súplicas por ela,
> Chorou por ela no santuário da congregação.
> Buscou por ela na casa dos deuses.

E Enki, o "Senhor das Águas do Abismo", fez do barro duas criaturas assexuadas, a uma das quais ele deu o alimento da vida, à outra a água da vida; e a ambas ditou seus mandamentos:

> Sobre o cadáver pendurado em uma estaca eles dirigiram o medo dos raios de fogo,
> Sessenta vezes o alimento da vida, sessenta vezes a água da vida, eles
>   borrifaram sobre ele,
> Inanna ergueu-se.

E, de fato, Inanna ascendeu, viva, do mundo ínfero.[56]

As tumbas reais de Ur, com as impressionantes evidências de cortes inteiras acompanhando seus reis e rainhas ao mundo do além[57] e, no Egito, as terríveis mansões dos mortos, sob as areias do deserto, com literalmente centenas de pessoas que partiram com seus reis;[58] na China, as tumbas da dinastia Shang; os acompanhantes da morte do Japão,[59] e finalmente, os sacrifícios sati na Índia e o ritual védico da descida da rainha para dentro da cova do garanhão solar sacrificado:[60] todas essas indicações atestam a antiguidade da ideia dos dois que, no abismo das trevas, tornam-se novamente um, para renovar o fluxo das formas temporais, que em sua individualidade mantém fixa a vida, cujo fluxo é a substância de tudo.

Encontramos essa mesma ideia nas palavras de Cristo: "Se o grão de trigo que cai na terra não morrer, permanecerá só; mas se morrer, produzirá muito fruto.

Quem ama sua vida a perde e quem odeia a sua vida neste mundo guarda-la-á para a vida eterna".[61]

Joyce, nas páginas de *Ulisses*, descreve um mundo de homens duros como a pedra, separados, movendo-se friamente um ao lado do outro. Há uma seca na terra; o gado está doente; as mulheres são incapazes de dar à luz. Então, exatamente no meio do livro, ressoa aquele estrondo e começa uma mudança. Em *A terra desolada* de Eliot, o mesmo estrondo e promessa de nova vida ressoa na última seção, parte V: "O que disse o trovão". E, notavelmente, como em *Ulisses,* o deus e a deusa indianos, Śiva e Śakti, da via da mão esquerda, são anunciados, e aqui também é da Índia que chega a mensagem:

> O Ganga em agonia submergiu, e as flácidas folhas
> Esperam pela chuva, enquanto nuvens negras
> Acima do Himavant muito além se acumulam.
>
> A selva agachou-se, arqueada em silêncio.
> Falou então o trovão
> D*A*
> *Datta*: que demos nós?[62]

O poeta, em suas notas interpretativas, refere-se a uma passagem do *Bṛhadaranyaka Upaniṣad*,[63] em que o deus Prajapati, o "Pai das Criaturas", depois de ter sido solicitado por sua prole, deuses, homens e antideuses, a comunicar sua palavra definitiva, disse: "*Da*". E, nesse som, os deuses ouviram a palavra *damyata*, "controlem-se"; mas os homens ouviram *datta*, "deem"; e os antideuses, *dayadhvam*, "sejam compassivos". A passagem dessa *Upaniṣad* conclui: "E essa mesma coisa é repetida pela voz divina aqui, como um trovão: *Da! Da! Da!* controlem-se, deem, sejam compassivos. Essas três são o que se deveria praticar: autocontrole, doação e compaixão".

E assim, retornando ao poema:

> D*A*
> *Datta*: o que demos nós?
> Amigo, o sangue em meu coração se agita
> A tremenda ousadia de um momento de entrega
> Que um século de prudência jamais revogará
> Por isso, e por isso apenas, existimos
> E ninguém o encontrará em nossos necrológios
> Ou nas memórias tecidas pela aranha caridosa
> Ou sob os lacres rompidos do esquálido escrivão
> Em nossos quartos vazios

MITOLOGIA CRIATIVA

> D_A
> *Dayadhvam*: ouvi a chave
> Girar na porta uma vez e girar apenas uma vez*
> Na chave pensamos, cada qual em sua prisão
> E quando nela pensamos, prisioneiros nos sabemos
> Somente ao cair da noite é que etéreos rumores
> Por instantes revivem um alquebrado Coriolano
> D_A
> *Damyata*: o barco respondeu,
> Alegre, à mão afeita à vela e ao remo
> O mar estava calmo, teu coração teria respondido,
> Alegre, pulsando obediente ao rogo
> De mãos dominadoras.[64]

À luz de todos esses textos, o significado da mudança narrativa da figura 38 para a 41 é evidente. O encontro dos olhos, da figura 38, depois de ter comunicado sua mensagem aos corações dispostos e nobres (as coroas representam nobreza, as mãos esquerdas – do lado do coração – estenderam-se espontaneamente para a frente, e as direitas – do espírito – trocam sinais floridos do ideal comum que deve se realizar: não o ordinário, do desejo, mas o nobre, da extinção do eu de cada um na identidade que teriam depois, além do tempo, fora do que Joyce chama em *Ulisses* de "a modalidade do visível" e a "modalidade do audível", ou ainda, "o diáfano".[65]

Ao parecerem separados no início – estranhos, "polos separados" (conforme os termos de Joyce)[66] – os dois reconheceram sua "consubstancialidade" (novamente Joyce)[67], assim que se dissolveu todo artifício. Porque, como lemos no *Rosarium Philosophorum*: nesta arte, a substância a ser empregada "não é do trabalhador", isto é, do artífice, do saber, da civilização, mas da "venerável Natureza, porque é dela, por ela e nela que nasce a nossa arte e em nada mais".**

Na figura 41, foi removida a vestimenta protetora, historicamente condicionada, do casal. Eles puseram de lado não apenas a ordem social de seu tempo e lugar, mas também todos os artifícios protetores de decoro e disfarce, desenvolvidos individualmente. E há um perigo real aqui. Porque a natureza não é só beleza, tampouco só dignidade e generosidade. Vênus, a Lua e Mercúrio também têm seus lados escuros, assim como os luminosos – bem como nós todos. Removida a proteção, cada um fica vulnerável ao outro, tanto no seu aspecto inteiramente claro como no escuro.

---

* Eliot dá como referência aqui *O Inferno* de Dante, XXXIII.46: a estória horrível do Conde guefo Ugolino della Gherardesca, que com seus filhos e netos foi por seu pretenso amigo, o Arcebispo gibelino Ruggieri degli Ubaldini, traiçoeiramente encerrado numa torre e deixado ali para morrer de fome: "E eu ouvi a porta da horrível torre sendo trancada". Eliot acrescenta aqui a citação de F.H. Bradley mencionada acima, p. 90.
** *Supra*, p. 232.

ROSARIVM

corrũpitur, neq; ex imperfecto penitus secundũ artem aliquid fieri potest. Ratio est quia ars primas dispositiones inducere non potest, sed lapis noster est res media inter perfecta & imperfecta corpora, & quod natura ipsa incepit hoc per artem ad perfectionẽ deducitur. Si in ipso Mercurio operari inceperis vbi natura reliquit imperfectum, inuenies in eo perfectionẽ et gaudebis.
Perfectum non alteratur, sed corrumpitur. Sed imperfectum bene alteratur, ergo corruptio vnius est generatio alterius.

Speculum

Figura 41. O banho mercurial.

Esse é o significado do surgimento do elemento abissal, aquoso. "O espírito-terra Mercúrio em sua forma aquosa", afirma Jung em comentário dessa cena, "começa a atacar o casal real por baixo, exatamente como antes descera na forma de uma pomba". O contato das mãos esquerdas na figura 38 despertou, evidentemente, o espírito das profundezas e atraiu uma torrente de água.[68]

A cena sugere o arriscado momento de Tristão no banho, quando Isolda retirou seus disfarces e o desmascarou: no mesmo instante, seu "outro lado" perigoso, assassino, também se revelou. Agamêmnon, lembramos, foi morto no banho. O perigo ilustrado é o de morrer afogado ("Tenha medo da morte pela água", advertiu a pitonisa de Eliot em *A terra desolada*):* afogar-se nas tempestades oceânicas de

---
* *Supra*, p. 243.

emoções primitivas incontroladas e incontroláveis ou, em termos psicológicos, a imersão do ego, o princípio da individualidade, nas compulsões instintivas e fantasias que emanam no casal dessa parte inconsciente da "venerável Natureza". Pois ao mesmo tempo em que elas podem ser de amor e êxtase erótico, também podem ser agressivas, vis e cruéis. Jung compara a cena com a mitológica "Jornada pelo Mar das Trevas" do deus-sol no inferno, onde se enfrentam e se vencem poderes desconhecidos.

Todas as aventuras na lenda de Tristão, consequência do efeito do veneno da rainha Isolda sobre o herói, que vai culminar na poção partilhada com a filha, correspondem ao simbolismo da cena anterior: a ferida repugnante e pútrida (*putrefactio*), a jornada de barco pelo mar das trevas, o encontro com as perigosas, porém curandeiras mãe e filha no Reino sob as Ondas e o combate com o dragão; a infecção pelo seu veneno e, mediante a magia da rainha, a purgação da putrefação (*separatio, divisio elementorum*); o episódio do banho; e por último, prodigiosamente, a poção... Se compararmos ainda a situação e a função da harpa representada na figura 25 com o papel e o lugar da estrela, da pomba e das flores na figura 38 e se relacionarmos a força da poção do amor com a da água abissal da figura 41, é evidente que havia um vínculo significativo entre as linhas do simbolismo da alquimia e do romance medieval.

Nas palavras do *Rosarium Philosophorum*, "essa água fétida contém tudo o que é necessário".[69] Entretanto, conforme os processos da figura 40 já revelaram, uma clarificação (*divisio* ou *separatio*) tem de ocorrer antes de aparecer a varinha de produzir ouro, e isso não pode ser creditado à "venerável Natureza", mas é obra e virtude dessa arte. O texto que aparece acima da figura afirma que "a arte é incapaz de criar as primeiras formas". Quer dizer, a arte não pode iniciar sua obra *ab initio*, independentemente da natureza. "Nossa pedra é algo" – continua o texto – "intermediário entre corpos perfeitos e imperfeitos; e o que a própria Natureza inicia, é levada à perfeição pela arte. Se começas a trabalhar com o mercúrio no estado em que a Natureza deixou alguma imperfeição, chegarás à sua perfeição e te rejubilarás. O que está perfeito não se altera, mas é destruído. Entretanto, o que está imperfeito, de fato, se altera. Portanto, a destruição de um é a geração de outro".

Notamos na figura que apesar de a estrela celeste ter desaparecido, a pomba e as flores continuam presentes. Entretanto, a rainha passou a flor da mão direita para a esquerda, rompendo com isso a união das mãos esquerdas; ou melhor, transformando-o em uma união floral. Pois o rei está agora com sua mão esquerda livre, pegando a flor do talo *dela*, enquanto ela, inversamente, com a mão direita livre, está pegando a flor do talo *dele*. E cada talo tem agora uma única flor. Quer dizer, a rainha tornou-se agora a segunda flor no talo do rei e ele a segunda no talo dela. Inicialmente, os símbolos florais do um-que-é-dois e do dois-que-é-um não representavam nenhuma realização tangível; eram sonhos no ar; ideias pertencentes, portanto, ao lado direito, do espírito. Entretanto, com o encontro dos olhos e a união das mãos do lado do coração, os sonhos começaram a se realizar. Para ambos, a ideia da outra flor havia se personificado. E, simultaneamente, desapareceu a segunda flor da pomba, para se tornar a água que surge do abismo. Todo o cenário descera um degrau: a estrela acima desaparecera; as águas abissais estavam em ascensão. O rei solar e a rainha lunar já estavam na via da mão esquerda, descendo do grande superior para o grande inferior.

O lado esquerdo, o do coração, o lado do escudo, representa, tradicionalmente e em todas as partes, o símbolo do sentimento, da compaixão e do amor, da vulnerabilidade e do desamparo, as virtudes e perigos femininos, isto é, os cuidados maternos e a sedução, as forças mutantes da Lua e as substâncias do corpo, os ritmos das estações: gestação, parto, sustento e criação; porém igualmente malícia e vingança, irracionalidade, cólera secreta e terrível, magia negra, venenos, feitiços e enganos; mas também encantamento mágico, beleza, arrebatamento e felicidade. E o direito, nesse sentido, é do masculino, ou seja, da ação, armas, façanhas heroicas, proteção, força bruta e justiça cruel e benevolente; as virtudes e perigos masculinos: egoísmo e agressão, raciocínio lúcido, poder criativo luminoso, mas também malícia fria e insensível, espiritualidade abstrata, coragem cega, dedicação teórica, força moral controlada e sóbria. "O corpo" – afirma o *Rosarium Philosophorum* – "é Vênus e feminino, o espírito é Mercúrio e masculino".[70] Mas a alma é os dois: *Anima est Sol et Luna*. A respeito, afirma Jung: "O ser humano desconectado não é completo, pois ele só pode alcançar a plenitude por meio da *alma*, e a *alma* não pode existir sem seu outro lado, que sempre é encontrado em um 'Tu' ".[71]

A formação desse espírito é o que se iniciou aqui. Da mão esquerda da rainha, juntamente com a flor, a corrente lunar passa para a mão esquerda do rei, elevada pelo talo a uma força espiritual, não física; ao passo que a corrente solar espiritual passa da mão direita do rei, juntamente com a flor, para a mão direita da rainha. O contato físico direto foi interrompido – ao menos acima, sobre a superfície da água, embora aparentemente não por baixo, onde os pés parecem estar se tocando – e a presença da pomba evidencia o caráter espiritual da relação. A água em breve tragará os dois e a pomba e as flores desaparecerão; porque elas estão descendo para o elemento da esquerda, as marés, o mar e, por fim, o caos. Mas neste momento, e por um período indeterminado, permanecerão assim, num intercâmbio "platônico", equilibrado, cada um integrando reciprocamente a força espiritual do outro.

E assim foi também no século XII, na primavera dos castelões e seus trovadores. Clemência não se concedia ao *cavalier servente* até que estivesse preparado para a experiência do amor de sua dama, não como "vulgar", mas como "ouro nobre". Com relação aos pretendentes de baixa condição, tolerados apenas por seus elogios, a recompensa máxima concedida, mesmo após vários anos, podia ser nada mais do que a permissão de um beijo, uma vez, no pescoço da dama; e havia também, como vimos, paródias estilizadas dos mistérios do *amor*, bem como fraudes de uma forma ou de outra. Quando o cavaleiro era de alta condição e seu amor, conforme representado no paradigma de Lancelote e Guinevère, legítimo, puro e verdadeiro, a recompensa de sua dama estava à altura.

CONIVNCTIO SIVE
Coitus.

O Luna durch meyn vmbgeben/vnd suesse mynne/
Wirstu schön/starck/vnd gewaltig als ich byn.
O Sol/du bist vber alle liecht zu erkennen/
So bedarffstu doch mein als der han der hennen.

ARISLEVS IN VISIONE.

Coniunge ergo filium tuum Gabricum dile‑
ctiorem tibi in omnibus filijs tuis cum sua sorore
Beya

Figura 42. O oceano materno

Na figura 42, a descida para o caos primevo foi um estágio adiante. A pomba e as flores desapareceram. Mesmo a divisória artificial do poço desapareceu. A cena sugere intensamente o início de *Finnegans Wake*: "riocorrente, depois de Eva e Adão [...]" em que a palavra "riocorrente" não se refere apenas ao rio Anna Liffey de Dublin, eternamente correndo pelo Parque Fênix para unir-se a seu pai e amante, o mar, enquanto ela e seu esposo pecador, a própria cidade, sustentam e alimentam as vidas e sonhos de sua progênie pecadora; mas também o rio da energia vital que está sempre fluindo por todos nós e por todas as coisas, até o vácuo de onde ele surge simultaneamente: ambas as correntes são, por sua vez, identificadas por

Joyce com o conceito indiano da energia do sonho do mundo como Śakti-Māyā, a grande Deusa Mãe do Universo, que é em última instância a vida e a substância de todos nós, e cujo útero, onde habitamos, é tanto o espaço infinito, lá fora, quanto o mais íntimo, mais profundo, da paz fluindo suavemente, aqui dentro – onde todos os seus filhos irascíveis acabam repousando no sono sem sonhos. Há uma passagem na *Bṛhadaranyaka Upaniṣad* indiana sobre esse tema:

> Como um falcão, ou outro grande pássaro, que plana no espaço, fica cansado e, curvando as asas, busca um lugar de descanso, também o faz *Purusa*, o espírito humano, que desliza para um estado no sono, em que não existe absolutamente nenhum desejo e nenhum sonho ocorre. [...] E quando então ele se sente tão bem como se fosse um deus, ou um rei, pensando "Eu sou isso, sou tudo", esse é o seu melhor mundo. Essa, em verdade, é sua forma além do desejo, imperturbada e livre do medo. Como um homem completamente abraçado por uma mulher amada não faz distinção entre o outro e o eu, da mesma maneira esse espírito humano, abraçado totalmente por essa sabedoria do ser absoluto não conhece distinção entre o outro e o eu. Essa, em verdade, é sua forma na qual – realizado o desejo, desejando apenas o Si-Próprio sem desejo – acabam os sofrimentos.[72]

> Ó Luna, envolta em meu terno abraço,
> Sê tão forte e tão formosa como eu.
> Ó Sol, mesmo que sejas a mais brilhante de todas as luzes,
> Ainda assim precisas de mim, como o galo da galinha.

É o que diz, mais ou menos, o pequeno poema germânico abaixo da figura 42.[73]

Desaparecidas as flores, a pomba e o véu criado pelo homem, envoltos nas águas eternas do êxtase sem fim dessa paisagem deserta, antes que o céu e a terra se separassem, a lua e o sol brilhavam plenamente, e a rainha lunar, o rei solar e a "venerável Natureza" juntos reconstituíram a imagem do sexto dia da Criação. Entretanto, a direção de seu ato não é para a frente, no tempo, mas para trás: eles seguem a corrente inversa, que flui para a esquerda, e eles ainda têm muito a percorrer. Como afirma o texto do *Rosarium Philosophorum* em relação a essa estranha ligação: "Então Beya (o oceano maternal) elevou-se sobre Gabricus e envolveu-o em seu útero, de maneira que não se podia ver mais nada dele. E abraçou Gabricus com tanto amor que o absorveu completamente em sua própria natureza e dissolveu-o em átomos".[74] Há uma versão menos amável desse evento extraído de outro texto alquímico, mais antigo, conhecido como *Turba Philosophorum*,[75] [O tumulto dos filósofos], conforme segue:

> Os Filósofos condenaram à morte a mulher que mata seus maridos, porque o corpo dessa mulher está repleto de armas e venenos. Que uma sepultura seja cavada para o dragão e que a mulher seja enterrada acorrentada a ele; e quanto mais ele se virar

e enroscar-se nela, mais ele se destruirá pelas armas que se encontram no corpo da mulher. E quando ele perceber que está entrelaçado com os membros da mulher, terá certeza da morte e se converterá em sangue. Mas quando os Filósofos o veem transformado em sangue, eles o deixam alguns dias no sol, até que sua maciez seja consumida e seu sangue seque e eles, então, encontrem o veneno. O que aparece nesse momento é o vento oculto.[76]

Obviamente, a referência aqui é aos eventos como os do vaso à esquerda da figura 40. Entretanto, de acordo com as ideias dos próprios alquimistas, tais eventos reproduziam no vaso os processos pelos quais o Universo não apenas ganha existência, mas que repetidamente destrói a si mesmo e se renova. Estavam tão conscientes quanto Jung, embora de uma maneira diferente, das implicações psicológicas, teológicas, místicas, biológicas, químicas, históricas e eróticas de suas operações.

Na figura 43, que é a última desta série, os dois tornaram-se um. Além do mais, esse um está morto; o leito úmido transformou-se num sarcófago.

> Aqui jazem mortos o Rei e a Rainha
> Em grande aflição a alma se distancia.

Assim diz a primeira de uma série de versos que descrevem os estágios da *putrefactio* desse estranho ser dual, em quem a forma primeiramente vista nos caules de duas flores da figura 38 materializou-se na dos próprios rei e rainha. A cena sugere o leito cristalino da gruta dos amantes na perigosa paisagem deserta, daqueles dois cujo coração era um único; mas também o andrógino do quadro 11 do mistério clássico ilustrado na taça de ouro sacramental da figura 3 – cuja série iniciática, vista à luz do que acabamos de descobrir, mostra quanto percorremos e quanto ainda temos de percorrer neste círculo místico.

Biologicamente, essa forma dual pode ser comparada ao estágio de fertilização de um óvulo em que os conteúdos nucleares do óvulo e do esperma juntam-se para constituir uma nova vida. O óvulo e o esperma não existem mais como unidades separadas do ser. E se a imagem for ampliada para incluir os pais geradores, eles, em certo sentido, não mais existem como unidades independentes; porque sua geração foi superada, a nova é agora o centro vivo, em relação ao qual eles terão de funcionar como uma casca protetora, que será jogada fora no devido tempo. Assim, igualmente, ocorre com uma fertilização psicológico-espiritual; situação essa descrita em outro verso:

> Eis aqui a separação dos quatro elementos
> Quando do cadáver sem vida, a alma ascende.

"A decomposição dos elementos" – comenta Jung sobre esse texto – "indica dissociação e o colapso da consciência do ego. Tem uma estreita analogia com o

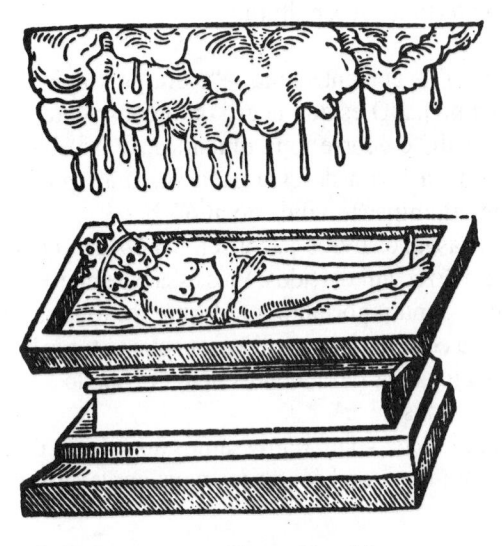

Figura 43. A chuva mercurial

estado esquizofrênico e deveria ser considerada seriamente, porque esse é o momento em que as psicoses latentes podem tornar-se agudas.[...] Os 'tormentos' que fazem parte do procedimento do alquimista pertencem a esse estágio da *iterum mori* – a morte reiterada". E esses são descritos no *Rosarium Philosophorum*: "cortando os membros, dividindo-os em pedaços cada vez menores, mortificando as partes e, transformando-as na natureza que está na pedra".* Esta passagem continua da

---

* Ver as visões de desmembramento e outras na crise xamânica descrita em *Mitologia Primitiva*, p. 208-221.

seguinte maneira: "É preciso guardar a água e o fogo que habitam na substância arcana e conter aquelas águas com a *aqua permanens*, embora ela não seja água, mas a forma ardente da verdadeira água".[77] O que é outra maneira de descrever aquela desintegração do dragão ilustrada no vaso em forma de útero da figura 40. A água mercurial das nuvens cai aqui também; para o que há outro verso:

Aqui cai o orvalho celestial, para banhar
O corpo negro enterrado na sepultura.

"O orvalho que cai" – comenta Jung – "é um presságio do nascimento divino que agora está próximo.[...] O estado negro ou inconsciente, produto da união dos opostos, alcança o nadir e ocorre uma mudança. O orvalho que cai simboliza a ressurreição e uma nova luz: a descida cada vez mais profunda ao inconsciente torna-se subitamente iluminação vinda do alto".[78]

"Alvejai o *lato** e rasgai os livros", aconselha o *Rosarium Philosophorum*, "para que vossos corações não sejam partidos. Pois essa é a síntese dos sábios e a terceira parte de todo o *opus*. Juntai, portanto, conforme foi dito na *Turba*, o seco com o molhado, a terra negra com sua água, e fervei até que se torne branca. Dessa maneira tereis a essência da água e da terra, depois de ter alvejado a terra com a água: mas a essa brancura chamamos de ar".[79]

Assim, dando uma longa volta, regressamos ao sentido da referência de Joyce, Romanos 11:32; e, com isso, também a uma nova apreciação do sentido da rudeza de suas imagens.

> Por repetidas vezes notamos [afirma Jung] que o alquimista procede à maneira do inconsciente na escolha de seus símbolos: cada ideia encontra uma expressão positiva e uma negativa. Por vezes, fala de um casal real, outras de um cão e uma cadela; e o simbolismo da água é igualmente expresso em contrastes violentos. Lemos que a coroa real aparece "*in menstruo meretricis* (na menstruação de uma meretriz)", ou são dadas as seguintes instruções: "Pegue o depósito sujo (*foecem*) que permanece na vasilha de cozinhar e preserve-o, pois ele é a coroa do coração". O depósito corresponde ao cadáver no sarcófago e o sarcófago, por sua vez, corresponde à fonte mercurial do *vas hermeticum*.[80]

No capítulo dos bordéis lascivos de *Ulisses*, cuja extensão é de aproximadamente um quarto do livro, a mescla turbulenta, num único e mesmo plano, de imagens alucinadas e da vida tangível corresponde perfeitamente (como Joyce demonstra que conhecia) ao estado mental do alquimista, que se encontrava ele próprio passando por uma espécie de transubstanciação junto com os metais e a escória em sua retorta. O *nigredo* e *putrefactio* tanto de Bloom quanto de Stephen, "polos separados", por todo esse capítulo, e a ruptura particularmente do pétreo sistema de defesa de Stephen,

---

* *Lato*, a "substância negra", uma mistura de cobre, cádmio e oricalco. (Nota de Jung).

O FOGO DA FÊNIX

levou este, no clímax do livro, a uma experiência que foi para ele absolutamente nova, isto é: de simpatia, compaixão, um momento de identificação espontânea com Bloom, "polos separados".[81] E essa experiência, na verdade, resolveu-lhe um certo problema que estivera importunando-o o dia todo, a saber, a consubstancialidade do Pai e do Filho: de Stephen sentado na praia e do homem afogado no mar. E foi logo depois que O FIM DO MUNDO surpreendeu-o, ELIAS bradou sua mensagem da presença de Cristo em todos, e a figura de MANANNAN surgiu de uma escotilha de carvão negro, depois do que ocorreu a seguinte apoteose do cão – "cão de meu inimigo" – em meio de uma alucinada Missa Negra:

> PADRE MALACHI O'FLYNN
> *Introibo ad altare diaboli.*
> O REVERENDO SR. HAINES LOVE
> Ao demônio que tornou alegres meus dias de juventude.
> PADRE MALACHI O'FLYNN
> (*toma do cálice e eleva uma hóstia gotejantedesangue*) *Corpus meum.*
> O REVERENDO SR. HAINES LOVE
> (*se ergue bem alto por trás da saia do celebrante, revelando suas nádegas despidas cinzentas e peludas entre as quais está enfiada uma cenoura*) Meu corpo.
> A VOZ DE TODOS OS AMALDIÇOADOS
> Anier Etnetopino Sued Rohnes O Siop, Aiulela!*
> (*Lá do alto a voz de Adonai clama.*)
> ADONAI
> Cãooooooooooo!**
> A VOZ DE TODOS OS ABENÇOADOS
> Aleluia, pois o Senhor Deus Onipotente reina!
> (*Lá do alto a voz de Adonai clama.*)
> ADONAI
> Deuuuuuuuuus!
> (*Em estridente discórdia camponeses e citadinos das facções* Laranja e Verde *cantam* Chute o Papa *e* Diariamente, diariamente cantem para Maria.)[82]

De acordo com o que, "polos separados", temos a seguinte lição em *A visão de Deus* de Nicolau de Cusa (1401-1464):

> Porque Deus, sendo a Causa Absoluta de todas as naturezas formais, contém em Si mesmo todas as naturezas. Portanto, apesar de atribuirmos a Deus, visão, audição, paladar, olfato, tato, percepção, razão e inteligência etc., segundo as várias significações de cada palavra, nele a visão não é diferente do que a audição ou o paladar

---

* A frase é: Aleluia! Pois o Senhor Deus Onipotente Reina!, escrita de trás para frente. [N. da T.]
** Deus – *God* – de trás para frente. [N. da T.]

ou o olfato ou o tato ou o entendimento. É por isso que se diz que toda Teologia está estabelecida num círculo, porque cada um de Seus atributos afirma-se sobre o outro e, em Deus, ser é estar, mover-se é parar, e correr é descansar, e o mesmo com os demais atributos. Assim, embora em um sentido atribuamos a Ele movimento e em outro repouso, como Ele mesmo é a Causa Absoluta, na qual toda distinção é unidade, e toda diversidade é identidade, essa diversidade que não é identidade própria, a saber, diversidade conforme a entendemos, não pode existir em Deus...

Por isso eu começo, Senhor, a Te contemplar no portal da coincidência dos opostos que guarda o anjo postado na entrada do Paraíso.[83]

CAPÍTULO 6

O EQUILÍBRIO

I. HONRA *VERSUS* AMOR

Na realização de seu desejo, o amante radical, assim como o santo, renuncia corajosamente ao mundo com seus valores de honra, justiça, lealdade e prudência. Para o cavaleiro e a dama do mundo, entretanto, a finalidade mística de pleno êxtase não é – e nunca foi – o ideal de uma vida nobre; e na França dos séculos XII e XIII nem sequer se aproximava do ideal de amor cortês.

Como assinalou uma das críticas mais argutas dessa literatura, Madame Myrrha Lot-Borodine: "Não foram os trovadores franceses que conceberam esse tipo de paixão ardente, cega e absoluta. A rajada de desordem que exala nos poemas de Tristão, dificilmente sugere a fragrância suave do delicado perfume da cortesia francesa".[1]

Assim sendo, parece mais do que apropriado, depois de todo o tempo que dedicamos à lenda secundária continental, voltar a olhar para a antiga lenda irlandesa da "marca do amor" de Diarmuid O'Duibhne. Porque é nela que aparecem os primeiros vestígios da fonte não apenas da magia do amor e dos temas florestais, como também do ferimento causado pelo javali na coxa de Tristão e, portanto, de sua relação com o deus morto pelo javali e o rei-herói do antigo complexo megalítico do deus-porco: o filho, consorte e amante, eternamente morrendo e ressuscitando, da rainha-deusa do Universo – Damuzi-Osíris-Adônis.

A antiguidade desse conto retrocede muito além dos tempos célticos. E o contraste entre a versão celta e a grega de Teseu, o Minotauro e o símbolo das velas negras, revela algo de considerável interesse a respeito do equilíbrio do elemento nórdico, "romântico" celto-germânico, e do greco-romano, "clássico" do sul.

Dessa maneira, foi no reinado de Cormac – o primeiro grande rei verdadeiramente histórico da Irlanda, filho de Airt, que por sua vez era filho de Conn, das cem batalhas, que reinou em Tara, duzentos anos antes da chegada de São Patrício – que ocorreu a aventura de sua filha, exatamente mil anos antes que fosse atribuída a Isolda. Seu nome era Grianne. Como filha do rei, tinha o privilégio de estar presente no campo onde se disputavam as grandes justas. Por seus traços, sua figura e sua graça, era a mais formosa de todas as mulheres. E foi a partir de então – (como confessou mais tarde) quando a luz de seus olhos encontrou Diarmuid O'Duibhne, um homem também de beleza extraordinária –, que entregou tal amor a tal homem, amor esse que jamais entregaria a outro. Porém, depois daquele olhar, Finn Mac Cumhaill (Finn McCool), também de beleza singular, chegou para pedir a mão da princesa. Diarmuid era filho da irmã de Finn, como Tristão da irmã de Marcos.

Ocorre que Diarmuid possuía na testa um sinal do amor que ocultava com sua vasta e rebelde cabeleira irlandesa, receoso de que as mulheres vendo-o se apaixonassem; pois essa era a virtude daquela marca. Entretanto, Grianne, com aquele olhar, já vira o sinal. E quando todos se sentaram à mesa, ela encheu uma taça adornada com pedras preciosas, engastadas em ouro, com bebida suficiente para nove vezes nove homens, e a entregou à sua criada: "Leva esta taça para Finn – ela disse – e diga-lhe que eu a enviei".

Ora, esse Finn Mac Cumhaill era o mesmo do qual se contava que havia defendido a baía de Dublin por duzentos ou trezentos anos, e que se acredita agora descansa, como Artur, em uma colina ou em uma ilha, de onde voltará com seus guerreiros gigantes, os Fiannas[2], quando a Irlanda dele necessitar.

Pode-se ver no título "*Finn-again's wake*" uma referência a essa segunda vinda; e, de fato, Joyce contou a um amigo que sua obra polimorfa era "*sobre* Finn agonizando à margem do rio Liffey enquanto a história da Irlanda e do mundo dá voltas em sua mente"[3]: um testemunho irlandês da visão inglesa de William Blake do gigante derrotado Albion. Esta história tem, portanto, um triplo interesse: por seu próprio valor, por sua influência sobre Tristão e por seu lugar na obra de James Joyce intitulada *Finnegans Wake*.

Continuando, Finn recebeu a taça e ao beber um gole, caiu em sono profundo. O rei Cormac foi o seguinte; e o mesmo ocorreu a todos. Mas a taça não foi passada para Diarmuid e Grianne voltou-se para ele.

– Aceitarás ser cortejado por mim, filho de O'Duibhne? – perguntou.

– Não.

– Então, te imporei um *geis* – respondeu ela.

Um *geis* é um desafio, magicamente impelido, que só pode ser recusado ao se correr um extremo perigo. "Serás escravo do perigo e da destruição se não me levas do palácio esta noite, antes que Finn Mac Cumhaill e Cormac, rei de toda Erin (Irlanda), despertem do sono. E não te deixarei até a morte."

– Então vá em frente, Ó Grianne – ele respondeu. E Diarmuid atrelou dois cavalos a uma carruagem.

Porém, passado o vau do Athlone, o casal fugiu a pé; e naquela noite, já em Galway, Diarmuid abriu uma clareira no meio de um bosque, ergueu sete cercas de vime ao redor, e no centro preparou para Grianne um leito de delicados brotos de bétulas e juncos; mas ele próprio dormiu do lado de fora.

Finn, Cormac e os demais somente despertaram na manhã seguinte e perceberam que Diarmuid e Grianne tinham desaparecido. Finn, enciumado, enviou seus cães de caça para que seguissem suas pistas. Eles as perderam no vau, para em seguida voltar a encontrá-las. A fuga e a perseguição continuaram por algumas semanas de perigo.

Diarmuid preparou seu leito separado de Grianne por todo esse tempo. Porém, também se abrigaram em cavernas e, quando, por falta de espaço, via-se obrigado a ficar ao lado dela, colocava entre os dois uma grande rocha ou, conforme dizem alguns, sua espada. Um dia, quando ela andava a seu lado, pisou em um charco e a água respingou em sua coxa. Suave e defensivamente murmurou para si:

– Água, tu és atrevida! Aventuraste ir mais alto do que Diarmuid.

– O que falaste? – perguntou ele.

– Oh, nada – respondeu ela.

– Não é verdade – ele disse – Porque penso ter ouvido parte, e não descansarei até escutar o resto.

– Diarmuid – falou muito tímida e sinceramente –, grande é a tua valentia para a guerra; porém, para encontros de outro tipo, esse respingo teve mais ousadia que tu.

Ele ficou envergonhado. E foi então que a levou pela primeira vez para a mata. Ao adentrar na floresta aquela noite, construiu para ambos uma cabana; e enquanto antes se alimentavam de salmões que eram assados num espeto, nessa noite Diarmuid matou um cervo, e desfrutaram juntos de água limpa e carne fresca.

Entretanto, havia outro *geis* sobre Diarmuid, que Finn Mac Cumhaill conhecia, e que consistia em não poder ouvir os latidos de cães de caça sem seguir seu som. Além disso, um javali muito forte estava atacando a região e, quando Finn, ao sair à caça um dia, viu galhos desbastados boiando nas águas de um riacho, reconheceu que era o corte do facão de Diarmuid: pois o corte dava nove voltas, e não havia outro facão assim na Irlanda. Aquela noite, Finn soltou seus cães de caça e, quando Diarmuid ouviu em sonhos o latido de um deles, despertou sobressaltado. Grianne abraçou-o e perguntou o que acontecera.

– Eu ouvi o latido de um cão – disse –, é surpreendente ouvi-lo à noite.

– São os fantasmas que o fazem acreditar nisso – ela respondeu e o tranquilizou para que voltassem a se deitar. Duas vezes mais ele escutou o latido e despertou; na última vez, ao amanhecer, saiu com seu cão de caça favorito.

Quando chegou ao topo do monte Benbulbin, em Sligo, foi atacado pelo javali selvagem com todos os Fiannas atrás. Seu cão fugiu. Ele arremessou sua lança, que atingiu a fera bem no meio da cabeça, sem qualquer resultado; então puxou sua espada e golpeou com toda a sua força no lombo do javali, mas o duro golpe deixou incólume o animal, porém, a espada partiu-se em duas. O animal investiu contra ele e Diarmuid caiu de costas, vendo como o javali descia a ladeira da colina. Porém, ele deu a volta, subiu novamente e arremessando Diarmuid pelos ares, rasgou-o com uma presa, de modo que suas entranhas caíram a seus pés. Todavia, com um golpe triunfante da empunhadura de sua espada, ele golpeou a cabeça do animal que caiu a seu lado sem vida. Em seguida apareceu Finn Mac Cumhaill.

– Agrada-me, Diarmuid – ele disse – ver-te nesta situação, e apenas me incomoda que todas as mulheres de Erin (Irlanda) não estejam te vendo neste momento, porque tua extraordinária beleza não é mais que feiúra agora que tua estampa está desfigurada.

– Se quiseres, Finn, tu poderias me curar – disse Diarmuid.

– De que maneira eu poderia fazê-lo?

– Quando na juventude recebestes o dom do conhecimento – falou Diarmuid –, do salmão que está no lago sob a Árvore do Conhecimento, também recebestes o dom segundo o qual quem beber nas palmas de tuas mãos rejuvenescerá e será curado de qualquer doença.

– Não sei de nenhum manancial nesta montanha, disse Finn.

– Não é verdade – respondeu Diarmuid. – Porque a menos de nove passos de ti há um poço com a água mais fresca do mundo.

Finn encaminhou-se para o poço. Encheu suas mãos de água e a deixou escorrer entre os dedos durante os nove passos de volta. Regressou ao manancial e a deixou escorrer novamente. E no final da terceira tentativa, encontrou Diarmuid O'Duibhne morto. Quando Grianne, grávida, que vigiava de cima do muro de sua fortaleza viu chegarem os caçadores, sem Diarmuid, ela caiu do muro, desmaiou e deu à luz a três filhos mortos.

Finn, com sua eloquência, entretanto, conseguiu que ela fosse com ele até seu castelo e a seu leito; e eles permaneceram juntos até a morte [4].

Madame Myrrha Lot-Borodine tinha razão: *"Ce ne sont pas les trouvères français qui ont créé ce type de la passion brûlante, aveugle, absolue"*.* O Professor Roger S. Loomis, a principal autoridade contemporânea no assunto, sustenta que foi em Gales que a lenda irlandesa da fuga de Diarmuid e Grianne assimilou-se ao cenário caledônio de Tristão, Isolda e o rei Marcos,** de onde passou, antes do ano 1000 para a Bretanha. E ali, um certo Senhor Rivalon deu a um filho seu o nome do herói, com a curiosa consequência de que em anos posteriores se acreditou que esse filho fora o verdadeiro Tristão, de maneira que, em vez do caledônio Drustán, filho de Talorc, foi um Tristão bretão, filho de Rivalon, quem foi cantado pelos trovadores bretões.[5]

As primeiras versões do romance, cujas raízes estão na Caledônia, Gales, Cornualha, Erin e Bretanha estão perdidas para sempre. Entretanto, os especialistas pensam hoje que ocorreu um período de amplo desenvolvimento oral – cerca de 1066-1150 –, em que os poetas, tanto galeses como bretões, tornaram-se bem-vindos

---

* "Não foram os trovadores franceses que conceberam esse tipo de paixão ardente, cega e absoluta." [N. da T.]

** Cf. *supra*, p. 184.

nas cortes francesas e normandas. O escritor Thomas da Bretanha, por exemplo, atribui sua fonte a certo autor galês, Bréri, cujo nome já fora mencionado por outros, de várias maneiras, como Bledri, Bleheris e Blihis.[6] Thomas declara que este Bréri conhecia "todas as proezas e todas as lendas de todas as cortes e todos os reis que viveram na Bretanha"[7]. Outro autor afirma que ele conhecia o segredo do Graal.[8]

Um terceiro, não apenas declara que foi concebido e nasceu em Gales, como também que foi ele quem introduziu a lenda de Gawain na corte do conde de Poitiers[9] – sendo que este conde fora Guilherme IX da Aquitânia ou seu filho Guilherme X, respectivamente o avô e o pai da rainha Eleonor – e que a própria corte provençal, na fronteira com a Espanha, foi precisamente a província do Ocidente que primeiro e de maneira mais intensa sofreu a influência dos mouros. Portanto, qualquer que fosse a relação anterior (se houve de fato) entre a tradição celta com a islâmica,* estamos, sem dúvida alguma diante de uma matriz criativa, em que a cultura celta, a islâmica e a clássica, tanto esotérica como popular, encontraram-se e combinaram-se em um ambiente extremamente sofisticado, para chegar com novas formas a todas as cortes do mundo ocidental.

Entre os temas célticos originários, derivados do romance de Diarmuid e Grianne, podemos notar a ideia de uma poção (do sono, no conto irlandês), o arrebatamento amoroso de força irresistível (o sinal do amor), a fuga e os anos na floresta, a espada entre os dois, e a relação sobrinho-tio (isto é, matrilinear). O detalhe do galho descendo o rio tem seu equivalente no episódio da lenda de Tristão, em que o amante envia galhos rio abaixo para sua dama, o que provoca suspeitas em Marcos.** E, finalmente, o detalhe do "respingo de água atrevido" aparece em relação à segunda Isolda que, cavalgando ao lado do seu irmão, abriu as pernas ao esporear e os cascos de seu corcel fizeram saltar a água de um charco; a água fria respingou em suas coxas e ela gritou sobressaltada, porém intimamente pensou algo que a fez rir tão forte que não teria parado mesmo que a houvessem ameaçado com quarenta dias de penitência.

Quando seu irmão perguntou a razão, respondeu: – Esse respingo foi mais ousado do que Tristão jamais foi.

Não está claro quando, nem onde, foram introduzidos os temas do período clássico na lenda. Os paralelos são numerosos e tão essenciais em estrutura e simbologia que o contato não pode ter sido tardio. Poder-se-ia mesmo defender uma derivação direta, em algum lugar, de alguma maneira, da lenda do Minotauro e do labirinto, ou de algum outro ciclo mítico relacionado com o início da Idade do Bronze. Tanto os contos do norte, como os do sul, seriam interpretados então como variantes locais, adaptadas aos costumes locais, de uma descendência mítica e ritual, cuja

---

* Cf. *supra*, p. 67, 107-108, 124-129.
** É interessante e desafiador comparar esse complexo céltico com a lenda japonesa dos pauzinhos descendo a correnteza vistos por Susano-O-no-Mikoto, que sobe para matar um dragão e conquistar uma esposa. Volume *Mitologia Oriental* desta coleção, p. 368.

origem estaria no eterno complexo agrícola primitivo, amplamente disseminado, que tratamos no volume *Mitologia Primitiva* desta mesma coleção, nos capítulos sobre "O ritual amor-morte" e "O domínio dos reis imolados".[10] O tema da vela branca ou negra, que obviamente é o indicador mais claro, abre possibilidades a muitos outros paralelos.

Já observamos os tributos periódicos. Igualmente chama a atenção o fato de que em ambas as lendas o herói é o herdeiro do rei oprimido, seu filho (tradição patrilinear) ou um sobrinho adotado (matrilinear). Ao partir, Teseu recebera de seu pai, o rei Egeu, duas velas: caso matasse o Minotauro, o barco retornaria com a vela branca desfraldada; em caso negativo, com a vela negra.

Em Creta foi auxiliado por Ariadne, filha do rei Minos, e meia-irmã do Minotauro: compare-se com Isolda, filha do rei Gurmun, o audaz, e sobrinho do cavaleiro-dragão. Após matar o Minotauro, levou a princesa consigo, mas a abandonou na ilha de Dia – como Tristão, após matar o dragão, embarcou com Isolda e a entregou ao rei Marcos.

Neste ponto, suas histórias parecem afastar-se. Segundo uma versão grega, a abandonada Ariadne se enforcou, de acordo com uma segunda ficou para trás porque estava grávida, ainda conforme uma terceira, o deus Dioniso arrebatou-a de Dia e levou-a para Naxos, onde desapareceram. Em qualquer caso, Teseu perdeu-a, e houve tal confusão a bordo que, ao zarparem, a tripulação esqueceu-se de trocar a vela e o rei Egeu, observando de um rochedo na costa, supôs que a vela negra significava a morte de seu filho e atirou-se ao mar, que desde então leva o seu nome.

Desse modo, a recepção ao herói na cidade, que a partir daquele momento era o novo rei, foi igualmente uma mistura de júbilo e dor.[11]

Na lenda grega, a mulher é abandonada e conquista um trono, como na lenda romana posterior de Dido e Eneias, de Virgílio; enquanto que na céltica, em consequência da poção mágica (que, como vimos, era de origem irlandesa), a situação se inverte. Também a tragédia se inverte: na lenda grega, o pai morre quando aparece a vela equivocada, na lenda céltica, o filho.

Porém, vejamos agora a origem desses dois heróis: Tristão chegou ainda jovem, como um desconhecido, ao castelo de seu tio; Teseu apresentou-se da mesma forma no palácio de seu pai. Egeu tinha-o gerado ilegitimamente com a filha do governador de uma cidade da Argólida e deixou suas sandálias e sua espada debaixo de uma enorme pedra. E disse à mãe que, acaso nascesse um menino, quando ele tivesse maturidade suficiente poderia levantar a rocha (como no romance posterior Artur, também filho ilegítimo, teve de provar que era filho de um rei arrancando a espada Excalibur da pedra). O menino foi criado por seu avô, Piteu, que aqui cumpre o papel desempenhado, na lenda de Tristão, pelo fiel oficial de Rivalino. Foi confiado a um tutor, Connidas, o correspondente de Curvenal. E, no devido tempo, ergueu a pedra e seguiu, desconhecido e irreconhecido, ao palácio de seu pai, que então vivia com a feiticeira Medeia.

O EQUILÍBRIO

Depois de gerar seu único filho, Egeu ficara estéril por uma maldição (uma deficiência semelhante à condição de solteirão do rei Marcos), da qual Medeia prometera livrá-lo com sua magia: e sua presença sugere novamente a comparação deste palácio mais com a situação arriscada em que Tristão foi colocado na corte irlandesa de Gurmun, o audaz, e a rainha feiticeira Isolda, do que com sua chegada a Tintagel na juventude.

De acordo com Eurípides, Medeia tinha uma carruagem conduzida por dragões. Já vimos que o guardião da casa irlandesa, o irmão da rainha Isolda, não apenas usava o emblema do dragão, como lutava com uma espada envenenada e, na segunda aventura irlandesa, foi substituído por um verdadeiro dragão, cuja língua envenenada infectou Tristão. O jovem Teseu não revelou sua identidade ao chegar ao palácio, porém Medeia sabia quem ele era e tentou matá-lo em um banquete com uma taça de vinho envenenada.

Entretanto o pai, reconhecendo a espada, no momento exato jogou a taça envenenada ao solo. Seguiu-se a peripécia do Minotauro, na qual – de acordo com a versão de Plutarco – sua protetora da viagem foi a deusa Afrodite. Na aventura irlandesa de Tristão – segundo a versão de Gottfried – a flecha do amor decorava seu elmo. Porém, nas duas histórias, a deusa do amor foi mal servida, pois a donzela, sua agente, por meio de quem se deveria vencer a morte, foi abandonada. Como consequência, o dom do amor transformou-se em algo demoníaco, diabólico e a deusa vingou-se terrivelmente.

No caso de Teseu, primeiro vingou-se, quase de imediato, com a confusão reinante a bordo de seu navio, que ocasionaria a morte de seu pai; e com crueldade exacerbada, anos mais tarde, em sua maturidade, com a paixão fatal de sua esposa, Fedra, por Hipólito, seu filho – que levaria à destruição de ambos.

O que é também, essencialmente, o tema de Tristão, porém de um ponto de vista diferente: Teseu ocupa agora o lugar de Marcos, a governanta de Fedra o de Brangaene e, na tragédia *Hipólito*, de Eurípides, o coro de mulheres do palácio canta o amor não como uma bênção mas como uma maldição:

> Eros, Eros, que sobre os olhos
> gotejas o desejo, introduzindo doce
> deleite na alma daqueles contra os quais milita.
> Que nunca surjas para mim com desgraça,
> nem venhas desmedido.
> Pois nem o raio do fogo nem dos astros é superior
> ao de Afrodite, que das mãos arroja
> Eros, o filho de Zeus.
>
> Terrível, ela (Afrodite) sopra intensamente sobre tudo
> e como abelha esvoaça.[12]

Dificilmente cantaram dessa maneira Heloísa ou Isolda, Tristão ou Gottfried. Pois a versão grega, ao contrário da céltica medieval do mesmo tema e mesma lenda, enfatizou o ponto de vista do mundo, da sociedade e da conquista, dos valores éticos e de vida normal contra o abismo da interioridade, dos valores eróticos-pessoais e da realização do êxtase.

Como na lenda de Virgílio, em que Eneias abandona Dido para assumir com singular valor seu papel notável – improvavelmente histórico – de fundador da poderosa Roma, aqui também é ROMA contra AMOR, a tarefa do dia contra os mistérios da noite; o apelo do tempo contra a eternidade; aquele que é dois contra os dois que são um. Porém, em ambas versões da lenda, a ironia da escolha é reconhecidamente trágica: uma ilustração da dissonância intrínseca que é o princípio e o fim de uma vida verdadeiramente humana, condenada a seu reverso, seja qual for a direção que se tome.

Teseu negou Afrodite ao abandonar Ariadne; e seu filho, Hipólito, um amante apenas de cavalos, a rejeitou de forma contundente. Em ambos os casos, como no de Abelardo, quando houve oportunidade para uma nova dimensão da experiência, impõe-se a adesão a uma filosofia do mundo, com seu programa ético correlato, formulado previamente. E o caso de Tristão era muito semelhante. Estava tão envolvido com a jovem Isolda, que ao regressar de sua primeira visita não conseguia falar de outra coisa. Mas, a consciência de seu lugar no mundo palaciano era tão marcante, que jamais pensou em conquistá-la para si.

Entretanto, em seu caso, quando foi impossível continuar negando a nova dimensão, rendeu-se com entusiasmo; e o velho mundo de honra e façanhas cavalheirescas desmoronou. Seus valores heróicos perderam a força. Contudo – e essa é a condição de sua tragédia – seus parceiros permaneciam presos a esse mundo antigo e estavam decididos a continuar assim. Por último, as antigas aspirações tampouco estavam completamente apagadas das vidas e mentes de Tristão e Isolda. Esse era o significado da espada que os separava.

Porque a harmonia mística, a paz e o idílio do ideal realizado – como no refúgio da gruta da floresta – não proporcionam de maneira alguma uma vida propriamente *humana*. Eles são do útero, primeiro – e da tumba, depois – e, como tais, objeto de meditação para aqueles a quem Nietzsche chamou "trasmundanos".

No entanto eles também pertencem – e este é o ponto de vista de Gottfried – à profundidade última e ao fundamento de nossa existência aqui e agora, onde eles podem e devem ser encontrados e afirmados *junto com* a dissonância, embora esta última ressoe com toda a força de *crescendo* a *fortissimo*. É por isso que Nietzsche qualificou o homem como "animal doente", celebrando a dúvida, a doença, o envelhecimento e a decadência – o que Thomas Mann, em *A montanha mágica*, tomado pelo espírito nietzscheano chamou de "temperatura" – como as características essenciais da vida no processo de transmutação alquímica, "superando a si mesma", tornando-se ouro. Esse é o caminho terreno do conhecimento secreto do "portal da coincidência dos opostos" sobre a qual escreveu Nicolau de Cusa, que é guardada pelo anjo que está eternamente na entrada do Paraíso.* E isso é o que Joyce celebra em cada frase de *Finnegans Wake*, em que, como afirma em uma das suas passagens principais, a alegria e a tristeza, a violência e o amor, o homem e a mulher, a espada e a pena, o ganho e a perda, o dia e a noite "esbarram um com o outro tão bem ..." (mas separemos a frase, para contemplá-la como um poema):

> tão bem... como se fossem *isce et ille* qualidade de contrários,
> desenvolvidos por um mesmo poder da natureza ou do espírito, *iste*,
> como a única condição de sua manifestação ele-sob-ela
> e polarizados para se reunir pela sínfise de suas antipatias.[13]**

Em resumo, o canto coral das mulheres do palácio em *Hipólito* de Eurípides e a súbita tragédia que vivem na trama grega as personalidades socialmente orientadas e iluminadas pelo sol do dia representam os valores, os perigos e o modo de experimentar o destino dos povos deste mundo, que estão ao lado do rei Marcos na peça de Gottfried, para quem o dever e a honra, obrigações e laços sociais são a medida do mérito pessoal; ao passo que nas obras "românticas" celtas e medievais dos poetas nórdicos – a quem as brumas das florestas góticas e as névoas das costas marinhas os imbuíam de uma doce melancolia – escuta-se uma outra canção: uma lírica aprendida em silêncio, na solidão, por um ou por dois, de "coração nobre", sem medo do caminho não percorrido. "Ó Senhor" – canta Joyce –, "amontoe misérias sobre nós, porém entrelaçe nossas artes com débeis sorrisos".[14]

II. O INDIVÍDUO E O ESTADO

Entre os autores mais importantes da primeira metade do século XX que, junto com James Joyce, transformaram o romance naturalista da sociedade do século XIX em um veículo secular de sabedoria mitológica e iniciações simbólicas, provavelmente foi Thomas Mann (1875-1955) quem mais teve consciência da relevância social e pedagógica e das consequentes responsabilidades de sua profissão.

Ao contrário de Joyce, cujo propósito era permanecer artista o tempo todo, com uma visão olímpica, distanciada e absolutamente imparcial – não participante, como partidário, "oniparticipante" como expectador e mobilizador –, Thomas Mann, durante sua longa e produtiva carreira, esteve sempre seriamente engajado, declaradamente ou não, na transmissão de uma mensagem sociológica, política e, em seus últimos anos, mistagógica.

Não pretendo compará-lo com um socialista comprometido como Bernard Shaw, que declarou que seus longos prefácios tanto quanto suas peças defendiam os seus

---

* *Supra*, p. 260.
** *Isce et ille* (latim), "aquele lá e aquele"; *iste*, "aquele (lá)". *Sínfise* (grego), "crescer juntos, união" (como de ossos), como se fosse não mero contato, mas continuidade de substância.

propósitos. Entretanto, é fato que como ensaísta, elucidando os fundamentos e as implicações filosóficas e sociológicas de suas obras, Thomas Mann dificilmente encontra equivalente na história das letras. Seus numerosos ensaios, escritos de maneira tão sedutora como suas obras de ficção, estão entre as análises mais valiosas e iluminadas que possuímos sobre a relação da literatura moderna com as esferas da experiência e comunicação simbólica que no passado constituíam temas reservados ao mito. E, em relação à sua abordagem da própria mitologia – suas fontes, significados e implicações morais para a atualidade – não existem esclarecimentos mais reveladores.

Porque é fato – como observei no prólogo do primeiro volume desta tetralogia – que os poetas e artistas, que lidam todos os dias de sua vida com os significados sensíveis e racionais de suas formas de comunicação, desenvolvem um órgão capaz de compreender melhor os mitos que frequentemente fazem falta aos meros eruditos; portanto, quando o artista ou o poeta também é culto, pode ser um guia mais confiável para os temas centrais de um certo complexo mítico, e um intérprete muito mais perspicaz de sua relevância para a vida do que o mais respeitado de seus especializados elucidadores acadêmicos.

E, finalmente, como Mann estava interessado não apenas nas implicações psicológicas e metafísicas universais de seus símbolos mitológicos, mas também em suas aplicações práticas, morais e políticas, viu-se obrigado, durante sua longa e impressionante trajetória, em um período de mudanças catastróficas no caráter da cultura europeia, a comprometer sua arte e suas simpatias primeiro com um extremo do espectro político-social, e depois com o outro, até que ao final encontrou-se num tal redemoinho de inversões que o portentoso navio de sua arte começou a rachar e a vazar águas herméticas por suas fendas. Por isso, o estudioso atento de suas interpretações dispõe não apenas de leituras igualmente sagazes de mais de um ponto de vista, mas também daquilo que minha avó chamava de "uma boa lição" da natureza mercurial dos universos mitológicos. E, além do mais, como Mann sabia exatamente o que estava fazendo – fechando primeiro um olho e depois o outro –, há nisso outra lição para o estudioso da moralidade, assim como um corolário, atingindo a disciplina da paralaxe, para o estudioso de visão bifocal.

A primeira formulação esquemática de Mann sobre os termos do problema que continuou ocupando sua mente até o fim de seus dias foi um breve conto intitulado "Tristão" (1902) que, como sua obra prima posterior, *A montanha mágica* (1924), ambientava-se em um sanatório para tuberculosos e trata da contradição e do diálogo, nesse ambiente, entre a busca da liberdade e da paz contra a vontade de viver – vinte anos antes que Freud publicasse *Além do princípio do prazer*.[15]

E como revela sua data, na época da publicação desse conto, em que foi anunciado um número surpreendente de temas que seriam desenvolvidos no romance posterior e ampliados até a magnitude de uma sinfonia em honra do Deus-Deusa, Hermes-Afrodite, do caminho do lado esquerdo à iluminação, o autor tinha apenas vinte e sete anos. Seu romance *Buddenbrooks* (1902) já ficara famoso e seria seguido de duas obras mais curtas, *Tônio Kroeger* (1903) e a peça de teatro *Fiorenza* (1904). Aqueles foram os anos críticos de sua carreira, durante os quais se estabelece sua visão filosófica básica, fundamentada principalmente em Goethe, Schopenhauer, Wagner e Nietzsche, também com um toque de Dostoievsky e Tolstoi. Os textos em torno dos quais giravam suas reflexões, além do *Fausto* de Goethe e as óperas de Wagner, eram *O nascimento da tragédia* de Nietzsche e o ensaio especulativo de Schopenhauer "Sobre uma aparente intencionalidade no destino do indivíduo". Estas obras levaram seu pensamento quase compulsivamente ao enigma da morte e renovação, aos fatores psicológicos que contribuem tanto com a desintegração individual como social e àqueles fatores contrários que podem ajudar a resistir, e inclusive vencer, o processo de dissolução e de morte. Em uma carta "Sobre o matrimônio", enviada ao conde Hermann Keyserling no final dos anos 1920, Mann declarava: "Para mim, os conceitos de morte e individualismo sempre estiveram juntos... e o conceito de vida, por outro lado, uniu-se com os do dever, serviços, vínculos sociais e mesmo de dignidade".[16]

Porém as coisas não eram na realidade tão simples na sua mente. No transcorrer de sua longa carreira, os vários elementos dessas combinações de opostos em certas ocasiões se separaram de seus semelhantes e trocaram de lado. A série de choques culturais produzidos pelos cataclismos de seu século (em cuja rápida sequência a nação e o povo que constituíam seu interesse prioritário, que na ordem anterior representavam o dever e o serviço à vida, tornaram-se para ele o símbolo máximo do mal) deixou-o por fim sem nenhuma base para se afirmar.

Em termos da posição filosófica básica que abraçara em 1902, isso não deveria tê-lo surpreendido ou instabilizado tanto. Entretanto, naqueles anos críticos também se entregara, como declarou em seu romance *Tônio Kroeger*, aos seres humanos normais, comuns, razoáveis e vivos, felizes e triviais, e nem mesmo o poder de sua visão e mente desengajadas e sofisticadas de artista objetivo podia aceitar com equanimidade o que eles haviam feito.

"Estou entre dois mundos", escrevera seu herói, Tônio, a uma jovem intelectual russa, Lisabeta, naquela obra.

> Não me sinto à vontade em nenhum dos dois e por isso tenho um pouco de dificuldade. Vocês, artistas, me chamam de burguês, e os burgueses sentem-se tentados a prender-me... não sei qual dos dois me magoa mais. Os burgueses são bobos. Vocês, adoradores da beleza, porém, que me dizem ser eu fleumático e sem saudades, deviam imaginar um dom artístico tão profundo e tão do princípio e do destino, que nenhuma saudade lhe pareça ser mais doce e digna de ser sentida do que aquela pelas delícias da trivialidade.
>
> Admiro os soberbos e frios que se aventuram nos caminhos das grandes, das demoníacas belezas, e desprezam o "homem" – mas não os invejo. Pois, se alguma coisa é capaz de fazer de um literato um poeta, então é este meu amor burguês pela humanidade, pela vida e pelas coisas comuns. Todo calor, toda bondade, todo humor

vem dele, e quer-me parecer que seja ele aquele amor do qual está escrito que alguém poderia falar com língua humana angelical e, no entanto, sem ele nada mais ser que um bronze soante e guizo sonoro.[17]

No seu conto anterior, "Tristão", o lado próspero e afortunado da vida é representado por um homem de negócios saudável e corpulento, de campesino rosto rosado, chamado Senhor Klöterjahn, da empresa A. C. Klöterjahn & Cia., que chegou ao sanatório Einfried apenas para internar – com preocupação e afetuosa atenção – sua jovem esposa, extraordinariamente frágil que, desde a extrema dificuldade que passara ao dar à luz seu vigoroso filho, sofria de uma afecção na traqueia que a levava perigosamente ao definhamento. Seu médico a enviara a Eifried para repousar, afastar-se da agitação e de suas obrigações por algum tempo e receber uma excelente atenção médica.

Enquanto o outro lado, a causa da arte, da beleza, do intelecto e do espírito estava representado por Detlev Spinell, um homenzinho peculiar, antissocial e de pés enormes, cujas têmporas, apesar de seus trinta e poucos anos, já começavam a encanecer e que era conhecido, entre os espirituosos do sanatório, como o bebê bolorento. Publicara uma breve novela em um enorme livro, cuja sobrecapa mostrava as letras do título como se fossem catedrais góticas, e mantinha-o sobre uma mesa em seu quarto, onde passava os dias escrevendo cartas. Não estava em Einfried para tratamento médico, dizia, mas pelo estilo imperial do mobiliário; e ao contemplar qualquer visão súbita de beleza – de cores harmoniosas às montanhas coloridas pelo pôr do sol – exclamava "Que formosura", num paroxismo de sensibilidade, inclinava a cabeça para um lado, erguendo os ombros, abrindo as mãos e dilatando os lábios e as narinas. "Deus! Vejam! Que belo!", gritava e abraçava qualquer pessoa, homem ou mulher, que estivesse ao alcance.

Para resumir essa história: surpreendendo a todos, pois antes nunca buscara companhia, essa dádiva do espírito para Einfried converteu-se, ao ver Frau Klöterjahn, num solícito e humilde criado de seu admirável encanto. Fez duas coisas: exaltou seu refinamento, afirmando que era demasiado espiritual para este mundo vulgar e para o marido, cujo sobrenome grosseiro tão mal lhe assentava, e depois a induziu a tocar novamente piano, como fizera em sua juventude, acompanhando seu pai ao violino. "Mas os médicos proibiram-me expressamente", disse ela. "Eles não estão aqui" – respondeu – "estamos livres... Cara madame, se está com medo de se prejudicar, então deixe que a beleza morra, pois ela voltará a existir pelo toque de seus dedos...".

Ela tocou. E foi dos *Noturnos* de Chopin ao *Tristão* de Wagner: Oh!, aquela alegria infinita, inesgotável, da união eterna além dos limites do tempo etc... Dois dias depois, apareceu sangue em seu lenço e não demorou que Klöterjahn fosse chamado para acompanhá-la naquelas que foram as suas últimas horas.

Spinell escreveu-lhe uma carta: uma exposição pessoalmente insultante de seu ódio à vida; e o resoluto homem do mundo, em resposta, simplesmente entrou no

O EQUILÍBRIO

quarto do autor e disse-lhe na cara o que ele era: um palhaço impotente, um covarde e um medroso, aterrorizado diante da realidade, cujas palavras sobre a beleza não eram mais que a hipocrisia e o rancor louco contra a vida.

A oposição radical dos dois hemisférios de experiências e valores representados nesta história pelo homem de negócios, saudável e bem colocado socialmente neste mundo de vida agressiva, sem autocrítica e dura, e por Spinell em seu sanatório preferido, com seus agradáveis parques e jardins, passeios errantes, grutas, caramanchões e pequenos pavilhões rústicos, corresponde na lenda medieval ao contraste entre o mundo palaciano do rei Marcos, com seus costumes aceitos e seguidos sem críticas, tanto na fé religiosa como na corte; e, de outra parte, o casal na floresta e sua gruta atemporal. Há também a intenção de uma analogia oriental, sugerida pelas obras de Schopenhauer e seu reflexo no tema wagneriano: sobre o contraste reconhecido na Índia entre os dois mundos, aquele da vida no contexto da sociedade, presa à roda da ignorância, do sofrimento, do renascimento, da velhice e da morte, e o da outra vida na floresta, nos bosques penitenciais, esforçando-se por todos os meios para alcançar a libertação do absurdo ciclo sem fim.

Entretanto, na Índia, não surge o problema da individualidade em nenhuma dessas situações. Na esfera social se obedece – é-se compelido a obedecer – as leis e disciplinas rituais da casta, sem resistir, sem questionar; enquanto nos bosques penitenciais, o objetivo não é realizar a individualidade, mas apagá-la, suprimir absolutamente e para sempre qualquer tendência ou traço do ego, da vontade pessoal, e a individualidade pode ainda assim permanecer para o indivíduo, mesmo depois de uma vida – na verdade de inumeráveis vidas – nas impessoais e socialmente reforçadas disciplinas da casta.[18]

Na moderna Europa ocidental, por outro lado, em grande parte devido à intransigência declarada de um número significativo de importantes e corajosos indivíduos, o princípio da individualidade e a apreciação do valor da individualidade se impôs – ao menos até o presente.

De maneira que, a floresta deve ter aqui um sentido completamente distinto daquele atribuído a ela em qualquer preceito indiano. "Não servirei àquilo em que não acredito mais" – declarou o herói de Joyce, Stephen Dedalus –, "quer isso se chame minha família, minha terra natal ou minha Igreja; procurarei me expressar por meio de uma certa forma de vida ou de arte tão livremente quanto possa e tão totalmente quanto possa, usando em minha defesa as únicas armas que me permito usar: o silêncio, o exílio e a astúcia".[19]

Isso tem um significado bem diferente da autoextinção; portanto devemos abordar aqui um novo problema: aquele que será decisivo para o Ocidente, para a história e caráter futuros da civilização, originado e integrado socialmente em nossas instituições, ou perdido debaixo das vagas ascendentes da Ásia. Porque foi apenas na Europa e na esfera europeia (o que inclui, ao menos por agora, a América do Norte), que essa questão da dissociação e choque radical dos valores individuais com os do grupo surgiu como um desafio crítico de uma civilização humanista em processo de maturação.

Mas as dificuldades são grandes. Elas derivam principalmente do fato de que os valores de *ambos* os hemisférios opostos – o individual e o social – são positivos; de onde, segundo todas as leis da física e da biologia, repelem-se mutuamente. Isto é, os partidários de cada lado veem os valores do outro meramente como o aspecto negativo deles próprios e, portanto, cada vez que os atacam ou tentam chegar a um acordo, só têm à frente as próprias projeções negativas de si mesmos, combatendo com suas próprias sombras nas muralhas de suas mentes fechadas, o que para os deuses representa um divertido espetáculo, mas para a humanidade, um perigo crescente, uma *turba philosophorum* que não se reflete em uma retorta fechada, porém no massacre das cidades destruídas.

Entre a carta sobre o matrimônio dirigida ao conde Keyserling e a criação do conto "Tristão", os pensamentos de Thomas Mann giravam, durante os anos da I Guerra Mundial, de um extremo a outro em torno desse jogo de opostos que na época representava para ele os ideais em conflito da Alemanha e dos Aliados ocidentais. Depois que ele tornara as coisas difíceis para si mesmo – associando o individualismo com a morte e a submissão à ordem social com a vida –, agora ele complicara mais sua postura filosófica vinculando o radicalismo com o individualismo, e o conservadorismo com o dever, associando a cultura alemã a este último e o primeiro com a Revolução Francesa, o materialismo econômico inglês, o socialismo internacional e os ideais de uma civilização de luxo baseada no dinheiro. Nesse livro fez numerosas afirmações das quais mais tarde se arrependeu e se retratou.

Entretanto, esta foi a obra que originou *A montanha mágica*: um texto destemido, realmente extraordinário, de análise e exame de consciência, um livro noturno de lampejos irrompendo de nuvens escuras e impenetráveis. Deve ser lido como um diário da confusão que, um homem de boa vontade e munido de vigorosa coragem, se obrigaria a escrever ao ser forçado pelo destino a decidir que valores estão em jogo em uma guerra moderna de nações poderosas, entre as quais se encontra a sua própria. A obra, publicada pela primeira vez em 1919 e condensada em 1922, tinha o título *Reflexões de um homem apolítico* e esta breve seleção de passagens mostrará por quê.

> Desagrada-me a política e a crença na política porque tornam as pessoas arrogantes, doutrinárias, intransigentes e desumanas. Não acredito na fórmula do formigueiro, da colmeia humana; não creio na *republique démocratique, sociale et universelle*; não confio que a humanidade foi feita para o que se denomina "felicidade", nem sequer que ela *deseja* essa "felicidade" – não acredito em "crença", mas antes no desespero, porque este abre o caminho para a libertação. Confio na humildade e no trabalho – o trabalho em si mesmo, e parece-me que a mais sublime, nobre, austera e afortunada dessa classe de trabalho é a arte.[20]

O EQUILÍBRIO

Na época, Mann identificava essa forma de trabalho sobre si mesmo, a humildade e a integridade com o que denominou de o "princípio aristocrático", cujo exemplo privilegiado na Europa seriam o ideal cultural e a disciplina dos alemães, em oposição não apenas à revolução classista altamente emocional dos franceses – com sua "Marselhesa" e guilhotina – como também com o materialismo econômico utilitarista e insensível da Revolução Industrial anglo-saxônica, enquanto descrevia o marxismo como "uma fusão do pensamento revolucionário francês com a economia política inglesa".[21]

"Vocês, políticos de partido" – escreveu naquela época, citando Strindberg – "são como gatos caolhos. Alguns de vocês veem apenas com o olho esquerdo e outros apenas com o direito; por isso, sua visão jamais poderá ser estereoscópica, mas apenas unilateral e superficial".

E, citando novamente o autor sueco: "Como poeta, tem-se o direito de *jogar com ideias, experimentar pontos de vista*, sem vincular-se a nenhum, porque a liberdade é o alento vital do poeta".[22] E a forma de servir o verdadeiro bem da humanidade, como então acreditava Mann, era mediante a arte, não com manifestos; uma vez que a maldição da política, da política de massas, da chamada política democrática, provinha de reduzir vida, arte e até mesmo religião à política, ao mercado, à opinião jornalística. A esse respeito Mann escreveu:

"Nenhuma experiência afastará a política do pensamento, demonstrará mais radicalmente sua irrelevância e ensinará melhor a esquecê-la do que a experiência do que é eterno no homem promovida pela arte. E numa época em que os acontecimentos políticos mundiais de força verdadeiramente extraordinária estão comprometendo tudo o que em nós é de valor humano individual numa participação complacente, subjugando-o e levando-o embora, exatamente neste momento convém permanecer firmes contra os megalomaníacos da política na defesa desta verdade: que o essencial da vida, a verdadeira humanidade da vida, jamais chega a ser tocada por meios políticos."[23] "O homem não é apenas um ser social, também é um ser metafísico. Em outras palavras, não é meramente um indivíduo social, mas também uma personalidade. Portanto, é errado confundir o que está acima do indivíduo que somos, com a sociedade, traduzindo-o completamente em sociologia. Atuando dessa maneira, ignora-se o aspecto metafísico da pessoa, o que está verdadeiramente acima do indivíduo; porque é na personalidade, não na massa, onde se tem de buscar o verdadeiro princípio superior."[24]

Até aqui, tudo bem. Ninguém que tenha compreendido ou experimentado algo da arte ou da vida – isto é, algo além da esfera sociológica – teria muito para dizer contra. Entretanto, o autor envolvera-se nesse livro (apesar de seu título apolítico) com a ideia e a causa da cultura alemã, contra o que ele considerava ser o internacionalismo revolucionário das democracias burguesas (francesa, inglesa e, incidentalmente, americana). Além disso, em 1930, tendo cometido esse primeiro equívoco, caiu logicamente no segundo erro.

Abandonou sua distinção anterior entre as esferas pessoal e social, e se colocou ao lado da última, como fazia o socialismo marxista – até a ponto de identificar o marxismo, como era moda então, com os ideais progressistas da democracia e do liberalismo burgueses. Porém, em suas apolíticas "Reflexões" já fizera essa identificação; de maneira que agora estava simplesmente mudando seu comprometimento de um polo de sua dicotomia para outro.

E para embaralhar ainda mais as coisas, tanto para si como para quem se empenhava em admirar-lhe, recusou-se a admitir que ao passar de um extremo a outro deixara para trás os valores iniciais. Simplesmente transferiu o que tinha denominado os "valores espirituais" do "princípio aristocrático" – ou seja, os ideais humanistas conservadores das formas do sentido do dever e de responsabilidade pessoal, tais como ele os entendia – à revolução proletária, chegando mesmo a reduzir a experiência de Deus a uma causa social, bem ao estilo da ortodoxia levantino-marxista.

"A raça humana habita sobre a terra em comunidades", declarou em uma conferência sobre "Cultura e Socialismo" publicada no mesmo volume, com o título *The Challenge of the Day* [O desafio da época] (1930), em que aparece a carta "Sobre o matrimônio" dirigida ao conde Keyserling, "e nelas não há nenhum tipo de experiência ou relação direta com Deus que não esteja acompanhada de alguma forma de associação ou sociabilidade. O 'eu' religioso torna-se corporativo na igreja". (Esse é o beijo de Judas.) "O 'eu' cultural celebra sua liturgia na forma e em nome da comunidade – uma palavra que na Alemanha tem fortes associações religiosas e aristocráticas, onde o sagrado de sua compreensão de vida social está separado do conceito que as democracias têm de sociedade. [...] A religiosidade cultural alemã sempre considerou o socialismo alemão invenção de um teórico social judeu educado na Europa ocidental. Portanto, alheio ao seu país e contrário à sua herança nacional – fabricação do diabo e consequentemente desprezível." Aqui se produz uma virada crucial e oportuna transferência de valores:

> e com pleno direito; porque, de fato, representa a dissolução da ideia de uma cultura e uma comunidade nacionais, em nome de uma consciência de classes sociais a que se opõe a consciência de nação e comunidade. Entretanto, o fato é que esse processo de dissolução já avançou a tal ponto que o complexo de ideias culturais alemãs designado com os termos "nação" e "comunidade" hoje pode ser descartado como mero romantismo; e a própria vida, com todo seu significado para o presente e para o futuro está, sem dúvida, do lado do socialismo. [...] Porque, embora o significado espiritual do idealismo individualista proceda originalmente de sua relação com a ideia de uma herança cultural, enquanto o conceito socialista de classe jamais negou sua origem estritamente econômica, esse último mantém hoje relações muito mais amistosas com a esfera do espírito do que o seu antagonista romanticamente nacionalista de classe média, cujo conservadorismo perdeu nitidamente o contato e a simpatia com o espírito vivo e suas exigências atuais.

O EQUILÍBRIO

O autor falou em outras ocasiões sobre a discrepância, do mesmo modo observada por outros, entre a nobreza e sabedoria dos grandes homens de nosso tempo e o atraso no domínio público das questões legais e internacionais, e recorre agora a esse tema para apoiar seus argumentos.

> Há pouco falei da insalubre e perigosa tensão que se criou em nosso mundo entre o estado do conhecimento alcançado e espiritualmente assimilado por quem representa o topo de nossa humanidade e a realidade material do presente e assinalei também os perigos potenciais que encerra essa tensão. A classe socialista, a classe operária, mostra uma vontade inegavelmente maior e mais vital para superar essa vergonhosa e perigosa discrepância do que seu adversário cultural, seja nas questões de legislação, da racionalização dos negócios públicos, da concepção internacional da Europa ou do que quer que seja. É certo que o conceito socialista de classe, em oposição à ideia de uma cultura nacional, é, em sua teoria econômica, antagônico aos valores espirituais; contudo, na prática, ele os promove, e isso, como estão hoje as coisas, é o que realmente conta.[25]

Antes de se passar uma década dessas informações, o modelo mundial supremo do Estado socialista, de base econômica, porém com disposição espiritual, aliou-se com o Estado socialista não espiritual e de base nacionalista para invadir, desmembrar e dividir a Polônia, e assim começou a II Guerra Mundial. Nesse momento, Thomas Mann fugiu, não à Rússia socialista, mas pela neutra Suíça até Princeton e, depois, para Hollywood, de onde, nas distantes praias do Pacífico, algumas horas antes de Pearl Harbor, pronunciou, por rádio, ao povo alemão, a seguinte mensagem:

> Ouvintes alemães, aquele que fala a vocês hoje teve sorte suficiente para poder fazer algo pela reputação intelectual da Alemanha no curso de sua longa vida. Sou grato por isso, porém não tenho o direito de orgulhar-me, porque isso não estava em minhas mãos, estava nas mãos do destino. *Nenhum artista realiza sua obra para elevar a glória de seu país. A fonte da produção é a consciência individual. Vocês, alemães, não têm permissão para me agradecer por minha obra, mesmo que o desejassem. Que assim seja. Não escrevo por sua causa, mas por uma necessidade íntima.*
>
> Porém, há algo que de fato foi feito por vocês, cuja origem está na consciência social e não na individual. Cada dia estou mais convencido de que chegará o tempo e, de fato, já está próximo, em que vocês me agradecerão por isto e lhe darão um valor maior que a minhas obras. E isso se dará por tê-los advertido, quando ainda não era demasiado tarde, contra os poderes corrompidos a cujo jugo estão hoje submetidos e que com incontáveis desmandos os estão conduzindo a uma miséria inaudita. E os conheço. Sabia que sua natureza infinitamente abjeta não podia ocasionar mais que a catástrofe e a miséria para a Alemanha e para a Europa, enquanto a maioria de vocês via neles as forças da ordem, da beleza e da dignidade nacional – cegos que estavam até a ponto de hoje se tornar inacreditável para vocês mesmos. [...]

A ruína está próxima. Vossas tropas na Rússia carecem de médicos, enfermeiras, remédios. Nos hospitais alemães mata-se com gás tóxico os gravemente feridos, os velhos e fracos – em uma só instituição, de dois a três mil, como declarou um médico alemão. [...] Comparável ao envenenamento em massa é a cópula forçada que obriga soldados em licença a procurar, como se fossem garanhões, as jovens alemãs para produzir filhos para o Estado, para a próxima guerra.

Pode uma nação, pode uma juventude decair mais? Pode haver uma blasfêmia maior à humanidade? [...] Trezentos mil sérvios foram assassinados por vocês, alemães cumprindo a ordem dos infames que vos governam, e não foram mortos durante os combates, mas mesmo depois do final da guerra naquele país.

Infinitas atrocidades são cometidas contra os judeus e os poloneses. Mas vocês não querem reconhecer o gigantesco e sempre crescente ódio, que um dia, quando as forças de seu povo finalmente enfraquecerem, com certeza tragará a todos vocês. Sim é legítimo pressentir o horror desse dia. E seus líderes sabem disso. Eles, que os induzem a cometer todos esses crimes horríveis, dizem-lhes que estão presos a eles por esses atos e que devem ser-lhes fiéis até o fim; caso contrário padecerão um inferno. Se romperem com eles agora, ainda poderão se salvar e alcançar a liberdade e a paz.[26]

Dessa maneira, no fim, como no princípio, sob pressão, violência e horror suficientes para uma *fermentatio*, o artista individualiza-se novamente e redescobre na velhice, por si mesmo, o que Schopenhauer e Nietzsche já ensinavam em sua juventude: que entre o indivíduo e a multidão, a integridade de um homem e sua sociedade, os mundos interior e exterior, categórico e contingente de experiência e compromisso, há uma oposição tão profunda quanto a essência da vida. Assinalei em itálico o parágrafo que revela essa oposição. Lembra um pouco a Detlev Spinell. Mas, na frase seguinte tomamos conhecimento de algo que Spinell parece não ter percebido, ou seja, a distinção entre a consciência social e a individual. Distinção, devemos reconhecer, que estabelece um problema profundo – "o" problema, devo dizer – que desde a época dos primeiros poetas de Tristão, quando surgiu em nossa literatura nos termos da tensão trágica *minne* e *ere*, amor e honra, permanece insolúvel no Ocidente até os dias de hoje.

O discurso de Mann foi transmitido pelo rádio, como dissemos, apenas algumas horas antes do ataque japonês a Pearl Harbor. O fogo e a irascibilidade profetizada não tardariam a reduzir a escombros as cidades culturais da Europa central: Munique, Dresden, Frankfurt, Marburg, Colônia, Hamburgo, Berlim.

O monstruoso império de Hitler foi derrubado e os exércitos do não menos monstruoso estado escravagista de Stalin penetraram no coração da Europa. Em uma década, outro monstro asiático, seu equivalente chinês, também levantava sua espada resplandecendo fogo – um fogo que, ironicamente, ambos receberam das ciências ocidentais – enquanto desmoronavam-se os impérios holandês, belga, francês e britânico. Desse modo, em 1950, começou a ficar evidente uma asiatização, cientificamente imposta, dos assuntos mundiais, que a respeito da política da liberdade individual é o principal desafio do momento. A antiga imagem do mundo da Idade do Bronze, de uma cosmologia matemática absolutamente inexorável, da qual a ordem social é apenas um aspecto (que, como vimos, encontra-se na base das concepções dos mundos chinês e indiano)[27], recebe agora o complemento de uma ideia marxista – igualmente inexorável da lógica da história – implementada em sua inumanidade por uma moderna tecnologia mecânica igualmente impessoal, em nome do que Nietzsche profetizou com desdém como "o novo ídolo, o Estado", que promete representar o futuro do homem do próximo milênio, em grande parte com a ajuda norte-americana. Porque, como afirmou Aldous Huxley no prefácio de 1946 ao seu romance utópico *Admirável mundo novo*: "Sem segurança econômica, não pode existir o amor à servidão".[28]

E, como afirma Nicolas Berdiaeff na passagem citada por Huxley na epígrafe daquele volume:

> *Les utopies apparaissent comme bien plus réalisables qu'on ne le croyait autrefois. Et nous nous trouvons actuellement devant une question bien autrement angoissante: Comment éviter leur realization définitive?... Les utopies sont réalisables. La vie marche vers les utopies. Et peut-être un siècle nouveau commence-t-il, un siècle où les intellectuels et la classe cultivée rêveront aux moyens d'éviter les utopies et de retourner à une société non utopique, moins "parfaite" et plus libre.* [As utopias parecem hoje muito mais realizáveis do que pensávamos, e nos encontramos agora diante de uma questão também angustiante: como evitar sua realização definitiva? [...] As utopias são realizáveis, a vida encaminha-se em direção às utopias. Talvez um novo século esteja começando, um século onde os intelectuais e a classe culta sonharão com as maneiras de evitar as utopias e de retornar a uma sociedade não utópica, menos perfeita e mais livre.]

III. IRONIA ERÓTICA

Em *A montanha mágica* – o romance composto em um período em que seu autor estava em perfeito equilíbrio e no auge de sua carreira – há um par de políticos falastrões, Settembrini e Naphta, cujos argumentos, divertidamente equilibrados, opondo-se um ao outro, constituem uma parte substancial da obra. O cenário é novamente, como no relato "Tristão", um sanatório na montanha, onde um cidadão alemão comum chega para uma breve estada: neste caso, um jovem engenheiro, Hans Castorp, para uma visita de três semanas a seu atormentado primo, um jovem oficial do exército, Joaquim Ziemssen, que, apesar da aparência saudável, está gravemente enfermo. A subida do trem pela montanha é descrita como uma emocionante passagem da planície de nossas obrigações diárias, banais, a uma esfera de repouso infinito, sobre um campo de centenárias árvores, onde os picos silenciosos, neves perpétuas e sempre-vivas falam da eternidade; e, como o literato Settembrini disse ao jovem viajante dias depois, nessa subida passara do mundo dos vivos ao mundo dos mortos. Na realidade, não subira, mas descera ao mundo inferior: estava em perigo e antes de provar o seu fruto, era melhor que fosse embora.

Nas *Reflexões de um homem apolítico*, existe uma passagem sobre a concepção desse romance, que aparentemente esteve incubado durante anos. Thomas Mann lembra:

> Antes da guerra comecei a escrever um romance breve, uma espécie de fábula pedagógica, na qual um jovem, retido em um lugar moralmente perigoso, onde estava por um breve período, encontra-se entre dois educadores igualmente ridículos, um literato italiano, humanista, retórico e progressista, e um místico de reputação duvidosa, reacionário e defensor da antirrazão. O inocente jovem vê-se obrigado a escolher entre os poderes da virtude e sedução, os deveres para com a vida e a fascinação pela corrupção – à qual não permanecerá insensível. E na composição desta obra, um importante elemento temático fora a frase: "simpatia com a morte".[29]

Esse tema é fundamental não apenas em *A montanha mágica*, como também em "Tristão" e no seu primeiro romance, *Buddenbrooks*; e seu ensaio "Sobre o espírito da medicina", publicado em 1925, contém uma elucidação e uma avaliação social e moral da força e importância daquele sentimento. Desse modo, ele afirma:

> Meu romance, *A montanha mágica*, apresenta em primeiro plano um aspecto crítico-social, e como o primeiro plano deste *primeiro plano* é um ambiente hospitalar, quer dizer, um sanatório de luxo nos Alpes, no qual se reflete a sociedade capitalista da Europa da pré-guerra, era inevitável que certos críticos especializados, hipnotizados pelo primeiro plano, não vissem no livro nada mais que um romance sobre um sanatório de tuberculosos, e então tiveram medo que seu efeito fosse de uma denúncia sensacional – uma espécie de versão médica à denúncia dos matadouros de Chicago, de Upton Sinclair. Na verdade, foi um irônico mal-entendido, pois a crítica social – como bem sabem os críticos literários – não é uma das minhas paixões, tampouco um dos meus pontos fortes. Apenas entram em minha obra acidental e incidentalmente, referida apenas de passagem.
>
> As motivações reais de minha literatura são de um individualismo pecaminoso, quer dizer, metafísico, moral, pedagógico, em suma, íntimo; e como em minhas demais obras, também em *A montanha mágica*. [...]
>
> O êxito do meu livro obedece, em primeiro lugar, ao que a Dra. Margarethe Levy, de Berlim, chamou, sem preconceito profissional, de naturalidade e vitalidade de seus personagens. E, em segundo lugar, a seus temas e problemas espirituais, que há quinze anos não despertaram interesse na Alemanha, mas que, hoje, graças às experiências exterminadoras de nosso tempo, estão em evidência. Não deve seu sucesso às sensações produzidas por revelações escandalosas da "vida interna" dos sanatórios alpinos.

O EQUILÍBRIO

Entre estes temas e problemas há o que um crítico chamou de trama de ideias sobre a vida e a morte, saúde e enfermidade – e permito-me falar disto porque um dos meus críticos, no *The Munich Medical Weekly* [O Semanário Médico de Munique], lamentou que eu tivesse retratado um *Inferno* que, ao contrário do meu grande predecessor medieval, carece de sentimento ético. Surpreendente! Um grande número de críticos literários impacientemente aconselha que me dedique de uma vez a minha arte, em vez de continuar me intrometendo nos problemas éticos da humanidade – e agora esse médico não vê mais que crueldade artística insensível na obra. Acusa-me de falta de respeito e compaixão pela vida enferma, uma repulsiva carência daquela "reverência cristã pelo sofrimento", de que fala Frau Chauchat (a heroína do livro): e ele parece não se dar conta de que a atitude que estigmatiza não pudera acomodar o (embora reconhecidamente não tão óbvio) "sentimento ético" (mesmo que, desde logo, não seja demasiado evidente) da obra. O que é também estranho!

Esse leitor médico ignorou todo o processo educativo pelo qual passa o jovem herói de minha história. Porque é um processo de correção, o processo de desilusão progressiva de um jovem devoto, temeroso da morte, que respeita a enfermidade e a morte. Meu crítico desaprova esse processo de educação e seus meios – e como não ia desaprová-lo! Tem ocorrido com frequência na literatura ou na arte – se é que ocorreu alguma vez – que a morte converta-se em uma figura cômica?

De qualquer maneira, aqui sim. Uma vez que este livro, que tem a ambição de ser uma obra europeia, é um livro de boa vontade e decisão, um livro de renúncia ideal a grande parte do que é prezado, a muitas simpatias, fascinações e seduções perigosas a que o espírito europeu tem estado e está predisposto e que, ao final, *só tem um nome* devotamente majestoso – um livro sobre a morte, eu diria, e de auto-disciplina pedagógica; serve à vida, sua vontade é a saúde, seu objetivo é o futuro. E nisso é um trabalho de cura. Porque, para aquele campo da ciência humanística conhecida como medicina, por mais profundamente que seus estudos se ocupem da enfermidade e da morte, o objetivo permanece sendo a saúde e a humanidade; sua finalidade continua sendo o restabelecimento da ideia humana em sua pureza.

A morte como figura cômica. [...] Será que ela desempenha apenas esse papel em meu romance? Não mostra nesse papel duas faces, uma risível e outra séria? Schopenhauer disse que sem a morte sobre a terra, não haveria filosofia. Tampouco haveria "educação" na terra sem ela. A morte e a enfermidade não são em absoluto apenas caricaturas românticas em meu livro – fui acusado injustamente.

Também estão aí como grandes mestres, grandes líderes para a humanidade, e a opinião do colaborador do *The Munich Medical Weekly* de que minha intenção, minha censurável e difamatória intenção, fora "mostrar que no ambiente de um sanatório de tuberculosos, o caráter de um jovem honrado e bem-educado deve necessariamente se degenerar" – é refutada pelo próprio livro do princípio ao fim. Realmente se degenera Hans Castorp? Decai? Na verdade melhora! Aquele "ambiente" é, na realidade, a retorta hermética na qual seu modesto material primário é forçosamente sublimado e purificado em um insuspeito enobrecimento. Naquele "ambiente", do qual se diz que é difamado no livro, seu modesto herói é levado a pensar sobre coisas e a maturar um senso do dever para com seu governo de uma forma que na "planície" (não percebemos o sentido irônico desta palavra?) nunca alcançara em toda a sua vida.

Alguém chamou meu livro "O clássico diálogo da doença" – não exatamente como um elogio, porém, aceito a opinião. O aspecto vergonhoso da enfermidade é ressaltado ao se relacionar com o ideal; mas também se representa como um poderoso meio de conhecimento e como o caminho "fecundo" em direção à humanidade e ao amor.

Por meio da enfermidade e da morte, pelo estudo fervoroso do orgânico, por uma experiência médica, faço que meu herói alcance, até onde é possível por sua arguta simplicidade, a premonição de uma nova humanidade. E ao fazer isso se supõe que eu tenha caluniado a medicina e a profissão médica?[30]

O romance é exuberante em vitalidade e em ideias entrelaçadas, o que torna difícil resumi-las ou mesmo indicá-las adequadamente; porém, é um marco tão importante e esclarecedor no campo da pesquisa mitológica – não apenas porque representa a passagem de um homem moderno por iniciações sucessivas cujo efeito é análogo ao dos antigos mistérios, mas também porque revela os equivalentes dos antigos temas míticos em imagens da ciência moderna – que vamos procurar traçar a trajetória do desenvolvimento de seu herói desde a saúde, pela enfermidade, a uma saúde superior.

O livro surgiu dois anos depois de *Ulisses*. As duas obras-primas foram concebidas e realizadas independentemente, porém tratavam de problemas equivalentes em termos equivalentes, ainda que contrastantes. Em ambas, o primeiro plano do romance é tramado de tal forma que, por toda a obra, ecoam e aparecem, uma e outra vez temas mitológicos, sugerindo que em nossas vidas se manifestam e atuam arquétipos da revelação mítica, em grande medida ignorados, contudo, operantes.

Aqui pode aplicar-se novamente a imagem schopenhaueriana do *anamorfoscópio*.* Quando as ocorrências casuais, dispersas ao longo de uma vida, são observadas sob uma ótica que reflete uma forma mítica, agrupam-se e mostram uma ordem profunda que é a ordem do homem eterno; e para produzir tais epifanias, onde o olho nu só vê fragmentos desconexos, tanto Joyce como Mann empregaram o artifício retórico do *leitmotiv*, a constelação verbal recorrente que junta fatos, pessoas, locais e experiências aleatórias e sem relação aparente.

Tudo indica que de modo independente, ambos inspirados pela arte da música – Mann, como ele mesmo reconheceu, por Wagner, e Joyce provavelmente também – estes dois autores de trajetórias e objetivos notavelmente paralelos usarão figuras verbais recorrentes para conduzir a mente não apenas de um ponto a outro da narrativa, como também, e de maneira mais significativa, para trás, para baixo, às profundidades que em ambos os casos (como em Wagner) provarão ser de mistérios

---

* *Supra*, p. 175-176.

O EQUILÍBRIO

míticos: mitos que não se referiam diretamente, como nos tempos arcaicos e na vida religiosa ortodoxa, a seres sobrenaturais e a ocasiões milagrosas, mas simbolicamente à raiz e à origem potenciais, às leis e forças estruturadoras que habitam esse ser terreno que é o homem, tal como revelados na poesia e na psicologia profunda.

O *leitmotiv* já aparece de modo elementar em Homero no epíteto épico: "mar escuro como o vinho", "o alvorecer matizado de rosas" etc.

No primeiro romance de Mann, *Buddenbrooks*, há um artifício coordenador empregado principalmente para manter a congruência dos caracteres ao longo dos atos, decisões e aspectos de cada um dos numerosos personagens da obra, mas servindo também para estabelecer e desenvolver certas continuidades e contrastes temáticos: por exemplo, o chamado e as exigências do dever que o nome da empresa da família representa para todos os autênticos Buddenbrooks, e a oposição às sóbrias exigências familiares pelo chamado romântico do indivíduo ao mar-romance-música-sonho e, depois, ao sono-metafísica-morte. Em *Um retrato do artista quando jovem,* de Joyce (que terminou o primeiro rascunho em 1903, mesmo ano do romance *Tônio Kröger*, de Mann), pode-se reconhecer uma construção semelhante de continuidades e de agregados temáticos contrapostos por meio dos ecos e refrões verbais, e nesse caso, muitos dos motivos anunciados transferiram-se sistematicamente a *Ulisses* e a *Finnegans Wake*. Entretanto, em *Tônio Kroeger*, Mann desenvolve o emprego do *leitmotiv* de uma nova forma musical, sinfônica (ele mesmo chamou a obra de uma "balada em prosa")[31]; porque em contraste com o romance *Buddenbrooks*, onde empregara uma técnica épica relativamente simples, sequencial (*a empresa – a empresa – a empresa* contra um amálgama de temas contrários: *o mar-música-romance-sonho* e *o sono-metafísica-libertação-morte*), naquela novela produz-se uma progressão e desenvolvimento musical das associações de cada um dos motivos cada vez que voltam a aparecer. Por exemplo: o título da obra e nome do herói, Tônio Kroeger, já sugere uma dicotomia. Do lado paterno, sangue nórdico e, do materno, mediterrâneo. Entre os meninos loiros de olhos azuis de sua escola, Tônio é moreno e de olhos escuros, e a discrepância interior que se evidencia socialmente soma-se ao amor, anseio e inveja, mesclado com certo menosprezo que sente por seus companheiros. Tônio, que herdou o temperamento emocional de sua mãe, é mais complexo que eles, introvertido, melancólico e sensível à beleza da nogueira e da fonte, à beleza dos graciosos jovens de olhos azuis, à música e ao mar, à solidão e às suas experiências e leituras – como *Don Carlos*, de Schiller, em que há um equivalente de seu intrincado temperamento. Nas festas é inábil e as garotas que se sentem espontaneamente atraídas por ele são as que tropeçam quando dançam; as encantadoras e bonitas loiras de olhos azuis não percebem nem respondem a sua profunda inquietação. E, agora, ampliam-se as margens de associação dos motivos anunciados. Tônio descuida-se dos trabalhos escolares em favor de suas próprias descobertas e suas notas não são boas. Seu pai, de olhos azuis, se aborrece; sua mãe, morena, fica indiferente. Ela tem uma tendência para o aleatório, que Tônio reconhece em si mesmo. "O que acontece comigo?" – medita. "Não somos ciganos em uma carroça verde, mas pessoas decentes". O tema dos ciganos-em-uma-carroça-verde, unido ao dos olhos e cabelos escuros, da sensibilidade e isolamento, acrescenta conotações de aventura, liberdade e desgraça; enquanto o tema do loiro-olhos-azuis adquire a dignidade da respeitabilidade responsável, da participação social daquilo que tem valor. Tônio caminha para ser escritor e a exposição final das razões que o levam a isso estão na carta, já citada, que escreve a Lisabeta Ivanovna[*]: o mundo da arte e das letras contra a vida e a simplicidade, com Tônio Kroeger entre ambos.

 Ao passo que em *Buddenbrooks* [escreveu o autor em seu livro de reflexões sobre a guerra] expressei somente a influência de Schopenhauer e Wagner – a veia ética pessimista –, em *Tônio Kroeger* apareceu o fator nietzschiano, pedagógico, que favorece a vida e que prevaleceria em toda a minha obra posterior. Na vivência e no sentimento que inspiraram esta pequena novela, a concepção de vida do filósofo lírico Nietzsche, marcada por um conservadorismo inflamado, e sua defesa deste contra o espírito niilista moralizante se transformaram em uma *ironia erótica*: uma afetuosa afirmação de tudo o que *não* é intelectualidade e arte, mas é inocente, saudável, decentemente desproblematizado e intocado pela espiritualidade. O nome da Vida, e até da Beleza, atribui-se nesta obra (sentimentalmente, é verdade) ao mundo da vida burguesa (*Bürgerlichkeit*), da normalidade reconhecida como abençoada, a antítese da intelectualidade e da arte.
 E não é de estranhar que ela tenha agradado a geração jovem! Porque, se a vida parece bem aqui, o espírito parece ainda melhor, já que era esse o amante, e "o deus" está naquele que ama, não no amado – algo que o "espírito" sabia muito bem neste caso. O que não sabia ainda, ou deixava de lado por enquanto, é que não só o espírito anseia pela vida, como a vida anseia pelo espírito, e que a exigência da vida para a salvação, seu anseio, seu senso de beleza (já que a beleza não é mais que anseio), talvez seja mais sério, quem sabe mais "divino", menos arrogante, menos orgulhoso que o do espírito.
 Porém ironia é sempre ironia em ambas as direções, algo intermediário, um nem-nem e um tanto-quanto: como se imaginava Tônio Kroeger a si mesmo – algo ironicamente intermediário, entre a vida burguesa e a vida de artista. De fato, seu nome é um símbolo de toda classe de mistura problemática não apenas do sangue latino e germânico mas, também, dos intermediários entre saúde e sofisticação, respeitabilidade e aventura, ternura e firmeza.
 O nome sugere assim a tensão de uma posição dupla, o que de novo é uma influência evidente de Nietzsche, cuja filosofia, como ele mesmo declarou, devia sua força esclarecedora ao fato de conhecer os *dois* mundos – o da decadência e o da saúde. Nietzsche encontrava-se, declarou, entre o nascente e o poente. Toda minha novela era uma mescla de elementos aparentemente incompatíveis: melancolia e crítica, introversão e ceticismo, Theodor Storm e Nietzsche, emocionalismo e intelectuali-

---

[*] *Supra*, p. 271-272.

dade. [...] Não é estranho, como já disse, que a jovem geração tivesse gostado disso, e preferisse essas noventa páginas aos dois grossos volumes de os *Buddenbrooks*.[32]

Do mesmo modo, a ironia erótica ou, como Mann também frequentemente a chamava, ironia plástica, é a chave da postura estética de sua revelação. É a atitude de um artista que não teme ver o que tem diante de si, em sua verdade, sua fragilidade, sua inadequação ao ideal, e cujo coração vai a seu encontro afirmando essa fragilidade, pois pertence a sua vida. Porque cada existência move-se, atua e torna-se conforme a sua imperfeição; a perfeição não pertence a este mundo. Portanto, é nomeando a sua imperfeição que o artista dá a cada um sua vida, sua possibilidade; e isto é na verdade um ato cruel – embora com resultado irônico.

O olhar do artista ao contemplar as coisas [afirma nosso autor], tanto externa como internamente, é, ao mesmo tempo, mais frio e apaixonado do que a forma com a qual ele observa na condição de homem. Nesta condição, pode-se ser paciente, afetuoso, positivo e ter uma inclinação completamente acrítica ao considerar como se tudo estivesse bem. Porém, como artista, seu gênio obriga-o a "observar": anotar, instantaneamente e com impiedosa perspicácia, cada detalhe que, em sentido literário, poderia ser característico, distintivo, significativo, revelador, típico da raça, o modo social ou psicológico; registrando tudo tão impiedosamente como se não tivesse nenhuma relação humana com o objeto observado – e na "obra" tudo vem à luz...

No entanto, mais do que essa divisão entre o artista e o ser humano, que pode conduzir a graves conflitos externos e internos, creio que a arte autoral baseia-se também em outro fator: uma sensibilidade extremada, cuja expressão e manifestação é uma "força crítica" ou "de convicção" que descobri ser uma fonte de mal-entendidos. Ou seja, não se deve supor que seja possível ressaltar o refinamento e a concentração das faculdades de observação sem que se ressalte ao mesmo tempo a suscetibilidade à dor. E essa suscetibilidade pode alcançar um grau que transforma toda experiência em aflição. Porém, a única arma de que dispõe o artista para reagir diante de tais coisas e experiências e proteger-se a si mesmo, à sua maneira, é sua faculdade de expressão, o poder de denotar; e essa reação às coisas – expressar-se sobre elas com destrutividade psicológica, que é a vingança sublime do artista contra as suas experiências – será tão mais violenta quanto maior for a sensibilidade do centro que a experiência tenha tocado.

Essa é a origem daquela precisão fria e desapiedada da descrição: o arco tensionado do qual se lança a *palavra*, a palavra cortante, rápida, que zunindo e rodopiando acerta seu alvo. E não é o arco, tal como a amável lira, um instrumento de Apolo? [fig. 44, p. 310] – Nada poderia ser mais alheio ao segredo da arte que a ideia de que a frieza e a paixão excluem-se mutuamente! Nada mais equivocado que supor que a força crítica e o poder da convicção da expressão procedam da impiedade e da animosidade – em sentido humano! [...] A expressão precisa, parece sempre dolorosa. A palavra certa, fere.[33]

Até aqui, muito bem; lemos e escutamos: o artista sempre se compadece um pouco de si mesmo, tem experiências dolorosas e responde com a seta da palavra, bem elaborada, bem dirigida. Porém, com que finalidade? Para matar?
O autor tem mais a dizer:

> O intelectual, o homem de espírito tem a alternativa (*até esse ponto* ele pode escolher) de trabalhar a partir do irônico ou do radical: uma terceira opção não é legitimamente possível. E o que consiga fazer de si mesmo a esse respeito depende da prioridade de seu argumento. Decorre de qual das alegações pareça-lhe a definitiva, absoluta e decisiva: a da Vida ou a do Espírito (o Espírito como Verdade, ou como Retidão, ou como Pureza). Para o radical, a Vida não é o argumento prioritário. *Fiat justitia,* ou *veritas* ou *libertas, fiat spiritus – pereat mundus et vita!* Assim falam todas as formas de radicalismo. Ao contrário, a fórmula da ironia diz: "É a verdade prioritária quando a questão é a vida?" O radicalismo é niilismo. A disposição irônica é conservadora. Entretanto, o conservadorismo só é irônico quando não representa a voz da vida falando por si mesma, porém a voz do espírito falando não por si mesmo mas pela vida.
>
> Aqui é Eros que entra em cena. O amor foi definido como "a afirmação de um indivíduo, independente de seu valor". Ora, essa certamente não é uma afirmação muito espiritual nem muito moral e, de fato, a afirmação da vida pelo espírito tampouco é moral. É irônica. Eros sempre foi irônico. E a ironia é erótica. [...]
>
> E isso é o que torna a arte tão digna de nosso amor e merecedora de nossa prática, essa maravilhosa contradição, que é – ou, ao menos, pode ser – simultaneamente um repouso e uma crítica, uma celebração e uma recompensa da vida por sua gratificante imitação e, ao mesmo tempo, uma aniquilação moralmente crítica da vida, cujo efeito é o despertar do prazer e da consciência no mesmo grau. O benefício da arte advém da circunstância (empregando termos diplomáticos) de ela manter relações igualmente boas com a vida e com o puro espírito, que seja ao mesmo tempo conservadora e radical; isto é, de seu lugar mediato e mediador entre o espírito e a vida. Que é a fonte de onde nasce a própria ironia.[34]

Como vimos, Mann formulou esse princípio irônico pela primeira vez em *Tônio Kroeger* (1903), imediatamente após a conclusão de seu "Tristão" (1902) e, com isso, abriu o caminho a uma forma de pensar e sentir que levaria sua embarcação entre Cila e Caribdes, da dureza da pura "verdade", de um lado, à "perfeição", "justiça", "discernimento", e à "libertação do cárcere desta carne" e, por outro, ao vórtice das árduas tarefas que matam o espírito, banalidades, mentiras, fraudes e paixões cegas da mera vida pela vida: uma resposta, em outras palavras, ao problema básico de Tristão que na sua percepção era o exclusivismo, esnobismo estético, afastamento dos campos da vida comum e, como ele mesmo o denominou, "simpatia com a morte". Aqui se renuncia ao altivo desdém do poeta medieval Gottfried por aqueles que "são incapazes de suportar o sofrimento e desejam apenas viver na graça",* e se propõe uma forma de ser e sentir que considere igualmente tanto o nobre como o abjeto, o justo e o malvado, transmutando tudo, mediante sua arte, sua alquimia, em "ouro".

Entretanto, se podemos ser honestos por um momento – e não voltar à ironia imediatamente –, esta transmutação, para se realizar, deve incluir todos aqueles a quem tememos e odiamos, bem como aqueles a quem meramente desprezamos: monstros, sádicos, bestas e degenerados de nossa espécie, no espírito todo abrangente da palavra fundamental de Cristo: "Ouvistes que foi dito: *'Amarás teu próximo e odiarás o teu inimigo'*. Eu, porém, vos digo: amai os vossos inimigos e orai pelos que vos perseguem"[35]. E, ainda: "Não julgueis para não serdes julgados"[36]. Ou, no espírito do axioma budista: "Todas as coisas, são coisas-Buda".[37] E, na verdade, Mann disse sobre seu *eros* indiscriminado – que, em sua definição é indistinguível do *ágape* indiscriminado que já vimos – que no ato de "afirmação de um indivíduo, independente de seu valor", não encontramos "uma afirmação muito espiritual, muito moral".

Isto nos apresenta um problema de muitas faces e vários níveis.

Primeiro há o que Mann reconheceu quando distinguiu o escritor enquanto artista e como simples ser humano. Como artista, deve ser perspicaz e impiedoso na observação, mesmo que ele sofra com isso; todavia, na condição de ser humano, pode ser amável e cordial; ou, como também vimos, enquanto artista, tem de ser pleno-amor e compreensão (à sua maneira), porém, na condição de homem, deve ser capaz de fazer justiça e inclusive empregar a força bruta – como se disse do próprio Cristo quando expulsou os mercadores do templo. Thomas Mann retornou a seu espaço secular, no exílio autoimposto durante o império do 3º Reich, com uma mensagem ao povo alemão, ainda enredado na *māyā* da história europeia. Essa mensagem, que provinha "da outra margem", foi pronunciada por uma voz incorpórea, pelo "fantasma" daquele que conheceram em um passado. E tudo isso é bastante irônico.

Porque ninguém até hoje na história do pensamento propôs uma fórmula capaz de eliminar esse "bisel" de fogo da fênix, onde se cruzam os planos espiritual e terreno, metafísico e moral: esse ponto ou fronteira, simbolizado no leito (o altar agridoce) da Cruz. *Não a voz do espírito falando por si mesmo, mas a voz do espírito falando pela vida: que é a autocrucificação do espírito* ("Ele tinha a condição divina, e não considerou o ser igual a Deus como algo a que se apegar ciosamente. Mas esvaziou-se a si mesmo e assumiu a condição de servo, tomando a semelhança humana. E, achado em figura de homem, humilhou-se e foi obediente até a morte, e morte de cruz!").[38] E, do outro lado: *"Não a voz da vida falando pela vida, mas o anseio da vida pelo espírito"*; que é a autocrucificação da vida (como em São Paulo: "fui crucificado junto com Cristo. Já não sou eu que vivo, mas é Cristo que vive em mim").[39] Para tudo isso há a assertiva: *"ironia é sempre ironia nas duas*

---

* *Supra*, p. 47.

direções, é algo intermediário, um nem-nem e um tanto-como" – uma frase que soa incrivelmente parecida a um aforismo da doutrina budista Mahayana do Caminho do Meio, em que a compaixão (*karuṇā*) é consequência da percepção de que todos estes seres sofredores são não seres, mas espírito, que nem é nem não é.[40] "Quando se percebe que toda forma não é forma, reconhece-se Buda".[41] "Não pode ser chamado nem vazio, nem não vazio, nem de ambos, nem de nenhum".[42]

O artista vive, portanto, em dois mundos – como todos nós; porém ele, desde que saiba o que está fazendo, tem uma consciência especial desta crucificação micromacrocósmica que é a vida na terra e, talvez, também, o fogo do Sol, das estrelas e das galáxias.

Porém ainda deve suportar mais. Já que em sua esfera especial de ironia há uma outra confrontação de opostos a resolver no emaranhado de *eros, ágape* e *amor:* os dois primeiros, como vimos, são religiosos no sentido dionisíaco-órfico, gnóstico--cristão de um amor abrangente e indiscriminado; enquanto o *amor* é aristocrático, discriminador e estético, como definido na literatura dos trovadores* e de Gottfried, uma experiência do "coração nobre" e seus vigias, os olhos. Porém, para dizer a verdade, como acredito aconteceu em *Tônio Kroger,* foi a entrega *estética* de seu nobre coração à petulante e vulgar Ingeborg Holm de olhos azuis (que não tropeçava ao dançar e, portanto, não percebia a necessidade da alma de Tônio) que o colocou em uma espécie de vida trovadoresca de vassalagem, em que o poeta põe-se a serviço da gente simples (no entanto menos simples do que ele pensava) deste vasto mundo – a quem amar, perdoar e cortejar é privilégio e função de Deus. Sugerimos ver novamente Romanos 11:32 e a figura 8.**

IV. IDENTIDADE E RELAÇÃO

Na arte de Thomas Mann, o princípio do arrebatamento (*eros-ágape*) está representado – segundo a visão de Nietzsche sobre a música, a dança e a poesia lírica como as artes específicas do aspecto dionisíaco – pelo interesse artesanal do autor nos efeitos musicais de sua prosa, suas rimas, tons verbais e esferas de associação emocional, bem como por seu uso magistral do *leitmotiv*. E, do outro lado, aquele do momento, sentimento ou indivíduo únicos, efêmeros e irrepetíveis – o lado do princípio de individuação (*principium individuationis*), que Nietzsche atribuiu a Apolo como o senhor da luz e das artes da escultura e da poesia épica – pela desapiedada precisão de seu estilo descritivo, incrivelmente vívido. A obra de Nietzsche que mais profundamente o influenciou na formação de seu estilo, e que em *A montanha mágica* apresenta-se como uma reafirmação dramatizada, foi o manifesto juvenil do filósofo, *O nascimento da tragédia* (1872).

---

* Trovadores germânicos dos séculos XII e XIV. [N. da T.]
**Supra*, p. 228-229 e 31-32.

O EQUILÍBRIO

Teremos ganho muito a favor da ciência estética se chegarmos não apenas à intelecção lógica mas à certeza imediata da introvisão [*Anschauung*] de que o contínuo desenvolvimento da arte está ligado à duplicidade do apolíneo e do dionisíaco, da mesma maneira como a procriação depende da dualidade dos sexos, em que a luta é incessante e onde intervêm periódicas reconciliações.

Esta é a ideia embrionária básica. Vamos agora à sua elucidação, sendo que os poderes em questão são aqueles dos estágios 16 e 10 da figura 3. Continuamos portanto:

> Tomamos estas denominações dos gregos, que tornam perceptíveis à mente perspicaz os profundos ensinamentos secretos de sua visão da arte, não, a bem dizer, por meio de conceitos, mas nas figuras penetrantemente claras de seu mundo dos deuses. A seus dois deuses da arte, Apolo e Dionísio, vincula-se a nossa cognição de que no mundo helênico existe uma enorme contraposição, quanto a origens e objetivos, entre a arte do figurador plástico [*Bildner*], a apolínea, e a arte não figurada [*unbildlichen*] da música, a de Dionísio: ambos os impulsos, tão diversos, caminham lado a lado, na maioria das vezes em discórdia aberta e incitando-se mutuamente a produções sempre novas, para perpetuar nelas a luta daquela contraposição sobre a qual a palavra comum "arte" lançava apenas aparentemente a ponte; até que, por fim, através de um miraculoso ato metafísico da "vontade" helênica, apareceram emparelhados um com o outro, e nesse emparelhamento tanto a obra de arte dionisíaca quanto a apolínea geraram a tragédia ática.[43]

Nietzsche descreve na sequência os poderes e feitos contrastantes destes dois âmbitos divinos:

> Para nos aproximarmos mais desses dois impulsos, pensemo-los primeiro como os universos artísticos, separados entre si, do *sonho* e da *embriaguez*, entre cujas manifestações fisiológicas cabe observar uma contraposição correspondente à que se apresenta entre o apolíneo e o dionisíaco. Em sonho apareceram primeiro, conforme a representação de Lucrécio, diante das almas humanas, as esplendorosas figuras divinas; em sonho foi que o grande plasmador [*Bildner*] viu a fascinante estrutura corporal de seres super-humanos; e os poetas gregos, indagados sobre os mistérios da criação poética, também recordariam o sonho e seriam de parecer semelhante ao de Hans Sachs em *Die Meistersinger* (Os mestres cantores):

> Meu amigo, é isto precisamente a obra do poeta,
> Que seus sonhos ele interpreta e marca,
> Creia-me, a mais verdadeira ilusão do homem
> Se lhe abre no sonho:
> Toda a arte da poesia e todo poetar
> Não mais é que interpretação de sonhos verazes.

A bela aparência do mundo do sonho, em cuja produção cada ser humano é um artista consumado, constitui a precondição de toda arte plástica, mas também, como veremos, de uma importante metade da poesia. Nós desfrutamos de uma compreensão imediata da figuração, todas as formas nos falam, não há nada que seja indiferente e inútil. Na mais elevada existência dessa realidade onírica temos ainda, todavia, a transluzente sensação de sua aparência: pelo menos tal é a minha experiência, em cujo favor poderia aduzir alguns testemunhos e passagens de poetas. O homem de propensão filosófica tem mesmo a premonição de que também sob essa realidade, na qual vivemos e somos, se encontra oculta uma outra, inteiramente diversa, que portanto também é uma aparência: e Schopenhauer assinalou sem rodeios, como característica da aptidão filosófica, o dom de em certas ocasiões considerar os homens e todas as coisas como puros fantasmas ou imagens oníricas. Assim como o filósofo procede para com a realidade da existência [*Dasein*], do mesmo modo se comporta a pessoa suscetível ao artístico, em face da realidade do sonho; observa-o precisa e prazerosamente, pois a partir dessas imagens interpreta a vida e com a base nessas ocorrências exercita-se para a vida. As imagens agradáveis e amistosas não são as únicas que o sujeito experimenta dentro de si com aquela onicompreensão, mas outrossim as sérias, sombrias, tristes, escuras, as súbitas inibições, as zombarias do acaso, as inquietas expectativas, em suma, toda a "divina comédia" da vida, com o seu *Inferno*, desfila à sua frente, não só como um jogo de sombras – pois a pessoa vive e sofre com tais cenas – mas tampouco sem aquela fugaz sensação da aparência; e talvez alguns, como eu, se lembrem de que, em meio aos perigos e sobressaltos dos sonhos, por vezes tomaram-se de coragem e conseguiram exclamar: "É um sonho! Quero continuar a sonhá-lo!" Assim como também me contaram a respeito de pessoas que foram capazes de levar adiante a trama causal de um e mesmo sonho durante três ou mais noites consecutivas: são fatos que prestam testemunho preciso de que o nosso ser mais íntimo, o fundo comum a todos nós, colhe no sonho uma experiência de profundo prazer e jubilosa necessidade.

Essa alegre necessidade da experiência onírica foi do mesmo modo expressa pelos gregos em Apolo: Apolo, na qualidade de deus dos poderes configuradores, é ao mesmo tempo o deus divinatório. Ele, segundo a raiz do nome o "resplendente", a divindade da luz, reina também sobre a bela aparência do mundo interior da fantasia. A verdade superior, a perfeição desses estados, na sua contraposição com a realidade cotidiana tão lacunarmente inteligível, seguida da profunda consciência da natureza reparadora e sanadora do sono e do sonho, é simultaneamente o análogo simbólico da aptidão divinatória e mesmo das artes, mercê das quais a vida se torna possível e digna de ser vivida. Mas tampouco deve faltar à imagem de Apolo aquela linha delicada que a imagem onírica não pode ultrapassar, a fim de não atuar de um modo patológico, pois do contrário a aparência nos enganaria como realidade grosseira: isto é, aquela limitação mensurada, aquela liberdade em face das emoções mais selvagens, aquela sapiente tranquilidade do deus plasmador. Seu olho deve ser "solar", em conformidade com a sua origem; mesmo quando mira colérico e mal-humorado, paira sobre ele a consagração da bela aparência. E assim poderia valer em relação a Apolo, em um sentido excêntrico, aquilo que Schopenhauer observou a respeito do homem colhido no véu de Maia, na primeira parte de *O mundo como vontade e como representação:* "Tal como, em meio ao mar enfurecido que, ilimitado em todos os quadrantes, ergue e afunda vagalhões bramantes, um barqueiro está sentado em seu bote, confiando na frágil embarcação; da mesma maneira, em meio a um mundo de tormentos, o homem individual permanece calmamente sentado, apoiado e confiante no *principium individuationis* [princípio de individuação]". Sim, poder-se-ia dizer de Apolo que nele obtiveram a mais sublime expressão a inabalável confiança nesse *principium* e o tranquilo ficar aí sentado de quem nele está preso, e poder-se-ia inclusive caracterizar Apolo com a esplêndida imagem divina do *principium individuationis,* a partir de cujos gestos e olhares nos falam todo o prazer e toda a sabedoria da "aparência", juntamente com a sua beleza.

Na mesma passagem Schopenhauer nos descreveu o imenso terror que se apodera do ser humano quando, de repente, é transviado pelas formas cognitivas da aparência fenomenal, na medida em que o princípio da razão, em algumas de suas configurações, parece sofrer uma exceção. Se a esse terror acrescentarmos o delicioso êxtase que, à ruptura do *principium individuationis,* ascende do fundo mais íntimo do homem, sim, da natureza, ser-nos-á dado lançar um olhar à essência do *dionisíaco,* que é trazido a nós, o mais de perto possível, pela analogia da *embriaguez.* Seja por influência da beberagem narcótica, da qual todos os povos e homens primitivos falam em seus hinos, ou com a poderosa aproximação da primavera a impregnar toda a natureza de alegria, despertam aqueles transportes dionisíacos, por cuja intensificação o subjetivo se esvanece em completo autoesquecimento. Também no Medievo alemão contorciam-se sob o poder da mesma violência dionisíaca multidões sempre crescentes, cantando e dançando, de lugar em lugar: nesses dançarinos de São João e São Guido reconhecemos de novo os coros báquicos dos gregos, com sua pré-história na Ásia Menor, até a Babilônia e as sáceas orgiásticas.

Há pessoas que, por falta de experiência ou por embotamento de espírito, se desviam de semelhantes fenômenos como de "moléstias populares" e, apoiados no sentimento de sua própria saúde, fazem-se sarcásticas ou compassivas diante de tais fenômenos: essas pobres criaturas não têm, na verdade, ideia de quão cadavérica e espectral fica essa sua "sanidade", quando diante delas passa bramando a vida candente do entusiasta dionisíaco.

Sob a magia do dionisíaco torna a selar-se não apenas o laço de pessoa a pessoa, mas também a natureza alheada, inamistosa ou subjugada volta a celebrar a festa de reconciliação com seu filho perdido, o homem. Espontaneamente oferece a terra a suas dádivas e pacificamente se achegam as feras da montanha e do deserto. O carro de Dionísio está coberto de flores e grinaldas: sob o seu jugo avançam o tigre e a pantera. Se se transmuta em pintura o jubiloso hino beethoviano à "Alegria" e se não se refreia a força de imaginação, quando milhões de seres frementes se espojam no pó, então é possível acercar-se do dionisíaco. Agora o escravo é homem livre, agora se rompem todas as rígidas e hostis delimitações que a necessidade, a arbitrariedade ou a "moda impudente" estabeleceram entre os homens. Agora, graças ao evangelho da harmonia universal, cada qual se sente não só unificado, conciliado, fundido com o seu próximo, mas um só, como se o véu de Maia tivesse sido rasgado e, reduzido a tiras, esvoaçasse diante do misterioso Uno-primordial. Cantando e dançando, manifesta-se o homem como membro de uma comunidade superior: ele desaprendeu a andar e a falar, e está a ponto de, dançando, sair voando pelos ares. De seus gestos fala o encantamento. Assim como agora os animais falam e a terra dá leite e mel, do interior do homem também soa algo de sobrenatural: ele se sente como um deus, ele próprio caminha agora tão extasiado e enlevado, como vira em sonho os deuses caminharem. O homem não é mais artista, tornou-se obra de arte: a força artística de toda a natureza, para a deliciosa satisfação do Uno-primordial, revela-se aqui sob o frêmito da embriaguez. A argila mais nobre, a mais preciosa pedra de mármore é aqui amassada e moldada e, aos golpes de cinzel do artista dionisíaco dos mundos, ressoa o chamado dos mistérios eleusinos: "Vós vos prosternais, milhões de seres? Pressentes tu o Criador, ó mundo?"[44]

O que é obvio nessa filosofia, como na de Schopenhauer e no mundo lírico de Wagner – amigo do jovem Nietzsche – é o conceito kantiano de que todo fenômeno está completamente condicionado pelos órgãos por meio dos quais ele é percebido – pelos olhos abertos de dia, ou cerrados, de noite (como na figura 3, o sonhador aos pés da deusa).

Também se admite que esse conceito kantiano das formas *a priori* da sensibilidade e das categorias da lógica é praticamente idêntica à que Schopenhauer anteriormente reconheceu na filosofia hindu-budista de *māyā*.[45] E, assim como Viṣṇu é o senhor de *māyā*, o deus cujo sonho é o universo e em quem (como todas as imagens num sonho são, na verdade, apenas funções da energia do sonhador) todas as coisas, todos os seres, deste mundo-*māyā*, são apenas reflexos de uma mesma substância, na mitologia helênica esta mesma ideia está representada por Apolo. Vistos comparativamente, quanto a seu caráter e a seu sentido, o Apolo clássico, como interpretado por Nietzsche, e o deus hindu na condição de Narayana, flutuando no Oceano Cósmico, sonhando o sonho-lótus do Universo, são os mesmos.

E James Joyce em *Ulisses* também adota essa filosofia transcendental; de maneira que, no capítulo sobre *Sandymount*, quando Stephen Dedalus vagueia meditando à beira-mar, aparecem os mesmos termos de Schopenhauer para designar as formas condicionantes apriorísticas da sensibilidade: isto é, o *Nebeneinander* (o campo das coisas, "uma ao lado da outra"), quer dizer, o Espaço; e o *Nacheinander* ("uma após a outra"), o Tempo.[46] Continuando na trilha de Schopenhauer, Joyce trata do princípio de causalidade, a cadeia de causa e efeito, na divertida imagem da linha telefônica que nos conecta a todos pelos umbigos com a Edenville (Vila Éden), cada um usando seu umbigo como auricular para se comunicar com sua causa primeira: "Os cordões de todos se encadeiam por trás..." – assim pode-se ler – "cordões trançados de fios de toda carne. Eis porque monges místicos: Quereis ser como deuses? Contemplai vossos umbigos. Alô? Aqui é Kinch. Ligue-me com Edenville (Vila Éden). Alef, alfa, zero, zero, um. – Esposa e companheira de Adão Kadmon: Heva, Eva nua. Não tinha umbigos".[47]

Como vimos, a intenção desse herói meditabundo era penetrar o véu tríplice do Espaço (o *Nebeneinander*), do Tempo (o *Nacheinander*) e da causa-efeito (*a Satz Von Grunde*) para ir ao "Pai", o "Homem Afogado", "Finn-de-novo" (a palavra irlandesa *fionn* significa "luz"), que se oculta no "adiáfano" profundo e escuro: para além e dentro do "diáfano" deste ilimitado mar criador de formas, elevando-se, caindo, rugindo à nossa volta, como ondas.

Emmanuel Kant (1724-1804), em seu *Prolegômenos a toda metafísica futura que possa apresentar-se como ciência* (1783) proporciona uma fórmula extraordinariamente simples para a interpretação metafísica ou mística não só das metáforas míticas, como também do próprio mundo fenomênico do qual procedem tais metáforas, o mundo do fato empírico e, também, o mundo dos sonhos. O que ele propõe é uma analogia de quatro termos, a está para b, assim como c está para x, a qual deve interpretar-se não como a semelhança incompleta entre duas coisas, mas como a semelhança completa de duas relações entre coisas completamente distintas (*"nicht etwa, eine unvollkommene Ähnlichkeit zweir Dinge, sondern eine vollkommene Ähnlichkeit zweir Verhältnisse zwischen ganz unähnlichen Dingen"*): não "*a* é um pouco semelhante a *b*", mas "a relação de *a* com *b* é idêntica à de *c* com *x*", em que *x* representa *uma quantidade que não é apenas desconhecida, mas absolutamente incognoscível* – quer dizer, metafísica.

Kant demonstra sua fórmula com dois exemplos:

1. Assim como a felicidade dos filhos (a) está para o amor dos pais (b), assim também o bem-estar da raça humana (c) está para aquele desconhecido em Deus (x) que chamamos de amor de Deus.

2. A causalidade da causa suprema (x) está exatamente para o mundo (c), como a razão humana (b) está para as obras de arte humana (a).

Ele então analisa da seguinte forma a implicação do segundo exemplo:

> Com isso, a natureza da própria causa suprema permanece desconhecida para mim, somente comparo seu efeito conhecido (ou seja, a constituição do Universo) e a racionalidade desse efeito com os efeitos conhecidos da razão humana, e, portanto, chamo a essa causa de Razão, sem com isso atribuir a Ela como sua qualidade intrínseca o que entendo por esse termo no escopo do homem, ou de qualquer outra coisa que me seja familiar.[48]

Em outras palavras, as analogias mitológicas, teológicas e metafísicas não apontam indiretamente a um termo "metafísico" compreendido apenas parcialmente (por exemplo, Deus, *brahman, ātman,* o Eu superior, o Absoluto), mas diretamente a uma *relação entre dois termos*, um empírico e outro metafísico; sendo este último

MITOLOGIA CRIATIVA

absoluta e eternamente incognoscível a partir de qualquer critério humano concebível – uma vez que não está condicionado pelo Tempo, Espaço, Causalidade nem pelas categorias da lógica, a tal ponto que até mesmo dizer que não está condicionado é representar e, portanto, deturpar, aquilo que não pode ser representado e o que não é um *aquilo*. É evidente que o *Ding-an-sich* [a coisa em si] metafísico kantiano equivale (desse modo) ao *brahman* dos Upanixades, ao Vazio (*śunyatā*) dos budistas e ao inominável do *Tao Te Ching*.

A isso Schopenhauer acrescentou o conceito complementar (que completa a equivalência oriental) de que aquele que é assim absoluta e eternamente não reconhecível de qualquer ponto de vista humano como o fundamento metafísico de todas as coisas é, inevitavelmente, o fundamento da existência de cada um de nós e portanto nosso próprio ser. Por analogia, as imagens do seu sonho (*a*) estão para você (*b*), como as formas e as criaturas deste mundo (*c*) estão para aquele desconhecido (*x*) que, como Apolo-Viṣṇu, é chamado de o sonhador da ilusão do mundo.

Schopenhauer escreveu em seu ensaio anteriormente citado *"Sobre a aparente intencionalidade do destino do indivíduo"* que "a vida é há muito reconhecida e declarada como semelhante a um sonho. E esta analogia com o sonho permite-nos perceber, mesmo que de uma distância indistinta, como o poder oculto, que nos dirige e move em direção a seus objetivos intencionais através de circunstâncias exteriores que nos afetam, poderia ter suas raízes na profundeza de nosso próprio ser insondável".

Schopenhauer continua aqui o argumento – como o leitor já deve ter percebido – sobre o problema anunciado no título de sua obra: essa estranha sensação que temos vez por outra de que por trás dos eventos aparentemente casuais que configuram nossa vida, oculta-se uma intenção. Ela, em certos aspectos, chega mesmo a parecer moldada por uma arte altamente consciente e por um desígnio de um autor criativo.

> Porque também nos sonhos [continua], as circunstâncias que motivam nossos atos parecem sobrevir do exterior, independentes de nós mesmos, com frequência repugnante e totalmente acidental: e no entanto, entre elas existe uma continuidade intencional oculta, porque um poder oculto ao qual conformam-se todas as circunstâncias no sonho também dirige e governa essas circunstâncias – e além disso, sempre se referindo exclusivamente a nós mesmos. Porém, o mais extraordinário é que esse poder oculto, por fim, não pode ser outro que nossa própria vontade operando de um ponto de vista que não pode ser abraçado pela nossa consciência sonhadora. Em razão disso ocorre que os processos do sonho, frequentemente contrariam os nossos desejos, dos quais estamos conscientes em nosso sonho, por isso sobrevém a surpresa, a tristeza e o terror, sem que o destino-sonho, que nós mesmos dirigimos em segredo, venha nos salvar. Da mesma maneira, perguntamos ansiosamente sobre alguma coisa e recebemos uma resposta que nos surpreende; ou, ainda, pode acontecer de sermos inquiridos como num exame, e sermos incapazes de responder, ao passo que outra pessoa, em seguida, e para a nossa humilhação, responde perfeitamente. Em ambos os casos, a resposta só pode ter vindo de nossos próprios recursos.

O EQUILÍBRIO

Há outra maneira de clarificar e entender esse misterioso modo com o qual orientamos os eventos do sonho: vejam o seguinte exemplo; embora inevitavelmente obsceno, acredito que o leitor não se sentirá ofendido nem o considerará ridículo. Como é bem conhecido, certos sonhos servem a uma função natural, ou seja, esvaziar as glândulas seminais saturadas. Sonhos desse tipo, logicamente apresentam cenas indecentes, porém outros sonhos também mostram os mesmos tipos de cenas, sem alcançar o mesmo fim. A diferença é que na primeira classe de sonho, a oportunidade e o objeto desejado mostram-se favoráveis ao sonhador e a natureza segue seu curso; enquanto nos sonhos do segundo tipo, ao contrário, entre nós e o objeto tão ansiosamente desejado surgem constantemente novos obstáculos, que em vão tentamos superar, sem que nunca alcancemos o objetivo. O poder que ergue esses obstáculos, impedindo-nos de alcançar nossos mais caros desejos, não é outro senão a nossa própria vontade, atuando aqui de um plano exterior à consciência do sonho e, portanto, experimentada por ela como o destino inexorável e cruel.

Não existirá então alguma analogia entre o destino real, o desígnio que provavelmente cada um já teve oportunidade de conferir no transcorrer de sua própria vida, e o que se observa no sonho?

Às vezes acontece de traçarmos um plano e nos empenharmos na sua realização. Mais tarde fica claro que esse plano não nos beneficiou em absoluto. E, entrementes, ao fazer todo o possível para realizá-lo, descobrimos que o destino tinha, de alguma maneira, se colocado contra ele, de modo que, ao final, inteiramente contra a nossa vontade, nos redireciona para aquele que é o melhor caminho para nós. Diante de tal oposição aparentemente intencional, as pessoas costumam dizer: "Não era para ser!" Alguns o chamam de agouro, outros um sinal de Deus; porém todos compartilham a opinião de que, se o destino se opõe com uma disposição tão clara a um projeto, o melhor é abandoná-lo. Como esse projeto não se ajusta ao nosso destino inconsciente, ele jamais será realizado e, se persistirmos nele obstinadamente, só estamos incitando o destino a nos empurrar com mais força até que voltemos ao nosso caminho. Ou, se conseguirmos realizar o projeto de uma maneira ou de outra, ele apenas causará danos e preocupação. Nesse caso, o citado *docunt volentem fata, nodentem trahunt* ["o destino leva os que se dipõem e arrasta os que resistem"] encontra justificativa adequada.

Frequentemente fica claro, depois de acabada a luta, que a derrota foi para o nosso próprio bem. Contudo, seria possível que o fracasso seja para o nosso próprio bem, mesmo quando seus benefícios não aparecem – especialmente quando consideramos nosso bem do ponto de vista moral e metafísico?

E, se recordarmos agora a principal conclusão de toda minha filosofia, a saber, que aquilo que o fenômeno do mundo corporifica e representa é a Vontade, a mesma Vontade que vive e luta em cada indivíduo; e se considerarmos a reconhecida semelhança entre a vida e o sonho, então, resumindo toda essa discussão, podemos imaginar que, assim como cada um de nós é o regente oculto de seus sonhos, também o destino que governa nossa vida procede em última instância dessa Vontade que, apesar de ser nossa, exerce sua influência de uma região que se encontra além do horizonte percebido por nossa consciência individual. Consciência esta que proporciona os motivos à nossa vontade individual, empiricamente cognoscível; portanto, ela deve lutar frequentemente com essa outra vontade nossa, que nos aparece como destino, como nosso guia, como nosso "Espírito, que vive fora de nós, sendo seu trono as estrelas mais altas"; cuja visão, distanciando-se muito da consciência individual, revela-se como uma inexorável coerção externa preparando e controlando aquilo que, apesar de não poder ser revelado ao indivíduo, este tem de compreender.

Para reduzir a estranheza e a exorbitância dessa proposição, vou citar uma passagem de Escoto Erígena. Deve-se recordar que "seu Deus" é exterior ao conhecimento e não se pode atribuir-lhe espaço e tempo, nem tampouco as dez categorias aristotélicas. De fato, só tem um atributo, que é: Vontade.

Está claro, então, que não é outra coisa o que venho mencionando como a Vontade de Vida. Nas palavras de Erígena: "Há ainda outro tipo de ignorância em Deus, de modo que se pode dizer que ele desconhece as coisas que prevê e que pressagia, enquanto elas não se revelam na experiência e no transcorrer dos fatos".

E, a seguir: "Há um terceiro tipo de ignorância divina que consiste em dizer que Deus desconhece as coisas que ainda não se manifestaram em efeitos através da experiência de sua ação e operação; contudo, ele contém em si mesmo as causas invisíveis criadas por ele e dele próprio conhecidas".[49]

Porém, se, para tornar nosso argumento um pouco mais compreensível, apelamos à conhecida similaridade da vida individual com o sonho, não devemos esquecer, por outro lado, que nos sonhos a relação é unilateral; ou seja, que apenas *um ego* deseja e experimenta, enquanto os outros não passam de espectros. Em contrapartida, no grande sonho da vida existe uma relação de reciprocidade: cada um não apenas aparece no sonho do outro exatamente na forma requerida, como também o experimenta de modo semelhante em seu próprio sonho; daí que, em razão de uma verdadeira *harmonia praestabilita*, cada um somente sonha o que convém à sua própria orientação metafísica e ainda assim todos os sonhos da vida se entrelaçam tão engenhosamente que, enquanto cada um apenas experimenta o que resulta em seu próprio crescimento, realiza o que necessitam os demais. Em consequência, um grande evento mundial conforma-se às exigências do destino de milhares de pessoas, servindo a cada um à sua própria maneira.

Cada acontecimento na vida de cada indivíduo acha-se implicado em duas ordens de relação fundamentalmente distintas: primeiro, na ordem objetiva, causal, do curso da natureza e, segundo, numa ordem subjetiva relevante apenas ao próprio indivíduo que a experimenta e, por conseguinte, tão subjetiva como nos seus próprios sonhos – onde a sequência e conteúdo dos acontecimentos estão predeterminados da mesma maneira que as cenas de um drama; isto é, segundo os desígnios de um autor.

Que estes dois tipos de relações existam ao mesmo tempo, e que cada evento seja simultaneamente um elo de duas correntes de todo distintas, mas que se unem, perfeitamente, de maneira que o destino de cada um harmoniza-se com o destino dos demais, e de maneira que cada herói de seu próprio drama seja, ao mesmo tempo, um personagem nos dramas alheios: isto é de fato algo que supera nossa compreensão e só pode ser imaginado nos termos da milagrosa *harmonia praestabilita*.

Por outro lado, não seria um ato de extrema covardia sustentar a impossibilidade de que os caminhos da vida de toda a humanidade nas suas complexas inter-relações pudessem mostrar tanta concordância e harmonia quanto as que um compositor pode dar às numerosas vozes aparentemente desconexas em sua sinfonia? Nossa perturbação diante dessa perspectiva colossal pode ser amenizada se recordarmos que o tema desse grande sonho da vida é, em certo sentido, apenas um: a própria vontade de vida, e que toda essa multiplicidade de fenômenos é condicionada pelo tempo e espaço.

É um vasto sonho, sonhado por um único ser, porém de tal forma que todos os personagens do sonho também sonham. Daí que tudo se entrelaça e se harmoniza com tudo o mais.[50]

Seria difícil encontrar uma formulação mais exata do que essa com respeito ao sentido e ao plano de experiência no *Finnegans Wake*, onde acontece o mergulho nas águas do mar que Stephen, em *Ulisses*, considerava do ponto de vista de apenas uma margem: a margem da consciência desperta, onde o conhecedor e o conhecido, o assassino e o assassinado, o gerador e o gerado, o sujeito e o objeto estão separados e se distinguem entre si.

Em estado onírico, o sonhador e o sonho são um, ainda que pareçam dois, e assim se encontra a chave do mistério daquela "consubstancialidade do Pai e do Filho" sobre a qual Stephen matutava naquele dia. Entretanto, com essa imagem do sono, afastamo-nos consideravelmente da posição adotada por Kant a respeito de todas as definições da esfera metafísica.

Detenhamo-nos um momento neste problema.

Seguindo o pensamento kantiano, não se proporia que Deus *é* ou poderia *ser* o sonhador – tampouco Schopenhauer afirmou isso –, senão somente "como se" (*als ob*) Deus fosse o sonhador: como um sonho (a) está para seu sonhador (b), assim a multiplicidade deste Universo (c) está para o desconhecido (x), que em nossa tradição denomina-se "Deus". Apesar disso, poder-se-ia dizer, sem preconceitos nem preferências por uma metáfora ou outra: os filhos estão (a^1) para seus pais (b^1), ou a obra de arte está (a^2) para o artista (b^2); da mesma forma as fagulhas estão (a^3) para o fogo (b^3), ou uma ideia está (a^4) para a mente (b^4); também a multiplicidade do Universo (c) derivou-se daquele desconhecido (x), que é chamado nos textos budistas de o "vazio". O termo x, insistimos, permanece constantemente desconhecido e incognoscível, e, portanto, a unidade não pode ser uma qualidade de x mais do que são o amor ou a razão, a ira, a personalidade, a bondade, a justiça, a compaixão, o ser ou o não ser. O ateísmo, como o teísmo, é apenas um caminho opcional de pensar além do pensamento. Como Kant demonstrou, só podemos falar do amor ou da razão de Deus por analogia: se x permanece desconhecido, a natureza de sua relação com c será também desconhecida.

MITOLOGIA CRIATIVA

Na verdade – e aqui chegamos à separação dos caminhos – mesmo o fato de falar em termos de uma *relação* é em si completamente opcional, já que na ideia de uma relação está implícita uma dualidade – um *c* e um *x*; enquanto também é possível, como no pensamento oriental, no pensamento neoplatônico e em nossa metáfora do sonho, falar de *identidade* com todas as suas consequências.

Utilizamos a letra R para significar *relação*, uma relação de absolutamente qualquer espécie; então, como antes, deixemos que *c* corresponda à multiplicidade do Universo ou qualquer parte dele, e *x* esse desconhecido chamado de "Deus" em nossa parte do mundo, tanto por aqueles que acreditam que sabem, quanto por aqueles que sabem que não sabem do que estão falando quando usam esse sugestivo termo. A maneira ocidental, popular, eclesiasticamente autorizada de pensar *c* e *x* representar-se-á então com a fórmula:

$$cRx$$

que significa: esta multiplicidade do Universo e tudo o que contém (*c*) sustenta algum tipo de relação (R) com o desconhecido (*x*), enquanto, segundo a fórmula oriental básica (que, pelo que sabemos, foi enunciada pela primeira vez pelo sábio hindu Aruni, ao instruir seu filho Svetaketu, de seis a oito séculos a.C.)[51]:

tat tvam asi, "tu *és* aquilo", *c* = *x*.

Entretanto, os textos orientais esclarecem que o termo "tu" (*c*) não deve ser entendido literalmente à maneira "comum a todos os humanos" de experimentar o Universo e a si mesmos. Como se lê na *Māṇḍukya Upaniṣad*, há quatro esferas, campos ou modos ou "medidas" do ser:

1. O primeiro é aquele "comum a todos os humanos". Seu campo é o estado de vigília. Sua consciência se dirige ao exterior. Aqui o sujeito e o objeto estão separados, A não é B (A≠B) e prevalecem as leis da lógica aristotélica.

2. O segundo campo ou parte do ser, chamado "o resplandecente" é o estado do sonho. Sua consciência dirige-se ao interior. O sujeito e o objeto são um, embora pareçam dois: as leis da lógica aristotélica não se aplicam. Essa é a esfera de *Finnegans Wake*, na qual *Ulisses* dissolveu-se quando Stephen desapareceu na noite; Bloom adormeceu na cama de Molly e ela própria dormiu murmurando "Eu disse sim, eu quero Sim".[52]

Em *O nascimento da tragédia*, de Nietzsche, esse campo tem caráter apolíneo. Em *O mundo como vontade e como representação*, de Schopenhauer, é o campo das ideias platônicas e das artes visuais.* É o âmbito de todas as formas míticas, dos deuses, dos demônios, dos céus e dos infernos, e como o que vê e o que é visto são aqui o único e o mesmo, todos os deuses, demônios, céus e infernos, tanto do Oriente como os de Dante, reconhecem-se aqui, em nosso interior.

---

* *Supra*, p. 44-46 e 81-84.

3. O terceiro campo ou parte do ser é o profundo sono sem sonhos, em que o adormecido não deseja qualquer coisa desejável, nem teme nada terrível. É chamado de o campo do "conhecedor" (*prajñā*), que é indivisível como um "*continuum* indiferenciado"* de consciência inconsciente, que consiste de êxtase e dele se alimenta, "cuja única boca é o espírito". "Esse" – declara o texto – "é o Útero Gerador de Tudo, o Princípio e o Fim dos Seres". No *Tristão* de Gottfried, é o estado simbolizado na gruta do amor, onde os dois, unidos, viviam de amor e se alimentavam do êxtase; na alquimia, está representado na figura 43 e pelo dragão do vaso, na figura 40: o caos de Ovídio.**

4. O que se conhece como o "quarto", a quarta parte do ser, é o silêncio absoluto: nem de qualquer coisa, nem de coisa nenhuma, nem dirigida ao exterior nem ao interior, tampouco os dois ao mesmo tempo, nem conhecedor nem conhecido – porque desprovido de características, é invisível, inefável, intangível, inconcebível, indefinível. A chegada ao repouso sereno de toda existência diferenciada, relativa, portanto, extremamente calmo, feliz, pacífico, sem equivalente. "Esse" – lemos – "é o Eu que se realizará".[53] Uma causa que não é causa: essa, então, é a causa última da existência.

A totalidade do ser, consiste, entretanto, nos quatro estados, não apenas em um. Consequentemente, ainda que seja certo que "tu és aquilo" ($c = x$), se por "tu" entendermos somente a pessoa e o mundo do primeiro estágio, então "tu não és aquilo" ($c \neq x$).

Nas disciplinas meditativas se insiste neste ponto com uma prática cujo objetivo de percepção é *neti neti:* "não é isto, não é aquilo": tu não és teu corpo, mas a testemunha, a consciência do corpo; não és nenhum de teus pensamentos ou sentimentos, mas a testemunha, a consciência de teus pensamentos" etc; depois do que vem a realização *iti iti,* "isto é isto, isto é isto": *śivo-'ham* – "Eu sou Śiva", "Eu sou o beatificado". E tudo isso resulta do oxímoro fundamental:

$$c \neq = x.$$

Na filosofia de Schopenhauer, como sugere o título de sua obra maior, *O mundo como vontade e como representação*, figuram ambas as formas de conceber o mistério inconcebível: a do oxímoro $c \neq = x$ corresponde ao "mundo como vontade"; e a da relação cRx ao "mundo como representação" – que, nas palavras de Nietzsche, tornaram-se respectivamente nos modos dionisíaco e apolíneo – os quais, por sua vez, correspondem às formas religiosas hindus associadas com Śiva e Viṣṇu.

Além do mais, olhando para o que aprendemos dos princípios arcaicos dessas formas míticas, lembramos do antigo culto a Osíris das primeiras dinastias do Egito: um episódio espantoso, terrivelmente sinistro de sepultamentos *sati* massivos, que,

---

* Esta é uma expressão cunhada pelo Professor F.S.C. Northrup para este campo, traduzido do sânscrito *ghana* como "massa informe homogênea".

** *Supra*, p. 245.

com a chegada da Quinta Dinastia (*c*.2480-2350 a.C.), foi suplantado pela religião da luz, do deus Ra. Como vimos em *Mitologia Oriental*⁵⁴ desta coleção, os antecedentes do ciclo de Osíris desenvolveram-se no Oriente Próximo nuclear, possivelmente no oitavo milênio a.C., durante o período crítico do surgimento dos cultos e artes agrícolas, e seus mistérios já não se referiam – como nas épocas anteriores – à morte e a vida imortal de indivíduos, mas à morte e ao renascimento daquele Ser de seres, aquele Senhor da vida e da morte, que faz e desfaz das criaturas como o homem põe e tira suas roupas. A Lua, sempre crescendo e minguando, é o símbolo celestial desse poder, porém sobre a terra seus principais símbolos animais são a serpente, o javali e o touro (figuras 11 a 18); enquanto para o culto de Ra eram o Sol, o falcão, o leão e, mais tarde, o cavalo (figuras 26 e 27). Mais que isso, como mostra a jovial lenda do nascimento dos três primeiros Faraós da Quinta Dinastia⁵⁵, o culto solar, contrapondo-se à sombria dinastia lunar, trouxe consigo um espírito de deleite e graça como o que Nietzsche assinala na esfera apolínea.

Na realidade estamos tratando aqui de dois arquétipos mitológicos de idade imemorial, que retrocedem, respectivamente (se minha suposição é correta) ao universo agrícola primitivo dos trópicos, de onde se vê como a vida nasce sempre renovada da morte e da decomposição da vegetação, e a própria vida individual não vale mais que uma folha caída. E, de outro lado, o universo animal primitivo da Grande Caça, nos planos paleolíticos, em que o indivíduo e sua habilidade para caçar significam muito. Porém, tudo isso, já discuti detidamente em volumes anteriores.⁵⁶

V. O CAMINHO DA BELEZA

Na filosofia de Schopenhauer, que geralmente é considerada pessimista, o caminho seguido é *neti neti*, "nem isto, nem aquilo", e a primeira fase de seu caminho à sabedoria está caracterizada por uma mudança radical de interesse da mera luta pela existência para aquelas artes que Nietzsche chama de apolíneas.

Nelas, os objetos empíricos não são considerados como coisas desejáveis ou temidas (isto é, em uma relação [R] biológica, econômica, política ou moral com o sujeito), mas sim como objetivações de suas próprias ideias informantes,* objetos em si e para si mesmos. E o sentimento característico desta fase é aquele "encantamento do coração" de que fala Joyce em *Um retrato do artista quando jovem*, onde seu herói, Stephen Dedalus, cita Santo Tomás de Aquino:

"*Ad pulcritudinem tria requiruntur integritas, consonantia claritas*": "Três coisas são necessárias para a beleza: totalidade, harmonia e radiação", e passa a expor a teoria estética básica de seu autor, James Joyce.

Stephen passeava com Lynch, um companheiro mais rude que ele, por uma rua de Dublin, e aponta para uma cesta que um entregador de um açougue leva sobre

---

* *Supra*, p. 33-36 e 80-83.

a cabeça. O seu discurso denota uma mescla de seriedade e zombaria, enquanto Lynch coopera assumindo o papel de homem sério.

– Olhe aquela cesta – disse Stephen.
– Eu a vejo – responde Lynch.
– Para ver aquela cesta – continuou Stephen – tua mente precisa, antes de mais nada, separá-la do resto do universo visível, que não é a cesta. A primeira fase da apreensão é uma linha traçada em torno do objeto que deve ser apreendido. Uma imagem estética apresenta-se a nós no espaço e no tempo. O que é audível é apresentado no tempo; o que é visível, no espaço. Mas, seja temporal ou espacial, a imagem estética é apreendida primeiro luminosamente, como um todo autolimitado e contido em si mesmo sobre o imensurável segundo plano do espaço ou do tempo, que não é a própria imagem. Tu a apreendes como *uma única* coisa. Tua a vês como um todo. Tu apreendes sua totalidade. Eis o que é *integritas*.
– No centro do alvo! – disse Lynch rindo – Adiante!
– Depois – continuou Stephen –, passas de um ponto a outro, conduzido pelas linhas formais da imagem; apreende-as como um equilíbrio de partes dentro de seus limites; sentes o ritmo de sua estrutura. Em outras palavras: a síntese da percepção imediata é seguida pela análise da apreensão. Tendo sentido primeiro que é uma *única coisa*, sentes agora que é *uma coisa*. Tu a apreendes como complexa, múltipla, divisível, separável, composta de suas partes, e, na soma delas, harmoniosa no resultado. Eis o que é *consonatia*.
– No alvo outra vez! Disse Lynch zombeteiramente – Explica-me agora o que é *claritas*, e ganharás o charuto.

O significado da palavra é bastante vago, disse Stephen. Santo Tomás de Aquino emprega um termo que parece inexato. Que me desorientou por longo tempo. Poderia levar-te a crer que Aquino tinha em mente uma espécie de simbolismo ou idealismo, segundo o qual a suprema qualidade da beleza seria uma luz extraterrena, de cuja noção a matéria não seria mais que uma sombra, sendo sua realidade nada mais que o símbolo.

Pensava que *claritas* podia significar a descoberta e a representação artística do desígnio divino em algo, ou uma força generalizadora que converteria a imagem estética em imagem universal, que poderia irradiar seu brilho próprio. Porém, tudo não passa de discurso literário.

É assim que a entendo. Uma vez que tenha apreendido a cesta de nosso exemplo, tomando-a como uma só coisa, e, depois de analisar com cuidado sua forma, de havê-la apreendido como coisa, o que fazes é a única síntese que é lógica e esteticamente permissível. Vês então que aquela coisa é ela mesma e nenhuma outra. A luminosidade a que se refere Santo Tomás é o que a escolástica chama *quidditas*, a *essência* do ser. Essa suprema qualidade é sentida pelo artista quando a imagem estética é concebida pela primeira vez em sua imaginação. A mente, neste instante misterioso, foi poeticamente comparada por Shelley a uma brasa que se extingue. No momento em que a suprema qualidade da beleza, a clara luminosidade da imagem estética, é apreendida em toda a sua claridade pela mente, surpreendida primeiro por sua integridade e fascinada por sua harmonia, ocorre a resplandecente e silenciosa estase do prazer estético. Um estado espiritual semelhante àquele estado do coração, ao qual, usando uma frase quase tão bela como a de Shelley, o fisiologista italiano Luigi Galvani chamou de o encantamento do coração[57].

O termo "estase" que Stephen empregou aqui é a essência da tese de Joyce, pois, como esclareceu no início de seu argumento: a arte "apropriada", oposta à "imprópria" (isto é, a arte que serve a objetivos próprios da arte) é estática – não cinética.

Os sentimentos despertados por uma arte imprópria são cinéticos, desejo ou ódio. O desejo nos incita a possuir, a ir em busca de alguma coisa; o ódio nos incita a abandonar, a deixar para trás alguma coisa. Essas são emoções cinéticas. As artes que as provocam, pornográficas ou didáticas, são por conseguinte artes impróprias. A emoção estética [...] é por conseguinte estática. O espírito é detido e elevado acima do desejo e do ódio.[58]

Isto se compara ao estado de Buda quando do seu despertar no "Ponto Imóvel" (Estático), quando não é mais movido nem pelo desejo, nem pelo medo.[59]

Estamos diante de um paralelo importante.

Compare-se, também, as palavras de Schopenhauer sobre a maneira de ver própria da arte, em que a "ideia platônica" (seu equivalente da *quidditas* de Joyce) ou a condição de "coisa-em-si" de um objeto é percebida por um indivíduo sem consciência centrada em si próprio:

> A transição possível – embora, como dito, só como exceção – do conhecimento comum das coisas particulares para o conhecimento das Ideias ocorre subitamente, quando o conhecimento se liberta do serviço da Vontade e, por aí, o sujeito cessa de ser meramente individual e, agora, é puro sujeito do conhecimento destituído de Vontade, sem mais seguir as relações conforme o princípio de razão, mas concebe em fixa contemplação o objeto que lhe é oferecido, exterior à conexão com outros objetos, repousando e absorvendo-se nessa contemplação. [...]
>
> Quando, elevados pela força do espírito, abandonamos o modo comum de consideração das coisas, cessando de seguir apenas suas relações mútuas conforme o princípio de razão, cujo fim último é sempre a relação com a própria vontade; logo, quando não mais consideramos o Onde, o Quando, o Porquê e o Para Quê das coisas, mas única e exclusivamente o seu QUÊ; noutros termos, quando o pensamento abstrato, os conceitos da razão não mais ocupam a consciência mas, em vez disso, todo o poder do espírito é devotado à intuição e nos afunda por completo nesta, a consciência inteira sendo preenchida pela calma contemplação do objeto natural que acabou de se apresentar, seja uma paisagem, uma árvore, um penhasco, uma construção ou outra coisa qualquer; quando, conforme uma significativa expressão alemã, a gente se PERDE por completo nesse objeto, isto é, esquece o próprio

indivíduo, o próprio querer, e permanece apenas como claro espelho do objeto – então é como se apenas o objeto ali existisse, sem alguém que o percebesse, e não se pode mais separar quem intui da intuição, mas ambos se tornaram unos, na medida em que toda a consciência é integralmente preenchida e assaltada por uma única imagem intuitiva. Quando, por assim dizer, o objeto é separado de toda relação com algo exterior a ele e o sujeito de sua relação com a Vontade, o que é conhecido não é mais a coisa particular enquanto tal, mas a IDEIA, a forma eterna, a objetividade imediata da Vontade neste grau. Justamente por aí, ao mesmo tempo, aquele que concebe na intuição não é mais indivíduo, visto que o indivíduo se perdeu nessa intuição, e sim o atemporal PURO SUJEITO DO CONHECIMENTO destituído de Vontade e sofrimento. [...] Foi exatamente isto o que tinha em mente Espinosa quando escreveu: *mens aeterna est, quatenus res sub aeternitatis specie concipt* ["A mente é eterna, à medida que apreende um objeto sob a espécie da eternidade"].[60]

E também temos o poema "Música natural" do escritor californiano Robinson Jeffers:

A antiga voz do oceano, o chilrear de pássaros nos riachos (o inverno deu-lhes ouro por prata para tingir sua água e folhas verdes de grama, com marrom para revestir suas margens).
De diferentes gargantas eleva-se uma linguagem.
Por isso acredito que se formos o suficiente fortes para ouvir sem divisões de medo e desejo
As tormentas das nações enfermas, a fúria das esfomeadas cidades,
Essas vozes também pareceriam
Límpidas como as de crianças; ou como a respiração de algumas garotas quando dançam solitárias na orla marítima, sonhando com amantes.[61]

Na visão de Schopenhauer, o próximo estágio ou nível das experiências profundas que a vida oferece é o da reverência, temor místico ou terror descrito na passagem citada por Nietzsche, em que o indivíduo, sentindo-se seguro em seu pequeno barco no meio do oceano enfurecido, "dá-se conta repentinamente do equívoco de sua interpretação sobre as formas das aparências". Então se produz a passagem da dimensão da experiência estética (apolínea) à religiosa (ou, na terminologia nietzscheana, o êxtase dionisíaco). Então, o sentido de reverência, temor ou terror é completamente distinto de qualquer aversão natural "cinética" diante de um objeto odioso ou perigoso. A causa precipitadora aqui não é o objeto.

É antes a sensação de uma ruptura na trama das relações temporais-espaciais--causais que sustentam os objetos, e, também, o sujeito: uma sensação de arrepio e imobilidade, provocada pela ocorrência de algo – ali? aqui? onde? – que é inconcebível: um vazio talvez, um deus quem sabe, ou um fantasma.

O Professor Rudolf Otto em seu livro *O Sagrado*, citado em *Mitologia Oriental*,⁶² identifica essa experiência – experiência de espanto ou terror –, análoga ao x^* kantiano, como a fonte e ingrediente primordial da religião – de todas as religiões: uma experiência *sui generis*, que se perde quando identificada com o Bem, a Verdade, o Amor, a Compaixão, a Lei, esta ou aquela divindade conceitualizada. Ninguém pode apreendê-la, tampouco pode ser explicada a quem não a conheceu. Porém, todas as religiões, mitologias e obras de arte "apropriadas" derivam dela e a ela nos remetem. Assim sempre será para aqueles que não tiveram acesso à experiência, que a aplicam para outros usos: como na magia; na ostentação e na manutenção de tolos em espaços que deveriam ser ocupados por sábios; para o consolo (como nos salmos); no favorecimento a uma raça (como no Antigo Testamento) ou na missão social eclesiástica (como no Novo Testamento); na disciplina da juventude, na decoração de paredes vazias ou de horas vazias, ou na preparação de anciãos para a morte. A esse respeito o Professor Otto diz na obra supra citada:

> Essa experiência pode às vezes sobrevir como uma maré suave impregnando a mente com uma disposição tranquila de profunda devoção. Ela pode crescer tornando-se uma atitude mais duradoura, vibrante, vigorosa e ressoante, até que finalmente enfraquece e o espírito retoma seu modo de vida cotidiano, "profano", não religioso. Ela pode irromper das profundezas da alma com espasmos e convulsões, ou levar à mais estranha excitação, a um frenesi embriagado, ao arrebatamento e ao êxtase.
> Ela tem suas formas indômitas e demoníacas e pode descer a um sombrio horror e ao tremor. Ela tem seus antecedentes grotescos, bárbaros e crus e manifestações precoces, mas também pode se desenvolver em algo belo, puro e glorioso. Pode tornar-se a silenciosa, trêmula e muda humildade da criatura na presença de – quem ou o quê? Na presença daquilo que é um *Mistério* inexprimível e acima de todas as criaturas.⁶³

Em sua discussão sobre estética, Joyce aborda essa mesma questão como "a causa secreta" da emoção trágica imobilizadora (estática) de *terror*, cuja outra face é a *piedade* trágica; da mesma forma que Nietzsche interpreta o nascimento da tragédia como uma arte da mesma ordem e profundidade que a religião, em termos de uma revelação simultânea dos poderes dos dois deuses, respectivamente do abismo e da individuação.

"A piedade" – disse Stephen – "é o sentimento que prende a mente na presença de tudo o que há de grave e constante no sofrimento humano e o une com o sofredor humano. Terror é o sentimento que paralisa a mente na presença de tudo o que é grave e constante no sofrimento humano e o une à causa secreta".⁶⁴

Isto é, uma arte propriamente trágica aponta ao que é grave e constante no destino do homem: o que não pode ser excluído por nenhuma mudança nas condições sociais, políticas e econômicas, mas que, se a vida deve ser afirmada, então aquilo

---

* Ver a fórmula de Kant, *supra*, p. 293. $a:b::c:x$.

O EQUILÍBRIO

deve também integrar tal afirmação. O que é secundário e contingente, e, portanto, talvez possa modificar-se, fica a cargo dos críticos sociais e sua arte cinética-didática. Entretanto, eles corrompem e envenenam até a raiz as vidas e a própria vida que acreditam estar aperfeiçoando. Em seu zelo pelas mudanças sociais e políticas, atribuem às meras condições de seu tempo esses sofrimentos e impulsos que em realidade são inerentes à própria vida e que, se a vida deve ser afirmada, estes também devem ser incluídos. Porque, ao impugná-los, a vida é impugnada e esvaziada – sem ser honestamente negada, nem tampouco afirmada existencialmente; e como já considerou Schopenhauer, este modo de atuar, internamente cego, externamente iludido, é uma das forças mais perigosas, mais psicologicamente destrutivas de nosso tempo.

> Em todas as partes e em todas os tempos [escreveu em meados do século XIX] há grandes descontentamentos com os governos, as leis e as instituições públicas; principalmente porque as pessoas estão sempre prontas para culpá-los da miséria que é inerente à existência humana e é a maldição, pode-se dizer, que recaiu sobre Adão e toda sua raça. Falsa projeção, que, no entanto, jamais foi explorada de modo mais enganoso e desavergonhado do que pelos demagogos de nossa época "moderna". Esses inimigos da cristandade são otimistas: para eles, o mundo é um fim em si mesmo e pode-se converter em sua morada de perfeita felicidade. Atribuem os enormes males de nosso século aos regimes, culpando-os exclusivamente; e, sem eles, tenderíamos ao paraíso na terra, isto é, todos nós, liberados do trabalho e da dor, poderíamos nos alimentar até o fastio, multiplicarmos até explodir, pois essa é a paráfrase do "fim em si mesmo" e o objetivo do "progresso incessante da humanidade" que incansavelmente pregam com suas frases feitas.[65]

Isto talvez seja um pouco forte. Todavia, formula com clareza o intricado problema: se não se reconhece a verdade da vida, encarando-a no seu devido lugar e na forma como ela é, então, para negá-la como os santos, ou para afirmá-la sem se envergonhar de si mesmo, nem de nada, o fruto da árvore deste mundo poderá ser um veneno enlouquecedor que fará com que cada um atribua a outro – amaldiçoando e o combatendo – a fonte de toda a dor, essa coisa monstruosa que habita nele mesmo e é a essência de sua vida.

É a função, o poder e a fascinação da arte trágica, como de toda a arte quando está dirigida a seu fim apropriado – *"de faire ressortir les grandes lignes de la nature"* (citando novamente o escultor Antoine Bourdelle) –, traduzir uma experiência na afirmação da vida tal como é, em sua forma e profundidade, neste vale de lágrimas, além e acima do terror, da piedade e dor, comunicando a vontade prazerosa de afirmar a vida em seu ser e vir a ser, aqui e agora.

> Para haver arte, para haver alguma atividade e contemplação estética, é indispensável uma precondição fisiológica: a *embriaguez*. A suscetibilidade de toda a máquina tem de ser primeiramente intensificada pela embriaguez: antes não se

chega a nenhuma arte. Todos os tipos de embriaguez têm força para isso, por mais diversamente ocasionados que sejam; sobretudo a embriaguez da excitação sexual, a mais antiga e primordial forma de embriaguez. Assim também a embriaguez que sucede todos os grandes desejos, todos os afetos poderosos; a embriaguez da festa, da competição, do ato de bravura, da vitória, de todo movimento extremo; a embriaguez da crueldade; a embriaguez na destruição; a embriaguez sob certos influxos meteorológicos, por exemplo, a embriaguez primaveril; ou sob a influência de narcóticos; a embriaguez da vontade, por fim, de uma vontade carregada e avolumada. – O essencial na embriaguez é o sentimento de acréscimo da energia e de plenitude. A partir desse sentimento o indivíduo dá [?] às coisas, *força-as* a tomar de nós, violenta-as – este processo se chama *idealizar*. Livremo-nos aqui de um preconceito: idealizar *não* consiste, como ordinariamente se crê, em subtrair ou descontar o pequeno, o secundário. Decisivo é, isto sim, ressaltar enormemente os traços principais, de modo que os outros desapareçam.

Nesse estado, enriquecemos todas as coisas com nossa própria plenitude: o que enxergamos, o que queremos, enxergamos avolumado, comprimido, forte, sobrecarregado de energia. Nesse estado, o ser humano transforma as coisas até espelharem seu poder – até serem reflexos de sua perfeição. Esse *ter* de transformar no que é perfeito é – arte. Mesmo tudo o que ele não é se torna para ele, no entanto, prazer em si; na arte, o ser humano frui a si mesmo enquanto perfeição. [...]

A psicologia do orgiástico como sentimento transbordante de vida e força, no interior do qual mesmo a dor age como estimulante, deu-me a chave para o conceito do sentimento *trágico*, que foi mal compreendido tanto por Aristóteles como, sobretudo, por nossos pessimistas. A tragédia está tão longe de provar algo sobre o pessimismo dos helenos, no sentido de Schopenhauer, que deve ser considerada, isto sim, a decisiva rejeição e *instância contrária* dele. O dizer Sim à vida, mesmo em seus problemas mais duros e estranhos; a vontade de vida, alegrando-se da própria inesgotabilidade no *sacrifício* de seus mais elevados tipos – a *isso* chamei dionisíaco, nisso vislumbrei a ponte para a psicologia do poeta *trágico*. Não para livrar-se do pavor e da compaixão, não para purificar-se de um perigoso afeto mediante sua veemente descarga – assim o compreendeu Aristóteles –, mas para, além do pavor e da compaixão, *ser em si mesmo* o eterno prazer do vir-a-ser – esse prazer que traz em si também o *prazer no destruir.* [...][66]

Para Schopenhauer, em contraposição, estas eram as falhas, não as virtudes, da arte.

A fruição do belo, o consolo proporcionado pela arte, o entusiasmo do artista que faz esquecer a penúria da vida, essa vantagem do gênio em face de todos os outros homens, única que o compensa pelo sofrimento que cresce na proporção de sua clarividência e pela erma solidão em meio a uma multidão humana tão heterogênea – tudo isso se deve, como veremos adiante, ao fato de que o Em-si da vida, a

O EQUILÍBRIO

Vontade, a existência mesma, é um sofrimento contínuo, e em parte lamentável, em parte terrível; o qual, todavia, se intuído pura e exclusivamente como representação, ou repetido pela arte, livre de tormentos, apresenta-nos um teatro pleno de significado. Esse lado do mundo conhecido de maneira pura, bem como a repetição dele em alguma arte, é o elemento do artista. Ele é cativado pela consideração do teatro da objetivação da Vontade. Detém-se nele, sem se cansar de considerá-lo e expô-lo repetidas vezes. Entrementes, ele mesmo arca os custos de encenação desse teatro, noutras palavras, ele mesmo é a Vontade que objetiva a si mesma e permanece em contínuo sofrimento. Aquele conhecimento profundo, puro e verdadeiro da essência do mundo se torna um fim em si para o artista, que se detém nele. Eis por que um tal conhecimento não se torna para ele um quietivo da Vontade, não o salva para sempre da vida, mas apenas de modo momentâneo, contrariamente (como logo veremos no livro seguinte) ao santo que atinge a resignação. Ainda não se trata, para o artista, da saída da vida mas apenas de um consolo ocasional em meio a ela; até que sua força aí incrementada, finalmente cansada do jogo, volte-se para o sério. Como símbolo dessa transição pode-se considerar a Santa Cecília de Rafael.[67]*

Porque na concepção de Schopenhauer, a vontade, a vontade de vida, que é a própria Essência dos seres, é um instinto cego, insaciável, que tudo motiva e resulta em geral no sofrimento e na morte de tudo – como qualquer um pode ver – mas que todavia, persiste obstinadamente. Quanto mais intensamente afirma-se a vontade de vida, mais penosos são seus efeitos, não apenas no sujeito obstinado, cujo desejo por mais vida só aumenta com o êxito, sem aplacar-se nunca, mas também, e mais dolorosamente, em quem o rodeia, cujas vontades equivalentes ele frustra. Pois cada um de nós à sua própria maneira, como diz Schopenhauer, é metafísica e essencialmente o mundo inteiro como vontade e, em consequência, apenas o que nos pode satisfazer é a possessão do mundo inteiro como objeto, o qual, sendo a aspiração de todos, não pode ser alcançado.

Uma vez reconhecido isto e, como Buda, tomado de compaixão diante do espetáculo do sofrimento universal (a Primeira Nobre Verdade: "Toda vida é sofrimento"), o indivíduo verdadeiramente honesto, sem ilusões – na visão de Schopenhauer –, pode apenas concluir que a vida é o equívoco da vontade (ou de Deus), algo que nunca deveria haver ocorrido, e, renunciando a esse dinamismo vital em si mesmo, alcança – ironicamente – a paz absoluta buscada por todos: ajudando-os então, com seu exemplo e seus ensinamentos, a alcançar a mesma meta – a única possível (exceto o agravamento da dor) neste mundo dos vivos.

E, como disse o filósofo na última frase de sua obra mais importante, *O mundo como vontade e como representação*: "Antes, reconhecemos: para todos aqueles que ainda estão cheios de Vontade, o que resta após a completa supressão da Vontade

---

* Santa Cecília, padroeira da música, é mostrada no quadro junto ao órgão, com o olhar fixo numa luz que vem do alto.

é, de fato, o nada. Mas, inversamente, para aqueles nos quais a Vontade virou e se negou, este nosso mundo tão real com todos seus sóis e vias lácteas é – Nada".

E o que ele acrescenta na última nota de rodapé: "Isso é precisamente a *Prājñā-pāramitā* dos budistas, a margem oposta de todo o conhecimento onde o sujeito e o objeto deixam de existir".

VI. O ALTAR E O PÚLPITO

Em *A montanha mágica*, o recurso musical do *leitmotiv* desperta uma sensação dionisíaca, oceânica, de repetição envolvente. Como as ondas, sempre as mesmas e, não obstante, distintas: erguendo-se, arrebentando, lançando espumas em todas as direções, interpenetrando-se como as formas da vida – que igualmente surgem, tomam forma e, mesclando-se, dissolvem-se na substância do todo. Schopenhauer escrevera que a música era uma arte correspondente em princípio ao mundo experimentado como vontade, e essa ideia entusiasmou Wagner.* Então o jovem Nietzsche, tomando como exemplo o drama musical de Wagner – especificamente seu *Tristão* – escreveu em *O nascimento da tragédia* que a música e os personagens representam as esferas do universal e do particular respectivamente, os *universalia ante rem* (a vontade) e o *principium individuationis* (o indivíduo), unidos no mito que é a lenda dionisíaca, de modo tal que a música não nos arrebate completamente deste mundo de vidas separadas, e tampouco que o interesse pelos indivíduos nos leve a esquecer seu fundamento imortal. O mito, como o via Nietzsche, é a visão apolínea do que Joyce chamaria de o grave e constante no sofrimento humano: uma visão das formas permanentes entre as figuras transitórias do dia e da noite do sono sem sonhar. E, como o mundo sempre soube, é exatamente aqui, neste modo de ver, que o indivíduo a cada noite encontra os deuses, aquelas personificações da atuação da vontade que controlam seu destino.

Dessa maneira, a mitologia e a psicologia do sonho resultam idênticas, intrinsecamente vinculadas. E como Thomas Mann observou no ensaio sobre "O sofrimento e a grandeza de Richard Wagner" (escrito por ocasião dos 50 anos da morte de Wagner em 10 de fevereiro de 1933), o grande maestro não apenas libertou a ópera de suas limitações histórico-anedóticas, abrindo-a ao mito (até o ponto que "ao escutá-la – escreve Mann –, chega-se a acreditar que a música não foi criada para nada mais e que nunca poderia se prestar a outra coisa a não ser servir o mito"). A essa síntese de música e mitologia acrescentou também a psicologia, tal como vemos no fragmento a seguir:

> Poderia se produzir um livro sobre a psicologia de Wagner e ele trataria da arte psicológica do músico e igualmente do poeta, visto que conseguimos descobrir nele estas duas faculdades. O recurso técnico do "tema do reconhecimento"

---

* *Supra*, p. 83-84.

(*Erinnerungsmotiv*), já sugerido em óperas anteriores, desenvolveu-se de forma gradual em um sistema virtuoso, profundamente significativo, que converte a música em um instrumento de associações, aprofundamentos e referências psicológicas, em um grau jamais visto. Por exemplo, a transformação do tema mágico, épico e ingênuo da "poção do amor" em um mero artifício para desencadear uma paixão já presente é a inspiração poética de um grande psicólogo. Pois na verdade, os amantes poderiam ter bebido água pura e, ao crer que beberam a *morte*, libertaram-se psicologicamente das leis morais de sua época. E pensemos como, já desde o princípio, o poder das faculdades poéticas de Wagner transcendeu o alcance do mero libreto. [...]

Mann chama a atenção para as palavras que o Holandês Voador* canta para Senta em seu dueto do ato II, quando pergunta se é realmente amor o ardor que sente queimar-lhe o peito e responde para si mesmo: "Ah! Não! É o desejo de libertação!" Libertação por intermédio dela, da maldição que o prende ao mundo. "Contanto que se me conceda por meio deste anjo!".

> Die düstre Glut, die hier ich fühle brennen,
> Soll ich Unseliger sie Liebe nennen?
> Ach nein, die Sehnsucht ist es nach dem Heil.
> Würd'es du hen Engel mir zuteil!

"Simples versos cantáveis" – comenta Mann –, "porém até então nunca se cantaram. Nem sequer se imaginara que poderiam ser cantados pensamentos de tal complexidade psicológica". E a seguir se refere ao incipiente anseio por amor do jovem Siegfrid – conforme expressa Wagner em palavras e música – como um complexo de pressentimentos provenientes do inconsciente, pleno de associações maternas, desejo sexual e ansiedade; e depois assinala a cena em que o anão Mime empenha-se em suscitar o medo no seu jovem discípulo, enquanto a orquestra toca de maneira distorcida o motivo de Brunilda adormecida em seu anel de fogo: "isso é Freud" – afirma Mann –, "isso é psicanálise, e mais nada".

"E recordamos" – ele acrescenta – "que também em Freud (cuja ciência e investigação das raízes psicológicas foram antecipadas por Nietzsche) o interesse pela mitologia, nos aspectos primitivo e pré-cultural da humanidade, estava estreitamente relacionado a seu interesse psicológico".[68]

A imagem da lira no monograma de Mann (figura 44) é o sinal de sua identificação com esta tradição, na qual a música, o mito e a psicologia profunda estão imbricados e desenvolvidos no *leitmotiv* – recurso que Mann compara ao ostensório: o brilhante receptáculo dourado em que, na bênção da missa católica romana, o sacerdote expõe a hóstia consagrada e a eleva para que seja admirada, contemplada e venerada.[69] A música de Wagner, ele observa, já não é propriamente música, mas literatura.

---

* Tradução literal de *Flying Dutchman*, da ópera *Navio Fantasma*. [N. da E.]

MITOLOGIA CRIATIVA

Figura 44. O monograma de Thomas Mann.

É psicologia, símbolo, mitologia, entonação – tudo; porém não é música no sentido puro e pleno. [...] Tampouco são propriamente literatura – senão música – os textos em torno aos quais floresce, complementando-os na condição de drama. Mais ainda, mesmo ao jorrar como uma fonte das profundezas pré-históricas do mito (e não apenas de maneira aparente, mas de fato), essa música é elaborada, calculada, extremamente inteligente, agudamente perspicaz e sua concepção não é menos literária quanto musicais são seus textos. Esmiuçada em seus componentes básicos, a música é posta a serviço das ideias míticas de significado filosófico, realçando-as. A inquietante escala cromática da "Liebestod" [morte de amor] é uma ideia literária. O fluxo principal do Reno; os sete primeiros blocos de acordes que constroem o Valhalla – também são literatura. [...] Estas sequências de epígrafes-motivos simbólicos, espalhadas como fragmentos de pedra no leito de uma elementar torrente musical não poderiam ser experimentadas como música no mesmo sentido que o fazemos junto a Bach, Mozart e Beethoven.[70]

Como em *Ulisses*, o *leitmotiv* serve a Wagner e a Mann para que reconheçamos conexões entre momentos, fatos, pessoas e objetos que estão aparentemente separados, porém que no fundo pertencem à mesma matriz – tal como já dissemos da reunião das partes dispersas de uma anamorfose. E as recordações evocadas associam-se em nossa mente com aspectos afins de nosso próprio inconsciente. "A música" – afirma Thomas Mann – "é a linguagem do 'era uma vez' no duplo sentido de 'como tudo foi um dia' e 'como tudo será'".[71] E assim, também sabemos, é o mito. E do mesmo modo é o sonho; o romance; o amor e, ainda, a noite. Alfa e Ômega: Princípio e Fim.

O EQUILÍBRIO

"Com anseio" – Wagner escreveu de Paris a Mathilde Wesendock, em 3 de março de 1860 – "permaneço com os olhos fixos no reino do nirvana. Porém, logo o nirvana converte-se, para mim, em Tristão: você conhece a teoria budista do princípio do mundo. Um sopro perturba a claridade do céu..." e nesta carta Wagner registrou as quatro notas, em ascendência cromática, que abrem sua partitura metafísica e a encerram (sol sustenido, lá, lá sustenido, si); depois das quais, continua, referindo-se agora simultaneamente à turbulência do princípio do mundo, sua partitura e seu próprio espírito: "este eleva-se, condensa-se e, finalmente, o mundo de novo está diante de mim, em sua impenetrável solidez".[72]

E mais adiante Mann observa: "ligar a arte e a religião dessa maneira, por um ousado tratamento lírico do sexo, e oferecer essa peça sagrada da arte profana como uma representação da Virgem de Lourdes e uma gruta milagrosa, satisfazendo o anseio de crença de um público exaurido no fim de um século: isso é puro romantismo; algo de todo impensável na esfera comedida da arte de um humanismo clássico".[73] "O romantismo" – afirma [e é isso que quero acentuar] – "está vinculado a todos aqueles cultos míticos lunares e maternais que florescem desde os primórdios da raça humana em oposição ao culto solar, à religião da luz masculina, paternal. E o *Tristão* de Wagner está sob o fascínio dessa concepção lunar do mundo".[74]

A maior parte da obra de Mann também está sob esse encantamento, um fato que ele mesmo assinala, repetida e claramente, ao longo de sua tetralogia mitológica *José e seus irmãos* – I. *As histórias de Jacó* (1933), II. *O jovem José* (1934), III. *José no Egito* (1936) e IV. *José, o provedor* (1943) – em que Jacó e José, seus heróis, estão associados explicitamente à ambígua lógica do nem isto nem aquilo (*neti neti*), tanto-como, do que ele chama "sintaxe lunar"[75] em oposição ao modo de pensar raso, simplificado, em que branco não é preto e o preto não é branco, associado com Esaú, o homem cabeludo e corado e o grupo dos irmãos guerreiros de José. Além disso, o princípio de ironia erótica, definido em *Tônio Kroeger* como o equilíbrio entre os dois mundos da luz e da sombra, já permanece em si mesmo próximo ao modo de ser musical, lunar, de Afrodite e Hermes. E em nenhum lugar se expõe com maior amplitude e riqueza este equilíbrio da vida e de todo mundo criado – entre as duas oposições, em uma verdadeira sinfonia de associações reverberantes – do que na grande obra *A montanha mágica*, fruto do apogeu da carreira deste autor.

O plano do romance, como já assinalamos, é simples: um jovem vai para um sanatório alpino para uma visita de três semanas, contrai umas febres e, em vez de três semanas, passa ali uma eternidade de sete anos, e não regressa a sua terra natal senão ao deflagrar da Primeira Guerra Mundial para servir voluntariamente a seu país. A aventura corresponde, tanto em sua estrutura quanto em seu significado, a um tradicional *rito de passagem*, ou a uma aventura de herói mitológico, cuja trajetória arquetípica – como já mostrei em meu livro *O herói das mil faces*[76] – segue sempre um modelo de três etapas: *separação, iniciação, retorno*, que chamei (empregando um termo de *Finnegans Wake*), de "a unidade nuclear do monomito".[77] (Ver, por exemplo, o ciclo da iniciação do culto do mistério, ilustrado na taça da figura 3.)

311

Em *A montanha mágica*, a ruptura absolutamente indispensável da vida cotidiana – com seus deveres, pensamentos, sentimentos e interesses supremos "comuns a todos os homens", que não são ditados pela própria experiência e descobertas, mas pelos outros – está representada já de início na íngreme ascensão do trem alpino, em seu caminho estreito, até seu quase inacessível destino nas alturas. Mann compara o céu claro, a visão dos picos eternamente cobertos de neve e o ar puro que acelera o coração a uma poção, uma bebida mágica, como a do rio Lete; e o topo da montanha ele compara ao cume da Brocken, onde os deuses da Europa pré-cristã celebravam anualmente a Noite de Valpúrgis – em cujas saturnálias de demônios, bruxas e mortos Mefistófeles guiou Fausto.

Estabelece-se uma associação equivalente (já evidenciada no título) com o legendário Monte de Vênus, onde o *Minnesinger* Tannhäuser, celebrado por Wagner, teria vivido sua paixão com Vênus. E ainda outra com a jornada pelo oceano das trevas de Ulisses à ilha de Circe (que foi também sua guia) e ao inferno de Perséfone, a rainha dos mortos. Mann compara a situação de isolamento de seu herói no sanatório com a da matéria-prima no *vas Hermeticum* do alquimista, sofrendo um processo de fermentação para sublimar-se em ouro filosófico.

Desse modo, tanto o romance ostensivamente naturalista de Mann, como seu contemporâneo de Joyce (*Ulisses*, 1922; *A montanha mágica*, 1924) apresentam uma série de profundas associações controladas escrupulosamente – em grande parte mediante o hábil emprego do *leitmotiv* –, com os "graves e constantes" arquétipos eternos do mito; e nos dois casos, a obra subsequente de cada autor (*Finnegans Wake*, 1939; *José e seus irmãos*, 1933-1943) mergulha definitivamente na esfera do mito.

Em essência, ambos enfrentaram e resolveram o mesmo problema em três planos: primeiro, no plano pessoal do artista que vive em uma comunidade de pessoas de outra raça (conforme descreveu Schopenhauer), outra ordem de experiência e expressão; segundo, no plano estético dos romancistas do século XX, que herdaram de seus antecessores uma arte narrativa histórico-anedótica essencialmente racionalista e naturalista, inadequada para sua concepção da psicologia em seus aspectos mitológicos universais, além de individuais e biograficamente condicionados; e, em terceiro lugar, no nível religioso, o problema relativo a uma tradição eclesiástica herdada de crenças professadas publicamente, mas de todo incongruentes não apenas com as ciências, mas com a ordem moral vigente e a consciência humanista das secularizadas nações "cristãs" deste mundo moderno.

James Joyce nasceu em um ambiente católico; Thomas Mann, em um protestante. Ambos romperam com suas crenças familiares do modo dramatizado em suas primeiras obras (*Stephen herói*, 1903, e *Um retrato do artista quando jovem*, 1916; *Buddenbrooks*, 1902, e *Tônio Kroeger*, 1903) e descobriram por si mesmos o caminho – em vias paralelas, aproximadamente no mesmo ritmo, na mesma época – até uma arte de sofisticadas ambiguidades psicológico-mitológicas mais complexas.

Mann desenvolveu sua trajetória até o mito a partir de Lutero e Goethe, Schopenhauer, Wagner e Nietzsche; Joyce, a partir da Idade Média, Dante e Santo

O EQUILÍBRIO

Tomás de Aquino, Shakespeare, Blake e Ibsen. Portanto, ainda que seguissem caminhos paralelos, havia entre eles grandes diferenças tanto de abordagens e propósitos quanto de formação intelectual, que resultaram em contrastes significativos.

Joyce, por exemplo, como católico, estava familiarizado com a esfera do mito religioso desde a infância e, como mostra em *Um retrato do artista quando jovem*, desde cedo já interpretava suas experiências em termos mitológicos, e sua mitologia em termos do que via, sentia e era capaz de refletir. Assim, lemos sobre o jovem pensativo em sua carteira escolar:

> Ele virou para a folha em branco do livro de geografia e leu o que tinha escrito ali: seu nome e onde estava.
>
> *Stephen Dedalus*
> *Série de elementos*
> *Clongowes Wood College*
> *Sallins*
> *Condado de Kildare*
> *Irlanda*
> *Europa*
> *O mundo*
> *O universo*
>
> Aquilo estava escrito com sua letra: e Fleming certa noite, de piada, tinha escrito na página oposta:
>
> Stephen Dedalus é meu nome,
> Irlanda é minha nação.
> Clongowes é minha morada,
> E o céu é minha expectativa.
>
> Leu os versos de trás para diante mas assim deixavam de ser poesia. Então leu a página em branco de baixo para cima até chegar ao seu próprio nome. Aquele era ele: e leu página abaixo novamente. O que havia depois do universo? Nada. Mas havia alguma coisa à volta do universo para mostrar onde ele parava antes que o lugar nada começasse? Não podia ser um muro* mas podia haver ali uma linha fininha fininha em toda a volta de tudo. Era muito grande pensar a respeito de tudo e de toda parte. Só Deus podia fazer isso. Ele tentou imaginar que pensamento grande devia ser aquele mas só conseguia pensar em Deus. Deus era o nome de Deus assim como seu nome era Stephen. *Dieu* era o nome francês para Deus e esse também era o nome de Deus; e quando alguém rezava a Deus e dizia *Dieu* então Deus sabia logo que era uma pessoa francesa que estava rezando. Mas embora houvesse nomes

---

* Eis aqui a fonte do tema da "muralha" em *Finnegans Wake*.

diferentes para Deus em todas as diferentes línguas do mundo e Deus entendesse o que todas as pessoas que rezavam diziam em suas línguas diferentes ainda assim Deus continuava sempre a ser o mesmo Deus e o nome verdadeiro de Deus era Deus. Pensar dessa maneira fazia ele ficar muito cansado.

Logo depois, outra classe de problemas religiosos ocupa sua mente:

> [...] os protestantes costumavam caçoar da litania da Bem-aventurada Virgem Maria. *Torre de Marfim,* costumavam eles dizer, *Casa de Ouro!* Como é que uma mulher podia ser uma torre de marfim ou uma casa de ouro? Quem estava certo então? [...]
> Eileen tinha longas mãos brancas. Certa noite quando estavam brincando de pegar ela tinha coberto os olhos dele com as mãos: longas e brancas e finas e frias e macias. Aquilo era marfim: uma coisa branca e fria. Era aquele o significado de *Torre de Marfim.* [...]
> Um dia ele ficara ao lado dela olhando para o terreno do hotel. Um garçom estava hasteando as bandeiras no mastro e um *fox-terrier* corria de um lado para o outro no gramado ensolarado. Ela tinha posto a mão no bolso dele onde sua própria mão se encontrava e ele sentira como a mão dela era suave e fina e tépida. Ela dissera que bolsos eram coisas engraçadas de se ter e então de repente escapara e correra rindo pela curva em declive da estrada. Seu cabelo louro caía ondeado por suas costas como ouro ao sol. *Torre de Marfim. Casa de Ouro.* Pensar nas coisas permitia compreendê-las.[78]*

Além disso, Joyce conservou até o final uma atitude essencialmente sacerdotal em relação à prática e a função de sua arte; ao passo que Mann, o alemão protestante, tinha mais a atitude de um pastor evangelizador.

O sacerdote, quando oficia a missa de costas para a congregação, realiza um milagre no altar, de modo muito semelhante ao alquimista, trazendo o próprio Deus à sua presença no pão e vinho, do nada para o "aqui": e não importa, nem a Deus, nem ao sacerdote, ao pão ou ao vinho, se a congregação está presente ou não. O milagre ocorre e é isso o que importa na missa, o *opus*, o ato. Seu efeito é a salvação do mundo. Entretanto o pastor, em seu púlpito, dirige-se às pessoas para persuadi-las a adotar certo modo de vida, e se não há ninguém presente, não há nenhum evento.

Consequentemente, Mann escreve para persuadir. Ele explica, interpreta e avalia discursivamente os símbolos de sua arte; em contrapartida, Joyce simplesmente os apresenta, sem comentários. Além disso, Mann aproxima-se dos símbolos do mundo secular por meio da literatura e da arte, e não da iconografia imposta na infância por uma religião seriamente aceita e ritualmente ordenada. O centro de seu *mysterium* não é o altar, mas o púlpito, e no que diz respeito aos símbolos, estão

---

* Há um eco deste momento também em *Finnegans Wake*, p. 283: "casa de jogo de marfim torre de ouro..."

mais associados em sua mente com o culto dos acontecimentos familiares e personagens ancestrais do que com eternas personificações atemporais de significado cosmológico e metafísico.

Fato que talvez seja uma das grandes razões pelas quais as versões protestantes da fé cristã tendem a se apoiar mais que as católicas na teologia do culto familiar do Antigo Testamento que, quando considerado seriamente como base apropriada para uma religião universal, é estruturalmente inaceitável, já que não passa de uma história paroquial – a genealogia fabricada de uma única sub-raça semítica do sudoeste da Ásia, de surgimento tardio, cuja influência, por grande e nobre que tenha sido, de maneira alguma sustenta sua pretensa versão da história da espécie humana. Tampouco era a linhagem ancestral dos Buddenbrook, dos *Kroeger* ou dos Castorp comparável em importância ou em influência aos mistérios metafísicos simbolizados na Trindade, o Verbo Encarnado e o sacramento da Missa.

Carl Jung descreveu, acertadamente, o contraste entre a condição psicológica católica e a protestante em relação a sua compreensão dos símbolos:

> A história do protestantismo tem sido cronicamente iconoclasta. As paredes caíram uma após outra. E a obra de destruição não foi demasiado difícil uma vez que a autoridade da Igreja fora abalada. Todos sabemos como se desmoronou, pedaço a pedaço, nas grandes questões e nas pequenas, no geral e no particular, e como surgiu a alarmante pobreza de símbolos que agora é a condição de nossa vida. Com eles desapareceu o poder da Igreja – uma fortaleza privada de seus baluartes e casamatas, uma casa cujas paredes foram derrubadas, exposta aos ventos do mundo e a todos os perigos.
>
> Embora, falando francamente, trate-se de um lamentável fracasso que ofende ao nosso senso da história, a desintegração do protestantismo em quase quatrocentas denominações é um indício seguro de que a inquietação continua. O protestante encontra-se em um estado de fragilidade que faria estremecer o homem comum. Sua consciência esclarecida, obviamente, nega-se a reconhecer esse fato e busca calmamente em outro lugar o que se perdeu na Europa. Buscamos as imagens eficazes, as formas de pensamento que satisfaçam a inquietude do coração e da mente, e encontramos os tesouros do Oriente. [...]
>
> Seremos capazes de vestir um traje que não foi feito sob medida para nós? Adotarmos símbolos já criados, desenvolvidos em solo ignoto, impregnados de sangue estrangeiro, expressos em língua estranha, alimentados por uma cultura alheia, mesclados de histórias desconhecidas, e assim nos assemelharmos a um mendigo que se agasalha com indumentária real? Ou ainda, a um rei que se disfarça de mendigo? Sem dúvida, é possível. Ou há algo em nós que nos impele a não ostentar fantasias, mas, talvez, a fazer nossa própria roupa?
>
> Estou convencido [continua Jung] de que o crescente empobrecimento de símbolos tem um significado. É um processo que possui coerência interna. Tudo aquilo sobre o que não refletimos e que, portanto, foi privado de uma relação significativa com

nossa consciência em desenvolvimento, se perdeu. Se, agora, tentamos esconder nossa nudez com os suntuosos ornamentos do Oriente, como fazem os teósofos, estaremos falseando nossa história. Um homem não se rebaixa à mendicância para depois posar como um marajá hindu. Parece-me que seria muito melhor admitir corajosamente nossa pobreza espiritual, nossa falta de símbolos, em vez de simular um legado do qual não somos herdeiros legítimos. De fato, somos os herdeiros legítimos do simbolismo cristão, porém de alguma forma desperdiçamos essa herança. Deixamos ruir a casa construída por nossos ancestrais e agora tentamos adentrar em palácios orientais que nossos antepassados jamais conheceram.

Atualmente, quem tenha perdido os símbolos históricos e não se dá por satisfeito com substitutos, está em posição muito difícil: diante dele encontra-se um vazio e ele se afasta horrorizado. E o que é pior, o vazio é preenchido com absurdas ideias políticas e sociais, que se caracterizam por sua aridez espiritual. Porém, se não pode suportar esses dogmatismos pedantes, vê-se obrigado a usar de seriedade no tocante à sua professada confiança em Deus. No entanto, via de regra acaba vencendo o medo de que se assim o fizer as coisas darão errado. Esse medo não é absolutamente injustificado, porque quando Deus está mais próximo, o perigo parece maior. É perigoso admitir a pobreza espiritual, porque o homem pobre tem desejos e quem os tem atrai alguma fatalidade sobre si mesmo. Um provérbio suíço expressa essa realidade drasticamente: "Por trás de cada homem rico há um demônio, e por trás de cada homem pobre, dois".

Assim como no cristianismo o voto de pobreza desviou a mente para longe das riquezas mundanas, assim também a pobreza espiritual leva à renúncia das falsas riquezas do espírito com o objetivo de encontrar recursos nas tristes ruínas de glorioso passado – hoje chamadas igrejas protestantes – e, igualmente nos atrativos do incensado Oriente. Apesar disso, o homem contemporâneo acaba sozinho em um espaço onde, sob a fria luz da consciência, a aridez vazia do mundo chega até as estrelas.

Herdamos esta pobreza de nossos ancestrais.[79]

Por outro lado, a situação atual do católico é precisamente a oposta – ele não está privado, mas sobrecarregado de símbolos enraizados em seus próprios nervos, mas que não são relevantes à vida moderna. Por conseguinte, não está perigosamente exposto a um vazio interior; todavia, como uma espécie de avarento contumaz ou eterno Dom Quixote, ele se encontra alienado do mundo exterior que, embora visível a seus olhos é dogmaticamente negado pelo seu coração. Com sorte (podemos chamar isso de sorte?), poderá viver até o fim isolado em seu Credo de Niceia (datado de 325 d.C.) para morrer, por assim dizer, como se não tivesse saído do ventre da Santa Madre Igreja. Porém, se as paredes de sua Igreja desmoronam – como ocorreu com muitos desde meados da Idade Média – deverá pagar literalmente com o Inferno.

Seu problema é então destruir em si mesmo a mitologia estruturadora de sua vida mitologicamente estruturada, ou desvincular de algum modo seus símbolos arquetípicos de suas referências cristãs pseudo-históricas e provincianas,

e recuperar-lhes sua força e seu valor primitivos como universais, mitológicos-
-psicológicos – o qual tem sido, na verdade, o esforço típico dos pensadores católicos
não ortodoxos do Ocidente desde a vitória militar de Constantino e a imposição por
Teodósio, o Grande (reinou 379-395 d.C.) de um credo inaceitável para o mundo
ocidental. E continua Jung:

> O dogma toma o lugar do inconsciente coletivo, formulando seu conteúdo em
> grande escala. O modo de vida católico é completamente alheio aos problemas
> psicológicos no sentido protestante. Praticamente toda a vida do inconsciente cole-
> tivo foi canalizada para as ideias dogmáticas arquetípicas e flui como um rio bem
> controlado no simbolismo da crença e do ritual. Manifesta-se no interior da psique
> católica. O inconsciente coletivo, como o entendemos hoje, jamais foi uma questão
> de "psicologia", porque antes de existir a Igreja cristã já havia os antigos mistérios,
> e eles remontam às névoas cinzentas da pré-história neolítica. A humanidade nunca
> sofreu carência de imagens poderosas para lhe prestar ajuda mágica contra todas as
> coisas estranhas que habitam nas profundezas da psique. As figuras do inconsciente
> sempre se expressaram em imagens protetoras e curativas e, dessa maneira, eram
> projetadas da psique para o espaço cósmico.
>
> Todavia, a iconoclastia da Reforma abriu literalmente uma fenda na parede pro-
> tetora formada por imagens sagradas e, desde então, uma após outra foram caindo.
> Tornaram-se duvidosas porque entraram em conflito com a nova razão. Além do
> mais, as pessoas já haviam esquecido de seu significado há muito tempo. Haviam
> esquecido realmente? Ou será que os homens nunca souberam o que elas significa-
> vam, e que apenas em tempos recentes a parte protestante da humanidade concluiu
> que, de fato, não temos a mais remota ideia do que significa o Nascimento Virginal,
> a divindade de Cristo e as complexidades da Trindade? É como se essas imagens
> tivessem existência própria, e essa existência fosse aceita sem questionamentos nem
> reflexões, da mesma maneira que decoramos árvores de Natal ou escondemos os
> ovos de Páscoa sem saber o sentido desses costumes.
>
> A verdade é que as imagens arquetípicas estão tão carregadas de significado em
> si mesmas, que as pessoas jamais se preocupam em perguntar o que elas representam
> realmente. A morte ocasional dos deuses se produz quando o homem descobre su-
> bitamente que não significam nada, que são feitos por mãos humanas, ídolos inúteis
> de pedra e madeira. Porém, na realidade, unicamente o que descobre é que até então
> jamais havia refletido sobre suas imagens. E quando começa a fazê-lo, utiliza-se do
> que chamamos "razão" – que, de fato, não é mais que a soma total de todos seus
> preconceitos e visões míopes.[80]

James Joyce inicia seu *Um retrato do artista quando jovem* com uma citação
tirada de *Metamorfoses,* de Ovídio (livro VIII, verso 188), *"Et ignotas animum
dimittit in artes*: E dirige sua mente para as artes desconhecidas". O verso refere-se
ao artista-artesão Dédalo de Creta, no momento em que decidiu escapar e voltou

seu pensamento à tarefa de criar asas, asas artificiais, para voltar ao continente. Na mente de Joyce, a referência imediata dessa imagem era, alegoricamente, sua decisão (de seu herói Stephen Dedalus) de sair do pequeno mundo da Irlanda para o maior, do continente europeu. Porém em sua mente também estava a ideia de sair do horizonte estreito, da província mitológica por assim dizer, da versão católica romana do cristianismo, e mesmo da versão cristã dos arquétipos mitológicos, para uma visão humana mais ampla, e mais vasta possível, não através de uma conversão a alguma outra ordem comum da chamada fé, mas através da arte.

Quando seu amigo Cranly perguntou a Stephen Dedalus se pensava tornar-se protestante: "Eu disse que tinha perdido a fé – respondeu Stephen –, mas não que eu tivesse perdido o respeito por mim mesmo. Que espécie de liberação seria essa de abandonar um absurdo que é lógico e coerente e abraçar um que é ilógico e incoerente?"[81]

A estrutura de qualquer sistema mitológico completamente desenvolvido e assimilado – seja bizantino ou gótico, hindu, budista, polinésio ou navajo – é belo e de apolínea clareza e, ao mesmo tempo, totalmente animado pelo sentido e esplendor da vida experimentada (embora não necessariamente racionalizada). O vínculo católico romano com o mito não é, portanto, "romântico" no sentido protestante de anseio por um vazio de dimensões desconhecidas, mas é firme, sólido e claro. Para o católico, é o mundo exterior, não católico, não mitológico, que foi entregue ao Demônio, e portanto é caótico, diabólico e vazio.

Em *Ulisses* Stephen afirma durante sua longa jornada infernal em um mundo de homens vivos: "a história é um pesadelo do qual estou tentando acordar".[82] E, na tarde desse mesmo dia, escuta-se o grande trovão anunciando a chuva – a ruptura do encantamento na estéril Terra Desolada que tem mantido dissociada a estrutura interior (que dá sentido) do contexto externo de sua vida; depois do qual, na *Walpurgisnacht* do capítulo do bordel, segue a interação regenerativa entre os dois mundos incontestáveis: o de imagens simbólicas internas e o da patente realidade externa, o que eclodirá no *sonho* expiatório de *Finnegans Wake*. Ali, a visível, mas espiritualmente não interpretada e não assimilada e, por conseguinte, estranha e desarraigada Terra Desolada que integra um mundo de consciência semidesperta, de personalidades autodefensivas isoladas, de religiões separadas, histórias nacionais distintas e mesmo áreas acadêmicas fragmentadas, dá lugar ao princípio da "consubstancialidade" do mito no sonho. O absurdo pesadelo da história se desintegra e é significativamente recomposto na imagem mitológica do ciclo eterno das quatro idades do mundo.

Tudo se torna radiante com a imagem integrada, onipresente, desse "único e mesmo poder da natureza e do espírito" que, em todas as partes, está simultaneamente em conflito e em jocosa paz consigo mesmo, "como a única condição e meio de sua manifestação masculina e feminina."* E em virtude disto por todo o

---

* *Supra*, p. 268-269.

mundo exterior ressoa o eco desse que é o princípio interior, perseverante, criativo e mantenedor do mundo, presente em todas as coisas, como dizem os hindus: "do Ser dos seres à folha do capim".

Em *A montanha mágica* também ocorre algo semelhante. É assombroso, na verdade, como esses dois romancistas contemporâneos escrevendo de maneira independente tiveram tantos temas e símbolos em comum. Em *Ulisses* e em *A montanha mágica* temos: a) o simbolismo de terra dos mortos que está pontuado pela presença de um jovem ensimesmado, inquisitivo, em busca de um propósito para a vida; b) um cenário naturalista, estruturado de maneira tal que inclui, em um caso, um hospital e um contexto médico e, em outro, uma biblioteca e a atmosfera de estudo, proporcionando influências pedagógicas das esferas literária e científica, em ambos os casos repletos dos temas graves e constantes da morte e do amor; c) um emergente quadro mitológico secundário, que combina os campos da experiência de vida moderna com os do humanismo tradicional e está sugerido musicalmente na técnica do *leitmotiv* reverberante; d) uma tensão sexual que culmina em um capítulo concebido como uma aventura de *Walpurgisnacht*; e) por fim, um trovão assinala o momento de transformação, quando a vida do herói no reino dos mortos volta à vida e ele se vê confrontado com a tarefa de integrar substancialmente seus dois mundos.

Sem dúvida, e aqui está a diferença, ainda que em *Ulisses* a voz do trovão seja ouvida *antes* da Noite de Walpurgis cheia de interações alucinatórias de seu interior com o exterior, em *A montanha mágica*, o capítulo chamado "O trovão" é o último do romance e *sucede* todas as grandes cenas reveladoras. Ademais, não conduz o jovem herói a um sonho, mais profundo, mas o devolve ao campo da história. É a notícia do início da Primeira Guerra Mundial que explode "como um trovão" e leva Hans Castorp, "o que dormiu por sete anos", voluntariamente e até agradecido por seu despertar para a vida, ao pesadelo das trincheiras – e não do lado do sonho político do mediterrâneo e franquista Settembrini, seu amigo e mentor literário, mas do lado de seus compatriotas, "lá onde o sangue o chamava".

Assim, no lado católico-irlandês, a chamada do trovão eclode de dentro, do mundo mítico universal e atemporal ao qual agora serão integrados as peculiaridades do mundo exterior. No lado alemão protestante, em contrapartida, a chamada chega de fora, do campo da história especificamente europeia – a história da família, da pátria e o compromisso partidário – que se interiorizara no espírito deste jovem alemão através do cristianismo familiar de seu reverente lar paterno. Porém, as duas aventuras, mesmo que historicamente opostas, eram análogas em um plano mais profundo, pois nas duas procura-se integrar os aspectos temporais e atemporais da existência.

Na juventude de Hans Castorp estabelecera-se uma relação prática com a ordem histórico-temporal de seu século, ao passo que só conheceu o mundo universal atemporal durante esses sete anos de meditação (dos vinte e três aos trinta anos) no alto da Montanha Mágica. Stephen Dedalus, de outro lado, não fora criado entre Bíblias e tradições familiares, mas com base no mistério da transubstanciação e, quando chegou o chamado do mundo temporal na forma encantadora daquela garota que estava diante dele na água – "Ela se parecia com alguém a quem alguma mágica houvesse emprestado a aparência de um pássaro marinho estranho e belo" –, o que ele encontrou ao responder ao chamado dela para "viver, errar, sucumbir, triunfar, recriar a vida da vida!,"* foi uma visão de pesadelo do Inferno, cuja sublimação em ouro filosófico exigiu toda a vigorosa obra de *Finnegans Wake*.

Os mesmos temas mitológicos, as mesmas profundezas, são explorados, portanto, nestas duas obras de artistas muito diferentes. Homens, entretanto, de igual densidade de experiência, amplitude de conhecimentos e capacidade de comunicação. E, desta forma, servirão para sustentar minhas teses – ou, melhor, a tese de Nietzsche – do mito enquanto fator revelador em virtude do qual se descobre o vínculo entre os acontecimentos do mundo cotidiano e esse âmbito que é o fundamento de tudo e confere vida a tudo. Entretanto, para conhecê-lo como tal, o mito não pode ser considerado como fixo, definido dogmaticamente de uma vez por todas. Antes, há de ser redescoberto pelo olhar do artista, fresco e vivo, como a forma deste ou daquele fato: como um padrão que não é padrão, mas que está presente em todas as coisas de uma forma única, completamente nova.

VII. A DEMOCRACIA E O TERROR

Que é, então, a Terra Desolada? É a terra onde o mito é padronizado pela autoridade, não provém da vida; onde não há olho de poeta que possa enxergar, aventura a ser vivida, onde tudo está determinado para sempre e para todos. Utopia! É a terra onde o poeta definha e florescem os espíritos sacerdotais, cuja tarefa é apenas repetir, reforçar e elucidar clichês.

E essa doença do espírito estende-se hoje desde a catedral até o *campus* universitário. Nietzsche já a revelou há quase um século.

> Tenho contato, aqui e ali, com universidades alemãs: que atmosfera reina entre os seus eruditos, que desolada, satisfeita e morna espiritualidade! Seria uma profunda incompreensão se aqui me apresentassem, a título de objeção, a ciência alemã – e, além disso, prova de que não leram sequer uma palavra minha. Nos últimos dezessete anos não me cansei de enfatizar a influência *desespiritualizante* de nossa atual prática da ciência. A dura vida de hilotas, a que a enorme extensão das ciências condena hoje em dia cada um, é um dos motivos principais por que naturezas de compleição mais rica, mais plena, mais *profunda* já não acham educação e *educadores* que lhes sejam adequados. Nada prejudica mais nossa cultura do que o excesso de pretensiosos mandriões e humanidades fragmentárias; nossas universidades são, a contragosto, verdadeiras estufas para tal espécie de atrofia dos instintos do espírito. E toda a

---

* *Supra*, p. 73.

Europa já tem noção disso – a grande política não engana ninguém... A Alemanha é tida, cada vez mais, como a *Terra Chata* da Europa.[83]

A única correção que me parece necessária, em uma transposição dessa demolidora crítica para o contexto de meados do século XX, seria substituir a palavra "contragosto" por "de boa vontade". Primeiro, uma educação religiosa cunhada de chavões procedentes de um mundo tão distante do mundo moderno quanto possa haver; depois, a chamada cultura geral, difundida por meio de conferências, seminários e provas semanais: em que "grandes livros", resumidos e avaliados, são impingidos em cabeças vazias como informação autorizada, que deve ser citada para obtenção de títulos; e então as ciências – nos recônditos extremos do pensamento! – ensinadas por autoridades estéreis que, nesses anos irrecuperáveis de sua juventude, quando os ouvidos, os olhos e o coração do espírito abrem-se à maravilha de si mesmo e do Universo, estavam condenadas a essa mesma "dura servidão" sobre a qual escreve Nietzsche.

Não há tempo, lugar, nem permissão – e muito menos estímulo – para a *experiência*. E para dificultar ainda mais as coisas, agora aparecem esses maníacos sociopolíticos com seus comícios nos *campus*, suas propagandas de piquetes de grevistas, empregando o jornalismo sensacionalista e o incitamento a ações em nome de causas sobre as quais seus inexperientes rebanhos nada sabiam até seis meses atrás – resultando em que essas horas extras, que poderiam sobrar dos estudos para dedicação ao crescimento interior, sejam invadidas, arruinadas e desperdiçadas por essas asneiras diárias. Não é de estranhar que até os jovens de hoje também tenham um certo ar de quartos de despejo, e em suas "viagens" e "*happennings*" dionisíacos prometam igualar os *ágapes* da igreja cristã primitiva.

Em *A montanha mágica* Thomas Mann explora o termo "pedagogia hermética". A ideia sugere o alheamento do tempo histórico a fim de se entregar ao tempo interior: a ativação da mente por meio das influências externas apropriadas, mas também a resposta conforme nossa prontidão e ritmo de crescimento, e não a partir das necessidades, ideais e expectativas de outra pessoa, grupo ou algum suposto mundo. Na planície a vida é reação, enquanto no pico da montanha atemporal – como no *vas Hermeticum* do alquimista – pode haver fermentação, espontaneidade, ação como oposição à mera reação: o que verdadeiramente significa o termo "educação" (*e-ducere*, "conduzir ou levar adiante") em oposição a "inculcação" (*inculcare*, "imprimir, gravar, pressionar com o salto do sapato, gravar"). E absolutamente indispensável para esse desenvolvimento é a *separação* das exigências do cotidiano, considerada por todos os educadores – até recentemente – como o primeiro requisito para qualquer coisa que se aproxime da vida espiritual.

Em *A montanha mágica*, a figura que mais fortemente se opõe a que Hans Castorp se separe da história para se entregar ao luxo do descobrimento de sua própria personalidade e do mundo é o primeiro daqueles dois ridículos pedagogos entre os quais o autor colocou seu herói: o delicado, gracioso humanista e jornalista italiano de bigode negro Settembrini, que para Hans parece um tocador de realejo. Mann apresenta-o como Satanás, Mefistófeles, uma personificação do intelecto que luta por obter o controle sobre a vida: o defensor do progresso retórico, da claridade, da razão e da graça formal mediterrânea, cujo nome, entretanto, sugere o agourento verbo *septembriser*, "matar a sangue frio" (do substantivo *septembrisades*, que se refere à morte dos monarquistas nas prisões de Paris no período de 2 a 6 de setembro de 1792). Elegante apesar do seu paletó puído e calças xadrez branco e preto que, embora surradas eram bem passadas, esse malífluo enciclopedista da escola política de Mazzini desempenha a mesma função com relação a Hans que Mefistófeles com Fausto: é capaz de proporcionar a seu discípulo conselhos e ajuda, com a finalidade de conquistar sua alma, porém é incapaz de compreender ou controlar sua vontade. A seguir, Mann salienta em seu livro de reflexões apolíticas:

> Quando desejo ler algo que revire as minhas entranhas, algo que faz com que tudo em mim se rebele (e tal leitura às vezes pode ser útil), abro o volume de Mazzini que um dia, sem mérito ou esforço próprio, chegou às minhas mãos como que enviado do céu, e ao que devo não só a inexpressiva intuição que possa ter da natureza da virtude política, como também minha compreensão do contexto do qual procede o estilo, a atitude, o tom e a paixão do manifesto político do *civilisation-literateur* alemão. Tenho em minhas mãos o maçom latino, o retórico democrata, literário revolucionário e progressista em toda sua pureza e máximo esplendor.
>
> Aqui aprendo a considerar o espírito como algo que fica entre o espírito do profundo Oriente e o do Clube Jacobino, que é, na verdade, como ele deve ser entendido hoje, agora que a "virtude" (no sentido dado por Marat e Robespierre) foi reabilitada. Nele posso admirar o espetáculo do ativismo que não se detém por nada, intocado por nenhuma mancha ou dúvida, em um momento postado diante de seu povo com os olhos voltados para o céu, declamando com gestos enfáticos, e no momento seguinte, com os punhos fechados e a respiração sibilante, arremessando-se, incitando, agitando e encorajando à rebelião. Nele as barricadas denominam-se "o trono do povo".
>
> Nele ouço um homem que consegue dizer: "moralidade e tecnologia!", "Cristo e a Imprensa!"[84]

Esse tipo de defensor da luz da razão, no sentido da *liberté, egalité, fraternité* – ou *morte*, é uma redução tardia, estereotipada e vulgarizada, pode-se dizer sacerdotal, da grandiosa figura renascentista do espírito livre; e Mann conseguiu comunicar maravilhosamente a seu banal pedagogo um crepúsculo da nobreza daqueles grandes humanistas em cuja luz ele habita: o próprio Virgílio, bem como Petrarca, Lorenzo e Poliziano, Maquiavel e Castiglioni, prosseguindo no Iluminismo francês com Diderot e Voltaire. A purificante e consagradora influência da literatura, a eliminação das paixões pelo conhecimento e pela palavra; o conceito da literatura como a via privilegiada para a compreensão, o perdão e o amor; o poder salvífico da fala, o espírito literário como a mais nobre manifestação do espírito humano em seu conjunto; o literato como um homem realizado, como um santo; esse era o luminoso tom em que Settembrini entoava sempre a sua apologia.

Porém, na terminologia de Nietzsche, anunciada em *O nascimento da tragédia*, este era precisamente o caráter de Sócrates, do homem socrático, como protótipo e protagonista de "a decadência", no sentido do intelecto que submete, desorienta e dissolve a vida, descontente por sua imperfeição, inacessível a seu mistério; o tipo, em outras palavras, que Schopenhauer denunciara no parágrafo citado anteriormente, sobre quem atribui às condições locais e temporais os males que são inerentes à própria vida e, em seu zelo para corrigir, transtornam a vida que pretendiam salvar.*
A esse respeito escreveu Nietzsche:

> Uma chave para o caráter de Sócrates se nos oferece naquele maravilhoso fenômeno que é designado como o *"daimon* de Sócrates". Em situações especiais, quando sua descomunal inteligência começava a vacilar, conseguia ele um firme apoio, graças a uma voz divina que se manifestava em tais momentos. Essa voz, quando vem, sempre *dissuade*. A sabedoria instintiva mostra-se, nessa natureza tão inteiramente anormal, apenas para contrapor-se, aqui e ali, ao conhecer consciente, *obstando-o*. Enquanto, em todas as pessoas produtivas, o instinto é justamente a força afirmativa-criativa, e a consciência se conduz de maneira crítica e dissuasora, em Sócrates é o instinto que se converte em crítico, a consciência em criador – uma verdadeira monstruosidade *per defectum!* E na verdade percebemos aí um monstruoso *defectus* de toda disposição mística, de modo que se poderia considerar Sócrates como o específico *não místico,* no qual, por superfetação, a natureza lógica se desenvolvesse tão excessiva quanto no místico a sabedoria instintiva. De outro lado, porém, aquele impulso lógico que aparece em Sócrates estava inteiramente proibido de voltar-se contra si próprio; nesse fluir desenfreado mostra ele uma força da natureza, como só encontramos, para o nosso horrorizado espanto, nas maiores de todas as forças instintivas. Quem, nos escritos platônicos, houver percebido um só sopro daquela divina ingenuidade e segurança da orientação socrática de vida sentirá também como a formidável roda motriz do socratismo lógico acha-se, por assim dizer, em movimento por *detrás* de Sócrates, e como isso deve ser olhado através de Sócrates como através de uma sombra. Que ele próprio, porém, tinha um certo pressentimento desta circunstância é algo que se exprime na maravilhosa seriedade com que fez valer, em toda parte e até perante os seus juízes, a sua divina vocação. Era tão impossível, no fundo, refutá-lo a esse respeito quanto dar por boa a sua influência dissolvente sobre os instintos.[85]

Como inimigo declarado do instinto e corretor autodesignado daqueles modos de vida irrefletidos que são inspirados não pelo intelecto, mas pelo impulso (nos termos de Tônio Kroeger, não pelo "espírito", mas pela "natureza"), o homem socrático

---

* *Supra*, p. 305.

surge e predomina no final, não no princípio, de uma cultura. Em *A decadência do Ocidente* (1923), Oswald Spengler, seguindo Nietzsche nessa observação, comparou as trajetórias de oito culturas desenvolvidas (egípcia, sumério-babilônica, greco--romana, hindu, chinesa, maia-asteca, levantina e europeia ocidental; a russa, em sua opinião, estaria hoje no estágio equivalente ao período de Carlos Magno na Europa ocidental) e demonstrou, apoiando-se em evidências suficientes para persuadir a quem se dê ao trabalho de verificá-las cabal e atentamente, que em cada uma dessas grandes trajetórias de vida supraindividuais chega inevitavelmente um momento em que as faculdades crítico-intelectuais predominam sobre as lírico-instintivas, a partir da qual se desenvolve um período de criatividade que, sem dúvida, acaba sempre em exaustão, esterilidade e repetição mecânica. Goethe (que, com Nietzsche, foi a principal inspiração de Spengler, como foi também de Thomas Mann) em um breve estudo intitulado "Épocas do espírito" esboçara, já no princípio do século XIX (1817), uma sequência de quatro estágios característicos a todos os ciclos culturais, tanto da humanidade em geral, como de uma civilização ou nação, que resumiu no seguinte diagrama:

Princípios
Percepções profundamente experimentadas e nomeadas com propriedade

I	Poesia	Fé popular	Emotiva	Imaginação
II	Teologia	Exaltação idealizadora	Sagrada	Razão (*Vernunft*)
III	Filosofia	Desvalorização esclarecedora	Erudita	Compreensão (*Verstand*)
IV	Prosa	Dissolução na banalidade	Vulgar	Sensualidade

Confusão, resistência, dissolução

Na passagem da fase II para a III impõe-se a racionalidade, e a crítica reducionista começa a desvalorizar e, onde é possível, até mesmo erradicar os impulsos instintivos da vida. Goethe expõe assim a questão:

> O homem de discernimento tenta adequar tudo o que é imaginável à sua esfera de compreensão e mesmo interpretar via razão os fenômenos mais misteriosos. As crenças populares e eclesiásticas, consequentemente, não são rejeitadas, mas se presume por detrás delas um elemento compreensível, significativo e útil; busca-se seu sentido, transforma-se o particular no geral e de cada coisa nacional, regional e até mesmo individual, extrai-se algo válido para o conjunto da humanidade. Não podemos negar a essa época o crédito de um esforço nobre, puro e sábio; todavia o verdadeiro apelo dessa época atrai muito mais o indivíduo singular e talentoso do que o povo em geral.

Tão logo esse tipo de pensamento adquire um caráter geral segue-se imediatamente a quarta e última fase – a época que podemos chamar de prosaica, uma vez que não tem interesse em humanizar a herança de períodos anteriores, adaptando-a a uma compreensão humana esclarecida e ao uso doméstico geral, mas que arrasta até mesmo as coisas mais veneráveis expondo-as à luz do meio-dia e, desse modo, destruindo completamente todos os sentimentos solenes, as crenças populares e eclesiásticas e mesmo as crenças do próprio saber esclarecido, saber este que ainda poderia vislumbrar por trás do que é excepcional um contexto respeitável de associações.

Essa época não pode prolongar-se. A necessidade humana, agravada pelo curso da história, retrocede subitamente, ignorando as lideranças inteligentes, confundindo as crenças sagradas, populares e primitivas, ora se agarrando a tradições, ora se submergindo em mistérios, coloca os contos de fadas no lugar da poesia e eleva-os a artigos de fé. Em vez de instruir de maneira inteligente e influenciar com prudência, as pessoas espalham indiscriminadamente sementes de joio e trigo; já não há um ponto de referência no qual se concentrar, pois qualquer indivíduo apresenta-se como líder e mestre e expõe sua loucura como um produto perfeito e acabado.

E, então, a força de cada mistério se esfacela, a própria religião popular é profanada, as distinções que antes provinham umas das outras, desenvolvendo-se de forma natural, agora atuam umas contra as outras como elementos antagônicos, e, com isso temos novamente o caos *Tohu-wa-bohu*;* mas não o primeiro, grávido e frutífero, antes um caos agonizante, decadente, do qual nem mesmo o espírito de Deus poderia criar para si próprio um mundo digno.[86]

Thomas Mann apresenta Settembrini como o mestre paradigmático da fase III, que sobrevive apenas como um inválido em um mundo que se encontra no início da fase IV, onde um tipo reacionário e medieval – apesar de sua aparente originalidade de pedagogo autodesignado – está surgindo como mestre da juventude e conselheiro dos líderes do Estado. Em *A montanha mágica*, esse segundo tipo de orientador totalmente ambíguo é representado pela pequena e macilenta figura de um homem barbeado e bem vestido, chamado Naphta, que aparece na metade do romance: um debatedor agressivo e hábil, de fealdade quase corrosiva, cujos lábios finos, franzidos e desdenhosos estão encimados por um grande nariz adunco e este, por sua vez, por grossos óculos que emolduram olhos cinzentos. Settembrini provocadoramente o chama de *princeps scholasticorum*; enquanto ele denomina Settembrini de Mestre Maçom, "Mestre de Loja Maçônica"; e a cada frase, a cada palavra, sobre cada tema imaginável, travam um interminável duelo verbal, trocando farpas e despedaçando definições. Um defende a glória do homem e o espírito conforme revelados na faculdade da razão; o outro, Deus e o espírito transcendente – de todo separados e

---

* *Tohu-wa-bohu* (hebraico): "vazio e sem forma", aparece em Gênesis I:2. [N. da E.]

inimigos do homem natural caído, seus instintos, razão e aspirações de liberdade, progresso, ciência, direitos etc.

Naphta acusa Settembrini da heresia do monismo; Settembrini, Naphta do dualismo e divisão do mundo. Ambos pretendem defender o indivíduo; Naphta, entretanto, em nome de seu espírito eterno, não de seus direitos ou poderes aqui na terra. Os dois pretendem defender o zelo do homem pela verdade; todavia, a verdade, segundo Naphta, é inacessível à razão e sua única autoridade é a revelação. Para ele a formulação de leis e costumes não é função das agremiações humanas; pois não há mais que uma lei eterna, a de Deus, a *ius divinum*, que deve ser sancionada – *imposta* – por aqueles que estão investidos de autoridade. Nas palavras de Naphta:

> "Não ignoro que o Renascimento trouxe ao mundo todas essas coisas que se chamam liberalismo, individualismo e direitos humanos" – disse o sarcástico Naphta a seu antagonista humanista –, "porém há muito tempo passou a época heroica de seus ideais. Esses ideais estão mortos ou, ao menos, agonizam, e os que lhe deram o golpe final estão já próximos de sua porta. Se não estou enganado, você chama a si mesmo de revolucionário. Porém, se acredita que o resultado das futuras revoluções será a liberdade, equivoca-se. O princípio da liberdade foi utilizado durante quinhentos anos e já cumpriu seu destino.
>
> Toda pedagogia que ainda se considere produto do Iluminismo, e cujos objetivos sejam o desenvolvimento das faculdades críticas, liberação e cultivo do caráter individual, absoluto, pode ter até um aparente êxito retórico, porém seu caráter reacionário não é incerto ante os olhos despertos.
>
> Todas as ordens verdadeiramente educadoras sabem desde sempre qual é o único princípio possível de toda pedagogia: a autoridade absoluta, uma disciplina de ferro, o sacrifício, a renúncia de si mesmo e a sujeição da personalidade. É um desagradável mal-entendido da juventude supor que ela encontra seus prazeres na liberdade. Seu prazer mais profundo está na obediência. [...]"
>
> "Não!" continuou dizendo Naphta –, "não é a liberação e o desenvolvimento da personalidade individual o que constitui o segredo e a exigência desta época. O que necessita, o que aspira, o que pode criar para si mesmo é – o Terror."

O pequeno orador diminuiu o tom de sua voz ao pronunciar a última palavra; ficou imóvel ao dizê-la. Somente as lentes de seus óculos reluziram por um momento. Seus três ouvintes, Hans, seu primo militar e Settembrini, ficaram espantados, porém, o eloquente humanista recuperou-se em seguida e perguntou com fingida leviandade de onde chegaria esse Terror.

"Escapa de seu liberalismo econômico inglês" – o outro replicou com desdém – "a existência de uma escola do pensamento social que signifique a vitória do homem sobre o pensamento econômico e cujos princípios e objetivos coincidam exatamente com os do reino cristão de Deus? Os padres da Igreja consideravam 'meu' e 'teu' palavras perniciosas e diziam que a propriedade privada era usurpação e roubo. Condenaram a propriedade porque, segundo o direito natural e divino, a terra é

O EQUILÍBRIO

comum a todos os homens e, portanto, produz os seus frutos para o uso de todos. Ensinaram que apenas a avareza, consequência do pecado original, invoca os direitos de propriedade e criou a propriedade privada. Eram suficientemente humanos, e suficientemente contrários ao comércio, para considerar toda atividade econômica um perigo para a salvação da alma, ou pode-se dizer, para a humanidade.

Odiavam o dinheiro e as finanças e chamaram à riqueza capitalista o ponto de combustão do fogo infernal... E agora, todos esses princípios e critérios, depois de ignorados por séculos, ressuscitaram no movimento do comunismo. O acordo é completo até na reivindicação do domínio mundial do trabalho internacional contra os negócios e as finanças internacionais; o proletariado mundial é hoje a resistência à corrupção capitalista da burguesia, o ideal da humanidade e o critério do reino de Deus.

A Ditadura do Proletariado, esse expediente político-econômico de salvação próprio do nosso tempo, não tem intenção de dominar por dominar e por todo o tempo, mas apenas de uma forma que suspenda momentaneamente o conflito entre o espírito e a força sob o signo da cruz, com o sentido de uma vitória sobre o mundo terrestre por meio da dominação do mundo, no sentido da transição, a transcendência, ao Reino de Deus.

O proletariado tomou para si a obra de Gregório, o Grande, seu zelo por Deus habita nele, e como ele, não afastará suas mãos do sangue. Sua missão é espalhar o terror nos corações para a salvação do mundo e para atingir o objetivo do Salvador: a condição do homem como filho de Deus, sem Estado nem classe".[87]

Naphta, esse franzino veículo de ódio cínico que expusera essa visão apocalíptica do Dia de Deus, era um jesuíta ordenado, nascido judeu: um completo judeu-cristão! Mas que fora além das ideias convencionais patenteadas nos sucessivos Testamentos e, então, tomado pela febre, residia na Montanha Mágica, com um toque de morte no seu pulmão. *"Ein joli jésuite"* – pensou Hans – *"mit einer petite tache humide".* "Todos os seus pensamentos" – disse Settembrini – "são lascivos: estão sob o signo da morte".[88] E, com efeito, em seu luxuoso apartamento, forrado de seda, uma *pietà* do século XIV propunha um ideal de feia beleza, que contrastava com a *bellezza* renascentista de Settembrini. Era uma obra (explicou a Hans) concebida com o espírito ascético de um texto espirituoso de autoria de Inocêncio III, denominado *De miseria humanae conditionis*: não a produção embelezada de qualquer Senhor Fulano ou Sicrano, mas uma revelação radical, impessoal, anônima, *sub signo mortificationis*, sobre o conhecimento da tristeza e fragilidade da carne.[89]

O jovem engenheiro reconheceu nessa impressionante obra, e nos argumentos de Naphta, uma percepção mais profunda das misérias do mundo do que aquela apresentada pelo seu outro mentor, Settembrini. Entretanto, a separação feita por Naphta dos valores do espírito daqueles que vivem neste mundo amando-o como ele é, não o convenceu. De fato, dor, enfermidade, morte, corrupção existem, mas serão eles uma refutação da vida? Mann conseguiu focalizar em Naphta – esse pequeno monstro – todo o movimento histórico da espiritualidade levantina, em irreconciliável oposição ao individualismo humanista da Europa.

> Eis que Iahweh vai assolar a terra e devastá-la, porá em confusão a sua superfície e dispersará os seus habitantes. O mesmo sucederá ao sacerdote e ao povo, ao servo e ao seu senhor, à serva e à sua senhora, ao comprador e ao vendedor, ao que empresta e ao que toma emprestado, ao devedor e ao credor. Certamente a terra será devastada, certamente ela será despojada, pois foi Iahweh quem pronunciou esta sentença. A terra cobre-se de luto, ela perece; o mundo definha, ele perece; a nata do povo da terra definha. A terra está profanada sob os pés dos seus habitantes; com efeito, eles transgrediram as leis, mudaram o decreto e romperam a aliança eterna. Por este motivo a maldição devorou a terra e os seus habitantes recebem o castigo; por esse motivo os habitantes da terra foram consumidos: poucos são os que restam.[90]

Não é necessário perguntar nem imaginar como será o novo mundo; lemos sobre ele nos anais do passado e sabemos como ele é, já, agora, no Paraíso Popular da União Soviética, China, Leste Europeu e do Tibete, escoando refugiados por todos as ratoeiras desprovidas de muros, alambrados ou metralhadoras.[91]

> Enquanto os filhos de Israel estavam no deserto, um homem foi surpreendido apanhando lenha no dia de sábado. Aqueles que o surpreenderam recolhendo lenha trouxeram-no a Moisés, a Aarão e a toda a comunidade. Puseram-no sob guarda, pois não estava ainda determinado o que se devia fazer com ele. Iahweh disse a Moisés: "Tal homem deve ser morto. Toda a comunidade o apedrejará fora do acampamento". Toda a comunidade o levou para fora do acampamento e o apedrejou até que morreu, como Iahweh ordenara a Moisés.[92]

> A sociedade, em todas as partes [afirma Ralph Waldo Emerson em *Ensaios*), é uma conspiração contra a coragem de cada um de seus membros. [...] Não ama os criadores e as realidades, mas apenas nomes e costumes. [...] Nada é, por fim, sagrado, além da integridade de sua própria mente.[93]

E Goethe:

> A divindade atua no vivo e não no morto, no vir a ser e na mudança, não no consolidado e estabelecido; consequentemente, a razão (*vernunft*) preocupa-se apenas em se aproximar do divino por meio do que se cria e vive; e o entendimento (*verstand*) só faz uso do que está estabilizado e fixo.[94]

VIII. A FERIDA DE AMFORTAS*

No volume *Mitologia Primitiva* assinalamos que não existe o homem *enquanto* homem. As criaturas da espécie *Homo sapiens* nascem demasiado cedo, absolutamente desamparadas e adquirem suas faculdades específicas de fala, pensamento e imaginação simbólica, bem como de postura ereta e a capacidade de utilizar ferramentas, sob os cuidados do corpo social que as adota. Se são educadas de acordo com seu estilo e seu mundo, são-lhes gravada a sua assinatura, amoldam-se às suas limitações; e a primeira função dos mitos e ritos de cada grupo é simplesmente efetuar esse desenvolvimento especializado.

Ainda mais, as primeiras unidades sociais raramente eram mais numerosas que grandes famílias e cada membro adulto carregava toda a herança cultural. Os mitos encarnavam a substância dessa herança e os ritos eram os meios para comunicá-la aos jovens e manter a tradição entre os mais velhos.

Isto é, mitos e ritos cumpriam uma função propiciadora e educativa, levando o produto inacabado da natureza ao desenvolvimento pleno e harmonioso do adulto, adaptado para sobreviver em certo meio específico e participando integralmente como membro de um grupo social específico. Fora desse grupo não chegaria à fase adulta nem conseguiria sobreviver.

No mundo atual do mesmo modo temos ritos familiares e, enquanto cumprirem essa função psicológica e educativa, como ritos de passagem, direcionando o jovem a uma maturidade adequada a *esta* época, dificilmente podemos questioná-los ou a quem os administra. Porém, o mundo hoje não é como nos tempos paleolíticos, quando as hordas familiares errantes eram grupos raros e dispersos sobre a terra, que buscavam o sustento como recém-chegados em um perigoso ambiente selvagem. A natureza era muito dura; a sociedade, consequentemente, também. Os jovens rebeldes eram simplesmente eliminados. A conformidade em um sentido mais estrito era uma necessidade absoluta. Porém, mesmo então havia tolerância para certo tipo de diferenciação, o visionário, o xamã: aquele que morrera e voltara à vida, o que havia conhecido e falado com os poderes espirituais, aquele cujos grandes sonhos e vívidas alucinações falavam efetivamente de forças mais profundas e essenciais que a superfície visível das coisas.

E, de fato, os mitos e ritos das comunidades primitivas nasciam das intuições daqueles que eram dotados desses estranhos talentos.[95] Foram os descobridores e reveladores daquelas realidades interiores que hoje são reconhecidas como pertencentes à psique. Daí que os mitos e ritos dos quais eles eram mestres, não apenas cumpriram a função exterior (suposta) de influenciar a natureza, trazendo abundância, curando as enfermidades, derrubando os inimigos e fazendo prosperar os amigos, como a interior (real) de tocar e despertar os profundos extratos e mananciais

---

* Esta personagem lendária recebe em francês antigo o nome de Anfortas. Wagner, que a popularizou, fez um trocadilho com a palavra alemã *Amt*, que significa "servidor", e transformou o nome do rei do Graal em Amfortas. [N. da E.]

da imaginação humana; de modo que as necessidades práticas da vida em um determinado meio ambiente – no ártico, nos trópicos, no deserto, nas pradarias, no topo de uma montanha ou em uma ilha de corais – satisfaziam-se, por assim dizer, brincando: todo o mundo e as ações do homem dentro dele ganhavam luminosidade por sua participação no enredo e no fabuloso cenário de uma grandiosa obra teatral.

A caça, por exemplo, depois de convocada mediante um rito, parecia oferecer-se em um sacrifício voluntário, compreendendo que mediante um segundo rito sua vida regressaria à origem para renascer. E, entre os povos agrícolas, em virtude da mesma simulação, o trabalho de cultivar e coletar era comparado aos mistérios da fecundação e do nascimento. Da mesma forma que um jovem cheio de energia desce galopando como um cavalo por uma rua, o que acharia maçante fazer a passos lentos, o homem primitivo, desde as primeiras informações que temos dele, transformou em um festival cada aspecto de seu trabalho mediante seus mitos e ritos. Estes deram significado a cada coisa, não num sentido prático e econômico, mas como uma representação, um sonho colocado em cena: uma tragicomédia, dramática e cômica, dos papéis graves e constantes que os mais velhos ensinavam aos jovens e para os quais os preparavam. Concordar com Ralph Waldo Emerson que uma sociedade desse tipo conspira contra a coragem de cada um de seus membros seria absolutamente incorreto.

No entanto, como vimos exaustivamente nos volumes anteriores deste estudo, com o repentino florescimento das aldeias do Oriente Próximo nuclear surge a introdução da técnica do cultivo de cereais e da pecuária, por volta de 7500 a.C., e cria-se uma situação completamente nova. Não mais obrigadas a coletar seus alimentos, as pessoas fixaram-se em aldeias, cujos tamanhos e número cresceram; e quando chegaram às férteis terras aluviais do curso do Tigre do e Eufrates, por volta de 4000 a.C., acelerou-se a taxa de crescimento. As aldeias transformaram-se em cidades, as cidades em metrópoles – as primeiras grandes cidades da história do mundo.

As unidades sociais já não são simples grupos da magnitude das grandes famílias, mas organismos compostos de classes distintas e especializadas e com funcionamento complexo: agricultores, comerciantes, governantes e governados, artesãos variados e sacerdotes profissionais. E, como vimos,[96] foi precisamente nesse momento e nesse lugar, no Oriente Próximo, e especificamente na Suméria, cerca de 3500-3000 a.C., onde apareceram as primeiras evidências, entre as ruínas daquelas cidades-estado – Kish, Uruk, Ur, Lagash, Larsa etc –, de uma ordem social disciplinada, imposta de cima pela força e, em seguida, de expedições militares de conquistas contra seus vizinhos: não os meros ataques aniquiladores de uma tribo ou horda contra outra, incitadas pelo saque, a malícia ou a vingança, mas campanhas de conquistas e subjugação sistemáticas organizadas deliberadamente.

Nas palavras do grande orientalista Professor Hans Heinrich Schaeder (1896-1957), das universidades de Königsberg, Berlim e Göttingen, foi exatamente nesse momento, na crise decisiva da história da humanidade, que se iniciou o processo histórico universal do qual fazemos parte, cujo tema principal e essência é:

O EQUILÍBRIO

o exercício pragmático do poder dos homens sobre os homens. Conforme instrui o Professor Schaeder:

> E essa mudança aconteceu não no transcorrer de uma evolução gradual, mas de maneira abrupta, em um breve período de tempo, com o surgimento de uma forma mais antiga de Estado, ou de algo parecido com isso. Surge nas cidades-Estado e suas rápidas combinações formando Estados territoriais no curso inferior do Tigre--Eufrates e o Nilo, e mais tarde, nos rios Indo, no terceiro milênio a.C., e Amarelo, no segundo milênio.
> A fundação desses Estados é consequência de um único processo histórico: a invasão e sujeição dos agricultores estabelecidos por tribos conquistadoras de guerreiros procedentes da Ásia Central. [...]
> O exercício do poder é regido sempre pela lei da intensificação, como diziam os gregos, πλεονεξία pela ganância desmedida. Não tem moderação; a medida somente chega do exterior, de forças contrárias que o restringem. A história é, portanto, a interação do poder – seu estabelecimento, sustentação e desenvolvimento –, de um lado, e essas forças opostas, de outro. Estas receberam nomes distintos, sendo o mais simples e inclusivo o amor. Tais forças aparecem quando surgem dúvidas (em geral, entre os governados; porém, ocasionalmente, também entre as classes dominantes) que levam à critica do princípio do poder. Essa crítica pode chegar a ponto de uma absoluta renúncia ao poder, gerando a ideia e a realização de um modo de vida baseado no amor fraternal e na ajuda mútua. A confiança em si mesmo e, com ela, a capacidade para influenciar os demais, cresce naqueles que se encontram na posição de acreditar que somente essa confiança, e não o poder que eles rejeitam, pode realizar o significado da existência humana. Significado este que não é mais procurado nos poderes organizados do Estado, na dominação dos governados por seus senhores, mas nos indivíduos, dando e recebendo amor.
> Quando uma tal ordem tem capacidade de converter um número substancial de pessoas, orientando-as para uma nova vida, pode acontecer um movimento espiritual incontrolável. Este se transmite de uma geração a outra e a partir do pequeno círculo original, expande-se por países e continentes. Até conseguir convencer inclusive os detentores do poder terreno para que reconheçam – real ou aparentemente – sua verdade e suas obrigações, e impõe restrições à ânsia de poder que não é resultante de sua vontade própria.
> Duas vezes, na história do mundo, com o budismo e o cristianismo, tais movimentos adquiriram esse caráter de forças históricas mundiais; e, ao longo de seu desenvolvimento manifestaram-se neles mesmos esse desejo de poder e domínio, que em algumas ocasiões conturbaram sua natureza. Porém, suas características originais foram tão marcantes que conseguem se sobrepor e manter seus princípios de vida e os ensinamentos de seus fundadores.
> De todos os movimentos espirituais da história da Eurásia, são esses dois que até os nossos dias oferecem as garantias mais duráveis e seguras contra essa

destruição e degradação espiritual que o homem, acossado pelo desejo de poder, acaba provocando nos demais e em si mesmo.

A sequência de eras na história mundial não se originou, sem dúvida, no amor, mas na expansão do campo de poder, que ao longo de um período de três milênios acabou por incluir toda a Eurásia, dividida em Estados. Isso ocorreu com a interação das antigas cidades-Estado e as posteriores hordas de conquistadores que, ou tomavam o poder e o expandiam, ou criavam seus próprios Estados, seguindo os modelos dos antigos.[97]

Como já vimos, a principal preocupação e objetivo desses grupos de poder, na interpretação, formulação e aplicação de seus ritos, não foi tanto propiciar o desenvolvimento dos jovens até sua maturidade, mas conferir uma validade sobrenatural e tornar indiscutível, com o peso da religião, sua questionável autoridade, seja ela dinástica, tribal ou eclesiástica. Os símbolos atemporais, adotados e recombinados, aplicam-se sistematicamente, com toda intenção, aos objetivos da sujeição mediante a doutrinação. Uma ordem totalmente nova de crenças e ritos oficiais – para a glória de um ou outro nome – é sobreposta sobre a antiga ordem inspiradora da vida da família e dos ritos espirituais de passagem e iniciação: uma "fé", como ela é chamada, é proposta como crença.

A Terra Desolada, podemos dizer então, é qualquer mundo em que (colocando o problema de maneira pedagógica) a força, não o amor, a doutrinação, não a educação, a autoridade, não a experiência, prevalecem na organização das vidas, e onde os mitos e ritos observados e aceitos não guardam, portanto, nenhuma relação com as verdadeiras experiências, necessidades e potencialidades interiores daqueles que os aceitam. Seria ridículo argumentar que jamais deveriam ter existido esses reinos da força. Em primeiro lugar, porque aqui estão. Em segundo, proporcionaram todas as coisas boas e grandiosas que estão além do pensamento, da visão, da arte e da civilização do macaco Caliban de Shakespeare. E, em terceiro lugar, para aqueles envolvidos no trabalho criativo e estimulados pelo seu próprio desenvolvimento – seja como membros da elite criativa que antecipa as novas formas ou como meros auxiliares, colaboradores voluntários, cujas vidas ganham significado pela associação – o privilégio de participar dos grandes momentos criativos da história do mundo é uma dádiva da vida que dificilmente pode-se desprezar.

Entretanto, como mostrou Spengler em seu grande trabalho, há momentos críticos em que as formas culturais surgidas dessa maneira alcançam e ultrapassam seu apogeu. Além do mais – e isto não é um argumento simpático a Spengler – existem aqueles, como observou Schaeder, geralmente entre os governados, mas ocasionalmente também entre a classe dominante, que começam a se sentir desconfortáveis e portanto a criticar a experiência e a missão do poder como fatores que carregam a verdadeira, única e suprema experiência e preocupação humanas.

Jean-Jacques Rousseau (1712-1778) foi um desses críticos no momento do apogeu e glória do Iluminismo do século XVIII. E uma figura semelhante na Idade Média foi o poeta Jean de Meung (1240?-1305?), cuja celebração da Dama da Natureza na grande passagem final do *Romance da Rosa* (*c*.1277) corresponde curiosamente ao famoso argumento de Rousseau em seu *Discurso sobre as ciências e as artes* (1749), em que a condição do selvagem (volta à natureza: o bom selvagem) é superior à do homem civilizado.

Na Grécia, na época do apogeu do poder e da luz ateniense, o cínico Diógenes (412?-323 a.C.) foi também um desses rebeldes; na Índia, o Buda (563-483 a.C.), ao rejeitar as castas e as leis da vida social brâmane, bem como a autoridade dos Vedas, representa uma crise idêntica; enquanto na China encontramos o *Tao Te Ching* (século IV a.C.) convocando o espírito a "voltar às raizes".[98]

Há, em todas essas vozes, um chamado comum – abandonar o certo e estabelecido para aproximar-se do potencial ainda informe, esse "remanescente", pode-se dizer, que os ritos e mitos e propósitos especiais do grupo deixaram insatisfeitos, indiferentes, não convencidos. Novamente, nas palavras de Ralph Waldo Emerson:

> Há um espírito comum a todos os homens. [...] A história é o registro das obras desse espírito. [...] Sem pressa, sem descanso, o espírito humano avança desde o princípio para corporificar cada faculdade, cada pensamento, cada emoção que lhe é própria, nos acontecimentos apropriados. Mas o pensamento sempre precede o fato; todos os fatos da história preexistem no espírito como leis.[99]

A perversidade das grandes e pequenas "crenças" coletivas, pré-históricas e históricas é que todas, sem exceção, pretendem conter em suas mitologias ritualizadas toda a verdade passível de conhecimento. Estão, por isso, condenadas, e condenam a todos os que as aceitam, ao que chamarei de o "erro da verdade encontrada", ou, em linguagem mitológica, o pecado contra o Espírito Santo.

Levantam contra as revelações do espírito as barreiras de sua própria crença petrificada e, por conseguinte, o expurgo provocado pelos mecanismos de seu controle fazem com que a mitologia – tal como a concebem – sirva apenas para vincular indivíduos potenciais ao sistema de valores que parecia apropriado aos criadores do passado (agora consagrados como santos, sábios, ancestrais ou mesmo deuses) e seu conceito de uma grande sociedade.

Desse modo, um período da civilização visto de fora e na perspectiva do historiador como um tempo dourado poderia ser sombrio na perspectiva de um observador interior. Citando Ortega y Gasset:

> Toda cultura, ao triunfar e aperfeiçoar-se, transforma-se em um tópico e uma frase. Tópico é uma ideia que se usa, não *porque* seja evidente, mas porque as *pessoas* a usam. Frase é o que não se pensa cada vez, mas que simplesmente se diz, repete-se. [...] A cultura, que em sua origem e autenticidade, era simples, torna-se complicada. E essa complicação da cultura herdada contribui para aumentar a separação entre o *eu* de cada homem e as coisas que o cercam. Sua vida torna-se pouco a pouco menos *sua*

e cada vez mais coletiva. Seu *eu* individual, efetivo e sempre primitivo é suplantado pelo *eu* que é "povo", pelo *eu* convencional, complicado, culto. O chamado homem "culto" aparece sempre em épocas de cultura muito avançada e que já se compõe de puros tópicos e frases.

Trata-se, pois, de um processo inexorável. A cultura – o mais puro produto da vida e da autenticidade, visto que procede do que o homem sente, com terrível angústia e entusiasmo fervoroso, a respeito das necessidades inexoráveis que tecem sua existência – acaba por tornar-se uma falsificação dessa vida. Seu eu autêntico é engolido por seu eu social, convencional, civilizado. Toda cultura, e toda grande fase cultural, termina pela "socialização" do homem e vice-versa; a socialização arranca o homem de sua vida de solidão, que é a autêntica e a verdadeira.[100]

Não há dúvida de que nos séculos XII e XIII alcançara-se o importante limiar de uma grande mudança cultural. Os objetivos da conquista cristã da Europa haviam sido cumpridos – em grande medida pela força; o poder do papado encontrava-se em seu apogeu; as Cruzadas, no seu auge; e, mesmo assim, de todos os lados começavam a surgir e a se estender rumores e alarmes de heresia. Toda a estrutura estava ruindo. A catedral do amor de Deus, a Igreja, e o cálice de seu divino sangue – o *vas* de doação de si no altar – converteram-se aberta e francamente em pura força: a Igreja era um Estado-potência, uma superpotência, e seu Papa – e mesmo a imagem de Deus – era um rei dos reis levantino, exatamente ao estilo do aquemênida Dario I.

Porém, fermentava um forte vinho novo, que o cálice dourado, alçado no altar pelas mãos sacerdotais, o odor do incenso e o tilintar dos turíbulos, as cabeças inclinadas das multidões e o silêncio dos coros angelicais já não podia conter. Em certo sentido, essa época, como a nossa própria, e como o grande período helenista, era um tempo no qual a fertilização cruzada de culturas, orientais e europeias, fazia vacilar todos os dogmas locais e, com isso, as pretensões das elites no poder à posse de uma autoridade vinda do alto.

Como células desprendidas de um organismo em decomposição, os indivíduos, libertos, espontaneamente transferiam sua lealdade a novas e imprevistas alianças. E assim encontramos nesses três períodos de crises erupções análogas aos fenômenos sociais patológicos, sintomas do que Jung (seguindo Heráclito) denominou *enantiodromia*: ou seja, "conversão ao oposto", "passar para o lado oposto", um compulsivo "correr na direção oposta"; isto é, uma perda de controle por parte das faculdades conscientes e o mesmo despertar irresistível do impulso instintivo que se apoderou de Tristão e Isolda quando beberam a poção.

Certamente, esse não era o ideal de *moraliteit* que o poeta Gottfried e o próprio Tristão celebraram.* Era uma invasão demoníaca, irresistível, avassaladora, que escapava ao controle da vontade ativa, e o efeito de seu poder era tão funesto como o do poder aplicado do alto, em nome de um rei, deus ou civilização. Wagner

---

* *Supra*, p. 205.

reconheceu isso no início de seu trabalho em *Tristão*, quando acabara de receber o impacto da descoberta da filosofia de Shopenhauer. Inspirado por suas ideias, trabalhava na música de *As Walquírias*, no outono de 1854, quando lhe ocorreu a concepção da ópera *Tristão* e, como recorda em sua autobiografia:

> Um dia, ao regressar de um passeio, esbocei mentalmente o conteúdo de seus três atos, que mais tarde serviria de base ao desenvolvimento desse material. Naquele momento, introduzi no último ato um episódio que acabei não incluindo: a visita ao leito de morte de Tristão por Parsifal, o cavaleiro errante em busca do Graal. Porque em meus pensamentos comparara Tristão – definhando com o ferimento que recebera, porém incapaz de morrer – com Amfortas do romance do Graal.[101]

Essa foi outra daquelas brilhantes percepções psicológicas que Mann observou em Wagner. Porque a ferida do rei Mutilado do Castelo do Graal, como talvez recorde o leitor, estava associada magicamente à desolação e ao sofrimento de sua terra. Nas diferentes versões da lenda, a origem de sua ferida é explicada de diferentes modos. Segundo o texto mais antigo conservado – o *Perceval* ou, como também é intitulado *Li Contes Del Graal*, do poeta cortesão francês Chrétien de Troyes (1140?-1191?) –, foi ferido em um combate por um javali que com as presas atravessou suas coxas, causando tanta dor que não podia montar seu cavalo. Por isso, quando queria distrair-se, ordenava que o transportassem a um barco e o conduzissem remando pelo rio para pescar; daí seu nome de rei Pescador.[102] Entretanto, a fonte de Wagner não é esta antiga versão francesa do romance, que ficou inacabada com a morte do seu autor, mas um texto em médio alto alemão, o *Parzival*, de Wolfram von Eschenbach (*c.*1170-1230), em que se reconhece um profundo significado social e psicológico tanto na ferida como nas circunstâncias em que se produziu.

Amfortas, o rei do Graal, foi designado para sua sagrada missão ainda muito jovem. O rei, seu pai, fora assassinado e ele, como o filho primogênito, foi eleito para sucedê-lo ainda menino. Portanto, não se tornou rei em virtude de seu caráter e mérito pessoal, mas por herança, forçosamente: sua missão era para ele (segundo Ortega) um tópico, uma frase, não merecida, sem relação com sua natureza. E assim, lemos nas palavras de Wolfram:

> Chegou a idade em que começou a crescer-lhe a barba, a idade em que Amor (a deusa) dirige sua astúcia à juventude. Ela então incita seu amado tão imperiosamente que só se pode dizer dela que lhe falta honra. Porém, se um Senhor do Graal anseia por amor de uma maneira distinta da prescrita, deverá suportar provações e uma angústia terrível.[103]

O jovem rei do Graal, chegando à maioridade, foi em busca de aventuras, como todos os jovens cavaleiros de sua época, e seu brado de guerra era Amor.

Porém esse brado não era apropriado para o espírito [exigido do rei do Graal] de doçura e humildade. O rei marchou só aquele dia (o que causaria grande aflição a seu povo), cavalgando em busca de aventuras, impulsionado por seu arrebatamento amoroso, porque muito o estimulava o ardor amoroso. E em uma justa foi ferido gravemente por uma lança envenenada que lhe traspassou os testículos de um modo que não podia curá-los.

O que se enfrentou com ele e lhe causou a ferida era um pagão nascido na terra de Etnísia, onde o rio Tigre flui do Paraíso, e que confiava obter o Graal demonstrando seu valor em combate. Seu nome estava gravado em sua lança pagã e, em sua busca de façanhas cavalheirescas, havia corrido terras e mares para obter o poder do Graal.

O pagão foi morto ali mesmo pelo rei, e também podemos lamentar um pouco a sua sorte. Porém, quando o rei voltou para casa tão pálido e débil, um médico examinando a ferida achou a ponta da lança de ferro, bem como um estilhaço do varão, e as retirou. [...] Em seguida, com a ajuda de Deus, ele foi levado perante o Graal; porém enquanto o olhava sua tortura apenas crescia, porque agora não podia morrer.[104]

Observe-se a ironia disto e recordemos Mann: o filho pagão da natureza, nascido próximo do Paraíso Terreno, cavalga em busca do símbolo supremo do espírito enquanto o guardião legítimo daquele símbolo marcha em direção oposta.* O nome do jovem rei, Anfortas, do francês antigo *Enfertez* (*Enfermetez*), significa "enfermidade".[105] Sua profecia cumpre-se (como por acaso), quando dois cavaleiros colidem, para desgraça de ambos. A natureza é eliminada e o guardião do símbolo do espírito, mesmo que privado de sua virtude, é mantido por seu povo aflito em sua função espiritual, com a esperança de cura, mas sem resultado.

Os efeitos devastadores para a vida provocados pela separação dos reinos da natureza (o Paraíso Terrestre) e do espírito (o Castelo do Graal), de tal modo que só se tocam destrutivamente, continuam a ser até hoje um problema psicológico essencial do mundo ocidental cristianizado; e como sua origem é consequência da doutrina bíblica de uma distinção ontológica entre Deus e seu Universo, criador e criatura, espírito e matéria**, é um problema que mal se alterou desde que pela primeira vez se fez evidente de modo intolerável no apogeu da Idade Média.

Recordemos brevemente: ao cristão é ensinado que a divindade é transcendente, não inerente a si mesmo e seu mundo, mas está "lá fora". Chamo a isso de *dissociação mítica*.[106] Ao voltar-se ao seu interior, não encontrará a divindade, mas apenas a sua alma criada, que pode ou não estar na devida relação com seu suposto Criador. A doutrina do Antigo Testamento sustentava que Deus (x) realizara uma Aliança (R) com um determinado povo (c). Nenhum outro desfrutava desse privilégio; era exclusivo. Portanto, uma relação (R) com Deus somente era possível se se pertencesse a esse grupo, a esse povo: cRx. Ao que o Novo Testamento acrescenta que, na plenitude dos tempos, nasceria dessa raça sagrada um menino, Jesus, filho de Deus,

---

* *Supra*, p. 287-288.
** *Supra*, figura 8 e p. 32-34.

em quem a humanidade (c) e a divindade (x) se uniriam milagrosamente. Em nossa humanidade (c), todos estamos relacionados com a de Jesus que, em sua divindade, nos relaciona com Deus (x). Entretanto, a participação nessa relação (R) só pode se dar por meio da Igreja que ele fundou (considerada única no passado, porém, agora, dividida em um milhão de seitas, cada uma das quais pode ser verdadeira ou falsa). Consequentemente, como no Antigo Testamento a relação com Deus só é possível pelo nascimento físico como membro da Raça Sagrada, no Novo, só mediante o batismo (o nascimento espiritual) se é membro da Igreja de Cristo; isto é, em qualquer caso, na participação de um grupo social específico. Chamo a isso de caminho da *identificação social*. Equipara-se à esfera de valor com a filiação social da pessoa, e *extra ecclesiam nulla salus*.

Infelizmente, à luz do que agora sabemos, não somente da história da Bíblia e da Igreja, mas também do Universo e da evolução das espécies, tem-se confirmado uma suspeita que nasceu na Idade Média; ou seja, que o mito bíblico da Criação, Queda e Redenção é historicamente falso. Consequentemente, estendeu-se por todo o mundo cristão a sensação desoladora não apenas de que não há nenhuma divindade interior (*dissociação mítica*), mas também de que não existe nenhuma participação na divindade exterior (*dissolução da identificação social*): e isso, em suma, é a base mitológica da Terra Desolada do espírito moderno ou, como se diz nestes dias, de nossa "alienação".

Essa desolação é vivenciada em dois níveis: primeiro, no social, na privação da identificação com qualquer grupo estruturador, espiritualmente mobilizador; e, além disso, no metafísico, com a perda de todo sentido de identidade ou de relação com uma dimensão de experiência, existência e êxtase mais grandiosos do que aqueles oferecidos por um conglomerado, empiricamente classificável, constituído por organismos isolados, separados e mutuamente irritantes reunidos apenas pelo desejo (cru ou sublimado) e pelo medo (da dor, da morte e do tédio).

Tornou-se moda escrever sobre essa imagem fragmentada do mundo como se fosse consequência de um novo modelo social, surgido de uma combinação dos recentes desenvolvimentos econômicos, científicos e políticos: a revolução industrial, o capitalismo, o colonialismo, as bombas atômicas, os impostos altos ou baixos etc. Dessa perspectiva geral de nossa análise, quase concluída, das idades da humanidade, pode-se ver que o problema crucial da atualidade já estava presente, e assim o reconheceram muitos, no apogeu desse grande período de florescimento das catedrais francesas (1150-1250), que Henry Adams caracterizou como o de maior concentração de fervor moral na história do Ocidente.

Como prenunciaram as vidas destroçadas de Abelardo e Heloísa nos primeiros anos do século XII, nem o amor nem a razão humana podiam suportar por muito mais tempo as provações irracionais impostas por uma ordem mítica importada, alheia a qualquer impulso e emoção do espírito nativo e sustentada apenas por um reino de terror. Poderia ser que a própria paixão pela construção de catedrais não fosse mais que um esforço desesperado, compensatório e protetor, para ocultar e anular o fato cada vez mais evidente de que a poderosa imagem trazida da Ásia começava a se rachar, desintegrar e afundar.

No coração de Heloísa, a bênção interior – agridoce – da deusa Amor da natureza tornara indiferente a ameaça mítica do fogo do Inferno: seu amor era, para ela, o Verdadeiro. E, um século mais tarde, quando Gottfried celebra que Tristão se arrisque voluntariamente a "uma morte eterna"* é outro testemunho da tendência daqueles anos em aceitar o julgamento da experiência individual contra a autoridade da Escritura e da Igreja.

Ao contrário, o amado de Heloísa, Abelardo – assim como o jovem rei do Graal, Anfortas –, pressionado pelo impulso da deusa interior, chegou a uma ordem de pensamento inteiramente distinta. Porque, como para o jovem imaturo, cuja barba começava a crescer, também para o maduro teólogo celibatário, o impulso para o amor não fora inspirado por uma mensagem dos olhos ao "coração nobre" preparado; como declara sua própria confissão: na idade aproximada de trinta e seis anos, "tendo vivido até então na continência, agora dirigia seus olhares ao redor". E eles se acenderam ao ver uma jovem de 18 anos, inocente, disponível e consciente de sua grandeza, como se acenderiam os olhos de um lobo ao ver uma ovelhinha.**

A verdadeira grandeza de Abelardo encontra-se no reino da razão, na qual foi insuperável em seu tempo, da mesma forma que Heloísa o foi na coragem de seu coração. A lucidez de Abelardo fica evidente durante o período de suas conferências em Paris – primeiros anos do século XII – que marca o princípio do fim do reinado na Europa daquela ordem de submissão irracional às resoluções da autoridade, epitomizadas na fórmula do antigo Pai da Igreja, Tertuliano (160?-230?): *Credo quia ineptum*: "Creio porque é absurdo". "O filho de Deus morreu; isto deve ser acreditado sem sombra de dúvida" – escrevera Tertuliano – "porque é absurdo. E foi enterrado e ressuscitou; o fato é certo, porque é impossível".[107] E antes dele, o próprio São Paulo abrira a porta a essa evidente sandice quando escreveu: "Com efeito, visto que o mundo por meio da sabedoria não reconheceu a Deus na sabedoria de Deus, aprouve a Deus pela loucura da pregação salvar aqueles que creem".[108]

Quando estudava com Anselmo de Laon, por volta de seus trinta anos, Abelardo chocara seus companheiros ao sugerir que cada um deveria ler a Escritura por si mesmo e, questionado por eles, expôs seus argumentos em uma série de conferências improvisadas sobre Ezequiel, que se tornaram mais populares que as de seu mestre – imprudência que lhe causou uma expulsão. Em Paris continuou as conferências, e a fama que lhe deram como filósofo e teólogo, poeta e músico (um verdadeiro Tristão da Bretanha) conquistou sua Heloísa e o destino calamitoso dos dois.

O maior perigo da mensagem de Abelardo, tanto para sua fé sincera como para sua segurança pessoal, era a convicção de que é possível alcançar o conhecimento de Deus pela razão – como fizeram os gregos – e que, portanto, tal conhecimento não está limitado ao mundo cristão. Por ocasião de sua morte, trabalhava em um

---

* *Supra*, p. 217-218.
** *Supra*, p. 61-62.

texto intitulado *Diálogo entre um filósofo, um judeu e um cristão*,[109] em que expunha seus argumentos e não apresentava o cristianismo como uma mitologia de princípios inaceitáveis, mas como "a verdade total, que abarca todas as demais".[110] A aproximação de Deus por meio da razão envolvia a racionalidade de Deus, e aquilo que a razão não consegue aceitar não precisa e, de fato, não pode ser acreditado. "Aquele que se apressa em confiar" – escrevera Abelardo – "é um inconsciente". E ainda: "Os doutores da Igreja deveriam ser lidos, não com a necessidade de acreditar, mas com a liberdade de julgar".[111] E, para demonstrar seu argumento final, em sua importante obra *Sic et Non* ("Sim e não") deu uma série de opiniões contrárias aos Padres sobre as principais disputas teológicas de seu tempo. "A dúvida conduz-nos à indagação, inquirindo percebemos a verdade", escreveu; e a respeito de quem sustenta que não devemos ponderar em questões de fé, fazia uma pergunta que não podia ser respondida:

> Então, como será possível refutar a fé, por falsa que seja, de outras pessoas, ainda que tenham chegado a tal extremo de cegueira que considerem algum ídolo como o criador do céu e da terra? Se, como vós mesmos admitis, não se pode ponderar sobre questões de fé, não tendes direito de atacar os outros em uma questão sobre a qual vós próprios não podeis ser atacados.[112]

Abelardo foi acossado de um lugar a outro por suas opiniões, empurrado de um monastério a outro ao longo de toda a sua mutilada vida. Em certa ocasião, viu-se obrigado a queimar seu livro com suas próprias mãos ("Assim foi queimado" – escreveu sobre a ocorrência brutal – "em meio de um silêncio generalizado"); e a ler em voz alta o Credo de Atanásio ("que li como pude entre lágrimas e soluços").

Foi encaminhado a um convento perto de Soissons, que tinha a fama de uma penitenciária pela rígida disciplina imposta com o chicote pelo Abade Geoffrey, e, ao ser libertado, pouco depois, as dificuldades não fizeram mais que aumentar, até que buscou refúgio num bosque, que se converteu num monastério devido à afluência de estudantes; mais tarde viu-se obrigado a fugir dali também, por temor ao poder cruel daquele santo amante do amor de Deus e cantor do Cântico dos Cânticos, São Bernardo de Claraval.

"Deus sabe" – escreveu sobre aqueles anos terríveis – "que às vezes caí em tal desespero que me propus a viver como um cristão entre os inimigos de Cristo".[113] Como o mutilado rei do Graal, Abelardo também era Tristão, e aparece como símbolo de seu tempo e dessa esterilização de coração, corpo e mente que representa o tema da Terra Desolada.

Porém, uma geração depois, as escolas de Paris, nas quais ensinara, converteram-se, em grande medida graças a sua influência, na universidade mais importante da Europa; e foi principalmente ali que se formou o grande movimento escolástico, do qual Santo Tomás de Aquino seria o principal maestro. A Igreja tem hoje justo orgulho do esplendor intelectual daquele movimento que, enquanto fruto do livre pensamento criativo foi profundamente temido em seu tempo, e acabou por ser destruído.

De maneira que o destino de seu iniciador, Abelardo – o tema da Terra Desolada simbolizado na agonia de sua vida – foi um prenúncio, como em uma sinfonia, de todas as passagens seguintes, nas quais, como ampliação, demonstração, variação, culminação e desenlace, se repetiria esse mesmo crime do poder cruel contra a luz e a vida (a arte do exercício sistemático do poder do homem sobre o homem).

A intenção otimista desse movimento fora demonstrar que a filosofia grega e o supranaturalismo bíblico, a razão e a revelação, não são absolutamente incompatíveis, mas, até onde alcança a razão, são convergentes; a revelação, entretanto, vai além. Por exemplo, Santo Tomás de Aquino escreve em sua *Summa Theologica*:

> Conhecer a existência de Deus de modo geral e com certa confusão é-nos naturalmente ínsito, por ser Deus a felicidade do homem: pois, este naturalmente deseja a felicidade e o que naturalmente deseja, naturalmente conhece. Mas isto não é pura e simplesmente conhecer a existência de Deus, assim como conhecer quem vem não é conhecer Pedro, embora Pedro venha vindo. Pois, uns pensam que o bem perfeito do homem, a felicidade, consiste nas riquezas; outros, noutras coisas.[114]

Os filósofos gregos, mais notavelmente Aristóteles, haviam chegado, de acordo com os escolásticos, até onde permitia a razão natural na demonstração dessa classe de questões; entretanto, que Deus era uma Trindade cuja Segunda Pessoa era Jesus Cristo, o qual, depois de ser engendrado pela Terceira, nasceu de uma Virgem, foi crucificado e sepultado, apenas para ressuscitar depois de três dias a fim de ascender ao Céu, onde agora se senta à direita da Primeira Pessoa, isto não poderia chegar a saber nenhum grego ignorante, nem mesmo Aristóteles – em parte obviamente porque no século IV a.C. nada disso havia acontecido; mas também porque esse não é o tipo de verdade a que se pode chegar pelo silogismo.

> [...] O comumente proposto a todos os homens para ser crido é, comumente, não sabido. Ora, essas verdades, são, em absoluto, as da fé. Logo, fé e ciência não têm o mesmo objeto.
>
> Os infiéis ignoram as verdades da fé, por não as ver ou conhecer em si mesmas, nem lhes apreender a credibilidade. Ora, deste modo é que os fiéis têm conhecimento delas; não quase demonstrativamente, mas enquanto veem, pelo lume da fé, que devem ser cridas, como já se disse.
>
> As razões aduzidas pelos Santos Padres para provar as verdades da fé não são demonstrativas; mas, certas persuasões manifestativas da não impossibilidade do que a fé propõe. Ou procedem dos princípios da fé, isto é, das autoridades da Sagrada Escritura, como diz Dionísio. Pois, com tais princípios chegam os fiéis a uma certa prova, assim como a certas outras chegam outros, partindo dos princípios evidentes. Por isso, a teologia também é uma ciência.[115]

O EQUILÍBRIO

Em *A divina comédia*, meio século depois da *Summa* de Aquino, Dante representou a lógica dessa hierarquia de verdades – a natural e a sobrenatural, a racional e a revelada – nas imagens dos guias de sua alma: Virgílio e Beatriz. O primeiro, o poeta pagão, conduz o confuso cristão para fora da perigosa "floresta obscura",* orientando-o com segurança a fim de evitar os abismos e subir a Montanha do Purgatório até o Paraíso Terrestre em seu topo. Ali é Beatriz quem o recebe, para tornar-se sua guia nas alturas, em caridade e fé cristãs, até a visão beatífica de Deus.

Entretanto, nem todos, nem mesmo a maioria dos espíritos criativos daqueles séculos, esforçando-se para fazer Moisés, Paulo e Aristóteles ajoelharem-se diante do tabernáculo da Hóstia Consagrada, foram considerados pelas autoridades como inspirados na direção certa. Ao final, criatividade não é conformidade e nas novas universidades daquela época estavam acontecendo muitas coisas que não podiam conciliar-se com o Credo de Atanásio. Por exemplo, parece que o averroísta mais famoso da época de Aquino, o Mestre Sigério de Brabante – que teve a sorte de abandonar a França antes que o inquisidor francês Simon du Val chegasse, em 23 de novembro de 1277, para aprisioná-lo e interrogá-lo – sugeriu, se de fato realmente não sustentou (referindo-se à Ásia), as seguintes opiniões: O mundo criado é eterno e, se é assim, as mesmas espécies de criaturas tenderão a reaparecer de uma maneira circular, sucedendo-se umas às outras na mesma ordem anterior e assim indefinidamente. Mais ainda, que a suprema felicidade do homem nesta vida consiste do ato intelectual pelo qual seu intelecto compreende a essência do intelecto que é Deus; e, ademais, que para o intelecto humano, a intelecção pela qual Deus é compreendido é o próprio Deus.[116]

Em razão disso, em 18 de janeiro de 1277, três anos após a morte de Aquino, o papa João XXI escreveu ao bispo de Paris, Etienne Tempier, para apurar o número, a natureza e as fontes dos "erros" que, segundo fora informado, circulavam em sua diocese. Em consequência, em 7 de março daquele mesmo ano fatídico, o bispo decretou a assombrosa condenação de não menos do que duzentas e dezenove proposições filosóficas, o que foi uma sentença de morte para o exercício da filosofia dentro do santuário da Igreja. Alguns dias depois, o arcebispo de Canterbury sancionou a chamada *Condenação de 1277* e, em 28 de abril, uma segunda carta do papa João determinava as medidas para sua implementação. Entre as proposições censuradas estavam as seguintes (e o que é mais notável e significativo disto é que não possuímos livros e nem sequer conhecemos os nomes dos autores dessas ideias; de maneira que se não fosse por sua menção nessa condenação, não saberíamos que tais proposições foram pregadas na Idade Média):

Que a religião cristã põe obstáculos à educação. Que na religião cristã há falsidades e erros como em todas as demais. Que não se sabe mais por conhecer a teologia. Que as afirmações dos teólogos baseiam-se em mitos. Que a verdadeira sabedoria

---

* *Supra*, p. 104-105.

é a dos filósofos, não dos teólogos, e, portanto, não há nenhuma condição superior do que a prática da filosofia. Que o bem dos homens está nas ciências racionais, de cujo conhecimento fluem as virtudes morais naturais descritas por Aristóteles, as quais constituem toda a felicidade a que o homem pode alcançar durante esta vida, depois do que não há nenhuma outra. Que não há outras virtudes possíveis, inspiradas de modo sobrenatural, e, portanto, que devemos voltar às virtudes que Aristóteles reserva à elite e que não são acessíveis aos pobres. Que se o mundo é eterno, é porque Deus não pode deixar de criá-lo e que o mundo é como é, porque Deus não pode criá-lo de outra forma. Porque do princípio primeiro, que é uno, pode resultar apenas um único efeito, que é similar a ele; Deus não pode, então, produzir imediata e livremente uma pluralidade de efeitos, senão que a multiplicidade das coisas pressupõe uma multiplicidade de causas intermediárias, cuja existência é necessariamente exigida por elas mesmas. Sobre este particular o eminente Professor Etienne Gilson salienta:

> Devemos observar atentamente esta 28ª proposição, porque é de fundamental importância para compreender a história subsequente da filosofia e teologia medievais: o Princípio Primeiro pode ser a causa de diferentes efeitos aqui embaixo apenas por meio de outras causas; porque nada que transmuta pode causar transmutações de vários tipos sem ser transmutado por sua vez. E sustentar essa tese equivalia a negar radicalmente a liberdade e onipotência do Deus cristão. O Deus judeu e cristão não só era capaz de criar o mundo com um simples gesto, com a multiplicidade de seres que contém, como podia ainda intervir livremente nele a qualquer momento, ou diretamente para criar nele almas humanas ou atuar milagrosamente e sem a intervenção de causas secundárias; entre Jeová e o deus greco-árabe,* cujos efeitos procedem um a um e de acordo com uma ordem necessária, não havia conciliação possível. Antes da condenação, o Chanceler Felipe, William de Auvergne, Boaventura e outros já haviam percebido essa incompatibilidade; a partir de 1277, todos os teólogos sabiam disso. A condenação de 1277 é um marco na história da filosofia e da teologia medievais. [...] Em vez de continuar seu esforço por conquistar a filosofia renovando-a, a Escolástica atuou na defensiva. E nesse momento chegou ao fim sua idade de ouro.[117]

Nesse mesmo momento, também chegou ao fim o cristianismo institucionalizado como uma força criativa na vida europeia. Seu Deus não somente havia sido novamente relegado à Bíblia, como havia agora dois papas e não tardaria em surgir um terceiro (o Grande Cisma 1377-1417); depois dois cristianismos, e então uma centena (Martinho Lutero, 1483-1546). E, enquanto isso, o novo estilo teológico já fora imposto pelo poderoso reitor da ainda proeminente Universidade de Paris,

---

* O deus greco-árabe aqui mencionado não é o deus do Alcorão, mas o deus descrito pelos filósofos e já condenado pela ortodoxia muçulmana um século e meio antes das inquietações em Paris.

John Gerson (morto em 1429), o piedoso homem do poder, responsável em grande parte pela execução de John Huss,[118] cuja obra principal chamada *Contra a vã curiosidade nas questões de fé* (1402, 1403) ele mesmo resumia com as palavras do Evangelho segundo São Marcos 1, 15: "Arrependei-vos e crede no Evangelho". Isso, para ele, era a totalidade do cristianismo. E daí ao nosso grande contemporâneo, o protestante Karl Barth, com seu "salto de fé", ou retornando a São Paulo e Tertuliano – *credo quia ineptum* –, onde, exatamente onde está o pensamento criativo?

PARTE III

O CAMINHO E A VIDA

CAPÍTULO 7

O CRUCIFICADO

I. A RODA GIRATÓRIA DO TERROR-JÚBILO

As origens do romance arturiano eram célticas.[1] Entretanto, abaixo e atrás da camada céltica acha-se a herança mística e ritual do Neolítico e da Idade do Bronze, que se originou em longas fases (*c.*7500-2500 a.C.) nas mais antigas comunidades agrícolas e cidades-estados do Oriente Próximo nuclear e que representa, em última instância, o legado espiritual básico de toda civilização superior.[2] Sua difusão a partir da matriz – a zona mitogenética, conforme a denominei –, onde ela pela primeira vez se configurou como uma intuição profundamente inspirada de uma ordem cósmica que tudo rege, levou seu imaginário, carregado de símbolos, para todos os quadrantes da terra civilizada.

Por isso, os mitos célticos da Grande Deusa e seu consorte, que habitam nas montanhas encantadas – o Reino sob as Ondas, o Reino da Juventude ou a Ilha das Mulheres (Avalon arturiano) –, participam de uma tradição mundial, da qual eles representam sua extensão noroeste mais remota. Além disso, os traços posteriores, pertencentes à Idade de Ferro, das populares lendas celtas dos guerreiros aurigas do rei Conchobar e dos homens-gigantes de Finn MacCumhaill estão também amplamente disseminados.

Procedem de uma segunda zona mitogenética, as amplas pradarias da Europa oriental e do sudoeste da Ásia, a matriz das raças árias, e pertencem ao brilhante complexo caçador-criador de gado-guerreiro das lendas patriarcais que foi estendido pelos rudes nômades amantes da guerra – os domadores de cavalo e inventores do carro de guerra – para o oeste até a Irlanda, ao leste até a China e ao sul até a Itália, Grécia, Anatólia, Índia e Egito; pelo que os carros, os hinos guerreiros e os deuses destemidos da batalha dos Vedas, Homero e os épicos irlandeses são reflexos desse complexo ária, indo-celta, indo-germânico ou, como se pode denominar agora, indo-europeu.

Além do mais, as interações dos deuses e heróis conquistadores dessa mitologia patriarcal posterior e as deusas locais com seus consortes, fecundadoras da terra – guardiãs da ordem do matriarcado –, exibem características comuns sempre que os dois sistemas contrários entram em contato, se chocam e se fundem inevitavelmente. Em algumas regiões – a Índia e a Irlanda, por exemplo – o ponto de vista e ordem mítica da antiga civilização da Idade do Bronze mantiveram-se e, finalmente, prevaleceram numa amálgama, ainda que em outras – particularmente na Europa continental, a região clássica da caça paleolítica, testemunhada ao longo de uns trinta mil anos graças às grandes cavernas de Altamira, Lascaux, Trois Frères, Tuc d'Audoubert etc. – tenha prevalecido a ordem moral e espiritual representada pelos deuses guerreiros árias.

Não obstante, por todas as partes se observam traços similares, predominando ora um aspecto da interação, ora outro. E como vimos, foi nesse cenário de supergestação mitogenética – o acertadamente chamado "Crescente Fértil", mais uma vez do Oriente Próximo nuclear – onde surgiram os mistérios clássicos, helenísticos e romanos, dos quais a seita cristã era uma variante popular, não esotérica, politicamente manipulada e apoiada pelo Estado, na qual os símbolos, interpretados nas demais seitas de modo anagógico, místico, próprio aos símbolos, foram reduzidos a um sentido literal e referidos a fatos históricos supostos ou reais.

Os exércitos de Roma e sua colonização do norte da Europa levaram, lado a lado, o cristianismo oficial e uma série de tradições místicas (órficas e mitraicas, gnósticas, maniqueístas etc.) até que, após as vitórias de Constantino (324 d.C.) e a promulgação do Código Teodosiano (438 d.C.) – que proibiu no Império Romano todos os cultos e crenças, exceto o cristianismo –, os mistérios passaram à clandestinidade como uma corrente secreta, enquanto os mesmos símbolos, empregados nos ritos de iniciação como metáforas anagógicas, eram agora impostos clara e oficialmente como relatos comprováveis de fatos históricos.

No estudo ousado e erudito da lenda do Graal, *From Ritual to Romance* [Do ritual ao romance], publicado em 1920 e citado por T.S. Eliot em suas notas de *A terra desolada,* sua autora Jessie L. Weston propõe que na raiz da tradição do Graal podem se encontrar os ritos de um desses mistérios subterrâneos: alguma seita esotérica como as que vimos indicadas nas taças sacramentais das figuras 3, 4, 11 e 12.

> *C'est del Graal dont nus ne doit*
> *Le secret dire ne conter.* [...]

Assim disse a chamada "Elucidação", acrescentada por um redator desconhecido ao inacabado *Perceval*, de Chrétien de Troyes[3]: "É a lenda do Graal, cujos segredos não devemos narrar ou relatar". Porém, como nos recorda Weston, os rituais da Igreja cristã jamais foram secretos; como tampouco o foram os ritos de fertilidade dos cultos primitivos da natureza. Considerada a atmosfera geral de encantamento, mistério, busca e iniciação que impregna a tradição do Graal, essas duas linhas parecem indicar uma relação entre os símbolos enigmáticos exibidos no Castelo do Graal e as cerimônias das seitas místicas clássicas tardias.

Nestas últimas, como vimos, os símbolos anteriores da fertilidade agrícola foram aplicados à fecundação, ao despertar interior e ao renascimento do espírito. Também vimos que os deuses celto-germânicos foram identificados nos tempos romanos com seus equivalentes greco-latinos e assim se introduziram em extensões do norte da Europa que cultuava a tradição do mistério. O deus do mar irlandês, Manannan Mac Lir, era o equivalente céltico, nórdico, de Netuno (o Posídon grego), que, por sua vez – como revelou o momento culminante da cena do bordel em *Ulisses** – era o equivalente ocidental de Śiva.

No período helenístico do "Casamento do Oriente e Ocidente", durante o reinado de Alexandre, tais equivalências ocidentais-orientais já eram reconhecidas tanto no contexto mitológico como no filosófico; de maneira que no momento em que os romanos levaram os mistérios do Oriente Próximo helenizado à França e Inglaterra, vieram juntos os segredos do Oriente. E o conhecimento de seus mistérios psicologicamente eficazes e presentes na alquimia, na tradição do Graal, na Ordem Rosacruz, na Maçonaria etc., se mantêm vivos até os nossos dias.

A figura 45 é de um manuscrito ilustrado (*c*.1300 d.C.) de uma versão tardia em prosa do romance do Graal, conhecida como *Estoire del Saint Graal* (datada de *c*.1215-1230), na qual o herói do Graal não é mais Perceval, mas o casto Galahad; e o cálice sagrado é identificado com aquele utilizado por Cristo para servir os Apóstolos na Última Ceia. Supunha-se que o Graal, ou taça, fora levado à Bretanha prodigiosamente, junto com a lança que atravessou o flanco de Cristo, pelo casto Josefe, filho do bom homem José de Arimateia, que escavou na pedra em que o Salvador foi sepultado.[4]

A ilustração reproduz a cena em que Josefe, já ao final do romance, entrega o Graal ao rei que o sucederá como seu guardião** e que ficará conhecido como "O Rico Pescador", por ter milagrosamente servido uma grande quantidade de pessoas com um único peixe que ele pescará a seguir. Observe-se a forma do vaso. Uma comparação com as taças das figuras 3, 4, 11, 12 e 24, esta última da mesma época da ilustração, contará por si só a lenda do Graal – em silêncio – melhor do que as palavras.

Vejamos novamente, na figura 3, no início do círculo da iniciação, o mistagogo Orfeu, o Pescador, com o varão, a rede e o peixe. Weston não apenas reconhecera uma relação entre a figura do rei Pescador com o tema cristão do "pescador de homens", como também com as simbologias anteriores dos mistérios pagãos do peixe, da refeição de peixe na sexta-feira e o deus pescador;[5] e o Professor William A. Nitze,

---

* *Supra*, p. 230-231.
** *Supra*, p. 455.

Figura 45. O Bispo Josefe concede o Graal ao rei Alain.

da Universidade da Califórnia, levou sua sugestão mais adiante ao assinalar que há um deus do mar da Bretanha celta, cujo nome, Nodens, na verdade significa "Pescador". Na epopeia irlandesa aparece como o rei Nuadu da Mão de Prata, habitante das montanhas encantadas, que substituiu o braço perdido em um combate por um de prata e, portanto, como o Pescador do Castelo do Graal, era um rei mutilado.[6]

Como a prata é o metal da Lua, e o ouro é o do Sol, e o leitor certamente já pensou naquela associação simbólica, frequentemente aludida nos volumes anteriores desta obra, do deus do mar e a Lua, essa taça celestial do licor da imortalidade, eternamente esvaziada e preenchida. Personificada como controladora das marés, a Lua aparece manca e pensa; e, como já vimos no volume *Mitologia Oriental*, tanto o herói chinês do dilúvio, Yü, quanto o Noé bíblico ficaram coxos durante seus trabalhos na água: o último foi ferido pela garra do leão (a besta solar) na Arca e Yü por uma enfermidade que lhe enfraqueceu a metade do corpo, como a Lua.[7] Essa esfera celeste, como a alma e o destino do homem, é tanto clara quanto escura, tanto do espírito quanto da matéria, sujeita à órbita desta terra e, como a serpente das figuras 11, 13 e 23, girando eternamente da luz do firmamento à obscuridade do abismo.

Todavia, como taça, a Lua é o recipiente inesgotável da bebida e da comida da imortalidade do Senhor dos ciclos da vida – e esse recipiente inesgotável também é o Graal. Além do que, a Lua pode ser vista como uma cabeça ("o Homem da Lua"), e na versão galesa do romance do Graal, *Peredur*, ao herói não é mostrada uma taça ou um cálice, mas a cabeça de um homem sobre uma grande bandeja levada por duas donzelas.[8] Finalmente, como assinala Weston[9], e qualquer fã de Wagner sabe, no Castelo do Graal não há apenas um, mas dois reis inválidos: o rei Pescador ou Mutilado em primeiro plano, sofrendo terrivelmente por seu ferimento, e outro rei, extremamente velho, em um quarto secreto, para o qual o Graal é levado e de onde ele retorna. No imaginário lunar, esses dois correspondem à Lua obscura e velha, para onde vai a luz e da qual regressa depois de três dias, e a Lua jovem ou visível, que é sucessivamente jovem, cheia e minguante. Nas palavras de Wolfram:

> O rei não pode caminhar nem cavalgar, nem se deitar ou permanecer de pé, reclina-se mas não consegue sentar, e suspira, recordando por quê *. Sua dor é maior quando muda a lua. Há um lago chamado Brumbane, levam-no até lá para arejar sua dolorosa ferida aberta, e a isto ele chama seu dia de caça. Mas o que pode pescar ali com sua dolorosa ferida jamais poderia prover seu castelo. Esta foi a origem da lenda de que era um pescador.[10]

A figura 46 é uma taça ritual de prata, o metal da Lua. Foi encontrada em um pântano em Gundestrupp, Jutlândia. Na sua face externa existem várias divindades não identificadas e no seu interior uma série de estranhas cenas. A figura 47, que é uma dessas cenas, mostra o deus celta do mundo subterrâneo, Cernunnos, que os romanos identificaram com Plutão-Hades. Já comentamos que as figuras 18 e 21 têm relação com esse complexo. Cernunnos, Manannan Mac Lir, Posídon, Hades, Dumuzi-Tammuz e Satã são nomes alternativos do mesmo senhor do abismo, que também é o deus da posição 10 da figura 3.**

No volume *Mitologia Oriental*, a figura 20, página 243, mostra esse deus celta com chifres, sentado de pernas cruzadas em um trono baixo e tendo na mão esquerda um saco em forma de cornucópia que derrama grãos de cereais como uma fonte inesgotável. Diante dele há um touro e um cervo, alimentando-se desses grãos (na figura 47 há também um touro e um cervo à direita do deus), enquanto de um lado e de outro aparece uma divindade clássica: Apolo à direita e Hermes-Mercúrio à esquerda – os senhores do mundo da luz e do caminho do abismo, respectivamente.

---

* Comparar com o verso de T. S. Eliot em *A terra desolada:* "Aqui de pé não se fica e ninguém se deita ou senta" (*supra*, p. 21).
** *Supra*, p. 25 e 31-34.

Figura 46. A taça de Gundestrupp, Jutlândia

Na parte superior está a representação de uma ratazana, que na Índia é o animal de Gaṇeśa, o deus dos limiares.

Ao comentar esse altar, assinalei sua semelhança com as numerosas imagens na Índia e Extremo Oriente de um Buda sentado entre dois *bodhisattvas* de pé; muito antes, no período do Vale do Indo, *c.*2500-1500 a.C., certas figuras gravadas em sinetes aparecem sentadas em postura de ioga, entre as quais há uma sentada em um trono baixo cercada por príncipes-serpentes que a adoram (*Mitologia Oriental*, figura 19, p. 140) e outra, também sobre um trono baixo, usando um grande capacete de chifres de búfalo, entre os quais uma coroa alta sugere a forma de um tridente, o símbolo de Śiva, Posídon e Satã. Diante do trono baixo há também duas gazelas, exatamente como estão as feras diante de Cernunnos e onde, na arte budista, também aparecem duas gazelas diante de Buda que está fazendo seu primeiro sermão ("A primeira volta da roda da lei") no Parque das Gazelas em Benares. Ao redor da figura hindu, há ainda outras quatro feras, o que também sugere Śiva, como o "Senhor dos Animais" (*paśu-pati*). Compare com o Orfeu-Cristo da figura 1.

O CRUCIFICADO

Figura 47. O deus Cernunnos: detalhe da taça de Gundestrupp

É quase certo que todas essas figuras estão relacionadas, não apenas na forma, como em seu conteúdo, provenientes, em última instância, de uma origem comum na matriz cultural da antiga Idade do Bronze. O leitor talvez recorde, com relação a isso, de nosso argumento a respeito de Śiva e sua Śakti na "Ilha das Pedras Preciosas" (ver *Mitologia Oriental*, figura 21, p. 264), em que a divindade masculina aparece em dois aspectos simultaneamente: divorciado de sua esposa-deusa, na forma como é conhecido Śava, "O Cadáver", *deus absconditus*, o aspecto transcendente inconcebível, não manifestado do fundamento do ser; e em matrimônio com ela, como Śiva-Śakti, o senhor e a senhora da vida.

Ali comparava essa dupla visão do mistério com os dois aspectos do poder faraônico egípcio simbolizado já por volta de 2850 a.C. com: a) o Faraó morto em sua tumba, identificado com Osíris, o senhor dos mortos, no mundo ínfero, e b) o Faraó reinando no trono, como o filho de Osíris morto, Hórus, o senhor dos seres vivos. De modo semelhante, no budismo Mahayana, o mistério da iluminação personifica-se de duas formas contrárias: a) Buda, o que partiu, representado como um monge, morto para o mundo, e b) o *bodhisattva,* um ser nobre, principesco, adornado com uma tiara de joias, símbolo do aspecto compassivo, dirigido ao mundo da consciência iluminada.[11]

Ao ensinar, o *bodhisattva* adquire o aspecto de seus ouvintes. Está livre de paixões e, também, de pensamento. É a benevolência desinteressada, é mérito posto a serviço de todos os seres. Quando aparece com muitos braços, muitas mãos e cabeças, olhando e oferecendo auxílio em todas as direções, leva em suas mãos caveiras cheias de flores (compare-se na figura 1, com as plantas que surgem das cabeças dos carneiros) e tridentes com serpentes enroscadas (compare-se aos símbolos de Hermes e Posídon). De seus dedos fluem rios de ambrosia, que resfriam os infernos e alimentam os fantasmas famintos. Na palma de cada mão, há um olho – que contempla o mundo e participa compassivamente de sua aflição: cada olho revela uma ferida, traspassada de dor, como as chagas nas palmas de Cristo, o Salvador na Cruz. É chamado de "o deus do presente", "aquele que sustenta o mundo", e, como tal, suporta e absorve em sua pessoa infinita os sofrimentos do mundo.[12]

Há uma surpreendente fábula no *Pañchatantra* hindu, ilustrando o aspecto doloroso do voto do *bodhisattva,* em uma estranha aventura que lança alguma luz sobre o significado e as origens do rei mutilado do Graal. É a história de quatro amigos pobres, brâmanes, decididos a se tornarem ricos. Viajam juntos e no país de Avanti conhecem um mago chamado Terror-Júbilo, a quem pedem ajuda. O mago oferece a cada um uma pena mágica com instruções para seguirem na direção norte, à vertente setentrional do Himalaia (ou seja, ao Tibete budista), e onde quer que caísse uma pena, seu possuidor encontraria um tesouro.

> A pena do líder caiu primeiro e eles descobriram que o solo estava cheio de cobre. Então ele disse: "Olhem! Peguem o quanto quiserem!". Porém os outros decidiram continuar. O primeiro pegou seu cobre e regressou. Em seguida, caiu a pena do segundo; ele cavou, encontrou prata e também retornou. A pena seguinte deu ouro. "Você não está entendendo?" disse o quarto. "Primeiro cobre, depois prata, logo ouro. Mais adiante, certamente, haverá pedras preciosas." E continuou sozinho. Seus membros foram queimados pelos raios do sol de verão e seus pensamentos confundidos pela sede, enquanto vagava de um lado para outro pelas trilhas da terra encantada. Finalmente, sobre uma plataforma giratória, viu um homem de cujo corpo jorrava sangue, e que tinha uma roda girando acima da sua cabeça. Correu até ele e perguntou: "Senhor, por que está aí parado, com uma roda girando sobre sua cabeça? E em todo caso, por favor diga-me se existe água em algum lugar. Estou louco de sede".
>
> No momento em que o brâmane disse isso, a roda deixou a cabeça do outro e colocou-se sobre a dele própria. "Caríssimo senhor" – disse – "que significa isto?" "Da mesma maneira" – respondeu o outro – "colocou-se em minha cabeça". "Mas" – disse o brâmane – "quando ela sairá? Dói horrivelmente".
>
> E o homem disse-lhe: "Quando alguém, como você, que traga nas mãos uma pena mágica, chegar e falar como você o fez, então ela se colocará sobre essa cabeça". E o brâmane perguntou: "Há quanto tempo você está aqui?" E o outro inquiriu:

"Quem reina neste mundo agora?" Ao ouvir a resposta – "o rei Vinabatsa" – disse: "Quando reinava Rama eu era pobre, deram-me um pena mágica e vim aqui, como você. Então vi outro homem com uma roda sobre a cabeça e fiz-lhe uma pergunta. Nesse momento (como ocorreu a você) a roda deixou sua cabeça e colocou-se sobre a minha. Mas não posso calcular quantos séculos já se passaram".

Então o portador da roda perguntou: "Senhor, diga-me, como obteve comida enquanto esteve aí parado?" Este respondeu: "O deus da abundância (Kubera = Hades-Plutão) temendo que roubassem seus tesouros, preparou esta tortura para que nenhum mago pudesse vir tão longe. Porém, se alguém consegue chegar, deixa de sentir fome e sede, não envelhece e não morre, e somente deverá suportar essa tortura. Permita-me que me despeça. Liberou-me de uma grande aflição. Agora volto para casa". E se foi.[13]

A fábula, como se relata nesta obra claramente mundana, dedicada à arte da prosperidade e não da santidade, apresenta-se como uma advertência do perigo da ambição excessiva, não obstante, como demonstrou pela primeira vez Theodor Benfey (já em 1859), essa ser originalmente uma lenda budista Mahayana sobre o caminho para alcançar a condição de *bodhisattva*.[14] A chave de seu significado religioso oculto – precisamente o contrário daquele da fábula secular – revela-se no nome do mago, Terror-Júbilo (*Bhairavānanda*), "O júbilo ou êxtase (*ānanda*) do que é espantoso ou terrível (*bhairava*)" – um oxímoro mais violento que a "agridoçura" de Gottfried, embora com o mesmo sentido.

"Terror", Bhairava, é o nome ritual de Śiva em seu aspecto mais apavorante, como o destruidor da ilusão, consorte da deusa negra Kali, a que gela o sangue e se alimenta dele. Essa classe de divindades iradas, que representam os aspectos escuros, brutais, implacáveis da natureza e do homem que, por sua vez, são próprios de pessoas que também são sombrias, brutais e impetuosas. Na verdade, são os únicos deuses que as pessoas dessa índole verdadeiramente conseguem reconhecer, honrar e respeitar.

De modo que – como o *bodhisattva* que assume a forma de seus ouvintes quando ensina – a escola Mahayana adotará o caráter duro e brutal dessas divindades ferozes e seus ritos igualmente terríveis para converter aos homens apaixonados, por meio de suas próprias paixões, em sábios de uma sabedoria realmente terrível: conhecedores por experiência (reflexo da força de seu próprio ardor vital) das coisas monstruosas da vida, que vive, em cada um dos seres, da morte e sofrimento de todos os demais. O mago desta fábula paradoxal orienta aos que o procuram de modo a que cada um receba uma recompensa conforme sua natureza. Por consequência, apenas aquele cuja avidez era verdadeiramente ilimitada pode alcançar a bênção do *Bhairavānanda*: essa experiência que vai além dos limites do conhecimento, do propósito e do valor, que se aprende com uma terrível alegria "no ponto fixo deste mundo em rotação" – como no poema "Provérbio do Inferno" de William Blake: "o caminho do excesso conduz ao palácio da sabedoria";[15] ou como o Cristo crucificado;

Atlas sustentando o mundo sobre seus ombros; Loki torturado pelo veneno de uma serpente que goteja continuamente sobre sua cabeça; ou Prometeu acorrentado ao monte Cáucaso. Jó também pode ser lembrado.

A roda na iconografia budista chama-se a "Roda da Lei" (*dharma-cakra*). Simboliza o reino do Monarca Universal, "O que Faz Girar a Roda" (*cakra-vartin*), mas também o ensinamento do Buda, o Salvador do Mundo, que em seu primeiro sermão, no Parque das Gazelas em Benares, pôs a roda em movimento. O Monarca Universal deve reinar no espírito dessa lei. E é necessário saber que a roda tem dois lados: em seu aspecto real, é a roda do sofrimento, do eterno ciclo de nascimentos e renascimentos, enfermidade, velhice e morte (toda vida é sofrimento); porém, é igualmente a da revelação mais profunda, obscura e, sem dúvida, mais luminosa da doutrina Mahayana do Grande Deleite (*Mahāsukha*): a experiência deste mundo tal como é, ou seja, como o Mundo do Lótus Dourado onde se configuram como iguais tanto o *saṁsāra* (a dolorosa roda do renascimento) quanto o *nirvāna* (o estado imóvel no centro da roda). Obviamente esta compreensão é possível apenas para os que tenham coragem e determinação suficientes para suportar esse fio da navalha.*

E se o leitor deseja saber como pode se suportar neste mundo essa experiência do fio da navalha, deve se socorrer de um livro que é um néctar: *Man's Search for Meaning* [A busca de significado pelo homem], do Dr. Viktor E. Frankl (atualmente na Universidade de Viena), que, durante intermináveis dias em campos de concentração nazistas, levou sobre sua cabeça todo o peso da roda.[16]

II. O REI PESCADOR MUTILADO

Nas mitologias dos celtas, a concepção de uma roda, plataforma ou castelo girando é um traço essencial que subjaz ao romance do Graal e à personagem do Rei Pescador. A figura 48 mostra uma estátua gálico-romana encontrada em Châtelet, Haute-Marne. Representa um deus barbado celta com uma roda; e como a "roda da existência" budista, essa também tem seis raios.** O deus carrega seus raios sobre o ombro direito e levanta na mão direita a cornucópia de ambrosia para seus devotos. A figura 49 mostra outra dessas antigas divindades gálicas, Sucellos, que aqui

---

* Compare-se a figura 24, p. 218, em *Mitologia Ocidental*, a figura mitraica-zoroastriana e o mistério de Zervan Akarana, "Tempo Infinito".

** Os seis espaços entre os raios da roda budista representam os seis reinos da "roda do ser" (*bhāvacakra*). Começando de cima e girando no sentido horário, estão: 1. os deuses, 2. os titãs, 3. os fantasmas famintos, 4. as criaturas infernais, 5. os animais, 6. os homens. As cambas estão presas pelas correntes das doze causas do renascimento: ignorância; ação; consciência; nome e forma; órgãos sensoriais; contato; sensação; desejo; intercurso; nascimento, vida e finalmente enfermidade, velhice e morte. No interior da roda o movimento é transmitido por três animais que giram eternamente: um galo ou uma pomba, uma serpente e um porco, que representam a avidez, a raiva e a ignorância. (Compare-se, na figura 13, o lobo, o leão e o cão; e no "bosque obscuro" de Dante, com a loba, o leão e a onça). Ver uma análise da roda da existência budista em Marco Pallis, *Peaks and Lamas* [Cumes e Lamas], Alfred A. Knopf, Nova York, 1949, p. 125-157.

O CRUCIFICADO

Figura 48. O Deus da Roda, França, período gálico-romano

aparece como uma manifestação do poder de seu martelo criador e destruidor do mundo (em sânscrito, *vajra*, "raio de diamante", o supremo símbolo hindu-budista da iluminação, que destrói o mundo ilusório sendo ele próprio indestrutível).

Os cinco martelos fixados a um grande cilindro sugerem a energia dos cinco elementos que – (segundo a concepção hindu) – compõem o mundo e suas criaturas: éter (atmosfera), ar, fogo, água e terra. Os círculos concêntricos do cilindro central sugerem a Roda da Lei budista e os círculos cósmicos simbólicos da taça órfica da serpente (figura 12). E, não mão direita desse deus – que os romanos identificaram como Plutão – de novo há uma taça de ambrosia.

Figura 49. O deus Sucellos, França, período gálico-romano

Já o deus do mar irlandês Manannan tem um recipiente de ambrosia inesgotável, como o de seu equivalente galês Bran, o Abençoado, filho de Lyr, também chamado Manawyddan, cuja morada no Reino sob as Ondas chamava-se *Annwfn*, "o abismo", e também *Caer Sidi*, "o castelo giratório".[17] E, no entorno desse castelo, onde é difícil entrar, circulam as correntes oceânicas. Em sua mesa serve-se diariamente carne de porco imortal, morto diariamente e que revive no dia seguinte, e esse delicioso alimento, regado com cerveja que tem o dom de imortalizar, confere a imortalidade a todos os comensais. Nessa região também há um poço abundante, mais doce que o vinho branco: das árvores aveleiras do conhecimento caem em suas águas avelãs carmesins que são comidas pelo salmão, e a carne desses peixes proporciona a onisciência.

O CRUCIFICADO

Esse paraíso pagão com seu castelo e seu hospitaleiro anfitrião coexiste com este mundo, todavia está oculto na bruma; por isso os viajantes podem vê-lo surgir e desaparecer em qualquer lugar, misteriosamente – como o Castelo do Graal. Porém, em alguns lugares, permanece mais presente, como no cume do Slieve Mish, no condado de Kerry, onde, de tempos em tempos, aparece o castelo giratório de Curoi, que possuía a faculdade de mudar de forma e havia roubado um caldeirão de ambrosia de um rei das montanhas encantadas, junto com sua filha e três vacas – que por sua vez lhe foram tomadas pelo maior malandro de todos, Cuchullin[*].

É uma questão discutível se a relação evidente da fábula do *Pañchatantra*, tanto por seus motivos quanto por seu sentido geral, com a aventura do Castelo do Graal pode ser atribuída a conexões remotas, muito antigas – do período gálico-romano, por exemplo – ou, mais recentes, da época das Cruzadas, porque, como mostrou há mais de um século o estudo de Theodor Benfey sobre o *Pañchatantra*[18], na Idade Média houve uma comunicação considerável de material literário da Índia para a Europa. Já observamos[**] que uma tradução árabe do *Pañchatantra* sânscrito realizada no século VIII foi vertida para o neoaramaico no século X, ao grego no XI, ao espanhol antigo, ao hebraico e ao latim em meados e finais do século XIII.

O próprio Benfey observou que a coletânea dos Irmãos Grimm contém uma versão independente da fábula dos quatro caçadores do tesouro (Conto número 54),[19] e que em cada língua e dialeto da Europa descobriu-se variantes da mesma.[20] Porém, nas versões europeias abandonaram-se os motivos essenciais da roda e das perguntas. O quarto caminhante chega apenas a uma grande árvore (o *axis mundi*) sob a qual ele descansa e, quando deseja comer, aparece uma mesa com um banquete – depois do que a fábula continua com episódios de uma fonte totalmente distinta.

A imagem da roda com seus raios como símbolo do mundo girando já foi atestada pela Índia desde 700 a.C., nas *Chāndogya* e *Bṛhadaranyaka Upaniṣads:* "Como os raios de uma roda estão presos ao seu cubo, também estão todos ao *prana*, o alento vital".[21] Como os raios estão presos ao cubo e ao aro de uma roda, assim estão todos os seres, todos os deuses, todos os mundos, todas as coisas vivas, todos esses eus, sujeitados ao *ātman*, o "Si-Próprio".[22] E na *Praśna Upaniṣad* temos que o princípio imanente é personificado como aquela "Pessoa" mítica (*puruṣa*) de cujo corpo desmembrado criou-se o Universo,[***] lemos: "Aquele em quem todas essas partes estão fixas, como os raios no cubo de uma roda, a ele, reconhece-o como a Pessoa a ser conhecida – para que a morte não te aflija".[23]

É evidente que os autores dessas passagens conheciam a roda com os raios do carro de guerra ária, que surgiu pela primeira vez no início do segundo milênio a.C. Portanto, a figura data da Idade Védica e não pode ter aparecido antes disso, ou em um povo que não conhecera o carro. Assim, uma forma bastante anterior, que

---

[*] Sobre Cuchullin ver o volume *Mitologia Ocidental*, p. 250-252, 381, 410.
[**] *Supra*, p. 127-128.
[***] Compare nos volumes *Mitologia Primitiva*, p. 96 e *Mitologia Oriental*, p. 206-207, 268.

precede muito inclusive à invenção da antiga roda maciça suméria (c.3500 a.C.), foi a quase universalmente conhecida suástica, da qual temos ao menos um exemplar no fim da Era Paleolítica, talvez de 18000 a.C.[24] Na maravilhosa cerâmica pintada do Neolítico superior no Irã (cerâmica de Samarra, c.4.500 a.C.), esse mesmo signo é um motivo destacado e inclusive dominante e, como vimos no volume de *Mitologia Primitiva*, parece que dali se difundiu a praticamente todos os lugares da terra.[25]

Pelo que sabemos da natureza das antigas culturas, podemos dizer com segurança que os mitos, ritos e filosofias relacionados com esses símbolos eram mais positivos que negativos em sua maneira de enfocar as dores e os prazeres da existência. Não obstante, na época de Pitágoras na Grécia (c.582-500? a.C.) e de Buda na Índia (563-483 a.C.), produziu-se o que foi denominado de a Grande Reversão.[26] Considerou-se a vida como um flamejante vórtice de ilusão, desejo, violência e morte, uma ardente devastação. "Todas as coisas estão em chamas", ensinou Buda em seu sermão em Gaya[27] e, na Grécia, popularizou-se a máxima órfica "*Soma sema*: o corpo é uma tumba", enquanto, em ambos os domínios, a doutrina da reencarnação, a eterna prisão do espírito a esse incompreensível ciclo de dor, só tornou mais urgente a busca de um meio de liberação.

Na doutrina budista, a imagem da roda e seus raios girando, que no período anterior simbolizara a glória do mundo, converteu-se agora em um sinal do ciclo do sofrimento e também da libertação na doutrina solar da iluminação. E, no mundo clássico, a roda com seus raios girando igualmente apareceu mais como um emblema de sofrimento e derrocada da vida que de vitória e júbilo na imagem e no mito de Ixíon (figura 50), preso por Zeus a um roda ardente de oito raios, que gira eternamente impulsionada pelo ar.

Como o rei dos lápitas, povo da Tessália do final da Idade do Bronze, Ixíon era o rei divino, símbolo, portanto, da Pessoa cósmica que na citação da *Prashna Upaniṣad* é celebrada como aquele no qual se unem todas as partes do mundo, como os raios no centro de uma roda; e Zeus o castigou por dois crimes: violência (o assassinato de seu sogro) e luxúria (sua tentativa de seduzir Hera), ou seja, as mesmas compulsões de desejo e agressão reconhecidas no pensamento hindu e budista (bem como na psicologia moderna) como os poderes criativos do mundo da ilusão – que mantêm a coesão do mundo e que foram vencidos por Buda em sua vitória sobre o grande senhor da vida chamado Desejo e Morte (*kāma-māra*), sob a árvore Bodhi, no centro da roda do mundo (o *axis mundi*).[28]

Píndaro (522-448? a.C.) cita a lenda de Ixíon em uma ode dedicada ao vencedor de uma corrida de bigas.[29] Cinco séculos depois, Virgílio (70-19 a.C.) refere-se à ode na *Eneida*,[30] dessa vez, entretanto, a cena do sofrimento passou do ar para o mundo subterrâneo, onde também a situa Ovídio (43 a.C.-17 d.C.) na *Metamorfoses*.[31] E lá, junto com Ixíon, encontram-se outros personagens torturados, todos eles símbolos, de uma forma ou de outra, da agonia da vida: Tício, com suas entranhas sendo eternamente devoradas por um abutre; Tântalo, torturado pela sede, procurando beber uma água que jamais consegue alcançar, e Sísifo, empurrando uma rocha até o cume de uma montanha, de onde ela volta a cair – cada um sofrendo essa maldição eternamente.

Na concepção clássica e popular, esses sofrimentos são castigos por faltas graves; entretanto, como observa o existencialista Albert Camus no seu livro *O mito de Sísifo* e mais precisamente no capítulo "Ensaio sobre o absurdo", eles constituem fatos da vida. O homem comum, não iluminado, vive normalmente com esperança: crê que seu esforço o conduzirá a algum lugar ou, ao menos, sabe que a morte porá fim a suas penas. Sísifo, ao contrário, sabe que a empreitada de empurrar a rocha até o cume da montanha acabará com ela rolando novamente encosta abaixo, e, como é imortal, o absurdo desse trabalho inexorável e cruel durará para sempre. A este respeito escreve Camus:

Figura 50. Ixíon, espelho de bronze etrusco, século IV a.C.

Sísifo observa enquanto a pedra rola em poucos minutos encosta abaixo. De lá ele deverá empurrá-la novamente até o topo. Ele então desce a encosta. Sísifo me interessa durante esse retorno, naquela breve pausa. Um rosto que sofre tanto com as pedras, é ele mesmo, pedra. Vejo esse homem voltar para baixo com passos lentos porém firmes, para o tormento, cujo fim não conhecerá jamais. Essa hora, que é como um suspiro de alívio e que volta tão seguramente como sua aflição, é a hora da consciência. Em cada um desses momentos, em que abandona as alturas e faz seu caminho, passo a passo, até o reduto dos deuses, ele é superior ao seu destino, é mais forte do que a sua pedra.

Se esse mito é trágico é porque esse herói tem consciência. Porque, na verdade, em que consistiria sua agonia, se a cada passo alimentasse a esperança de conseguir êxito? O trabalhador de hoje labuta todos os dias de sua vida nas mesmas tarefas e esse destino não é menos absurdo. Porém, não é trágico, senão nos raros momentos em que se faz consciente. Sísifo, o proletário dos deuses, impotente e rebelde, conhece toda a grandeza de sua miserável condição: nela pensa durante sua descida. E a clarividência que deveria constituir seu tormento, coroa ao mesmo tempo sua vitória: não há destino que não seja superado pelo desprezo.

Em certos dias, se a descida se faz com tristeza, pode-se fazer também com alegria. Estas palavras não são demasiadamente fortes. Imagino novamente Sísifo retornando à sua pedra. O sofrimento está apenas no começo. Quando os acontecimentos da vida pesam demasiadamente nas lembranças, quando o chamado da felicidade torna-se demasiadamente urgente, e a tristeza precipita-se no coração do homem: essa é a vitória da pedra, isso é a própria pedra. O peso da tristeza é muito pesado para ser suportado. São nossas noites de Getsêmani. Porém, as verdades esmagadoras, quando reconhecidas, dissolvem-se. Assim, no início Édipo cumpriu inconsciente o seu destino. E a partir do momento que ele teve consciência, sua tragédia começou. Todavia, no mesmo instante, cego e desesperado, ele reconhece que o único vínculo que o une ao mundo é o frescor da mão de uma jovem. Então pronuncia uma frase grandiosa: "Em que pesem tantas provações, minha idade avançada e a grandeza de meu espírito levam-me a concluir que está tudo bem".[32]

"No apego de um homem a sua vida" – conclui Camus – "existe algo mais forte que todas as misérias do mundo".[33]

O sentimento é nobre. Porém há algo notavelmente francês – cartesiano, socrático – na declaração de que a vida (ou, como dizemos agora, a "existência") ao não se enquadrar na razão, pode ser qualificada como absurda. O "penso, logo existo" converteu-se em "existo, mas não consigo pensar por quê!", o que pode ser embaraçoso para alguém que se considere um pensador profissional. O *bodhisattva*, por outro lado, é "destituído de pensamento". O Buda é chamado "aquele que assim chegou" (*tathāgata*). E como afirma o Dr. Frankl em seu extraordinário livro: "O que se exige do homem não é, como propunham alguns filósofos existencialistas, suportar a falta de sentido da vida; mas sim tolerar sua própria incapacidade de compreender em termos racionais o incondicional significado da vida. O *logos* é mais profundo que a lógica".³⁴

O problema do significado que se apresenta ao jovem herói em busca do Graal quando presencia os rituais no Castelo do Graal é essencialmente o mesmo que o do herói da fábula do *Pañcatantra*, e seu efeito é também o mesmo: o que sofre liberta-se de sua dor e transfere seu papel ao que pergunta. Além disso, essas duas questões são na essência o mesmo que o "ser ou não ser" de Hamlet, visto que buscam conhecer o *significado* de uma circunstância "que assim chegou" – para a qual não há resposta.

Há, porém, uma *experiência* possível, para a qual o herói está capacitado, como provam sua chegada ao eixo do mundo e sua disposição para aprender (demonstrada em sua pergunta). Será capaz de suportá-la? Em *O nascimento da tragédia*, Nietzsche escreveu sobre o que chamou de a "condição de Hamlet" de alguém cuja percepção da condição primordial da vida ("Toda a vida é sofrimento") debilitou sua vontade de viver. O problema do herói do Graal será, portanto, fazer a pergunta que libere o Rei Mutilado de tal forma que receba seu papel *sem* o ferimento.

A ferida do Rei Mutilado e a agonia da roda giratória são símbolos equivalentes do conhecimento da angústia da existência, como uma função não apenas dessa ou daquela contingência, mas da própria existência.

O homem comum, em seu sofrimento, acredita que alterando suas circunstâncias alcançará um estado livre de dor: seu mundo, segundo Gottfried, é o mesmo daqueles que somente desejam "banhar-se na felicidade". O homem socrático também acredita que a vida pode de alguma maneira ser ajustada à razão – seu próprio leito procrustiano.* Hamlet descobriu, entretanto, que ao menos no âmago do seu mundo havia algo de podre e, como Édipo, ao desvendar o enigma da esfinge ("Quem é o homem?") ficou mutilado. Édipo, cego pelas próprias mãos, é equivalente ao Rei Mutilado – e, como demonstrou Freud, todos somos Édipos. Para isso não há cura. Todavia, na observação de Camus, Édipo, como Sísifo, chegou através das experiências de sua vida mutilada à conclusão de que tudo está bem.

As feridas no flanco de Cristo, causadas pela lança de Longino, são equivalentes à do Pescador Mutilado; também, ao ferimento envenenado de Tristão. A coroa de espinhos é análoga à roda giratória do *bodhisattva,* e a Cruz, à roda de Ixíon (figuras 9 e 50). O papel de Cristo como o Homem do Sofrimento, sangue escorrendo dos ferimentos causados pelos pregos nas suas mãos e pés, cabeça pendida para um lado, olhos fechados e sangue jorrando daquela penosa coroa, corresponde ao do Rei do Graal torturado.

Mas, em seu outro aspecto, como Cristo, o Logos, Triunfante (como verdadeiro Deus), crucificado porém sem angústia, cabeça ereta, olhos abertos, fitando o mundo da luz, os pregos em sua carne, todavia sem sinal de sangue, ele é a imagem daquele

---

* Refere-se ao personagem Procrustes, da mitologia grega, que mutilava as pessoas que convidava a se deitarem na sua cama, a fim de se ajustarem ao comprimento da mesma. [N. da E.]

"resplendor" imanente (*claritas*), "que assim chegou", que está em todas as partes, como o júbilo-a-ser-conhecido pelo mundo por trás de seu rosto marcado pelo sofrimento. Em sua existência, como na do *bodhisattva,* há ambrosia. Ele também desceu aos infernos: e embora o credo de sua Igreja o tenha levado para o céu, em sua qualidade de *bodhisattva* ele continua lá – junto a Satã.

"Olhe para a frente!" – Virgílio disse ao seu seguidor, Dante, quando, após terem descido por toda a escória do Inferno, os dois aproximavam-se de uma planície no centro da terra – o centro do Universo – o ponto imóvel! "Veja se o reconhece."

Dante olhou para a frente. E assim lemos:

> Como, quando uma densa névoa espira,
> acreditamos ver, ou se anoitece,
> um moinho que ao longe o vento gira,
>
> pareceu-me que engenho igual movesse
> o vento aqui, e atrás do meu cordial
> Mestre acheguei-me, que me protegesse.
>
> Já estava, árduo é o contar no metro usual,
> onde as almas no gelo estão submersas,
> transparecendo qual palha em cristal.
>
> Supina alguma está, outras transversas,
> em arco outras, co'a testa aos pés tirante,
> outras tesas: eretas ou reversas.
>
> Quando fomos chegados mais adiante,
> e decidiu o Mestre me mostrar
> o ser que teve tão belo semblante,
>
> afastou-se e, fazendo-me parar:
> "Esse é Dite, e onde mais de força armado
> convém que estejas", disse, "este é o lugar".
>
> Como fiquei então fraco e gelado,
> não perguntes, leitor, e eu não direi,
> que o fato restaria sempre apoucado.
>
> Não morri, e vivo não me conservei,
> Julga tu, se de tino tens sobejo,
> como sem um nem outro, então fiquei.

O CRUCIFICADO

E agora o rei do triste reino eu vejo,
de meio peito do gelo montante;
e mais com um gigante eu me cotejo

que um braço seu co'um inteiro gigante;
imagina o que dele é então o todo
pra de tal parte não ser aberrante.

Se belo foi quão feio ora é o seu modo,
e contra o seu feitor ergueu a frente,
só dele proceder deve o mal todo.

Mas foi o meu assombro inda crescente
quando três caras vi na sua cabeça:
toda vermelha era a que tinha à frente,

e das duas outras, cada qual egressa
do meio do ombro, que em cima se ajeita
de cada lado e junta-se com essa,

branco-amarelo era a cor da direita
e, a da esquerda, a daquela gente estranha
que chega de onde o Nilo ao vale deita.

Um par de grandes asas acompanha
cada uma, com tal ave consoantes:
– vela de mar vira eu jamais tamanha –

essas, sem penas, semelhavam antes
às dos morcegos, e ele as abanava,
assim que, co'os três ventos resultantes,

as águas de Cocito congelava.
Por seis olhos chorava, e dos três mentos
sangrenta baba co'o pranto pingava.

Em cada boca um pecador, com cruentos
dentes, moía à feição de gramadeira,
aos três prestando, de vez, seus tormentos.

Pra o da frente, a mordida era ligeira
pena, em confronto com a gadanhada
que por vez lhe arrancava a pele inteira.

"Esse, que sofre aí pena dobrada,
É Judas Iscariote", disse o guia,
"co'as pernas fora e a cabeça abocada.

Dos outros dois, o que a cabeça arria
da bocarra da cara preta é Bruto,
que se contorce e cala todavia;

Cássio é o outro, de corpo tão hirsuto.
Mas, partamos, que a noite ressurgiu,
e o que havíamos de ver já é resoluto".[35]

E quando, grotescamente, as asas se abriram, os dois moveram-se e agarraram-se aos flancos peludos do prodigioso monstro sofredor e, escorregando pelo gelo onde ele se fixara, entre o cabelo entrançado e as incrustações congeladas, rastejando de tufo em tufo, eles desceram pelo seu flanco; Virgílio na frente, Dante atrás. E quando chegaram na parte em que a anca torna-se coxa, o Líder, Virgílio, fatigado e arquejante, agarrou-se com força e começou a subir, pois acabara de passar pelo centro da terra.

Os significados das cores das faces do Anjo do Eterno Sofrimento que eles viram são os seguintes: *impotência*, o vermelho escarlate da raiva; *ódio*, o branco e amarelo, pálido de ciúme e inveja; *ignorância*, o preto, em sua própria escuridão – contrapondo-se exatamente aos atributos da Trindade, que são o *Poder*, o Pai; *Amor*, o Filho e *Sabedoria*, o Espírito Santo. De maneira que Deus e Satã são aqui um par de opostos – e sabemos, a esta altura, o que *isso* significa. Inferno e Céu, Satã, Trindade e tudo o mais são em si mesmos tão absurdos quanto a própria existência. A afirmação de um é a afirmação de todos. Eles estão separados na esfera do espaço-tempo como aparências, ou como conceitos, ao passo que na verdade – a Sabedoria da Margem de Lá, o *logos* mais profundo do que a lógica, que está além dos opostos – eles são o esquerdo e o direito de um ser que não é ser algum, que nem é nem não é: como, de fato, Dante, quando teve aquela visão da sombra de Deus, não estivera nem morto nem vivo.

O Buda junto da árvore do mundo, "o ponto imóvel" em torno do qual tudo gira, transcendeu o sofrimento na iluminação: "Há uma libertação do sofrimento – o nirvana", ele pregou e, no final, desapareceu deste mundo. O *bodhisattva,* por sua vez – aquele cuja "existência" (*sattva*) é "iluminação" (*bodhi*) – permanece voltado para este vale de lágrimas, sendo testemunha da *não dualidade do nirvāna e dos sofrimentos deste mundo*: o agridoce da vida que, nas palavras de Gottfried, é pão para todos os corações nobres em seu terrível júbilo. Não há nenhuma escapatória para a qual o *bodhisattva* na plataforma giratória nos encaminha, mas apenas uma fonte no interior de nós mesmos que nos permite ser e não ser, mover-se com o mundo e ser absolutamente imóvel no interior – tudo ao mesmo tempo.

O CRUCIFICADO

Comparando-se os quatro tipos de imagens, que correspondem ao Cristo crucificado; ao *bodhisattva*, sofrendo sem sofrer; ao pecador Ixíon, amarrado a sua ardente roda giratória, e ao mutilado Rei do Graal da Terra Devastada, parece que embora se assemelhem na essência – e de certa maneira sejam idênticos – em significado eles diferem, porque representam quatro interpretações ou modos de experiência e julgamento da mesma realidade. As duas figuras asiáticas, o *bodhisattva* e o Cristo, são de virtude imaculada e raça sobrenatural; enquanto os europeus são ambos pecadores que em seu sofrimento simbólico não alcançaram a estatura de nenhum dos salvadores asiáticos. Dos dois asiáticos, o *bodhisattva* é inteiramente deste mundo. Não existe paraíso para o qual ele nos remeta, nenhum lugar ou deus "lá fora", de onde ou de quem ele proveio. É um reflexo da consciência do ser – da qual não apenas os homens, mas também os animais, as árvores e os minerais são órgãos, modificações e graus. E ao nos fazer lembrar de sua existência em nós mesmos, ele nos salva da ilusão do nosso sofrimento efêmero, porém eterno.

Jesus Cristo, por outro lado, foi tradicionalmente interpretado de maneira de todo diferente: para o Papa Gregório, por exemplo, ele nos resgata do Demônio (p. 31 e figura 8); Santo Anselmo o interpretava como nossa compensação ao Pai pela culpa feliz de Adão e Eva (p. 31-32), ou ainda de acordo com a visão formulada primeiramente por Abelardo, como uma demonstração do amor de Deus pelo homem, para chamar de volta nossos corações a Ele, apartando-nos da falsa sedução deste mundo do Demônio (p. 32-34).[36] Acrescentem-se a essa ideia as palavras indianas *tat tvam asi*, "tu és aquilo" – tu próprio, desconhecido de ti mesmo, és aquele amante amado (na acepção das palavras do místico sufi Bayazid: "Então eu olhei e vi que amante, amado e amor são um só!")[37] – e veja! As duas figuras salvadoras, até mesmo junto com o Alá do Islã e também o Demônio, tornaram-se um só. "Porque no mundo da unidade" – disse Bayazid – "tudo pode ser o mesmo. Glória a mim!"[38]

De modo diferente, ambas as figuras europeias foram de alguma forma conscientizadas de si mesmas como pecadoras e precisam, consequentemente, ser redimidas. Mas em que consiste essa redenção? Pelo fato de serem originalmente figuras redentoras, pode-se sugerir que tudo o que elas precisam é ser lembradas de sua própria divindade oculta. Isso estaria de acordo com a última estrofe da ópera de Wagner, em que o extraordinário jovem Parsifal, "pelo supremo poder da compaixão (*karuṇā*) e pela força do mais puro conhecimento (*bodhi*)", curou o rei sofredor de sua ferida e ele próprio assumiu o papel sagrado: *"Erlösung dem Erlöser!* Redenção para o Redentor!", entoa o coro e cai o pano.

Parsifal, agora o Rei do Graal, não herdou a ferida. Temos agora de descobrir por quê.

III. A BUSCA ALÉM DO SIGNIFICADO

Chrétien de Troyes, cuja versão da busca do Graal é a mais antiga que possuímos, declara que ele extraiu o motivo de sua lenda, a *matière*, de um certo livro que lhe deu o Conde Filipe de Flandres[39] – que, sabe-se, esteve duas vezes no Levante: em 1177 e novamente em 1190, quando lá morreu. "E é a melhor lenda que" – afirma Chrétien – "pode ser contada em uma corte real".

Já Wolfram von Eschenbach cita Kyot, um autor provençal, do qual não temos mais informações e cuja existência é incerta segundo muitos estudiosos. Wolfram possuía a versão inacabada de Chrétien enquanto escrevia a sua obra. Entretanto, como a sua versão começa com a história do pai de Parsifal no Oriente e continua com uma série de provações do jovem aventureiro do Graal não descritas na obra de Chrétien – e, além do mais, de um ponto de vista totalmente diferente, pois Chrétien sendo um clérigo estava interessado em reduzir a busca do Graal a termos cristãos[40] –, isso indica que, se jamais existiu o livro de Kyot, Wolfram teve diante de si o mesmo livro – ou algum semelhante – que Chrétien, ou que ele próprio foi inteiramente responsável por tudo o que qualifica essa obra como a primeira grande biografia espiritual na história das letras ocidentais.

De acordo com a referência de Wolfram, talvez inventada, o autor provençal Kyot descobriu a lenda do Graal em Toledo, na obra que caiu no esquecimento de um astrólogo pagão, chamado Flegetanis, "que vira com seus próprios olhos prodígios ocultos nas estrelas. Ele fala de uma coisa" – declara Wolfram – "chamada Graal, cujo nome lera nas constelações. 'Uma hoste de anjos deixou-o na terra', conta Flegetanis, 'e então foi embora voando sobre as estrelas'".[41]

O Santo Graal, mesmo no texto de Chrétien, não era um vaso nem uma taça nem o cálice da Última Ceia, tampouco o vaso que recebeu o sangue de Cristo da Cruz, mas, como nos lembra o Professor Loomis, "um prato de tamanho considerável". A palavra *graal* é definida por um contemporâneo de Chrétien, o abade Helinand de Froidmont, como "um prato amplo e um pouco fundo, onde iguarias eram costumeiramente colocadas para pessoas ricas", e um dos continuadores do romance inacabado de Chrétien menciona uma centena de cabeças de javali sobre "graais": "algo de todo impossível", afirma Loomis, "se os 'graais' fossem cálices".[42]

No texto de Wolfram o Graal é uma pedra. "Seu nome", ele declara, "é *lapis exilis*", que é um dos termos aplicados em alquimia à pedra filosofal: "a pedra imprópria, a pequena ou desprezível pedra";[43] de maneira que a representação wagneriana do símbolo de Wolfram, intencionalmente não eclesiástico, na verdade, até mesmo não cristão, quase islâmico, como um supercálice brilhante do sangue de Cristo dá à interpretação – conforme protestou Nietzsche – um toque de santimônia cristã que é inadequado.

"Pelo poder daquela pedra" – lemos em Wolfram – "a fênix arde e torna-se cinzas, mas as cinzas a recuperam rapidamente para a vida". A pedra, quer dizer, nos trará não apenas o *nigredo* e *putrefactio* do amor-morte alquímico (figura 43), mas também de volta para o mundo – como ouro. "De maneira que a fênix" – prossegue Wolfram – "troca sua plumagem e depois brilha intensamente. Além do mais, jamais houve um homem tão doente que, se visse aquela pedra, não viveria, incapaz de morrer durante uma semana a partir daquele dia. Tampouco ele jamais mudaria de aspecto: sua aparência, seja homem ou mulher, permanecerá idêntica àquela do dia em que viu a pedra, ou a mesma da época em que estava na flor da vida. E se alguém olhasse para aquela pedra por duzentos anos, nenhum fio de seus cabelos embranqueceria. Tais qualidades ela transmite ao homem, que a carne e os ossos rejuvenescem imediatamente. Essa pedra é também conhecida como o Graal".[44*]

A figura 51 é um retrato imaginário de Wolfram em sua armadura de combate: pois ele era um poeta da estirpe dos cavaleiros, mais orgulhoso de suas façanhas guerreiras que de seus dotes literários; no entanto foi respeitado em seu tempo e continua sendo, inclusive mais que Gottfried, como o maior poeta da Idade Média germânica, e no plano europeu não é considerado inferior a Dante. Ao contrário do poeta do Tristão, que, como vimos, era um homem urbano, versado em letras, sofisticado, conhecedor de latim, filosofia e teologia, bem como poesia e prosa francesa e germânica, Wolfram declarava (talvez ironicamente, para se distinguir de Gottfried; mas também com aquele profundo desdém aristocrata pelo odor clerical da tinta) não conhecer uma única letra do alfabeto.[45]

Na obra de Gottfried as cenas de batalha são descritas com humor sarcástico, como que à distância; na de Wolfram, ao contrário, parecem descritas por alguém que participou de duelos cavalheirescos e que vivenciou seu valor moral. Os cenários de Gottfried são em grande parte domésticos, urbanos; os de Wolfram estão localizados no campo. E seu propósito de vida não era nem o arrebatamento nas alturas, no abandono da carne, nem o êxtase aqui em baixo, distanciado da luz, todavia – como revela o símbolo em seu escudo e estandarte, cavalo e capacete – o caminho do meio.

Sua própria interpretação fantasiosa do nome do herói Parzival, *perce à val*, "trespassado ao meio",[46] dá a primeira pista de seu ideal, que é a realização aqui na terra, por meios humanos, naturais (no desenvolvimento pecaminoso e virtuoso, branco e preto, porém nobre e corajosamente autodeterminado de uma vida não mais que humana), do mistério do Verbo Encarnado: o *logos* mais profundo do que a lógica, do qual luz e trevas, todos os pares de opostos participam, já não como opostos. "Uma vida assim vivida" – como escreveu na conclusão de sua epopeia

---

* Dr. Hermann Goetz, em um importante artigo sobre "O Oriente das Cruzadas em Parzival de Wolfram" (*Archiv für Kulturforschung*, tomo II, caderno 1, 1967), que apareceu tarde demais para ser mencionado em minhas páginas, sugere para o nome *Flegetanis*, duas fontes: 1. a Cabala dos judeus espanhóis-árabes, com sua teoria do *Falak-ath-Thani* ("Segundo Céu"); e 2. o nome *Aflaton* (<Platão) de um grande mago-astrólogo da lenda islâmica (confundido possivelmente com *Phlegethon*, a torrente ígnea do Hades de Plutão). No Graal, ele vê, combinado com o *Lapis exilis* da alquimia, o *Lapis exulis* da Cabala, a *Shĕkhīnāh* materializada ("Divina Manifestação" ou "Residência Terrena" de Deus). Outra possível influência: lendas da cuia de esmolas do Buda.

Figura 51. Wolfram von Eschenbach

– "de modo que Deus não seja roubado do espírito pela culpa do corpo; mas possa reter com honra as benesses do mundo: esse é um trabalho valioso".[47] Ou, como em sua estrofe inicial:

> Se a vacilação se avizinha do coração, isso pode tornar-se exaustivo para o espírito. Culpa e elogio são igualmente inevitáveis para o homem cuja coragem é destemida, mesclada de preto e branco como tem de ser, como a plumagem da pega. Alguém assim pode, contudo, conhecer a bem-aventurança, porque ambas as cores fazem parte dele: a do Céu e a do Inferno. Aquele que tem inteiramente a cor negra é o que é inseguro de si mesmo, de tal forma que em sua pele a escuridão chega a aumentar; enquanto aquele de firme propósito tende para a luz.[48]

Portanto, vamos nos dirigir agora, pelo meio, para o Castelo do Graal e sua pedra da sabedoria, aqui na terra, que é chamada a Perfeição do Paraíso.*

---

* A partir do artigo do Dr. Goetz evidencia-se que nomes e relatos orientais autênticos de eventos históricos conhecidos das Cruzadas contribuíram para o épico de Wolfram; por exemplo, no episódio inicial: 1. Rainha Belakane de Zazamanc: Belakāna, a "esposa ou viúva de Balak", isto é, Nūr-uddīn *Balak* ben Bahram, conquistador de Alepo (1123) e capturador do rei cristão Balduíno II de Jerusalém; sua esposa e viúva era uma princesa seljuque. 2. Isenhart ("Duro como ferro"), tradução do nome turco Tīmūrtāsh: Hasāmūid-dn *Tīmūrtās*, que, quando Balak foi morto por uma flecha, sucedeu-o como soberano de Alepo. Ele libertou Balduíno, mas então encontrou sua cidade sitiada pelo rei cristão em aliança com um príncipe seljuque, o Sultão Shah: dois exércitos, "um branco e um negro". Quando ele tombou em combate a cidade foi defendida por seu povo em nome do Califa de Bagdá. "A história de Wolfram coincide tanto com esse complicado episódio histórico que ele deve ter-se familiarizado com relatos de participantes do exército cristão" (Goetz, op. cit., p. 13).

CAPÍTULO 8

O PARACLETO

I. O FILHO DA VIÚVA

LIVRO I: A RAINHA NEGRA DE ZAZAMANC

"Valente e prudente: assim saúdo meu herói." Dessa forma o poeta apresenta Parzival.

Seu pai, o também valente Gahmuret, era o filho mais jovem do rei que, apesar de convidado a partilhar do reino de seu irmão, preferiu provar seu valor por si mesmo. Assim, aventurando-se, chegou a Bagdá, onde serviu o califa de modo tão corajoso que sua reputação estendeu-se logo da Pérsia até o Marrocos. Então ele partiu para Zazamanc, onde o povo é negro como a noite.

As damas negras chegaram-se às janelas para ver o grupo desembarcar em seu porto, Patelamunt: dez cavalos de carga na frente, com vinte escudeiros atrás; também pajens, cozinheiros e ajudantes de cozinheiro; doze nobres cavaleiros, um grande número deles sarracenos; oito cavalos de batalha ajaezados e um nono trazendo a sela de combate do cavaleiro e um jovem escudeiro caminhando com elegância a seu lado; trombeteiros montados e um tamboreiro que balançava e golpeava o instrumento sobre sua cabeça, flautistas e três violinistas; por último vinha o grande cavaleiro com o capitão de seu navio cavalgando a seu lado.

Gahmuret foi recebido com alegria pela rainha negra Belakane pois sua cidade estava sitiada por um exército negro de mouros a oeste e por um exército branco de cavaleiros cristãos a leste. Sua coroa era um imenso rubi transparente que lhe envolvia a cabeça como uma bolha, através da qual via-se sua face negra. Ela o recebeu cortesmente. Eles se olharam e seus corações abriram-se. Quando ele perguntou por que a cidade estava sitiada, com lágrimas e suspiros ela confessou que hesitara no amor. Seu cavaleiro amante, Isenhart, um jovem príncipe negro como ela, por sua culpa fora levado ao desespero e procurara a fama indo para combates sem armadura. Os exércitos que sitiavam a cidade eram de seus amigos, vindos para vingar a sua morte. Todo o seu reino estava de luto.

"Eu vou ajudá-la, minha senhora", disse Gahmuret.

"Senhor", ela respondeu, "tem minha confiança".

E ele derrotou no dia seguinte os campeões de ambos os exércitos. A rainha socorrida levou-o triunfante para seu castelo, onde retirou-lhe a armadura com suas mãos negras e entregou-lhe seu reino e a si própria. Para ele, mais importante do que a vida era então sua esposa negra e pagã; não mais importante, contudo, do que as façanhas guerreiras das quais ela procurava afastá-lo. Na condição de rei acabou definhando e uma noite, por fim, partiu em seu barco. Em sua tristeza, ela deu à luz o filho deles (Feirefiz Angevin, ela o chamou), em quem Deus tinha operado um milagre: ele era malhado de branco e preto, como a plumagem de uma pega.

E sua mãe, quando o viu, beijou-o repetidas vezes nas manchas brancas.

LIVRO II – A RAINHA BRANCA DE GALES

A rainha virgem Herzeloyde de Gales convocou um torneio em Kanvoleis: o prêmio seria ela mesma e dois reinos. Quando os reis e cavaleiros, ao chegar, instalaram barracas e tendas na pradaria, ela e suas damas sentaram-se para assistir de suas janelas.

"Que tenda é *aquela*!", exclamou uma jovem impudente. "Vosso reino e coroa não valem a metade dela."

Era do rico rei de Zazamanc: seu transporte exigira trinta cavalos.

Os jogos preparatórios extraoficiais começaram na manhã seguinte, quando os reis e cavaleiros de muitas regiões, galopando pelo grande campo, iniciaram evoluções em grupos, batendo-se em simples investidas, estilhaçando lanças, chocando espadas e perseguindo-se uns aos outros. Também estavam lá o velho pai do Rei Arthur, e Gawain, ainda um simples rapazola; o pai de Gawain, o Rei Lot da Noruega; também Rivalino, que ainda geraria Tristão, e o poderoso Morholt da Irlanda, que mais tarde seria o antagonista de Tristão.

O rei de Zazamanc descansava em sua tenda, porém, atraído pelo tumulto crescente, levantou-se e foi vestido. Colocou seu elmo (que, como a coroa de rubi de sua rainha, era um imenso diamante transparente, cobrindo toda a sua cabeça) e montado em seu cavalo de batalha ajaezado, cavalgou até o campo, onde desmontou aqueles homens poderosos um após o outro. Muitas espadas salpicaram aquele campo, selas voaram, homens em férreas armaduras corriam por entre as patas dos cavalos, por todos os lados jaziam escudos e estandartes despedaçados. E quando a noite aproximou-se já era evidente a todos, pela exaustão geral, que não haveria nenhuma competição no dia seguinte.

Em sua tenda naquela noite, o riquíssimo rei de Zazamanc recebia reis, príncipes e cavaleiros que haviam sido derrotados por ele, quando a nobre dama Herzeloyde, com os olhos brilhando, chegou para abraçá-lo; pois todos concordaram que ele vencera a competição. Entretanto, ele acabara de saber que, durante os anos de sua ausência, seu irmão e sua mãe tinham morrido, de maneira que no momento em que a rainha chegou em sua tenda, ele chorava. Além do mais, a saudade de sua esposa distante afligira-lhe por todo o dia. E, ainda, um mensageiro acabara de lhe trazer uma carta de uma dama que conhecera anteriormente, a rainha da França, que lhe fazia reivindicações. Por isso, quando Herzeloyde também reclamou seus direitos, ele objetou:

"Tenho uma esposa, minha senhora, que me é mais cara do que eu mesmo."

"Deves renunciar àquela moura" – ela respondeu –, "renuncia a teu paganismo e ama-me de acordo com nossas próprias leis religiosas".

Ele expôs as reivindicações da rainha da França, suas tristezas pelas notícias que acabara de receber e, por fim, solicitou o cancelamento do torneio. Apelou-se então para um juiz, cuja sentença foi que, tendo colocado o capacete, ele competira oficialmente e teria de receber a recompensa. Ela cedeu à sua última exigência: nunca – como sua esposa anterior – deveria impedir-lhe de participar de torneios. E quando isso ficou resolvido, ela tomou a sua mão. "Agora" – ela disse – "tu pertences a mim e tens de te submeter aos meus desejos".

Conduziu-o por um caminho secreto a um lugar onde ele pôs de lado a sua dor e ela a sua virgindade. Então, ele teve uma atitude admirável: libertou aqueles que derrotara; deu ouro árabe a todos os cavaleiros pobres; presentes aos menestréis viajantes e aos reis que estavam ali, suas pedras preciosas. Encantados e admirados por aquele rei, todos partiram para seus lares.

Entretanto, a lâmina da espada do júbilo de Herzeloyde logo se rompeu; pois quando Gahmuret soube que seu senhor anterior, o califa, estava sendo dominado pela Babilônia, ele partiu para servi-lo e, seis meses depois, chegou a mensagem de sua morte.

A Rainha Herzeloyde teve um filho tão grande que quase não sobreviveu. Chamava-o *bon fils, cher fils, beau fils*, enquanto pressionava em sua boca minúscula os pequenos botões rosados de seus seios. "Eu sou sua mãe e sua esposa", ela pensou; pois sentiu que novamente tinha Gahmuret em seus braços. E refletiu: "A Rainha Suprema deu seus seios a Jesus. Que por nossa causa morreu na Cruz e, assim, por nós, permaneceu leal em Sua fé. Porém, a alma de quem subestima sua ira terá problemas no Dia do Juízo. Essa fábula eu sei que é verdadeira".

LIVRO III: O GRANDE TOLO

Dominada pela dor, a rainha viúva retirou-se de seu palácio e do mundo para um lugar ermo, obrigando seu povo a jamais mencionar nenhuma palavra sobre cavalaria a seu filho. Ele foi, portanto, criado na ignorância de seu passado e até mesmo de seu nome. A única forma como lhe chamava era *fils*: *bon fils*, *cher fils*, *beau fils*. Mas com suas próprias mãozinhas ele fez um pequeno arco para caçar pássaros. A doçura do canto deles trespassava seu coração e quando os via mortos chorava.

Sua mãe falou-lhe de Deus: "Ele é mais luminoso do que o dia, porém assumiu a forma de um homem. Ore a Ele quando estiver em dificuldades; Ele é sincero e o ajudará. Há outro, entretanto, o Senhor do Inferno, que é obscuro e desleal. Desvie seu pensamento dele e da dúvida".

Forte e belo em sua juventude, o menino estava um dia perambulando por uma encosta quando ouviu o som de cascos e achou que o barulho deveria ser dos demônios. Três cavaleiros apareceram subitamente e, acreditando que eram anjos, ajoelhou-se para rezar. Surgiu um quarto cavaleiro com sinos batendo nos estribos e no braço direito, que deteve seu cavalo e perguntou ao menino atônito se vira passar dois cavaleiros com uma jovem raptada.

"Ó Deus da ajuda!" – o menino pediu ao cavaleiro – "Ajudai-me!"

Bondosamente o príncipe respondeu: "Não sou Deus. Somos quatro cavaleiros".

"O que é um cavaleiro?", o garoto perguntou. E foi informado, como também lhe foi explicado também sobre o Rei Arthur, que sagrava cavaleiros. E quando eles lhe mostraram o que era uma espada e uma lança, ele correu entusiasmado até sua mãe que, ciente do que ele vira, desmaiou.

Acreditando que se o fizesse passar por idiota ele seria obrigado a retornar, ela ofereceu-lhe o cavalo mais fraco que pode encontrar e vestiu-o com os trajes bizarros de um palhaço de camisa de cânhamo e calças de uma peça, que batiam na metade de suas pernas, um capuz de monge e botas grosseiras, não curtidas. Deu-lhe então o seguinte conselho: que atravessasse os rios apenas onde as águas fossem mais rasas; que saudasse as pessoas com as palavras "Que Deus lhe proteja!"; que pedisse conselhos a quem já tivesse os cabelos grisalhos; que se empenhasse para conseguir o anel de uma dama honrada e depois a beijasse e a abraçasse. Também falou de um cavaleiro, Lähelin, que lhe tomara seus dois reinos. "Eu vou vingar isso", seu filho disse-lhe enquanto montava, com uma aljava de dardos nas costas. Ela o beijou e seguiu-o trôpega enquanto cavalgava e, quando desapareceu de sua vista, caiu morta.

O filho da inocência chegou a um riacho que até um galo poderia atravessar, mas mesmo assim cavalgou pela margem até um lugar bem raso para chegar ao prado do outro lado, onde viu uma tenda colorida. Nela, uma jovem esposa dormia coberta apenas até os quadris (o próprio Deus modelara aquele corpo) e sua mão branca e macia portava um anel; ao tentar pegá-lo, o jovem lançou-se sobre a cama. Na luta intensa que se seguiu, ele conseguiu, além do anel, um beijo forçado e um broche; em seguida fez uma refeição com as provisões dela, conseguiu outro beijo à força e foi embora.

"Aha!", exclamou o cavaleiro, seu marido, quando retornou.

Ele era o irmão do cavaleiro Lähelin, Duque Orilus de Lalander e, num paroxismo de raiva, destruiu a sela de sua esposa, rasgou suas roupas e ordenou que ela o seguisse vestindo aqueles farrapos, e partiu para encontrar o jovem que o desonrara. Este, entretanto, chegara a um rochedo na floresta, sobre o qual estava sentada uma dama com um cavaleiro morto em seu colo, arrancando em desespero seus próprios cabelos. Inocência aproximou-se.

"Qual é o seu nome?", ela perguntou.

"*Bon fils, cher fils, beau fils*", ele respondeu.

Ela era Sigune, filha da irmã da mãe dele, e reconheceu aquela ladainha. "Teu nome" – ela disse – "é Parzival. Significa 'trespassado ao meio'; porque um falso amor partiu ao meio o coração de tua mãe". Então ela contou a história dos pais dele e como o cavaleiro em seu colo, o Príncipe Schianatulander, fora morto defendendo sua herança contra Lähelin e Orilus.

"Eu vou vingar essas coisas", ele disse. Mas a jovem, temendo pela vida dele caso fosse parar na corte do Rei Artur, mandou-o pelo caminho errado, uma ampla estrada, muito transitada, onde ele saudava a todos que encontrava dizendo: "Que Deus lhe proteja!" E quando a noite chegou, dirigiu-se a uma grande casa de um pescador avarento, que lhe recusou abrigo até que o jovem ofereceu-lhe o broche; então, tornou-se tão hospitaleiro que na manhã seguinte levou seu hóspede até as torres na entrada da corte de Artur.

Nenhum Curvenal instruíra esse jovem como Tristão fora instruído. Seguindo em frente com seu trôpego cavalo, ele viu um cavaleiro com armadura vermelha brilhante trazendo um cálice na mão e vindo na sua direção. Respondendo à saudação de Parzival, puxou as rédeas e pediu que informasse à corte que estaria aguardando no campo de competição – com desculpas à rainha por ter respingado vinho em seu vestido. Era o Rei Ither de Kukumerlant, que se apoderara do cálice como penhor de seu direito a uma parte do reino de Artur.

No portão do palácio havia sentinelas e um ajuntamento de pessoas; porém Deus estava com boa disposição quando criou Parzival: sua beleza e a amabilidade de um jovem pajem levaram-no até a Távola Redonda, onde o próprio Artur ouviu sua impetuosa exigência para ser nomeado cavaleiro ali mesmo e receber a armadura vermelha que vira no cavaleiro que encontrara – cuja mensagem ele transmitiu resumidamente. O rude senescal da corte, Keie, gritou para que ele próprio fosse buscar a armadura; mas uma dama, de nome Cunneware, sobre quem fora profetizado que jamais riria na vida antes de ver a fina flor dos cavaleiros, riu às gargalhadas quando Parzival, ao sair, passou por ela, pelo que Keie a castigou com seu bastão. E quando o bobo da corte Antanor gritou que se arrependeria por aquele golpe, ele também provou o gosto do bastão.

Parzival trotou para o campo, desafiou Ither por sua armadura, e o cavaleiro, virando indignado a sua brilhante lança vermelha, golpeou-o com seu cabo tão duramente que tanto ele quanto seu pangaré esparramaram-se entre as flores daquele dia de abril. Parzival, entretanto, colocou-se rapidamente de pé e respondeu com um dardo veloz que penetrou pela viseira até o olho do Cavaleiro Vermelho, e este caiu morto. O vigoroso garanhão relinchou alto. O rústico Parzival removia a armadura brilhante do cavaleiro quando o pajem da rainha que lhe indicara a corte chegou correndo, ajudou com a armadura e vestiu-o sobre as roupas dadas por sua mãe, com sapatos e tudo (que se recusou a tirar), tomou-lhe os dardos (proibidos para os cavaleiros), ensinou-lhe rapidamente como se usava o escudo e a espada e a embainhou na armadura do cavaleiro. "Devolva o cálice ao rei" – disse Parzival ao pajem, quando o cavalo começou a se mover – "e diga à dama que foi golpeada que eu a vingarei".

Cavalgou o grande castelhano em galope por todo o dia, porque não sabia como freá-lo, e naquela tarde chegou às fortalezas do idoso Príncipe Gurnemanz de Graharz (o mesmo Gurnemaz de Wagner, cujas palavras dão inicio à ópera, mas que aqui é o senhor de um castelo próprio e não, como na ópera, um membro da corte do Graal). Descansando com seu jovem falcão sob uma grande árvore do lado de fora de seu castelo, o velho cavaleiro levantou-se para saudar o cavaleiro vermelho, que parou diante dele. "Minha mãe me disse" – falou o cavaleiro – "para pedir conselhos a pessoas cujos cabelos são grisalhos". Ao que o idoso respondeu cortesmente: "Se vieste em busca de conselho, caro jovem, tens de me prometer tua amizade". E ele soltou o falcão, adornado com um pequeno sino de ouro, para voar como mensageiro até o castelo, onde os portões abriram-se dando passagem a uma comitiva de boas-vindas ao visitante. Porém, quando a armadura foi removida, seu traje de palhaço surgiu à vista e todos ficaram embaraçados e surpresos. Mas sua figura era nobre. Gurnemanz afeiçoou-se muito a ele e por três meses instruiu-o nas artes da cavalaria.

"Tu falas" – disse o velho cavaleiro – "como uma criancinha. Por que não para de falar sobre tua mãe e pensa em algo diferente?" Ensinou ao jovem certas regras de conduta: jamais perder o sentido de honra; ser compassivo com os necessitados; nunca esbanjar riquezas nem acumulá-las; não fazer demasiadas perguntas; responder sempre honestamente; ser viril e ter bom ânimo; não matar um inimigo que esteja suplicando clemência; ser leal no amor e lembrar que marido e mulher são um único ser: eles brotam de uma única semente.

O ancião Gurnemanz, que perdera três filhos, esperava agora casar Parzival com sua filha. Entretanto, o jovem pressentia que antes de passar pela experiência dos braços de uma mulher, deveria provar-se no combate. Nas palavras do poeta: "Pressentia na nobre aspiração um propósito elevado para esta vida e para a outra, do além – e isso continua verdade".[1] Compare-se com o célebre verso no *Fausto* de Goethe: "Ao que se esforça incansavelmente em sua aspiração, podemos redimir";[2] e também com as palavras de Goethe a Eckermann sobre a Divindade presente na vida.[*] Por isso, quando Parzival foi embora, com a permissão pesarosa de seu mentor, o ancião, cavalgando a seu lado um breve trecho, sentiu em seu coração que estava oferecendo à fidalguia um quarto filho, sua quarta grande perda.

---

[*] *Supra*, p. 328.

LIVRO IV: CONDWIRAMURS

Parzival, agora um cavaleiro bem instruído, deixou seu cavalo conduzi-lo sem destino pela floresta, com demasiada melancolia para se importar; e cavalgando para as altas e inóspitas montanhas chegou, ao anoitecer, a uma ruidosa corredeira cujas águas rolavam pelos penhascos até a cidade de Pelrapeire, onde sobre as águas havia uma ponte levadiça feita de vime, frágil e sem amarras, abaixo da qual elas seguiam para o mar.

Do outro lado da ponte podia-se ver cerca de sessenta cavaleiros armados, que advertiram Parzival de não se aproximar. Seu cavalo empacou, de maneira que ele desmontou, e enquanto conduzia o cavalo pela ponte oscilante, os cavaleiros retiraram-se e os portões da cidade foram fechados. Uma linda donzela debruçada sobre uma janela perguntou se o cavaleiro era um amigo ou inimigo, e quando um portal foi aberto ele encontrou dentro das muralhas do castelo toda a população armada. Mas eles eram fracos, magros e famintos e havia em todas as partes fortalezas, torres blindadas e guardas armados.

Admitido ao castelo, despojado de sua armadura e vestido com um manto de pele de marta que cheirava a animal selvagem, ele foi conduzido à presença da rainha virgem, a bela Condwiramurs. Sentou-se ao lado dela em silêncio, obedecendo as instruções de Gurnemanz; mas a jovem rainha estava curiosa e decidiu que, na qualidade de anfitriã, ela própria deveria iniciar a conversa perguntando-lhe então de onde vinha. Parzival falou de Gurnemanz e ficou então sabendo que aquela jovem rainha era sua sobrinha. Como uma rosa vermelha e branca, ela era mais radiante do que as duas Isoldas juntas.

Naquela noite, quando seu hóspede já estava dormindo, ela se acercou de seu leito silenciosamente, não para o amor que transforma as donzelas em mulheres, mas em busca de ajuda e de um conselho amigo. Estava porém vestida com o "traje de batalha": uma camisola de seda branca, sobre a qual jogara um robe de samito; e como todos no castelo dormiam, pode falar com inteira liberdade. Ajoelhou-se ao lado de sua cama. Ele despertou e deu com ela.

"Senhora, está zombando de mim?" – ele perguntou. "Ajoelha-se dessa maneira apenas diante de Deus."

Ela respondeu – "Se tu jurares por tua honra ser controlado e não me forçar, eu me deitarei ao teu lado".

Nem um dos dois, afirma o poeta, teve qualquer intenção de se unir no amor. Parzival desconhecia por completo essa arte e ela, desesperada e envergonhada, viera angustiada por sua vida. Em lágrimas, Condwiramurs, a rainha órfã, falou-lhe de seu compromisso de casamento. Um poderoso rei chamado Clamide, com um exército liderado por seu senescal Kingrun, tomara todos os castelos de seu reino, até aquela ponte frágil. Ele matara o filho mais velho de Gurnemanz e agora a queria como esposa. "Mas estou disposta" – ela disse – "a matar-me antes de entregar minha virgindade e meu corpo a Clamide. Tu viste a altura de meu palácio. Eu me jogaria no fosso".

E aí temos o segundo argumento de Wolfram, o segundo termo de uma oposição bem no meio da qual seu herói e heroína teriam de passar: de um lado, a magia dos sentidos, a paixão pura (o lado de Isolda e Tristão) e, do outro, o casamento de conveniência sacramentado pela sociedade e pelos costumes, sem amor (Isolda e o Rei Marcos).

Parzival disse à jovem rainha que chorava ao seu lado na cama – "Senhora, não há nenhuma maneira de consolá-la?"

"Sim, meu senhor" – ela respondeu – "se eu pudesse ser libertada do poder desse rei e de seu senescal Kingrun".

"Senhora, seja Kingrun um francês, um bretão, ou o que quer que seja, minha mão vai defendê-la enquanto eu viver."

Amanheceu, e com o dia chegou o exército de Kingrun, exibindo numerosos estandartes e ele próprio no comando.

Cavalgando ao encontro de seu primeiro combate, Parzival galopou para fora do portão do palácio e foi em direção ao senescal que arremetia com tanta força que os cinturões de ambas as selas se romperam. Suas espadas rutilaram e, logo, Kingrun, cuja fama no mundo era grande, estava rendido, deitado de costas com o joelho de Parzival sobre seu peito. O jovem e recente cavaleiro, lembrando das regras ensinadas por seu mentor, mandou-o ir submeter-se a Gurnemanz.

"Gurnemanz" – disse o homem – "me mataria, pois matei o filho dele".

"Então entregue-se à rainha daqui."

"Eles me cortariam em pedaços nesta cidade."

"Vá à Bretanha, então, para a corte do Rei Artur, e submeta-se lá à jovem que foi espancada por minha causa."

Assim terminou a batalha e Condwiramurs, quando seu cavaleiro retornou, abraçou-o diante de todos. Seus cidadãos prestaram-lhe homenagem e ela declarou que ele era seu *ami*, seu senhor e deles também.

"Jamais serei a esposa" – ela disse – "de qualquer homem na terra, senão do que acabei de abraçar". Então todos olharam para o mar e viram que chegavam mercadores, navios trazendo alimentos e nada mais que alimentos, boas carnes e vinhos.[*]

Após uma alegre festa e banquete, perguntou-se aos dois se compartilhariam da mesma cama e eles responderam que sim. Entretanto, ele se deitou com ela de maneira tão casta que poucas mulheres de agora ficariam satisfeitas com tal noite. A jovem

---

[*] Notem como uma antiga fórmula mítica foi aplicada aqui ao novo ideal: 1. desolação, a Terra Desolada, como uma função da ordem social tipificada em Clamide; 2. um combate entre o velho rei e o novo, entre a sensualidade legitimada (Clamide) e o nobre amor pessoal (Parzival); 3. o casamento da rainha-deusa e rei-deus, aqui dois indivíduos íntegros; e finalmente, 4. a renovação da vida.

rainha permaneceu virgem. Mas ela considerou-se sua esposa e no dia seguinte, como sinal de seu amor, penteou seus cabelos à maneira de uma matrona; concedeu a ele, seu amado, todos os seus castelos e seu reino. Por dois dias e duas noites mais eles foram felizes dessa maneira – embora ocasionalmente viesse à lembrança de Parzival o que sua mãe dissera sobre abraços. Gurnemanz também lhe explicara que marido e mulher são um mesmo e único ser. E desse modo – se posso falar-lhes assim – eles entrelaçaram pernas e braços e ele sentiu a doce proximidade; e aquele velho hábito, sempre renovado, passou a ser deles dali em diante: o que os tornava contentes e de modo algum tristes.³

"A qualidade inefável, mística e transcendente desse amor", comenta Gottfried Weber nessa passagem crítica, "está epitomizada na 'pureza' das três primeiras noites, no sentido pleno do termo germânico *kiusche*. Na manhã seguinte à primeira noite, a 'esposa virgem' (*magetbaeriu brût*) sentiu-se uma 'mulher' (*wîp*: uma 'esposa'); pois seu espírito já absorvera uma impressão contundente, absolutamente nova e perfeitamente satisfatória, experimentada como única: a virgindade de seu coração fora oferecida ao outro como um presente, ele era agora seu esposo, *vor gote*, 'diante de Deus'. [...] E foi apenas após a consumação do casamento puramente na alma e no espírito que o vínculo foi confirmado, estendendo-se à condição física".⁴

Não muito tempo depois, entretanto, o próprio Clamide chegou, após saber da derrota de seu senescal nas mãos (dizia-se) do Cavaleiro Vermelho (o Rei Ither de Kukumerlant, cuja armadura Parzival usou). Apareceu com um segundo exército e todas as máquinas de guerra. Utilizou armas de fogo gregas, catapultas, aríetes e abrigos portáteis até que, ao inteirar-se por prisioneiros sobre o casamento da virgem que ele queria obter, Clamide enviou ao castelo um desafio para um combate único, e o Cavaleiro Vermelho novamente irrompeu da fortaleza a galope. O rei atacou-o e eles combateram até seus cavalos tombarem, quando passaram a se enfrentar com as espadas. Pouco depois, Clamide enfraqueceu. Parzival arrancou seu capacete, de maneira que o sangue jorrou de seu nariz e olhos, e estava a ponto de matá-lo quando o que fora um poderoso rei suplicou clemência e foi enviado – como seu senescal – para a corte de Artur, para se submeter à Senhora Cunneware. E houve, de fato, surpresa quando os dois lá chegaram; porque aquele rei derrotado fora mais rico do que o próprio Artur.

Mas em Pelrapeire, depois de quinze meses de amor e regozijo, chegou a hora de partir. Uma manhã Parzival disse cortesmente (como muitos lá viram e ouviram): "Se permitir, minha senhora, eu gostaria com sua licença de visitar minha mãe, porque não sei se está bem ou mal".

Ele era tão caro a ela, que a jovem rainha não pode negar-lhe o pedido, e ele partiu a cavalo da cidade e do palácio, novamente sozinho.

LIVRO V: O CASTELO DO GRAAL

E novamente cavalgando sem rédeas, mas desta vez com as folhas do outono, não da primavera, ele chegou ao anoitecer a um lago, onde viu dois pescadores em um barco ancorado. Um deles estava tão ricamente vestido que poderia ser o rei do mundo. Seu chapéu era adornado com plumas de pavão. O Cavaleiro Vermelho perguntou onde poderia conseguir abrigo para passar a noite e o pescador ricamente trajado – porém com aparência profundamente triste – respondeu que a habitação mais próxima estava a trinta milhas de distância. "Ali na ponta do rochedo" – ele gritou – "vire à direita, suba a encosta e quando chegar ao fosso, peça para descerem a ponte. Mas tome cuidado! Os caminhos aqui levam-no a se perder; ninguém sabe para onde vão. Se chegares, serei seu anfitrião".

A selva perigosa novamente: o "bosque obscuro" dos versos iniciais de Dante!

Sem dificuldades, em um trote tranquilo, Parzival passou pelo rochedo, virou à direita e subiu a encosta arborizada até o fosso diante de um castelo de muitas torres blindadas, onde um escudeiro, vendo-o, perguntou o que ele queria. "O pescador me mandou", disse Parzival, e a ponte levadiça desceu. Ele atravessou e entrou num pátio espaçoso, onde a grama crescia porque não se celebravam torneios, visto que aquele castelo encontrava-se de luto e não havia estandarte hasteado. Quando sua armadura foi retirada e eles viram o seu belo rosto de jovem, ainda imberbe, ficaram contentes. Colocaram-lhe um manto da mais fina seda que, segundo lhe informaram, pertencia à Rainha Repanse de Schoye (Repense de Joie), a quem ele veria em breve. Ele foi conduzido gentilmente para um imenso salão com uma centena de candelabros e outros tantos canapés, bem separados, com seus respectivos tapetes e em cada um deles estavam sentados quatro cavaleiros. Em três grandes lareiras de mármore queimava madeira aromática de aloés, e o senhor do castelo, conduzido numa padiola, foi colocado diante do canapé central. Este pediu a Parzival para sentar-se a seu lado. O clima de toda essa cena era de pesar.

Por uma porta entrou apressado um escudeiro, carregando uma lança, num ritual que fez aumentar a tristeza. De sua ponta jorrava sangue que escorria até a mão do portador e para dentro de sua manga. O escudeiro circundou o salão e, quando chegou à porta, correu para fora novamente.

Uma porta de aço abriu-se no final do salão e duas lindas jovens entraram, com vestidos de lã da cor da terra, apertados por cinturões. Grinaldas de flores coroavam seus longos cabelos loiros e cada uma trazia uma vela acesa num candelabro dourado. Eram seguidas por mais duas, cada uma com um tamborete de marfim os quais, quando as jovens inclinaram-se em reverência diante do anfitrião, foram colocados à frente dele, no chão.

As quatro retrocederam e entraram pela porta mais oito donzelas, vestidas, entretanto, com trajes mais verdes do que a grama, compridos, largos e presos na cintura por longos cintos estreitos, ricamente ornamentados. As primeiras quatro traziam velas e as outras quatro um precioso tampo de mesa entalhado em granada translúcida da cor do jacinto, que elas colocaram cuidadosamente sobre os dois tamboretes de marfim; depois disso retrocederam e postaram-se atrás das quatro de marrom, de modo que o número de donzelas que ali permaneceu de pé era doze.

Em seguida apareceram seis: duas trazendo facas de prata branca muito afiadas, embrulhadas em toalhas, que as velas das outras quatro fizeram reluzir. Vestidas com dois tipos de seda, uma escura e outra bordada em ouro, aproximaram-se e fizeram uma reverência. Colocaram as duas facas sobre a mesa e todas as seis postaram-se atrás das doze. Quando eis que pela porta entraram mais seis com os mesmos vestidos matizados, trazendo em altos castiçais de cristal velas de bálsamo caríssimo. Foram seguidas pela rainha, Repanse de Schoye, radiante como o alvorecer, vestida de seda árabe, trazendo sobre um pano verde escuro de seda bordada em ouro a Alegria do Paraíso.

Esse objeto era o Graal. Estava além de toda a felicidade terrena e era preciso que seu portador preservasse sua pureza, cultivasse a virtude e ficasse longe da falsidade (ao contrário daquela doutrina da Igreja segundo a qual a moralidade de seu clero – que além do mais era exclusivamente masculino – não tinha nenhuma relação com o exercício dos sacramentos que eles ministravam).

A rainha avançou, acompanhada das seis jovens trazendo velas, e inclinou-se cortesmente ao colocar o Graal diante do anfitrião, enquanto Parzival, assistindo a cena, pensou: "O manto que estou usando é dela". As sete colocaram-se atrás das dezoito e a rainha, no centro, tinha doze a cada lado. Uma centena de mesas, trazidas agora, foram colocadas diante dos canapés. Toalhas brancas estenderam-se sobre elas. O anfitrião lavou suas mãos em uma vasilha no que foi seguido por Parzival. Quatro carrinhos trouxeram preciosas taças de ouro para cada cavaleiro no salão e uma centena de escudeiros, trazendo guardanapos brancos, colhiam diante do Graal deleites que serviam aos cavaleiros.

"Eu fui informado" – afirma Wolfram – "e assim transmito a vocês (mas a responsabilidade é de vocês, não minha, de maneira que, se estou dando falsas afirmações, o fazemos juntos) que o que quer que a pessoa estendesse a mão para pegar, isso aparecia ali diante do Graal: pratos quentes e frios, alimentos frescos e conservados, tanto cultivados quanto silvestres. [...] Porque o Graal era o próprio fruto da bem-aventurança e oferecia as doçuras do mundo em tal abundância que seus prazeres eram muito semelhantes ao que se relata sobre o reino do Paraíso. [...] E para qualquer que fosse a bebida a que se estendesse o copo, aquela era a bebida que fluía do poder do Graal: vinho branco, de amora ou tinto".

Parzival observou tudo isso, a abundância e grande prodígio, mas pensou, lembrando de Gurnemanz: "Ele aconselhou-me, sincera e verdadeiramente, a não fazer muitas perguntas".

Apareceu um escudeiro, trazendo uma espada numa bainha coberta de pedras preciosas, com um rubi incrustado em seu cabo e sua lâmina era uma fonte de assombro. Apresentando-a a Parzival, o melancólico anfitrião declarou que antes de Deus tê-lo mutilado, tinha usado aquela espada em combate. Mas mesmo assim o hóspede não disse nada.

"Por isso tenho pena dele" – declara Wolfram – "e compadeço-me também de seu amável anfitrião, a quem o desagrado divino não poupou, quando uma simples pergunta o teria libertado".

A rainha e as vinte e quatro virgens avançaram, curvaram-se cortesmente diante de Parzival e seu anfitrião, pegaram o Graal e prosseguiram em direção à porta, pela qual, antes que ela se fechasse, ele viu sobre um divã em uma ampla sala dotada de uma grande lareira, o ancião mais belo que seus olhos já tinham visto: seus cabelos eram brancos como a névoa. "Sua cama" – disse o anfitrião polidamente –, "acho que está pronta", e a reunião dispersou-se.

O jovem foi encaminhado a seu quarto. Quatro belas jovens ajudaram-no a se acomodar e levaram vinho e frutas cultivadas no Paraíso. E ele dormiu por muito tempo, mas com terríveis sonhos ameaçadores e quando acordou a manhã já ia pela metade. Sua armadura e duas espadas estavam sobre o tapete e ele teve de vesti-la sozinho. Seu cavalo estava amarrado do lado de fora, ao pé da escada da porta principal, com seu escudo e lança à mão; mas não viu nenhuma alma viva por ali. Tampouco ouviu qualquer ruído. Ele montou. O grande portão estava aberto. Em sua passagem havia rastros de muitos cavalos. E quando atravessou a ponte, um escudeiro invisível a levantou com tanta força que ela quase golpeou seu cavalo quando ele avançou. Então ouviu a voz de alguém: "Vai em frente, seu simplório, e suporta o ódio do Sol. Se apenas tivesses movido teus maxilares para fazer a pergunta ao teu anfitrião! Perdeste a oportunidade de granjear fama!" O cavaleiro pediu uma explicação, mas o castelo estava novamente silencioso e, virando-se, seguiu os outros rastros que, no entanto, aos poucos se dispersaram e perderam-se...

Diante dele, junto de uma tília, estava sentada uma jovem com um cavaleiro morto, embalsamado, escorado nela: novamente Sigune, a filha da irmã de sua mãe. Quando o viu, ela o advertiu: "Esta selva é perigosa; volta!" Então lhe perguntou de onde vinha e ele falou do castelo. "Fica a aproximadamente uma milha daqui", disse.

"Não mintas para mim", ela respondeu. "Porque ao redor de trinta milhas nenhuma mão tocou aqui nem árvore nem pedra, com exceção de um único castelo que muitos procuram mas ninguém encontrou. *Porque aquele que procura não o encontrará*. O nome dele é Munsalvaesche e seu reino Terre de Salvaesche. Ele foi legado pelo velho Titurel a seu filho, Rei Frimutel, que foi morto num duelo por amor. Um dos seus filhos, que não pode caminhar nem cavalgar, ficar deitado nem de pé, é seu senhor atual, Anfortas. Outro filho, Trevrizent, retirou-se do mundo como um eremita".

"Vi grandes maravilhas lá", declarou Parzival; e foi então que ela reconheceu a voz dele. "Eu sou a mesma" – disse – "que revelou teu nome".

"Mas o que foi feito dos teus longos e ondulados cabelos castanhos?" – ele perguntou, pois agora ela era careca. "E vamos enterrar esse homem morto" – sugeriu – "que está contigo".

Como resposta ela apenas chorou. Então, reparando em sua espada, percebeu o perigo. No segundo golpe ela se quebraria. Entretanto, se mergulhada nas águas de uma certa fonte sob uma rocha, ela se tornaria mais forte do que antes. "É preciso um encantamento" – disse –, "que talvez tu não tenhas aprendido. Tu fizeste a pergunta?"

"Não" – ele respondeu.

"Ai de mim" – ela gritou – "que tenho de tomar conta de ti!" E fitou-o com raiva. "Tu deverias ter sentido pena do teu anfitrião e perguntado a respeito de sua dor".

"Querida prima, mostra-me um semblante mais amável" – protestou Parzival. "Porque, qualquer que seja a falta que tenha cometido, a repararei".

"Tu estás amaldiçoado" – ela gritou. "No Munsalvaesche perdeste tanto a tua honra quanto a tua reputação. Não direi mais nada."

Ela virou-se e ele subiu em seu cavalo, afastando-se. Logo depois encontrou, surpreendentemente, dois rastros recentes: um deles, de um cavalo bem ferrado, o outro, de um não ferrado – o qual ele seguiu. Era um animal em condição miserável, com uma senhora montada, vestida com trapos que, ao vê-lo, assustou-se.

"Eu já te vi antes." – ela disse – "E que Deus te dê mais honra e alegria do que, pela maneira como me trataste, tu mereces!"

Era a senhora da tenda. Seu vestido estava inteiramente rasgado, porém em sua pureza estava vestida. E quando o cavalo de Parzival, inclinando a cabeça em direção à égua que ela montava, relinchou, o cavaleiro que cavalgava bem adiante se voltou e, ao ver um cavaleiro ao lado de sua dama, imediatamente levantou sua lança e preparou-se para o ataque. Estava armado elegantemente. No seu escudo havia um dragão que parecia vivo; existia outro em seu capacete; e muitos mais, em ouro, pedras raras e rubis no seu manto; ainda outros nos arreios de seu cavalo.

Os dois se enfrentaram e a dama, assistindo, apertava as mãos, desejando que nenhum dos dois ficasse ferido. Os dragões, um por um, receberam golpes e ferimentos graves. Os dois heróis lutaram montados com espadas, mas, por fim, agarrando-se, caíram no chão com Parzival por cima; e o outro, forçado a se render, foi em seguida obrigado a perdoar sua esposa quase nua e a apresentar-se então à corte de Artur e à Senhora Cunneware.

Com medo do que seu marido pudesse agora fazer com ela, a dama manteve-se à parte; mas, por fim, ele disse: "Senhora, já que me bati por tua causa, vem, desejo beijar-te". Ela saltou do cavalo e, correndo para ele, beijou-o conforme solicitada, não se importando com o sangue em seu rosto. Sobre uma relíquia sagrada, que acharam pouco depois num eremitério vazio, Parzival jurou que no episódio da tenda a senhora fora inocente e ele, não um homem, mas um tolo. Orilus reconciliou-se então com sua esposa e o casal cavalgou alegremente em direção à corte de Artur. "Porque, como todo mundo sabe" – comenta o autor –, "olhos que choram têm uma boca que é doce. O grande amor nasce tanto da alegria quanto da tristeza".

LIVRO VI: A DONZELA ABOMINÁVEL

"Vocês não gostariam de saber" – pergunta o poeta – "como Artur com sua corte partiu de Karidoel, seu castelo e reino?" Ele partiu para integrar ao grupo de sua Távola Redonda o herói (de quem ninguém sabia o nome) responsável por aquelas três impressionantes visitas que se submeteram a Cunneware: Kingrun, Clamide e agora, com sua encantadora esposa Jeschute, o próprio irmão da Senhora Cunneware – o orgulhoso e valente Orilus.

O grupo estava fora há mais ou menos oito dias com suas tendas e estandartes, quando um destacamento de falcoeiros do rei, caçando uma tarde, perdeu sua melhor ave. Ela desapareceu na floresta desconhecida. Mas ao ficar fria a noite, ela voou para as proximidades de uma fogueira do acampamento, que por acaso era de Parzival. Na manhã seguinte o campo foi coberto com a primeira neve do inverno; e quando o Cavaleiro Vermelho montou, para prosseguir, o falcão o seguiu.

Diante deles, com um grande ruído de asas e grasnidos, mil gansos selvagens levantaram voo e o falcão, arremessando-se, atacou um deles tão ferozmente que seu sangue caiu na neve em três grandes gotas – vermelho vivo sobre o mais puro branco, cuja visão deteve Parzival. E ele, sentado em seu cavalo, recordava o rosto de sua esposa (o vermelho vivo de suas faces e queixo sobre o branco de sua pele), quando um escudeiro da Senhora Cunneware, que levava uma mensagem ao irmão dela, o viu à distância, como uma estátua sobre seu cavalo, e galopou de volta para o acampamento, causando um alvoroço.

"Fora! Covardes! Despertem! A Távola Redonda está em desgraça! Há um cavaleiro aqui pisoteando nas cordas de suas barracas!"

O acampamento inteiro entrou em alvoroço e um jovem cavaleiro, Sir Segramors, precipitou-se para dentro da barraca de Artur, onde o rei dormia tranquilamente com sua rainha; arrancou-lhes o cobertor de pele de marta e gritou-lhes que deviam ser os primeiros a partir – com o que, rindo, eles concordaram. E o lorde dirigiu-se para o cavaleiro desconhecido, ainda absorto em seus pensamentos – cujo cavalo, entretanto, para responder ao confronto, levantou as patas dianteiras e, quando a visão idílica foi interrompida, sua honra de cavaleiro foi salva, já que ele abaixou sua lança de tal modo que o recém-chegado, Sir Segramors, logo percebeu que era preciso fugir. Sem qualquer palavra ou gesto, o cavaleiro estranho então retornou à contemplação da neve.

Sir Keie foi o próximo a chegar e a Senhora Cunneware foi vingada; porque ele acabou preso entre uma rocha e sua sela despedaçada, com um braço e uma perna quebrados e seu cavalo morto a seu lado, enquanto o cavaleiro, novamente sem qualquer palavra ou gesto, retornou ao seu devaneio.

O terceiro a chegar foi o cavaleiro da corte, Sir Gawain, sem esporas, espada, escudo ou lança. "E se for o amor que mantém aquele homem enfeitiçado?" – pensou ele – "como, por vezes, ele me manteve!" Notando o foco de atenção do cavaleiro, ele jogou um cachecol amarelo sobre as gotas vermelhas; e quando Parzival murmurou à presença imaginada – "Quem foi que a tirou de mim?" – e, ainda mais alto – "Mas o que foi feito de minha lança?" Gawain respondeu cortesmente: "Tu acabaste de quebrá-la num duelo, meu senhor". Com habilidade ele abrandou a irritação de Parzival, causada pela interrupção, depois disse seu nome, ofereceu seus serviços e em paz conduziu o cavaleiro ao acampamento de Artur, onde foram saudados por um alegre ajuntamento, do qual surgiu a Senhora Cunneware para receber seu herói com um beijo.

O apreciado hóspede, levado para a tenda de Gawain, foi ali libertado de sua armadura e vestido com um manto de seda, providenciado por Cunneware. O manto foi preso por uma esmeralda na altura do pescoço e um cinto de pedras raras; de maneira que ele ficou parecendo um anjo que desabrochou na terra quando Artur e seus cavaleiros chegaram.

"Tu me trouxeste sofrimento e alegria" – disse o rei – "porém mais honra do que jamais recebi de qualquer homem". E ele mandou estender sobre um campo florido uma grande toalha redonda de seda oriental, suficientemente ampla para que todos os cavaleiros pudessem se sentar com suas damas, e ali, depois de todos darem as boas-vindas ao hóspede, aguardaram uma façanha: "Porque" – como narra o poeta – "era costume do rei não permitir que ninguém comesse com ele no dia em que não ocorria alguma façanha em sua corte". E foi assim que apareceu aquela, de quem temos agora que falar, cujas notícias levaram pesar a muitos.

A jovem chegou numa mula, tão alta quanto um cavalo castelhano, amarela--avermelhada, com narinas fendidas e flancos terrivelmente marcados a fogo. A rédea suntuosa era esplendidamente decorada. Ela era Cundrie (a Kundry de Wagner), a feiticeira que conhecia várias línguas – latim, árabe e francês. Usava uma capa mais azul do que o lápis-lazúli, talhada ao estilo francês, com um fino chapéu novo de Londres preso às costas, sobre o qual caía em voltas uma trança de longos cabelos negros, tão grossos como cerdas de porco. Tinha um nariz grande, como um cão; dois dentes salientes de javali e sobrancelhas trançadas com a fita de seus cabelos; orelhas de urso, um rosto peludo e, na mão, um chicote com cabo de rubi, porém unhas como as garras de um leão e mãos tão graciosas quanto as de um macaco. Ela dirigiu-se a Artur.

"Ó filho do Rei Utpandragun" – disse a ele em francês –, "o que fizeste hoje aqui trouxe vergonha para ti mesmo e para muitos bretões. A Távola Redonda está destruída: a desonra veio juntar-se a ela. Parzival tem a aparência de um cavaleiro. O Cavaleiro Vermelho, vocês o chamam, por aquele nobre que ele matou; entretanto ninguém poderia parecer-se menos com aquele nobre cavaleiro do que este". Ela virou-se e cavalgou diretamente até o galês e disse: "Maldita seja a beleza de teu rosto! Sou menos monstruosa que tu". E acrescentou: "Parzival, fala! Dize por que, quando o aflito Pescador estava lá sentado, tu não o aliviaste de seus lamentos. Que tua língua fique agora tão vazia quanto vazio é o teu coração de reto sentimento. Pelo Céu tu estás condenado ao Inferno, como o serás por todos os nobres desta terra quando quem tu és perceberem. Penso no teu pai, Gahmuret; em tua mãe, Herzeloyde: pobre de mim que tenho de saber agora da desonra do filho deles!"

"Teu nobre irmão, Feirefiz, filho da rainha de Zazamanc, é negro e branco, porém nele a virilidade do seu pai nunca falhou. Pelos serviços de cavaleiro ele conquistou a rainha da cidade de Thabronit, onde todos os desejos terrenos são realizados; mas se a pergunta fosse feita em Munsalvaesche, riquezas muito superiores às dele seriam aqui e agora tuas."

Ela irrompeu em lágrimas, torceu as mãos e voltou-se para os demais. "Não há aqui nenhum nobre cavaleiro desejando conquistar tanto a fama quanto o amor nobre? Eu conheço quatro rainhas e quatrocentas donzelas, todas no Castelo das Maravilhas; e toda façanha é vento comparada com o que pode ser conquistado ali pelo amor nobre. O caminho é difícil, mas estarei naquele lugar esta noite." E ela partiu subitamente com as seguintes palavras: "Ó Munsalvaesche, lar da tristeza! Para confortar-te, ai!, não há ninguém lá agora!"

De que serviam agora para Parzival seu coração valente, verdadeira boa educação e virilidade? Porém ele possuía ainda uma grande virtude: a vergonha. Ele não fora realmente culpado de falsidade. A vergonha traz a honra. A vergonha é a coroa da alma, e um senso de vergonha a virtude suprema.

A primeira a começar a chorar pelo cavaleiro envergonhado, a quem para lhe dar as boas-vindas o círculo se reunira, foi a Senhora Cunneware. Muitas outras damas a seguiram. Estavam todos sentados pranteando e aflitos quando chegou um outro cavaleiro, esplendidamente armado, segurando uma espada erguida, ainda embainhada, que gritou: "Onde está Artur? Onde está Gawain?" Ele saudou a todos, exceto Gawain, a quem então desafiou a um duelo mortal. "Ele matou meu senhor enquanto o saudava" – disse –, "e eu desafio-o a enfrentar-me daqui a quarenta dias diante do Rei de Ascalum (Avalon), na cidade de Schampfanzun". Ao dizer o seu nome foi reconhecido como um cavaleiro da maior sabedoria, honra e fama: o Príncipe Kingrimursel. Quando foi embora todo o perplexo grupo levantou-se e irrompeu a falar.

"Estou decidido a não desfrutar de nenhuma alegria", disse Parzival a uma escura dama pagã de Janfuse, que se aproximara para lhe falar do irmão dele. "O homem que Cundrie mencionou pode muito bem ser teu irmão" – ela disse. "Ele é um rei nobre, negro e branco, adorado como um Deus. Eu sou filha da irmã de sua mãe e percebo que tu também és nobre e forte." "Estou decidido a não desfrutar de nenhuma alegria enquanto não vir novamente o Graal", declarou Parzival. "Se tiver que sofrer o desprezo do mundo por obedecer a uma regra de cortesia, o conselho de Gurnemanz talvez não tenha sido tão sábio. Julgaram-me com severidade."

O valoroso Gawain chegou e beijou-o. "Que Deus te dê boa sorte em combate" – disse Gawain. "E que o poder de Deus me ajude a servir-te um dia como gostaria..." "Ai de mim" – respondeu Parzival –, "o que é Deus? Se ele fosse grande, não teria acumulado infortúnios imerecidos sobre nós dois. Eu estava a Seu serviço, esperando Sua graça. Mas agora renuncio a Ele e Seu serviço. Se Ele me odeia, eu suportarei isso. Bom amigo, quando chegar a tua hora de lutar, deixe que uma mulher seja teu escudo. Que o amor de uma mulher seja a tua guarda! Quando vou te ver novamente não sei. Meus bons votos vão contigo."

A Senhora Cunneware, lamentando, conduziu seu cavaleiro à tenda, para armá-lo com suas suaves e delicadas mãos. O Rei Clamide, que Parzival enviara a seu serviço, pedira a ela que se casasse com ele, e por isso ela agradeceu seu cavaleiro. Ele beijou-a e foi embora, vestindo armadura de aço reluzente. E muitos outros cavaleiros de Artur partiram naquele dia para o Castelo das Maravilhas, exceto Gawain, que se dirigiu para o seu próprio combate em Schampfanzun.

II. PRIMEIRO *INTERMEZZO*:
A RESTITUIÇÃO DOS SÍMBOLOS

A acusação contra Deus por parte de Parzival – ou o que ele tomava por Deus, isto é, aquele Rei Universal, "lá em cima", do qual falara sua mãe – marca uma profunda ruptura na vida espiritual não apenas deste herói cristão (enquanto prelúdio necessário para a cura do Rei Mutilado e assunção do seu papel sem herdar a ferida), mas também da própria era gótica e, com ela, do homem ocidental.

Em *Um retrato do artista quando jovem*, de Joyce, uma ruptura semelhante é representada em termos essencialmente idênticos. Nas duas biografias católicas (separadas por oito séculos), a realização do herói exigia a rejeição da mitologia materna de Deus, a máscara eclesiástica contemporânea oficial e, depois, um confronto direto com o vazio no qual, como diz Nietzsche, o dragão "Tu deves" será morto:[5] o vazio da partida de Parzival para a floresta, o afastamento de Stephen do seu lar, e suas reflexões, em *Ulisses*, sobre o mistério mais profundo que o mar.

Nessas duas obras foi por meio de "uma luta pelas possibilidades existenciais da fé" (para usar uma frase cunhada pelo filósofo Karl Jaspers)[6] que os símbolos redentores da herança mitológica do herói se transformaram e se integraram eficazmente como guias para o desenvolvimento de sua vida. As inflexões locais, provincianas, católico-romanas das imagens míticas arquetípicas universais da transformação espiritual abrem-se, em ambas as obras, a uma combinação com suas equivalentes não cristãs, pagãs, primitivas e orientais; e elas são com isso transformadas em símbolos psicologicamente (em oposição a teologicamente) significativos, não sectários e não eclesiásticos. Já observei a relevância do tema da Terra Devastada para a condição da Igreja europeia submetida a seus guias espirituais reconhecidos, porém ilegítimos (lobos em pele de cordeiro, como eram chamados por seus contemporâneos) na época de Inocêncio III.[7]

Na obra de Joyce, o herói, Stephen Dedalus, embora agradecido aos seus mestres jesuítas – "sacerdotes inteligentes e sérios, monitores atléticos e animados, que lhe ensinaram a doutrina cristã, incentivavam-no a viver uma boa vida e, quando ele caíra em pecado grave, tinham lhe reconduzido à graça" –, não tardou a perceber que "alguns de seus julgamentos soavam-lhe um pouco infantis", e que "a frieza e a ordem de suas vidas o repeliam".[8] Ele pensou que "estava destinado a descobrir sua própria sabedoria separado dos outros, ou ele próprio descobrir a sabedoria dos outros, errando entre os ardis do mundo. Esses ardis eram seus modos de pecar. Então ele pecaria. Ainda não tinha pecado, mas pecaria silenciosamente, em algum momento. Não pecar era muito difícil, demasiado duro; e ele pressentiu a silenciosa queda de seu espírito, como aconteceria logo, em algum momento. Pecando, caindo, mas ainda não caído, ainda sem pecado, mas prestes a fazê-lo".[9] E então, na cena do bordel de *Ulisses*, no nadir do mergulho desse jovem no abismo, no contexto de uma Missa Negra e no plano de sua aventura grosseiramente comparável ao estágio 10 do círculo da figura 3, apareceu aquela visão do deus do mar irlandês, amalgamado a Śiva, que foi para ele o sinal de um poder mais profundo que o mar, no qual todos os seres, todas as coisas são consubstanciadas,[10] e então ele foi capaz de reconhecer, em sua compaixão com o sofrimento de Bloom, uma vida em comum, como dois reflexos de um só poder, polos separados.[11]

De maneira semelhante, no Castelo do Graal de Wolfram, onde estão combinados traços célticos, orientais, alquímicos e cristãos em um ritual comum de maneira e sentido não ortodoxos, o teste espiritual do jovem herói é esquecer-se de si mesmo, seu ego e seus objetivos, e participar com empatia (*caritas, karuṇā*) no sofrimento de outra vida.

Entretanto, na ocasião a mente de Parzival estava concentrada nele mesmo e na sua reputação social. A Távola Redonda na obra de Wolfram representa a ordem social do período do qual ela era seu ápice e consumação. A preocupação do jovem cavaleiro com sua reputação como merecedora daquele círculo foi o motivo de ele calar quando sua natureza o pressionava a falar. E, à luz do que ele pensava a respeito de si próprio como cavaleiro merecedor do título, que acabara de ser aclamado o maior do mundo, pode-se entender seu choque e ressentimento causados pelo julgamento severo da Donzela Abominável e Sigune.

Todavia, elas eram as mensageiras de uma esfera de valores e possibilidades mais profundas do conhecido até então, ou mesmo percebido por sua mente social consciente; elas não eram da esfera da Távola Redonda, mas do Castelo do Graal, que não correspondia ao mundo da luz do dia, visível a todos, mas a algo quimérico, visionário, mítico – e para o cavaleiro questionador ainda assim não foi uma miragem sem substância. Ele lhe aparecera como o primeiro sinal e desafio de um reino a ser conquistado, além da esfera da lisonja mundana, própria de sua vida em desenvolvimento. Um reino oculto do mundo conhecido e dele próprio em virtude do seu fascínio pelo brilho da fidalguia; um reino cuja visão abriu-se para ele – significativamente – apenas *após* sua série de grandes vitórias, não como um refúgio da derrota, mas como recompensa por seu desempenho.

Sua decisão de agir naquela esfera inteligível, em desacordo com os ditames de sua natureza, mas preocupado com o que as pessoas iam pensar, rompeu a linha de sua integridade e o resultado para o seu espírito mostrou-se primeiro a ele sozinho pela ousadia de sua prima careca, mas depois a todo mundo, e para sua maior surpresa e vergonha, pela Donzela Abominável, ricamente adornada, tão feia como um porco.

A figura da Donzela Abominável pode ser comparada e talvez esteja relacionada com a do "Espírito do Caminho" zoroastriano, que encontra a alma após a morte na Ponte Chinvat, que leva ao mundo persa do além. Aqueles de vida perversa, veem-na feia; os de virtude imaculada, a mais bela.[12] Além do mais, a Donzela Abominável ou Noiva Feia é uma figura bem conhecida nos contos de fada e lendas célticas. Nós conhecemos uma de suas manifestações no conto popular irlandês da filha do Rei do Reino da Juventude, que foi amaldiçoada com a cabeça de um porco (como aqui, os espinhos de um porco-espinho e o focinho de um javali), mas quando atrevidamente beijada tornou-se bela e concedeu a seu salvador a realeza de seu reino eterno. O Reino do Graal é um reino assim: para ser conquistado apenas por aquele que for capaz de transcender a parede pintada do espaço-tempo com tudo aquilo que se mostra bem e mal, manifestações verdadeira e falsa dos nomes e formas de pares de opostos meramente fenomênicos. Geoffrey Chaucer (1340?-1400) fornece um exemplo refinado da resolução do motivo Noiva Abominável em seu "Conto da Esposa de Bath"; e John Gower (1325?-1408) em seu "Conto de Florença". Há também o poema do século XV, "O casamento de Sir Gawain com a Dama Ragnall", bem como a balada da metade do século XVII, "O casamento de Sir Gawain". A transformação da bela noiva e o reino que ela confere são, afinal, a do próprio coração realizado.

As regras cavalheirescas de Gurnemanz tinham preparado Parzival muito bem para a sua ambição neste mundo, porém deixaram sua própria vida interior em desenvolvimento, seu "caráter inteligível" (para usar o termo de Schopenhauer) não apenas sem orientação, como também sem reconhecimento e completamente desconsiderado. Porém, quando o velho cavaleiro ofereceu-lhe a filha, o jovem partiu discretamente, não porque ela não fosse agradável, não o merecesse ou não fosse amável, mas porque um conhecimento interior já lhe dizia que uma vida – uma vida com substância – tem de ser conquistada e conformada a partir do interior, não recebida do mundo como um presente, como o Rei Mutilado do Graal recebera seu palácio e trono.

E foi exatamente essa integridade de coração que marcou Parzival para um destino além dos limites e dotes de qualquer ordem social estabelecida, qualificou-o para se introduzir no Graal e levou-o na aventura seguinte diretamente à sua contraparte, uma jovem mulher resistindo até a morte às solicitações de um poderoso e respeitado rei que, apesar de ter-lhe oferecido o mundo, não lhe despertara o amor. Ao contrário de sua prima Liaze – a complacente filha de Gurnemanz, submissa à vontade do pai – Condwiramurs, como Parzival, buscava um novo ideal, uma nova possibilidade no amor e na vida: ou seja, de amor como único motivo para o casamento e o casamento indissolúvel como o sacramento do amor – enquanto era usual na época manter o sacramento tão longe quanto possível da influência do *amor*, para se reger unicamente pelos interesses da segurança e reputação, da política e da economia. O amor, conhecido apenas como *eros*, devia ser sublimado como *ágape*, e se houvesse qualquer contato físico, que não fosse próprio de um monge ou monja, ele deveria ser assumido como dever, tanto quanto possível sem prazer, apenas para o propósito divino de repovoar os lugares vazios deixados no Paraíso quando os anjos perversos caíram.

É curioso e de considerável interesse notar que na versão operística do Parzival de Wagner não há menção nem de Condwiramurs nem do Rei do Graal como um homem casado, enquanto na obra de Wolfram é exatamente por causa desse casamento por amor e por lealdade a seu sacramento que Parzival iria por fim conseguir a cura de Anfortas e sucedê-lo no trono *sem* herdar sua ferida. Além do mais, no Castelo do Graal de Wolfram todos os membros do cortejo, com exceção do surpreendente portador da lança ensanguentada, eram femininos – jovens, imponentes e amáveis – ao passo que os do coro e cortejo de Wagner são todos masculinos. E, ainda mais, Gurnemanz, cujos chamados aos guardas da Floresta do Graal são as palavras iniciais da ópera de Wagner, funciona ali não como mestre das leis da cavalaria, mas como um guia para Parzival encontrar o Templo do Graal. Ele não tem filha para oferecer, tampouco respeito ao casamento, mas é ele próprio um membro da ordem do templo e é antes com o espírito de um monge do que de um cavaleiro que grita para Parsifal,[*] quando o "Tolo Ingênuo" deixou de fazer a pergunta: "Um ganso deve procurar uma gansa!" Depois do que, cai o pano encerrando o primeiro ato.

O tema principal do texto de Wolfram é, portanto, ignorado na obra de Wagner: a lição de lealdade ao verdadeiro amor, unida ao heroísmo em ação, como a via *humana* para a perfeição, passando livremente entre duas compulsões impessoais, a saber, de um lado a pura natureza, o desejo físico demoníaco da espécie (*eros*); e do outro, o puro espírito, a caridade celestial (*ágape*) dos santos. Consequentemente, na obra de Wagner o Graal está representado, como nos sentimentais *Idylls of the King* [Idílios do rei], de Tennyson, na forma do cálice sagrado da Última Ceia; e quando o cálice é descoberto diante do sofredor Anfortas um raio de luz desce sobre ele, ao mesmo tempo que um coro de vozes infantis, projetadas do alto do teatro, ecoa angelicamente as palavras de Cristo na consagração do sacramento do altar:

> Tomai e bebei do meu sangue,
> Em memória do nosso amor!
> Tomai e comei do meu corpo,
> E ao fazer isso, lembrai de mim.

Mas não há absolutamente nada desse tipo na obra de Wolfram ou na de Chrétien.

---

[*] Note que Parzival é o nome grafado por Wolfram e Parsifal, a grafia usada na ópera de Wagner. [N. da E.]

MITOLOGIA CRIATIVA

Figura 52. Cena dionisíaca; metade do século V a.C.

Figura 53. O Pescador entre sátiros báquicos; *c.*500 a.C.

Acho que foi Jessie Weston a primeira a sugerir que os símbolos da Lança Ensanguentada levada por um escudeiro e o Graal por uma donzela devem originalmente ter sido símbolos sexuais em alguns ritos clássicos de mistério.[13] A pintura do vaso grego da figura 52, do século V a.C., atesta a antiguidade de tais símbolos no contexto dos ritos de iniciação. A vara com a chama e o jarro vazio nas mãos da jovem são equiparados ao florescente tirso com a seiva vital e o cálice de vinho do deus.

E na figura 53, de um outro vaso aproximadamente da mesma data, mostrando o Pescador entre sátiros báquicos, temos uma notável confirmação da tese de Weston. Nas comunidades cristãs primitivas, Cristo foi associado ao imaginário de tais ritos: o Cantor e o Bom Pastor Orfeu (figuras 1 e 9); o pão e o vinho de Dioniso, nos quais o próprio deus é consumido; a morte e a ressurreição de Tammuz, Adônis, Átis e Osíris; e o imaginário sexual (em certas seitas gnósticas) do deus em sangue menstrual e sêmen, sofrendo tanto na mulher quanto no homem e transformados em um todo inteiro através da união sexual.

A referência original de tais símbolos pagãos, entretanto, não remete ao nascimento, morte e ressurreição de Jesus Cristo (isto é, à teologia católico-romana), mas é inerente aos poderes da natureza que operam no universo e no homem; e a função, portanto, dos ritos de iniciação helenistas não era dirigir a mente para Cristo ou mesmo, em última instância, para Apolo, porém efetuar no indivíduo certas transformações, adaptações e iluminações de caráter psicológico.

A lança que feriu o flanco de Cristo é, por analogia, o javali que matou Adônis e, como o javali, um equivalente da própria divindade assassinada, na qual os opostos são transcendidos: morte e nascimento, tempo e eternidade, o assassino e o assassinado; também, masculino e feminino. Consequentemente, a lança no ferimento de Cristo é comparável ao *liṅgam* na *yoni* (ou como dizem os budistas, "a joia no lótus"), e o sangue que escorre da ferida (a *yoni*) escorre igualmente da lança (o *liṅgam*), como uma única substância vital de deus: porque os dois, embora aparentemente separados, são o mesmo. E essa é a lição da lança ensanguentada transportada simbolicamente pelo grande salão, como o sangue escorrendo por toda a sua extensão, passando pela mão do portador e entrando por sua manga. Ela fala da lança que feriu o Rei Mutilado: Anfortas no seu leito de dor, Cristo na Cruz; anunciando o sentido do mistério futuro, do Graal, a Perfeição do Paraíso, no qual os opostos se unem. Para que tais símbolos sejam eficazes na vida, entretanto, eles precisam levar o coração humano a reconhecer e responder em termos *humanos*, e enquanto isso não acontece, sua mera presença, interpretada *sobrenaturalmente*, apesar de ser talvez reconfortante e promissora, não convence.

O Castelo do Graal, como o vaso da fonte batismal ou do santuário da serpente alada (figura 11), é o lugar – o *vas*, o *temenos* – da regeneração e, assim, um santuário no qual o simbolismo sexual é tão apropriado quanto inevitável. A grande virtude de Wolfram está na tradução dos símbolos magicamente interpretados à linguagem da experiência heterossexual humana, ilustrando em sua narrativa, de muitas maneiras e em vários níveis, a mútua influência dos sexos, como forças que orientam, inspiram e iluminam – com os símbolos que nos informam sobre os graus de realização alcançada: como no caso de Parzival. Quando tosco e inexperiente, procurando apenas seu próprio bem (orando ao que ele imagina ser um deus de ajuda; indiferente ao sofrimento de sua mãe; tomando violentamente o que ele desejou da senhora da tenda), ele encontrou um pescador mesquinho que lhe indicou o castelo da fama mundana; porém quando ele arriscou a vida por outra pessoa e experimentou com ela a iniciação no amor (Condwiramurs: do francês antigo, *conduire-amours*, "conduzir, servir, guiar o amor"), o pescador que encontrou foi o Rei Pescador, que lhe indicou o Castelo do Graal, para alcançar aquilo para o qual ele agora estava apto a lutar. E nessa epopeia quimérica de busca espiritual terrena, os heróis e heroínas são muitos, embora os destinos de todos – como na visão cósmica de Schopenhauer da prodigiosa *harmonia praestabilita** – se entrelacem.

III. O CAVALEIRO DA DAMA
LIVRO VII: A PEQUENA DAMA OBILOT

Parzival, agora livre e sozinho na Terra Desolada de sua própria vida desorientada, errará durante cinco anos. Pode ser considerado como o Stephen Dedalus dessa obra medieval, um jovem introvertido, essencialmente solitário, profundamente movido por uma resolução suprema. Ao passo que Gawain, dezesseis anos mais velho, é o equivalente em certo sentido a Bloom, o extrovertido, passando despreocupadamente de uma aventura a outra, com seus pensamentos quase sempre em torno das damas.

Não sabemos por quantos dias Gawain estava cavalgando quando deixou a floresta e viu diante de si, numa encosta, muitos estandartes e uma multidão vindo em sua direção. E quando seus caminhos se cruzaram, ele recuou para assistir muitos capacetes suntuosos passarem e inúmeras lanças brancas novas, com flâmulas tremulando. A seguir iam as mulas carregadas com armaduras e muitas carroças abarrotadas; comerciantes com exóticas mercadorias; um grande número de damas: nenhuma rainha, mas apenas mulheres de soldados, algumas usando até doze prendas de amor. Finalmente, uma multidão de jovens e velhos, com os pés feridos e sujos, dos quais alguns estariam melhor com uma corda no pescoço.

Gawain perguntou a um jovem escudeiro a quem pertencia aquela turba e ficou sabendo que seu senhor era o Rei Poydiconjunz de Gors, o pai daquele rude Príncipe Meljacanz que uma vez raptara a rainha de Artur. Poydiconjunz e seu filho, com o poderoso Duque Astor de Lanverunz, estavam na vanguarda daquele exército, ainda maior, do jovem sobrinho do rei, Meljanz de Liz, que fora rejeitado pela filha de seu leal vassalo, Duque Lyppaut de Bearosche, e agora vinha para fazer valer

---

* *Supra*, p. 297.

seu desejo à força. O duque criara Meljanz desde a infância e encontrava-se desta feita na mais profunda aflição.

Essa história despertou um enorme interesse em Gawain que, não sabendo que Parzival fazia parte do exército de Meljanz, prosseguiu para a cidade fortificada, diante da qual um grande exército de defesa estava acampado; e apesar de a extensão estar repleta de tendas, ele e sua comitiva atravessaram cavalgando, até chegar às muralhas do castelo. Acima, em uma janela, estava inclinada a filha caprichosa, Obie, a causadora de toda aquela confusão, junto com sua mãe e sua irmã mais nova, Obilot.

"Quem é o jovem e belo cavaleiro que acabou de chegar?" – perguntou a mãe.

"Ó mãe!" – respondeu a filha. "Ele não é nenhum cavaleiro. É apenas um mercador!"

"Mas eles trouxeram juntos seus escudos."

"Muitos mercadores têm esse costume" – disse a moça.

A irmãzinha, entretanto, estava admirando o cavaleiro. "Tenha vergonha!" – ela ralhou. "Ele não é nenhum mercador. Ele é bonito. Quero-o para ser *meu* cavaleiro."

Enquanto isso, os escudeiros de Gawain tinham-no instalado sob uma grande tília e logo apareceu o próprio Duque Lyppaut para lhe solicitar que participasse do combate prestes a se realizar.

"Eu gostaria imensamente" – disse Gawain – "mas tenho de evitar o combate até a hora designada. Porque estou a caminho de redimir minha honra ou morrer no campo de batalha."

O velho homem, abatido, ergueu-se e retornou ao portal de sua fortaleza, onde encontrou sua pequena Obilot.

"Pai" – ela disse – "eu acho que o cavaleiro vai fazê-lo por mim: quero que se ponha a meu serviço". E o pai, com esperança, deu-lhe permissão e ela correu até Sir Gawain que, à sua chegada, levantou-se para receber a pequena visitante.

"Sir" – ela disse –, "Deus é testemunha: sois o primeiro homem a quem falo sozinha. Minha governanta diz-me que a fala é a vestimenta do espírito; espero que a minha expresse modéstia e boas maneiras. É apenas a maior das aflições que me leva a fazer isto. Espero que vós me permitais dizer do que se trata".

"Vós sois na realidade eu e eu sou vós, embora nossos nomes sejam diferentes. Eu darei a vós agora o meu nome e isso fará de vós tanto mulher quanto homem, de maneira que estarei falando tanto para vós quanto para mim mesma. Sir, se quiserdes eu vos darei meu amor de todo o coração; e se tiverdes um coração valoroso, servireis a nós ambos apenas para gratificar-me."

Gawain pensou no que Parzival lhe dissera, que era melhor confiar numa mulher do que em Deus, e deu à pequena dama sua palavra.

"Em tuas mãos coloco minha espada" – ele disse. "Quando for desafiado, serás tu que me conduzirás. Os outros acharão que estão me vendo, mas eu saberei que veem a ti."

"Isso não será demasiado para mim" – ela disse. "Serei vossa proteção e escudo."

"Senhora!" – disse ele e as pequenas mãos dela foram apertadas entre as dele. "Agora vivo às tuas ordens e pela dádiva de teu conforto e amor."

"Sir" – ela disse –, "tenho agora de vos deixar; pois há algo mais que necessito fazer. Preciso arranjar minha prenda. Se vós a usardes, nenhum cavaleiro será maior em fama". E saiu correndo com Clauditte, a filha do senhor do castelo e sua companheira de brincadeiras.

"Que homem galante e bondoso!" – disse a duquesa quando ouviu a história. Eles fizeram para a menina um novo vestido de seda dourada, do qual tiraram a manga e entregaram-na à companheira da menina para levar a Gawain, que imediatamente, encantado, fixou-a em um de seus três escudos.

No dia seguinte, com um grande estrondo e um ruído de espadas partindo-se, surgiu o grito de batalha, e Gawain cavalgou para o ataque derrubando rapidamente dois jovens senhores. Quando, entretanto, ele ouviu o Duque Astor de Lanverunz dar o grito de batalha, "Nantes", dos cavaleiros da Távola Redonda e viu em um escudo entre seus homens o brasão do filho de Artur, ele deu a volta e abandonou aquele exército, indo atacar o outro, do Rei Meljanz, a quem ele derrubou e colocou a serviço de Obilot. Parzival estava em outro lugar no campo de batalha, batendo-se com guerreiros do irmão do Duque Lyppaut, enquanto o próprio duque lutava com Poydiconjunz: e Gawain, retornando para ajudá-lo, derrubou o rude Meljacanz, a quem Astor, entretanto, salvou. De maneira que a jornada de combate acabou com o Rei Meljanz prisioneiro e com os melhores feitos do dia realizados em nome de Obilot.

Tampouco Gawain deixou de receber um beijo quando lhe pediram para tomar sua dama nos braços. Apertou a menina bonita contra seu peito como se fosse uma boneca e, chamando o Rei Meljanz, colocou-o a serviço dela. Então, a Dama do Amor, com sua poderosa arte, velha mas sempre jovem, redespertou o amor – e no que diz respeito a como transcorreu o casamento daquele humilhado rei com a irmã mais velha de Obilot, perguntai àqueles que lá receberam presentes. Quando Gawain partiu, sua pequena dama chorou amargamente. A mãe de Obilot teve dificuldades para afastá-la dele, que prosseguiu para a floresta com o coração pesaroso.

LIVRO VIII – A FOGOSA RAINHA DE ASCALUN

"Agora ajudai-me a lamentar os pesares de Gawain!" – escreve o poeta. Ele cruzou altas montanhas e muitos lugares ermos, até que viu se aproximar, diante de um grande castelo, um exército com cerca de quinhentos cavaleiros, que caçavam com falcões. Seu rei, Vergulaht de Ascalun, da estirpe das colinas encantadas,[*] montado sobre um belo cavalo árabe da Espanha, brilhava como o dia no meio da

---

[*] Ascalun, Avalon: as aventuras de Gawain são em geral transformações das visitas célticas às colinas encantadas.

noite. Entretanto, ao virar-se para perseguir e salvar um falcão que com sua presa caíra numa poça, seu cavalo árabe tropeçou e caiu na lama – no exato momento em que chegava Gawain, para se informar sobre o caminho que levava a Schanpfanzun.

"Podes vê-lo diante de ti", disse o rei. "Minha irmã está lá, mas se permitires, continuarei aqui por mais um tempo. Ela tomará conta de ti até eu chegar e não lamentarás se eu me demorar."

O leitor familiarizado com o texto do século XIV, *Sir Gawaine e o Cavaleiro Verde*, terá adivinhado que nos aproximamos de uma variante da cena da tentação,[14] no extremo oposto de seu idílio com a pequena Obilot.

O castelo era imenso; sua senhora, bela. "Como meu irmão recomendou-te com tanta veemência" – ela disse – "eu te beijarei se quiseres. Mas tens de me dizer o que devo fazer, de acordo com tuas próprias normas". Ela estava parada diante dele com todo o seu charme.

"Senhora, tua boca" – disse Gawain – "parece-me tão desejável, que eu receberei o beijo de saudação".

Os lábios eram ardentes, túmidos e vermelhos. Gawain cobriu-os com os seus próprios lábios e o beijo que se deram não era do tipo recomendado para a recepção de hóspedes. Ela e seu bem-nascido hóspede sentaram-se. Seguiu-se uma conversa afável e franca, que rapidamente avançou para um ponto em que ela podia apenas repetir uma recusa às insistentes súplicas dele.

"Sir" – ela disse, finalmente –, "se sabes o que estás fazendo, compreenderás que já fui suficientemente longe. Além do mais, nem sei quem tu és".

"Sou o filho do irmão de minha tia" – ele respondeu – "de uma linhagem tão nobre como a tua; de maneira que, se queres conceder o favor, não permitas que teus antepassados te impeçam".

A criada que servira a bebida desapareceu e algumas outras damas que estiveram sentadas por ali também não se esqueceram de que tinham outras coisas a fazer. O cavaleiro que escoltara Gawain igualmente sumiu de vista. E ele, refletindo que mesmo uma águia gravemente ferida pode pegar uma grande e gorda avestruz, estendeu a mão por baixo do manto dela, "e creio", afirma o poeta, "que tocou em seu quadril" – o que apenas fez aumentar sua ansiedade. Eles encontravam-se em tal estado de ansiedade que algo estava a ponto de ocorrer. Tanto o homem quanto a mulher estavam prontos para o amor, quando, ai!, chegou a tristeza! Um cavaleiro de cabelos brancos aproximou-se da porta e, ao ver Gawain, soltou um brado de guerra, "Ai, ai de meu senhor" – ele gritou – "meu mestre a quem tu mataste! E agora ias violar sua filha!"

As pessoas normalmente respondem a um chamado à luta e assim se deu também ali. Um cavaleiro apareceu aqui, logo um mercador. E eles ouviram a plebe vindo da cidade.

"Senhora" – disse Gawain – "dá agora teu conselho! Se ao menos eu tivesse a minha espada!"

"Vamos fugir por aquela torre" – ela disse. "É a que está logo após meu quarto." E os dois encaminharam-se para a porta.

Gawain arrancou da parede a trava para trancar a torre e, manejando-a, segurou a porta enquanto a dama corria escadas acima. Lá no alto, ela apressadamente procurou uma arma, encontrou um tabuleiro de xadrez lindamente montado com suas peças e levou-o para Gawain, que o utilizou como escudo, enquanto a rainha, atrás dele, arremessava os reis e torres, e (segundo a nossa história) eles eram pesados, de maneira que aqueles que eram atingidos caíam. Aquela vigorosa dama lutou como um guerreiro e nenhum feirante em época de carnaval resistiu de maneira tão aguerrida. Uma mulher manchada com ferrugem de armadura logo se esquece do que é conveniente. E por todo o tempo em que combateu, ela chorava.

Mas e Gawain? Em cada oportunidade que tinha, ele voltava-se para olhar a sua rainha. Nunca se viu uma lebre no espeto em melhor forma do que ela. Entre os quadris e os seios, onde o cinto estava colocado, nenhuma formiga jamais teve cintura mais fina. Todas as vezes que Gawain olhava para ela, mais atacantes perdiam a vida.

Então chegou o rei, Vergulaht. Ele viu em que situação estava a batalha; "e temo" – intervém o poeta – "ter agora que lhes dar a conhecer que um rei desonrou a si mesmo por sua maneira de tratar um hóspede". Gawain teve de esperar que Vergulaht vestisse sua armadura, então ele recuou, retirando-se pela escada. Nesse momento surgiu o nobre Príncipe Kingrimursel, que durante o banquete no acampamento de Artur desafiara Gawain a fazer essa viagem. Quando ele viu o que ocorria, arrancou os cabelos desesperado, pois empenhara sua honra que Gawain ficaria em paz até ser enfrentado num combate um a um, no campo de batalha. Da torre ele rechaçou a turba e gritou para Gawain ir lutar a seu lado e os dois fugiram para o campo aberto.

Os conselheiros persuadiram o rei a primeiro proclamar um armistício e depois decidir como seu pai seria vingado. O campo de batalha ficou em silêncio. A dama surgiu de sua torre, beijou seu primo, Kingrimursel, nos lábios, por ter salvado Gawain e virou-se para o rei, seu irmão: "Modéstia e boas maneiras eram meu único escudo" – ela disse – "para proteger a mim e o cavaleiro que tu me enviaste. Cometeste comigo uma grave ofensa. Além do mais, sempre ouvi dizer que, se um homem busca a proteção de uma dama, seu adversário deveria abandonar o combate. A busca de proteção de seu hóspede em mim, Rei Vergulaht, não fará nenhum bem à sua reputação".

O príncipe também o acusou. "Eu dei garantias a Gawain. Tu o traíste e, portanto, eu também fui afrontado. Meus pares, os príncipes, vão avaliar. Se tu não consegues honrar príncipes, também não respeitaremos tua coroa".

Seguiram-se mais algumas acusações verbais, porém o desfecho de tudo foi que naquela noite, a dama – seu nome era Antikonie – entretinha Gawain e Kingrimursel com um jantar de vinhos, faisões, perdiz, peixe e pão branco, servido por lindas criadas, todas com cinturas de formiga. O rei, reunido com seus conselheiros, informava sobre um combate que travara recentemente contra um poderoso cavaleiro na floresta, que o fizera voar do cavalo e obrigara-lhe a jurar que obteria para ele o Graal no prazo de um ano. "E, se eu não conseguir, terei de ir até a Rainha Condwiramurs para lhe jurar submissão."

Os conselheiros então concordaram que, uma vez que Gawain estava em poder de Vergulaht preso em sua armadilha, o rei deveria passar a missão do Graal para ele. "Que descanse esta noite" – sugeriram – "e amanhã será comunicado disto".

Depois da Missa, quando surgiu a dama com seus dois cavaleiros, com uma grinalda de flores na cabeça, da qual nenhuma rosa era mais vermelha que seus lábios, o Rei Vergulaht solicitou a seu hóspede que o ajudasse a convencer sua irmã a perdoá-lo. "E então eu perdoarei o profundo pesar que me causaste pela morte de meu pai, desde que" – acrescentou – "tu jures prontamente que buscarás o Graal para mim".

Dessa maneira todos se reconciliaram e, após o desjejum, chegou o momento de Gawain partir. A rainha aproximou-se sem malícia, disse adeus e sua boca novamente beijou a dele. "Eu acho" – diz o poeta – "que ambos estavam tristes". Então seus pajens trouxeram-lhe seus cavalos e ele montou Gringuljete (seu formoso cavalo branco de reluzentes orelhas vermelhas) partindo em busca do Graal para o Rei Vergulaht de Ascalun.

IV. ILUMINAÇÕES

LIVRO IX: O EVANGELHO DE TREVRIZENT

"Abre-te agora coração" – escreve o poeta – "para o chamado da Dama Aventura! Vamos saber qual é o destino daquele nobre cavaleiro que Cundrie, com suas ríspidas palavras, mandou em busca do Graal. Terá encontrado Munsalvaesche?"

O livro de sua aventura conta que certo dia, enquanto cavalgava na floresta – "numa hora incerta" – Deus decidiu guiá-lo e ele viu entre as árvores uma cabana. Em seu interior havia uma eremita ajoelhada sobre um ataúde, e o cavaleiro esperando obter orientação gritou: "Há alguém aí dentro?" Ela respondeu e ao ouvir uma voz de mulher, ele rapidamente virou a rédea de seu cavalo e, enquanto ela se levantava, deixou sua montaria, escudo e espada junto de uma árvore.

Ela vestia um cilício, por baixo do vestido cinza, mas usava também um anel de granada. "Que Deus te recompense pela saudação, já que Ele recompensa toda cortesia", ela disse quando chegou para se sentar ao lado dele em um banco, e ele perguntou a respeito de sua vida. "Meu alimento vem do Graal", ela disse. "Cundrie, a feiticeira, traz-me todos os sábados para a semana inteira." E parecendo-lhe aquilo uma história improvável, Parzival apontou para o anel.

"Eu o uso" – ela explicou – "por um homem amado, cujo amor, com o significado do amor humano, eu jamais conheci. Eu o uso desde que a lança do Duque Orilus o feriu mortalmente. Sou solteira e virgem, porém aos olhos de Deus, ele é meu marido e este anel vai acompanhar-me até que eu esteja na presença de Deus". Então ele compreendeu que a mulher era Sigune. Uma dor apertou-lhe o peito; ele retirou o elmo e ela olhou fixamente para o seu rosto. "Parzival! És tu!" Sua atitude tornou-se severa. "O que está acontecendo agora contigo em relação ao Graal? Já descobriste o seu significado?"

"É cruel de tua parte, minha prima, ter tão má vontade comigo", ele respondeu. "Eu perdi nesses anos toda a alegria por causa do Graal. Somos parentes, cara prima. Eu comportei-me lá como alguém determinado a ser um perdedor. Aconselha-me!"

Ela respondeu mais amável. "Que a mão de Deus, que conhece todo o sofrimento, possa te ajudar agora. Podes ainda encontrar uma pista que leve a Munsalvaesche, porque Cundrie acaba de seguir nessa direção. Quando ela vem sua mula fica ali, onde a fonte brota da rocha.* Sugiro que sigas Cundrie; ela não deve estar muito longe."

Ele agradeceu e montou; mas o rastro recente logo desapareceu e, em seu lugar, surgiu cavalgando em sua direção um cavaleiro com a cabeça descoberta. Com uma cota de malha reluzente e veste suntuosa por cima, gritava-lhe que se afastasse. "Munsalvaesche não permite que alguém despreparado para o combate aproxime-se tanto" – ele gritava –, "se não quiser que ocorra aquela transformação que no mundo fora desta floresta é chamada de morte". O cavaleiro colocou seu elmo e Parzival golpeou-o logo acima do escudo, fazendo-o rolar por um barranco. O cavalo de Parzival também tombou, porém ele se agarrou rapidamente a um galho de cedro e, assim pendurado, tateou com os pés até encontrar uma rocha. Abaixo, seu grande Castelhano jazia morto, enquanto o cavaleiro do templo escapava arrastando-se pelo outro lado, abandonando sua montaria que, não longe de Parzival, estava em pé, com as patas enroscadas nas rédeas.

Montando e já não sentindo falta de nada a não ser de sua lança, Parzival cavalgou sem rumo por semanas, até que uma manhã, depois de um leve neviscar – apenas o suficiente para esfriar – encontrou uma fila de peregrinos, descalços, vestidos com grosseiros mantos cinzentos. Na frente seguia um nobre de cabelos brancos, sua esposa e as duas filhas, as damas com seus cachorrinhos trotando ao lado. O grupo era seguido por uma companhia de escudeiros e cavaleiros, também com vestimentas de peregrino.

Enquanto passava, o líder disse ao cavaleiro armado, que desviara seu cavalo do caminho deles: "Estou chocado por ver-te montado neste dia, e não descalço, como nós". Ao que Parzival respondeu: "Senhor, não sei em que dia este ano começou, quantas semanas já se passaram, nem que dia é da semana. Eu costumava servir a alguém chamado Deus, até que Sua misericórdia condenou-me à vergonha".

"Tu queres dizer Deus, o que nasceu da Virgem?", o ancião perguntou. "Ele morreu por nós neste dia, Sexta-feira Santa, quando o mundo inteiro, embora rego-

---

* Ver novamente Eliot, *A terra desolada*: "Se aqui houvesse rocha/Que água também fosse/E água/Uma nascente/Uma poça entre as rochas" (verso 360).

zijante, suspira de pesar. Senhor, se não és pagão, pense neste dia e segue atrás de nós. Há um santo homem mais adiante que, se te confessares a ele com o coração arrependido, te absolverá de teus pecados."

As filhas interromperam. "Pai, por que atormentá-lo assim? Naquela armadura ele deve estar enregelado! Nós estamos acampados nas redondezas, temos grande quantidade de mantos de peregrino: se o próprio Artur viesse nos visitar, teríamos comida suficiente para um banquete. Sê, portanto, um anfitrião decente e leva este cavaleiro para um lugar onde ele possa se aquecer."

O ancião, envergonhado, tornou-se amável e confessou que todos os anos fazia aquela caminhada com sua família e que com prazer partilharia suas provisões. As filhas pediram ao cavaleiro que se unisse a eles e não pareciam estar absolutamente pesarosas. Mas ele pensou: "Aquele que eles amam, eu odeio".

"Que a sorte traga-lhes conforto", ele disse e com cortesia despediu-se – mas com o arrependimento já se agitando em seu coração. Pensou no seu Criador. "O que aconteceria se Deus me ajudasse?" – ele pensou e deixou as rédeas caírem sobre o pescoço de sua montaria. "Que Ele indique ao cavalo o caminho que for melhor para mim." E assim chegou ao lugar onde vivia Trevrizent, o irmão do Rei do Graal, jejuando, orando e lutando contra o Demônio.

"Senhor, aconselhai-me", pediu Parzival, quando interrogado por que cavalgava com armadura naquele dia. "Sou alguém que pecou." E quando o eremita perguntou-lhe quem o enviara, ele falou dos peregrinos encontrados no caminho e depois inquiriu: "Quando cavalguei em vossa direção daquela forma, não tivestes medo?"

"Veados e ursos já me amedrontaram" – disse o eremita – "mas não há nada humano que me assuste. Um dia, como tu, fui cavaleiro e lutei pelo amor nobre. Mas agora já me esqueci de tudo aquilo. Dá-me tuas rédeas!" Ele levou o cavalo para um lugar protegido e o próprio cavaleiro para a sua caverna. Havia alguns livros ali e um altar de pedra com uma arca de relíquias sobre ele. Parzival reconheceu que era o mesmo altar, no qual um dia jurara ao derrotado Duque Orilus que não violara sua mulher.[*] Portanto, ele passara por aquele caminho antes – quatro anos e meio e três dias antes. Suspirou quando soube a data.

"Quanto tempo! Desorientado e magoado! Eu tenho por Deus um grande ódio. Dizem que Ele é o Senhor da ajuda. Por que, então, não me ajudou?"

O santo olhava para ele em silêncio. "Que Deus nos ajude a ambos!", ele orou. "Agora me conta, calma e sensatamente, como surgiu essa ira por Deus, pela qual Ele conquistou teu ódio. Mas antes de começar a acusá-lo, permite-me falar-te de Sua inocência. Ele é lealdade. Seja leal! Ele é chamado de verdade. O que quer que seja falso, Ele abomina. Qualquer um que te visse afrontá-lo com ódio te tomará por louco. Com tal raiva tu não chegas a lugar nenhum. Pense em Lúcifer e sua hoste."

Então ele contou a velha história de Adão e Eva, da Queda e do pecado de Caim, de cujo irmão o sangue derramou sobre a terra, quando surgiu pela primeira vez o

---

[*] *Supra,* p. 384.

ódio. A terra virgem, da qual Adão nascera, foi profanada por aquele sangue. Mas então o próprio Deus tornou-se o filho da Virgem, de maneira que havia agora dois homens nascidos de virgens: do primeiro, Adão, veio o sofrimento; do segundo, o júbilo.

"Ouve essas lendas antigas como se fossem novas", disse Trevrizent. "Deixa que elas te ensinem a falar a verdade. O profeta Platão ensinou dessa maneira em seu tempo; Sibila, a profetiza, também. Há muitos anos eles nos asseguraram que seríamos redimidos, mesmo do maior pecado."

"Com o Amor Divino, o Poder Supremo nos libertou do Inferno: apenas os maus Ele deixou que lá permanecessem. Porque Deus partilha com o homem Seu amor e Seu ódio, e entre eles o mundo inteiro pode escolher. Ma se tu desejas a Deus apenas o mal – a Ele, que está pronto para receber o teu amor ou a tua ira – será apenas tu que estarás perdido. Portanto, volta agora para Ele teu coração e deixa que responda à tua boa vontade. Ouve bem a história sublime desse Verdadeiro Amante."

"Meu maior sofrimento" – disse Parzival – "é pelo Graal; meu segundo, por minha mulher. Eu anseio por ambos".

"Quanto a teu casamento, está bem", disse Trevrizent. "Permanece fiel a ele e, embora possas sofrer no Inferno, a agonia acabará e com a graça de Deus tu serás liberto. Mas tu me falas também do Graal e nisso tu és um louco: pois nenhum homem que não foi designado para ele no Céu, jamais alcançou o Graal. Isso eu te digo, porque sei e vi eu próprio."

"O senhor esteve lá?"

"Sim, estive."

Trevrizent contou então a Parzival sobre o rei e sua ferida, a respeito do milagre da pedra e de como um dia alguém chegou ao castelo inesperadamente. "Um louco" – disse Trevrizent – "que levou o pecado consigo por não ter dito ao rei uma palavra a respeito do sofrimento que assistiu". E ambos se olharam, face a face.

"Há um cavalo neste momento no meu estábulo" – disse o ancião – "com a insígnia de Munsalvaesch em sua sela, o símbolo da pomba. Além do mais, tens uma certa semelhança com o falecido Rei do Graal, Frimutel. Agora dize-me de onde vens e de que família provéns". E quando soube a origem de Parzival e sobre sua incursão na corte de Artur, "Ai, que mundo!", ele exclamou. "Tu mataste tua própria carne e sangue. Ither, o Cavaleiro Vermelho, era teu parente; e tua mãe, minha irmã Herzeloyde, morreu de sofrimento por tua causa!"

O jovem jamais soubera disso. "Oh não! Não!", ele exclamou. "O que está me dizendo, senhor!"

Demorou algum tempo, entretanto, para confessar que fora ele, o filho desgraçado, que deixara de fazer a pergunta do Graal.

LIVRO X: A BELEZA DA DAMA ORGELUSE

Histórias terríveis estão agora por vir; pois Gawain, como vimos, estava a caminho de aventuras muito arriscadas. Quem busca o Graal tem de fazê-lo com sua espada. E assim ele cavalgava uma manhã, por uma pradaria, onde viu um cavalo amarrado a uma tília. Havia um escudo ao lado dele, trespassado por uma lança, porém a rédea e a sela eram de mulher; e nosso cavaleiro, imaginando que teria de lutar agora com alguém por quem ele com prazer cairia, espreitou em volta da árvore e encontrou sentada ali uma dama em cujo colo jazia um cavaleiro ferido.

"Senhor" – ela disse –, "ele está vivo, mas não por muito tempo".

O sangue do homem jorrava internamente em suas entranhas. De maneira que Gawain – experiente em matéria de ferimentos – pegou um galho de árvore, raspou a casca transformando-o num tubo e inseriu-o no ferimento, pedindo que a mulher sugasse até o sangue escorrer para fora. Quando o cavaleiro, voltando a si, viu Gawain inclinado sobre ele, preveniu-o. "Eu me arrependerei para sempre desta aventura" – ele disse –, "e tu também se continuares. Lischoys Gwelljus derrrubou-me com um golpe perfeito que trespassou meu escudo".

A trilha que Gawain encontrou estava toda ensanguentada, como se um veado tivesse sido morto ali, e isso o levou em breve a avistar o castelo fortificado do mago Clinschor.* (A estrada serpenteia a colina sobre a qual ele se encontra, de maneira que as pessoas ignorantes dizem que ele gira como um peão.)** Depois de continuar a subir, Gawain chegou a uma fonte que brotava de uma rocha, onde ele viu uma dama cuja beleza o fez parar. Era Orgeluse de Logroys.

"Com tua permissão, posso desmontar?", ele perguntou. "Que eu morra se algum dia já vi mulher mais bela."

"Eu sei disso muito bem", ela respondeu. "Pouca honra é, entretanto, ser elogiada por todos: o elogio que busco é dos sábios. Deves seguir teu caminho. Estarás mais perto do meu coração quando estiveres longe. E se a aventura te leva em busca do amor, a única recompensa que terás de mim será a desgraça."

Ele respondeu encantado: "Senhora, tens razão. Meus olhos expõem o meu coração. Eles te viram e eu fiquei preso a ti. Liberta-me ou submete-me, de qualquer maneira ficarei agradecido".

Ela respondeu com indiferença: "Oh, bem, então me leva junto! Tu te arrependerás. Se for honra que queres, seria melhor desistir".

---

* Clinschor é o Klingsor de Wagner. Seu castelo encantado, segundo Wagner, era o Jardim dos Prazeres no qual Amfortas recebeu seu ferimento. Na ópera, Kundry é escrava de Klingsor; e conserva a lança. Além do mais, Parsifal, não Gawain, é o cavaleiro dessa aventura. Um Parsifal muito diferente do Parzival de Wolfram (mais parecido com o Galahad de Tennyson), que resiste à sedução no jardim (Ato II) e parte com a lança de Klingsor, que, ao ser aplicada à ferida, cura o rei.
**Assim é a racionalização de Wolfram do tema céltico "Castelo Giratório". Curoi tornou-se Clinschor e Cuchullin em Gawain. Cf. *supra,* p. 358-359.

"Quem deseja o amor não merecido?", respondeu ele e ela apontou o caminho. "Desmonta! Desce aquela trilha sobre a pequena ponte e prossegue até o pomar. Há pessoas lá, dançando, tocando tamborins e flautas. Prossegue em frente e verás meu cavalo. Solte-o; ele te seguirá de volta."

Confiando seu próprio cavalo aos cuidados dela, Gawain fez conforme mandado; e enquanto ele passava entre as pessoas, muitos homens e mulheres aproximaram-se lamentando a sua desgraça. Ele viu o cavalo amarrado a uma oliveira e um cavaleiro de barba grisalha inclinado sobre uma muleta nas proximidades, que o alertou: "Se aceitares um conselho, não porás a mão naquele cavalo". Porém Gawain soltou o animal que o seguiu de volta até a dona de seu coração.

"Bem-vindo, simplório", ela disse.

Ele ofereceu-se para ajudá-la a montar. "Não pedi tua ajuda!", ela retrucou e montou sozinha. "Agora me segue e que Deus te derrube do cavalo."

Ele a seguiu e cavalgaram até uma charneca florida onde, percebendo uma planta que era boa para curar feridas, Gawain desceu para arrancá-la. "Vejo que meu amigo é médico além de cavaleiro", foi o comentário da dama. "Proporcionarás uma boa vida a nós dois se souberes vender potes de unguento."

Ele explicou que recentemente passara por um cavaleiro a quem aquela planta seria benéfica. "Oh que bom! Vou aprender algo!" E continuou cavalgando.

Prosseguindo, Gawain viu aproximar-se um estranho escudeiro, uma espécie de monstro, chamado Malcreatiure: era o irmão de Cundrie e tinha o mesmo rosto dela, só que masculino, com dentes de javali e cabelos como as cerdas de um porco. No reino de Tribalibot, perto do Ganges, as pessoas eram assim. Nosso pai Adão, que deu nome a todas as coisas de acordo com sua natureza e conhecia os movimentos dos astros e das sete esferas, conhecia também as qualidades das ervas. Quando alguma de suas filhas chegava à idade de procriar, ele a advertia para não comer certas coisas que poderiam prejudicar o fruto humano. Mas algumas – assim são as mulheres – faziam apenas o que queriam, e com isso obtinham resultados perversos. E havia grande quantidade de pessoas desse tipo no reino agora governado por Feirefiz e sua nobre Rainha Secundille.

A rainha ouvira notícias do Graal e do seu rei protetor Anfortas. No seu próprio reino corriam rios de pedras preciosas e havia montanhas de puro ouro. E quando ela pensou: "Como posso saber mais sobre esse rei a quem está submetido o Graal?", enviou a ele as pedras mais valiosas, junto com dois desses monstros, Cundrie e seu irmão – este último, o bondoso Anfortas, concedeu generosamente à Senhora Orgeluse.[*]

E esse Malcreatiure, parente das plantas e astros, cavalgando um animal raquítico que era coxo das quatro patas, aproximava-se insultando Gawain. "Seu louco! Tu vais levar tal surra por prestar serviços a esta dama que te arrependerás!"

---

[*] Goetz chama a atenção para as imagens hindus de deuses e deusas com dentes compridos como fontes prováveis de que tais criaturas viviam à margem do Ganges. Para um paralelo desse encontro de Gawain com Orgeluse e Malcreatiure, ver o volume *Mitologia Ocidental*, p. 250-251.

Gawain agarrou-o pelos cabelos eriçados, arrancou-o do cavalo e quando as cerdas cortaram suas mãos, a Dama Orgeluse riu. "Adoro ver os dois em tal rixa", ela disse. Malcreatiure montou de novo e, dando a volta, todos retornaram até reencontrarem o cavaleiro moribundo, em cujo ferimento Gawain aplicou a planta.

"Quem trouxeste ao teu lado é a senhora responsável por meu sofrimento", disse o homem. Então pediu a Gawain para ajudar sua dama a montar e, enquanto isso era feito, ele saltou para o cavalo do próprio Gawain, e com uma risada o casal bateu em retirada.

Orgeluse riu também. "Primeiro te tomei por um cavaleiro, depois por um médico e agora vejo que és um pajem. Se tiveres que viver de tua sabedoria, tens um bocado a aprender. Estás ainda ansioso por meu amor?"

"Sim, minha dama", foi a resposta. "Se pudesse conhecer teu amor nobre, não há nada que me seria mais caro. Chama-me de cavaleiro, escudeiro, pajem ou vilão – qualquer coisa que quiseres. Insultando-me estás prejudicando tua própria propriedade, mas como sou teu súdito, este é um direito teu."

Enquanto isso, o homem que fugira com o cavalo retornou para um escárnio de despedida. "Gawain, agora te paguei por aquela surra que me deste quando me levaste para a casa do teu tio e ele me manteve por quatro semanas comendo com os cães!"

"Urians!", gritou Gawain. "És tu! Mas eu *salvei* tua vida!"

O outro riu. "Jamais ouviste o ditado a respeito de salvar a vida de alguém? Ele será teu inimigo para sempre!" E com isso ele deu a volta e desapareceu.

Gawain voltou-se para a dama e explicou. "Aconteceu assim: uma donzela foi violentada e eu, indo atrás do malfeitor, derrubei-o. Ele é o Príncipe de Punturtoys. Para salvar sua vida ele rendeu-se e eu o levei diante do rei, que o condenou à forca. E então ele apelou a mim, que já salvara sua vida uma vez, e eu tanto supliquei por clemência ao rei e à dama injuriada, que eles acabaram concedendo. Porém o rei condicionou o perdão a que ele comesse por um mês com os cães do palácio."

Orgeluse disse: "Vou providenciar para que ele tenha suas recompensas, não pelo que fez contigo aqui, mas pelo que fez lá com aquela dama".

"A perversidade tem de ser recompensada
Com golpes de espada de cavaleiro."

Ela ordenou a Malcreatiure que continuasse a pé, e Gawain voltou-se para o animal raquítico.

"Meu cavaleiro vai agora cavalgar sobre isso?"

"Obedecerei tuas ordens", ele respondeu.

"Elas podem demorar a vir."

"Servir-te-ei mesmo assim."

"Bem, nesse caso, pareces um estúpido", ela disse. "Em breve deixarás o mundo dos prazeres para te unires ao dos sofrimentos."

"Na alegria ou na tristeza, tanto faz" – ele respondeu –, "a cavalo ou a pé", e virou-se para examinar sua montaria. As correias dos estribos eram de cortiça e a sela tão frágil que ele temeu que pudesse se partir; o animal, também estava a ponto de cair. De maneira que puxou as rédeas e ele próprio carregou seu escudo e uma de suas lanças.

A dama escarneceu: "Tu agora levas mercadorias para o meu reino? Primeiro um médico, agora um comerciante! Toma cuidado com os tributos no caminho!"

Ele adorou suas observações: tal era o seu prazer só em ver aquela boca encantadora. E como perdas e ganhos eram o mesmo em se tratando dela, ele era tão prisioneiro quanto livre.

"Ó amor!", exclama o poeta a esta altura. "Eu pensava que eras demasiado velho para pregar peças assim infantis! Gostaria de tirar Gawain deste apuro, mas salvá-lo seria acabar com sua alegria."

Assim os dois chegaram diante de um castelo que ficava do outro lado de um vasto rio navegável; um castelo repleto, Gawain pode ver, de damas. Estava agora montado no cavalo coxo e viu um cavaleiro aproximar-se a galope. Sua dama disse, "Vês? Exatamente como eu previ! Terás agora todas as chances para a desonra. Aquele sujeito vai acabar contigo e se tuas calças se rasgarem quando tombar o animal, não será um espetáculo para aquelas damas?"

Um balseiro aproximou-se ao seu aceno e ela, montada no seu cavalo, subiu a bordo, deixando Gawain virar-se como pudesse.

Seria um exagero dizer que Lischoys Gwelljus vinha voando, porém se aproximava muito rapidamente e Gawain pensou: "Como devo recebê-lo?" Sua decisão foi deixá-lo vir com toda a força de encontro a seu animal, para depois se ocupar dele desmontado e foi exatamente o que aconteceu. O combate foi notável, até que por fim Gawain – que era um fantástico lutador – agarrou e arremessou seu adversário no chão, o qual recusou a se render quando a isso foi exortado.

"Melhor ser morto" – ele disse – "do que viver derrotado".

E Gawain, pensando, "Mas por que eu deveria matar este homem?", deixou-o levantar-se, sem garantia.

Eles sentaram-se distanciados um do outro entre as flores, até que em breve Gawain percebeu que o cavalo do outro era Gringuljete, que fora levado havia pouco tempo por Urians. Ele levantou-se, montou, deu uma volta e, desmontando novamente, percebeu que o jarrete do animal estava agora marcado com uma pomba, o emblema do Graal. No entanto, Lischoys Gwelljus, tendo recuperado a espada, vinha em sua direção para atacar novamente, e as damas assistiram quando ele foi mais uma vez derrubado, como de novo recusou a se render e como da primeira vez Gawain deixou que ele se levantasse.

A essa altura o balseiro já retornara. Revelou a Gawain que era costume daquele lugar que entregassem a montaria do cavaleiro derrotado como pagamento pelo transporte. "Foi *ele* quem *me* derrotou" – Gawain respondeu – "quando derrubou meu cavalo. Podes ficar com o coxo, que está lá adiante. Mas se tu dás o mesmo valor a um homem, podes levar o cavaleiro que avançou com meu próprio cavalo contra mim. Leva-lo-ei até tua porta com minhas próprias mãos". O balseiro riu. "Nesse caso, serás com certeza bem-vindo", ele disse.

E assim foram os três para a outra margem, onde o balseiro disse a Gawain: "Tu és agora o senhor de minha casa". O filho do bom homem tomou conta do cavalo de Gawain, enquanto sua filha, Bene, cuidava do cavaleiro. Ela conduziu-o a seu quarto, onde estavam espalhados juncos frescos no chão, misturados com belas flores, e então o ajudou a retirar a armadura. O filho chegou em seguida com almofadas, o pai e a mãe entraram e todos se sentaram cortesmente para comer. Após a refeição, a mesa foi retirada e sobre as almofadas uma cama foi preparada pela filha, com lençóis brancos como a neve, um travesseiro e um cobertor.

V. SEGUNDO *INTERMEZZO*:
A SECULARIZAÇÃO DO MITO

Gawain passara agora da esfera da aventura terrena para a transcendental margem de lá, que o poeta Wolfram associaria com a magia do Oriente místico, e como Heinrich Zimmer demonstrou em seu tão importante quanto delicioso estudo comparativo de uma série de lendas orientais e ocidentais, *The King and the Corpse* [em português este livro recebeu o título *A conquista psicológica do mal*],[15] há uma correspondência, tanto em ocorrência quanto em sentido, entre as aventuras dos cavaleiros de Artur e as dos grandes e pequenos heróis do Oriente, até mesmo do próprio Buda; e, por analogia, com as versões gnósticas e outras heréticas dos milagres de Cristo.

Uma das coisas mais notáveis com respeito a Wolfram é que em seu desenvolvimento do romance do Graal ele tinha consciência dessas analogias não ortodoxas e pôde fazer uso delas, como em sua assimilação inaudita do Graal tanto à pedra filosofal quanto à Caaba. Além do mais, ele aplicou suas interpretações conscientemente a uma mitologia de todo *secular*, de homens e mulheres que vivem para *este* mundo, não para "aquele"; perseguindo propósitos terrenos, humanos e humanitários (isto é, nos termos de Wolfram, "corteses"), e apoiados em suas missões espirituais não por uma graça sobrenatural dispensada por meio dos sacramentos, mas pela graça *natural* da qual o indivíduo é dotado e pela virtude mundana de lealdade no amor. É isso que dá a essa obra uma importância notável como o primeiro exemplo na história da literatura mundial de um *mito secular cristão desenvolvido conscientemente*. Conforme observou o grande poeta moderno (talvez o maior de nosso século) Willian Butler Yeats, em sua singularmente inspirada revelação de um destino, sorte ou *wyrd* na história como a encontramos na sua obra *Uma visão*:

> Por todo o *Parsifal* alemão não há nenhuma cerimônia da Igreja, nem matrimônio, nem missa ou batismo, mas em vez disso descobrimos aquela estranhíssima criação do romance ou da vida, "o transe amoroso". Parsifal em tal transe, não vendo nada diante de seus olhos a não ser a imagem de seu amor ausente, venceu um cavaleiro após outro, e, quando por fim despertou, olhou surpreso para sua espada e escudo

avariados; e foi para a sua dama e não para Deus ou a Virgem que Parsifal orava no dia de combate, e era o espírito de sua dama, separado de seu corpo arrebatado ou adormecido, que o acompanhava e o fazia vencer.[16]

Naquela paródia de zelo espiritual representada na peregrinação de Sexta-feira Santa do velho aristocrata e sua família – descalços, porém com seus cães de estimação trotando ao lado e todos os membros da família atrás – há um delicioso toque de ironia; mas o poeta deixa que aquela pobre comédia doméstica afete profundamente os sentimentos de seu *verdadeiro* peregrino espiritual: o cavaleiro em armadura, não vestido como peregrino, que, excluído do mundo por quase cinco anos, realizava uma aventura espiritual realmente significativa.

"Quando jejuardes, não tomeis um ar sombrio como fazem os hipócritas, pois eles desfiguram seu rosto para que seu jejum seja percebido pelos homens. Em verdade vos digo: já receberam a sua recompensa. Tu, porém, quando jejuares, unge tua cabeça e lava teu rosto, para que os homens não percebam que estás jejuando, mas apenas o teu Pai, que está lá no segredo; e o teu Pai, que vê no segredo, te recompensará." (Mateus 6:16-18).

O devoto peregrino por um dia mandou o cavaleiro realmente santo buscar absolvição para seus pecados com o eremita que se encontrava adiante no caminho; porém Trevrizent era um leigo, não um padre. Jamais fora ordenado. Em seu retiro na floresta, na realidade, ele não participava de missas ou de quaisquer outros sacramentos. Como tampouco participava Sigune, aquela estranha e neurótica amante de um cadáver: "Ela não frequentava missas" – declara Wolfram –, "embora toda a sua vida fosse uma genuflexão".[17] Em sua condição transcendental, era alimentada pela generosidade do Graal,[18] o qual, por sua vez, recebia seu poder de uma pomba que anualmente na Sexta-feira Santa voava do céu com uma hóstia que colocava sobre a pedra:[19] um sinal tangível do amor de Deus, não proveniente do sacramento do altar, mas diretamente da esfera da própria graça. E Trevrizent definiu aquela esfera em termos antes de uma ordem psicológica do que sacramental, como correspondente – e reciprocamente respondendo – aos sentimentos humanos de ódio, amor e lealdade, nos mistérios do Inferno, do Céu e da Crucificação. Além do mais, ele interpretava a Crucificação de acordo com Abelardo, como o sinal livremente expresso do amor de Deus, para comover nossos corações, para que Ele possa dar plenitude e, dessa maneira, redimir nossas vidas.* E consequentemente, a conversão do cavaleiro Parzival (não um retorno à imagem do Deus de sua mãe, porque este em seu coração estava morto)[20]** ocorreu na comemoração da Crucificação, na Sexta-feira da Paixão; mas não houve nenhum sacramento em igreja, nenhuma missa, nenhuma confissão ou comunhão eucarística propriamente; apenas que o

---

* *Supra*, p. 32-33.
** Comparar com o problema de Stephen Dedalus em *Um retrato do artista quando jovem* e *Ulisses*, culminando na conversão.

coração de Parzival abandonou o ódio e a desconfiança – inspirado pelos pretensos peregrinos – e foi confirmado pelo novo relato, do ponto de vista psicológico, das antigas lendas feito pelo eremita Trevrizent.

Para citar novamente o comentário de Gottfried Weber:

> Não é verdade, conforme Parzival supusera antes de seu encontro com Trevrizent, que Deus pode ser entendido em termos cavalheirescos, medido por padrões cavalheirescos e concebido como uma espécie de supremo cavaleiro, de quem se espera que ajude àqueles de sua própria posição social, conforme as regras da vida palaciana. [...] A ideia de Parzival de que ele pudesse de alguma maneira aliviar os sofrimentos do Castelo do Graal por meio da realização de façanhas cavalheirescas externas foi então demonstrada por Trevrizent como um equívoco cruelmente ingênuo.[21]

Devemos lembrar que durante o período de vida de Wolfram, o abade Joaquim de Fiori (*c*.1145-1202) publicava aquelas profecias sobre as quais o herói de James Joyce, Stephen Dedalus, refletiu em sua meninice "na baía estagnada da biblioteca de Marsh",[22] segundo as quais haveria ao todo três idades da humanidade (figura 54): a primeira, sucedendo um prelúdio obscuro do tempo de Adão a Moisés, a "Idade do Pai" (da Lei Mosaica e de Israel); a segunda, a "Idade do Filho" (o Evangelho e a Igreja); e a última (que começaria por volta do ano de 1260), a "Idade do Espírito Santo", quando a autoridade de Roma se dissolveria e o mundo se tornaria um Paraíso terrestre de santos comunicando-se diretamente com Deus.[23]

São Francisco também foi uma figura proeminente daquela época (1186-1226) e, conforme observado no volume *Mitologia Ocidental*, muitos consideravam que havia assinalado o início da última era de Joaquim com a fundação de sua ordem de frades. Na obra de Wolfram, Trevrizent e Sigune representam o ideal quase hindu do santo da floresta, o qual, entretanto, Parzival superaria, como Cristo superou a João Batista[24] e Buda a seus mestres, Arada e Udraka.[25]

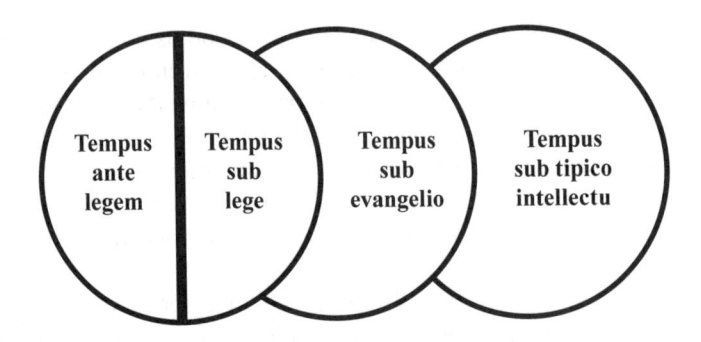

Figura 54. As Idades do Mundo (Joaquim de Fiori); *c*.1200 d.C.

Porque, apesar de desperto por Trevrizent para uma nova compreensão da espiritualidade, Parzival não ficou satisfeito em se restringir às regras que até então tinham prevalecido (conforme o seu mestre) com respeito à busca do Graal, a saber: 1. que a todo aquele que tivesse fracassado não seria dada uma nova oportunidade; e 2. que aquele que se empenhasse conscientemente na busca do Graal, jamais o obteria. E da mesma maneira que um dia ele se distanciou de seu mestre mundano, Gurnemanz, ele agora também se distanciaria de Trevrizent. E assim como a Antiga Lei foi transcendida – "e o véu do Santuário se rasgou em duas partes, de cima a baixo"[26] – mediante a paixão de Cristo, assim também pela paixão de Parzival uma nova era, não de um povo escolhido, ou de uma igreja legitimada, mas de indivíduos autênticos, plenificados aqui mesmo na terra pela verdade, lealdade e amor seria anunciada com a conquista do Graal.

O erimitério, bem no estilo de Joaquim de Fiori, de Trevrizent, de um lado, e a gruta do amor de Tristão (não menos afastada do mundo), do outro, correspondem exatamente aos dois polos entre os quais o Parzival de Wolfram passaria "pelo meio". E seu contracenante nessa passagem seria Gawain, um personagem mundano e nobre, apoiando-o sempre por meio de uma série de aventuras paralelas, ainda que menos exaltadas.

Ambos os cavaleiros envolveram-se em aventuras anunciadas pela mesma Donzela Abominável: aventuras de encantamento e desencantamento, bem conhecidas do folclore mágico. Por exemplo, conforme o Professor William A. Nitze reconheceu em seu estudo sobre o Graal já citado,[27] há em *As mil e uma noites* o conto "O príncipe enfeitiçado", em que um jovem rei é transformado em pedra da cintura para baixo pelo feitiço de sua esposa infiel em cumplicidade com um mago negro. Sua cidade com sua população também é enfeitiçada e transformada num lago repleto de peixes de quatro cores: branco, azul, amarelo e vermelho (respectivamente, os muçulmanos, cristãos, judeus e magos de seu reino). Um pescador, guiado por um gênio para aquele lago encantado, pescou quatro de seus peixes e deu-os de presente a seu próprio rei, que se incumbiu de resolver seu mistério e, com a sua façanha, desfez o feitiço.[28]

Em *O herói de mil faces* demonstrei que mitos e contos fantásticos dessa natureza pertencem a um tipo genérico, que chamo de "A aventura do herói", que não mudou na sua forma essencial em toda a história documentada da humanidade: 1. um herói aventura-se a sair do mundo cotidiano para se encaminhar a uma região sobrenatural (nos exemplos acima, regiões sob encantamento); 2. ali enfrenta forças fabulosas e conquista uma vitória decisiva (os encantamentos são desfeitos); 3. o herói retorna de sua misteriosa aventura com o poder de conceder benefícios a seus semelhantes.[29]

No caso do livro *Parzival* de Wolfram, o benefício será o início de uma nova época para o espírito humano: de espiritualidade *secular*, mantida por indivíduos responsáveis por si mesmos, que não atuam de acordo com leis gerais supostamente representativas da vontade ou caráter de algum deus pessoal ou eternidade impessoal, mas cada um em termos do desenvolvimento da realização de seu próprio valor. Tal ideia é claramente – e unicamente – europeia. É a ideia representada no "caráter inteligível" de Schopenhauer:* o antigo *wyrd* alemão,** uma vida responsável por si mesma, por suas próprias supremas experiências e expectativas do que é valioso, testada na verdade, lealdade e amor, e cujo exemplo inspira nos outros a busca da mesma realização.

No longo curso de nossa pesquisa das mitologias da humanidade não encontramos nada parecido. A ideia hindu do *sva-dharma*, "o dever de cada um", sugere comparação: "Melhor é o próprio *dharma*, imperfeitamente cumprido, do que o *dharma* de outro, levado à perfeição", afirma a *Bhagavad Gītā*[30]. Entretanto, a ideia de dever nesse caso é a dos deveres de sua casta, conforme definidos pela atemporal (supostamente atemporal) ordem social hindu. O ocidental ao ler tal texto pode pensar nos deveres autoimpostos, descobertos e assumidos por conta própria: uma vocação escolhida e realizada. Essa não é a ideia oriental. Tampouco a "pessoa" oriental é a mesma que a nossa. "Assim como uma pessoa desfaz-se de suas roupas velhas e veste-se com outras que são novas, também o ser que habita internamente desfaz-se de corpos gastos e entra em outros que são novos."[31] O "ser que habita internamente" é a mônada reencarnada; e o propósito de uma vida bem vivida não é realizar as possibilidades únicas de sua encarnação temporal, mas ao contrário, alcançar tal indiferença para este corpo e suas limitações, potencialidades e vicissitudes, que "completamente destituído do sentido do 'eu' e 'meu', chega-se à paz".[32] Se consegue a "libertação" do destino deste corpo e seus vínculos ilusórios com este mundo, a mônada reencarnada então se dissolve, nas palavras de Ramakrishna, "como uma boneca de sal que entra no oceano":[33] o oceano do Si-Próprio Cósmico (*brahmātman*), que é ao mesmo tempo o nada e o tudo. Da mesma forma no budismo – mesmo no Mahayana do Japão – será inútil buscar algo com o sentido europeu de *wyrd*. Carl Jung em sua distinção entre o "Self" como é entendido no pensamento oriental e o "self" em sua própria ciência da individuação, escreveu: "Nos textos orientais o 'Self' representa uma ideia puramente espiritual, mas na psicologia ocidental o 'self' corresponde a uma totalidade que compreende instintos e fenômenos psicológicos e semipsicológicos".[34] Esse "self" é a "roupagem", em outras palavras, que a "mônada reencarnada" veste e despe. O "caráter inteligível" de Schopenhauer pode ser comparado com esse "habitante do corpo", e como ele também considera que o propósito último da vida está na negação da vontade, há uma boa parte de sua filosofia que se pode comparar com o pensamento hindu-budista. Entretanto, quando ele afirma que "cada ser humano representa uma ideia platônica totalmente única", escreve como um ocidental. A esse respeito, ele continua:

> As artes cujo fim é a exposição da Ideia de humanidade têm por tarefa, ao lado da beleza como caráter da espécie, ainda o caráter do indivíduo, o qual será nomeado CARÁTER por excelência; desde que seja visto não como algo casual, exclusivo

---

* *Supra*, p. 45.
** *Supra*, p. 121-122 e 139-140.

do indivíduo na sua singularidade, mas sim como um lado especial da Ideia de humanidade que é acentuado neste indivíduo e cuja exposição é relevante para a manifestação da Ideia. [...] Então nem a beleza deve ser suprimida pelo caráter, nem este por aquela, pois a supressão do caráter da espécie mediante o caráter do indivíduo é caricatura, e a supressão do caráter individual mediante o caráter da espécie é ausência de significação.[35]

Conforme se expressa em nossas artes ocidentais do retrato, num Rembrandt, num Ticiano, essa experiência da dimensão metafísica do indivíduo como um valor é exposta de maneira incomparável na história mundial da arte; e também na obra de Dante, as almas enviadas ao Inferno, ao Purgatório e ao Paraíso conservam para a eternidade a índole que possuíam na terra. Por que aqui a individualidade não é (como no Oriente) uma mera ficção ilusória, para ser anulada e dissolvida, mas uma entidade essencial em si mesma, que deve ser conduzida para a plenitude e o florescimento. E a aventura de cada um, assim interpretada, consistirá em seguir um chamado que leva para longe do "fixo e do estabelecido" (na expressão de Goethe)* do mundo concebido como lei, para o "tornar-se" de uma vida individual que procura seu próprio fim, seu *wyrd*, ou, nos termos de Dante, o lugar que lhe corresponde entre as pétalas da rosa de ouro do Paraíso, lugar este ao qual se pode chegar passando pelo Purgatório.

Assim, no *Parzival* de Wolfram é exatamente nos modos de vida comuns, autorizados e socialmente ordenados de seu tempo, em que são reconhecidos os obstáculos para aquela jornada solitária em busca da realização, aquela íntima e perigosa busca, que é o único caminho de uma vida individual. E também em *A montanha mágica* de Thomas Mann, o chamado para a aventura conduz a um caminho sem retorno, como o de Gawain, que está separado de qualquer lei e noção de valor da "planície" (conforme Mann o denomina): o lugar dos negócios, dos jornais e dos livros-caixa da cidade natal do herói.

No primeiro capítulo do *Ulisses*, o "chamado à aventura" iniciadora é feito por uma anciã irlandesa que traz o leite para o desjejum dos três jovens heróis do livro – Buck Mulligan, Stephen Dedalus e seu companheiro inglês, Haines –, que estão sentados à mesa em sua simbólica (e agora célebre) Torre Martelo na costa da baía de Dublin. Ela não tinha consciência de seu papel simbólico quando entrou no sombrio aposento circular.

– Quanto, senhor? perguntou a velha.
– Um quarto – disse Stephen.

Ele a observou enquanto ela derramava na medida e daí dentro da jarra o leite grosso e branco, não o dela. Velhos mamilos mirrados. Ela derramou novamente uma medida completa e mais um pouco. Velha e reservada ela viera de um mundo matinal, talvez uma mensageira.[36]

---

* *Supra*, p. 328.

Ela não sabia falar sua própria língua, o gaélico, mas o inglês, Haines, sabia. Ele a privara de sua língua bem como de seu país, e veio agora para compilar o seu folclore destinado a uma publicação inglesa. Em um dos múltiplos níveis da alegoria de Joyce, a percepção de Stephen, naquele momento, da pobreza de seu país e povo, corresponde na *Odisseia* de Homero à intimação da deusa Atena ao filho de Ulisses, Telêmaco, para partir à procura de seu pai e livrar sua herança dos usurpadores, os pretendentes de sua mãe, que estavam alegremente consumindo seus bens e mesmo ameaçando sua vida.

Em *A montanha mágica*, por outro lado, o chamado de Hans Castorp à aventura vem do coração do próprio herói, ou melhor, de seus pulmões, de seu corpo debilitado, por meio das ordens do médico de sua família. Ele voltava para casa vindo da companhia de navegação, Tunder e Wilms, "parecendo um bocado mais pálido do que um homem do seu tipo loiro, rosado, deveria", e o médico de sua família, Heidekind, recomendou uma mudança de ares, algumas semanas nas montanhas. Seu primo, Joaquim Ziemssen, já estava em Davos, na Suíça. Por que não fazer uma visita a ele? E assim, sem saber para que montanha giratória de Klingsor seu destino o estava levando, ele deixou sua casa no Báltico para uma temporada – três semanas, ele imaginou – na Terra Sem Retorno.[37]

No início do *Parzival*, o chamado à aventura é transmitido pela armadura reluzente dos cavaleiros que o jovem rústico tomou ingenuamente por anjos. Tradicionalmente todas as forças fantásticas enfrentadas pelos heróis em suas aventuras espirituais estavam personificadas em tais seres sobrenaturais. Em contos de entretenimento, é claro, as personificações não deviam ser levadas a sério. O príncipe enfeitiçado jamais existiu. Nas bíblias do mundo, por outro lado, tais fantasias são promovidas, em geral, a "realidades": na lenda da conversa de Moisés com Deus, por exemplo, ou nos sofrimentos de Cristo no Inferno. O importante com relação ao Graal de Wolfram é que, embora seja uma narrativa para divertir e seus personagens e episódios sejam totalmente fantasiosos, eles são considerados como verdadeiros numa dimensão atemporal, transistórica.

Assim como nos ritos esotéricos as formas míticas são apresentadas não no sentido grosseiro de "realidades" sobrenaturais, mas como símbolos reveladores de percepções, também aqui as aventuras dos antigos deuses celtas são apresentadas como paradigmas de experiências humanas seculares numa dimensão profunda. São representadas, entretanto – ao contrário da abordagem anterior, esotérica e ritualizada da iniciação – como inerentes aos episódios da vida cotidiana dos homens, expostas para aqueles que têm olhos para ver nas aparências do dia a dia. Como nas palavras do Evangelho gnóstico de Tomé: "O Reino do Pai está espalhado por toda a terra e os homens não o veem".[38] Os poetas o veem. É essa é a faculdade dos poetas.

E grandes biógrafos e romancistas sempre a reconheceram na vida das pessoas em transformação, quando as iniciações transpiram mediante as revelações do acaso, de acordo com a disposição da psique. Por trás dos efeitos acidentais e superficiais deste mundo estão – como outrora – os deuses. Sua ordem eterna dos arquétipos do mito, "o grave e constante no sofrimento humano", pode ser discernido em todos os tempos. Todo o curso de uma vida é, portanto, um rito de iniciação e pode ser experimentado como tal. E nas obras tanto de Joyce quanto de Mann, bem como em Chrétien de Troyes e Wolfram, a relação inerente do mito com a biografia é indicada exatamente por tais justaposições de fantasia e realidade, como a do jovem Parzival quando tomou por anjos os cavaleiros reluzentes, a de Stephen quando pensou na Mãe Irlanda enquanto observava a anciã verter o leite, e a de Mann quando comparou a jornada de Castorp na montanha com uma visita ao Reino da Morte.

Na lenda de Parzival, quando a imaginação do jovem foi despertada pela mensagem de seus anjos, ele deixou tudo de sua infância – sua mãe e seus brinquedos – para trás e por um ciclo quimérico de aventuras, entre as quais as mais importantes foram seu casamento com Condwiramurs e sua primeira e inconsciente visita ao Castelo do Graal, ele foi amadurecendo gradualmente até se tornar o cavaleiro supremo de seu tempo e foi então, com a intervenção de Gawain, o cavaleiro mais nobre do mundo, que se uniu à corte do Rei Artur, seu objetivo terreno.

Todavia, imediatamente foi anunciada uma segunda e mais misteriosa aventura: o que Jung chamou de tarefa da segunda metade da vida.[39] A finalidade da primeira metade é, propriamente, alcançar a maturidade, como um adulto capaz de atuar de modo responsável no contexto de uma sociedade e, no caso de Parzival, a sociedade era representada pela corte de Artur. No momento em que se alcança essa meta, entretanto, começa a ser ouvido o clamor do que Joyce chama de "a consciência incriada" da própria raça,[40] um mundo interior de potencialidades não consumadas na ordem visível de seu tempo; e, em consequência, o mensageiro exortador dessa busca mais interior não é, como o anjo do primeiro chamado, uma figura corriqueira do mundo da luz: no caso de Parzival, não um cavaleiro reluzente, mas uma aparição com focinho de javali, o javali da ferida de Adônis, a mesma Filha com cara de porco do Rei do Reino da Juventude, que no conto de fadas apareceu a Oisin.* E a própria aventura, de acordo com o caráter de seu anunciante, exigia uma passagem para além dos limites e formas conhecidos do tempo, do espaço e da causalidade, para um domínio da visão, em que o tempo e a eternidade eram o mesmo: no caso de Parzival, o Castelo do Graal; e no de Gawain – anunciado na mesma hora fatídica pela mesma misteriosa irmã da noite – o Château Merveil.

Na cena do bordel em *Ulisses*, Bloom, o mais velho dos dois heróis daquela obra (tem trinta e oito anos e Stephen vinte e dois),[41] imagina-se transformado num porco pela enorme dona do prostíbulo, Bella Cohen.

> [...] (Seus olhos estão profundamente carbônicos. Ela tem um bigode crescido. Seu rosto cor de oliva é pesado, ligeiramente suado e nariz desenvolvido com narinas alaranjadas. Ela tem grandes brincos pingentes de berilo.)

---

* *Supra*, p. 121 e *Mitologia Primitiva*, p. 350-351.

O LEQUE – (*flertando rapidamente, em seguida lentamente*) Casado, pelo que estou vendo.
BLOOM – Sim. Em parte, eu me desencaminhei...
O LEQUE – (*se entreabrindo, depois fechando*) E a patroa é o mestre. Governo da saia.
BLOOM – (*abaixa os olhos com um tímido sorriso forçado*) É isso aí.
O LEQUE – (*se dobrando todo, repousa no brinco esquerdo dela*) Você me esqueceu?
BLOOM – Nsim. Vnom.
O LEQUE – (*dobrado em ângulo reto nos quadris dela*) Sou eu ela que você sonhou antes? Era então ela ele você nós que desde então conheceu? Sou todos eles e os mesmos agora eu?
(*Bella se aproxima, batendo gentilmente de leve com seu leque.*)
Logo ela se transforma diante dele, tornando-se um homem; ele começa a sentir-se fêmea. Os sexos se invertem. Bella tornou-se Bello e Bloom é agora "ela":
BELLO – Pra baixo! (*ele bate de leve no ombro dela com seu leque*) Incline os pés para a frente! Deslize o pé esquerdo um passo atrás! Você vai cair. Você está caindo. No chão apoiada nas mãos!
BLOOM – (*com os olhos dela voltados para cima em sinal de admiração, fechando-os, gane*) Trufas!
(Com um grito epiléptico agudo ela afunda de quatro no chão, grunhindo, fungando, fossando aos pés dele: então deita-se, fazendo-se de morta, com olhos bem fechados, pálpebras trêmulas, dobrada no chão na atitude do mais excelente mestre)
[...] (*Bloom rasteja debaixo do sofá e espreita através da fímbria.*)[42]

Essa desagradável aventura noturna fora prevista durante o café da manhã de Bloom, no momento exato da chegada da anciã com o leite para o herói mais jovem, Stephen. Bloom decidira comer no café da manhã daquele dia um rim *de porco* – e logo ele, um judeu! – para a compra do qual ele foi à loja do açougueiro de carne de porco judeu, onde encontrou no canto uma pilha de folhas cortadas, anunciando o projeto de um centro sionista em Jerusalém. Ele leu o anúncio: "Uma terra estéril" – refletiu – "nua deserta, lago vulcânico, o mar morto: nenhum peixe, nenhuma alga, afundado profundamente na terra. [...] Um mar morto numa terra morta, cinza e velha..."[43] E como o coração de Stephen, também o de Bloom, naquela mesma hora, despertava para uma sensação de terra desolada. Os dois sairiam separados naquele dia, em buscas incertas e independentes, como Parzival e Gawain, para se encontrarem por fim em um bordel. Bloom colocou a folha no bolso, sentindo-se velho. Óleos gelados percorreram suas veias, esfriando seu sangue: "É sim, eu estou aqui agora. Boca da manhã imagens nocivas. Eu me levantei da cama com o pé esquerdo. Preciso recomeçar aqueles exercícios Sandow. Deitado apoiado nas mãos".[44]

MITOLOGIA CRIATIVA

Como Bloom, o nobre cavaleiro Gawain, aproximadamente dezesseis anos mais velho do que Parzival,* era absolutamente indefeso diante das mulheres. Nós o vimos enredado com a mesma facilidade pela inocência de Obilot e pela sedução da irmã do Rei Vergulaht. Ambas as aventuras eram do mundo normal diurno. Entretanto, quando ultrapassou a falsa *pietà* na árvore do cavaleiro ferido Urians, penetrou na esfera de uma força espiritual mais intensa e muito diferente. Urians advertira-o que não prosseguisse – como Settembrini em *A montanha mágica* advertiria Hans Castorp (um tipo totalmente diferente de Gawain e de Bloom, mas que assumiu, à sua maneira fleumática, o mesmo caminho arriscado). Como Castorp em direção à montanha mágica e Leopold Bloom à Nighttown, Sir Gawain prosseguiu; e ele não subira muito a montanha mágica de Logroys quando, junto de uma fonte, encontrou sentada, de maneira inequívoca, a mulher de sua vida.

O mesmo ocorreu com Hans Castorp na sua aventura na montanha. O jovem engenheiro naval estava sentado à mesa na ampla sala de jantar da instituição, quando ocorreu um evento dos mais irritantes, algo que já ocorrera antes e que ocorreria sempre nas refeições: a batida de uma porta de vidro. Esta vez a porta se fechou enquanto era servido o peixe (e sendo o peixe o animal de Vênus e da Sexta-feira Santa, essa coincidência, como muitas no livro, tem significado mais do que acidental). E assim lemos:

> Hans Castorp sobressaltou-se, irritado, e na sua cólera veemente disse de si para si que desta vez era necessário descobrir o culpado. [...] Com essas palavras voltou-se para a esquerda e arregalou os olhos injetados.
>
> Era uma senhora que atravessava a sala, ou melhor, uma moça, de estatura média, vestida de pulôver branco e saia à fantasia, com cabelos ruivos que ela usava numa trança enrolada em volta da cabeça. Hans Castorp mal pôde entrever-lhe uma parte do perfil. Andava sem fazer ruído, o que formava um contraste estranho com a sua entrada barulhenta; caminhando de um modo singularmente furtivo, com a cabeça levemente avançada, dirigiu-se à mesa situada na extrema direita da sala, perpendicular ao avarandado, a mesa dos "russos distintos". Uma das mãos achava-se enterrada no bolso do pulôver muito justo, ao passo que a outra, levantada à altura da nuca, segurava e arranjava o penteado.[45]

Não precisamos continuar: o romance é fácil de encontrar e deve ser lido – é um dos cinco ou seis maiores do século XX. Minha única observação nesse ponto é que na *Odisseia* tanto Circe quanto Calipso são descritas com tranças,[46] e que a declaração de amor do engenheiro Hans Castorp a essa ninfa eurasiana com seus olhos quirguizes, de nome Claudia Chauchat, pode ser encontrada no capítulo intitulado "Noite de Walpúrgis", em que ocorre um animado jogo para ver quem consegue desenhar melhor um porco com os olhos vendados. A Madame Chauchat

---

* *Supra*, p. 394.

das tranças é a "Mulher do Destino" de Castorp, como a Dama Orgeluse é a de Gawain. Cada uma – literalmente – é um convite à morte e corresponde exatamente àquelas guias, ninfas resplandecentes do ciclo da taça sacramental da figura 3, pelas quais o destemido neófito qualificado é iniciado no conhecimento (*gnosis, bodhi*) além da morte.

Na terminologia de C. G. Jung, tais mulheres, resplandecentes como a luz do Sol, são figuras de *anima*, sendo *anima* para o homem, ele afirma, o *arquétipo da própria vida*,[47] a promessa e o fascínio da vida. Em sânscrito, o termo é *śakti* (poder): a mulher é a *śakti* do marido; a namorada do enamorado; a deusa do deus.[48] "A *anima* está" – escreve Jung – "fora de todas as categorias e pode, por isso, prescindir de culpa e elogio".[49] "Essa imagem" – escreve ainda – "é Minha Senhora Alma".[50] E como os grandes arquétipos do mito personificam-se de maneiras distintas nas diferentes tradições locais (o deus ressuscitado como Dumuzi, Osíris, Cristo ou o asteca Quetzalcoatl), também na área da psicologia individual as personificações da *anima* de uma pessoa não podem ser as mesmas de outra. "Toda mãe e todo amado são forçados a se tornarem os portadores e personificações dessa imagem onipresente e atemporal" – afirma Jung – "que corresponde à realidade mais profunda do homem".[51]

Tal como o "rapto estético" vivido por Dante quando viu Beatriz pela primeira vez,* o mesmo aconteceu com Gawain ao ver, chocado pelo reconhecimento, o princípio propulsor de sua vida refletido, como por magia, na forma de uma mulher sentada junto de uma fonte – não simplesmente *qualquer* mulher, mas exatamente a *única* –, a ordem e sentido de sua vida inteira dedicada ao amor foram irreversivelmente transformados. Presume-se que atingira um grau de prontidão psicológica, e no momento crítico a impressão indelével marcou sua vida dali em diante.[52] Não mais em busca, já que seu objetivo fora encontrado, Gawain passou abruptamente da esfera das formas femininas meramente "lá" – na esfera do espaço e do tempo – para a experiência profunda dessa única mulher como eterna. Seu empenho espiritual a partir de então seria apegar-se à experiência de seu próprio significado "lá fora": de aferrar-se com lealdade e amor, apesar do medo e do desejo de se distrair. E o compromisso com essa referência exterior de seu ser constituía aquele "ponto imóvel", aquele Buda interno, além do medo e do desejo, sob a árvore Bo. Porque tanto psicológica quanto mitologicamente, o sentido de uma tal mulher junto de uma fonte é de uma manifestação abismal. Do ponto de vista psicológico é o inconsciente; mitologicamente, o Reino sob as Ondas, o Inferno, o Purgatório ou o Céu. Ela é uma parte da própria pessoa, sua sina, ou, como diz Schopenhauer em sua reflexão sobre o Destino,** aquela intenção secreta da pessoa para consigo mesma. Raquel no poço, na lenda de Jacó; Séfora com suas irmãs no poço, na lenda do jovem Moisés;[53] no mundo de Stephen Dedalus, a menina andando no córrego

---

* *Supra*, p. 72.
** *Supra*, p. 294-296.

faz esse papel,* e no de Bloom, Molly, sua volumosa esposa, a soma de todas as ninfas e matronas, memórias e perspectivas de sua vida.

"Ela é o consolo do homem por toda a amargura da vida", diz Jung na discussão sobre a *anima* – essa perigosa imagem de Mulher. "E, ao mesmo tempo, ela é a grande ilusionista, a sedutora, que o atrai para a vida com sua *Māyā* – e não apenas para os aspectos razoáveis e úteis da vida, mas para seus paradoxos e ambivalências atemorizantes onde bem e mal, sucesso e fracasso, esperança e desesperança contrabalançam-se. Porque ela é o seu maior perigo, ela exige do homem o seu melhor, e se ele é capaz de lhe dar, ela o receberá."[54]

Em um discurso bastante surpreendente, pronunciado em Viena por ocasião do octagésimo aniversário de Freud, a 6 de maio de 1936, Thomas Mann falou sobre psicologia e sobre o mistério de tais personificações do destino. Ele estava então trabalhando em *José e seus irmãos*, e acabara de concluir o volume III, *José no Egito*. No volume I, *As lendas de Jacó*, ele introduzira Raquel, sua heroína, postada junto de um poço no deserto, descrevendo-a, antes e depois de seu casamento, como a *śakti-anima* de seu marido. No volume II, *O jovem José*, o foco de atenção da *anima* adolescente do belo filho de Raquel era a beleza de seu próprio corpo, reminiscência de sua mãe falecida; e num dia fatídico, quando ele ostentava o presente de seu pai, o véu de casamento de sua mãe (seu "abrigo de muitas cores"), foi lançado por seus irmãos indignados num segundo poço – através do qual ele passou, no volume III, para o Egito, para encontrar lá, na esposa de Potifar, uma figura de *anima* de tal envergadura que foi incapaz de responder a seu desafio e acabou na prisão do faraó: outra vez no abismo do seu próprio inconsciente e também de Israel, da forma como Mann apresenta a história.

Poder-se-ia pensar que esse grande romancista, no octogésimo aniversário do mais influente psicólogo de seu tempo, aproveitasse a oportunidade – com o homenageado lá na frente dele – para reconhecer a influência de Freud em sua própria vida criativa. Mas não! Embora reconhecesse a relação entre suas próprias ideias e as do grande psicólogo – provenientes, como ele acreditava, de sua comum descendência espiritual dos mestres do romantismo alemão (Goethe, Novalis, Schopenhauer, Nietzsche e outros) – o tema principal de sua apologia foi de que ele descobrira as obras de Freud apenas depois de suas próprias ideias terem sido expostas ao mundo em seus primeiros contos e primeira novela, *Buddenbrooks*, "Tristão", *Tônio Kroeger* e assim por diante; enquanto ao escrever os romances de José, as ideias mais frutíferas a ele eram as de C. G. Jung (ao qual ele descreveu como "um filho capaz, mas um tanto ingrato, da escola freudiana"); particularmente pela aplicação da evidência analítica de Jung "para construir uma ponte entre o pensamento ocidental e o esotérico oriental", unindo a psicologia clínica freudiana com seus antecedentes, não apenas em Schopenhauer e Nietzsche, mas também na sabedoria oriental e naquela *philosophia perennis* que estivera por milênios implícita e explícita na

---

* *Supra*, p. 72-73.

escrita pictórica universal do mito. E na defesa deste ponto, o grande romancista colocou em evidência a "ideia fecunda e misteriosa" (conforme ele a denominou) desenvolvida por Schopenhauer em seu ensaio "Sobre um aparente desígnio no destino do indivíduo" como representante (para usar novamente as palavras de Mann) do "mais profundo e misterioso ponto de contato entre o mundo natural-científico de Freud e o filosófico de Schopenhauer".

"Exatamente" – disse Mann resumindo o tema – "como em um sonho é a nossa própria vontade que aparece de maneira inconsciente como destino inexorável e objetivo; tudo nele procede de nós mesmos e cada um de nós é o diretor teatral secreto de seu próprio sonho. O mesmo ocorre no acontecer da vida real: o grande sonho que uma mesma essência (a própria vontade) sonha em todos nós, o nosso destino, pode ser o produto do mais íntimo de nosso ser, de nossa vontade, e estamos nós próprios fazendo suceder o que parece estar ocorrendo por acaso".[55]

Mann citou então as palavras de Jung em sua "importante introdução" ao *Livro tibetano dos mortos* (obra espantosa à qual o próprio Jung declarara dever "não apenas muitas ideias e descobertas estimulantes, mas também muitas percepções fundamentais"):[56] "É muito mais direto, dramático, impressionante e, portanto, mais convincente ver como as coisas ocorrem comigo, do que observar como eu as faço acontecer".[57]

"O que cria todas as condições dadas reside em nós mesmos", declarou Mann, citando Jung.[58] "Todos os fenômenos provêm simplesmente de falsas ideias na mente", dissera o sábio budista Ashvaghosha dois mil anos antes;[59] e Schopenhauer: "A vida acompanha a vontade de modo tão inseparável quanto a sombra acompanha o corpo; e se a vontade existe, também existirá a vida e o mundo".[60]

É possível, e mesmo provável – na verdade, eu diria, é evidente – que o nosso poeta Wolfram von Eschenbach também tinha tal ideia em mente: ao menos em relação à aparição do Castelo do Graal no caminho de Parzival, e da Dama Orgeluse no de Gawain. Esses eventos resultam dos estados de ânimo dos cavaleiros. Porém todos os demais episódios também. Na verdade, essa correlação entre vontade e acontecimento, disposição e experiência, subjetividade e objeto – como nos sonhos – é exatamente o que dá aos contos míticos sua qualidade de revelação. E uma das coisas mais surpreendentes do pensamento moderno é a maneira pela qual ele está retornando – por um caminho ou por outro – a esse sentido primordial, profundamente misterioso, da vida neste mundo, como (nas palavras de Schopenhauer) "um vasto sonho, sonhado por um único ser".*

O sonhador Gawain, entretanto, parece não ter ficado tão consciente, como seu poeta, de que fora ele próprio que fizera a fascinante Dama Orgeluse aparecer ao lado daquela fonte na montanha giratória, como a figura refletida, na forma de uma mulher, do princípio propulsor de sua vida. Era tão mais dramático e impressionante considerar que estava sentada esperando por ele naquele lugar! Mas ele agora era

---

* *Supra*, p. 296-297.

dela e ela dele, embora ainda houvesse provações, muitas provações e de peso sempre crescente, para testar sua disposição de se entregar. Para serviço a seu amor, ela o subtraíra do mundo daqueles que eram meramente deste mundo. Como vimos, depois que enfrentou as primeiras provas humilhantes, foi conduzido para a outra margem, para a qual sua dama já passara, e lá, na casa do balseiro, à vista do seu Castelo das Maravilhas, ele dormiu.

No imaginário da alquimia, a substância elementar a ser sublimada já está colocada na retorta, no *vas*, hermeticamente fechado, à disposição dos fogos das grandes provações.

VI. O CASTELO DAS MARAVILHAS

LIVRO XI: O LEITO PERIGOSO

Quando, à primeira luz do dia, Gawain acordou, percebeu que a parede de seu quarto tinha muitas janelas e, levantando-se para desfrutar do canto dos pássaros ao amanhecer, observou surpreso que as damas do castelo já estavam todas ativas e despertas. Ele penetrara no reino das forças incansáveis que operam sem pensar em fadiga natural ou psíquica; o mesmo para o qual o Fausto de Goethe desceu com uma chave mágica na mão para libertar o fantasma de Helena de Troia: "O Reino das Mães". Ali conforme narra Goethe:

> Deusas entronizadas em sublime solidão;
> À sua volta não há lugar, nem tempo
> Delas é embaraçoso falar
> São as Mães![61]

Gawain encontraria ali sua mãe, avó e duas irmãs, nenhuma das quais, entretanto, o reconheceu; pois elas e todas as demais estavam sob encantamentos, dominadas como as figuras de um sonho por leis de uma estranha compulsão crepuscular, cuja força Gawain teria de romper. A mesma Donzela Abominável que anunciara a aventura do Graal anunciara também esta: os dois encantamentos eram recíprocos. A missão de Parzival seria libertar o Rei do Graal e o povo de seu reino; a de Gawain, a Dama Orgeluse e o povo encantado de seu Castelo das Maravilhas. Gawain, portanto, estava do lado feminino, enquanto Parzival do masculino, do mesmo encantamento da vida na morte a que estava sujeita a Terra Desolada. E assim como Cristo, crucificado, desceu aos Infernos para quebrar a lei do Inferno e libertar as almas dos justos daquela mesma morte eterna à qual Dante treze séculos mais tarde condenaria Paolo e Francesca, Tristão e Isolda, Lancelote e Guinevère, assim também esses dois cavaleiros supremos dos evangelhos da lealdade no amor renovariam para seu tempo (pelo menos na visão de Wolfram) a lição redentora e libertadora da vida – *O felix culpa*! [Bendita culpa!] – da mensagem de Paulo em Epístola aos Romanos 11:32.*

"*O certe necessarium Adae peccatum*", lemos nas preces a serem recitadas no Sábado de Aleluia na bênção do círio pascal: "Ó pecado de Adão sem dúvida necessário, pois a morte de Cristo o destrói! Bendita culpa, que nos vale um semelhante Redentor! [...] Esta é a noite sobre a qual está escrito: E a noite será tão clara quanto o dia; e me iluminará em meu júbilo".[62]

Gawain, fitando da janela – entre a noite e o dia, pode-se dizer – para o "reino ignorado, de cuja fronteira nenhum viajante jamais retornou" de Hamlet,[63] estava exatamente naquele ponto da provação arquetípica da morte e transformação em que Cristo no Getsêmani pediu que o ordálio, a provação que se aproximava, fosse retirado; e seus discípulos dormiam, porque neles o "espírito, de fato, estava disposto, mas a carne era fraca".[64]

Em Gawain a carne também teria de estar disposta; pois era ele sozinho que estava prestes a suportar o ordálio. Ele contemplou por muito tempo aquelas mulheres, e então pensou: "Vou honrá-las voltando ao sono"; e quando novamente acordou, viu a filha do balseiro sentada no tapete ao lado de sua cama.

"Que Deus te proteja, pequena dama", disse, e ela respondeu que tanto ela quanto sua família desejavam que ele permanecesse para ser o seu senhor. Porém, quando ele perguntou por que todas as damas estavam no castelo, ela com expressão de horror irrompeu em lágrimas. "Oh, não me perguntes isso!", suplicou. "Pergunta qualquer outra coisa!" Nesse momento entrou seu pai, que, ao ver a filha naquele estado lamentável e seu hóspede ainda na cama, supondo que outra coisa tivesse acontecido, confortou-a. "Bene, não chores. Quando esse tipo de coisa acontece em brincadeira, pode no início deixar-te com raiva, mas logo estará tudo bem."

Gawain assegurou-lhe que nada acontecera ("embora" – como diz Wolfram –, "se tivesse acontecido, o pai não teria ficado com raiva"), depois voltou a perguntar sobre as mulheres e ele também, com um grito angustiado, suplicou a seu hóspede que não insistisse. Gawain, entretanto, insistiu e, finalmente, obteve a resposta: "Tu te encontras no Reino das Maravilhas, no Castelo das Maravilhas, prestes a entrar no Leito das Maravilhas, onde a morte será teu fim".

"Então" – disse Gawain, destemido – "tu tens de me aconselhar".

"Se Deus permitir que não sejas condenado" – disse-lhe o balseiro –, "tu te tornarás o senhor deste reino, de todas aquelas damas e, ademais, de muitos cavaleiros, que são mantidos aqui por encantamento. Todavia, se decidires ir embora nesta altura, não sofrerás nenhuma desonra, pois já ganhaste fama suficiente ao derrotar Lischoys Gwelljus, que chegou aqui em busca do Graal".[65]

Gawain manteve-se firme e seu anfitrião ofereceu-lhe seu próprio escudo. "Meu escudo" – disse – "é forte". Em seguida contou a Gawain que ao chegar no castelo veria um mercador no portão com uma grande quantidade de utensílios maravi-

---

* *Supra*, p. 229.

lhosos. Ele deveria comprar algo, deixar seu cavalo com o homem e encaminhar-se para o Leito das Maravilhas. "E jamais te afastares do escudo ou da espada; pois, embora já tenhas experiências de aventuras, elas parecerão brincadeira de criança perto desta que se avizinha. Quando achares que os problemas estão superados, eles estarão apenas começando."

O valente cavaleiro montou; a filha do balseiro chorou; e ao chegar ao portão Gawain fez conforme fora recomendado. A barraca do comerciante era alta e espaçosa e nem todo o ouro de Bagdá pagaria o valor de suas mercadorias. "Senhor, se permaneceres vivo" – disse-lhe o comerciante – "tudo o que há aqui, e o que possuo, será vosso". Encarregou-se de Gringuljete, e Gawain entrou num salão com um teto multicolorido como a cauda de um pavão. Havia muitos sofás ali, onde as damas estavam há pouco sentadas, porém todas se tinham retirado. Ele o atravessou e entrou num quarto, onde viu, no centro, o Leito das Maravilhas.

Esse leito sustentava-se sobre quatro rodas feitas de rubis sobre um piso de jaspe, crisólita e sárdio, tão liso que Gawain teve dificuldade para não escorregar; e a cada tentativa de tocar o leito, este se afastava – conforme comentou ironicamente Heinrich Zimmer, "como uma noiva relutante rebelando-se contra o abraço forçado".[66] Em desespero, com o peso do escudo e tudo o mais, o cavaleiro deu um grande salto e foi parar diretamente no meio da cama, ao que, com uma velocidade jamais vista, aquele móvel irritante começou a se mexer, movendo-se em todas as direções, batendo nas paredes com tal força que todo o castelo estremecia. Sem conseguir um pouco de sossego naquela cama, embora deitado de costas, Gawain cobriu-se com seu escudo e entregou-se a Deus. O ruído cessou e o leito ficou imóvel no meio da sala. Mas Gawain lembrou-se da advertência.

De repente, quinhentos projéteis de outras tantas atiradeiras atacaram-no de todos os flancos; em seguida, flechas de outras tantas bestas atingiram e fizeram vibrar o escudo. Um homem rude e medonho, vestido com um sobrecasaco, boné e pantalonas, todos de escama de peixe, precipitou-se contra ele com um enorme porrete – que, entretanto, quando o cavaleiro sentou-se, recuou com uma imprecação, e em seu lugar irrompeu um grande leão para dentro do quarto.* Gawain pulou para o chão com seu escudo, no qual o leão prendeu tão ferozmente sua garra que o cavaleiro cortou fora aquela pata; esta permaneceu ali suspensa enquanto o animal corria sobre as outras três, ficando o piso tão ensopado de sangue que Gawain mal conseguiu manter-se de pé. Finalmente, com um prodigioso salto, o animal lançou-se sobre Gawain que, com a espada, atravessou-lhe o peito e o animal tombou morto, enquanto o cavaleiro, aturdido e sangrando por todas as suas feridas, caiu inconsciente.

Em seguida, uma jovem espiou o quarto silencioso e seu grito alertou as damas sobre o estado do cavaleiro. Ela cortou um pedaço da pele escura de zibelina de seu manto, colocou-o na frente do nariz de Gawain e o pelo mexeu – estava vivo.

---

* Como o peixe, também o leão é um símbolo do poder da Deusa. Ver, por exemplo, no volume *Mitologia Ocidental*, p. 47, figura 12.

Quando trouxeram água, ela colocou seu anel entre os dentes dele e fez com que bebesse lentamente, enquanto o observava. Gawain se recuperou e, agradecendo, pediu desculpas pelo estado lastimável em que se encontrava. "Ficaria agradecido" – ele disse – "se não o mencionares a ninguém".

Tinha cinquenta ou mais ferimentos. Porém se recuperou com o cuidado das quatrocentas damas do castelo, entre elas sua própria avó, a Rainha Arnive, mãe do Rei Artur, que ignorava quem ele era. Mandou colocar uma cama ao lado do fogo, aplicou unguentos trazidos do castelo Munsalvaesche do Graal pela feiticeira Cundrie; deu-lhe uma infusão para fazê-lo dormir e, ao anoitecer, ofereceu-lhe comida. Todas as damas nobres estavam à sua volta; jamais ele conhecera tamanhos cuidados. Porém, enquanto contemplava aquelas figuras tão encantadoras, a única por quem seu coração ansiava era Orgeluse.

LIVRO XII: O REI DA FLORESTA

1.

O cavaleiro despertou na manhã seguinte com muita dor, não tanto pelos ferimentos quanto pelo anseio em seu coração; levantou-se, vestiu as roupas esplêndidas que estavam preparadas para ele, cruzou o suntuoso salão e subiu uma escada caracol até uma torre circular que se elevava sobre o teto, onde encontrou um assombroso pilar, magicamente forjado. Toda a torre fora trazida das terras de Feirefiz pelo necromante Clinschor. Suas janelas eram de pedras preciosas; como também eram seu teto e colunas. E a Gawain pareceu que ele podia ver daquele maravilhoso pilar central todas as terras ao redor, com as pessoas cavalgando e passeando, correndo ou paradas. Sentou-se para observar e no mesmo instante a velha rainha, sua avó, entrou, acompanhada de sua mãe, Sangive, e suas duas irmãs, Itonje e a doce Cundrie,[*] nenhuma das quais, entretanto, percebera até então quem ele era.

"Senhor" – disse a velha rainha – "deveríeis estar dormindo". Com a sua autorização, Gawain beijou as damas e então perguntou sobre o pilar. "Nenhuma marreta consegue destruí-lo" – explicaram –, "e sua luz brilha por seis milhas em volta. Foi roubado pelo necromante Clinschor da rainha Secundille, a esposa de Feirefiz".

Enquanto contemplava, ele viu dois cavaleiros aproximando-se das pradarias onde lutara com Lischoys no dia anterior: uma dama conduzia um cavaleiro. E quando percebeu quem ela era, sua imagem passou dos olhos para o coração tão rápida e ardentemente quanto o heléboro (a erva de espirrar) para dentro do nariz.

"É a Duquesa de Logroys" – disse a velha rainha. "Pergunto-me quem caiu em sua armadilha desta vez! É Florant, o Turkoyte! Um homem valente, demasiado forte para vós neste momento, com todas as vossas feridas."

Gawain levantou-se, pediu suas armas, desceu e, enquanto seus belos olhos lacrimejavam, montou Gringuljete, mal conseguindo segurar o escudo por causa

---

[*] Não a feiticeira Cundrie de Munsalvaesche.

da dor. Ele foi conduzido por seu amigo e quando o Turkoyte galopando o atacou, a lança de Gawain atingiu sua viseira e ele caiu, a fina flor da cavalaria estendida sobre as flores da terra. Ele pediu clemência, o balseiro tomou seu cavalo e o vencedor voltou-se feliz para a sua dama.

"A garra de leão em teu escudo é uma bela visão" – ela disse. "Todos os furos nele tornam-te bastante admirável e aquelas damas lá te consideram maravilhoso. Bem, volta para elas! Tu jamais te atreverias ao que tenho preparado para ti agora – se é que ainda pretendes o meu amor".

Essa seria a sua última prova. Ela estava prestes a revelar quem era. E ao leitor moderno talvez sua semelhança com o rito da Idade do Bronze, discutido por Frazer em *O ramo dourado*, talvez seja uma surpresa; embora (e Deus sabe!) depois de tudo o que vimos juntos em termos de exposição dos arquétipos do mito, talvez seja, antes, uma satisfação esperada.

"Tens de me trazer uma grinalda" – disse a dama – "do galho de uma certa árvore. Com essa façanha ganharás minha aprovação e então, se quiseres meu amor, ele será teu".

Em *O ramo dourado*, Frazer cogitou e resolveu duas questões. Primeira: "Por que o sacerdote de Diana em Nemi, o Rei da Floresta, teve de matar seu predecessor?" E segunda: "Por que antes de fazê-lo tinha de arrancar o galho de uma certa árvore que os antigos identificavam com o Ramo Dourado de Virgílio?"[67]

O sacerdote de Nemi, que devia matar seu predecessor, estava a serviço de Diana, representante da Deusa Mãe da Vida. Seu santuário era um bosque junto a um lago onde o objeto de veneração era um carvalho, do qual o sacerdote, o Rei da Floresta, era consorte e protetor. O ramo a ser apanhado era de visco (segundo Frazer) – uma planta que cresce no alto, nos galhos das árvores, razão porque era escolhido pelos druidas para uso em seus rituais. Ele é verde durante todo o ano e quando apanhado e seco, torna-se dourado, simbolizando assim a força sempre viva personificada no próprio sacerdote. O homem que o apanhava apossava-se dessa força e, se ele então era capaz de matar o seu predecessor, era eleito o consorte da deusa. Que o cavaleiro a serviço da Duquesa de Logroys tivesse de passar por essa aventura, revela que Wolfram compreendia perfeitamente seus símbolos.

Quando as damas do Castelo das Maravilhas viram seu cavaleiro dirigir sua montaria para seguir a duquesa floresta adentro, choraram. "Meu Deus!" – suspirou a velha rainha. "O Vau Perigoso não será saudável para aqueles ferimentos". O casal, desaparecendo da vista, cavalgou por um caminho que era largo e reto até uma bela mata, conhecida como bosque de Clinschor. Passaram entre tamargueiras e prosseguiram até uma grande ribanceira, de onde se escutava o fragor de uma caudalosa torrente, e além dela, podia-se ver a árvore da qual se deveria colher um galho para fazer a grinalda.

"Senhor, aquela árvore" – disse a dama – "está guardada pelo homem que me roubou a alegria. Traze-me um ramo dela e jamais cavaleiro algum terá conquistado maior recompensa do que tu a serviço do amor. Mas terás de fazer teu cavalo dar um enorme salto para atravessar o Vau Perigoso".

Gawain avançou, ouviu o terrível estrépido das águas através da vasta e profunda ribanceira, cravou suas esporas nos flancos do cavalo e com um enorme salto quase conseguiu. O animal tocou a outra margem com suas patas dianteiras e a dama irrompeu em lágrimas quando viu o cavalo e o cavaleiro caírem. Gawain, apesar de embaraçado pela armadura, conseguiu chegar à margem, então correu corrente abaixo até onde Gringuljete tinha sido arrastado e, pegando as rédeas, puxou-o para a margem, onde o animal ergueu-se e sacudiu a água do corpo. O cavaleiro montou, cavalgou até a árvore, apanhou o ramo e, quando acabara de circundar seu elmo com o ramo, viu um magnífico cavaleiro, desarmado, cavalgando em sua direção, com um chapéu de penas de pavão e uma capa de samito verde como a grama, decorada com arminho, tão longa que se arrastava pelo chão em ambos os lados.

"Senhor, não cedi meu direito sobre aquele ramo" – disse o cavaleiro. Era o Rei Gramoflanz de Rosche Sabins, que jurara jamais combater menos do que dois cavaleiros de uma vez. "Pelo estado de vosso escudo percebo que sobrevivestes ao Leito das Maravilhas. Se eu não fosse tão amigo de Clinschor teria de suportar isso também. Ele e eu somos os inimigos da Dama Orgeluse, cujo nobre marido, Cidegast, o Duque de Logroys, eu matei; então a tornei minha prisioneira, ofereci-lhe minhas terras e mantive a proposta por um ano inteiro; mas ela retribuiu meu serviço com ódio.* Digo-vos isso porque sei que ela vos prometeu seu amor, já que estais aqui para tentar me matar."

O rei disse a Gawain que não se bateria com ele sozinho e, em vez disso, pediu-lhe um favor. "Tenho aqui uma prova, um anel" – disse –, "pois agora dirijo meus pensamentos a uma dama do castelo do qual sois senhor, e gostaria que o entregásseis a ela". Ele deu o nome da própria irmã de Gawain, Itonje, e quando Gawain deu-lhe sua palavra, ele disse: "Há um único homem no mundo com quem eu lutaria sozinho e esse homem é Gawain; porque o pai dele matou o meu traiçoeiramente".

Ao que o cavaleiro, que agora levava o anel e a grinalda respondeu: "Senhor, parece-me muito estranho que espereis conquistar o amor de uma donzela cujo pai acusais de traição e cujo irmão desejais matar. Meu nome é Gawain".

"Alegra-me e entristece-me saber que aquele a quem odeio implacavelmente seja um cavaleiro tão nobre" – respondeu o outro; "Estou satisfeito, entretanto, por irmos à luta. E como nossa fama aumentará se damas forem convidadas, eu trarei comigo mil e quinhentas. Vós tendes as do Castelo das Maravilhas. Também convidaremos toda a corte de Artur. Senhor, nos encontraremos no décimo sexto dia a partir de hoje, na liça de Joflanz".

Gawain, com um grande salto, cruzou o vau e foi entregar o ramo a Orgeluse, e ela se lançou a seus pés: "Senhor" – ela disse – "meu amor, eu não mereço os riscos que impus".

---

* Comparar com o caso de Condwiramurs, *supra*, p. 378-379.

Ele vencera mas estava sério. "O escudo da cavalaria merece respeito e tu pecaste contra ele. Eis aqui, senhora, o ramo, aceita-o. Jamais uses novamente tua beleza para provocar desgraça a qualquer cavaleiro. E se ainda assim desejas zombar de mim, posso viver sem teu amor."

Ela estava chorando. "Senhor, espero que me perdoes quando te contar as mágoas de meu coração. Cidegast, meu nobre marido, era um unicórnio de boa fé.* Ele era a minha vida; eu, seu coração – perdi-o: morto por Gramoflanz. Senhor, suplico-te. Como poderia entregar-me a qualquer cavaleiro menor do que ele? Essas foram minhas provas e tu és corajoso, tu és ouro."

Satisfeito, Gawain olhou em volta. "Acabo de me comprometer a lutar com teu inimigo. A não ser que a morte me encontre, porei fim às tuas obras. Então, minha senhora, meu conselho é que aqui e agora te comportes com honra. Não há ninguém à volta. Concede-me teu favor."

"De armadura?", ela respondeu. "Eu dificilmente seria levada ao ardor. No castelo não resistirei".

Ela foi envolta em seus braços de ferro. Ela chorou, ele ajudou-a a montar e enquanto cavalgavam ela continuou chorando. Ele perguntou a razão.

"Tu não és o primeiro" – ela respondeu – "de quem me utilizei para matar Gramoflanz. Houve um rei que um dia me ofereceu seu favor, um jovem rei chamado Anfortas. Apesar de novo, ele era o senhor do que os homens mais desejam e foi ele quem me deu aquela tenda repleta de mercadorias que se encontra diante do portão do castelo. Entretanto a meu serviço, esforçando-se como tu por meu amor, tudo o que conseguiu foi sofrimento; e minha tristeza por sua desgraça é ainda maior do que por Cidegast".

As duas lendas – dramática e subitamente – uniram-se: a do Castelo das Maravilhas e a do Castelo do Graal. O Rei Mutilado adquiriu sua ferida a serviço de Orgeluse. Assim como o cavaleiro ferido Urians, Lischoys Gwelljus e o próprio Gawain, ele fora enviado a enfrentar o Rei da Floresta a fim de reconquistar, a serviço do amor, a função usurpada por alguém que, recusando-se àquele serviço, quis prevalecer pela força. Não consigo provar que Wolfram esclareceu a relação de Gramoflanz e Clinschor, seu aliado, com o jovem cavaleiro pagão dos precintos do Paraíso terrestre cuja lança, gravada com o nome do Graal, causou o terrível ferimento em Anfortas. Entretanto, evidencia-se uma fórmula geral, cujo sentido está claro.

Assim como Orgeluse fora injuriada pelo assassinato de seu marido e usurpação de seu bosque por Gramoflanz, também a rainha de Feirefiz, Secundille, em razão do roubo de sua torre mágica por Clinschor. A rainha Secundille, que ouvira falar do Graal, enviou presentes ao seu guardião, o Rei Anfortas: os monstros Cundrie e seu irmão Malcreatiure, junto com as pedras preciosas que se encontram agora naquela tenda diante do Castelo das Maravilhas. Anfortas presenteara sua dama, Orgeluse,

---

* O unicórnio era símbolo da pureza no amor e, assim, uma figura emblemática de Cristo.

com as pedras preciosas e com Malcreatiure, e então, um dia, cavalgando ao grito de "*Amor!*" fora ferido por uma lança pagã do reino de Secundille. Juntando tudo isso, descobrimos que o reino da natureza – representado no Ocidente por Orgeluse e seu bosque de Diana – e no Oriente – representado por Secundille, Feirefiz e o jovem pagão em busca do Graal – é espontaneamente tocado pelo anseio da esfera do espírito, tal como na visão de Mann.

Todavia, naquela esfera – ou seja, no cristianismo – a justa relação da natureza com o espírito em amor mútuo foi violada e reinam dois soberanos ilegítimos: Anfortas, no espiritual Castelo do Graal e Gramoflanz, no bosque-natureza da deusa Diana-Orgeluse. E que Wolfram pretendeu representar essas duas funções como complementares evidencia-se no fato de os chapéus dos dois reis, Anfortas e Gramoflanz, estarem adornados de penas de pavão.

Na arte cristã primitiva o pavão, como a fênix, era simbólico da Ressurreição. Acreditava-se que sua carne não se decompunha; nas palavras de Agostinho: "Quem se não Deus fez com que a carne de um pavão morto permaneça sempre saborosa, e não apodreça?"[68] Além do mais, o pavão renova anualmente suas plumas brilhantes, como o universo a cada ano. Conforme lemos em um texto tardio:

> São pavões o céu sereno e estrelado e o Sol radiante. O firmamento de intenso azul brilhando com mil olhos luminosos e o Sol resplandecente com as cores do arco-íris têm o aspecto de um pavão em todo o fulgor de suas plumas coloridas. Quando o céu do Sol de mil raios está oculto por nuvens, ou encoberto pela névoa de outono, ele do mesmo modo lembra um pavão, que, no período escuro do ano, como numerosos pássaros vividamente coloridos, troca sua bela plumagem e torna-se pardo e simples: a gralha, que vestira a plumagem do pavão, grasna agora com as outras gralhas em fúnebre concerto. [Comparar com o motivo do Corvo no ciclo da figura 3.] No inverno, nada resta ao pavão-corvo a não ser seu agudo e desagradável guincho, que pouco difere do da própria gralha. É costume dizer que o pavão tem plumas de anjo, voz de demônio e passo de ladrão.[69]

Na alquimia, o termo técnico "cauda de pavão", *cauda pavonis* (figura 55), refere-se a um estágio do processo imediatamente posterior ao *mortificatio* e *ablutio* (figura 43), quando na retorta surgem, ou assim parece, "muitas cores" (*omnes colores*). "Em calor brando" – afirma uma obra alquímica tardia – "a mistura liquefaz-se e começa a se dilatar e, à ordem de Deus, será dotada de espírito, que subirá levando a pedra e produzirá novas cores".

A primeira cor será "o verde de Vênus". "Verde" – comenta Jung – "é a cor do Espírito Santo, da vida, da procriação e da ressurreição".[70] A fase verde encerra-se quando a cor transforma-se em um pálido púrpura, símbolo da paixão do Senhor, momento em que a "árvore filosofal" inicia sua floração e deflagra a etapa conhecida como o Regime de Marte, exibindo "as cores efêmeras do arco-íris e do pavão no seu esplendor"; e "nesses dias" – diz o texto – "surge a cor-de-jacinto"[71] – que é a

MITOLOGIA CRIATIVA

Figura 55. A cauda do pavão (*cauda pavonis*)

própria cor da mesa de pedra granada-jacinto colocada diante do Rei Pescador pelas jovens vestidas em trajes "mais verdes do que a grama", sobre a qual se colocaria a pedra do Graal.*

Os olhos nas plumas da cauda do pavão sugerem os olhos do fundamento do ser, que se abrem do interior para contemplar o universo de seu próprio corpo. São os olhos (estrelas) do céu noturno; os olhos da imanente Deusa da Visão (figura 19); aqueles olhos nas palmas das mãos do misericordioso *bodhisattva* que podem ser comparados às chagas de Cristo.**

---

* O teto do Castelo das Maravilhas também era "como uma cauda de pavão" (*supra*, p. 422). Goetz vê na descrição de Wolfram desse castelo encantado em uma "Ilha de Mulheres" a influência dos relatos do fabuloso palácio dos califas abássidas em Bagdá: *Qasr-at-Tāj*, às margens do rio Tigre, com sua cúpula e plataforma de observação (destruído em 1154 e reconstruído em 1178). O pilar-espelho roubado da rainha hindu Secundille sugere a coluna de aço polido Qutub-Minar, hoje na mesquita Quwwat-ul-Islam em Delhi, levada da capital hindu Ajmer. Quando caiu Ajmer (1195), a jovem rainha hindu recebeu o nome de Samyogitā e foi celebrada na canção bárdica em *hindi* antigo. *Somyogitā*>Somgita>Sogunda>Secuna mais – illa (diminutivo italiano)>Secundille. Ela reinou sob a proteção do vice-rei muçulmano (que foi posteriormente o primeiro Sultão de Delhi), *Qutub ud-dīn Aibak*: o *Beg* ("Bey", um título turco nobiliário) tão belo quanto *Ai*, "a Lua". Mas a Lua é mosqueada: comparar com *Feirefiz* (francês antigo, *vair*, "mosqueado", *fils*, "filho"). A imagem lunar vincula Feirefiz com o contexto mítico herói-lua de Osíris, Tammuz etc.

** *Supra*, p. 354.

Ou o olho da pluma do pavão é aquele no meio da fronte, que se abre no homem para a visão da eternidade. Também é ele a porta ígnea do Sol (a boca do leão da figura 13): o olho dos Cíclopes na *Odisseia*, pelos quais Ulisses passou.[72] Nessa interpretação, enquanto o pássaro da visão perigosa, o pavão é utilizado na iconografia hindu como a montaria do deus da guerra Kartikeya (conforme já citado: "o Regime de Marte"), o belo e jovem, porém feroz deus que guarda a entrada da montanha de onde se observa o paraíso de seu pai Śiva. Nessa função ele é comparável ao querubim que Jeová colocou com uma espada flamejante diante do portal do Paraíso[73] – de onde, como vimos, chegou o jovem príncipe pagão de cuja lança o indigno Rei do Graal, Anfortas, recebeu seu ferimento.*

Não há dúvida de que Wolfram sabia exatamente o que estava fazendo quando colocou plumas de pavão nos chapéus do Rei Gramoflanz, o guardião da árvore – a Árvore do Mundo, a árvore filosofal, a árvore do Paraíso, a árvore da Cruz de Cristo, a árvore Bodhi da qualidade Buda – e do ferido Rei Pescador, cuja linha de pesca indo do Grande Superior ao Grande Inferior é igualmente o *axis mundi*: que espera em todos os lugares com a isca no anzol, nas águas deste mundo, para nos puxar para cima até o barco-lótus do radiante Pescador de Homens, com suas plumas de pavão adornando seu chapéu.

2.

Tampouco Gawain, que já fora aceito pela dama da Árvore, era o único membro da Távola Redonda de seu tio que naquele momento usava em seu elmo a coroa da vitória. Pois, como a dama confessou, ainda chorando, enquanto eles retornavam do Vau Perigoso: "Todos os dias da semana, todas as semanas do ano, eu enviei cavaleiros contra Gramoflanz. Cavaleiros demasiadamente ricos para me servir em troca de uma recompensa, mas que me serviram como vós, por amor. E jamais houve quem recusasse a me servir; exceto um, cujo nome era Parzival. Chegou cavalgando na pradaria e quando meus cavaleiros o atacaram, ele derrubou cinco. Eu lhe ofereci meu reino e eu mesma, porém ele respondeu que já tinha uma esposa; e o Graal, ele declarou, já o fizera sofrer em demasia. Não desejava mais padecimento".

Nada mais vamos saber de Wolfram sobre esse encontro de Parzival com Orgeluse. Wagner, entretanto, dedica a ele todo o seu segundo ato. O primeiro e o terceiro desenrolam-se no Templo do Graal. No segundo, entretanto, a cortina levanta-se e revela Klingsor, no alto da torre mágica de seu Castelo das Maravilhas, observando em seu espelho necromante (adaptação de Wagner do reluzente pilar) a chegada inconsciente de Parzival, que ainda é o Grande Tolo. Na lenda de Wagner, o castelo de Klingsor e o Templo de Titurel do Graal opõem-se, como o bem e o mal, o claro e o escuro, numa dicotomia verdadeiramente maniqueísta. Não são, como na obra de Wolfram, igualmente criados por um poder estranho a ambos.

* *Supra*, p. 335-336.

Além do mais, Kundry, em quem Wagner fundiu os principais papéis e personagens femininos da lenda (Orgeluse, Cundrie e Sigune, juntamente com algo da Valquíria, um toque de *Ewig-Weibliches* (eterno feminino de Goethe e muito da Sofia gnóstica)* é ela própria enfeitiçada por Klingsor e, contra sua vontade, é criatura dele, ansiando tornar-se livre. Foi ela, como sua criatura e agente – não, como na obra de Wolfram, em seu próprio interesse e contra o dele – quem seduziu o Rei do Graal, Amfortas. E foi enquanto ele estava despreocupadamente deitado em suas redes, como Sansão seduzido por Dalila, que Klingsor, roubando sua descuidada lança – a mesma que feriu o flanco de Cristo – causou um ferimento que não seria curado enquanto não aparecesse um salvador – o profetizado "tolo honesto" – que tocasse-o com a mesma lança.

Obviamente tal ferimento sugere aquele da flecha do amor, que pode curar-se somente pelo toque de quem disparou a flecha. Na obra de Wagner, entretanto, a alegoria é de luxúria e violência transformada pela inocência em compaixão (*eros* e *tânatos* em *ágape*). No livro II da *Morte Darthur*, de Malory, ("A lenda de Balin"),** há um cavaleiro perverso chamado Garlon que morre (capítulo XIV) quando sua cabeça é rachada pelo golpe de uma espada, e a haste quebrada de sua própria lança é cravada no ferimento. Na epopeia de Wolfram, Trevrizent afirma que, quando os planetas encontram-se em determinadas posições, ou a Lua em certa fase, a ferida do rei dói terrivelmente e o veneno reativa-se na ponta da lança. "Então" – o autor declara – "eles colocam a ponta da lança sobre a ferida e ela extrai o frio do corpo do rei, deixando a própria lança rígida e vítrea, como o gelo".[74]

Há também a lenda grega do herói Télefo, com um ferimento na coxa que não cicatrizava, causado por Aquiles. Um oráculo declarou: "Aquele que feriu deve curar!", e depois de uma longa e penosa busca, Télefo encontra Aquiles e é curado. Ou, de acordo com outra interpretação, a cura é efetuada pela arma que causou a lesão, sendo o remédio extraído pela raspagem da ponta da lança e logo salpicado sobre a ferida.[75]

Há um antigo tema mítico relacionado com a Medusa, cujo sangue do lado esquerdo causava a morte, mas o do direito, a cura.[76] Ou poderemos pensar na rainha Isolda e no veneno da espada de Morold. No *Parzival* de Wolfram a lança exerce um papel pouco importante: é apenas mencionada por Trevrizent. E encontra-se no Castelo do Graal, não no palácio de Clinschor. Em contraposição, Wagner elevou o tema da lança ao papel principal em sua obra, mentalmente equiparando seu veneno com o do ferimento de Tristão. E de fato, ele se encontrava ainda trabalhando com seu *Tristão* quando lhe ocorreu a ideia de um *Parsifal*; ainda que estivesse no auge

---

* Sabedoria Divina, caída (ou enfeitiçada) pela ignorância; presa na ilusão deste mundo, do qual – ironicamente – ela própria é a força criativa.
** A obra de Thomas Malory é de cerca de 1470. Sua *Morte Darthur* procede em grande parte de textos muito anteriores em francês arcaico, e o livro II é uma versão do *Merlin* em prosa (c.1215) preservada num único manuscrito datado de aproximadamente 1300. Existe ainda uma tradução em espanhol arcaico e outra em português arcaico.

de seu próprio romance (tão semelhante ao de "Tristão") com Matilde Wesendonck e, na verdade, ainda vivendo com sua atormentada esposa, Minne, numa casa chamada "Asilo", que lhes proporcionaram Matilde e seu paciente marido, Otto, localizada próximo da residência deles.

Conforme lemos na história de sua vida, escrita pelo próprio Wagner, corria o ano de 1857; o mês era abril; e o dia – Sexta-feira Santa. Richard e Minne tinham chegado no mês de setembro do ano anterior a Zurique, e foi lá, no "Asilo", naquele inverno, que ele acabou o Primeiro Ato de *Siegfried* e começou a trabalhar seriamente em *Tristão*. Wagner escreve na sua autobiografia:

> Então chegou um lindo tempo primaveril e na Sexta-feira Santa, pela primeira vez nesta casa, eu despertei com a luz do Sol. O jardim estava verde, os pássaros cantavam e, finalmente, pude sentar-me na torre do chalé para desfrutar um pouco do silêncio durante longo tempo desejado. Tomado por essas sensações, lembrei-me, repentinamente, que hoje era, sim! Sexta-feira Santa, e recordei a profunda sensação de admoestação que me causara o *Parzival* de Wolfram a respeito desse dia. Não tinha mais me ocupado com essa lenda desde o tempo de minha estadia em Marienbad (1845),[77] quando concebi o *Meistersinger* e *Lohengrin*; mas agora seus elementos ideais retornaram a mim de uma forma sobrepujante e a partir da inspiração daquela Sexta-feira Santa subitamente concebi todo um drama que com alguns traços esbocei rapidamente em três atos.[78]

Já em *Tannhäuser*, 1842-1844, foram antecipadas as linhas principais da interpretação de Wagner dos temas do Graal. O "Venusberg Bacchanal" [Bacanal na Montanha de Vênus] é ali um prelúdio do Jardim do Encantamento de Klingsor, e a canção do poeta Tannhäuser, celebrando a gruta do amor, coincidia com o espírito de Tristão:

> Para que meu desejo arda para sempre,
> Refresco-me eternamente naquela fonte.[79]

Entretanto, a canção atribuída a Wolfram, como o trovador rival na competição de trovas é (ironicamente) um hino ao amor enquanto dom *celestial,* e não como algo "bem no meio", entre o negro e o branco, o céu e a terra:

> Vens como se fosses de Deus,
> E eu sigo a uma distância respeitosa.

Dois anos depois de sua inspiração na manhã da Sexta-feira Santa na cumeeira de seu "Asilo", Wagner trabalhava em Lucerna, em maio de 1859, no último ato de seu *Tristão*, quando a analogia entre o ferimento de Tristão e o de Anfortas na ópera ainda por ser escrita encheu-o de espanto diante da tarefa que se impusera. "Que coisa diabólica!", escreveu naquela época em carta para Mathilde. "Imagine, em nome do Céu, o que aconteceu! Subitamente tornou-se terrivelmente claro: Anfortas é o meu Tristão do Ato III em um estado de inconcebível intensificação."[80] Thomas Mann comenta sobre esta nota em uma de suas obras:

> Essa intensificação era a involuntária lei da vida e do desenvolvimento da produção de Wagner, e resultava de sua própria autoindulgência. Estivera trabalhando toda a sua vida sobre a ênfase na dor e sentimento do pecado de Amfortas. Esses podem ser ouvidos no grito de Tannhäuser: "Ai de mim, o peso do pecado me oprime!" Em *Tristão*, eles chegaram ao que então parecia ser o máximo da angústia lacerante. Porém agora, compreendera de súbito, eles teriam de ser superados em *Parsifal* e levados a uma intensidade inconcebível. Na verdade, o que ele fazia era simplesmente expor ao limite uma afirmação para a qual sempre estivera inconscientemente procurando situações e ocasiões mais fortes e profundas. Os materiais de suas diversas obras representam apenas estágios – inflexões autotranscendentes – de uma unidade, uma obra fechada em si mesma, redonda que se "desdobra", mas que de certa maneira já estava ali pronta desde o princípio. Isto explica a forma como suas concepções artísticas estão sobrepostas de modo semelhante às caixas que se encaixam, *uma-dentro-da-outra*: e diz-nos também que um artista dessa classe, um gênio dessa ordem espiritual, jamais trabalha simplesmente na tarefa presente. Tudo o mais pesa sobre ele ao mesmo tempo e acrescenta sua carga ao momento criativo. Surge como algo mapeado, como um plano de vida: de maneira que no ano de 1862, quando ainda compunha o *Meistersinger*, Wagner previu com absoluta certeza, numa carta escrita de Bieberich para von Bülow, que *Parsifal* seria sua obra decisiva – vinte anos antes de ela ser apresentada pela primeira vez. Pois antes dela haveria *Siegfried*, no meio da qual surgiriam *Tristão* e o *Meistersinger*; e, além do mais havia todo *O crepúsculo dos deuses* a ser composto; obras que ocupariam espaço em seu programa de trabalho. Ele carregou o peso de *O anel dos Nibelungos* durante todo o tempo em que trabalhou com *Tristão*, em cuja obra, desde o início, intrometeu-se o sussurro de *Parsifal*. E essa voz continuou presente enquanto trabalhava com seu saudavelmente luterano *Meistersinger*. Na verdade, desde 1845, data da primeira produção em Dresden do *Tannhäuser*, aquela mesma voz esperava por ele. Em 1848 apareceu o esboço de um drama em prosa do mito dos Nibelungos, bem como escreveu a *Morte de Siegfried*, ponto de partida de *O crepúsculo dos deuses*. Entretanto, no período de 1846 a 1847, *Lohengrin* tomou forma e a ação do *Meistersinger* foi esboçada – ambas as obras pertencentes, na realidade, ao contexto de Tannhäuser, como contrapartes satíricas e humorísticas.
>
> Esses anos da década de 1840, na metade da qual ele chegou à idade de trinta e dois anos, compreendem e definem todo o plano de labor de sua vida, desde *O navio fantasma* ao *Parsifal*, cujo plano foi executado durante as quatro décadas seguintes, até 1881, marcado por um trabalho interior com todos os elementos articulados simultaneamente. Assim, no sentido estrito, a obra de Wagner não tem crono-

logia. Surge no tempo, é verdade; porém, estava toda ali desde o princípio e toda ao mesmo tempo.[81]

Em resumo: no reconhecimento por parte de Wagner da identidade da ferida do Rei do Graal com a de Tristão – representando então o seu Parsifal um estado idealizado, liberto e libertador de inocência radiante e juvenil – há um reflexo de sua própria vida conflituosa, leal a nada ou ninguém que não ele próprio, estando o pensamento último voltado para sua mente ou para a verdade de seu coração. Seu Parsifal do Ato II continua sendo o menino ingênuo do Ato I, não passou por nenhuma prova de desilusão teológica ou ingresso na cavalaria, é solteiro, na verdade, não sabe nada do amor ou da vida, e é simplesmente um menino de oitenta quilos com voz de tenor. O barítono Klingsor, observando seu espelho, vê o inocente aproximar-se, "jovem e tolo", e à semelhança do deus hindu do amor e da morte, que tentou o Buda com o propósito de destruir o herói salvador, invoca um espetáculo de donzelas num jardim encantado, agitadas e desarrumadas, como se fossem subitamente despertadas. Todavia, como o Buda no ponto imóvel, sentado sob a árvore Bodhi, indiferente ao fascínio do sexo e à violência das armas (mas diferentemente do Buda, por estar despido de conhecimento), Parsifal, o simplório, não faz ideia do que podem ser aquelas mulheres afetadas. "Que doce é vosso perfume!", ele as elogia. "Sois flores?"

Kundry conta-lhe sobre a fama do pai dele e da morte da mãe; a forma como conheceu seus pais, bem como ele mesmo desde a infância (outra versão de Brunhilda e Siegfried); conta-lhe que foi ela quem lhe deu o nome Parsi-fal, o "Tolo Puro"* e, atraindo-o para seus braços maternais, beija-lhe a boca de menino com tal ardor que o deixa tomado de pânico, mas depois... horrorizado pela tomada de consciência do sentido da ferida de Amfortas: ou seja, não a paixão pela mulher, mas compaixão pelo homem!

> Amfortas (ele grita)! A ferida! A ferida!
> Arde agora, em meu coração.
> A ferida que vi sangrar,
> Agora sangra dentro de mim.

Bem, isso não parece muito com Wolfram von Eschenbach!

Klingsor, como o tentador do Buda, transforma-se agora de senhor do desejo em senhor da morte,[82] aparece com a preciosa lança na mão, que arremessa com uma maldição. Porém novamente como na lenda do Buda – em que as armas do senhor da morte, embora lançadas contra o salvador, jamais o atingem – quando a grande lança aproxima-se de Parsifal, fica suspensa sobre sua cabeça; ele simplesmente faz

---

* Comparar com o significado do nome na versão de Wolfram: Per-ce-val, "bem pelo meio" (*supra*, p. 375-376).

o sinal da cruz, estende a mão, pega a lança e a leva até Amfortas (Ato III) para curar a dolorosa ferida; e como se fossem tragados pela terra, o Castelo e o Jardim do Encantamento desaparecem, as donzelas caem desmaiadas como flores murchas (veja a "Visão do cemitério" do Buda)[83] e cai o pano.

"Richard Wagner" – escreveu Nietzsche, seu decepcionado admirador –, "aparentemente o grande vencedor, na verdade agora decaído e confuso, prostrou-se, subitamente desamparado e destroçado, diante da Cruz cristã".[84] E prossegue:

Seria desejável que a concepção do *Parsifal* de Wagner tivesse um espírito de diversão, ao mesmo tempo como uma espécie de obra última e drama satírico com a qual o grande mestre trágico – em um estilo próprio e digno dele – poderia despedir-se tanto de si mesmo quanto de nós e, acima de tudo, da Tragédia. Isto é, como um excesso da paródia mais sublimemente maliciosa da própria arte trágica e de toda aquela horrível e enfadonha seriedade e agonia de outrora: aquela absurdamente estúpida forma de existência, agora finalmente superada, a afetação do ideal ascético. Parsifal é na verdade material de opereta *par excellence*. Será, então, o *Parsifal*, um secreto riso de superioridade de Wagner sobre si mesmo? Seu triunfo final em suprema liberdade artística e transcendência? Teremos aqui um Wagner que consegue *rir* de si mesmo?

Como eu digo, seria desejável que assim fosse; para que, se considerado seriamente, serviria esse Parsifal? É realmente necessário reconhecer nele (como por vezes disseram de mim) o produto de um "ódio exasperado ao conhecimento, intelecto e sensualidade?" Uma maldição simultânea sobre os sentidos e a mente? Uma apostasia e reversão aos repugnantes ideais cristãos obscurantistas? E mesmo uma obra de abnegação e autoanulação por parte de um artista que, até então, com toda a força de sua vontade dedicara-se a exatamente o contrário, à mais alta espiritualidade e sensualidade de sua arte? E não apenas de sua arte, mas também de sua vida?

Recorde-se o entusiasmo de Wagner ao caminhar, em sua época, na trilha do filósofo Feuerbach (1804-1872). A visão de Feuerbach sobre a "sensualidade saudável"! Nas décadas de 30 e 40 do século XIX, aquilo soara para Wagner, como para muitos alemães – autodenominavam-se os *jovens* alemães – como o Evangelho da Redenção. Será que ele, por fim, esqueceu aquela canção? Porque ao menos parece que sim!

Será que o ódio da vida ficou com o melhor dele, como ocorreu com Feuerbach? Porque *Parsifal* é uma obra de malignidade e vingança, um veneno secreto contra as pré-condições da vida, uma obra *perversa*. O sermão da castidade é um incitamento à patologia e eu desprezaria todo aquele que não sentiu em *Parsifal* um ataque contra a própria moralidade.[85]

E quando Gawain, trazendo o ramo que apanhara da árvore, cavalgou com sua dama Orgeluse até a pradaria diante do Castelo das Maravilhas, o balseiro acorreu da outra margem com Bene, sua filha, em sua balsa, e receberam o casal a bordo. Das muralhas e janelas do castelo uma multidão de damas felizes contemplavam sua travessia, enquanto quatrocentos cavaleiros do castelo, que Gawain ainda não vira, competiam brilhantemente nos prados, em homenagem aos dois.

LIVRO XIII: A LENDA DO FERIMENTO DE CLINSCHOR

Naquela noite houve uma festa no castelo e os cavaleiros e damas dançaram. Separados pelas artes mágicas de Clinschor, eles até mesmo ignoravam a existência uns dos outros, porém aquele encantamento fora agora quebrado. Lischoys Gwelljus e o Turkoyte, libertados sem quaisquer condições, foram conduzidos ao salão por Bene, que em seguida passou a tomar conta do seu senhor Gawain, ainda com dores intensas causadas pelos ferimentos. Ela estava sentada ao seu lado, tagarelando, quando ele lhe pediu delicadamente que lhe mostrasse qual das damas era Itonje. Em seguida foi até sua irmã e após as cortesias preliminares, entregou-lhe o anel do homem que o desafiara à morte. Ela corou. "Em meus pensamentos" – confessou – "já lhe concedi todos os seus desejos e teria há muito tempo fugido para ele, se pudesse deixar este castelo horrível".

Naquela noite, os cavaleiros e damas reuniam-se livremente no grande salão. Gawain mandara vir bons violinistas. Tudo o que eles conheciam, entretanto, eram antigas canções, nenhuma das novidades da Turíngia; todavia dançaram mesmo assim muitas damas encantadoras e muitos belos cavaleiros, formando par ora com uma ora com outra, por vezes um cavaleiro com duas damas, uma de cada lado; e se algum desejasse naquela noite oferecer seus serviços por amor, certamente havia suficientes oportunidades.

Gawain observava sentado com sua mãe, Sangive; sua avó, Arnive, e a duquesa segurando sua mão. "É melhor ires para a cama agora", disse-lhe finalmente a rainha. "Será que a duquesa acompanha-te-á esta noite cuidando para que te mantenhas coberto?" "Ele estará aos meus cuidados", respondeu a dama. Gawain pediu para trazerem-lhe uma bebida, dando a todos o sinal de despedida e, quando Orgeluse levantou-se, a velha rainha disse-lhe: "Cuida bem de nosso cavaleiro". A leal Bene levou a vela diante deles e voltou para junto dos outros, enquanto Gawain, finalmente a sós com sua dama, trancou a porta.

Nesse meio tempo, na corte de Artur, chegou um mensageiro com a notícia do próximo combate entre Gawain e Gramoflanz. "Bendita seja a mão que te escreveu!", exclamou a rainha quando recebeu a carta. "Faz já quatro anos e meio e seis semanas que partiram Gawain e Parzival", Artur terminou de ler a carta. "Gramoflanz", disse irritado, "deve considerar meu sobrinho outro Cidegast. Ele teve problemas suficientes *naquela* luta! Vou cuidar para que nesta tenha ainda mais". E quando o mensageiro retornou com a promessa de que Artur compareceria, falou a Gawain da alegria da Távola Redonda ao saber notícias dele vivo.

Mais tarde, sentado ao lado de uma janela que dava para o rio, Gawain perguntou à sua avó: "Cara senhora, poderíeis dizer-me algo sobre Clinschor?"

"Senhor", ela respondeu de boa vontade, "sua magia é sem medida. Estas maravilhas aqui são pequenas comparadas com as que ele possui em muitos reinos. Ele foi um grande nobre de Cápua, porém ofereceu-se a serviço da Rainha Iblis,* esposa do Rei da Sicília. E agora tenho um segredo para contar. Perdoai-me, se é descortês mencionar tais coisas; mas quando o rei descobriu-o nos braços de sua mulher, capou-o com o golpe de uma faca".

Gawain irrompeu em gargalhadas e, antes de ter parado de rir, ela continuou a falar.

"A magia foi criada numa cidade chamada Persidia; não na Pérsia, como muitas pessoas acreditam. Clinschor foi até lá e retornou com sua arte mágica. Em razão da vergonha que sofrera, tinha agora tanto ódio de todos, que seu maior prazer era privar os mais felizes de sua alegria, especialmente os mais honrados e respeitados. Mas então, em Rosche Sabins vivia um rei, Irot, o pai de Gramoflanz, que, temendo a magia de Clinschor, pensou comprar sua boa vontade oferecendo-lhe essa montanha inexpugnável com as oito milhas de terras à sua volta, e Clinschor, então, forjou aqui esta estranha obra. Se o castelo fosse sitiado, haveria comida por trinta anos. Depois, quando Gramoflanz matou o Duque de Logroys, a duquesa, com medo dele e de seu protetor, presenteou Clinschor com a tenda de tesouros que se encontra diante do portão deste castelo, que ela acabara de receber como prova de amor do jovem Anfortas de Munsalvaesche; e então todos concordaram que aquele que sobrevivesse à aventura deste castelo seria deixado em paz por Clinschor e ganharia tanto o castelo quanto a própria duquesa. Entrementes, todo cavaleiro nobre ou dama sobre o solo cristão que Clinschor via, ele prendia aqui pelo encantamento; e agora todos são vossos. Libertai-nos!"

Será que precisamos perguntar ou dizer o que, ou quem, o poeta Wolfram tinha em mente quando, por volta do ano 1210, escrevia dessa maneira sobre uma magia esterilizante trazida do Oriente Próximo para a Europa por um castrado que desprezava a vida, porém que tinha poder sobre todos os espíritos, benévolos e malévolos? O Rei da Sicília naquele momento era o infante Frederico II (1194-1250), coroado em Palermo em 1198, que com a morte de sua mãe seis meses depois ficou sob a tutela de Inocêncio III (regeu de 1198 a 1216), o mais poderoso papa de todos os tempos.[86]** A interpretação do tema Terra Desolada pelo poeta medieval Wolfram era, de qualquer maneira, diametralmente oposta à de Richard Wagner: porque não a paixão do amor, mas a vingança de um castrado, era para ele a origem da atmosfera mortal que reina sobre o palácio da vida (o Castelo das Maravilhas) e sobre o palácio do terror (o Castelo do Graal). Tampouco qualquer sinal mágico da cruz como faz o "tolo honesto" de Wagner no clímax do Ato II quebrou o feitiço do necromante de Wolfram. O próprio necromante, Inocêncio, fazia aquele mesmo sinal

---

* Iblis, nome árabe de Satã, aqui concedido a uma rainha pagã.
** Clinschor, cuja etimologia é incerta, possivelmente advém do provençal, *clergier*, "clérigo" (Goetz, op. cit., p. 37).

para reforçar o efeito mágico de suas interdições, pelas quais reis eram destronados, amedrontados e obrigados a obedecer. Essa magia, aliada à coerção (Clinschor com Gramoflanz = religião com poder secular), era, na época de Wolfram, exatamente a força a ser destruída.

Anfortas, que, como Abelardo, não era merecedor de sua ordenação – consequentemente uma personalidade cindida, dissimulada – cavalgando em busca de integridade, de uma experiência própria, tinha imediatamente entrado no domínio do rei aliado e eunuco, a esfera de suas próprias limitações; e dessa maneira, como Bloom e Dedalus de Joyce, ele "encontrou como fato no mundo exterior o que se encontrava como potência em seu mundo interior".* Descobrira sua *anima,* sua Alma Feminina: a Dama Orgeluse. Entretanto, ela não era o que parecia. Perdera seu verdadeiro amor; havia um simulador em seu lugar. Superstição (magia) e violência tinham usurpado as sedes da verdade e da justiça. Medo, ódio e engano encontravam-se nos bosques e jardins do desejo, e ela fora a tal ponto dissociada da espontaneidade da vida inocente que aquele que a libertasse para o amor teria de primeiro quebrar o encantamento que a dominava. A seu serviço, Anfortas – como Abelardo, por idêntico motivo e exatamente pelo mesmo inimigo – foi derrotado.

Gawain, por sua vez, não passara a vida representando uma função imerecida, conferida a ele por sagração, porém à procura, sinceramente, do objeto de seu desejo e, quando o encontrou – depois de anos, não dias – foi trespassado, estabeleceu-se em seu verdadeiro centro e sabia exatamente onde estava. Ela era de novo a desolada Orgeluse. Mas ele não era nenhum rei de brincadeira. Não havia nenhuma ameaça, nenhum temor nem de outro homem nem de espírito que pudesse afastá-lo de seu caminho ou que o detivesse. Suas provas condiziam com sua vida e, consequentemente, estava à altura delas: portanto, em harmonia com a Dama de sua Alma; em paz com ela; e no castelo encantado do amor, senhor de seu mundo.

Faltava apenas fazer as pazes também com o mundo do outro lado da vasta correnteza...

Sentado conversando com sua avó junto da janela, Gawain viu, com um sobressalto de alegria, na pradaria da outra margem o séquito de Artur chegando com estandartes, bandeiras, lanças. Logo mais instalaram suas tendas. Com amor no coração e lágrimas nos olhos, ele ordenou então toda a corte de seu castelo em posição, cavaleiros e damas, escudeiros e pajens, – com seus estandartes e tendas, prontos para ir ao encontro da corte de seu tio. Artur e sua rainha saudaram a Arnive, a mãe do rei; Sangive, sua irmã, e as irmãs de Gawain. Todos se beijaram e riram, choraram, riram e beijaram-se novamente. Além do mais, muitos cavaleiros que haviam pranteado a morte de Gawain chegaram sorrindo em sua tenda. Porém o senescal Keie apenas murmurou, "Deus, com certeza, faz milagres! De onde Gawain tirou todas essas rainhas?"

---

* *Supra,* p. 178.

No dia seguinte chegou uma terceira corte, a de Gramoflanz, e Gawain encaminhou-se então para uma vasta planície, sozinho, para se exercitar, e ali viu um cavaleiro solitário vindo em sua direção, usando armadura mais vermelha que rubi...

Mas já sabemos quem é esse homem e nossa história volta aqui à sua vertente principal.

VII. TERCEIRO *INTERMEZZO*: MITOGÊNESE

Gawain é o cavaleiro arturiano por excelência, o mais próximo da esfera céltica tanto em seu caráter quanto em suas façanhas. Gringuljete, seu cavalo, como muitos outros animais fantásticos, era branco com orelhas vermelhas reluzentes,* e sua espada Excalibur (conferida por Artur quando lhe tinha armado cavaleiro) fulgurava como um relâmpago ao ser desembainhada. O próprio cavaleiro tinha sua força intensificada todos os dias até o meio-dia, como o Sol, depois do que sua capacidade de lutar declinava; por isso, era costume na corte de Artur, em deferência a Gawain, que as justas fossem realizadas nas horas matinais.

"Aparentemente", como observou Heinrich Zimmer, "o cavaleiro era um deus solar, disfarçado sob a armadura medieval, condenado, como sempre, a expirar a cada crepúsculo e passar para o 'Reino sem retorno'. Como Osíris, lá ele se tornava o rei, o Sol, do mundo subterrâneo, mas, como o disco solar giratório, atravessava e libertava-se do 'grande mundo ínfero, para ressurgir renascido no leste como o astro do novo dia".[87] E nas palavras do Professor Loomis: "Que Gawain é um equivalente de Cuchullin é um dos lugares-comuns da ciência arturiana".[88]

No período criativo, oral, do romance arturiano – a partir, digamos, do tempo da Conquista Normanda ao do *Tristão* de Thomas da Bretanha (1066-c.1160) – Sir Gawain foi quase certamente o herói daquela aventura típica mais tarde atribuída a praticamente todos os heróis do século: o resgate de uma castelã assediada em seu próprio castelo (Gahmuret e a Rainha Negra de Zazamanc, Parzival e Condwiramurs) ou raptada em outro (Guinevère resgatada por Lancelote do castelo de Meleagant). A outra grande façanha céltica (também atribuída a Lancelote), de fugir com a mulher de outro homem, chegou ao romance de Artur por meio de Tristão, cuja própria corte, entretanto, era de seu tio Marcos, que tinha orelhas de cavalo – possivelmente vermelhas.

Artur e seu sobrinho Gawain, Marcos e seu sobrinho Tristão correspondem a diferentes vertentes criativas, adaptando temas míticos célticos afins com os estilos das cortes francesas, provençais e normandas do século XII.** Como já foi notado,

---

* Comparar com as palavras da Deusa Morrigan citadas no volume *Mitologia Ocidental*, p. 251, extraídas do *The Golden Book of Lecan* [O livro dourado de Lecan]: "Eu me tornarei uma vaca branca de orelhas vermelhas, com uma centena de vacas brancas de orelhas vermelhas atrás de mim".

** *Supra*, p. 265.

as primeiras versões dessas adaptações perderam-se. O mesmo ocorre com todos os registros das vidas dos ficcionistas gauleses e bretões que as criaram. Entretanto, há aquele mestre, aparentemente um grande mestre, de quem o nome, pelo menos, é conhecido, escrito variadamente como Bréri, Bleheris e Blihis,[89] e sobre o qual Thomas da Bretanha escreveu que conhecia "todas as façanhas e todas as lendas de todos os reis e todas as cortes que já tinham vivido na Bretanha",[90] enquanto um outro autor, anônimo, afirma que ele possuía o conhecimento do segredo do Graal.[91] Um terceiro, também anônimo, conta que ele "nasceu e foi criado em Gales" e era, além do mais, o homem que introduziu a lenda de Gawain na corte do Conde de Poitiers.[92*] De maneira que em um pacote sensacional, aberto na importante corte de Poitiers, c.1120-1137, um bardo celta pôde revelar em sua origem todo o mundo mágico do romance arturiano: o sonho juvenil, contendo todos os símbolos do destino, do despertar do espírito ocidental moderno.

Os primeiros anos da formação desse sonho de juventude correspondem àquele período em que se mesclaram o ressurgimento da barbárie e a desintegração da civilização quando o Império Romano estava sendo saqueado na Europa e reduzido a escombros;[93] um período de regeneração comparável em muitos sentidos com o da queda de Creta e Troia no princípio da idade homérica. Em nossa pesquisa da história e das condições da manifestação das formas míticas específicas ao homem moderno, podemos chamá-lo:

1. O MOMENTO MITOGENÉTICO: c.450-950 d.C.

Freud, em seu *Moisés e o monoteísmo*, encontra um momento semelhante na origem dos anos no deserto dos judeus, quando (como ele acreditou ter demonstrado) eles mataram seu mestre egípcio, Moisés, um evento que de acordo com sua visão ocorreu entre 1350 e 1310 a.C.[94] A catástrofe foi seguida por um período de aquecimento, "latência" ou incubação, cujo equivalente no desenvolvimento clássico teria se situado entre a época dos ataques dórios a Pilo, Tebas e Troia (c.1250-1150 a.C.) e sua transformação literária nos épicos (c.850-650 a.C.). Freud comparou tais momentos nas histórias dos povos com aqueles anos da infância em que ocorrem impressões cruciais que determinam os temas das imagens e estruturação de nossos sonhos: as imagens, como diria Jung, do inconsciente *pessoal*, baseadas na biografia *pessoal*, pelas quais os temas "grave e constante" do destino humano inevitavelmente comum do crescimento, conflito espiritual, iniciações, maturação, declínio das forças e morte, serão no caso individual modulados, interpretados e expressos.

Especificamente, com relação ao romance arturiano, a catástrofe precipitadora foi a conquista da Bretanha cristã pelos anglos, jutas e saxões pagãos, c.450-550 d.C. Os romanos, após uma ocupação de quatro séculos, tinham recentemente se retirado. A

---

* Esse conde, como já foi observado, fora ou Guilherme IX da Aquitânia (1071-1127), ou Guilherme X (morto em 1137), respectivamente o avô e pai da Rainha Eleanor (1122-1204).

população indefesa estava acossada ao norte pelos pictos e escoceses indômitos. O Rei Vortigern dos bretões enviou um pedido de socorro aos saxões, que chegaram sob o comando de Hengest e Horsa e receberam uma concessão de território em Kent e, dali, em tempo hábil, iniciaram sua própria campanha de conquista.

Parece que Artur era um bretão nativo que se distinguiu numa série de batalhas no início do século VI e por um tempo representou a última esperança da causa céltica cristã. A crônica de um clérigo gaulês daquele tempo, Gildas (516-570), *De exidio et conquestu Britanniae*, menciona uma grande batalha no monte Badon (em Dorset) no dia do nascimento do cronista; e numa obra posterior, *Historia Britonum*, de outro clérigo gaulês, Nennius (floresceu em 796), o nome de Artur é celebrado em relação com o mesmo evento. Artur, de acordo com aquele texto, não era rei, mas um militar profissional (*dux bellorum*), que "lutou junto com os reis dos bretões" numa série de doze batalhas, sendo que na oitava delas, no castelo Guinnon, ele "levou em seus ombros (possivelmente significando "em seu escudo") a imagem da Virgem Maria: naquele tempo os pagãos foram afugentados e houve uma grande matança entre eles em nome do Nosso Senhor Jesus Cristo e Sua Santa Mãe, Santa Maria"; enquanto no décimo segundo combate, no monte Badon, "tombaram 960 homens num mesmo dia com um único ataque de Artur: ninguém mais, senão ele sozinho, derrotou-os e de todos os combates ele saiu vitorioso".[95] Encontra-se também registrada naquela obra a lenda de Ambrósio, posteriormente identificado com Merlin: uma maravilhosa "criança sem pai" que revelou ao Rei Vortigern o segredo da base insegura de uma torre que ele estava construindo, ou seja, a presença subterrânea de dois dragões guerreiros, um vermelho e um branco (alegoricamente os saxões pagãos e os celtas cristãos).[96] E ainda em outra crônica da época, o anônimo *Annales Cambriae*, escritos pouco depois de 956,[97] Artur é novamente mencionado em relação com a batalha de monte Badon, ali datada em 516, acrescentada à informação de sua morte, juntamente com a de Medraut (Mordred), na batalha de Camlann, em 537.*

---

* As origens da lenda continental dos Nibelungos datam desse período também; especificamente, o início do século V, quando os burgúndios, uma tribo germânica oriental, migrando do Báltico para o sul, fixaram-se no Reno, perto da Vormácia, e no ano de 435 rebelaram-se contra o governador romano Aécio. Dois anos mais tarde eles foram praticamente aniquilados por um bando de hunos a serviço do Império e os sobreviventes bateram em retirada para o Ródano. Os francos, próximos de Colônia, seus antigos vizinhos no Reno, preservaram a memória do desastre e a desenvolveram na lenda que nos é conhecida a partir das seguintes fontes: a) da Islândia, em 1. *O Edda Poético* (c.1200); 2. *O Edda em Prosa*, de Snorri Sturleson (c.1179-1241) e 3. *Die Völsunga Saga* (c.1250); b) do sul da Alemanha (Germânia), no *Nibelungenlied* (c.1250); e c) da Dinamarca e Noruega, na *Vilkina Saga* (c.1250). Há uma passagem também em *Beowulf* (c.675-725, versos 875-913) na qual uma antiga versão da lenda é citada resumidamente.

2. O PRIMEIRO PERÍODO ORAL DE DESENVOLVIMENTO: c.550-1066

Já nas crônicas de Nennius há evidências de uma tradição popular oral emergindo por toda a "zona mitogenética" céltica (Bretanha, Cornualha, Gales, Escócia e Irlanda), tendo como tema principal a assim chamada "esperança dos bretões" de uma segunda vinda de Artur. E essa tradição abarcava uma grande quantidade de tais sagas locais dispersas como a de um *cairn** ao norte de Breconshire (Gales) sobre uma de cujas pedras o cão de caça de Artur, Caval, deixara a marca de uma pisada enquanto caçava o javali Troynt: podia-se remover aquela pedra sempre que se desejasse e no dia seguinte ela estaria de volta no monte. Ou ainda em Gales, a lenda de uma sepultura, considerada de Anir, filho de Artur, a quem o próprio *dux bellorum* assassinara e enterrara ali; essa sepultura, quando medida, por vezes tinha seis, por vezes nove, ou até quinze pés de cumprimento, mas nunca a mesma medida se repetia. O próprio Nennius a medira e comprovara o que se dizia.[98] "Originalmente", afirma o professor Loomis sobre o Rei Artur, "ele era o campeão histórico dos bretões em sua luta desesperada contra os saxões. A tradição popular chegou a associar seu nome com os *cairns* e conjunto de menires, ruínas romanas e castelos devastados. Ele sobreviveu na ilha de Avalon ou nas reentrâncias profundas do monte Etna ou nas cavernas das montanhas gaulesas. Ele se tornou rei do povo pigmeu das Antípodas, ou dirigiu a Caça Selvagem ao luar nas encostas florestais do Mont du Chat.** Os povos cornualês e bretão consideravam-no um messias e aguardavam o dia em que ele retornaria para resgatar sua terra ancestral dos saxões."[99]***

---

* Monte de pedras erigido sobre um túmulo ou como marco. [N. da T.]
** Comparar com o tema "Caça Selvagem", presente em toda a obra *Finnegans Wake*; também no *Tristão* de Wagner os temas da corneta de caça do Ato II. Comparar, também, em *A montanha mágica* de Mann, o nome da Alma Gêmea de Castorp, Madame Chauchat [repare na sílaba final do nome].
*** De maneira similar, na análoga "zona mitogenética" germânica, que se estendia da Islândia aos Alpes e, na direção leste, até o mar Cáspio, elementos da história e de sagas locais foram incorporados à lenda que se formava sobre a queda dos burgúndios. Átila, o rei dos hunos (406?-453), que não estava presente no massacre, foi acrescentado à lenda, bem como uma interpretação popular de sua morte em decorrência de uma hemorragia na garganta na mesma noite de seu casamento com Ildico, ou Hildico, uma princesa germânica. Correu o boato que ela o assassinara para vingar a morte de seus parentes (embora, na realidade, ela não fosse burgúndia).
No *Nibelungenlied*, Átila tornou-se Etzel e Hildico, Kriemhild (Hilda, "Donzela Guerreira"; Hildico, "Pequena Donzela Guerreira"; Kriemhild, "Donzela Guerreira de Capacete"). Na *Völsunga Saga*, Átila é Atli e Hildico, Gudrum.
Brunhilda ("Donzela Guerreira Armada") foi, de fato, uma rainha visigoda da Austrásia, c.543-613. Em 567 ela renunciou ao arianismo em favor do cristianismo ortodoxo, para se casar com o Rei Sigeberto dos francos orientais, cujo irmão, Quilpético, dos francos ocidentais, desposou e depois matou sua irmã (sendo instigado neste ato por Fredegunda, sua amante), o que provocou uma guerra fratricida. Em 575 Sigeberto foi morto e Brunhilda, sua viúva, tornada prisioneira; entretanto, ela desposou o filho de seu captor e com isso fugiu; mais tarde, ela brilhou por cerca de trinta anos numa carreira de intrigas políticas, até que, em 613, os nobres francos, em vingança por ela ter assassinado dez membros da dinastia real, capturaram-na e a expuseram vergonhosamente andando sobre um camelo, torturaram-na por três dias, fazendo-a ser lacerada por cavalos selvagens, e depois incineraram seus restos mortais numa pira.

Tanto as lendas orais quanto as crônicas latinas desse primeiro estágio de desenvolvimento da reputação de Artur eram em grande parte construídas de forma espontânea, o que não ocorre, entretanto, com as do período seguinte.

3. O SEGUNDO PERÍODO ORAL DE DESENVOLVIMENTO: c.1066-1140

Com a Conquista da Inglaterra pelos normandos, surgiu uma nova era para os bardos célticos. Os reis anglo-saxônicos e suas cortes foram destronados e uma aristocracia de língua francesa com fortes vínculos continentais ofereceu novos palcos e novas audiências aos bardos e fabulistas dos ancestrais nativos das Ilhas Britânicas. Esses eram criadores disciplinados e artistas performáticos, treinados na arte mitopoética do antigo *filid* (bardo druida) que incluía, além de um conhecimento memorizado de todos os mitos célticos básicos, uma habilidade singular nas artes da improvisação. E foram esses artistas magistrais conscienciosamente criativos (dos quais o gaulês Bréri/Blihis/Bleheris parece que foi um representante de renome) que, nos poucos anos entre a conquista da Inglaterra pelos normandos e o surgimento de Bréri na corte meridional do Conde Guilherme de Poitiers, estabeleceram conforme as linhas míticas tradicionais célticas a nova mitologia europeia secular do Rei Artur e seus cavaleiros aventureiros – dos quais o nobre Gawain foi, por todo o período, o principal herdeiro de tais papéis reputáveis que na anterior esfera céltica foram atribuídos ao guerreiro montado em carruagem Cuchullin.*

Uma criatividade mitológica deste tipo não é para ser explicada romanticamente como uma espécie de poesia espontânea da "alma popular", no sentido, por

---

* E enquanto isso, como na "zona mitogenética" céltica, também – embora sob circunstâncias totalmente diferentes – na Germânia recentemente cristianizada: a amálgama do folclore e saga locais – gerados espontaneamente – com a herança maior do mito ariano (no caso especificamente germânico) tem de ser atribuída a uma geração de poetas conscientemente criativos, apreciados e treinados de forma tradicional. Pois foi nessa época que a arte aristocrática da poesia aliterativa germânica antiga amadureceu, da qual Beowulf (*supra*, p. 110-118) é um excelente exemplo. Além do mais, entre os vikings a ainda mais sofisticada poesia dos escaldos surgiu mais ou menos na virada do século VIII para o IX. Passando da Noruega para a Islândia do século X para o XI, a poesia escáldica continuou a ser composta ali até mais ou menos o final do século XIV. O norueguês Bragi Boddason, o Velho (início do século IX), pode ser mencionado entre os primeiros desses mestres escáldicos. O cristianismo chegou à Escandinávia por volta do ano 1000 e a maior parte de sua matéria escrita data de *c.*1100-1250. Snorri Sturleson (1179-1241), autor do *Edda em Prosa,* floresceu no período culminante da arte.
É importante lembrar neste contexto que a Taça de Pietroasa (fig. 3) foi descoberta em território germânico. A mitologia germânica no início da Idade Média era qualquer coisa, menos primitiva. Influências zoroastriana, helênica, romanas e bizantinas podem ser reconhecidas em toda ela. Consequentemente, os temas míticos dos *Nibelungenlied*, *Völsunga Saga* e *Eddas* islandesas dos séculos XII e XIII, que tanto atraíram Wagner e deram à sua obra sua força épica, demonstram afinidades inconfundíveis com todas as grandes mitologias desenvolvidas às quais estamos dedicando a maior parte desta obra em quatro volumes.

O PARACLETO

exemplo, de "*das Volk dichtet*" de Jacob Grimm. Tampouco podemos, neste contexto, concordar inteiramente com Freud e interpretar as produções desses poetas apenas como sintomas dos traumas daquilo que eu chamei de Momento Mitogenético. Algo desse tipo talvez possa ser sugerido com relação ao Segundo Período, o primeiro estágio oral de desenvolvimento. Entretanto, os fabulistas desse *segundo* estágio oral eram artistas mestres treinados na tradição, compondo e manipulando os novos materiais pseudo-históricos de acordo com os princípios mitopoéticos herdados de uma ancestralidade que antecedia em muito tempo os golpes e rajadas que ocorreram por volta de 450 d.C. Aquela foi uma época, além do mais, que viveu seus próprios momentos traumáticos: não apenas 1066, a conquista da Inglaterra pelos normandos, mas também 1085, a conquista espanhola de Toledo, e 1097, a pregação da Primeira Cruzada. Novos conceitos filosóficos e teológicos tinham de ser dominados e assimilados. Traduções do árabe, sedas e modas do Oriente, heréticos maniqueístas, cabalistas judeus e mercadores: tudo isso estava abrindo para a mente europeia um mundo de novos horizontes, um novo mundo que tinha de ser desbravado e com o qual tanto a mente quanto o coração tinham de entrar em acordo. No volume *Mitologia Primitiva* eu usei o termo *land-náma*, "designação de terra", ou "tomada de terra", para designar o processo pelo qual as características de uma terra recentemente adotada são assimiladas por um povo imigrante à sua herança mitológica.[100] A criatividade poética dos bardos e fabulistas célticos do período do grande despertar europeu, de 1066 a 1140, foi em essência equivalente à do processo mitogenético: uma apropriação e domínio não do espaço, mas do tempo; não das realidades cruas de uma geografia, mas das inovações, possibilidades, realidades, perigos, dores e maravilhas de uma nova era: "uma atualização mitológica".

Mas a literatura oral dos bardos não foi a única portadora do folclore arturiano nesse segundo estágio oral; pois, como no primeiro, havia agora também crônicas escritas e, entre elas, especialmente duas. A primeira era a *Gesta Regum Anglorum* do mais respeitado e respeitável historiador inglês da época, o monge erudito William de Malmesbury (*c.*1080-*c.*1143), cujo livro apareceu por volta de 1120; e nele não apenas Artur era novamente relacionado com a batalha do monte Badon, mas é registrada uma forte objeção, em nome da precisão histórica, contra o volume de fábulas irresponsáveis desenvolvidas em torno do nome do grande homem.

"Ele é o Artur", podemos ler ali, "sobre quem os bretões deliram com palavras vazias, mas que, na verdade merece ser tema não de lendas e sonhos enganadores, mas da verdadeira história: pois ele foi por muito tempo o arrimo de sua pátria cambaleante e impeliu os espíritos alquebrados de seus compatriotas para a guerra; e finalmente no cerco do monte Badon, confiando na imagem da Mãe de Deus que ele afixara à sua armadura, sozinho ele derrotou novecentos inimigos com incrível derramamento de sangue".[101]

Somos também informados por essa "história verdadeira" que o nome de um certo Walwen (Gawain) já fora vinculado à lenda do próprio deificado Artur, comandante das batalhas.

Entretanto, de longe o mais extenso e importante documento arturiano daquele tempo é a fantástica *História dos Reis da Bretanha* (*Historia Regum Britanniae*) de Geoffrey de Monmouth, que apareceu em 1136 e sobre a qual um clérigo erudito, Giraldus Cambrensis, declarou que se o Evangelho de São João fosse colocado no peito de um moribundo, anjos acorreriam à sua volta, ao passo que, se essa crônica de mentiras fosse colocada ali, demônios ficariam em volta.[102] Isso porque, embora na aparência o livro fosse outra crônica escrita por mãos monacais que lhe atribuíam a condição de "história verdadeira", dos reinados dos reis célticos da Bretanha, desde o tempo da suposta primeira ocupação da ilha por refugiados de Troia (liderados por um herói epônimo, Brut, do qual se derivou o nome Bretanha) até os anos da chegada dos anglo-saxões, na verdade a obra é um grande e espetacular compêndio de lendas celtas desde os tempos imemoriais. Apesar de conhecido como tal pelos eruditos, ganhou a preferência do mundo palaciano daquela época em detrimento de qualquer outro relato verdadeiro já escrito. Ele entrou em voga imediatamente e supriu por um tempo a conversa da moda na Europa – como, séculos depois, aconteceria com os *Poemas de Ossian,* de James Macpherson (1760, 1762), que encantou até mesmo a mente de Goethe. Geoffrey, como Macpherson, alegou ter extraído seu texto de um antigo livro céltico; no caso de Macpherson, da língua gaélica; no de Geoffrey, da britânica. Os dois foram desprezados como mentirosos pelos pensadores de seus séculos: Macpherson por Samuel Johnson; Geoffrey por Giraldus Cambrensis e muitos outros. No entanto, Geoffrey e Macpherson merecem os louros, pois através de um único livro abriram as comportas de um grandioso rio de tradição que corre vigorosamente até os dias de hoje. Pois no latim de suas páginas, aparecem, pela primeira vez na literatura, não só a figura de Artur como rei e toda a história de seu nascimento –, os nomes de seus cavaleiros preferidos, Gawain, Bedivere e Kay; a traição de Mordred (ali como sobrinho de Artur, não seu filho); a infidelidade de Guinevère (em adultério com Mordred); o último combate de Artur com Mordred e o ferimento mortal do rei; o refúgio de sua rainha Guinevère num convento e sua própria passagem para Avalon no ano de Nosso Senhor de 542 –, mas também a lenda do Rei Lear e suas filhas, Goneril, Regan e Cordélia, o nome do Rei Cymbeline e toda a lenda da vida de Merlin, inclusive sua passagem mágica da "Dança dos Gigantes" (Stonehenge) da Irlanda para a planície de Salisbury.

Mas com isso fomos levados inteiramente dos estágios orais para o grandioso século culminante da invenção arturiana nos:

4. OS ESTÁGIOS LITERÁRIOS DE DESENVOLVIMENTO:
c.1136-1230

Esses são representados em documentos *grosso modo* em quatro categorias:
A. Epopeias patrióticas anglo-normandas: 1137-1205
B. Romances palacianos franceses: *c*.1160-1230

C. Lendas religiosas do Graal: *c*.1180-1230
D. Epopeias biográficas germânicas: *c*.1200-1215.

A. *As epopeias patrióticas anglo-normandas*, 1137-1205. Há motivo para se acreditar que Geoffrey de Monmouth tinha consciência do valor político de sua *História* que marcou época; pois como afirma o Dr. Sebastian Evans no epílogo à sua tradução da obra, ela foi, de fato, "uma verdadeira epopeia nacional". Entretanto, surge a questão sobre a qual nação o livro serviria, pois ela não era inglesa, normanda, bretã nem gaulesa. O Dr. Evans responde:

> Em uma palavra, era o império nacional do tempo de Geoffrey, e seu "tempo" foi o de Henrique I, Estêvão e do primeiro ano de Henrique II.[*] O império de fato de Henrique I consistiu principalmente da Inglaterra, Normandia, Gales e Bretanha. O verdadeiro império de Henrique II estendia-se das Órcades aos Pirineus. A ideia dominante dos dois primeiros Henriques, o filho e o bisneto do Conquistador da Inglaterra, era estender gradualmente as fronteiras do império anglo-gaulês--normando-bretão até que, na plenitude dos tempos, os descendentes do poderoso Guilherme se tornassem os imperadores de toda a cristandade.[103]

O poeta Virgílio, conforme observa Evans, tinha glorificado o Império Romano, elogiado suas virtudes aos intelectuais e personalidades do mundo, atribuindo a seus fundadores o sangue dos heróis de Troia e transformando um príncipe troiano exilado num herói nacional romano. Por que, então, Geoffrey não poderia fazer o mesmo pelo império anglo-gaulês-normando-bretão dos Henriques? E Evans conclui:

> O livro de Geoffrey é uma epopeia que fracassou, porque era para ter sido a epopeia nacional de um império que fracassou. [...] O Rei Artur, a criação de Geoffrey como Eneias foi a de Virgílio, o rei que era para ter sido o herói tradicional do núcleo do império anglo-gaulês-normando-bretão e de todos os territórios que aquele império poderia posteriormente anexar, ficou sem nenhum império para aclamá-lo como o criador de suas glórias. Ele tornou-se um herói nacional independente, um prodígio literário e um enigma para as eras que tinham esquecido a existência do império múltiplo e de vida curta que foi a justificação de sua própria existência.[104]

Mas, além disso, conforme observado pelo Professor Loomis, "Geoffrey não era inconsciente do paralelo que seu Artur apresentava, de maneira vaga, com Carlos Magno"[105] – o Carlos Magno, por assim dizer, das canções de gesta francesas e, particularmente, da *Canção de Rolando,* cuja data, entre *c.*1098 e 1120, é de duas ou três décadas anterior à obra de Geoffrey.[**]

---

[*] Henrique I reinou de 1100 a 1135; Estêvão, de 1135 a 1154 e Henrique II, de 1154 a 1189.
[**] Assim como as lendas arturianas desenvolveram-se na zona mitogenética dos celtas e as lendas

Mas finalmente, não importa o que o próprio Geoffrey possa ter pretendido, o valor de seu rei lendário para o trono normando vigente foi reconhecido, se não pelo primeiro Henrique, certamente pelo segundo. Toda a epopeia em forma de crônica foi transformada em parelhas de versos octossílabos por um *clerc lisant* chamado Wace (1100-1175), educado na Paris de Abelardo, cujo *Geste des Bretons*, como

de Sigurd e Brunhilda na das tribos germânicas, na França, *la douce France*, surgiram as canções de gesta. Entretanto, conforme demonstrou o Professor Joseph Bédier da Universidade de Paris em um formidável estudo em quatro volumes sobre as origens dessas "canções de façanhas" gálicas – *Les Légendes épiques: recherches sur la formation des Chansons de Geste* (Paris, Edouard Champion, 1907, 1ª edição, 1921, 3ª edição, 1926) – suas fontes não devem ser buscadas nem na imaginação popular nem na criatividade poética baseada na tradição dos bardos, mas específica e precisamente nas crônicas latinas preservadas nos mosteiros ao longo e nas proximidades das rotas de peregrinação popular dos séculos XI e XII da França para: a) o santuário na Espanha de Santiago de Compostela; b) Roma; e c) Jerusalém. Esses mosteiros serviam de hospedarias e, para propagandear nas suas redondezas, os monges proviam os menestréis e fabulistas com histórias de façanhas guardadas nos preciosos pergaminhos de suas estantes.
Na passagem estreita de Ronceval nos Pirineus, algumas pedras tinham sido atiradas sobre a retaguarda do exército de Carlos Magno no ano de 791 ou 792, quando ele retornava de uma expedição, não contra os mouros, mas em aliança com os mouros contra os bascos, que eram cristãos. As pedras atiradas pelos bascos em uma emboscada causaram poucos danos e os montanheses desapareceram. Entretanto, cerca de três séculos mais tarde, quando os mouros estavam sendo pressionados a recuar (queda de Toledo, 1085), o nome de Carlos Magno estava sendo invocado pelos franceses como o de um grande rei – deles! – que também combatera os mouros. "Eu acredito, realmente", afirma Bédier em seu comentário sobre a *Canção de Rolando* (Paris, L'Edition d'art, 1927, p. 14): "que as primeiras invenções relativas à batalha de Ronceval foram compostas no século XI nos santuários ao longo da estrada de Blaye e Bordeaux a Ronceval". E ele conclui: "Os textos provenientes das igrejas, pelo final do século XI, celebrando a incansável propagação da fé por Carlos Magno eram inumeráveis. 'São Carlos', lemos na *Tradução de Saint Servais*, 'não tinha medo de morrer por seu país, de morrer pela Igreja; outrossim, ele percorria toda a terra; aqueles que ele encontrava em rebelião contra Deus, ele subjugava com a espada'. É por isso que os pregadores da Cruzada o representavam como um exemplo para todos; é por isso que Godefroy de Bouillon e Baudoin de Flandre orgulhavam-se de se apresentarem como seus descendentes; e é por isso que, no ano de 1101, com base no testemunho de Ekkehard d'Aura, espalhou-se a notícia entre os cruzados que ele acabara de ressuscitar e estava prestes a assumir a liderança deles.
Foi durante esse período, sob influências em parte seculares e, em parte, eclesiásticas, que as tradições até então dispersas entre os vários santuários, e separadas, foram gradualmente reunidas, ligadas pelas vias das rotas de peregrinação e pela via mística de uma ideia: a ideia da missão da França, que Carlos Magno e seus valentes homens haviam representado antes, e que agora cabia a todos reassumir. Aos olhos dos clérigos do século XI, Carlos Magno ainda era o que fora antigamente: rei clerical; e ele se tornou, além disso, durante o curso do século, pouco a pouco, o rei das Cruzadas. Ele continuou sendo o imperador de toda a Cristandade e tornou-se mais especialmente o rei do mais belo reino deste lado do céu: *'Par cels de France vuet il del tut errer'*. Seus homens franceses conquistaram, não para si mesmos, mas para Deus, para *'eshalcier sainte crestienté'*. Esse era inteiramente o espírito das Cruzadas, inteiramente o espírito das canções de gesta, das quais a mais bela é a *Canção de Rolando*.
Et voilá! – a mitologia da França até os dias de hoje, já plenamente desenvolvida.

ele chamava sua obra – que é mais conhecida, entretanto, como *Brut* – deu-lhe por parte de Henrique II promoção ao posto de cânone em Baieux. E então, apenas meio século depois, já no reinado de João, sob o qual o império desintegrou-se, um pastor inglês rural em Wercestershire chamado Layamon transformou o poema normando, com muitos acréscimos próprios, numa epopeia aliterativa do inglês medieval (1205): não para exaltar nenhum rei, conforme ele declara em seu gracioso prefácio, mas "para narrar as nobres façanhas dos ingleses; como eram chamados e de onde vinham os que primeiro possuíram a terra inglesa depois do dilúvio que proveio do Senhor, que destruiu tudo o que ali encontrou vivo, salvo Noé, Sem, Jafé e Cam e suas quatro esposas, que estavam com eles na arca".[106]

Foi na obra de Wace que apareceu a primeira menção literária da Távola Redonda, e foi na de Layamon que sua forma foi explicada como tendo a intenção de evitar disputas de precedência, como era comum nas festas célticas.[107] Também na obra de Wace, pela primeira vez, foi mencionada a "esperança da Bretanha" no retorno de Artur, enquanto no *Brut* de Layamon tomamos conhecimento que o rei mortalmente ferido foi levado por fadas para Avalon, de onde, depois de sua cura pela rainha fada Argante (uma variante do nome Morgant ou Morgana), ele retornaria um dia para esta terra.[108*]

Esses três textos – de Geoffrey, Wace e Layamon, em latim, francês e inglês – são, portanto, os básicos da primeira ordem da lenda literária arturiana, os textos épicos anglo-normandos de "toda a história do rei". Em suas páginas há pouco sobre o amor, nada sobre o coração nobre e muito sobre os confrontos entre exércitos; muito sobre o próprio rei e pouco sobre seus cavaleiros individualmente; quase nada sobre a rainha, salvo por seu nome (e, mesmo assim, um nome feio), ora a seu lado, ora em aliança traiçoeira com o sobrinho dele e, por fim, refugiando-se em um convento para se salvar da ira de seu nobre marido. Foi dessa tradição de "toda a história de Artur" que foram extraídas as cenas finais de *Le Morte Darthur* de Malory e de *Idylls of the King* de Tennyson.

Muito diferentes foram tanto os ideais quanto o gosto das obras da seguinte categoria:

B. *Os romances palacianos franceses*, c.1160-1230. Porque na França, onde a figura de Carlos Magno já inspirara uma benquista epopeia nacional, Artur como rei exercia pouco atrativo. O interesse passou para seus cavaleiros. E foi Chrétien de Troyes (floresceu por volta de 1160 a 1190?), o poeta da corte da filha da Rainha Eleanor, a Condessa Marie de Champagne, quem primeiro criou – ou, pelo menos, empenhou-se em escrever em parelhas de versos octossílabos – a imagem da corte de Artur com sua Távola Redonda, como a base da qual partiam seus exemplares cavaleiros e para a qual retornavam quando concluíam suas façanhas. As mais importantes obras de Chrétien foram as seguintes:

---

* Cf. *supra*, p. 167-169.

1. Um *Tristão:* extraviada, de data desconhecida
2. *Erec e Enid:* c.1170
3. *Cligés:* c.1176
4. *Lancelot,* ou *O cavaleiro da carruagem:* após 1176
5. *Yvain,* ou *O cavaleiro do leão:* c.1180
6. *Perceval,* ou *A lenda do Graal:* após 1181

Os poetas da Idade Média empregavam os termos *matière* e *san* para se referir, respectivamente, aos seus materiais originais e suas próprias interpretações criativas. Qual foi a *matière* utilizada por Chrétien para seu *Tristão?* Qual foi o *san* que ele criou? Não sabemos. Está claro, entretanto, que ele não pode ter sido, de maneira alguma, o inventor da lenda; tampouco ele o foi de qualquer uma das demais – das quais as três primeiras, *Erec, Cligés* e *Lancelot,* foram tentativas de contrabalançar a influência do poderoso tema Tristão com o que foi apropriadamente denominado de obras anti-Tristão. O *Lancelot,* inacabado, foi concluído por um certo Godefroy de Lagny, e o *Perceval,* tampouco concluído, por quatro diferentes continuadores: os dois primeiros anônimos (ambos antes de 1200), o próximo Manessier (entre 1214 e 1227) e o quarto Gerbert (c.1230).

A respeito de *Erec e Enid,* obra sobre uma esposa fiel parecida com a dama da tenda e seu esposo na obra *Parzival,** Chrétien declara ter sido um conto "que aqueles que desejam ganhar a vida contando histórias costumam desmembrar e deturpar na presença de reis e condes". Uma versão galesa da mesma, *Geraint,* corresponde, não apenas em linhas gerais mas em muitos detalhes precisos, à obra de Chrétien e é mais ou menos da mesma data. *Cligés,* por outro lado, é uma coletânea baseada em diversos modelos esparsos, orientais e célticos, deliberadamente combinados para se contraporem ao *Tristão.* "Virtualmente todo incidente do poema", declara o Professor Bruce em sua formidável obra, *The Evolution of Arthurian Romance* [A evolução do romance arturiano], "pode ser seguido até sua fonte. Sua abordagem está, entretanto, próxima da invenção – certamente tão próxima da invenção quanto se pode esperar de um poeta da Idade Média ou da maior parte dos tempos modernos – o que quer dizer: Chrétien tomou detalhes amplamente diversos e juntou-os em uma nova combinação, de maneira a produzir o efeito da originalidade".[109]

É uma história grosseira, muito cruel de um marido apaixonado, tão enlouquecido pela mulher e seu amante que acaba morto de vergonha, depois do que a mulher, que vinha atormentando o amante com suas enrolações, "para não ser como Isolda", aceita casar-se com ele. "Um exemplo intrincado, mas perfeitamente definido do ideal de relações entre os sexos", afirma um maravilhoso crítico moderno;[110] e tudo indica que Chrétien também pensava assim.

Tanto a *matière* quanto o *san* do *Lancelot,* confessa Chrétien, lhe foram dados pela Condessa Marie, e no verso 468 (*car si com li contes afiche,* "pois como prova a história") ele se refere a um *conte,* uma narrativa oral, como sua fonte.[111] Mas

---
* *Supra,* p. 383-384.

parece que nesse caso nem a *matière* nem o *san* agradaram-lhe muito, já que deixou a obra para ser acabada por outro. É a famosa história do rapto de Guinevère pelo rude príncipe negro Meleagant e seu resgate da ilha perigosa por Lancelote.

Yvain, uma maravilhosa história de aventura, é de longe a melhor de Chrétien. Ela se encontra inteiramente duplicada, entretanto, na lenda galesa de *Owain e a Condessa da Fonte*.

Mas há também um equivalente galês do *Parceval* de Chrétien, *Peredur*. Portanto, como *Erec* equivale a *Geraint* e *Yvain* a *Owain*, a pergunta tem sido feita insistentemente quanto a que versões vieram antes, se as de Chrétien ou as galesas. Entretanto, não está claro que Chrétien foi a fonte ou, pelo menos, a única fonte, das lendas galesas *Geraint, Owain* e *Peredur*. A resposta do Professor Loomis é a melhor: ou seja, que nos dois primeiros casos os autores francês e galês trabalharam independentemente a partir "do que era um original comum em substância, escrito na língua francesa"; e com relação, portanto, a *Peredur* e *Perceval*, as fontes também eram francesas, mas aparentemente diferentes. "Pois", conforme declara Loomis, "uma série de estudiosos têm observado que por vezes repetidas *Peredur* está em concordância com o *Parzival* de Wolfram, com o inglês medieval *Sir Percevelle* ou com o italiano *Carduino*, e não com Chrétien. Ninguém suspeitaria que o autor galês lesse os poemas em alemão, inglês ou italiano, especialmente porque os dois últimos foram escritos mais ou menos um século depois de seu tempo e é inconcebível que os autores ingleses e continentais fossem capazes de ler em galês. Apenas as fontes francesas, outras que não Chrétien, podem explicar as numerosas concordâncias. Mesmo Wolfram, que conheceu e usou *Le Conte del Graal* (*Perceval* de Chrétien), rejeita a autoridade de Chrétien e revela um vasto débito a fontes que, embora por vezes próximas de Chrétien, têm de ter sido ramos independentes da difundida tradição de Perceval e o Graal".[112]

Em resumo: pela época de Chrétien, c.1160-1190, havia um corpo flutuante de folclore céltico acessível em francês, tanto em forma oral quanto escrita, do qual os poetas da época estavam extraindo a *matière* daquelas obras-primas de romance poético que estão na origem de nossa moderna tradição criativa. Atrás de tudo está o mito celta. Em seguida, em consequência de crises históricas, novos nomes e personalidades – Artur, Gawain, Tristão, Marcos etc. – tornaram-se os centros em torno dos quais se desenvolveu uma nova tradição popular, renovando os eternos arquétipos de antigamente: os bem-conhecidos padrões míticos e lendários célticos do nascimento e morte do herói, de amores trágicos e feitos mágicos. A transposição desses materiais populares para magistrais epopeias orais resultou do trabalho de fabulistas profissionais – alguns, sem dúvida, nas cabanas dos camponeses, outros, pelo que sabemos, nos salões dos palácios reais. Logo após, por volta de 1150, começaram a surgir versões por escrito e o que é conhecido como "história da literatura" começou – quase quimicamente, em todas as partes de modo simultâneo, com autores inspirados trabalhando sobre temas idênticos: em todas as partes a mesma *matière*, mas em cada caso, em cada pena, um diferente *san*.

E quanto ao *san* de *Chrétien,* permitam-me citar o Professor Bruce:

Tomados todos juntos, Chrétien é sem dúvida o melhor dos autores franceses de romances métricos que lidam com a *matière de Bretagne*. Ao dizermos isto estamos reconhecendo as limitações do que foi alcançado nesse gênero – pelo menos, na França. Porque nas obras desse escritor não há dúvida quanto à imaginação superior, à percepção filosófica dos mistérios da existência, "ao quinhão de sabedoria abrangente", em relação ao caráter e conduta na vida, ou à mágica de estilo e fraseologia, que distinguiram os poetas representativos de outras épocas. Suas imagens estão confinadas a algumas poucas comparações – a maioria das quais de um tipo totalmente convencional – e a um restrito, embora mais rico, repertório de metáforas. Sua "crítica da vida" é meramente a de um homem perspicaz e alerta ao mundo de seu tempo. Ele estava bastante satisfeito com a sociedade feudal na qual se movia e desfrutava do alvoroço e esplendor de suas festas, suas peregrinações e suas justas. Dentro dos limites dessa sociedade, fora das condições externas que acabamos de mencionar, o código de cavalaria e os problemas das relações entre os sexos – este último especificamente na nova forma que tais problemas tinham assumido sob o sistema do amor cortês – foram as coisas que mais lhe atraíram. Além disso, vivendo numa época ingênua no tocante aos interesses e emoções primárias, o homem adulto estava mais próximo da criança do que atualmente e era muito suscetível ao fascínio do fantástico, generalizado entre seus contemporâneos. Consequentemente, o ambiente que ele atribui à vida cavalheiresca e à solução dos problemas acima mencionados é tomado em grande parte dos contos populares das regiões célticas e do Oriente, onde abundavam tais fantasias, com ocasional mescla de *motivos* clássicos. No caso de *Perceval*, talvez, ele não tenha entendido o significado pleno dos materiais que tomou de suas fontes, mas em geral, a combinação dos vários elementos de conteúdo e ambientação em seus poemas produz no leitor um efeito de unidade harmônica, e a criação desse novo mundo no qual barões e damas medievais colidem com fadas e até mesmo figuras mais estranhas de Outro Mundo não é pouca coisa.

Como o amor é o tema predominante dos romances de Chrétien, é natural que ele revelasse mais conhecimento da alma humana na sua caracterização das mulheres. Ficamos exaustos por vezes, é verdade, com as análises por demais minuciosas das emoções amorosas nos solilóquios dos amantes de seus romances; igualmente com os conceitos que tais análises engendram. Mas a paciente fidelidade de Enid, a altivez soberana de Guinevère e a mordaz leviandade de Laudine (a Condessa da Fonte de *Yvain*) em suas relações com seus amantes ou maridos são descritas com muita fidelidade à natureza, e com grande charme. No último caso mencionado, também, com um eficaz toque de *malícia*.

É particularmente na condição de um contador de histórias nato que Chrétien pode reivindicar um lugar notável entre os poetas da Idade Média. Ao contar uma história, sua brilhante vivacidade jamais o trai, e, como disse muito bem um crítico

O PARACLETO

alemão, ele dá a impressão de um ilusionista que pode tirar parelhas de versos de sua manga a seu bel-prazer. [...]

Entretanto, seus mais significativos serviços à grande causa da poesia, talvez estejam no incomensurável estímulo à imaginação de seus contemporâneos – pois a vasta floresta do romance medieval arturiano surgiu principalmente das sementes que ele lançou – e no enriquecimento de toda a tradição poética da Europa com novos e belos temas sobre os quais homens maiores do que ele próprio exercitaram seus gênios, desde a época que imediatamente sucedeu a sua própria até a de Tennyson e Wagner.[113]

E com isso passamos para a próxima grande fase de desenvolvimento deste mundo mágico de inspiração, no qual o Graal tornou-se o cálice da Última Ceia. Pois sobre o que outrora não passara de magia céltica agora foram derramadas as águas batismais da Igreja e transformaram-se em cálices os caldeirões, onde Manannan Mac Lir servira a bebida da imortalidade e a carne de porco que, abatido hoje, revivia no dia seguinte. Cristo chegou para servir o vinho de seu sangue e a carne de seu corpo imortal.

C. *As lendas religiosas do Graal*, c.1180-1230. As principais obras desta rica tradição enormemente influente são quatro:

1. *Joseph d'Arimathie*, escrita entre 1180 e 1199 por um poeta da Borgonha, Robert de Boron, que declara sua fonte como um misterioso "grande livro". É nela que o Graal é pela primeira vez apresentado como um cálice, o vaso da Última Ceia, que fora levado para a Bretanha no final do século I por José de Arimateia.

2. *L'Estoire del Saint Graal*, a primeira parte de um imenso, desconexo e heterogêneo quinteto de romances em prosa em francês antigo, conhecido pelos estudiosos como o Ciclo da Vulgata: seus vários autores são anônimos, suas datas situam-se mais ou menos entre 1215 e 1230 e a ordem de sua composição é uma questão controversa.* A *Estoire*, a primeira parte desse tesouro extremamente popular, reproduz a lenda de Robert de Boron, *Joseph d'Arimathie*, mas amplia-a consideravelmente e, se o Professor Loomis estiver certo, ela tem de ter sido extraída do mesmo "grande livro". "Não Robert de Boron", Loomis afirma, "mas o autor do 'grande livro' foi o homem audacioso e hábil que uniu certas tradições autênticas de origem céltica do Graal com a antiga lenda cristã de José de Arimateia".[114] O "grande livro" obviamente desapareceu. Seu autor é desconhecido. Mas se ele de fato existiu algum dia

---

* As partes do Ciclo da Vulgata são as seguintes: 1. *L'Estoire del Saint Graal*; 2. *L'Estoire de Merlin* (o *Merlin em Prosa*); 3. *Li Livres de Lancelot* (o *Lancelote em Prosa*); 4. *La Queste del Saint Graal*, e 5. *La Mort Artu*. "Todo o seu vasto corpo", afirma o Professor Loomis, "foi provavelmente escrito entre 1215 e 1230, talvez no mesmo condado de Champagne que nos deu nosso primeiro romance de Lancelote e nossa primeira busca do Graal, os poemas de Chrétien de Troyes" (Loomis, *The Grail*, p. 146). A atribuição popular das três últimas partes dessa antologia a um clérigo erudito da corte de Henrique II, chamado Walter Map, que morreu em 1209, não foi esclarecida.

tem de ter sido antes da obra de Robert de Boron e, portanto, pode ter influenciado também a concepção do Graal de Chrétien.

Entretanto, na *Estoire*, e por todo o Ciclo da Vulgata, o Graal, como em Chrétien, é uma *escuele*, uma "tigela" ou "travessa" (ver figura 45). Não como na obra de Robert de Biron, um cálice, ou na de Wolfram, a pedra filosofal. O herói do Graal que é esperado na *Estoire* – cuja carreira é descrita na *Queste*, nasceu do amor pecaminoso da Rainha Guinevère, e é o episódio culminante do *Lancelot* – é o absolutamente casto jovem Galahad, que é desconhecido fora do Ciclo da Vulgata.

Galahad é desconhecido até mesmo para Robert de Boron. Parece que foi apresentado pela primeira vez pelo autor da *Queste*, um monge cisterciense. A inspiração de sua obra, altamente simbólica de caráter gótico, foi a definição peremptória, em 1215 pelo Quarto Concílio de Latrão, da doutrina da verdadeira presença do Salvador no pão e vinho da eucaristia. O nome de Galahad, conforme foi demontrado, originou-se do nome Galaad (Gilead) do Antigo Testamento, que por vezes designa um lugar, mas por outras também uma pessoa. De acordo com o Gênesis 31:47-52, a palavra *galaad* significa "monte do testemunho". O Venerável Beda, Isidoro de Sevilha e numerosos outros da Idade Média a interpretaram como uma referência a Cristo. Portanto, Galaad (a forma francesa antiga de Galahad), que foi concebido por seu autor como ele próprio sendo um "monte do testemunho" para nossa salvação em Cristo, tem nome apropriado e, como comenta o Professor Loomis: "Nada melhor ilustra a ingenuidade do autor da *Queste* do que a escolha deste nome".[115] O autor da *Estoire* quase certamente tirou o nome da *Queste*; ele também era um monge, um cisterciense. Os autores, por outro lado, da volumosa obra que na ordem do ciclo situa-se entre a *Estoire* e a *Queste* eram de uma mentalidade consideravelmente mais secular, a saber, aqueles do compêndio popular de singular influência:*

3. *Li Livres de Lancelot* (o *Lancelote em Prosa*, ou da Vulgata),** esta interminável cornucópia de fragmentos arturianos é o produto de muitas mãos. Ela é em muitas passagens maravilhosa, em outras, simplesmente banal. Começando com o nascimento de Lancelote, cujo nome de batismo, significativamente, se diz ter sido Galahad, passamos para a sua criação no Reino sob as Ondas da Dama do Lago, chegamos então ao despertar de sua virilidade pela beleza da rainha de Artur (ao primeiro toque de cuja mão, diz o texto, ele despertou como se fosse do sono), depois do que a longa narrativa passa por muitas aventuras até o Castelo do Graal do Rei Pelles de Corbenic, onde profecias anunciaram que a Terra Desolada será redimida por um filho gerado por Lancelote na filha virgem do rei. Sob o efeito de feitiçaria o grande cavaleiro é levado a crer que está dormindo com sua amada, a Rainha Guinevère e, portanto, a tarefa necessária é cumprida, o que levará ao nascimento

---

* Na *Estoire* o herói esperado é o jovem casto Galahad, que não é conhecido fora do Ciclo da Vulgata, e cuja carreira é descrita na *Queste*. Seu nascimento, fruto da união pecaminosa da Rainha Guinevère, constitui o episódio final de *Lancelot*.
** Ver nota de rodapé, *supra*, p. 214.

e façanhas fantásticas do "Cavaleiro Esperado", conforme a narrativa de uma das obras mais criativas da Idade Média, ou seja, a seguinte parte do ciclo:

4. *La Queste del Saint Graal*. A composição dessa obra ricamente simbólica quase com certeza precede a da *Estoire*, que obviamente foi concebida como uma introdução à visão (um século antes de Dante) da jornada da alma cristã da vida temporal para o ser e bem-aventurança eternos na presença de Deus.

Vamos rever, tão resumidamente quanto possível, as linhas gerais da lenda comum dessas quatro obras que se entrelaçam: a primeira do poeta Robert de Boron e as outras dos anônimos do Ciclo da Vulgata, com duas desse último, *Estoire* e *Queste*, resultantes da pena de monges reclusos.

1. Quando José de Arimateia recebeu de Pôncio Pilatos o vaso da Última Ceia, ele estava acompanhado de Nicodemo, e os dois, com a permissão de Pilatos, retiraram o corpo de Cristo da cruz. Eles o transportaram para o túmulo e depois de o corpo ter sido lavado, o sangue começou a jorrar e José o recolheu no Graal.

Os judeus, aterrorizados pela ressurreição, acreditando que José tinha escondido o corpo de Cristo, condenaram-no à masmorra, onde o Salvador ressuscitado apareceu e, de novo mostrando o Graal, instruiu-o para que o confiasse apenas a seu cunhado Bron e o filho que nasceria de Bron. Todo aquele que visse o Graal – Cristo declarou – seria seu verdadeiro seguidor e desfrutaria de felicidade eterna.

E assim José permaneceu com o Graal até acontecer, em Roma, de o filho do Imperador Vespasiano ser curado de lepra pela visão do véu com o qual Verônica enxugara a face de Cristo. Em gratidão, ele foi até a Judeia e, descobrindo José em sua masmorra, libertou-o e matou muitos judeus.[116]

José, acompanhado de sua irmã Enygeus e seu devoto marido Bron, partiu então com um grande grupo de judeus convertidos para uma viagem indeterminada, durante a qual, por causa dos pecados de certos membros, faltaram suprimentos e todos estavam prestes a morrer. José orou diante do Graal e a voz do Espírito Santo declarou que, em nome da mesa à qual Cristo sentara pela última vez, ele deveria construir outra mesa, à qual um lugar deveria ser deixado vazio porque Judas, que se havia retirado primeiro, deixara seu lugar à mesa. Além do mais, Bron pescaria um peixe, e esse, juntamente com o Graal, deveria ser colocado sobre a mesa. José teria de se sentar no lugar em que Cristo sentara, Bron à sua direita e entre os dois o lugar deveria ficar desocupado, e assim permanecer até ser tomado pelo neto de Enygeus.

José fez o que fora mandado e pediu a seus acompanhantes que se sentassem. Os que permaneceram de pé eram os pecadores que, confessando suas faltas, foram mandados embora. Entretanto, um deles, chamado Moisés, atreveu-se a sentar no lugar desocupado – a terra abriu-se e ele desapareceu.

Então nasceram doze filhos de Enygeus e Bron, dos quais um, Alain, não era para se casar, mas para se tornar o guardador do vaso e para viajar com seus irmãos até o ponto extremo do Oeste, pregando Cristo.* "O Senhor" – declarou uma voz

---

* O leitor não tem de se preocupar com as incoerências. Primeiro ficamos sabendo que o filho

angelical – "sabe que Bron é um homem digno; é por isso que o Senhor quis que ele fosse pescar. Ele deverá agora receber o vaso de José, que o instruirá naquelas palavras sagradas que Deus lhe falou na masmorra; que são doces e preciosas, misericordiosas e devidamente chamadas de os Segredos do Graal". Bron seria chamado O Pescador Rico, por causa do peixe que pescara, nessa época tendo iniciado o período de graça. E quando o filho de seu filho nascesse, ele passaria o vaso adiante, momento no qual se consumaria o significado da Trindade. José obedientemente confiou o Graal a Bron e, quando o grupo, aos prantos, partiu para o extremo Oeste, regressou sozinho para sua terra natal.

2. O autor da *Estoire* alega que na Sexta-feira Santa, em 717, Cristo, aparecendo-lhe num sonho, deu-lhe de presente um livro escrito pelo Salvador *após* a ressurreição. O receptor, ao lê-lo, desfaleceu e foi transportado para o Céu, para uma visão da Trindade. Quando ele retornou à terra, guardou o livro e este desapareceu, mas reapareceu no altar de uma misteriosa capela na floresta, onde, seguindo a ordem de Cristo, ele transcreveu do livro "A Primeira História do Graal".

No geral, a primeira parte dessa desordenada composição assemelha-se ao *Joseph d'Arimathie* de Robert de Boron, com exceção de o guardador do Graal ser agora não José, que é casado, mas seu filho celibatário Josefe. (O autor, conforme dissemos, era um monge.) Outrossim, o grupo do Graal, antes de seguir para o oeste, vai para o leste, para a cidade de Sarras, onde o monarca pagão e seu irmão, quando convertidos, assumem os nomes Mordrain e Nascien. Então, Cristo aparece, e faz de Josefe um bispo, o primeiro do cristianismo; e Nascien, descobrindo o Graal, fica cego, mas é curado com o sangue escorrendo de uma lança, a qual, conforme profetiza Josefe, não sangrará de novo até que ocorram as Aventuras do Graal. Então os prodígios desvendados do Graal seriam expostos ao último descendente da linhagem de Nascien.

Segue-se uma série de aventuras que ocorrem em torno de um navio extraordinário, que Salomão construiu a conselho de sua mulher quando ele tivera uma visão daquele último descendente de sua linhagem, a mesma de Nascien. Nesse navio, sobre a cama de um aposento suntuoso estava a espada de Davi e um coroa. A espada era adornada por enfeites grosseiros de cânhamo, ali colocados pela mulher de Salomão, que no entanto seriam trocados por melhores pelas mãos de uma virgem durante as Aventuras do Graal. E sobre aquele leito havia três postes, um vermelho, um branco e um verde, feitos de galhos da Árvore da Vida que Eva trouxe do Paraíso: sendo a alegoria daquele navio a Santa Madre Igreja; do leito, o altar do sacrifício; e dos postes, o vermelho, a paixão de Cristo, o branco, a pureza, e o verde, a esperança. (Ou, conforme interpretado na *Queste*: o branco, a virgindade de Eva; o verde, sua

---

de Bron deverá ser o último guardador do Graal. Em seguida, que será o neto de Bron. Agora tomamos conhecimento de que o filho de Bron deverá permanecer casto. Essas não são as únicas incoerências deste poeta, que deve ter-se valido de diferentes fontes, as quais ele simplesmente não conferiu.

maternidade; e o vermelho, o sangue de seu filho Abel, cuja morte, a primeira do mundo, prefigurou a do filho de Maria.) O navio moveu-se maravilhosamente por si só no mar e chegou a uma ilha giratória para a qual Nascien fora transportado por magia; mas quando sua mão indigna tocou a espada, ela se quebrou. Seu irmão, Mordrain, tocou-a e ela se refez. Então Nascien sonhou que o último descendente de sua linhagem retornaria a Sarras naquele navio.

Todos chegaram milagrosamente na Bretanha, que começaram a converter. E ali Mordrain, atrevendo-se a descobrir o Graal, ficou cego e paralisado. Seria curado, proclamou uma voz, apenas quando o sangue da lança corresse novamente e o bom cavaleiro viesse visitá-lo. Ele retirou-se, mutilado, para um eremitério, que transformou numa abadia que sustentou.

Logo mais, Bron (que não aparecera até então nesta obra) é informado pelo filho de José, Josefe, que o lugar desocupado à mesa do Graal era de Jesus (não de Judas, como na obra de Robert de Boron) e deveria permanecer vago até ser ocupado ou por Cristo ou por alguém enviado por Cristo (isto é, Galahad). Móis (Moisés), ousando se sentar, é arrebatado por mãos ígneas, depois do que Josefe consagra o filho de Bron, Alain, como Guardião do Graal (figura 45), e Alain alimenta o grupo com um único peixe que pescara, por cujo milagre ele e os seus seguidores serão conhecidos como O Pescador Rico.

Depois de outras peripécias o grupo chega à Escócia, onde uma aventura como a de Tristão ocorre com o filho de Bron, que se tornará o progenitor de Gawain. Seu nome nesta história é Pedro. Ferido por uma arma envenenada quando combatia um pecador pagão, ele se lançou ao mar em um barco, é descoberto pela filha do rei de uma ilha e, quando curado, mata o Rei da Irlanda; em seguida lhe é oferecida a mão da princesa da ilha pelo pai dela.[117]

José e Josefe morrem na Escócia, então Alain, prosseguindo até *la Terre Foraine*, "a Terra Estrangeira", cura seu rei, Alphasem, de lepra. Em gratidão este constrói um castelo para o Graal que denomina Corbenic; mas por ousar passar uma noite naqueles aposentos ele é ferido por uma lança que lhe atravessa ambas as coxas.[118] José, antes dele, também fora ferido por uma espada trespassada em ambas as coxas quando lutava contra um pagão;[119] Pedro, acabamos de ver, foi igualmente ferido; e antes disso, no início da lenda, o próprio Josefe fora atingido por um anjo que traspassou uma lança em sua coxa direita.[120] Alain morre em breve, em seguida Alphasem e depois o sétimo Pescador Rico, Lambor, é morto por um sarraceno que, com a espada do navio de Salomão derruba tanto ele quanto seu cavalo no chão, quando *la Terre Foraine*, "a Terra Estrangeira", torna-se *la Terre Gaste*, "a Terra Desolada". Pelleam, em seguida, é mutilado em combate por uma lança trespassada em ambas as coxas e fica conhecido, dali em diante, como o Rei Mutilado; mas seu filho, Pelles, torna-se o pai da jovem que deverá dar à luz Galahad.[121]

3. E, portanto, agora, com respeito à delicada cena da concepção do cavaleiro perfeito, voltemo-nos para a versão do episódio de Malory em *Le Morte Darthur* (1485), do *Lancelote em Prosa,* em francês antigo, do qual transcrevemos um trecho:

O rei sabia bem que Sir Lancelote teria um filho com sua filha que receberia o nome de Sir Galahad, o bom cavaleiro, por quem todo país estrangeiro seria afastado do perigo, e por quem o Santo Graal seria obtido. Então surgiu uma dama, aquela nobre Dama Brisen, e ela disse ao rei: Senhor, vós sabeis bem que Sir Lancelote não ama a nenhuma dama no mundo senão à Rainha Guinevère. Ó formosa dama, Dama Brisen, disse o rei, esperai vós realizar isso? Senhor – disse ela – por minha vida deixai-me agir. Brisen era uma das maiores feiticeiras que havia na época em todo o mundo.

Então, sem demora, por seu artifício a Dama Brisen fez vir até Sir Lancelote alguém que ele conhecia bem. E esse homem trouxe-lhe um anel da Rainha Guinevère como se tivesse vindo dela, e um tal que ela estava acostumada a usar a maior parte do tempo; e quando Sir Lancelote viu aquela prenda, sabeis bem que ele jamais esteve tão contente. Onde está minha Dama? Perguntou Sir Lancelote. No castelo de Case, respondeu o mensageiro, a apenas cinco milhas daqui. Então Sir Lancelote quis estar lá na mesma noite. E a Dama Brisen, por ordem do Rei Pelles, mandou enviar Elaine até o Castelo de Case, com a escolta de vinte e cinco cavaleiros.

Então Sir Lancelote cavalgou pela noite em direção àquele castelo e lá, sem demora, ele foi recebido de maneira honrosa pelas pessoas que eram do círculo de amizade da Rainha Guinevère. Assim sendo, quando Sir Lancelote apeou do cavalo, perguntou onde estava a rainha. E a Dama Brisen respondeu que ela estava em sua cama; de imediato as pessoas foram afastadas e Sir Lancelote levado para o seu quarto. Em seguida, a Dama Brisen ofereceu a Sir Lancelote um copo de vinho; e assim que ele acabou de beber ficou tão embriagado e doido que não pode esperar e sem nenhuma permissão foi para a cama. Ele supôs que a jovem Elaine fosse a Rainha Guinevère. Sabeis bem que Sir Lancelote ficou contente e o mesmo ocorreu com aquela jovem Elaine por ter tido Lancelote em seus braços. Pois ela bem sabia que naquela mesma noite seria concebido nela Galahad, que se tornaria o melhor cavaleiro do mundo; e, portanto, eles ficaram deitados juntos até de manhã. Todas as janelas e orifícios daquele quarto haviam sido cobertos para que nada do dia pudesse ser visto. E então Sir Lancelote lembrou-se que era dia, levantou e foi até a janela.

E assim que a abriu, o encantamento desfez-se. E ele soube que se equivocara. Pobre de mim – disse – que vivi tanto tempo; agora estou envergonhado. De maneira que ele empunhou sua espada e gritou: Tu traidora, quem és tu com quem estive deitado toda a noite? Tu serás morta aqui e agora por minhas mãos.

Então a bela Elaine saltou da cama completamente nua e se ajoelhou diante de Sir Lancelote, pedindo: Belo e gentil cavaleiro, herdeiro do sangue real, suplico-te que tenhas piedade de mim, e como és reputado o mais nobre cavaleiro do mundo, não me mates, pois tenho em meu ventre aquele que por ti será o mais nobre cavaleiro do mundo.

Ah, falsa traidora, disse Sir Lancelote, por que me traíste? Diga-me imediatamente quem és.

Sir, ela disse, sou Elaine, a filha do Rei Pelles.

Bem, disse Sir Lancelote, vou-te perdoar este ato; e com isso ergueu-a em seus braços e beijou-a, pois ela era uma dama tão bela, além de atraente e jovem, quanto sábia, como nenhuma outra em seu tempo. Então que Deus me ajude, disse Sir Lancelote, para que eu não te culpe por isso; mas aquela que colocou esse feitiço sobre mim, bem como entre ti e mim, se eu encontrá-la, aquela mesma Dama Brisen, ela perderá sua cabeça pelas bruxarias, pois jamais houve cavaleiro tão enganado quanto eu fui esta noite.

Então ela disse: Meu senhor Lancelote, eu te imploro que me vejas tão logo puderes, pois submeti-me à profecia que meu pai me revelou. E por sua ordem para cumprir essa profecia eu dei a maior riqueza e a mais bela flor que já tive, que é minha virgindade, a qual nunca terei de volta; e por isso, nobre cavaleiro, deves-me tua boa vontade.

E assim Sir Lancelote vestiu-se e colocou a armadura e despediu-se suavemente daquela jovem Elaine; partiu e cavalgou até chegar ao castelo de Corbin, onde o pai dela estava. E quando chegou a hora ela pariu uma bela criança que batizaram com o nome de Galahad; e como bem sabeis aquela criança foi bem cuidada e bem nutrida e foi chamada de Galahad porque Sir Lancelote foi assim chamado na pedra da fonte; e depois disso a Dama do Lago confirmou-o como Sir Lancelote do Lago.[122]

4. Foi na véspera da festa de Pentecostes, conforme podemos ler em *La Queste del Saint Graal*, que uma bela donzela entrou cavalgando no salão de jantar de Camelot e em nome do Pescador Rico, Rei Pelles, convidou Lancelote para acompanhá-la até a floresta, e levou-o a um mosteiro onde Galahad era criado. Ali ele encontrou os cavaleiros Bors e Lionel, seus primos, e na manhã seguinte sagrou seu filho cavaleiro, sem saber quem ele era; em seguida, retornou com os cavaleiros para Camelot, deixando Galahad com as freiras. Mas quando eles entraram no salão de jantar, eis que uma inscrição aparecera no Assento Perigoso: QUATROCENTOS E CINQUENTA E QUATRO ANOS SE PASSARAM DESDE A PAIXÃO DE JESUS CRISTO: E NA FESTA DE PENTECOSTES ESTE LUGAR DEVERÁ ENCONTRAR SEU DONO. Um criado entrou, gritando ao rei: "Senhor, trago notícias maravilhosas". Ele vira uma bela espada, incrustada em uma pedra vermelha, flutuando sobre o rio, que todos apressaram-se a ir ver; e no botão do punho da espada eles leram em letras de ouro: NINGUÉM JAMAIS ME TIRARÁ DAQUI A NÃO SER AQUELE A CUJO LADO ESTAREI – E ELE SERÁ O MELHOR CAVALEIRO DO MUNDO. Artur pediu a Lancelote que tentasse a façanha, mas ele se recusou. Gawain fracassou nela; Perceval também. À vista do que, perplexos, todos retornaram ao salão de Artur.

E quando estavam sentados, as portas e janelas subitamente se fecharam por si mesmas, todavia a sala permaneceu clara e nela entrou um homem idoso vestido de branco, conduzindo um cavaleiro vestido de vermelho, sem espada nem escudo. "Rei Artur", disse o velho, "trago-lhe o Cavaleiro Esperado, descendente da alta linhagem do Rei Davi e da linhagem de José de Arimateia, por quem os encantamentos deste país e das terras vizinhas deverão acabar. Ei-lo!"

Ele partiu e o jovem cavaleiro, avançando, ocupou o Assento Perigoso, onde apareceu seu nome em letras douradas: ESTE É O LUGAR DE GALAHAD. E Guinevère, a rainha, então percebeu de quem ele era filho.

Galahad levantou-se, deixou o salão, e, com todos olhando, puxou a espada da pedra, ao que um torneio de alegres boas-vindas foi arranjado, durante o qual – embora ainda sem escudo – ele derrubou todos os cavaleiros, exceto Perceval e Lancelote, seu pai. Todos ouviram as vésperas e retornaram à ceia.

E quando eles estavam sentados à mesa, ouviram um forte estrondo de trovão,* uma luz intensa inundou o salão e apareceu a radiância do Santo Graal, coberto por um tecido branco de samito e carregado por mãos invisíveis. Exalava dele uma maravilhosa fragrância. E satisfez cada cavaleiro que ali estava com a comida que mais lhe agradava; depois desapareceu.

Artur, exultante, falou aos presentes sobre a alegria e gratidão ao Senhor que todos deviam estar sentindo pelo amor e graça que lhes eram concedidos através desse sinal no dia de Pentecostes. Mas Gawain, observando que o Graal estivera encoberto, propôs que fizessem um juramento: que partissem por um ano e um dia, a começar na manhã seguinte, para encontrar e ver o Graal desvelado. Tendo todos os presentes anuído, o rei ficou desconsolado, pois temeu perder seus cavaleiros. E as damas ficaram aflitas quando souberam do terrível juramento; elas choraram muito tristemente no seu salão de jantar e ao juntarem-se aos seus cavaleiros declararam que iriam também. Mas, nessa altura, um velho eremita, ao entrar, anunciou que seria um pecado mortal que qualquer mulher acompanhasse aquela busca; tampouco deveria ir qualquer cavaleiro que não tivesse confessado seus pecados.

"Pois esta busca" – ele disse – "não é de coisas terrenas. É a busca dos segredos supremos e das coisas mais ocultas do Nosso Senhor, aqueles mistérios supremos que o Supremo Mestre revelará apenas ao cavaleiro bendito entre os cavaleiros desta terra que Ele elegeu para Seu serviço. A esse Ele revelará os grandes prodígios do Santo Graal, fazendo-o ver o que nenhum mortal consegue imaginar e nenhuma língua terrena descrever".[123]

Todos se retiraram pensando na manhã seguinte, e no rei incapaz de dormir. Eles tinham decidido partir, cada um seguindo seu próprio curso, porque partir em grupo seria vergonhoso. E pela manhã, à primeira luz, o grupo levantou-se. Depois de todos terem vestido suas armaduras, eles participaram da Missa e, quando essa acabou, montando, recomendaram seu bom rei a Deus, agradeceram-lhe pelas honras que lhes havia prestado, e, partindo de seu castelo, "entraram na floresta, seguindo rumos diferentes preferindo aqueles lugares onde parecia mais densa, *onde não achavam caminho ou trilha...*"[124]

Ora, Dante em o *Convito* e, novamente ao escrever a Can Grande, seu patrono, defenderia o argumento que os escritos espirituais "sejam tomados e expostos sobretudo em quatro sentidos": o literal, o alegórico, o moral e o anagógico. O literal em

---

* Comparar com *Ulisses*, p. 246.

A divina comédia é sua própria passagem para fora do "bosque escuro" no qual ele estivera perdido na véspera da Sexta-feira Santa, 1300, no meio do caminho de sua vida; e depois seu trânsito além das esferas do Inferno, Purgatório e Paraíso, para uma visão da Trindade na roseta do Paraíso: e a cada estágio ao longo do caminho podiam ser vistos aqueles que tinham conseguido chegar apenas até ali. O mesmo ocorre na *Queste*: a história literal é dos muitos cavaleiros aventureiros, percorrendo diferentes rotas na floresta "onde não achavam nenhum caminho ou trilha", e aborda ainda os graus de realização das personagens. Galahad, como Dante, alcançou a visão última, inexprimível.

Os sentidos alegóricos são em ambas as obras anunciados por referências ao calendário: em Dante, a vigília da Sexta-feira Santa; na *Queste*, a de Pentecostes. Assim cada um à sua própria maneira é uma *imitatio Christi*: o primeiro, do Cristo em sua morte e ressurreição; o segundo, do Cristo ressuscitado, quando ele apareceu naquela sala superior – "onde as portas estavam fechadas"[125] – onde, no dia de Pentecostes, seus discípulos estavam reunidos.[126]

Os significados morais das duas obras são expressos em suas definições de caráter: suas análises dos pecados e virtudes dos diferentes personagens encontrados e abandonados ao longo do caminho entre o "bosque escuro" e a Visão Beatífica: sendo a moral em ambas o voltar-se do coração das preocupações sensuais para as espirituais. Na *Queste*, o evento precipitador – a visão coletiva do Santo Graal encoberto, ainda que radiante, no salão de Artur – corresponde, para todos os que o viram, ao momento de "arroubo estético" descrito em *Vida nova* de Dante (e em *Um retrato do artista quando jovem* de Joyce),* quando a primeira visão de Beatriz aos nove anos (a menina andando no rio) transferiu o apetite do coração nobre do poeta das formas de sentido mortal para as da razão que se move em direção à inteligência divina.** E como no Inferno, Purgatório e Paraíso de Dante, também aqui: muitos foram chamados, mas os impedimentos do pecado fazem com que a derrota e a vitória parcial deixem que apenas uns poucos dotados alcancem o objetivo final.

Além do mais, em ambas as obras, o significado anagógico – o "assinalar para cima", a "direção para cima", para os mistérios fora do alcance da vista, do ouvido, da palavra ou símbolo*** – é também o mesmo: a Visão Beatífica, contemplada por Dante no radioso vaso celestial da roseta do Paraíso, e também por Galahad consumada do vaso místico do Graal. (Sugerimos ver novamente as figuras 4, 11 e 45.) Assim, o Graal nessa obra equivale à rosa (roseta) celestial em Dante e, no imaginário budista, ao lótus do mantra "Om maṇi padme hum: a joia do lótus".[127]

Mas, entre o sentido anagógico do lótus do universo budista e o vaso do Graal conforme visto pelo autor da *Queste* – embora não do Graal conforme visto por Wolfram – há um mundo de diferença. É certo que o monge cisterciense que foi

---

* *Supra*, p. 72-73.
** Comparar com Goethe, *supra,* p. 328.
*** Compare com Kant, *supra,* p. 293-294: a:b=c:x.

autor da *Queste* fora significativamente inspirado pela confirmação no Quarto Concílio de Latrão, no ano de 1215, do dogma católico da Presença Real do corpo de Cristo no sacramento do altar (a hóstia no cibório). Como imortalizado no texto latino daquele Concílio: *Una vero est fidelium universalis ecclesia, extra quam nullus omnino salvatur. In qua idem ipse sacerdos, et sacrificium Jesus Christus; cujus corpus et sanguis in sacramento altaris sub speciebus panis et vini veraciter contenentur; transubstantiata pane in corpus et vino in sanguinem, potestate divina, ut ad perficiendum mysterium unitatis accipimus ipsi desuo quod accepit ipsi de nostro:* "Há, em verdade, uma única verdadeira igreja universal, fora da qual absolutamente ninguém se salva. Nela o único e mesmo Jesus Cristo é tanto sacerdote quanto sacrifício, cujo corpo e sangue estão verdadeiramente contidos no sacramento do altar sob a forma de pão e vinho;* sendo o pão transubstanciado no corpo e o vinho no sangue, pelo poder de Deus, de maneira que pela realização desse mistério da unidade, nós o recebemos em nós mesmos e ele nos recebe em si mesmo".[128]

Por conseguinte, parte integral do sentido literal da *Queste del Saint Graal* cisterciense é sua representação da influência dos sacramentos. Seus efeitos sobre aqueles que os recebem ou os rejeitam são para serem interpretados literal e moralmente, bem como alegórica e anagogicamente. Aqueles que os rejeitam estão perdidos e acabarão, de fato, no Inferno. Aqueles que os recebem de maneira apropriada serão salvos, cada um segundo sua própria vida e fé. Esse é o aspecto moral desta obra que propõe um isolamento da ordem natural da espécie humana, num reino encantado sacerdotal de freiras, vozes angelicais, capelas florestais e consagrações; juntamente com falsos encantamentos e tentações (como o palácio de Klingsor de Wagner) repelidos pelo poder do gesto do sinal da cruz.

Galahad, no quinto dia de viagem, chegou a um mosteiro cisterciense, onde se guardava um maravilhoso escudo branco ornado com uma grande cruz vermelha. Um cavaleiro que lá se encontrava, o Rei Baudemagus, ao tentar se apossar dele foi confrontado por um cavaleiro branco (Cristo), que o derrubou do cavalo e enviou o escudo a Galahad por meio de um fidalgo. Então Gawain, algum tempo depois, chegou àquele mesmo mosteiro cisterciense e, ao saber da passagem de Galahad antes dele, cavalgou depressa ao longo do mesmo caminho, esperando seguir sua pista, mas se perdeu e chegou num erimitério na floresta onde um homem santo, ao saber seu nome, insistiu com ele para que se confessasse, repreendendo-o pelos seus pecados. "Gawain, Gawain" – suplicou o velho eremita – "se renunciasses à vida que vens levando por todos estes anos, poderias ainda fazer as pazes com Nosso Senhor". O cavaleiro, entretanto, permaneceu impenitente em seu coração e, por isso, fracassou em sua busca: o mesmo ocorreu com Heitor, o exemplo do orgulho cavalheiresco;

---

* Comparar com o seguinte texto na *Bhagavad Gītā*: "*Brahman* é o processo do sacrifício, *brahman* a oblação; por *brahman* o sacrifício é feito no fogo que é *brahman*. Em verdade, *brahman* é vivenciado por todo aquele que em toda ação vê *brahman*" (*Bhagavad Gītā* 4:24).

e Lionel, da ira. Perceval, todavia, o amigo querido de Gawain, abriu seu coração à graça de Deus e, consequentemente, foi bem-sucedido – de fato, muito bem.

Perceval nesta obra não é casado, mas continua sendo o belo jovem casto dos seus primeiros anos como cavaleiro. Percorrendo seu caminho na floresta não desbravada, ele chegou à "Floresta Virgem", onde encontrou uma pequena capela com uma janela, para fora da qual uma mulher eremita estendeu a cabeça a fim de perguntar ao cavaleiro o seu nome. Ela revelou ser sua tia, conhecida agora como a Rainha da Terra Devastada, *La Reine de la Terre Gaste*, apesar de ter sido um dia, conforme ela lhe contou, a mulher mais rica do mundo. Ela o informou da morte da mãe dele; ensinou-lhe também a história do Graal e das três mesas, as mesas mais importantes deste mundo, a saber: 1. a da Última Ceia; a de José e Josefe, e a do Assento Perigoso, que Merlin instalou para o Rei Artur. Ela, além do mais, exortou-o com veemência a permanecer casto.

E prosseguindo, assim espiritualmente protegido, o jovem cavaleiro sobreviveu a uma série de perigos, e o menor deles não foi aquele oferecido por uma sedutora que, numa noite de luar, quando ele se mexeu e acordou do sono, apareceu ali, convidando-o para uma aventura. Ele fez o sinal da cruz e com um grito ela se desfez numa explosão de chamas. Então (graças a Deus!) ele chegou ao navio de Salomão, onde encontrou Galahad e Bors; junto com eles havia uma virgem, sua própria irmã, que lhes explicou os símbolos do navio e, conforme profetizado, removeu os velhos adornos grosseiros da espada do Rei Davi, substituindo-os por aqueles que ela fizera de seus próprios cabelos de ouro trançados com pedras preciosas. Em seguida, ela morreu da maneira mais santa possível – e seu corpo foi colocado num outro navio que, como o primeiro, singrava os mares por si mesmo.

Lancelote também, no início de sua aventura, encontrou eremitas na floresta. E ele lutou corajosamente para reformar seu coração nobre – que, entretanto, era de Guinevère. Instado e persuadido a se confessar, até mesmo a usar uma camisa de tecido de crina, ele prosseguiu seu caminho e alcançou a costa do mar, onde diante de si encontrou o navio transportando o corpo da irmã de Perceval, no qual ele subiu a bordo. O navio prosseguiu com ele sob o luar até um grande e maravilhoso castelo: o Castelo Corbenic do Graal, onde à meia-noite ele ouviu uma voz. "Lancelote! Vá deste navio até aquele castelo! Lá encontrarás em grandes proporções o que procuras."

Dois leões vigiavam o portão e Lancelote pôs a mão na lança. "Que vergonha!" – disse a voz. "Por que confiar mais na tua mão do que no teu Criador?" Ele fez o sinal da cruz, murmurando uma prece de agradecimentos e passou para dentro.

Não havia nenhum ruído além do seu próprio naqueles salões, até que ouviu em algum lugar uma voz cantando tão docemente que lhe pareceu improvável ter origem humana. "A Ti, ó Pai nas Alturas, glória, louvor e honra!", ela cantava. Ele se aproximou e caiu de joelhos. A porta de um aposento abriu-se e ele viu no seu interior uma grande claridade. Uma voz advertiu: "Não entres!" E ele viu o Graal lá sobre uma mesa de prata, coberto com um tecido de samito vermelho.

Havia anjos em toda a sua volta e, diante dele estava de pé um padre idoso celebrando missa.

Era o momento da elevação da hóstia e acima das mãos erguidas do padre, Lancelote viu nitidamente dois homens idosos carregando um jovem, que eles depositaram nas mãos do padre, que pareceu prestes a cair devido ao peso. Lancelote correu para ajudar, com uma súplica pelo perdão de Cristo, mas ao se aproximar sentiu em sua face uma explosão como que de fogo... E as pessoas do castelo, na manhã seguinte, encontraram-no deitado diante do cômodo num transe que durou vinte e quatro dias.

"Eu vi grandes maravilhas" – foram as palavras de Lancelote quando voltou a si – "que minha língua não consegue descrever, nem meu próprio coração pensar sobre elas, tão grandiosas são. Não era nada terreno, mas espiritual: e se não fossem meus grandes pecados, teria visto mais".

O Rei Pelles do Castelo informou-lhe então sobre Elaine, que morrera de tristeza por causa dele; e com dor, vestindo ainda sua camisa de tecido de crina, o cavaleiro seguiu viagem.

Bors, Perceval e Galahad em seguida chegaram ao mesmo castelo e ali se uniram a eles três outros cavaleiros da Irlanda, três da Gália, três de Gales, também o Rei Pelles, seu filho Eliezar e sua sobrinha. E ao anoitecer o Rei Mutilado, pai de Pelles, foi transportado sobre um leito por quatro donzelas que, depois de colocarem-no no chão, se retiraram. Uma voz ordenou que todos os que não faziam parte do grupo da busca deixassem a sala e todos, com exceção de Bors, Perceval, Galahad e o Rei Mutilado, saíram. "E com isso", lemos na versão de Malory deste episódio,

> pareceu-lhes que chegou um homem, e quatro anjos do céu; ele estava vestido à semelhança de um bispo e tinha uma cruz na mão; os quatro anjos transportaram-no numa cadeira conduzindo-o diante da mesa de prata sobre a qual se encontrava o *Sangreal*; e parecia que ele tinha no meio da testa letras que diziam: VEJAM AQUI JOSEFE O PRIMEIRO BISPO DA CRISTANDADE O MESMO QUE NOSSO SENHOR SOCORREU NA CIDADE DE SARRAS NO LUGAR ESPIRITUAL. Então os cavaleiros se admiraram, porque aquele bispo estava morto há mais de trezentos anos. "Ó cavaleiros" – disse ele – "não vos admirais, pois fui uma vez um homem na terra".
>
> Com isso eles ouviram abrir-se a porta e ali viram anjos: dois portavam velas de cera, um terceiro uma toalha e um quarto uma lança que sangrava tão surpreendentemente que três gotas caíram dentro de uma caixa que ele tinha na outra mão. Os dois primeiros colocaram as velas sobre a mesa, o terceiro a toalha sobre o vaso, e o quarto a lança sagrada ereta sobre o vaso. Então o bispo fez sinal como se fosse para a sagração da missa.
>
> Ele pegou uma oblação que era semelhante a um pão. E ao elevá-la surgiu uma figura à semelhança de uma criança, cuja face era tão vermelha e reluzente quanto o fogo, e que se juntou ao pão, de maneira que todos viram que o pão era formado

por um homem carnudo; e então ele (Josefe) o colocou de novo no vaso sagrado e esperou por um padre para rezar uma missa. Em seguida foi até Galahad, beijou-o e pediu-lhe que fosse beijar seus amigos. E assim ele o fez sem demora.

"Agora" – disse ele – "servos de Jesus Cristo, vós sereis alimentados nesta mesa com guloseimas que cavaleiros jamais provaram". E ao dizer isso, despareceu. E eles se sentaram à mesa com muito respeito e fizeram suas orações. Logo, olharam e viram um homem sair do vaso sagrado, o qual tinha todos os sinais da Paixão de Jesus Cristo, sangrando visivelmente, e disse: "Meus cavaleiros e meus servos, meus verdadeiros filhos, que passareis da vida mortal à vida espiritual, não me esconderei mais de vós, para que conheçais parte dos meus segredos e das minhas coisas ocultas. Agora tomai e recebei a carne superior que tanto desejastes. Então ele próprio pegou o vaso e foi até Galahad; ele se ajoelhou para receber seu Salvador, e depois dele todos seus companheiros também o receberam. Eles acharam aquilo tão sublime que era difícil contar. Então disse a Galahad: "Filho, sabes tu o que tenho entre minhas mãos?" "Não" – disse ele – "mas saberei se me disseres". "Este é o prato sagrado no qual eu comi a carne de cordeiro da Quinta-feira Santa. E agora viste o que mais desejavas ver, mas ainda não o viste de maneira tão plena quanto o verás na cidade de Sarras no lugar espiritual. Por isso tens de partir e levar contigo este vaso sagrado; pois esta noite ele deverá deixar o reino de Logris, para que nunca mais seja visto aqui. E sabes tu por quê? Porque ele não é nem tratado nem venerado adequadamente pelos desta terra, pois eles levam uma vida pecaminosa; por isso vou retirar-lhes a honra que lhes concedi. Portanto, parti vós três amanhã para o mar, onde encontrareis vosso navio já pronto e convosco levai a espada com as estranhas cintas, e ninguém mais vos acompanhará além de Sir Percivale e Sir Bors. Também quero que leves contigo o sangue desta lança para untar o rei mutilado, tanto em suas pernas quanto em todo o seu corpo, para que ele recupere a saúde."

"Senhor" – disse Galahad – "por que estes outros companheiros não podem ir conosco?"

"Pelo seguinte motivo: pois assim como enviei meus apóstolos, um para cada lado, quero que partais; dois de vós deverão morrer a meu serviço, mas um de vós deverá retornar e contar as notícias. Então ele os abençoou e desapareceu."[129]

Galahad curou o Rei Mutilado com o sangue escorrendo da lança e o velho retirou-se imediatamente para um mosteiro cisterciense. Os cavaleiros então cavalgaram até a costa, onde encontraram e novamente subiram a bordo do navio de Salomão. Ele se moveu, pôs-se ao mar e singrou com Bors, Percival, Galahad e o Graal a bordo em direção à distante cidade de Sarras, de onde originalmente veio toda essa santidade. No caminho, Galahad pediu para morrer; pois no Castelo de Corbenic ele experienciara tal felicidade espiritual que seu corpo constituía-se agora um estorvo. Perceval pediu-lhe para se deitar no suntuoso leito do compartimento sagrado do navio onde o Graal repousava sobre uma mesa de prata. E noite e dia o navio singrou, sem que ninguém soubesse em direção a que porto, enquanto Galahad dormia.

Ele despertou quando chegaram a Sarras. No porto encontrava-se o outro navio, transportando o corpo da irmã de Perceval. "Realmente" – disse Perceval –, "em nome de Deus! Minha irmã cumpriu bem o pacto conosco!" E eles desembarcaram, carregando a mesa do Graal, com Bors e Perceval na frente e Galahad atrás. Eles pediram a um velho aleijado que não andava havia dez anos para dar uma mão a Galahad; ele se levantou e juntou-se a eles: e quando o rei ficou sabendo do milagre, jogou os três numa masmorra, onde foram alimentados pelo Graal, até que o próprio rei, caindo doente pelo que fizera, mandou buscá-los, pediu-lhes perdão e, quando perdoado, morreu. Então Galahad tornou-se rei.

Um ano depois, ao entrarem na sala do palácio onde se encontra o Graal, eles viram ali ajoelhado um belo homem à semelhança de um bispo, com um séquito de anjos à sua volta. Ele se levantou e começou uma missa em homenagem à Nossa Senhora; após a consagração virou-se: "Aproxima-te" – ele disse a Galahad –, "tu, servo de Jesus Cristo: agora verás o que há muito esperas ver".

E o cavaleiro levantou-se. Aproximou-se, fitou o vaso do Graal descoberto e, assim que o viu, começou a tremer terrivelmente, como quando a carne mortal começa a contemplar as coisas espirituais. Ergueu os braços: "Senhor, eu Vos adoro e Vos dou graças; porque Vós realizastes aqui o meu desejo. Agora eu vejo de maneira completamente clara o que a língua não consegue expressar, nem o coração conceber: o princípio e o fim da grande aventura – maravilha de todas as maravilhas. Amado e doce Senhor, já que Vós realizastes em mim o meu desejo, permitindo-me ver o que em toda a minha vida desejei, suplico-Vos agora que permitais que eu passe desta vida terrena para a celestial".[130]

O bispo tomou em suas mãos o próprio corpo de Cristo, a hóstia consagrada, e ofereceu-a a Galahad, que a recebeu alegre e humildemente.

"Sabes agora quem sou?" Perguntou o bispo. "Sou José de Arimateia. E Nosso Senhor enviou-me para te fazer companhia, pois tu te pareces comigo em duas coisas: em ter visto as maravilhas do Santo Graal e em ter sido virgem e casto, como eu fui e sou".

E quando o bispo acabou de dizer essas palavras, Galahad foi até Perceval e beijou-o, recomendando-o a Deus e igualmente a Sir Bors, a quem, entretanto, ele disse: "Caro Sir, envia minhas saudações a Sir Lancelote, meu pai, e, assim que o vires, pede-lhe para se lembrar deste mundo mutável".

"E com isso" – traduz Malory –, "ele se ajoelhou diante da mesa e fez suas orações e, então, de repente, sua alma partiu para Jesus Cristo e uma grande hoste de anjos levou sua alma para o céu, para que os dois companheiros pudessem vê-la. Eles viram também a mão de alguém chegar do céu, mas não viram corpo algum. E ela foi diretamente até o Vaso e pegou-o, juntamente com a lança, levando-os para o céu. Certamente jamais houve homem ousado para poder dizer que tinha visto o Sangreal".[131]

Perceval morreu também, mas Bors retornou a Camelot, para contar lá a aventura. Entretanto, na corte de Artur, conforme narrado em *La Mort Artu* – a última parte do

O PARACLETO

Ciclo da Vulgata em francês antigo (Malory, Livros XVIII-XXI, e os últimos *Idílios do Rei* de Tennyson: "O Último Torneio", "Guinevère" e "A Morte de Artur") –, orgulho, traição e a conduta cada vez mais impudente de um Lancelote relapso e da rainha causaram um horrendo "crepúsculo dos deuses" (*Götterdämmerung*), que hoje pode ser interpretado como uma profecia do fim do próprio mundo gótico que, de fato, ocorreu imediatamente. Pois a remoção do símbolo de valor, o Graal, da terra para o céu na nave de Salomão deixara a vida na terra sem um centro espiritual e a Cidade dos Homens, o reino de Artur, desintegrou-se.

Como no leito cristalino da gruta do amor, também aqui no leito de êxtase de Galahad na nave de Salomão (que, como o barco sem leme de Tristão, singra sozinho para o destino de seu viajante: uma embarcação céltica para Avalon, indo agora na direção contrária) todo pensamento de servir à vida por meio de façanhas cavalheirescas é abandonado por um êxtase: no caso de Galahad, pelo caminho da direita, para o Pai e a luz; no de Tristão, o da esquerda, para as Mães.* O leito no compartimento do navio de Salomão é comparado ao altar da missa; igualmente, ao leito na gruta. Em termos alegóricos, o altar é a Cruz de Cristo, o lugar do sacrifício. Mas a Cruz é também um leito. "Um suave leito é a madeira de Tua Cruz", lemos, por exemplo, num sermão sobre o Cântico dos Cânticos de Salomão de um abade cisrterciense do século XII, Gilbert de Holland (morto em 1172).[132] Galahad no leito do navio é, por analogia, Cristo na sua Igreja; a Igreja como herdeira do Templo, mas agora deixando este mundo.

Isso nos faz lembrar de Joaquim de Fiori (*c.*1145-1202, figura 54) e de sua doutrina das eras da Trindade na história: do Pai e do Filho (Templo e Igreja, isto é, navio de Salomão), e na sequência do Espírito Santo (a passagem para Sarras). No poema de Robert de Boron (*c.*1180-1199), quando José em sua masmorra recebeu o Graal e ouviu "aquelas palavras sagradas que são propriamente chamadas de os Segredos do Graal", foi o Cristo ressuscitado quem lhe falou: uma forma posterior, superior e mais mística – não visível a todos – do que a do Cristo terreno que fundara a Igreja visível. Depois, quando José ajoelhou-se diante do Graal, a voz ouvida foi a do Espírito Santo. E finalmente, quando nasceu o último guardião do Graal, o "significado da Trindade" seria revelado.

Igualmente na *Queste*, toda ordem de símbolos está fora da ordem exotérica da Igreja. José e Josefe não são descendentes do trono papal histórico, fundado pelo Cristo histórico sobre a pedra de um Pedro histórico, mas de uma descendência instituída pelo Cristo Ressuscitado. E o caminho para Corbenic, sua igreja-palácio oculta, *não* é nenhum caminho público, mas surge por meio de uma busca individual regida de dentro, que começa ali onde a floresta é mais densa e mais escura. Quando o Graal – o anjo incitador dessa busca hermética – apareceu no salão de festas de Artur, o tempo das façanhas e finalidades históricas acabara subitamente. O momento era apocalíptico. A Era do Espírito Santo começara. E, como por magnetismo

---

* Comparar com os dois caminhos dos gnósticos, *supra*, p. 136-148.

irresistível, toda a corte foi arrastada de suas esferas de serviço terreno. Artur, com razão, ficou preocupado; e as damas, também: pois, como Eva, elas eram a antítese de tudo o que o Graal (nesta versão) representava.

O Professor Loomis, em sua peremptória obra, *O Graal*, evidencia sem deixar dúvidas que a *matière* da *Queste* foi derivada no geral dos mitos célticos, em grande parte de Manannan MacLir e seu correspondente galês, Bran, o Abençoado: o "Pescador Rico", Bron, com sua "abençoada cornucópia de abundância", *corz-benoiz* (Corbenic); seu barco, a Lua que percorre os mares celestes; e seu castelo giratório de névoa e sonho do reino mágico "sob as ondas". Porém, como outros estudiosos da *Queste del Saint Graal*, o Professor Frederick Locke da Universidade de Stanford, observa: "É antes e sobretudo um livro cristão e nada nele sugere um uso consciente de qualquer mitologia, ritual ou folclore pagão em suas formas primitivas. [...] Uma vez que os elementos pré-cristãos haviam sido apropriados, eles se tornaram completamente cristianizados e introduziram-se por inteiro na estrutura simbólica da nova religião. Eles tinham, na verdade, sido escolhidos por seu valor intuitivo e como um meio de esclarecer o contexto da nova gnose."[133]

"Na *Queste*" – declara o Professor Locke – "os estágios progressivos de iluminação são simbolizados pela revelação do Graal como um movimento que parte do que é percebido pelos olhos e vai até o que é absorvido pelo espírito".[134] Mas esse é precisamente o significado de todos os mitos e ritos de iluminação. Comparem novamente com o círculo da figura 3. A primeira idiossincrasia da *Queste* cisterciense, portanto, não é ela apontar um caminho para a iluminação, mas sua visão ser tão limitadamente cristã: não se admite a existência de nenhum outro modo espiritual que não seja o sistema sacramental católico romano. E a segunda idiossincrasia é o extremo ascetismo na conceituação daquele caminho. Todos os símbolos e valores do mundo céltico são consequentemente invertidos nessa obra – e não apenas do mundo céltico. Conforme declara o Professor Albert Pauphilet da Universidade de Paris na introdução à sua edição do texto:

> O autor da *Queste* demonstra em muitas passagens que o que pretendia era colocar sua obra em oposição à literatura em voga de seu tempo. Ele desprezava a bravura, pura proeza cavalheiresca e depreciava o amor, escolhendo confundir sua forma "cortesã" com o "vil pecado do desejo".
>
> Dos romances da Távola Redonda e, especialmente, de Lancelote, ele tomou emprestados alguns dos heróis mais brilhantes – Gawain, Yvain, Lancelote, Heitor – mas apenas para lhes atribuir papéis desprezíveis. E por esses meios, além de vários outros, ele causou a impressão, desde o início de sua obra, que nas dependências do Graal o mundo assume um aspecto totalmente novo, onde os valores vigentes dos homens e das coisas estão invertidos.[135]

As mulheres nesse mundo invertido são de dois tipos: as que são e as que não são virgens. As que não são, obviamente um dia foram, como Lancelote um dia foi

Galahad: no momento de sua perfeição – não exatamente ao nascer, pois então, por assim dizer, ele fora mera natureza pecadora, mas no momento do batismo, quando sua alma eterna fora magicamente purificada e recuperada ao estado de Adão antes de ceder à sedução de Eva. "Uma coisa perigosa é a companhia da mulher", lemos nos regulamentos da ordem dos Cavaleiros dos Templários, cujo escudo – exatamente o de Galahad – exibia um fundo branco imaculado ornado com uma grande cruz vermelha; "porque o velho diabo (*le deable ancien*) afastara muitos do caminho direto para o Paraíso, por meio da companhia de mulheres. [...] Acreditamos que seja um perigo para toda a religião olhar por um tempo demasiadamente longo para a face de uma mulher. Nenhum de vós, portanto, deve ousar beijar qualquer mulher: seja ela viúva, criança, mãe, irmã, tia ou qualquer outra. Os Cavaleiros de Jesus Cristo, por essa razão, têm de evitar de todas as maneiras o beijo das mulheres, pelo qual os homens muito frequentemente põem em risco o bem de viver sempre em paz, na pureza de consciência e segurança de estar eternamente diante da face de Deus".[136] As damas da corte de Artur, consequentemente, não podiam nem participar nem contribuir na aventura da *Queste*. Apenas a irmã de Perceval, uma virgem, num papel igual ao da inviolada Beatriz de Dante; e mesmo assim ela chegou à cidade santa de Sarras, a Nova Jerusalém, morta.

Sir Galahad como o Herói do Graal é, portanto, uma inovação inteiramente monacal. Na origem, como vimos, o cavaleiro exemplar era Sir Gawain, que na *Queste* está virtualmente no lugar de Paolo e Francesca no Inferno. No mundo palaciano, por outro lado, mesmo onde seus papéis foram assumidos por Lancelote ou Perceval, ele não foi condenado, mas foi sempre o nobre e gracioso superior dos novos heróis, ajudando-os em suas aventuras, muito à maneira de um pai com seus filhos. Na verdade, conforme demonstrou a Srta. Jessie Weston, havia a lenda de um jovem cavaleiro adotado como filho por Gawain, conhecido como Guinglain ou Le Bel Inconnu em francês, Wigalois em alemão, Libeaus Desconus em inglês, e Carduino em italiano, cuja vida em todos os seus pontos essenciais está tão próxima da vida do jovem "Grande Tolo" Perceval que (em suas palavras) "se o Belo Desconhecido não é o próprio Perceval, ele e Perceval são ambos representantes do mesmo herói primitivo, o que praticamente equivale à mesma coisa".[137]

Como Lancelote estava para Galahad, portanto, Gawain estava para Perceval (o Belo Desconhecido). Os dois ciclos são análogos, salvo que na versão Lancelote--Galahad está representada uma ordem de crença posterior, estritamente sacramental e monacal. Nas imagens do herói solar quase pagão Gawain e do menino casto Perceval, de natureza incorrupta, não há sinal algum daquela ideia clerical da influência do Pecado Original, enquanto Lancelote é explicitamente um pecador – e a Mulher, além do mais, Guinevère-Eva, foi a causa de sua corrupção. Por um artifício mágico, entretanto, que um monge talvez não examinaria de perto, ele foi levado a dormir com a filha virgem do Rei do Graal, que ele, enfeitiçado, pensou que era sua dama, a rainha de Artur – e o sentido moral da concepção de um santo a partir da união de uma virgem com um pecador que supunha estar com a esposa de outro não é muito fácil de explicar. Heinrich Zimmer, em sua brilhante série de ensaios interpretando essas lendas, escreveu:

> O alter-ego de Lancelote, o filho que leva o nome que o próprio Lancelote recebeu de seu pai humano no batismo (antes de a Dama do Lago tê-lo raptado, iniciado e rebatizado como "Lancelote do Lago"), realizará a sagrada aventura do Graal; pois, como no simbolismo dos sonhos, a criança, o filho, expressa aqui uma transformação superior da personalidade. A criança é o eu renascido em perfeição prístina, o ser perfeito que deveríamos ser, que estamos empenhados em nos tornar e que esperávamos nos tornar, por assim dizer, quando assumimos nosso corpo atual. É o símbolo da enteléquia, ou modelo secreto, de nosso destino.
>
> Assim, Sir Galahad, o imaculado, é a redenção do pai ambíguo, brilhante, cujo nome "cristão" ele reafirma e possui. Ele é a redenção porque é a corporificação do pai. As virtudes de seu triunfante filho impecável são aquelas da essência do próprio pai. Portanto, aquele pai – Sir Lancelote do Lago, mas Sir Galahad da Fonte Batismal – é revelado como tendo combinado em si mesmo as energias das duas esferas, a esfera mundana dos desejos e a superior da aventura puramente espiritual. Este é o segredo último de seu charme.[138]

E quanto à sua noite com a virgem que ele tomou pela rainha de Artur, uma semelhante interpretação pode ser sugerida: a saber, que em sua dimensão espiritual, "inteligível", em oposição à sua social, acidental, seu amor pela rainha era puro – ele era o veículo neste plano contingente de sua realização no plano espiritual.

Mas vamos descer agora em direção à terra e passarmos para a quarta esfera de desenvolvimento da *matière* do Rei Artur:

D. As epopeias biográficas germânicas, 1200-1215. O *san*, o sentido, no qual a *matière* de Bretagne foi aqui aplicada não era nem político (como na fase A), nem de ideais e modos cortesãos (fase B), não sacramental-eclesiástico-ascético (fase C), mas psicológico no sentido moderno de tratar de iniciações espirituais em geral, disponíveis neste mundo e inevitáveis para qualquer um com verdadeira sensibilidade às próprias percepções e impulsos sobre o mistério da existência. Na *Queste* os cavaleiros entravam na floresta individualmente, "ali onde ela parecia mais densa, nos lugares onde não achavam caminho ou trilha", e havia grande promessa naquele começo. Entretanto, logo se evidenciou que, na verdade, havia apenas um caminho a ser seguido, afinal: o "caminho reto para o Paraíso", e não as inúmeras vias dos diferentes caracteres inteligíveis em desenvolvimento em cada um. No entanto em Wolfram o guia é interior – para cada um, único; e eu vejo nisso a primeira afirmação completamente intencional da mitologia básica do moderno homem ocidental, a primeira mitologia nitidamente individualista na história da raça humana, uma mitologia de busca motivada interiormente – dirigida a partir do interior – onde não há nenhum caminho ou guru legitimado para ser seguido ou obedecido, mas onde, para cada um, todos os caminhos já encontrados, conhecidos e provados, são caminhos extraviados, porque não são o seu próprio.

Porque cada um, em si mesmo, em seu "caráter inteligível" é uma espécie única cujo estilo e forma de vida (como uma planta recém-nascida ou animal) podem se revelar e se realizar apenas por e mediante ele próprio. Daí aquela sensação de aspiração e empenho em direção a um fim desconhecido, tão característica da vida ocidental – e tão estranha à oriental. O que é desconhecido, ainda que profunda e infalivelmente intencional, é a teologia peculiar a si mesmo, não aquele "caminho reto para o Paraíso". O erudito anglo-indiano e crítico da nossa civilização, Dr. Ananda Kent Coomaraswamy – que viveu e trabalhou neste país [Estados Unidos] um pouco mais de quarenta anos, embora sem jamais conseguir ter uma noção ou percepção da majestade única deste estilo ocidental de espiritualidade –, com intenção de ofender cunhou uma caracterização realmente impressionante da "alma faustiana" quando escreveu (usando o pronome "nós" para designar não a si mesmo, um mestre da "eterna" sabedoria indiana, mas seus colegas ocidentais do Museu de Boston e da Universidade de Harvard): "Nós, que chamamos uma arte de 'significativa' sem saber o que é, também temos orgulho de 'progredir' sem saber para onde".[139] E de fato nós temos "alma faustiana" – e fazemos bem em tê-la. Pois, como bem disse Spengler: "Em Wolfram von Eschenbach, Cervantes, Shakespeare e Goethe, o curso trágico da vida individual desenvolve-se de dentro para fora, dinamicamente, funcionalmente".[140]

E assim retornamos da epopeia monástica da Vulgata de Lancelote e Galahad, com sua subsequente desintegração da corte mundana do Rei Artur, para a Divina Comédia terrena de seus predecessores arraigados na natureza: Gawain, o amante exemplar, com a idade mais ou menos de Leopold Bloom, e Parzival, o jovem buscador, como Stephen, disposto a desafiar até mesmo Deus se a máscara que ele mostra – ou se diz que mostrou – ressoa oca quando golpeada.

VIII – A COROAÇÃO DO REI
LIVRO XIV: O FESTIVAL DO AMOR

Gawain, como vimos,* viu um cavaleiro solitário aproximando-se na planície, vestido com uma armadura mais vermelha do que o rubi. Havia um ramo em seu capacete colhido da árvore que Gramoflanz protegia e seu escudo estava completamente perfurado. Gawain reconheceu o ramo e imediatamente, posicionando sua lança (o outro baixou-a também) esporeou o cavalo e atacou (o outro também). Eles se bateram, derrubaram-se, com cavalo e tudo o mais, e passaram a lutar com as espadas – sozinhos na planície.

---

* *Supra,* p. 438.

Enquanto isso, mensageiros de Artur tinham chegado diante do acampamento de Gramoflanz, que se estendia por uma milha e meia e estava protegido por estranhos cavaleiros: arqueiros turcos, soldados de infantaria brandindo lanças e, além desses, trombetas clangorejando e damas com sinos em suas rédeas cavalgando em círculos em torno do acampamento do rei. As fileiras abriram espaço e os mensageiros, tendo recebido permissão para entrar, viram o rei num divã sob um dossel, com belas e alegres jovens à sua volta, vestindo sua armadura.

"Senhor" – eles disseram – "Artur pergunta: Como ousas desafiar o filho de sua irmã? Os cavaleiros da Távola Redonda são seus irmãos e se houver necessidade o defenderão".

"Tenho cavaleiros próprios" – o rei respondeu. "Não tenho medo de número. Entretanto, jamais combati com apenas um homem por vez. As damas não me elogiarão quando eu vencer."

Retornando, os mensageiros viram no caminho os dois cavaleiros combatentes. Gawain estava cedendo terreno e, temerosos por sua vida, eles gritaram seu nome. O outro, com um berro, arremessou sua espada e disse: "Fui traído; estou combatendo a mim mesmo!"

"Senhor, ai de mim!" – disse então Gawain, que a essa altura mal conseguia manter-se de pé. "Quem és tu?"

"Sou teu semelhante" – disse o outro. "Sou Parzival."

E foi assim que, quando chegou a hora pela qual toda aquela gente se reunira, a da batalha de Gawain com Gramoflanz (Gawain confundiu Parzival com ele por causa da grinalda), o cavaleiro derrotado estava tão mal que o soberbo rei, confrontando-o no campo de batalha, recusou-se a lutar e adiou a competição para o dia seguinte. Parzival, ao lado de seu amigo, ofereceu-se para lutar em seu lugar, mas Gramoflanz também recusou.

E foi então que a pequena Bene, a filha do barqueiro, que viera com Parzival até o campo trazendo uma lembrança ao rei da irmã de Gawain, compreendeu pela primeira vez que Gawain era irmão de Itonje e que Gramoflanz, insistindo no combate, desejava matá-lo. A chegada da tristeza pesou muito em seu coração e, furiosa, palavras violentas saíram de sua boca: "Seu cão infiel! De quem é esta lembrança que eu vos trago? O amor rejeita vosso serviço. O amor não deve unir-se à traição". Vacilante em sua confiança, o rei puxou-a para o lado, defendendo-se. "Tu jamais soubeste o que significa lealdade. Afasta-te de mim, ser infame!" Ela retrucou. E o rei virou-se, montou e saiu junto com seu séquito; enquanto Bene, com Parzival e Gawain, retornou ao acampamento de Gawain.

O senhor dela, a caminho, a fez prometer não revelar a natureza do próximo combate à sua irmã, que ainda não sabia que o herói que enfrentaria seu *ami* era seu irmão. Outrossim, quando Parzival tentou persuadir Gawain a deixá-lo lutar em seu lugar, Gawain recusou.

"Hoje de manhã" – argumentou Parzival – "eu encontrei a árvore no bosque desprotegida, colhi um ramo dela e vim nesta direção para desafiar Gramoflanz.

Eu não fazia ideia que estarias aqui e quando te vi, pensei que fosses ele. Deixa-me enfrentá-lo!"

"Que Deus te abençoe" – respondeu Gawain –, "mas com sorte, vencerei. Confio na minha causa".

Parzival pareceu concordar, mas naquela noite em seus aposentos revisou cuidadosamente sua armadura e, ao amanhecer, saiu em segredo; de maneira que, quando Gramoflanz chegou ao campo de batalha, Parzival já se encontrava lá e imediatamente o atacou. E eles estavam em plena luta quando Gawain, depois da missa, chegou para atacar seu homem. Lutando desmontados, os dois guerreiros brandiam suas espadas e golpeavam. Então Gramoflanz começou a enfraquecer, e Artur aproximou-se com um séquito de cavaleiros para separar os dois. O Rei da Árvore admitiu que estava derrotado e Gawain disse-lhe cortesmente: "Senhor Rei, farei por vós hoje o que fizestes por mim ontem: nos encontraremos amanhã".

Muito antes de amanhecer, entretanto, Itonje percebeu que Bene ficara pálida e estava chorando em silêncio. "Será que o rei recusou minha lembrança?" – ela se perguntou. Seus ouvidos abriram-se às fofocas do dia e quando a mensagem atingiu seu coração, ela correu apavorada para sua avó e mãe. "A mão do meu próprio irmão matará o amado do meu coração?" – ela chegou gritando; e as duas mulheres compreenderam a gravidade da batalha. Arnive mandou um pajem dizer a Artur que viesse à sua tenda.

E Gramoflanz por seu lado, enquanto isso, ferido pela língua de Bene, começara a se sentir um pouco ansioso quanto à sua situação em relação a Itonje e, para esclarecer o assunto, enviou dois jovens mensageiros com uma carta para descobrir o que pudessem sobre o seu estado de espírito.

Bene, deixando a tenda das damas quando Artur chegou, notou os dois jovens escudeiros entre as cordas da tenda. "Afastai-vos" – ela disse. "Afastai-vos destas cordas". Itonje lá dentro da tenda, chorava para Artur: "Será que a Dama Orgeluse acha certo que meu irmão, a seu serviço, mate meu *ami*?", e os escudeiros ouviram aquilo. Eles entregaram a carta de seu senhor a Bene, que a levou para a tenda e, em breve, Artur, ao sair dela, cortesmente os saudou.

"O que eu fiz ao vosso rei" – ele perguntou – "para que ele trate desta maneira minha família? Ele não deve ter muita consideração por mim. Pagar com ódio ao irmão de uma dama que ele diz amar! Que ele pense muito sobre isso! Ele tem de entender que, se é isso que ele quer, seu coração é desleal".

"Mas a Duquesa de Logrois ainda se nega a ele" – responderam. "Gawain não é o único cavaleiro dela que nosso senhor precisa temer neste acampamento".

Artur prometeu obter dela uma trégua e em troca propôs um encontro no meio do caminho entre os dois acampamentos. A trégua foi prontamente concedida. A Dama Orgeluse continuava em luto por Cidergast, mas sua raiva contra seu assassino fora abrandada no calor dos braços de Gawain; enquanto Gramoflanz, de sua parte, também estava aprendendo a abrandar. Bene tinha ido até ele com seus escudeiros, e ele jamais sentira tanta felicidade em sua vida como quando ela lhe falou do amor de sua dama. Artur, além do mais, enviara com ela o irmão mais novo de Gawain, Beakurs e, quando Gramoflanz olhou para aquele jovem gracioso, pensou: "Ele cavalga tão encantadoramente! E ela, afinal, é sua irmã!" E quanto à questão do ramo, desde que Parzival apanhara-o, vencera tanto ele próprio quanto Gawain, sua disputa com o irmão de Itonje por aquele motivo não estava mais em questão.

Antes de se dirigir para o encontro, entre os acampamentos, Artur providenciou para que uma tenda de damas ficasse cuidando de sua sobrinha e, quando ele encontrou Gramoflanz no meio do campo, simplesmente retornou com ele para aquela tenda. "Se encontrares entre estas damas alguma que amas" – ele disse – "poderás saudá-la com um beijo". E assim, conforme declara o poeta no final desse capítulo divertido, ninguém pode dizer que algum dia houve uma celebração mais bela de matrimônio. A segunda irmã de Gawain foi concedida a Lischois Gwelljus e sua mãe viúva, Sangive, a Florant, o Turkoyte. Lá estavam também Gawain e Orgeluse; e com muitas mais damas formosas à volta, acampadas à margem do rio, o amor e a felicidade reinou entre os estandartes.

Mas Parzival, em meio a tudo isso, pensava solitário em Condwiramurs. Quem sabe ele deveria beijar outra no espírito da celebração? De maneira alguma! Tal fidelidade montava guarda em seu coração e, também, em seu corpo, para que nenhuma outra mulher jamais o distraísse do seu amor. Ele pensou: "Se continuar empenhado na busca do Graal, o sonho de seu abraço puro do qual estou há tanto tempo separado será o que me impelirá adiante. Entretanto, se for para ficar aqui testemunhando apenas felicidade quando meu coração só conhece a tristeza, meus olhos e coração estarão em desacordo". Sua armadura encontrava-se à mão. Ele tinha muitas vezes vestido-a sozinho. "Que a sorte me leve em frente" – ele murmurou – "até aquilo que ainda tenho a realizar". Ele pôs a sela em seu cavalo e quando irrompeu a aurora, partiu galopando.

LIVRO XV: A ACOLADA

E ele estava cavalgando de maneira resoluta pelos limites de uma grande floresta, quando viu trotando em sua direção um estranho ricamente adornado. Sedas finíssimas enfeitavam sua montaria. Nem toda a fortuna da Bretanha de Artur daria para pagar as pedras preciosas de seu casaco: miseráveis gênios que vivem no fogo nas montanhas Argremuntin tinham-nas tecido em chamas ardentes; elas brilhavam como uma luz resplandecente. E damas nobres haviam lhe dado tais presentes. Ele os usava agora como sinal do empenho de seu coração nobre. Além da floresta atrás dele, numa baía solitária do mar, havia um acampamento de vinte e cinco exércitos, nenhum dos quais conseguia entender a língua dos outros. E ele saíra sozinho em busca de aventuras.

O leão, dizem, nasce morto de sua mãe; é o rugido de seu pai que lhe dá vida: esses dois homens tinham nascido do estrondo da batalha. Eles avançaram e atacaram-se imediatamente e ambos ficaram surpresos e furiosos quando o outro manteve-se sentado. Combateram ferozmente e por muito tempo. E eu lamento por isso, pois eles eram dois filhos de um mesmo homem. Poder-se-ia dizer que eram "eles" que estavam lutando, apenas se fosse possível falar de dois homens separados. Eles eram, entretanto, um. "Meu irmão e eu" somos um só corpo – como marido e mulher. Uma carne, um sangue, ali combatendo por lealdade de coração, faziam muito mal a si mesmos.

O pagão lutou por amor e pelas pedras preciosas, e pressionou duramente. Seu grito de batalha era "Thabronit". E o homem batizado recuou. O pagão jamais cansou-se do amor: seu coração, portanto, era grandioso em combate. Deus proteja o filho de Gahmuret, eu peço! Este é o meu desejo para ambos.

O homem batizado, desde que deixara Trevrizent, tinha se apegado à sua crença em Deus. Mas o pagão tinha membros fortes e sempre que gritava "Thabronit!" – que é onde estava sua rainha Secundille – sua força guerreira aumentava. O homem batizado agora me preocupa. Mais de uma vez ele se ajoelhou. Entretanto, há ainda uma coisa, bravo Parzival, a considerar para ganhar coragem: aqueles dois meninos encantadores, Kardeiz e Loherangrin (Loengrin), que tua querida esposa concebeu depois de teu último abraço, eles não devem se tornar órfãos tão cedo.

"Thabronit!" foi agora respondido com "Pelrapeire!" bem a tempo. Condwiramurs atravessou o mundo e encheu o coração de seu cavaleiro com o poder de seu amor. Saíram lascas voando do precioso escudo do pagão – que valia muitas centenas de marcos, eu diria. E com um grande golpe sobre seu capacete ornamentado, a espada do cristão quebrou-se.

"Vejo, bravo homem" – disse o nobre pagão em francês –, "que terias agora de lutar sem espada e eu não ganharia nenhuma fama com isso. Para e dize-me quem és. Que haja uma trégua, enquanto descansamos." Eles se sentaram, ambos no gramado e o vigoroso pagão prosseguiu: "Jamais encontrei tal guerreiro em toda a minha vida. Sê amável: permite-me saber teu nome e ascendência e eu não terei feito esta viagem por nada."

"Devo então te dizer por medo?" perguntou o filho de Herzeloyde.

"Devo dizer meu nome primeiro" – disse o outro. "Sou Feirefiz, o Angevino. Muitos países pagam-me tributo."

"Como, Angevino?" – perguntou Parzival. "Anjou é meu por herança. Fui informado que tenho um irmão que, apesar de pagão, conquistou amor e fama. Se puder ver teu rosto, poderia dizer se és ele."

O outro arremessou a espada. "Se há algum combate a ser feito agora" – ele disse –, "nossas chances são as mesmas. Dize-me, como é o teu irmão?"

"Ele é preto e branco, dizem, como pergaminho escrito."

E o pagão disse ao cristão: "Eu sou ele".

Então nenhum perdeu tempo. Ambos os elmos foram retirados e, de fato, ele tinha a marca da pega. Beijando-se, os dois fizeram as pazes. Feirefiz, o primogênito, pediu a seu irmão que o tratasse por *tu*, não *vous*; mas Parzival, em deferência à sua idade, poder e riqueza, objetou. Eles falaram sobre seu pai e Feirefiz, que esperava encontrá-lo na Europa, ficou triste ao saber de sua morte. "Eu vivenciei nessa mesma hora" – ele disse – "tanto a perda quanto a alegria. Tu, meu pai e eu éramos um; mas este um aparecia em três partes. Eu fui contra mim mesmo e teria com prazer matado a mim mesmo. Ó Júpiter, registrai este milagre! Vosso poder veio em nosso socorro". Ele riu e tentou ocultar suas lágrimas; em seguida sugeriu que seu irmão fosse conhecer seu exército. Entretanto, quando o cristão falou do exército de Artur e o pagão ouviu falar em damas (elas eram a própria vida para Feirefiz), disse: "Leva-me para lá", e lado a lado os dois cavalgaram até o acampamento de Artur.

Todo mundo estava aguardando por eles; pois um mensageiro do Castelo das Maravilhas trouxera notícias sobre a visão que tiveram através do pilar da torre mágica: dos acampamentos prontos para um combate. Gawain recebeu-os em sua tenda e, quando suas armaduras foram removidas, não houve pouca surpresa diante do prodígio de um homem que era a um só tempo preto e branco, e o estupor não era menor com referência ao requinte de suas armas. Uma suntuosa noite foi organizada e o nobre pagão foi elogiado e admirado por todos, as damas olhavam e murmuravam entre si, perguntando-se que mulher teria dado a ele tal vestimenta. Se ele se mostrasse desleal a ela, sua reputação certamente sofreria as consequências; porém estavam todas tão atraídas pelo novo visitante que aceitariam com satisfação seus serviços (suponho, observa o poeta, que devido a sua singularidade). Artur, Gramoflanz, Parzival e Gawain afastaram-se para deixar as damas comerem, e fizeram planos para no dia seguinte realizar um outro evento da Távola Redonda – estender uma rica toalha redonda no gramado – como aquele que, anos antes, recebera a visita da Donzela Repugnante.

E vejam! Quando todos estavam sentados, uma donzela, montada, foi vista aproximando-se a trote. Suas rédeas, sela e montaria eram esplêndidas e sua face estava totalmente coberta por um véu. Sua suntuosa capa preta, com capuz ao estilo francês, exibia em ouro árabe reluzente uma enorme quantidade de rolinhas. Ela cavalgou em volta do círculo, saudou Artur, virou-se para Parzival, saltou do cavalo, prostrou-se a seus pés e, chorando, suplicou por sua saudação; em seguida ergueu-se, afastou o véu e, como da outra vez, era Cundrie, a feiticeira, tão feia quanto sempre: focinho, presa e tudo o mais; porém com dignidade ela postou-se e deu o seu recado.

"Ó Coroa de Salvação do Homem, Parzival: na juventude tu cortejaste a Tristeza; a Felicidade agora vais tirar-te dela. Tu lutaste pela paz de espírito, esperando na tristeza pelo júbilo do corpo. Condwiramurs e Loherangrin, teu filho, também foram escolhidos para o Graal. Kardeiz, o outro filho, será coroado Rei de Pelrapeire. Saudações eu trago, também, do nobre e amável Rei Anfortas, a quem tu agora curarás."

Lágrimas escorreram dos olhos de Parzival e por todo o círculo surgiram murmúrios.

"O que devo fazer?", ele perguntou.

"Meu caro senhor" – respondeu Cundrie –, "tu escolherás um companheiro. Eu vos guiarei em vosso caminho".

Parzival pediu a Feirefiz, que concordou em acompanhá-lo ao Castelo do Graal; e como tudo acabou, eu não sei dizer; mas Cundrie e os dois juntos partiram.*

LIVRO XVI: O NOVO REI

Anfortas continuava com dores lancinantes. Seus olhos fechavam-se frequentemente, às vezes até por quatro dias. Mas agora teremos notícias jubilosas para ele.

Parzival e Feirefiz seguiam atrás de Cundrie quando um grupo de cavaleiros templários armados vinham em sua direção; todavia, ao reconhecer a guia, deram um grito. O pagão, baixando sua lança, esporeou; mas Cundrie segurou as rédeas do cavalo dele. "Eles estão inteiramente a vosso serviço", ela disse. Desmontando e desnudando as cabeças, eles cumprimentaram Parzival a pé, saudaram Feirefiz também e, montando novamente, cavalgaram emocionados em direção a Munsalvaesche, para lá serem recebidos por uma multidão de cavaleiros mais velhos, fidalgos e pajens.

Já vimos como o sofredor Anfortas inclinava-se e raramente sentava-se. Seu divã era adornado com pedras preciosas que tinham o poder da cura. Parzival pediu, em lágrimas: "Mostrai-me onde é guardado o Graal e, se a misericórdia de Deus triunfar em mim, este grupo será testemunha". Foi-lhe mostrado e se pôs de frente para o Graal, ajoelhou três vezes diante da Trindade, orou sem cessar pela dor do rei; então se levantou, virou-se de novo para Anfortas e fez a pergunta há muito esperada: "*Oeheim, was wirret dier?* Tio, o que te aflige?"[141]

Em seguida, Aquele que mandou Lázaro levantar-se prestou ajuda; de maneira que Anfortas foi curado e o brilho que os franceses chamam de *fleur* foi visto surgir sobre sua carne. A beleza de Parzival, em comparação, era agora um sopro. Na verdade, ninguém, cuja beleza é nata, era comparável a Anfortas emergindo de sua doença. E como a inscrição no Graal tinha nomeado Parzival seu senhor, ele foi proclamado rei.

Condwiramurs também estava cavalgando decididamente em direção a Munsalvaesche e, no mesmo lugar em que um dia o sangue sobre a neve capturara a atenção de Parzival, ele a encontraria. Parzival parou, no caminho, para visitar Trevrizent, que, quando soube da cura da ferida de seu irmão, ficou admirado. "Um tão grande milagre" – ele disse – "raramente acontece: tu forçastes Deus, através do desafio, a fazer que Sua Trindade atendesse a tua vontade". E ele recomendou Parzival a Deus, que prosseguiu seu caminho na mesma noite. A escolta conhecia bem a floresta e na manhã seguinte estava diante dele o acampamento de sua rainha. Um cavaleiro idoso aproximou-se, o pai de Sigune, Duque Kyot da Catalunha, que cortesmente saudou Parzival, conduziu-o para a grande tenda onde Condwiramurs, ainda dormindo, com damas também adormecidas por toda a volta, estava na cama com seus dois filhos

---

* O muçulmano Feirefiz/Aibak, "O Mosqueado, como a Lua" (*supra*, p. 428-429), merece tanto entrar no Castelo quanto o cristão. Comparar com os dois reis do Graal (*supra*, p. 351).

pequenos. Indo diretamente à cama, Kyot bateu nas cobertas e a acordou dizendo que se alegrasse. Os olhos dela se abriram: ali estava seu marido. E apesar de estar vestida com apenas uma camisola, rapidamente envolveu-se com as roupas de cama e saltou para o tapete. Parzival abraçou-a. As crianças despertaram e ele as beijou também. Então o velho Kyot, em consideração, mandou afastar os meninos, pediu também que as damas saíssem da tenda e fechou-a pelo lado de fora.

 Mais tarde, naquele dia, o padre cantou a missa e Parzival supervisionou a coroação de seu pequeno filho Kardeiz, depois do que todas as tendas foram desfeitas entre lágrimas e as duas comitivas partiram. O velho duque não dissera nada de sua filha. Entretanto, quando Parzival e Condwiramurs pararam com sua comitiva no eremitério de Sigune, eles a encontraram lá dentro, ainda ajoelhada, porém morta. O casal levantou a tampa da sepultura de seu amado, onde jazia embalsamado com toda a sua beleza; colocaram delicadamente a virgem ao lado dele, fecharam a tampa com uma oração e apressaram-se para chegar em Munsalvaesche naquela noite.

 Feirefiz tinha esperado com paciência, e ele riu quando o pequeno Loherangrin, assustado ante a visão de sua pele mosqueada, recusou o beijo do tio. Então, rapidamente foram feitos os preparativos para a cerimônia do Graal. Três grandes fogueiras de madeira de aloé foram acesas no meio do salão; também inumeráveis velas. E vinte e cinco donzelas a serviço do Júbilo do Paraíso adentraram. Os templários estavam todos reunidos e depois de ter trocado suas vestes de viagem, Condwiramurs também se fez presente no grande salão. Assentos e tapetes foram colocados por todo ele e novamente foi realizada toda a procissão do Graal.

 Entretanto, algo muito estranho foi agora observado.

 Feirefiz, sentado com Parzival e Anfortas no assento diante do qual o Graal estava colocado, não viu absolutamente nada do vaso, mas apenas os olhos daquela que o carregava – a Rainha Repanse de Schoye.

 "Não vês o Graal à tua frente?", perguntou Anfortas.

 "Não vejo nada, senão a mesa", ele respondeu. "E os olhos daquela jovem penetrando em meu coração."

 O poder do amor tinha-o deixado pálido nas partes brancas de sua pele. De que servia agora para Secundille o amor que concedera a ele? Ou a qualquer uma daquelas outras damas de sua vida as ricas recompensas que tinham lhe oferecido? O bom Anfortas percebeu sua angústia. "Senhor, sinto muito se minha irmã vos faz sofrer", ele disse. "Vosso irmão é filho da irmã dela. Talvez, ele possa vos ajudar." E voltou-se para Parzival. "Senhor, creio que vosso irmão ainda não viu o Graal."

 Feirefiz concordou. Ele não o tinha visto. Todos os cavaleiros acharam aquilo estranho e a notícia chegou a Titurel, o velho aleijado, acamado no grande salão vizinho, do qual fora trazido o Graal e ao qual ele seria levado de volta. "Se ele é um pagão, não batizado" – foi o comentário de Titurel –, "não há motivo para ele unir-se aos que veem o Graal. Para ele há um véu em torno do Graal."

Ele foi instado a ser batizado. "Isso me ajudará neste amor?" ele perguntou a Parzival. Este, tratando-o agora por *tu,* não mais *vous,* deu-lhe a entender que, se batizado, poderia pedir pelo amor da dama. Mandou-se buscar a fonte batismal: um simples e belo rubi sobre um pedestal circular de jaspe. "Se desejas desposar minha tia" – disse Parzival em advertência – "terás de renunciar a teus deuses e a Secundille também".

"O que quer que tenha de fazer por aquela jovem, eu o farei", o pagão respondeu. Ele foi instruído na doutrina da Trindade. "Querido irmão" – ele disse – "se tua tia tem aquele deus, é nele que creio e renuncio a todos os meus. Por causa do deus de tua tia, que eu seja batizado".

E quando tudo estava acabado, o Graal foi descoberto diante de sua vista e sobre a pedra viu-se escrita a seguinte ordem: QUALQUER TEMPLÁRIO DESIGNADO PELO PODER DE DEUS PARA SER SENHOR DE UM POVO ESTRANGEIRO DEVE PROIBIR QUE SE PERGUNTE SOBRE SEU NOME E RAÇA. DEVE AJUDAR ESSE NA MANUTENÇÃO DE SEUS DIREITOS. MAS SE A PERGUNTA FOR FEITA A ELE, O POVO NÃO TERÁ MAIS SUA AJUDA.

Doze dias depois Feirefiz partiu com sua noiva. Mensageiros de seu exército comunicaram a morte da Rainha Secundille e depois o nascimento, na Índia, de seu filho com Repanse de Schoye, conhecido do mundo como Preste João...

IX. O ENVIADO: A CADA UM O QUE É SEU

E assim vimos – diz o poeta – como Parzival, filho de Herzeloyde, conquistou o Graal. E ele acrescenta: "Se o Mestre Chrétien de Troyes fez injustiça a essa história, há razões suficientes para Kyot ficar furioso, pois ele a relatou corretamente. [...] Da Provença até as terras germânicas a história correta nos foi transmitida do começo ao fim da aventura. E eu, Wolfram de Eschenbach, não vou narrar nada mais aqui do que o Mestre narrou lá".[142]

Não precisamos discutir se as referências de Wolfram ao mestre provençal Kyot devem ser levadas a sério.[143] A questão por enquanto é, antes, que na síndrome de ideias aqui apresentadas como uma unidade temos a primeira definição da mitologia secular, que é hoje a força espiritual que norteia o Ocidente europeu. Os teólogos parecem nem mesmo perceber que esta mitologia existe e é a religião atuante de muitos de seus paroquianos, murmurando credos incríveis em seus bancos de igreja.

O Graal aqui, como no posterior *Queste,* é o símbolo do supremo valor espiritual. Ele é alcançado, entretanto, não pela renúncia ao mundo ou mesmo aos costumes sociais vigentes, mas, ao contrário, pela participação integral na ordem da vida do século à maneira ou maneiras ditadas pelo próprio coração incorrupto: o que os místicos chamam de Voz Interior. A observação de Trevrizent de que um milagre ocorrera, porque Parzival forçara Deus "através do desafio a fazer que sua Trindade atendesse sua vontade", tocou no cerne da doutrina: a anagogia, o *san* metafísico, desta lenda gótica exemplar. De acordo com sua revelação – originária do coração do Ocidente europeu – a iniciativa moral na esfera temporal é do homem, não de Deus; e não do homem como espécie ou membro de algum consenso divinamente ordenado, mas de cada um separadamente, enquanto indivíduo, automotivado em ação coerente consigo mesmo. Este é o significado em nosso Ocidente do termo "livre-arbítrio". A ideia foi anunciada no primeiro sermão de Trevrizent, quando mostrou ao Parzival perdido na floresta que Deus retribui ódio com ódio e amor com amor. Isto está implícito na própria estrutura da trama, na qual o herói em sua primeira visita ao Castelo do Graal – seguindo instruções – não apenas deixa de curar o Rei Mutilado, como negligencia a virtude de sua própria boa vida e, confuso, transforma tudo o que toca em devastação. Todavia, quando ele finalmente aprende na solidão do exílio a se tornar o que Nietzsche chamou de "uma roda girando a partir de seu próprio eixo", eis que sobre a pedra do Graal surge seu nome! Em sua própria vida, sua própria profundeza, ele tocou no cerne do tempo – conforme a máxima hermética do século XII já citada nestas páginas* – de Deus como "uma esfera inteligível, cujo centro está em todas as partes e cuja circunferência em lugar algum".

Porque de acordo com essa mitologia não há nenhuma lei fixa, nenhum conhecimento determinado de Deus, instituído por algum profeta ou sacerdote, que possa contrariar a revelação de uma vida vivida com integridade no espírito de sua própria verdade corajosa. Cada assim chamada "queda", ou afastamento da "lei", é em si mesmo um ato criativo do qual Deus (para usar um termo mitológico) participa. Daí Joyce ter extraído seu tema da Epístola aos Romanos 11:32** ["Deus encerrou todos na desobediência para a todos fazer misericórdia."] A iniciativa de Deus está representada no espírito nato, inerente, ou "caráter inteligível" do indivíduo ao nascer, e a iniciativa, a liberdade de ação, tem de ser a dele próprio, guiado não pelo que as outras pessoas dizem, fizeram, ou possam dizer-lhe que é a vontade de Deus, mas pela sua própria voz interior; porque, na verdade (continuando em termos mitológicos), é no espírito inerente a cada um, na sua particularidade outorgada por Deus, diferente da dos outros, que "a vontade de Deus" foi incrustada com o propósito de ser descoberta e exposta, como um ovo de Páscoa. Portanto, não no retraimento a um leito de êxtase – seja nas trevas ou na luz –, mas pela ação aqui neste mundo confuso (senão, por que nascer?), onde nada é abjeto, nada é puro, mas tudo é, como a plumagem da pega, mosqueado.

Todavia, nessa mitologia do indivíduo que se move e é responsável por si mesmo no tempo também há uma dimensão profunda, que transcende tempo e espaço. Gahmuret, Feirefiz e Parzival são um único, como o são Parzival e Condwiramurs. O batizado e o não batizado mesmo em combate são um só, como na relação sexual o são o macho e a fêmea. Isso nos faz lembrar novamente de Joyce, que coloca no cerne de *Finnegans Wake* o tema dos irmãos em conflito: "iguais de contrários,

---

* *Supra*, p. 42, 46 e 128; e *Mitologia Ocidental*, p. 421.
** *Supra*, p. 229.

evoluídos de um mesmo poder [...] e polarizados para serem reunidos pela sínfise de suas antipatias. Distintamente diferentes eram seus destinos duais."*

Há ainda também, como já foi observado, um sentido verdadeiramente místico nessa obra quanto àquela concordância entre o evento externo e a disposição interna reconhecida por Schopenhauer em seu ensaio sobre a "aparente intencionalidade".** Porque, como revelam os últimos episódios, Parzival estivera fazia anos andando em círculos numa área próxima ao Castelo de Munsalvaesche, distante apenas uma noite de cavalgada. Somente quando pronto é que ele se aventurou (aventurou?) nessas várias peripécias pela floresta mística, a floresta deste mundo. É uma lei da vida simbólica que o deus contemplado seja uma função do estado de consciência do contemplador, e nessa obra – como na própria vida – são os amigos e inimigos do indivíduo que funcionam para ele como mensageiros e deuses de orientação e revelação iniciatórias.

Mas essa, ao fim das contas, é a principal lição do romance arturiano em geral. Em seu contexto os deuses e deusas de outros tempos tornaram-se cavaleiros e damas, eremitas e reis deste mundo, seus castelos. E as aventuras, em grande parte mágicas, são daquela magia que vem mais da poesia do que da religião tradicional, pois não são milagres de Deus, porém sinais do desvelamento de uma dimensão da natureza: como se, no desenho de Gafurius da Música das Esferas (figura 13), a voz da *Tália surda* (debaixo da terra) começasse a ser ouvida novamente, como nos tempos pagãos, em sua própria canção bucólica, como primeira afirmação de um acorde que se expandiria por todas as esferas internas e externas das nove Musas. O principal propósito da *Queste del Saint Graal* monacal era verificar a tendência desse redespertar para a natureza, inverter seu curso e transformar o Graal – a cornucópia do senhor da vida – em um símbolo não mais da graça terrena da natureza, mas do sobrenatural – deixando a natureza, o homem, a história e todas as mulheres, salvo as freiras batizadas, para o Demônio.

Em absoluto contraste, o amor, e especificamente o amor heterossexual, sendo as mulheres as principais ministrantes e veículos, é tanto o poder propulsor quanto redentor sacralizado pelo poeta Wolfram em sua catedral erigida à virtude do Graal. Donzelas em carne e osso portam ali o talismã, e amores de todos os tipos ornamentam a aventura, como as vidas dos santos nos vitrais de Chartres, Amiens e Beauvais: os amores de famílias e de casais, de mães pelos filhos, de pais pelas filhas, de uma eremita que parece uma freira por um cadáver que seu amor preserva na beleza da juventude. Lealdade a serviço do amor é a motivação para a ação neste mundo, onde, como diz o autor, apesar de tudo estar mesclado de preto e branco, a inconstância intensifica o preto, enquanto "o de mente firme tende para o branco".[144] E, como no culto do amor e nas canções dos trovadores, os amores deste mundo são sempre pessoais, específicos. Eles jamais são, como nos cultos antigos e orientais de *eros*

---

* *Supra,* p. 269, de *Finnegans Wake,* p. 92.
** *Supra,* p. 294-297.

e *ágape* – ou nos maneirismos afetados dos namorados provençais* – impessoais, orgiásticos; como no caso do mosqueado Feirefiz que, mesmo no Castelo do Graal, ficou apaixonado especificamente – e para sempre – por um único par de olhos azuis.

O amor nasce dos olhos e do coração: o mundo da luz, dádiva divina da visão, e as trevas da gruta que se abrem internamente para a infinitude (na figura 3, as esferas 16 e 10). Portanto, se a deusa do Amor deve ser servida, não apenas a luz nem somente as trevas podem representar sua natureza, que é mista: nem o divã de Galahad, a caminho de Sarras, nem o leito cristalino da caverna de Tristão; mas enquanto a vida durar – e a vida, afinal, é o domínio dela – O Leito das Maravilhas de Gawain, de flechas e dardos, ("Aquele que busca o repouso" – diz o autor – "faria melhor se não fosse para *este* leito"),[145] ou a dura sela de combate do cavalo marcado com a pomba-rola de Parzival.

No momento do despertar para o amor, um objeto, aparentemente externo, "penetra [nas palavras de Joyce] na alma para sempre. [...] E a alma se lança para atender o chamado. Viver, errar, cair, triunfar, recriar a vida a partir da vida".** Condwiramurs, *conduire amour*: a guia, a incitadora, terá aberto uma perspectiva para o castelo, cuja passagem, entretanto, terá de ser conquistada. E, de acordo com essa mitologia, o único meio é o da absoluta lealdade àquele mais íntimo objeto exterior. Apenas por ele os dois mundos podem ser unidos e o reinado do próprio Castelo da Vida pode ser conquistado.

"Uma vida assim realizada" – diz Wolfram – "em que Deus não é despojado da alma e que ainda pode com dignidade obter o favor do mundo: essa é uma obra que vale a pena".[146] Em essência, isso soa muito como a *moraliteit* de Gottfried, da qual vimos que "sua doutrina está na harmonia com Deus e com o mundo."*** Entretanto, ali temos o jovem herói que pecou contra a Deusa ao não reconhecer seus chamados, mas por medo desempenhou um papel, como Tãotris – Tristão ao reverso – cujos resultados vimos: vergonha no mundo, deslealdade e a ferida de Anfortas jamais curada. O reino ideal, *moraliteit*, do Graal, jamais alcançado.

Ao passo que Wolfram resolveu o problema espiritual de seu século colocando em primeiro lugar o ideal do amor acima do casamento e, simultaneamente, o ideal de um casamento indissolúvel fora do amor, depois levando seus heróis para este fim mediante suas aventuras, sem fingimento e com coragem firme, seguindo o impulso de seus corações não corrompidos.

Pelo que sei, ele foi o primeiro poeta do mundo a formular seriamente esse ideal socialmente explosivo de casamento, que se tornou hoje a norma romântica do Ocidente, repelida e até mesmo desprezada no Oriente como anárquica, imoral e insana. Porque, por meio dela são superadas as ordens orientais, antigas e primitivas de casamento familiar e tribal, em que prevalecem as considerações sociais,

---

* *Supra*, p. 152-153.
** *Supra*, p. 73.
*** *Supra*, p. 205, de Gottfried, 8010-8014.

políticas e econômicas sobre as pessoais e românticas e em que a personalidade em desenvolvimento (que na tradição dessa revelação é a fina flor da vida humana) é refreada, castrada e treinada para atender os interesses do grupo.

Superada aqui também é a desesperada resposta cortesã em caso de adultério a tais violações sociológicas dos impulsos do coração despertado, bem como a fria resposta ascética, em total fuga, por meio do claustro, para o navio de Salomão.

E depois de todos os milagres, vozes angélicas, consagrações e elevações ao céu da *Queste del Saint Graal* cisterciense, não foi uma coisa maravilhosa por fim ver o Rei do Graal, recém-coroado, ir logo à busca de sua mulher e filhos exatamente naquele lugar em que, no frescor de sua juventude, a memória dela o subjugara? Ainda não seria apropriado, em nome da vida, que a própria Virgem do Graal, Repanse de Schoye, deixasse em tempo hábil seu papel angélico para se casar e ter um filho?

E, finalmente, o que devemos dizer neste ano do Nosso Senhor de 1968, ou por aí, daquela ordem que apareceu escrita sobre o Graal, por volta do ano de 1215, dirigida a todo cavaleiro a seu serviço que, pelo poder de Deus, fosse designado senhor de um povo estrangeiro, que ele deveria "ajudar na manutenção de seus direitos"?*

Entretanto, não é possível para todos, ou mesmo para muitos, dos nobres filhos deste mundo, realizar a aventura da vida com a mesma retidão de Parzival. E quantos encontraram suas Condwiramurs, uma vez para sempre, de maneira tão maravilhosa, justamente no momento perfeito?

Para a maioria, a busca do ideal a servir ocorre antes à maneira de Gawain, com damas aqui e acolá até chegar, finalmente, à sua, marcada pela vida e perigosamente fascinante, Dama Orgeluse e seu Leito Perigoso.

Porque enquanto Parzival é modelo de um ideal absoluto, Gawain é o homem mundano. Com seu coração nobre entregue voluntariamente a serviço de Parzival, facilita as aparições deste no domínio da história (corte de Artur). Os dois são como pai e filho, à maneira de Lancelote e Galahad. De modo que novamente podemos reconhecer neste caso, como naquele, as virtudes do cavaleiro mais jovem como se fossem do espírito ou essência do mais velho. Além disso, o mesmo pode ser dito de seus casamentos. Conforme Heinrich Zimmer escreveu sobre Lancelote em relação a seu filho: o pai "combinava em si mesmo as energias das duas esferas, a esfera mundana dos desejos e a superior da aventura puramente espiritual".** Da mesma forma, relacionando esses dois casamentos, podemos ver no de Gawain e Orgeluse uma combinação das energias de ambos: o imperfeito, do casamento nesta vida na terra, e o perfeito, do ideal que ele pretende; a imagem normal e a supranormal*** daquele mistério do amor, no qual cada um é ambos.

---

* *Supra,* p. 477, conforme Wolfram, op. cit., XVI. 818:24-819:2.
** *Supra,* p. 468.
*** Com respeito à ideia da "imagem supranormal", ver *supra,* p. 218 e *Mitologia Primitiva,* p. 44-52.

Mas então, o que dizer daquela estranha farsa, o batismo de Feirefiz? A mágica dos sacramentos não exercera nenhum papel significativo em nenhuma das mais importantes biografias da obra. Seus ritos foram associados mais com o cerimonialismo da corte do que com as necessidades e realizações da vida interior – e então, subitamente, quando tudo estava resolvido, ocorre um batismo.

Poderíamos ser tentados a considerar a cena como uma farsa sobre a conversão de pagãos por ordem ou persuasão, contra o que, entretanto, coloca-se o fato de após seu batismo o pagão mosqueado (uma prefiguração do moderno anglo-indiano) conseguir realmente ver o Graal – embora sem grande apreço. Uma outra explicação poderia ser que, como a Igreja romana era no tempo de Wolfram o único veículo público reconhecido da herança espiritual europeia, a sujeição de Feirefiz ao rito representasse e confirmasse um ato de participação voluntária na ordem moral do mundo cristão. Contudo, houve algo bastante especial em torno desse rito em particular. "A fonte batismal" – conforme o original – "foi inclinada um pouco na direção do Graal e imediatamente ficou cheia de água, nem demasiadamente quente nem demasiadamente fria".[147] Isto é, o próprio Graal, a pedra filosofal, era a fonte da água (*aqua mercurialis*)* vertida sobre a cabeça do homem preto e branco.

Igualmente, a ordem concernente à necessidade do rito fora proveniente daquele misterioso e belo homem idoso – "mais branco que a própria névoa" – que Parzival, por ocasião de sua primeira visita ao castelo, vira de relance repousando num leito no grande salão vizinho.** E quem era ele? Seu nome, vimos, era Titurel, o avô de Anfortas. Ele próprio, o primeiro Rei do Graal, é ali o antagonista de Brons, O Pescador Rico, na *Estoire* de Robert de Boron, e no mito céltico, o deus galês Bran, o Bendito (o irlandês Manannan MacLir), senhor do mar e seus peixes: ou ainda o Pescador de Almas (figura 3, estágio 1).***

A data dessa grande obra, por volta de 1215, representa – conforme Henry Adams observou em seus estudos sobre dinâmica cultural**** – o apogeu do arco gótico cristão. "Símbolo ou energia", ele escreveu em seu capítulo sobre "O Dínamo e a Virgem", celebrando o milagre da construção de Chartres (contemporânea exata do *Parzival* de Wolfram), "a Virgem atuara como a maior força que o mundo ocidental já sentira e tinha atraído as atividades humanas para si própria mais intensamente

---

* *Supra*, p. 239-240.
** *Supra*, p. 383.
*** Na suntuosa catedral de São Lourenço em Gênova há um vaso raso octogonal de vidro verde romano (século I d. C.), trazido da conquista de Cesareia (1001-1002), um dia tido por uma esmeralda inestimável e identificado com o Graal no qual José colheu o sangue de Cristo. "Na borda há uma inscrição em linhas muito finas, visíveis apenas sob certa luz: o texto pelo qual o Graal revelou suas ordens. Portanto, a uma só vez, a mais preciosa pedra, um vaso de culto e um oráculo!" (Goetz, op. cit., p. 5). A data e forma associam esse vaso com as figuras 3 e 11; o tamanho, com os elmos ornamentados de pedras preciosas de Belakane e Gahmuret.
**** *Supra*, p. 148.

do que qualquer outro poder, natural ou sobrenatural; o problema do historiador era seguir a pista da energia para descobrir de onde ela provinha e para onde ela ia; sua fonte complexa e canais mutáveis; seus valores, equivalências e conversões".[148]

Já descobrimos de onde ela provinha: da energia tanto do altar de Chartres quanto da água (*aqua permanens*) do Graal (figuras 40 a 43). Temos agora, portanto, de apenas seguir o que Adams chamou de sua "curva de degradação", quando ela explodiu sua abóboda gótica e jorrou com força sempre crescente para o grande "Salão de Dínamos" da Exposição de Paris no ano de 1900 e – além disso – para Hiroshima e a Lua.

PARTE IV

O NOVO VINHO

CAPÍTULO 9

A MORTE DE "DEUS"

I. O CRIME DE GALILEU

Visto que tu, Galileu, filho do falecido Viscenzio Galilei, de Florença, com setenta anos de idade, foste denunciado em 1615 por este Santo Ofício, por defender como verdadeira uma falsa doutrina pregada por muitos, a saber que o Sol é imóvel no centro do mundo, e que a Terra move-se e, ainda, com uma rotação diária; também, por ter discípulos a quem instruíste nas mesmas teorias; também, por manter correspondência sobre o assunto com matemáticos alemães; também, por publicar certas cartas sobre as manchas solares, nas quais desenvolveste a mesma doutrina como verdadeira; também, por responder às objeções que eram continuamente extraídas das Sagradas Escrituras, glozando a dita Escritura de acordo com tua própria opinião; e visto que em seguida foi revelada a cópia de um texto, em forma de uma carta declaradamente escrita por ti a uma pessoa que fora teu discípulo, na qual, seguindo a hipótese de Copérnico, tu incluías várias proposições contrárias ao verdadeiro sentido e autoridade da Sagrada Escritura; por isso (sendo este Santo Tribunal desejoso de prover contra a desordem e injúria que dali procederam e aumentaram em detrimento da Santa Fé) pelo desejo de Sua Santidade e os Mais Eminentes Senhores, Cardeais desta suprema e universal Inquisição, as duas proposições, sobre a imobilidade do Sol e a rotação da Terra, foram qualificadas pelos Especialistas Teológicos conforme segue:

1. A proposição que o Sol está no centro do mundo e não se move de seu lugar é absurda, filosoficamente falsa e formalmente herética; porque é expressamente contrária à Sagrada Escritura.

2. A proposição que a Terra não é o centro do mundo, nem imóvel, mas que se move e, ainda, com uma rotação diária, é também absurda, filosoficamente falsa e, teologicamente, considerada, no mínimo, equivocada na fé.

Por isso [...] invocando o mais santo nome de Nosso Senhor Jesus Cristo e de Sua Mais Gloriosa Mãe Maria, Nós pronunciamos aqui Nossa sentença final [...]: Nós pronunciamos, julgamos e declaramos que tu, o mencionado Galileu [...] te tornaste veementemente suspeito por este Santo Ofício de heresia, isto é, de ter acreditado e defendido a doutrina (que é falsa e contrária à Sagrada e Divina Escritura) que o Sol é o centro do mundo; e que ele não se move de leste para oeste, e que a Terra move-se e não é o centro do mundo; também, que uma opinião pode ser defendida e sustentada como provável, depois de ter sido declarada e finalmente decretada como contrária à Sagrada Escritura, e, consequentemente, que tu atraíste para ti todas as censuras e penalidades reunidas e promulgadas nos sagrados cânones e outros constituintes gerais e particulares contra delinquentes do tipo descrito. Do que é Nossa satisfação que tu sejas absolvido, desde que com o coração sincero e fé verdadeira, em Nossa presença, tu abjures, rejeites e abomines os mencionados erros e heresias, bem como qualquer outro erro e heresia contrários à Igreja Católica Apostólica Romana. [...][1]

II. A NOVA REALIDADE

O ano deste singular documento é 1630, a meio caminho entre Dante e Joyce; e no vasto cenário de nosso presente estudo ele pode ser visto como marco do fim de uma era de pensamento mítico que começou no Oriente Próximo por volta de 7500 a.C., com o surgimento da agricultura, e chegou à maturidade por volta de 3500 a.C., na Suméria. A imagem simbólica da axial Montanha do Mundo da Deusa, com a cidade do Senhor da Terra em seu pico, águas abismais abaixo e esferas celestes girando acima, que vimos ilustrada no zigurate de Nipur,[2] reconhecida também na Torre de Babel, no monte Sinai e no Olimpo e desenvolvida na obra de Dante como uma imagem da jornada do espírito, representa, da primeira ao último, o período do mundo que Leo Frobenius denominou de Estágio Monumental da história humana. Em sua visão, essa era – durante o curso de cinco mil anos, da qual surgiram todas as grandes culturas avançadas e que em seu tempo expiraram – foi precedida pelos longos, intermináveis milênios do homem primitivo, coletando o seu sustento em ambientes dominados não por ele próprio, mas pelos mundos animal e vegetal. Com o desenvolvimento no Oriente Próximo nuclear das técnicas da agricultura e criação de gado, quando surgiu uma constelação de comunidades estabelecidas de tamanho cada vez maior, espalhando-se gradualmente para o oeste e o leste, alcançando, por volta de 3000 a.C., as costas do Atlântico e do Pacífico, abriram-se novas formas e possibilidades de experiência aos olhos, mente, sentimentos e órgãos de ação do homem. Era a mesma velha espécie, *Homo sapiens,* mas adquirindo agora novos domínios, criando seu próprio meio e sonhando seus antigos e inevitáveis sonhos de infância, juventude, maturidade e velhice em um contexto de novas formas. E foi sobre essa vasta base agrícola comum que cada uma das culturas monumentais surgiu seja na Mesopotâmia, Egito ou Egeu; Índia, China e Novo Mundo; Grécia clássica e Roma; o Levante mago-bizantino-muçulmano; ou, por fim, a Europa gótica, onde no período de Heloísa e Abelardo, dos poetas do Graal e do Tristão, Joaquim de Fiori, Eckhart, Dante e Nicolau de Cusa, germinou o princípio do próximo grande estágio na evolução da consciência.

Frobenius chamou essa nova era – a que vivemos – de período da Cultura Mundial. Seus determinantes técnicos serão o método científico de pesquisa e a propulsão mecânica, como foram a agricultura e a pecuária (por volta de 7500 a.C.), com as artes da escrita e governo coercitivo (cerca de 3500 a.C.), naquelas culturas monumentais. E o fator distintivo desta nova humanidade – conforme proclamado nas vidas e obras daqueles por quem ela foi anunciada – já aparece no *Parzival* de Wolfram: quer dizer, uma humanidade de indivíduos, que se movem por si mesmos em direção a fins apropriados para si mesmos, guiados não pelo constrangimento e ruído vindo de outros, mas cada um por sua própria voz interior.

"Quem é aquele 'outro'" – pergunta Ortega y Gasset – "aqueles 'outros' a quem eu incumbo a tarefa de ser eu?"

"Oh – nenhuma pessoa em especial!", ele responde à sua própria pergunta.

"Quem é que diz o que 'eles dizem'? Quem é o sujeito responsável por aquele dito social, o sujeito impessoal de 'eles dizem'?"

"Ah – as pessoas! E 'as pessoas' não é esta ou aquela pessoa – 'as pessoas' é sempre outro alguém, não exatamente este ou aquele – é o genuíno 'outro', aquele que não é ninguém. 'As pessoas' é um 'Eu' irresponsável, o 'Eu' da sociedade, o 'Eu' social. Quando eu vivo de acordo com o que 'eles dizem' e ocupo minha vida com isso, eu substituí o Eu que eu próprio sou na solidão por aquele 'Eu' das massas – eu me tornei 'as pessoas'. Em vez de viver minha própria vida, estou *des*-vivendo-a, transformando-a em alteridade."

E ele conclui: "O que estou dizendo é simplesmente que a vida tem uma realidade que não é bondade nem mérito, mas realidade pura e simples na medida em que ela é genuína, em que cada homem sente, pensa e faz o que ele, e apenas ele, no sentido mais individual, tem de sentir, pensar e fazer".[3]

Tal afirmação jamais poderia ter sido feita na Suméria. Seria simplesmente absurda. A autoridade lá provinha de cima, a ordem do céu, traduzida, interpretada e administrada por sacerdotes. O espetáculo sacro das tumbas reais de Ur, onde toda a corte do rei morto descia viva para a sepultura,[4] revela a nobre e espantosa impessoalidade das vidas vividas dessa maneira, em devoção a um espetáculo clerical: um espetáculo mitológico realizado em respeito à lei do céu, resultante de observações do ciclo matematicamente mensurável da Lua, dos planetas, do Sol e das estrelas. Quer dizer, exatamente como os caçadores primitivos baseavam suas ordens sociais em ritos e estes em relações imaginadas e em alianças com seus vizinhos animais. Igualmente os agricultores primitivos, em seus repulsivos mistérios de sacrifício, sepultamento e suposto renascimento, imitavam a ordem do mundo vegetal, onde a vida sempre renasce do útero da terra. Também na grandiosa era dos monumentais zigurates, pirâmides, torres de templos e pináculos de catedrais ("Assim na terra como no céu!") a lição que o homem procurou aprender e seguir estava escrita no céu, para sempre e para todos – ou nas estrelas (como no regime da anterior Idade do Bronze), ou nas páginas de um livro ditado "lá de cima" e as palavras daquele que veio "lá de cima", milagrosamente "encarnado". Enquanto o novo centro e fonte de espanto, verdade, virtude e existência, tornados conhecidos de nós já na coragem e lealdade de Heloísa, nas profecias de Joaquim, no tema da Busca do Graal, no sonho de Dante e, conforme concebeu Eckhart, no nascimento de Cristo no coração, é para cada qual o seu próprio, conhecido interiormente. "Eu gosto da igreja silenciosa antes de o culto começar, mais do que de qualquer pregação", Ralph Waldo Emerson escreveu em seu ensaio sobre "Autoconfiança".[5]

Mas a descoberta desse centro não envolve apenas coragem em sua própria verdade, mas também respeito pelo seu equivalente em outros; mais uma vez, o princípio de Deus como uma esfera inteligível cujo centro está em todas as partes e cuja circunferência em lugar algum. Por isso, talvez não tenha sido mero acaso, mas historicamente simbólico, que, no mesmo tempo em que Galileu estava sendo julgado, o individualista Roger Williams (c.1604-1684) navegou da Inglaterra para o Novo Mundo, chegou a Boston em fevereiro de 1631 e, quando banido pela corte de Massachussets por expressar e difundir sua opinião de que o poder do Estado não pode ter jurisdição sobre as consciências dos homens (além disso, que a concessão de terras dadas pelo rei aos colonos não constituía um justo título imobiliário, pois as terras deveriam ter sido compradas de seus proprietários legítimos, ou seja, os índios), partiu e com quatro companheiros fundou, em junho de 1636, em terras compradas dos narragansetes, através dos caciques Canonicus e Miantonomo, "um abrigo para pessoas importunadas em suas consciências" – o primeiro Estado secular da história. Considerando-se do ponto de vista religioso "um buscador", ele deu à sua cidade o nome de Providência, em ação de graças pela "misericordiosa providência divina" recebida no seu desamparo.

Emerson (1803-1882), o sábio-filósofo nascido na Nova Inglaterra no tempo de Schopenhauer, celebra em seu estilo entusiasta "aquela Unidade, aquele Espírito Superior, dentro do qual está contido e unido a todos os outros o ser particular de cada homem; esse coração comum cujo culto é toda conversação sincera e ao qual se obedece com toda ação reta, é essa realidade sobrepujante que refuta nossos artifícios e talentos, e nos compele a mostrar o que realmente somos e a falar a partir de nosso caráter e não da boca para fora, e que sempre tende a penetrar nosso pensamento e ação e transformar-se em sabedoria e virtude, poder e beleza". O autor coloca diante de nós o mistério de maneira muito simples e clara quando afirma: "Nós vivemos em sucessão, em divisão, em partes, em partículas. Enquanto no interior do homem está a alma do todo, o sábio silêncio, a beleza universal, com a qual cada parte e partícula está igualmente relacionada – o eterno UM",[6] que é exatamente o "Fundamento do Ser",[*] de Paul Tillich, e seria o *brahman* da Índia,

---

[*] *Supra*, p. 37.

também, bem como o "corpo da verdade" (*dharmakāya*)⁷ budista, se não fosse a grande ênfase dada em todas as obras dos escritores ocidentais à corporificação pessoal, individual do mistério como um valor em si mesmo; como a sugerir que o lugar para se reconhecer a *personalidade* de Deus (tão importante para a teologia) não é a transcendência, "lá fora", além do pensamento, além da personalidade, mas aqui nesta vida, em sua imanência, nas faces, personalidades, amores e vidas à nossa volta, em nossos amigos, nossos inimigos e em nós mesmos. Ou, retornando à linguagem de Wolfram, referindo-se à disputa entre Parzival e Feirefiz: Meu irmão e eu somos um corpo – como bom marido e boa mulher. Uma carne e um sangue, aqui lutando com sinceridade de coração e fazendo a si mesmo muito mal.

III. NOMES E FORMAS

A percepção das implicações catastróficas da ideia de "transcendência" para a teologia foi pela primeira vez oferecida à Europa cristã por aquele "Doutor Invencível", como era chamado o nominalista Guilherme de Occam (*c.*1300-1349), depois de cujo golpe rápido e certeiro sobre o grande balão da "filosofia" escolástica, esta desmoronou sob seu próprio peso morto. Já nos escritos de Tomás de Aquino, em cuja vasta *Summa Theologica* a arte de inflar a revelação com a razão chegou a seu ponto culminante, há pelo menos uma importante palavra em reconhecimento do inefável como tal, a saber, na *Summa contra Gentiles*, a frase já citada:* "Porque apenas então conhecemos verdadeiramente a Deus quando acreditamos que Ele está bem acima de tudo o que o homem pode pensar de Deus."⁸ Entretanto, o Doutor angélico continuou então a discorrer prolixamente em sua *Summa Theologica* sobre Deus como Ser, Causa Primeira, uma Personalidade, Imutável etc., refutando heresias a torto e a direito (as concepções que outras pessoas tinham sobre o inconcebível), até o começo de uma exposição dos sacramentos – quando, rezando a missa uma manhã na capela de São Nicolau em Nápoles, ele experimentou uma espécie de ribombar de trovão vindo de cima, um *raptus mentis*: "Ele foi atingido por uma maravilhosa mudança", lemos no relato dessa catástrofe nas *Acta Bollandiana*, baseado nas palavras de seu mais íntimo confidente Reginaldo de Piperno, "e depois daquela missa ele não escreveu nem ditou qualquer outra coisa, suspendeu sua escrita na terceira parte da *Summa*, no tratado sobre a Penitência".

> E quando o Irmão Reginaldo viu que o Irmão Tomás deixara de escrever, disse-lhe: Padre, por que puseste de lado uma tão grande obra que iniciaste em louvor a Deus e para a iluminação do mundo? Ao que o Irmão Tomás respondeu: Não posso continuar. Mas dito Irmão Reginaldo, temendo que ele tivesse enlouquecido em consequência de excesso de estudo, continuou pressionando o dito Irmão Tomás

---

* *Supra*, p. 171.

a prosseguir com sua escrita, e igualmente o Irmão Tomás respondeu: Não posso fazê-lo, Reginaldo, tudo o que escrevi parece tão sem valor quanto a palha.

Então o Irmão Reginaldo, tomado de surpresa, arranjou as coisas de tal maneira que o dito Irmão Tomás fosse visitar sua irmã, a Condessa de São Severino, de quem gostava muito. Ele empreendeu a viagem com grande dificuldade e quando chegou e a Condessa foi recebê-lo, ele mal falou com ela. Então a Condessa, em estado de muito medo, disse ao Irmão Reginaldo: O que quer dizer tudo isso? Por que o Irmão Tomás está tomado de estupor e mal fala comigo? E o Irmão Reginaldo respondeu: Ele tem estado assim desde por volta do dia de São Nicolau, e nunca mais escreveu. E o dito Irmão Reginaldo começou a pressionar o dito Irmão Tomás a dizer-lhe por que razão ele se recusava a escrever e por que estava assim aturdido. E depois de muitas perguntas insistentes do Irmão Reginaldo, o Irmão Tomás respondeu ao dito Irmão Reginaldo: Eu te imploro em nome do Deus Todo-Poderoso e do teu dever para com nossa Ordem e pelo amor que tens a mim, que enquanto eu estiver vivo jamais contarás a ninguém o que vou contar-te. E ele continuou: Tudo o que escrevi parece-me sem valor em comparação com as coisas que vi e que me foram reveladas.

E como a mencionada Condessa continuou perplexa, o Irmão Tomás partiu e retornou a Nápoles e então retomou sua viagem ao concílio de acordo com o convite que recebera,* não escrevendo mais absolutamente nada. E a caminho, na aldeia de Maenza, na Campânia, ele foi acometido pela doença da qual ele morreu posteriormente.⁹

Andando distraído montado numa mula, ele batera sua cabeça num galho e caíra inconsciente. Em Maenza, onde ele então permaneceu por um tempo com sua sobrinha Francesca de Aquino, pediu para ser levado ao mosteiro cisterciense de Santa Maria em Fossanova. (Estamos acompanhando em vida a lenda de Galahad, em sua jornada no navio de Salomão.) O relato continua:

E a mencionada testemunha disse além do mais que, quando o dito Irmão Aquino começou a ser dominado pela doença na aldeia de Maenza, ele implorou com grande devoção que fosse levado para o mosteiro de Santa Maria em Fossanova; e assim foi feito. E quando o dito Irmão Tomás entrou no mosteiro, fraco e doente, se apoiou com a mão no umbral da porta e disse: Este é meu repouso para sempre. [...] E ele permaneceu por vários dias naquele mosteiro em seu estado grave, com muita paciência e humildade, e desejou receber o Corpo de nosso Salvador. E quando esse Corpo foi levado a ele, ajoelhou-se e com palavras de extraordinária e demorada adoração e glorificação ele saudou-O e venerou-O, e antes de receber o Corpo disse: Eu te recebo, viático de minha peregrinação, pelo amor de quem eu estudei, observei, trabalhei, preguei e ensinei; jamais disse qualquer coisa contra ti, a não ser que tenha sido na ignorância. Tampouco sou obstinado em minha opinião, mas, se disse qualquer coisa de mal, deixo-a para ser corrigida pela Igreja Romana. E então ele morreu e foi enterrado próximo do altar-mor da igreja daquele mesmo mosteiro, num

---

* Ao Concílio de Lião, janeiro de 1274, a convite do Papa Gregório X.

lugar pantanoso perto do jardim onde há um córrego do qual uma roda-d'água eleva a água que irriga todo o lugar, como eu testemunhei e frequentemente observei.[10]

Diz-se que Alberto Magno (1193-1280), o primeiro grande mestre do brevíssimo período da escolástica, que fora o mestre de Aquino, sentiu telepaticamente o momento da morte de seu discípulo; e sempre que o nome de Aquino era mencionado, ele rompia em lágrimas com tamanho pesar que as pessoas achavam que sucumbira à senilidade.[11]

Isso faz lembrar muito o colapso repentino de Nietzsche no auge de suas forças, 1888-1889, aos quarenta e cinco anos, e seus onze anos dali em diante aos cuidados da mãe e da irmã, num estado de insanidade entorpecida, inerte. O que acende o fogo de tais mentes?

"Não tem sido suficientemente apreciado" – afirma um biógrafo – "o fato de Santo Tomás de Aquino ter morrido por ter contemplado Deus em uma visão extática".[12]

O filósofo Karl Jaspers analisou o caso de Nietzsche que, ao menos superficialmente, é similar, indicando tanto influências espirituais quanto físicas.[13] Nietzsche vivera toda sua vida numa esfera de experiências-limite. Entretanto, a doença também fora seu estado permanente; e, como Thomas Mann demonstrou em seu "diálogo clássico sobre doença e saúde", expresso em *A montanha mágica*, os níveis espirituais dos homens e seus estados de saúde física não estão de maneira alguma desvinculados. O próprio Nietzsche, como demonstra Jaspers, entendia o significado que tinha para ele sua ferida de Anfortas.

"Sou suficientemente consciente das vantagens que tenho pela inconstância de minha saúde em relação àqueles robustos intelectuais", ele escreveu certa vez. "Um filósofo que passou por vários estados de saúde, e o fez por vezes repetidas, também passou por um igual número de filosofias; ele simplesmente não pode deixar de ver sua condição constantemente transmutada na forma e profundidade espiritual. A filosofia é justamente essa arte da transfiguração."[14]

"A doença" – comenta Jaspers – "aponta o caminho para muitas maneiras de pensar opostas. Ela se torna 'mestre da dúvida'".[15]

Mas exatamente essa compreensão da relatividade do pensamento e da espiritualidade com os estados mentais, e destes com os estados físicos, é que forneceu a base lógica tanto da ioga indiana quanto do ascetismo monástico cristão. Em ambos (e eles são historicamente relacionados, derivados de uma única origem) as austeridades físicas produzem estados mentais suscetíveis a arrebatamentos que parecem à maioria dos ascéticos ser de uma maior e mais profunda eficácia do que as experiências de saúde. Entretanto não foi assim para Nietzsche. Conforme nota Jaspers:

> Ele não apenas experimenta a arrogância da impassível clarividência, mas também a excitação da recuperação; e dessa maneira ele vê o saudável da perspectiva da doença e o doente da perspectiva da saúde. Uma hora ele expõe seus pensamentos à pressão da doença para ver o que acontece com eles, e outra ele submete os pensamentos doentios à crítica da saúde.[16]

E temos as próprias palavras de Nietzsche a respeito da influência do ar alpino, sobre cujo tema Mann desenvolveu toda a sinfonia de *A montanha mágica*:

> Ninguém é capaz de viver em todas as partes e, para aquele que tem grandes tarefas a cumprir, que requerem todas as suas forças, há muito pouca escolha. A influência do clima sobre o *metabolismo*, sua retardação, sua aceleração, é tão grande que um erro na escolha do lugar e clima pode não apenas afastar a pessoa de sua vocação, mas também impedi-la de saber qual é: ela jamais chega a descobri-la. Seu *vigor* animal jamais é suficientemente forte para transbordar naquele estado espiritual no qual se descobre: *isso*, apenas *eu* posso fazer. [...] Mesmo uma pequena lentidão intestinal que se tornou habitual é o suficiente para converter um gênio em alguém medíocre, algo "alemão": o próprio clima alemão é suficiente para cansar intestinos vigorosos, até mesmo dotados de heroísmo. O *ritmo* do metabolismo está em relação exata com a mobilidade ou manqueira dos *pés* do espírito: o próprio "espírito", na verdade, é apenas uma espécie de metabolismo. Basta considerar os lugares onde vivem e viveram os homens de grande espírito, onde pertencem a inteligência, o *refinamento*, o desdém pelo conforto, onde o Gênio quase que inevitavelmente sente-se em casa: todos eles têm um ar maravilhosamente seco. Paris, Provença, Florença, Jerusalém, Atenas – esses nomes significam algo: o Gênio é *condicionado* pelo ar seco, por um céu claro – isto é, por um rápido metabolismo, pela possibilidade de acumular em si, sempre renovadamente, grandes e até mesmo prodigiosas quantidades de energia.[17]

No caso de Aquino, o momento de supremo êxtase tinha aparentemente diminuído de tal maneira seu respeito pelo longo, sóbrio e "saudável" trabalho de sua vida, que suas energias não puderam retornar a ele. Elas tinham passado para outra esfera: a mesma à vista da qual Galahad, tremendo intensamente, como quando a carne começa a contemplar as coisas espirituais, levantou as mãos ao céu e deu graças, pedindo para morrer. Foi algo inefável, além das palavras, além dos símbolos: *transcendente*.

Em teologia a palavra "transcendência" geralmente se define como (estou citando o dicionário Webster): "relação de Deus com o universo das coisas físicas e espíritos finitos, sendo Deus, em sua natureza essencial, anterior a ele, elevado acima dele e tendo existência real separada dele; – contrário à *imanência*". Em um sentido filosófico, especificamente kantiano, entretanto, o termo "transcendente" (citando novamente Webster) significa: "além dos limites de toda experiência possível e, portanto, além do conhecimento"; isto é (e Kant deixa isso muito claro), além de todas as formas e categorias da experiência e do conhecimento: *espaço e tempo*, bem como *quantidade* (unidade, pluralidade ou universalidade), *qualidade* (realidade, negação ou limitação), *relação* (substancialidade, causalidade ou reciprocidade), ou *modalidade* (possibilidade, fatualidade ou necessidade). Todas essas são as precondições ou pressupostos da experiência e pensamento humanos. Por isso, imaginar uma criação (causalidade) e um criador (Causa Primeira) do universo é apenas projetar as categorias da experiência e razão humanas além de sua esfera; quer dizer, tornar-se de uma maneira bastante refinada tão culpado de antropomorfismo quanto qualquer selvagem.

E foi isso exatamente que demonstrou o Doutor Invencível, Guilherme de Occam, em seu próprio estilo genial no início do século XIV. Pela simples afirmação em poucas palavras que não pode haver nenhum conhecimento abstrato quando não houve antes um conhecimento perceptivo, Occam desqualificou a aplicação de conceitos ao mistério chamado "Deus". Conceitos são funções da mente, isto é, de mentes individuais. Eles podem ser derivados das percepções e representar percepções, percepções de coisas na esfera do espaço e do tempo; ou eles podem surgir de e representar atos da mente, as mentes de indivíduos pensantes; mas em nenhum caso eles podem representar entidades que não sejam as da mente ou as percebidas. O conceito "cão", por exemplo, está na mente e significa certas percepções de criaturas de uma certa semelhança externa. Não se pode supor que esse conceito "cão" signifique uma *quidditas* metafísica, "qualidade", ou substância geral CÃO, como uma ideia em uma mente "divina" em algum outro lugar, da qual todos os indivíduos vivos e mortos classificados por analogia como "cão" são representações. "Dragão", "anjo" e "Deus", por outro lado, não encontram nenhum referente fora da mente. *Essentia non sunt multiplicanda praeter necessitatem*: "Seres ou essências não são para serem multiplicados além da necessidade". Com essa fórmula, conhecida como "navalha de Occam", o Doutor Invencível encerrou com uma única frase o livro de "realismo" escolástico, no qual a "realidade" substancial fora atribuída a ideias; e a 25 de setembro de 1339, seu "nominalismo" foi objeto de uma censura especial por parte da Faculdade de Artes de Paris.

De fato, a consequência do golpe de Occam no campo dos nomes e das formas foi converter a metafísica em psicologia. Os arquétipos da mitologia (Deus, anjos, encarnações etc.) não podiam mais ser referidos a uma suposta esfera metafísica, mas eram da mente. Ou, se eles se referiam a qualquer coisa fora da mente (como a crucificação de Jesus, a travessia do mar Vermelho ou a serpente no Paraíso) seriam apenas a fatos isolados, eventos históricos que foram um dia na realidade percebidos na esfera do espaço e do tempo.

Meio século antes de Occam, nas Condenações de 1277, fora colocado que nem a Escritura nem sua interpretação pela Igreja podiam ser reconciliadas com a razão. Podia-se escolher estar ou com a razão ou com a Escritura e a Igreja, mas não com ambas. Os averroístas tentaram defender ambas (quão sinceramente, quem pode afirmar?) em sua doutrina da dupla verdade.* Com o golpe de Occam, todavia, a razão fora desqualificada como veículo de verdade substancial. Mas, a Escritura como registro de fatos *históricos*, fatos transparentes, pareceu a muitos ter escapado ilesa da navalha de Occam. E, se os fatos registrados eram extraordinários – como certamente eram –, bem, então, eles provavam as asserções extraordinárias tanto de Israel quanto da Igreja. Além do mais, nas próprias palavras e atos de Cristo, dessa

---

* *Supra*, p. 132-133.

maneira registrados, ele provara ser Deus. *Q.E.D.* (*quod erat demonstrandum,* "o que era para ser provado"). Seguiu-se a devoção absolutamente anti-intelectual da assim chamada *Devotio moderna,* da qual a *Imitação de Cristo* (*c.*1400) e a *Theologica Germanica* (*c.*1350) são os documentos mais importantes. O último, por sua influência sobre Martinho Lutero (1483-1546), tornou-se uma força participante na inspiração do indomitável, clerical e bíblico positivismo da Reforma Protestante e dos séculos subsequentes de bibliolatria; sendo a essência e substância de todo o movimento epitomizada naquela fórmula supina de John Gerson já citada: "Arrependei-vos e crede nos Evangelhos, toda a sabedoria cristã está ali".*

"O crente", como observou Nietzsche, "não é livre para ter qualquer consciência quanto à questão 'verdadeiro ou falso': ter integridade *nesta* questão seria seu fim. A condição patológica de seu ponto de vista transforma os convencidos por ela em fanáticos – Savonarola, Lutero, Rousseau, Robespierre, São Simão –, o tipo oposto ao espírito forte que *se tornou* livre. Porém, a grande pose dos espíritos *doentes*, esses epiléticos do conceito, realiza-se sobre a grande massa. Os fanáticos são pitorescos. A humanidade prefere ver gestos do que ouvir provas".[18]

Mas a manipulação de milagres historicizantes por parte dos fanáticos bíblicos não foi a única resposta da época ao golpe da navalha de Occam. Mais respeitado espiritualmente, embora sem tanto significado histórico, foi um movimento distanciado da razão na direção oposta: tendendo não ao positivismo bíblico, mas à absorção psicológica nos estágios, esferas e crises da realização interior simbolizada na imagem da herança mística cristã – como na visão de Dante (1265-1321) ou nos sermões do Mestre Eckhart (1260?-1327). Logo desenvolveu-se uma discussão técnica – notadamente entre dois importantes seguidores de Eckhart, isto é, Tauler (1300?-1361) e Ruysbroek (1293-1381) – quanto a se uma experiência de união com o mistério chamado "Deus" deveria ser expressa em termos de "identidade" (*misticismo unitivo*) ou "relacionamento" (*misticismo epistalâmico,* o "casamento" do espírito com Deus),** e os cristãos em geral sempre fizeram questão desta distinção. Eckhart e Tauler falavam em termos de identidade, Ruysbroeck de relacionamento. E como as experiências em questão eram da mente, da psique e, além do mais, intimamente particular a cada místico, é extraordinário que o Papa João XXII (regeu de 1316 a 1334), que não era absolutamente místico, pudesse se achar qualificado para censurar como falsa a descrição de Eckhart do que ele vivenciara.

Na Índia, onde, na ioga, eles tiveram um pouco mais de experiência com essa interioridade do que nós no Ocidente, Eckhart e Tauler simplesmente seriam considerados como tendo experimentado *nir-vikalpa samādhi,* absorção *sem* distinção; e Ruysbroeck, *sa-vikalpa samādhi,* absorção *com* distinção: o primeiro dissolveu-se em *nir-guṇa brahman,* o absoluto não qualificado, e o último uniu-se a *sa-guṇa brahman,* o qualificado.

---

* *Supra,* p. 342-343.
** c≠=x, ou cRx; comparar *supra,* p. 297-299.

A MORTE DE "DEUS"

"Você prefere falar de Deus com forma ou sem forma?", o santo indiano Ramakrishna (1836-1886) costumava perguntar aos que o procuravam em busca de instrução. "Era uma vez um *sannyāsin* que entrou no templo de Jagganath. Enquanto contemplava a imagem sacra ele se debatia consigo mesmo acerca de se Deus tinha forma ou não. Ele passava sua bengala da esquerda para a direita para ver se ela tocava na imagem. A bengala não tocou em nada. Ele compreendeu que não havia nenhuma imagem diante dele; e concluiu que Deus não tinha forma. Em seguida, passou a bengala da direita para a esquerda. Ela tocou na imagem. O *sannyāsin* compreendeu que Deus tem forma."[19]

E assim, igualmente, do espírito lúcido de Nicolau de Cusa (1401-1464) – a quem Giordano Bruno chamou de "divino" – temos não apenas a maravilhosa obra sobre "a douta ignorância", *De docta ignorantia* (1440), na qual todo conhecimento é reconhecido como conjetura, e a divindade como a essência transcendente de si próprio (imanente, porque Deus está em tudo e tudo está em Deus, cujo centro está em todas as partes e a circunferência em lugar algum; mas transcendente a todas as categorias de pensamento), mas depois daquela publicação encontramos ainda sua encantadora mensagem devocional aos monges do Mosteiro Beneditino de Tegernsee, *De visione dei*, "Da visão de Deus" (1453), na qual ele escreveu sobre a via para uma intuição do mistério de Deus pela contemplação de uma imagem, tal como segue:

> Vou demonstrar-vos agora, como vos prometi, queridos irmãos, um caminho fácil para a teologia mística. Pois, sabendo-vos movidos pelo fervor a Deus, considero-vos merecedores da abertura desse tesouro, que é certamente muito precioso e frutífero. Primeiramente eu peço ao Todo-Poderoso para dar-me expressão e o Verbo divino que é o único que pode expressá-Lo. Que eu possa relatar de forma que vós possais entender as maravilhas da revelação, que estão além da vista de nossos olhos, de nossa razão e de nosso entendimento. Eu me esforçarei por um método muito simples e comum para conduzir-vos pela experiência para dentro da escuridão divina que, enquanto permanecerdes nela percebereis presente em vós a luz inacessível; e que cada um se empenhe, na medida em que Deus lhe conceder, em se aproximar ainda mais e participar aqui, pelo mais sublime antegozo, daquela festa de êxtase eterno, para a qual somos chamados na palavra da vida, pelo evangelho de Cristo, que é para sempre abençoado.
>
> Se eu me empenho à maneira humana em transportar-vos às coisas divinas, tenho de usar uma comparação de algum tipo. Então, entre as obras humanas, não encontrei nenhuma imagem mais própria a nosso propósito do que a de um semblante que é *omnivoyant* [visível de todas as direções]. Pela arte habilidosa do pintor, uma face parece estar olhando em todas as direções. Há muitas excelentes pinturas de tais faces – por exemplo, a da arqueira no mercado de Nuremberg; a do eminente pintor, Roger [van der Weyden, 1400-1464], em sua inestimável pintura na casa do governador em Bruxelas; a Verônica em minha capela em Coblenz e, no castelo de Brixen, o anjo sustentando o brasão da Igreja, além de muitas outras em outras partes.

Porém, para que vós não malogreis no exercício, que requer uma figura como a descrita para contemplar, eu recorro em vosso favor a uma tal pintura que fui capaz de conseguir, expondo a figura de um *omnivoyant*, que eu chamo de ícone de Deus.

Essa imagem, irmãos, vós a colocareis em algum lugar, digamos, numa parede voltada para o norte e colocar-vos-eis de pé à sua volta, um pouco afastados, e a contemplareis. E cada um de vós achará que, de qualquer ângulo que a contemplar, ela olha para vós e a ninguém mais. E ela parecerá para um irmão situado a leste que a face está olhando para o leste, enquanto o situado ao sul achará que ela está olhando para o sul e o a oeste, em direção ao oeste. Então, primeiramente, vós ficareis admirados de como a face pode olhar para cada um ao mesmo tempo. Pois a imaginação daquele situado no leste não pode conceber que o olhar do ícone esteja voltado para qualquer outro quadrante, como o oeste ou o sul. Então, que o irmão que esteve a leste se coloque a oeste, e ele encontrará o olhar do ícone fixo nele no oeste, exatamente como estivera antes no leste. E como ele sabe que o ícone está fixo e estático, ele se admirará com o movimento de seu olhar imóvel.

E agora, com os olhos fixos no ícone, se ele andar de oeste para o leste, perceberá que seu olhar o acompanha e, se ele retornar do leste para o oeste, igualmente ele não o deixará. Então, ele ficará admirado de como, sendo imóvel, o ícone se move; e sua imaginação será incapaz de conceber que o mesmo acontece com alguém que se move na direção contrária à sua. Se ele desejar fazer a experiência, ele fará com que um de seus irmãos cruze do leste para o oeste, com o olhar no ícone, enquanto ele próprio move-se do oeste para o leste; o irmão relatará que o olhar do ícone se move na direção contrária, exatamente como faz consigo mesmo, e ele acreditará. Mas, se ele não acreditasse, não poderia conceber isso como possível. Assim, pela demonstração do irmão, ele saberá que a face do ícone vê a todos enquanto eles perfazem seu caminho, embora seja em direções diferentes; e assim ele comprovará que aquele semblante, apesar de imóvel está voltado para o leste da mesma maneira que está simultaneamente voltado para o oeste, e igualmente para o norte e para o sul, para um lugar específico e para todos simultaneamente, que ele contempla um único movimento da mesma maneira que contempla a todos juntos. E enquanto ele observa como aquele olhar jamais abandona nenhum, e percebe a diligência que o ícone dispensa a cada pessoa observada, como se ele cuidasse apenas daquela pessoa e não de outra, e isso a tal grau que aquele em quem ele repousa os olhos não consegue conceber que ele possa ocupar-se de qualquer outro. Ele perceberá também que presta a mesma atenção diligente tanto na maior quanto na menor das criaturas, e igualmente em todo o universo.[20]

IV. O NOVO UNIVERSO

"Nós cremos em algo com uma fé viva quando essa crença é suficiente para vivermos por ela, e cremos em algo com uma fé preguiçosa, morta quando, sem a termos abandonado, ainda baseados nela, não a experimentamos mais efetivamente em nossas vidas." Assim escreveu Ortega y Gasset.[21]

A desintegração dos fundamentos daquela fé que, durante os séculos de seu próprio colapso, tornou-se (ironicamente!) uma das forças mais influentes, simultaneamente construtiva e destrutiva, da história da humanidade, procedeu, e continua procedendo, de duas vertentes irresistíveis, as mesmas às quais o moderno processo de transformação cultural como um todo foi irrevogavelmente confiado, ou seja: o método científico de pesquisa e a propulsão mecânica. Essa última, obviamente, não se tornou uma força significativa antes do final do século XVIII; mas já no início do XIII, importantes invenções foram postas em prática. Do Oriente, o papel e a bússola chegaram por volta de 1260 (a época das viagens dos irmãos Polo). Por volta de 1320, a pólvora foi aplicada à propulsão de projéteis, a força hidráulica foi introduzida na indústria e o leme de popa, nos navios; o relógio mecânico foi inventado, também o moinho de vento e, com a introdução dos números arábicos, um súbito progresso foi alcançado na matemática, prometendo novas descobertas por vir.

O perigo imediato para a fé, entretanto, estava no surpreendentemente rápido desenvolvimento, mesmo no período de Aquino, de uma atitude de pesquisa independente em áreas que por séculos permaneceram mais ou menos no ponto em que Aristóteles as deixara. Adelardo de Bath, em suas *Questiones naturales*, propôs já em 1115 – a época de Heloísa e Abelardo – uma série de questões em história natural, começando com a terra e suas plantas e procedendo para os animais inferiores e superiores, passando mais tarde à psicologia humana e concluindo com os fenômenos cósmicos do oceano, ar e céu.[22] Hoje algumas das questões parecem ridículas. Entretanto, não pareceram no seu tempo. Ninguém sabia aonde tais questões podiam levar.

Quando uma árvore é enxertada em outra, por que todos os frutos da natureza são da parte enxertada? Por que alguns animais ruminam? Por que alguns animais não têm estômago? E por que alguns que bebem água não urinam? Por que os homens ficam carecas na frente? Por que alguns animais enxergam melhor de noite do que de dia, e por que um homem no escuro pode ver objetos que estão no claro, enquanto um homem no claro não pode ver objetos que estão no escuro? Por que os dedos da mão humana têm comprimento desigual e a palma côncava? Por que os bebês não andam logo que nascem e por que são no início alimentados com leite? Por que o leite não convém igualmente a crianças e velhos? Por que tememos os cadáveres? Como a voz pode penetrar numa parede de ferro? Como o globo terrestre se sustém no meio do espaço?[23]

Numa segunda obra, *De eodem et diverso*, o mesmo inquisitivo autor observa: "Os sentidos não são confiáveis nem com respeito aos objetos maiores nem aos menores"; e então ele pergunta: "Quem algum dia compreendeu o espaço do céu com o sentido da visão? [...] Quem distinguiu os átomos minúsculos com a vista?"[24] E com isso, conforme observa o Professor Lynn Thorndike em sua *History of Magic and Experimental Science* em oito volumes, a inevitabilidade do telescópio de Galileu já é anunciada. Além do mais, que o autor dessas perguntas sabia exatamente o que estava causando à estrutura da crença fica evidente ante a inesperada censura que ele fez em suas *Questiones* a um interlocutor imaginário:

> É difícil para mim falar contigo sobre animais: pois aprendi com meus mestres árabes sob a orientação da razão; tu, entretanto, cativado pela aparência da autoridade, segues o teu cabresto. Pois do que mais se poderia chamar a autoridade senão cabresto? Porque justamente como os animais são levados para onde se quer por um cabresto, também a autoridade de escritores do passado conduz não poucos de vós para o perigo, encerrados e presos como estais pela credulidade bestial. Consequentemente, alguns, usurpando para si mesmos o nome de autoridade, usaram de demasiada liberdade ao escrever, de maneira que não hesitaram em ensinar aos homens bestiais falsidade em lugar de verdade. [...] Por isso, se quiserdes ouvir algo mais de mim, fazei uso da razão. Pois não sou do tipo de homem que pode ser alimentado pela imagem de um bife.[25]

É à luz de tais indagações e pesquisas que se tem de entender o esforço de Aquino na parte posterior de sua *Summa Theologica* para manter separados os dois campos, o da ciência e o da fé cristã. "A razão pela qual a ciência e a fé não podem dispor sobre o mesmo objeto, e mesmo assunto" – ele escreveu –, "é porque o objeto da ciência é algo visto, enquanto o objeto da fé é algo não visto".[26] Entretanto, entre as questões da fé que ele e sua Igreja estavam propondo como crença, com respeito ao invisível, estavam não apenas os dogmas do Credo de Atanásio,[27] mas também, conforme definida no Quarto Concílio de Latrão, 1215, a doutrina da Presença Real de Jesus Cristo na eucaristia; e mais, por trás e na base de tudo isso, todo o conto de fada geo-e-judeu-cêntrico do Antigo Testamento: de Adão e Eva, a serpente no Paraíso, o dilúvio universal, a Torre de Babel e as pragas do Egito, a travessia de Moisés do mar Vermelho, a parada do Sol por Josué, os meninos na fornalha acesa e Jonas dentro da baleia. De maneira que obviamente não apenas coisas invisíveis, mas também visíveis – muito concretas, históricas e cosmológicas – estavam sendo propostas para a fé: coisas do passado, das quais a arqueologia em breve falaria, e coisas do presente, a forma do universo etc., que no tempo de Aquino já se começava a investigar.

Na Inglaterra, por exemplo, o Bispo de Lincoln, Robert Grosseteste (1175?-1253?), um contemporâneo mais idoso de Aquino e clérigo como ele próprio, em uma obra intitulada *On the Order of the Emanation of Things Caused by God* [Sobre a ordem da emanação das coisas criadas por Deus], expressa o mais sincero desejo de que os homens deixem de questionar a versão bíblica do princípio do mundo[28]; contudo, em seu próprio tratado sobre a Esfera, estava disposto a propor que a esfericidade da Terra e de todos os astros e planetas "torna-se evidente tanto pelas razões naturais quanto pelas experiências astronômicas".[29] E a referência aqui a *experiências*, em vez da alusão costumeira à *autoridade*, é incrivelmente importante: uma palavra de promessa infinita. Pois é a palavra que anuncia, por fim, a Europa contra a Ásia, o futuro contra o passado, a busca individual e o corte cáustico da "prova" no âmbito da "fé". Ela marca o começo daquela ruptura irreversível do erro não experimentado que iria arrancar e demolir, dentro dos próximos quatro séculos, todas as colunas de sustentação daquela era das artes monumentais que por um período de cerca de cinco milênios mantivera a humanidade encantada num sonho de labuta e beleza, miséria e prodígio, servindo deuses que moravam numa casa de mitos a apenas mais ou menos uma légua além da Lua. O termo define o primeiro requisito absolutamente indispensável de qualquer tipo de ciência ou de qualquer maturidade mental.

O próprio Grosseteste estava experimentando, entre outros materiais, com lentes; e demonstrando com isso, conforme declarou, "como fazer com que coisas muito distantes pareçam muito próximas ao alcance da mão, e como fazer com que objetos grandes que estão próximos pareçam minúsculos, e como fazer com que objetos distantes pareçam tão grandes quanto desejarmos, de maneira que nos é possível ler letras minúsculas de uma distância incrível, ou contar grãos de areia ou quaisquer outros objetos minúsculos".[30] O telescópio de Galileu (inventado em 1608 na Holanda) e o microscópio do holandês Zacarias Zanger (1590) já estão a caminho, para tornar objetos invisíveis, tanto os lá de cima além da Lua quanto os aqui debaixo dentro da célula viva, tão visíveis quanto necessário para explodir toda a dimensão espaço-e-tempo do edifício da Sagrada Escritura. Além do mais, o mesmo ousado bispo inglês sustentava que a luz e todos os objetos naturais emitiam em todas as direções, ao longo de linhas geométricas, virtudes, ou forças, que atuam sobre os sentidos e sobre a matéria: sendo, portanto, o próprio espaço uma função da luz.[31] E dessa proposição também as implicações eram imensas; porque não vontades pessoais, espirituais, mas energias ou forças impessoais eram agora para serem consideradas como as potências responsáveis pelas operações da natureza, e com isso se abriu o caminho para a tecnologia, não de orações, sacrifícios, infernos, penalidades e incensos, mas de máquinas.

Outro "experimentador" inglês altamente significativo da época – aliás, ainda do mesmo tempo de Aquino – foi "O Doutor Admirável", o frade franciscano Roger Bacon (1214?-1294), que escreveu sobre experimentos com ímãs e, a convite de seu patrono, Papa Clemente IV (reinou de 1265 a 1268), enviou a Roma três obras substanciais revisando todo o campo do que ele considerava próprio à ciência experimental. Línguas, matemáticas, óptica e a "mais nobre" das ciências, "senhora de todas elas", a filosofia moral, são discutidas nela lado a lado com a magia, a astrologia, os milagres, a potência de palavras bem pensadas e os voos dos bons e maus dragões etíopes. "Primeiro, é preciso que se seja crédulo" – escreveu Roger Bacon na exposição de seu método científico – "até que a experiência resulte em segundo lugar, e a razão venha em terceiro. [...] No início deve-se acreditar naqueles que fizeram experimentos ou que têm testemunho fiel de outros que os fizeram, tampouco se deve rejeitar a verdade porque se é ignorante dela e não se tem argumento em favor dela".[32]

Entretanto, como um exemplo do grau ao qual podia chegar sua credulidade, sem correção nem pela experiência nem pela razão própria, podemos citar o relato que encaminhou descuidadamente ao seu patrono no trono de Pedro, onde informava que: "esteve em Paris recentemente um sábio que pediu cobras e foi-lhe dado uma que ele cortou em pequenos pedaços, deixando a pele de seu ventre intacta sobre a qual ela rastejava e a cobra rastejou tão bem quanto pode até uma certa erva, e ao tocá-la voltou instantaneamente a ficar inteira. E o experimentador colheu uma erva de poder prodigioso".[33]*

Por volta da metade do século seguinte, entretanto, estava se estabelecendo em Paris, nos escritos e pesquisas dos mestres da assim chamada "escola mecanicista" de críticos – notavelmente o reitor da Universidade, John Buridan de Bethune (floresceu de 1328 a 1366) e o Bispo de Lisieux, Nicolas Oresme (floresceu em 1348 e morreu em 1382) – uma base razoavelmente substancial para uma ordem fidedigna da ciência. Buridan, atribuindo hipoteticamente aos corpos celestes matéria da mesma ordem à da Terra, procurou explicar por que os objetos lançados no ar continuam a voar depois de terem deixado a mão, e então referiu sua descoberta a uma teoria dos planetas. Resumidamente: no momento em que uma pedra é lançada para o alto, é dado a ela um impulso que é proporcional, de um lado, à velocidade do movimento e, do outro, à quantidade de matéria movida; o impulso dado mantém então o movimento até que prevalecem a resistência do ar e o peso da matéria. O impulso dado diminui continuamente; em consequência, o movimento da pedra retarda continuamente, até que, no final, cedendo à gravidade, ela cai de volta a seu lugar natural.[34]

"Se aquele que lança projéteis" – afirma Buridan – "move com a mesma velocidade um pedaço leve de madeira e um pesado de ferro, dentre esses dois pedaços, embora tenham o mesmo volume e forma, o pedaço de ferro irá mais longe porque o impulso dado a ele é mais intenso".[35] Conforme comenta o Professor Etienne Gilson com relação a esse ponto: "John Buridan chegou muito perto da ideia de *ímpeto* em Galileu e da *quantidade de movimento* em Descartes".

Porém, ainda mais importante do que as leis aproximadas propostas nessa teoria foi a sua muito ousada extensão das leis da Terra para as esferas celestes (também como Galileu). Por enquanto, continuando o argumento (conforme sumarizado por Gilson): "Supondo que Deus tenha conferido às orbes celestes um certo ímpeto no

---

* Comparar com essa fantasia aparentemente tradicional a antiga lenda babilônica de Gilgamesh, a serpente e a planta da imortalidade (*Mitologia Ocidental*, p. 79-83); também em *As mil e uma noites,* o conto "A Rainha das Serpentes" (Joseph Campbell, *The Portable Arabian Nights*, Viking, Nova York, p. 406-405).

momento de sua criação, que ele preserva nelas como ele universalmente preserva todas as coisas, e que nenhuma resistência, nem interna nem externa, neutralize o ímpeto inicial, não haveria razão para que o movimento das orbes celestes não continuasse por si mesmo".[36] Com isso, as inteligências angélicas antes supostamente encarregadas de manter os movimentos nos céus (as Musas da figura 13) tornaram-se inúteis, e as leis desta Terra foram estendidas para fora, para as esferas antes reservadas a ordens somente do tipo mais sutil, espiritual: de Deus e sua hoste celestial.

Nicolas Oresme estendeu então a teoria mecanicista de Buridan para dentro, o campo psicológico: "Assim como se vê um martelo pular para cima de uma bigorna várias vezes por si mesmo e então chegar ao repouso no meio" – ele escreveu – "também nos movimentos e forças do espírito são por vezes produzidos no início impulsos e disposições que têm grande efeito".[37] Oresme, além do mais, aplicou as coordenadas retangulares ao estudo de corpos em queda e em seu *Tratado sobre o Céu e a Terra* defendeu que experimentos deveriam ser realizados para determinar se é o céu que se move e a Terra não, ou vice-versa – chegando mesmo a fornecer uma ilustração da segunda possibilidade, "várias ótimas persuasões para mostrar que a Terra move-se numa rotação diária e o céu não".[38]

Portanto, um dos mais importantes efeitos para a ciência ocidental da antiga mitologia levantina de que matéria e espírito são distintos um do outro, e de um deus que não é imanente na natureza, mas está "lá fora", resultou no corolário que a matéria em si mesma é inerte, e que, por conseguinte, qualquer movimento observado na natureza deve ter sido infundido nela, ou por Deus diretamente ou através de um anjo, ou ainda por algum outro espírito externo – sendo, entretanto, o único outro espírito possível Satã, ou algum membro de sua hoste. As descobertas de Oresme e Buridan limparam o terreno, pelo menos dos anjos e demônios, concluindo o trabalho iniciado por Grosseteste um século antes. Na visão deles, a antiga visão sumeriana de um universo movido por seres superiores, inteligências superiores ou deuses, deu lugar a uma máquina maravilhosa feita e movida por Deus, o Mestre da máquina; e essa ideia permanece entre nós até hoje.

Todavia, na visão popular os anjos e demônios continuaram em ação. O mundo, na verdade, era uma máquina, e Deus seu Criador e Senhor; mas Satã, que fora o príncipe dos anjos, sabia seu segredo e por meio da alquimia, necromancia, astrologia e outras ciências comunicava seu conhecimento aos homens, tanto para comprometê-los consigo oferecendo-lhes ajuda para finalidades ilegítimas quanto, em última instância, arrebatar de Deus o controle da máquina. Quando Satã tentou Cristo, ele lhe ofereceu todos os reinos do mundo em retribuição à sua adoração, por isso é inevitavelmente conhecido que Satã concede conhecimentos apenas àqueles que se submetem a ele. Os senhores e senhoras portadores de seus conhecimentos e artes deveriam ser objeto de "veemente suspeita", não apenas de heresia, mas também por terem se colocado a serviço do príncipe do Inferno. E com o rápido crescimento da heresia por toda a Europa de 1250 a 1650, juntamente com o conhecimento e obras de ciência, os guardiões da autoridade de Roma e da Escritura foram tomados por um frenesi de ansiedade que liberou em todo o mundo cristão um reinado de terror equiparado na história apenas aos extermínios em massa dos modernos Estados totalitários.

No ano de 1233 a Inquisição fora instituída e entregue aos cuidados dos dominicanos por Gregório IX (regeu de 1227 a 1241). Em 1250, Frederico II, o principal antagonista e opositor do papado, morreu, e dois anos depois, a 15 de maio de 1252, Inocêncio IV (regeu de 1243 a 1254), em sua bula *Ad extirpanda*, autorizou as autoridades seculares a usarem da tortura na perseguição tanto da heresia quanto da bruxaria. Alexandre IV (regeu de 1254 a 1261), quatro anos mais tarde, ampliou esse privilégio ao clero, e de 5 a 9 de abril de 1310, em Tolouse, o primeiro de uma série completa de *Autos da Fé* foi promulgado.[39] A 19 de setembro de 1398, uma declaração dos doutores da Universidade de Paris – sob a chancelaria na época do protagonista da *Devotio moderna*, John Gerson (a quem alguns estudiosos atuais atribuem a escrita da *Imitação de Cristo*) – afirmava que há um contrato implícito com Satã a ser reconhecido em toda prática supersticiosa, cujo resultado esperado não pode razoavelmente ser esperado de Deus ou da Natureza, condenando, além do mais, como errônea a asserção de que é permissível invocar a ajuda de demônios ou procurar sua amizade; entrar em pactos com eles ou aprisioná-los em pedras, anéis, espelhos ou imagens; usar bruxaria mesmo com bons propósitos; ou ainda sustentar que Deus pode ser induzido pelas artes mágicas a compelir demônios a obedecer invocações; que a celebração de missas ou outras boas ações é permissível em relação com a taumaturgia e que os profetas e santos de outrora realizavam seus milagres por tais meios, ou que pelas artes mágicas podemos chegar à visão da essência divina.[40] Joana D'Arc, como todos sabem, foi queimada como uma bruxa em 1431. Cinco décadas mais tarde o inquisidor Cumanus conquistou para si um lugar elevado no céu por raspar escrupulosamente os pelos dos corpos de quarenta e sete bruxas antes de lançá-las às chamas; e conforme observa Frazer em *O ramo dourado* comentando esse episódio: "Ele tinha suprema autoridade para esse rigoroso escrutínio, já que o próprio Satã, em um sermão dado do púlpito da Igreja de Berwick do Norte, confortou muitos de seus servos assegurando-lhes que nenhum mal recairia sobre eles 'enquanto tivessem pelos'". Frazer aponta para costumes idênticos entre os primitivos *bhils* da Índia e os astecas.[41] E na verdade, ao ler sobre a religião daqueles anos, tem-se a sensação de estar assistindo à putrefação de um cadáver – o corpo, que um dia aparecera tão belo em Chartres, dissolvendo-se num fedor medonho.

Naquelas noites, as bruxas voavam em suas vassouras à luz da Lua e iam até o topo das montanhas, para ali se unirem em ritos obscenos com o próprio Satã na forma de bode, cão ou macaco. Elas levantavam a cauda dele e o beijavam ali, enquanto seguravam uma vela acesa, pisoteavam e cuspiam na cruz, viravam seus próprios traseiros para Deus e ouviam o sermão pregado por Sua Majestade Satânica como uma paródia da missa durante a qual ficavam sabendo que não tinham almas para perder e que não haveria vida futura. Mesas abarrotadas de carne e vinho surgiam, então, da terra. Seguia-se uma dança com as mulheres atrás de seus parceiros e, quando elas se curvavam diante do demônio o faziam para trás, erguendo um pé para a frente. Relações sexuais indiscriminadas punham fim a tais ritos, muito à maneira das antigas orgias gnósticas,* e com demônios servindo agora como íncubos ou como súcubos, conforme necessário.⁴²

Tampouco o mundo protestante, quando chegou o seu tempo, foi de maneira alguma melhor. Quando Lutero, no ano de 1520, queimou em Wittemberg a bula papal, juntamente com um volume de filosofia escolástica e uma cópia do cânone da igreja, dividindo a Igreja Militante em uma multidão de cristianismos contendentes (todos igualmente opostos tanto ao Deus desconhecido de Occam quanto às obras da ciência e da razão, atormentados que estavam pelo sentido paulino da condição pecaminosa da vida, e combatendo com fogo e enxofre tanto uns aos outros quanto à torrente emergente de fatos, pela qual seu bíblico Jesus Cristo já fora quase totalmente engolfado), a superstição e a violência não diminuíram, mas chegaram mesmo a aumentar. O próprio Lutero jogou seu tinteiro no Demônio, falava com frequência de sua luta contra o Inferno e atirou uma Bíblia em Copérnico (1473-1543), chamando-o de "um burro que quer perverter toda a arte da astronomia e negar o que está dito no livro de Josué, apenas para ostentar sua engenhosidade e chamar a atenção". Ele e todos à sua volta estavam tão tomados pela superstição quanto aqueles contra quem eles se revoltavam. Conforme notou o único cristão racional da época, o erudito Erasmo de Roterdam, em sua obra *Elogio da loucura*: "A religião cristã parece ter alguma relação com a Loucura e absolutamente nenhuma afinidade com a sabedoria". E ainda: "Não há ninguém mais estúpido, ou tão próximo da loucura, do que os religiosos demasiadamente supersticiosos".⁴³

A lenda protestante do mago Fausto que vendeu sua alma a Satã foi concebida e gerada por essa mesma loucura. Historicamente, o Doutor Johann Faust (1480?-1540?) – ou Magister Georgius Sabellius Faustus Junior, como se diz que ele denominava a si mesmo – foi um contemporâneo de Erasmo (1466-1536), Lutero (1483-1546), Zuínglio (1484-1531), Melâncton (1497-1560), Calvino (1509-1564) e Henrique VIII (reinou de 1509 a 1547), além do alquimista Paracelso (1493-1541) e do galhofeiro monge Rabelais (1495-1553). A mais antiga referência datada a ele é numa carta, de 20 de agosto de 1507, do abade beneditino Johann Tritheim (que era ele próprio reputado como um mago em aliança com Satã) ao matemático Johann Windung, na qual o sujeito é chamado simplesmente de louco, tagarela fútil e charlatão digno de ser açoitado. Filipe Begardi, outro contemporâneo, em seu *Index sanitatis* (publicado na Vormácia em 1539), classifica-o juntamente com Paracelso como um doutor "perverso, fraudulento, ignorante": "Há muitos anos ele percorreu todas as regiões, províncias e reinos, tornou seu nome conhecido de todos e é altamente reputado por seu grande talento, não apenas em medicina, mas também em quiromancia, necromancia, fisiognomonia, leituras em bolas de cristal e outras artes

---

* *Supra,* 142-148.

semelhantes. E não era apenas renome, havia relatos por escrito que o consideravam um mestre experiente. Ele próprio admitiu e não negou que era isso, e que seu nome era Faustus, e que se autodenominava *philosophum philosophorum*. Mas agora muitos reclamam que foram enganados por ele – em verdade, em grande número!"

No entanto foi um pastor protestante da Basileia, Johann Gast (morreu em 1572), que em seus *Sermones convivales* (Basileia, 1543) atribuiu pela primeira vez a esse charlatão dons sobrenaturais provenientes do Demônio, por quem foi finalmente levado; o cavalo e cão adestrados que o acompanharam em suas viagens eram os espíritos familiares maléficos. "O patife teve um fim terrível" – escreveu o Pastor Gast – "pois o Demônio o estrangulou. Seu corpo morto jazia constantemente de bruços no ataúde, apesar de por cinco vezes ter sido virado para cima". O conselheiro e historiador de Maximiliano II, Johann Mannel (morreu em 1560) relatou em sua *Locorum communium collectanea* (publicada na Basileia, sem data) uma palestra de Melâncton na qual este reformador referiu-se a Faust como "um animal desgraçado e semeador de muitos males", que realmente fora morto com o pescoço torcido pelo Demônio; enquanto ainda outra testemunha, Johann Weiher, médico do duque de Cleves, descreveu Faust em seu *De praestigus daemonium* (Basileia, 1563) como um bêbado vagabundo que estudara magia em Cracóvia e praticara "desavergonhadamente essa bela arte por toda a Alemanha, com indescritíveis truques, muitas mentiras e grandes consequências".

A lenda difundida pelo Pastor Gast logo conquistou imensa popularidade em todos os países protestantes. Surgiram baladas, dramas e peças de marionetes, bem como uma proliferação de livros faustianos. No palco de marionetes, uma voz gritava da direita: "Fausto! Fausto! Desiste deste propósito! Prossegue nos estudos de teologia e serás o mais feliz dos mortais!" E uma voz vinda da esquerda respondia: "Fausto! Fausto! Deixa o estudo da teologia. Dedica-te à necromancia e serás o mais feliz dos mortais!" Fausto deliberadamente escolheu a última, preferindo o satânico conhecimento humano ao divino. "Ele colocou a Sagrada Escritura atrás da porta e debaixo de um banco, recusou-se a ser chamado de doutor em teologia e preferiu ser chamado de doutor em medicina" – e com isso, foi justamente condenado à danação.

O primeiro dos numerosos "livros faustianos" foi publicado por Johann Spies em Frankfurt em 1587, com o seguinte título descritivo: *História do Dr. Joh. Faust, o notório feiticeiro e artista da magia negra: Como ele se submeteu ao Demônio por um certo tempo: Que aventuras singulares sucederam a ele: O que ele fez e exerceu até finalmente receber sua bem-merecida recompensa. A maioria de seus escritos póstumos; para todos os homens presunçosos, imprudentes e ímpios, como um exemplo terrível, caso abominável e bem-intencionada advertência, compilados e impressos.* "Sujeitai-vos pois a Deus: resisti ao Diabo e ele fugirá de vós." (Tiago, 4:7). Este livro esgotou-se imediatamente e, antes do término do ano, havia quatro edições piratas. Já no ano seguinte, em Tübingen, apareceu uma versão rimada; em Frankfurt, uma segunda edição de Spies; e em Lübeck, uma versão em alemão popular. Reimpressões e versões ampliadas continuaram a surgir, até que em 1599 foi publicado o livro supremo sobre Fausto, de Georg Rudolf Widmann,[44] no qual, entre outras novidades, declarava-se que o próprio Lutero, somente com a ajuda de Deus, foi capaz de repelir os ataques desferidos pela magia de Fausto.

Os livros sobre Fausto são incrivelmente protestantes. Mefistófeles, o demônio de Fausto, aparece no hábito de um monge e, quando Fausto solicita uma esposa, ele declara que, como o casamento agrada a Deus, seria uma violação do contrato deles. O serviçal do mago, Wagner, é filho de um padre católico. E quando vinhos e alimentos requintados são desejados, eles são trazidos das adegas e despensas do clero. Não há, além disso, absolutamente nenhuma simpatia pela tragédia do protagonista, dividido entre os prodígios deste mundo e a promessa de eternidade. Ele era perverso, estava condenado à danação eterna, e que o leitor seja advertido por seu destino.

Por outro lado, na peça de Christopher Marlowe (1564-1593), *A trágica história do Doutor Fausto*, apesar de os incidentes do primeiro livro sobre Fausto serem seguidos de perto, a moral é totalmente transformada – da Reforma, poder-se-ia dizer, para a Renascença. Pois naqueles séculos, junto com o crescente respeito pela experiência e pela razão, vinha se desenvolvendo (e não apenas na Itália) uma nova apreciação do encanto deste mundo e das artes de sua celebração que – mesmo quando Lutero lançava seu tinteiro nos Demônios e na Autoridade Papal – tinham alcançado seu auge nas obras-primas de Leonardo (1452-1519), Dürer (1471-1528), Michelangelo (1475-1564), Raphael (1483-1520) e Ticiano (1477-1576). Já no período de Buridan até Nicolau de Cusa – *c*.1350-1450) – o Renascimento do prazer neste mundo começara a refutar sem mais delongas o sistema gótico de depreciação. Petrarca (1304-1374), logo depois de Dante (1265-1321) e Giotto (1272-1336) é, obviamente, a figura central desta inversão. A seguir vêm Bocácio (1313-1375) na Itália, Deguilleville (floresceu entre 1330-1335) na França e Geoffrey Chaucer (1340?-1400) na Inglaterra, em cujos *Contos de Canterbury* o interesse emergente na descrição dos traços, caráter, motivos e prazeres dos indivíduos vivos chega ao primeiro plano e a Idade Média apenas ressoa em suas palavras, no folclore, nas lendas de santos, fábulas e romances que eles relatam uns aos outros para se entreter. É como se o plano de interesse verdadeiro tivesse passado dos mistérios no interior do vaso alquímico para as vidas dos próprios alquimistas, das nossas figuras 38, 41, 42 e 43, do conúbio místico do rei e da rainha para aquele da figura 39.

E assim, também, nas artes visuais. Os personagens simbólicos da mitologia cristã, da Queda junto da Árvore e a Redenção por um Salvador na Santa Cruz, começaram a assumir, cada vez mais distintamente, o peso e a tangibilidade deste mundo físico. Mesmo os valores sensuais de seus trajes adquiriram importância, e os cenários em paisagens ou em construções tornaram-se cada vez mais campos de interesse em si mesmos. Muitas representações da "Adoração da Virgem" ou do "Batismo de Cristo" não passam de uma oportunidade para uma atraente combinação de retratos magníficos – não de santos, mas de florentinos renascentistas. E onde o tema mitológico é enfatizado, como o é na versão expressiva de Ticiano de

"A Queda do Homem", hoje no Museu do Prado, a interpretação é de um momento humano – expressando um sentido ao mesmo tempo do trágico e do mistério maravilhosamente necessário do homem, mulher, da morte, do nascimento, das alegrias e tristezas deste mundo. Apenas Fra Angélico (1387-1455) conservou em sua obra aquele senso de distinção entre o que os indianos chamam de "matéria sutil" (*sukṣma*) das formas mitológicas e a "matéria densa" (*sthūla*) desta terra. De maneira que, quando, no espírito reformado da Contra-Reforma Católica, depois do Concílio de Trento (1545-1563), foi feita uma tentativa de expressar temas míticos novamente em relação com o Céu – como em "A Imaculada Conceição" de Murillo (1618-1682), também no Museu do Prado –, o resultado não foi nem sinceridade gótica nem renascentista, mas sentimentalismo barroco. Pois vejam o que ocorreu!

Por volta de 1440, a arte de imprimir com tipos móveis fora inventada e, em sua impressora em Mainz, Johann Gutemberg produziu em 1454 e 1455 os primeiros documentos impressos: algumas cartas de indulgência compostas numa matriz e então, em 1456, a assim chamada Bíblia de Mazarino (que recebeu o nome por causa de uma cópia na biblioteca do Cardeal Mazarino, 1602-1661). Em 1464 havia uma impressora na Itália, perto de Roma; em 1468, uma na Suíça, com Erasmo de Roterdam como revisor de provas; em 1470, havia uma na França, na Sorbonne; em 1471, uma em Utrecht, em 1473 na Holanda; 1474 na Espanha; 1476 em Manchester (Caxton); em 1539 na Cidade do México e em 1638, em Cambridge, Massachussets, nos Estados Unidos. Já na metade do século XVI, como a nova arte parecia estar estimulando excessiva liberdade de pensamento, medidas repressivas foram tomadas tanto pela Igreja quanto pelo Estado (ou melhor, pelas igrejas e pelos Estados de então) e a qualidade do trabalhou piorou muito; mas no século XVIII ocorreu um reflorescimento e as belas fontes tipográficas de Caslon, Baskerville e Bodoni foram criadas.

Em 1445 Cabo Verde foi descoberto, acabando com a ideia de que havia apenas areia, água e a Montanha do Purgatório no Sul. Em 1486 Bartolomeu Dias circundou o cabo da Boa Esperança; em 1492 Cristovão Colombo atravessou o oceano azul e em 1498, Vasco da Gama chegou a Calcutá; em 1512 outro ousado português chegou à Java e às Molucas; em 1529 Magalhães – também português – circum-navegou o globo e, no mesmo ano, Cortez apossou-se do México para a Espanha; em 1530, Pizarro conquistou o Peru. De maneira que, além de novos mundos geográficos, novos mundos mitológicos também foram descobertos, e foi detectado o problema que tanto tem ocupado os estudiosos da religião desde então: como explicar que tantos dos temas e padrões básicos dos mitos e ritos cristãos oficialmente reconhecidos também aparecem (como que em paródia satânica) entre os pagãos das Américas, da África e da Ásia.

Então, como vimos, em 1543 Copérnico publicou sua exposição do universo heliocêntrico e Galileu, cerca de sessenta anos depois, iniciou suas pesquisas celestes com um telescópio, o que levou imediatamente à condenação da nova cosmologia como contrária à Escritura – que sem dúvida era e é.

V. O CAVALEIRO DA TRISTE FIGURA

Henry Adams designou o ano de 1600 – ano da queima de Giordano Bruno – como divisor de águas da passagem da era "religiosa" para a "mecânica" da humanidade[45] e, como ele observa, as principais cabeças da transição, na realidade, não entenderam o que, em sua busca da verdade, estavam causando à estrutura da fé. A esse respeito ele assinala:

> A sociedade começou a resistir, mas o indivíduo mostrou-se cada vez mais insistente, sem saber o que estava fazendo. Quando a Meia Lua expulsou a Cruz de Constantinopla em 1453, Gutemberg e Fust estavam imprimindo sua primeira Bíblia em Mainz, acreditando que estavam ajudando a Cruz. Quando Colombo descobriu as Índias Ocidentais em 1492, a Igreja viu aquilo como uma vitória da Cruz. Quando Lutero e Calvino desconcertaram a Europa meio século depois, eles estavam tentando, como Santo Agostinho, substituir a *Civitas Dei* pela *Civitas Romae*. Quando os puritanos partiram para a Nova Inglaterra em 1620, eles também estavam procurando encontrar uma *Civitas Dei* na *State Street* e, quando Bunyan fez sua Peregrinação em 1678, ele estava imitando São Jerônimo. Mesmo quando, depois de séculos de liberdade de ação, a Igreja reformou sua disciplina e, para prová-lo, queimou Giordano Bruno em 1600, além de condenar Galileu em 1630 – como a ciência não nos deixa esquecer –, ela condenou anarquistas, não ateus. Nenhum dos astrônomos era homem sem religião; todos eles fizeram questão de enaltecer Deus em suas obras; contudo, esse tipo de ciência não contribuía para a religião vigente. Nem Galileu nem Kepler, nem Espinosa nem Descartes, nem Leibnitz nem Newton, ou mesmo Constantino, o Grande, sequer duvidaram da Unidade. A mais extremada de suas heresias atingia apenas a sua personalidade.

Prosseguindo, Adams chega então a seu argumento crucial, a denominação da nova força, o novo tema, pelo qual o antigo, da unidade, seja personificada ou não, estava sendo destituída:

> Essa persistência da inércia do pensamento é a ideia principal da história moderna. Salvo quando refletido em si mesmo, o homem não tem nenhuma razão para supor unidade no Universo, ou uma substância última, ou um motor primeiro. A insistência *a priori* com respeito a essa unidade acabou por cansar as mentes mais ativas – ou reativas; e Lord Bacon (1561-1626) tentou detê-la. Ele conclamou a sociedade a colocar de lado a ideia de desenvolver o Universo a partir de um pensamento e tentar desenvolver o pensamento a partir do Universo. A mente deveria observar e registrar as forças – separá-las e juntá-las – sem supor absolutamente nenhuma unidade. "A natureza, para ser dominada, tem de ser obedecida." "À imaginação tem-se de dar não asas, mas pesos." Como Galileu inverteu o movimento da Terra e do Sol, Bacon inverteu a relação do pensamento com a força. A mente dali em

diante seguiria o movimento da matéria e a unidade teria de ser deixada para se arranjar por si mesma.⁴⁶

Essencialmente o que aconteceu é que no campo físico – o campo da matéria compreendida enquanto distante do espírito – foi reconhecida uma ordem de leis que aparentemente não é a mesma da vontade e imaginação humanas. Como na visão freudiana das forças operantes na estruturação da psique, o *desejo* da criança em crescimento é contrariado pela *proibição* dos pais e, como na visão de Adler, o *desejo* da criança é frustrado por sua própria *impotência* para realizá-lo, também aqui os símbolos da estrutura dinâmica do espírito, projetados no Universo, são refutados e destruídos por uma ordem irrefragável em oposição diametral. Enquanto no espírito, ou coração, há uma sensação de liberdade (liberdade de escolher e querer), lá fora, no campo de sua ação, prevalece um determinismo mecânico. Enquanto aqui parece haver inteligência e intenção, lá há apenas força cega, irresponsável, incapaz de conhecer e insensível. O campo deserto e tempestade de pó da matéria inerte, inconsciente, soprada, seja por Deus, pelo acaso, por si mesma ou por absolutamente nada, originou-se daquela pedra jogada para cima por John de Buridan para preencher, permear e tornar-se o mundo; e a bigorna batida de Oresme, impelida para dentro, também alcançou a própria sede do espírito.* Galileu e Newton confirmaram a intuição da pedra de Buridan; Freud e Pavlov, a da bigorna de Oresme. A *Crítica da razão pura* de Kant (1781) renovou para a mente moderna o golpe da navalha de Occam; e *Madame Bovary* de Flaubert (1856) assumiu no trono moderno o lugar de Helena de Troia.

Dom Quixote de la Mancha, o Cavaleiro da Triste Figura, errando montado em seu cavalo magro Rocinante ("Cavalo de Faz de Conta"), lutando tanto pelo bem público quanto para fortalecer sua honra (bem por volta do ano de 1600), viu diante de si, espalhada pela planície, uma fileira de uns trinta ou quarenta moinhos de vento.

"Olha lá, amigo Sancho!", ele gritou. "Aqueles gigantes! Vou acabar com a vida deles!"

"Que gigantes?", Sancho perguntou, trotando ao lado montado em seu burro.

"Aqueles lá na frente!", Quixote respondeu. "Alguns da espécie deles têm braços que conseguem alcançar duas léguas." Ele já estava abaixando a lança.

"Por favor", Sancho advertiu, "olha outra vez! São moinhos de vento. O que tomas por braços são suas pás".

Mas o cavaleiro tinha esporeado seu cavalo e, com a lança abaixada, investia.⁴⁷

Na linguagem dos trovadores, o contraste das duas ordens do mundo, de aventura e banalidade, vontade e determinismo, estava epitomizado na imagem da passagem da noite – a noite de amor – para o alvorecer, o dia do brado do vigia e do legalmente cruel *gilos*. "Oh, Deus! Oh, Deus! Este alvorecer, que rápido que ele

---

* *Supra,* p. 502-503.

chega!"*Abelardo, Clinschor e Anfortas não foram os únicos galantes daqueles tempos cujo brado de guerra, *Amor!*, acabou em desastre. Mas seu destino era apenas simbólico da vontade do homem, que via de regra sucumbe de seu sonho e desejo de vida que é vencido pelas circunstâncias: a fileira de moinhos de vento das duras realidades deste mundo. Parzival e Gawain foram capazes de vencer esse peso. A vontade neles foi realizada. Dom Quixote, por outro lado, estava prestes a encontrar naqueles moinhos forças superiores às suas.

Começara a ventar; as pás dos moinhos moviam-se. Protegendo-se com o escudo e recomendando-se à visão de sua imaginária Dama Dulcineia del Toboso, a cujo serviço ele estava cavalgando, ele atacou com a velocidade máxima de Rocinante o primeiro dos gigantes à sua frente, enfiando sua lança na pá. O moinho recebeu o golpe e, prosseguindo seu curso mecânico, lançou tanto o cavaleiro quanto sua montaria a uma boa distância, estilhaçando a lança.

Surge novamente a questão que foi colocada por Schopenhauer, quanto a se, no destino de qualquer homem devidamente esforçado, o peso e impacto das meras circunstâncias podem ser tais que consigam derrotar totalmente seu senso de vontade e, portanto, de existir. E então, o que tinha Dom Quixote para dizer quando seu escudeiro, trotando em seu burro tão rapidamente quanto suas patas curtas permitiam, chegou para ajudar seu senhor a se levantar?

"Que Deus nos ajude!", disse Sancho Pança. "Qualquer um poderia ter visto que se tratava de moinhos de vento – não de gigantes – a não ser que tivesse moinhos de vento em tua própria cabeça!"

"Cala-te, meu amigo, Sancho", disse o cavaleiro. "Questões de guerra, mais do que quaisquer outras, estão sujeitas a mudanças abruptas. Tenho certeza de que foi aquele necromante Frestón quem transformou esses gigantes em moinhos, para me privar da honra da vitória sobre eles. Ele *sempre* foi meu inimigo. Entretanto, suas artes malévolas terão pouco efeito, no final, contra a eficácia de minha espada."

Miguel de Cervantes Saavedra (1547-1616), tendo vivido e escrito – conforme observa Ortega y Gasset em suas *Meditações do Quixote* – precisamente naquele momento de aventura humana em que os mundos da visão interior e da crua realidade exterior juntaram-se de maneira definitiva, "formando um bisel", marca o fim na literatura da epopeia puramente imaginária e o início da era atual do romance. "A realidade está entrando na poesia", escreve Ortega, "para elevar a aventura a um poder estético superior".

> O plano épico onde deslizam os objetos imaginários era até agora o único e podia definir-se o poético com as mesmas notas constitutivas daquele. Mas, desde então, o plano imaginário passa a ser um segundo plano. A arte se enriquece com um termo a mais e, por assim dizer, adquire uma terceira dimensão, conquista a profundidade estética, a qual, como a profundidade geométrica, supõe uma plura-

---

* *Supra,* p. 167.

lidade de termos. Já não é possível fazer consistir o poético nesse peculiar atrativo do passado ideal, nem no interesse que empresta à aventura seu proceder, sempre novo, único e surpreendente. Daqui por diante temos de acomodar à capacidade poética a realidade atual.[48] [...]

Cervantes enxerga o mundo, postado na culminância do Renascimento. O Renascimento apurou mais as coisas: é uma superação integral da antiga sensibilidade. Galileu exerce a severa polícia do universo, com sua física. Começou um novo regime e tudo caminha mais dentro de moldes. Nesta nova ordem de coisas a aventura é impossível. Não tardará muito para Leibniz declarar que a simples possibilidade carece por completo de vigor, que só é possível o "compossível", quer dizer, o que se encontre em perfeita conexão com as leis naturais. Assim, o possível, que no mito, no milagre, afirma sua esquiva independência, fica encapsulado no real, como a aventura no verismo de Cervantes.[49]

A realidade venceu Quixote, em outras palavras, que levava a aventura em sua cabeça. As aventuras são impossíveis, mas mesmo assim Dom Quixote as faz acontecer. No mundo anterior da epopeia de Parzival e Gawain, os cavaleiros na floresta encontravam-se com aventuras de acordo com os movimentos e disposição de seus corações, como em sonho; Quixote, por outro lado, encontrou moinhos de vento em um mundo duro, resistente, insensível à sua vontade: porém sua vontade permaneceu – uma realidade em si mesma. Como observa Ortega:

> A este nosso vizinho poderão tirar a ventura, mas o esforço e a coragem, jamais. Serão as aventuras vapores de um cérebro em ebulição, mas a vontade de aventuras é real e verdadeira. Ora, a aventura é um deslocamento da ordem material, uma irrealidade. Na vontade de aventuras, no esforço e na coragem assalta-nos à frente uma estranha natureza bifronte. Seus dois elementos pertencem a mundos contrários: a querença é real, mas o querido é irreal.
>
> Semelhante objeto é desconhecido na épica. Os homens de Homero pertencem ao mesmo âmbito de seus desejos. Aqui temos, em troca, um homem que quer reformar a realidade. Entretanto, ele mesmo é uma porção desta realidade. Acaso não vive dela, não é consequência dela? Qual a maneira pela qual o que não é – o projeto de uma aventura – governa e compõe a dura realidade? Talvez esta maneira não exista, mas é um fato existirem homens decididos a não se contentarem com a realidade. Aspiram a curso diverso para as coisas; negam-se a repetir os gestos que o costume, a tradição e, em resumo, os instintos biológicos querem impor-lhes. A homens assim chamamos heróis. Porque ser herói consiste em alguém ser si mesmo. Se resistimos a que a herança, a que o circunstante nos imponham ações determinadas, é porque almejamos assentar em nós mesmos, e só em nós, a origem dos nossos atos. Quando o herói quer algo, não são os antepassados nele ou os usos presentes que querem, mas ele, mesmo. Este querer ser si mesmo é o heroísmo.[50]

E, conforme adianta Ortega, uma vida vivida nesses termos é necessariamente trágica.

> [...] O sujeito trágico não é trágico, não é poético, enquanto homem de carne e osso, mas só enquanto sabe querer. A vontade – esse objeto paradoxal que começa na realidade e termina no ideal – pois só se quer o que não é – é o tema trágico; época na qual a vontade não existe, época determinista e darwiniana, por exemplo, é a negação do trágico e nele não se pode interessar. [...]
> O vilão pensa, mui judiciosamente, que toda a sucessão de malefícios sobrévem ao herói apenas porque este se obstina em tal ou qual propósito. Prescindindo deles, tudo correria bem e, como dizem os chineses ao fim de suas estórias, aludindo ao seu antigo nomadismo, podiam parar e ter muitos filhos. Não há, portanto, fatalidade, ou melhor, o que fatalmente acontece, acontece fatalmente porque o herói a isso deu lugar. As desditas do *Príncipe Constante* eram fatais desde que ele se decidiu a ser constante, mas ele não é fatalmente constante.
> Quero crer que as teorias clássicas padecem aqui de um simples *quid proquo,* e que convém corrigi-las aproveitando a impressão que o heroísmo produz na alma do vilão, incapaz de heroísmo. O vilão desconhece aquele estrato da vida no qual esta se esgota apenas em atividades suntuárias, supérfluas. Ignora o transbordamento e o excesso da vitalidade. Vive atido ao necessário, e o que faz, faz à força. Atua sempre obrigado; suas ações são reações. [...]
> Longe, então, de originar-se o trágico na fatalidade, é essencial ao herói querer seu trágico destino. Por isso, vista a tragédia a partir da vida vegetativa tem sempre um caráter fictício. Toda dor nasce de que o herói se recusa a abandonar um papel ideal, um "*rôle*" imaginário que escolheu. O ator no drama, poder-se-ia dizer, paradoxalmente, representa um papel que é, por sua vez, a representação de um papel, se bem que a sério este último. De todos os modos é sempre a volição libérrima que inicia e engendra o processo trágico. E este "querer", criador de um novo âmbito de realidades que só por causa dele existe – a ordem trágica – é, naturalmente, pura ficção para quem não existe outro querer que o da necessidade natural, a qual se contenta só com o que é.[51]

E com isso retorno a Christopher Marlowe, o pai da tragédia elizabetana; pois o seu *Doctor Faustus* também é uma obra dessa época do "bisel". Ele também foi um dos que contemplaram o mundo a partir do apogeu da Renascença: um jovem gênio consciente da promessa para a humanidade e das maravilhas do Universo que eram reveladas em seu tempo pelos heróis do alvorecer da Idade Moderna. Francis Kett, o místico, queimado em 1589 por heresia, fora seu colega e tutor na faculdade de Cambridge. Sir Walter Raleigh era um amigo íntimo; também, Thomas Harriot, o astrônomo, Walter Warner e Robert Hughes, dois matemáticos. Em Cambridge, além do mais, estudara mitologia clássica, particularmente Ovídio, cujos *Amores* ele traduziu. Sua orientação era de todo secular; de maneira que, embora tenha baseado seu drama em uma versão inglesa do primeiro livro sobre Fausto de Spies,* sua própria simpatia pelo ardente e ousado herói e o reconhecimento da força trágica de uma vida dividida entre as exigências da eternidade e do tempo, afastaram-no totalmente, do ponto de vista espiritual, da postura moralista cristã-luterana radical. E foi essa humanizante e problemática transformação da lenda que ganhou a atenção de Goethe. Quando a peça de Marlowe foi mencionada em certa ocasião, Goethe, exclamou: "Com que grandiosidade ela foi toda planejada!"

O herói aqui não é nenhum "semeador de demônios", mas um homem, um renascentista vivo, ansiando pelo infinito e disposto a se arriscar ao próprio inferno por ele – como Tristão fizera por Isolda, Parzival pela integridade, e Heloísa por Abelardo. Embora no final ele seja destruído, por toda sua vida acompanhamos suas alegrias – que, afinal, são bastante inocentes: na ciência, na prosperidade, viajando pelo mundo, amando, e com uma amplitude de espírito e desejo maior do que Satã seria capaz de satisfazer:

> Quando contemplo os céus, eu me arrependo,
> E te amaldiçoo, perverso Mefistófeles,
> Porque tu me privaste de tais alegrias.[52]

Além do mais, seu louvor a Helena de Troia é de um homem digno de tal beleza. Os próprios versos são sua redenção:

> Foi esta face que lançou ao mar mil navios
> E incendiou as torres infinitamente altas de Ílion?
> Doce Helena, torna-me imortal com um beijo.
> Teus lábios sugam meu espírito: vede para onde ele foge! –
> Vamos, Helena, vamos, devolve-me meu espírito.
> Aqui eu viverei, porque o Céu está nestes lábios,
> E tudo é inútil, a não ser Helena.
> Eu serei Paris, e por amor a ti,
> Em vez de Troia, Wertenberg será devastada;
> E eu combaterei o fraco Menelau,
> E usarei tuas cores em meu elmo emplumado:
> Sim, eu ferirei Aquiles no calcanhar,
> E então retornarei a Helena por um beijo.
> Oh, tu és mais formosa do que o ar da noite
> Envolta na beleza de mil estrelas;
> Mais luminosa és do que Júpiter flamejante
> Quando ele apareceu à infeliz Sêmele:
> Mais encantadora do que o monarca do céu

---

* *Supra*, p. 506-507.

Nos lascivos braços azul-celestes de Aretusa:
E ninguém senão tu serás minha amante.⁵³

Foi Lessing (1729-1781) quem primeiro reconheceu que o fim de Fausto deveria ter sido não a danação, mas a salvação; e Goethe (1749-1832) consumou essa percepção representando seu herói como um modelo do espírito sonhador, lutador e criativo especificamente do homem europeu, sendo Mefistófeles nada mais do que um agente do princípio da negação, "o morto e imobilizado", do qual a razão criativa "faz uso" em seu "empenho em direção ao divino", o inatingível absoluto da realização.*

> *Vom Himmel fordert er die schönsten Sterne*
> *Und von der Erde jede höchste Lust,*
> *Und alle Näh' und alle Ferne*
> *Befriedigt nicht die tiefbewegte Brust*⁵⁴

> As mais belas estrelas do Céu ele pede,
> Da Terra os mais elevados e melhores êxtases,
> E todo Próximo e Distante que ele deseja
> Não consegue dominar o tumulto de seu peito.

Assim Spengler em *A decadência do Ocidente*, seguindo Goethe, denominou a monumental cultura ocidental que continua em desenvolvimento de "faustiana", com seu impulso para o infinito e tendo como símbolo básico o espaço ilimitado – em oposição à era clássica "apolínea", com sua ênfase no visível, e à "maga" levantina, com seu sentido de uma dualidade de forças misteriosamente rivais neste universo: "matéria" e "espírito", trevas e luz, Demônio e Deus. "A hierarquia maga dos anjos, santos e Pessoas da Trindade torna-se cada vez mais descorporificada", escreveu Spengler, "cada vez mais fraca, nos países da pseudomorfose** ocidental, ainda que continue sustentada por todo o peso da autoridade eclesiástica. E mesmo o Demônio, o grande antagonista no drama do mundo gótico, está desaparecendo despercebido como uma possibilidade para o mundo faustiano dos sentimentos. Ele, em quem Lutero ainda pôde jogar seu tinteiro, foi passado adiante, há muito tempo, em silêncio constrangedor por teólogos protestantes. Porque a sensação de *solidão* do espírito faustiano não pode permanecer em uma dualidade de forças do mundo. Aqui o próprio Deus é o Todo".⁵⁵

---

* *Supra*, p. 328.
** Com relação a esse termo, ver *supra*, p. 42-43.

VI. EM DIREÇÃO A NOVAS MITOLOGIAS

Vamos agora tentar dizer algo a respeito das novas perspectivas da mitologia emergente neste novo mundo do AQUI e AGORA, além das ruínas dispersas – ainda em fragmentos entre nós – da antiga mansão sumeriana de cinco mil anos. Como já foi demonstrado, uma mitologia completa exerce quatro funções.

1. O ASPECTO MÍSTICO-METAFÍSICO

A primeira função de uma mitologia viva, a função propriamente religiosa, seguindo a definição de Rudolf Otto em *O Sagrado*, é despertar e manter no indivíduo uma experiência de espanto, humildade e respeito, em reconhecimento daquele mistério último que transcende nomes e formas, "do qual", conforme lemos nos Upanixades, "as palavras retornam junto com a mente sem ter alcançado o seu objetivo".[56] Eu diria que no mundo moderno, pelo menos fora das sinagogas e igrejas, essa humildade foi recuperada; pois toda alegação de autoridade do Livro sobre o qual se basearam o orgulho racial, o orgulho comunitário, a ilusão de um dom singular, um privilégio especial e um favor divino foi destruída. A teologia, assim chamada, não pode alegar para si nada além de ser um exercício literário explicativo ou um texto arcaico, no qual certos nomes, formas, atos e expressões, ambíguos e historicamente condicionados são atribuídos àquilo (se é que podemos usar o termo "aquilo") que só podemos chamar de "muito além de tudo o que o homem consegue pensar", ou seja, o inefável. A fé nas Escrituras da Idade Média, a fé na razão do Iluminismo, a fé na ciência do filisteu moderno pertencem hoje igualmente apenas àqueles que ainda não fazem nenhuma ideia de quão misterioso, na realidade, é o próprio mistério de si mesmos.

"Suponha que você esteja sentado em um banco à margem de um caminho no alto de uma montanha", sugere o grande físico moderno, Erwin Schrödinger, e prossegue:

> Há declives cobertos de relva por toda a volta, com rochedos entre eles; no declive oposto do vale há uma extensão de entulho nas bases dos penhascos com amieiros pouco crescidos. A floresta cresce íngreme em ambos os lados do vale, até o limite da pastagem desprovida de árvores; e diante de você, elevando-se das profundezas do vale, encontra-se o portentoso pico coberto de gelo, suas grandes e lisas extensões de neve e superfícies de rochas pontiagudas matizadas nesse instante com uma suave coloração rosada pelos últimos raios do Sol se pondo, tudo maravilhosamente acentuado contra o límpido, claro azul transparente do céu.
>
> De acordo com a nossa maneira usual de olhar para isso, tudo o que você está vendo, com pequenas alterações, esteve ali há milhares de anos antes de você. Depois de um tempo – não muito longo – você não existirá mais, e os bosques, as rochas e o céu continuarão, inalterados, por milhares de anos depois de você.
>
> O que é que o tirou tão subitamente do nada para desfrutar, por um breve instante, de um espetáculo que permanece totalmente indiferente a você? As condições para

a sua existência são quase tão antigas quanto as rochas. Por milhares de anos os homens têm lutado, sofrido e concebido e as mulheres parido com dor. Cem anos atrás, talvez, outro homem esteve sentado neste mesmo lugar; como você ele contemplou com admiração e anelo em seu coração a luz extinguindo-se sobre as geleiras. Como você, ele foi concebido por um homem e parido por uma mulher. Ele sentiu dor e um breve júbilo, como você agora. *Era* ele outra pessoa? Não seria você mesmo? O que é esse seu Si-Próprio? Qual foi a condição necessária para fazer a coisa concebida desta vez ser *você*, exatamente *você* e não qualquer outro? Que significado *científico* nitidamente inteligível pode este "outro alguém" realmente ter? Se aquela que é agora sua mãe tivesse convivido com outro alguém e tivesse tido um filho dele, e seu pai feito a mesma coisa, *você* teria chegado a existir? Ou você vivia neles, e no pai de seu pai [...] há milhares de anos? E mesmo que fosse assim, por que você não é o seu irmão, por que seu irmão não é você, por que você não é um de seus primos distantes? O que justifica a sua obstinação para descobrir essa diferença – a diferença entre você e outra pessoa – quando objetivamente aquilo que está ali é o *mesmo*?

Considerando e refletindo dessa maneira, você pode subitamente chegar a ver, num lampejo, a profunda retidão da convicção básica do Vedanta: não é possível que essa unidade de conhecimento, sentimento e escolha que você diz ser *sua própria* possa ter passado a existir do nada em um determinado momento não muito distante no passado; antes esse conhecimento, sentimento e escolha são essencialmente eternos e imutáveis e numericamente *únicos* não apenas em todos os homens, mas também em todos os seres sensíveis. Mas não *neste* sentido – que *você* é uma parte, um fragmento, de um ser eterno, infinito, um aspecto ou modificação dele, como no panteísmo de Espinosa. Pois teríamos então a mesma questão desconcertante: que parte, que aspecto é *você*? O que, objetivamente, o diferencia dos outros? Não, por mais inconcebível que pareça à razão comum, você – e todos os outros seres conscientes – estão todos em todos. Consequentemente, esta sua vida, que você está vivendo, não é um mero fragmento do ser total, mas é, em certo sentido, o *todo*; apenas este todo não é constituído de maneira que possa ser examinado de um simples relance. Esse, como sabemos, é o que os brâmanes expressam naquela sagrada fórmula mística que é, entretanto, realmente muito simples e clara: *Tat tvam asi*, "Tu és Aquilo". Ou, ainda, em palavras como "Eu estou no leste e no oeste, estou abaixo e acima, *Eu sou todo este mundo*".[57]

O oxímoro de Schopenhauer, "Tudo é o mundo inteiro como a vontade à sua própria maneira", aponta para este mesmo sentido transcendente do mistério; o mesmo ocorre com o círculo de Nicolau de Cusa; igualmente as palavras de Jesus no Evangelho gnóstico de Tomé: "Rache um pedaço de madeira, eu estou nele".[58] Pois esse, na verdade, é o discernimento básico de todo discurso metafísico, que é conhecido diretamente – como cognoscível apenas a cada um – só quando os nomes e as formas, as máscaras de Deus, se dissolvem. "A verdade é uma só", declara o *Ṛg Veda* indiano, "os sábios a chamam por muitos nomes".[59]

Entretanto, como o Doutor Invencível, Guilherme de Occam, demonstrou, Kant confirmou e Henry Adams relembrou, a categoria ou nome da própria unidade é da mente e não pode ser atribuída a qualquer suposta substância, pessoa, vácuo pleno ou vazio, ou "Essência do Ser". Na verdade, o próprio termo "ser" não passa de um nome; o mesmo ocorre com o "não ser".

Quem, então, poderá falar a ti ou a mim do ser ou não ser de "Deus", a não ser implicitamente para apontar algo que está além de suas palavras, de si mesmo e de tudo o que ele sabe e pode dizer?

2. O ASPECTO COSMOLÓGICO

A segunda função de uma mitologia é proporcionar uma cosmologia, uma imagem do universo e, para isso, hoje todos nós nos voltamos, obviamente, não para os textos religiosos arcaicos, mas para a ciência. E nesse sentido, mesmo a mais breve e elementar recapitulação das principais crises na transformação moderna da imagem do universo é suficiente para nos lembrar do mundo real que hoje tem de ser reconhecido, apropriado e assimilado pela imaginação mitopoética.

Primeiro, em 1492 houve a revolução de Colombo. Dante, é bom lembrar, situou o Paraíso no cume da montanha do Purgatório, que na sua época estava localizado no meio de um oceano imaginário que cobria todo o Hemisfério Sul; e Colombo no início compartilhou dessa ideia mitológica. A Terra, ele escreveu, tem a forma "de uma pera, da qual uma parte é redonda, mas a outra, de onde sai o talo, alongada"; ou, "como uma bola muito redonda, na qual em uma parte há protuberância, como o mamilo de uma mulher". A protuberância, ele acreditava que seria encontrada no sul; e na sua terceira viagem, quando suas naus singraram mais rapidamente para o norte do que para o sul, ele acreditou que isso demonstrava que eles tivessem começado a descida. E ficou ainda mais convencido de seu equívoco quando, algumas semanas antes, no extremo sul de sua viagem, enquanto navegava entre a ilha de Trinidad e o continente sul-americano, viu o volume de água doce jorrando para o oceano do portentoso Orinoco e ouviu "o estrondo, como que de trovão", que ocorre quando o rio deságua no mar. A altura das ondas, que quase afundaram suas pequenas embarcações, deu-lhe a certeza de que um tão grande volume de água doce só poderia ter-se originado de um dos quatro rios do Paraíso e que, portanto, tinha finalmente chegado à ponta do talo da pera. Navegando para o norte, ele estava deixando o Paraíso para trás.[60]

Apenas dois séculos antes, Aquino tentara demonstrar com argumentos razoáveis que o Jardim do Paraíso do qual Adão e Eva tinham sido expulsos era uma região real desta terra física, ainda por ser descoberta. "A localização do Paraíso" – ele escrevera – "está separada do mundo habitável por montanhas, mares ou alguma região tórrida que não pode ser atravessada; e, por isso, as pessoas que escreveram sobre topografia não fizeram menção a ela".[61] O Venerável Beda, cinco séculos e meio antes, tinha sugerido sensatamente que o Paraíso não podia ser nenhum

A MORTE DE "DEUS"

lugar físico, mas teria de ser inteiramente espiritual;[62] Agostinho, entretanto, já rejeitara tal ideia, sustentando que o Paraíso foi e é tanto espiritual quanto físico;[63] e foi à visão de Agostinho que Aquino aderiu. Colombo morreu sem saber que, de fato, dera o primeiro de uma série de potentes golpes que em breve aniquilariam qualquer imagem não apenas de um Paraíso terrestre, mas também de um celeste. Em 1497, Vasco da Gama circundou a África do Sul e, em 1520, Magalhães a América do Sul: a região tórrida dos mares fora atravessada e nenhum Paraíso fora encontrado.

Em 1543, Copérnico publicou sua exposição do universo heliocêntrico e, cerca de sessenta anos depois, como já vimos, Galileu iniciou suas observações do céu com um telescópio. Elas levaram imediatamente, como também vimos, à condenação da nova cosmologia como contrária à Sagrada Escritura. Contudo, ela era igualmente contrária à imagem poética helenista da Música das Esferas (figura 13), que hoje, como qualquer outro aspecto da cosmologia pré-copernicana, seja do Oriente ou do Ocidente, tem de ser interpretada unicamente em termos psicológicos. A antiga ideia mítica de uma evidente harmonia macro-meso-microcósmica foi dissolvida.

Cosmologia, sociologia e psicologia são de ordens diferentes e o antigo conceito das artes hieráticas como tornando visíveis nas "coisas criadas" as "coisas invisíveis de Deus", aquelas formas estruturadoras pelas quais todas as coisas são mantidas em seus lugares, também caiu por terra. Escreveu Ananda K. Coomaraswamy:

> Aqueles que consideram sua casa como apenas uma "máquina para habitar" deveriam julgar seu ponto de vista de acordo com o do homem neolítico, que também vivia numa casa, mas uma casa que encarnava uma cosmologia. Estamos mais do que suficientemente providos de sistemas de calefação: acharíamos sua casa desconfortável; mas não nos esqueçamos de que ele identificava a coluna de fumaça que saía de sua fogueira para desaparecer de vista por um buraco no teto com o Eixo do Universo; via nesse buraco uma imagem da Porta do Céu e em sua fogueira o Umbigo da Terra, fórmulas que nós hoje dificilmente conseguimos entender; nós, para quem "tal conhecimento não sendo empírico é sem sentido". A maioria das coisas que Platão chamou de "ideias" são apenas "superstições" para nós.[64]

E por fim, não se pode deixar de perguntar, por que não? Tanto o universo de Platão quanto o do habitante neolítico de uma pequena cabana mesocósmica estavam fundados, como o nosso próprio, na observação empírica, adicionada à ideia de uma unidade interior macro-microcósmica. Entretanto, o umbigo da terra não é mais um símbolo popular adequado para o "ponto imóvel deste mundo em rotação", o qual deve ser encontrado dentro do coração – e em todas as partes, dentro de cada átomo, bem como, talvez, fora, a alguma distância inconcebível, para a qual a nossa galáxia não passa de uma lua. Como nos versos do poeta Robinson Jeffers:

O átomo rompendo os limites
O núcleo para o Sol, os elétrons para os planetas, com reconhecimento
Não suplicando, autoigualando-se, o todo com o todo, o microcosmo
Não entrando nem aceitando entrada, mais igualmente, mais completamente, mais incrivelmente unido
Com o outro extremo e grandeza; impetuosamente perceptivo da identidade...[65]

O significado da palavra "superstição" (latim: *superstare*, "estar acima", de *stare*, "estar", mais *super*, "acima/sobre") é simplesmente "crença em algo 'que está acima', como um vestígio do passado". A imagem desta Terra, por exemplo, como um prato giratório coberto por uma cúpula através da qual uma porta dourada, a porta do Sol, leva para a eternidade não era "superstição" no oitavo milênio a.C., mas uma imagem derivada empiricamente da observação a olho nu da época. Seu significado espiritual não era inerente a qualquer coisa intrínseca à imagem, mas resultava de seu poder de sugerir e apoiar no homem uma sensação de harmonia com o universo. Entretanto, uma tal imagem cósmica, tomada literalmente e sustentada até hoje, sugeriria não harmonia mas desarmonia, não apenas com as realidades conhecidas do universo mas também com a ciência e a civilização que se defronta com essas realidades – como o julgamento de Galileu bem demonstrou. Não o agricultor neolítico olhando para o céu apoiado na sua enxada; não o antigo clérigo sumeriano observando os cursos dos planetas a partir das galerias dos zigurates; nem o clérigo moderno citando a versão revista de seu Livro, mas os nossos próprios fantásticos cientistas é que podem nos ensinar a ver: e se o espanto e a humildade são os melhores veículos para conduzir o espírito em direção à sua morada, acredito que uma tranquila manhã de domingo em casa, meditando sobre um livro ilustrado das galáxias, poderia ser um auspicioso começo para aquela jornada.

A terceira revolução, depois da de Colombo e da de Copérnico, foi a de Newton, da *Machina Coelestis*. O prelúdio foi anunciado na teoria do impulso de John Buridan, na qual a ideia de manter inteligências foi eliminada do universo: um bom empurrão de Deus no princípio teria bastado para colocar toda a sua pequena ventoinha geocêntrica em movimento. Galileu, em seus *Discursos e demonstrações matemáticas referentes às duas novas ciências pertencentes à mecânica e movimentos locais*, publicado em 1638 em Leiden (fora do alcance das pás do moinho da Inquisição), introduziu uma afirmação matematicamente calculada das leis que regem os movimentos e as inércias. Enquanto isso, em Praga, independentemente, Johann Kepler (1571-1630) rompera para sempre a antiga ideia clássica do círculo como a forma estruturadora do universo, demonstrando que as órbitas dos planetas não são círculos mas elipses, e estabelecendo uma única fórmula para o cálculo de suas várias velocidades de trânsito. Essas descobertas ele anunciou em 1609 numa obra baseada no estudo da órbita excêntrica de Marte: *Astronomia nova – αίτιολογικός, seu Physica coelestis tradita commentariis de motibus stellae Martis*. A precisão de seu cálculo levou-o a escrever sobre a mecânica celeste como "algo semelhante ao

A MORTE DE "DEUS"

mecanismo de um relógio no qual um único peso impulsiona toda a engrenagem", e – como o Dr. Loren Eiseley coloca em sua lúcida pesquisa sumária do surgimento da ciência moderna, *The Firmament of Time* – a essa imagem do mecanismo do relógio de Kepler, Isaac Newton (1642-1727), com sua formulação da lei da gravidade, "acrescentou o peso único".[66] "Deus foi o Criador da máquina, mas ela podia funcionar sem sua interferência. [...] Newton, entretanto, permaneceu devoto de uma maneira que muitos de seus seguidores do século XVIII não foram."[67]

Immanuel Kant (1724-1804) e Pierre Simone Laplace (1740-1827) estenderam retroativamente no tempo as leis que Newton desenvolvera no espaço e projetaram a assim chamada teoria Kant-Laplace da evolução do universo – a qual então se tornou a quarta das modernas revoluções cosmológicas e, talvez, a mais perigosa de todas. Pois agora a origem da máquina universal foi descoberta como se fosse não uma estrutura formada com perfeição diretamente pela mão de Deus, mas como uma precipitação, pelas leis naturais, de uma nuvem de gás rotativa, uma nebulosa; e agora já foram localizadas literalmente dezenas de milhares de tais nebulosas nas distâncias infinitas do espaço, em vários estágios do processo. Não há hoje nenhuma necessidade, nem mesmo possibilidade, de imaginar um ponto no tempo passado em que uma personalidade (em algum lugar que era nenhum lugar) deu início a todo o espetáculo. Na realidade, não é filosoficamente permissível falar de um "tempo" em que não havia o tempo ou em que o tempo terá deixado de existir. Não há nenhum tempo anterior ou posterior que não seja o próprio tempo. E se é admissível que o princípio da causalidade nos leve a procurar por uma causa no tempo deste universo que nós vemos, então ele terá de consentir que sejamos levados a perguntar, além do mais, pela causa daquela causa, e assim por diante, retrocedendo infinitamente no passado; essa é uma forma de questionar que não pode ser encerrada senão pela seguinte frase: "Bem, agora cansei, vamos parar por aqui e vamos traçar uma linha e chamar de Deus aquele espaço vazio além da linha.* E este Deus não é especificamente Śiva, Ptah, Enki ou Tezcatlipoca, mas este aqui, o assim chamado Deus Vivo, aquele com individualidade, que em nossa confortável Bíblia familiar comunicou a seu Povo Escolhido todas aquelas leis interessantes para não se colher madeira aos sábados e não comer manteiga e carne na mesma refeição".

Em vez disso, permitam-me citar, por um momento, um texto de uma obra popular bem mais recente que me chegou pelo correio outro dia:

> A unidade básica do universo é a galáxia, um grande agrupamento de estrelas. Milhões de galáxias voam pelo espaço evitando-se umas às outras. [...] Em uma única galáxia há estrelas nascendo, estrelas vivendo vigorosamente e estrelas morrendo em explosões nucleares – começo, meio e fim da criação – todas juntas.
>
> A história de uma estrela começa com seu nascimento. [...] Uma nuvem de poeira e gás, rodopiando em bolsões de alta densidade começa a se contrair em torno de um

---

* *Supra*, p. 313.

ou vários de seus centros gravitacionais. Muitos centros em uma nuvem condensada podem resultar em uma única estrela com planetas, em uma estrela múltipla ou em uma estrela múltipla com planetas. O produto final depende da densidade e tamanho da nuvem original e do grau de agitação de seu movimento. Os astrônomos acreditam ver protoestrelas apagadas no momento de sua contração nas nuvens próximas dos braços espiralados da Via Láctea. Elas se mostram como globos escuros contra regiões menos opacas de gás e poeira à sua volta.

Quando uma protoestrela contrai-se, suas regiões centrais são aquecidas pela liberação de energia gravitacional – o calor de átomos convergentes colidindo uns com os outros. Eventualmente o calor torna-se tão intenso que o hidrogênio do núcleo começa a se fundir em hélio. No início as fusões nucleares de átomos isolados são infrequentes e liberam pouca energia, mas à medida que a estrela continua a contrair-se sob o peso de suas camadas externas acumuladas, os átomos do núcleo são pressionados uns contra os outros e se fundem com mais e mais frequência. Por fim, eles produzem exatamente o suficiente de energia expansiva para neutralizar o impulso da gravidade. Nessa altura acaba a agitação e a estrela atinge um estado estável, maduro. [...]

Mas, no devido tempo – depois de algumas centenas de milhares de anos, se ela for uma estrela quente, azul, maciça e que queima rapidamente; depois de alguns bilhões de anos, se for uma estrela branda, amarela, do tamanho do Sol e que queima moderadamente; ou depois de algumas centenas de bilhões de anos, se for uma estrela fria, vermelha, leve e que queima lentamente – ela consome cerca de 10% de seu hidrogênio original e começa a ficar superluminosa e anormal. O Sol está se aproximando desse ponto, mas espera-se que ele não o atinja antes de três a cinco bilhões de anos. [...]

Embora a norma prática da evolução estelar seja que quanto menores elas forem no começo mais elas durem, por fim toda matéria estelar será gasta, mesmo em se tratando da menor e mais econômica estrela. [...] Até agora, nem mesmo as mais monstruosas supergigantes que desapareceram nas primeiras eras da história da Via Láctea tiveram tempo para esfriar completamente e perder toda a sua energia. Mas, finalmente, os últimos fantasmas expirantes de anãs brancas são obrigados a sucumbir ao frio do espaço. Uma por uma elas ficarão tão escuras e frias quanto os vazios que se estendem da Via Láctea até outras galáxias distantes do universo além.[68]

A quinta revolução foi batizada pelo Dr. Eiseley como huttoniana, em homenagem ao geólogo escocês James Hutton (1726-1797), cujo ensaio, entregue em 1785 à Sociedade Real de Edinburgo, intitulado *Theory of the Earth, or an Investigation of the Laws Observable in the Composition, Dissolution and Restoration of Land upon de Globe*, levantou a questão sobre a formação desta Terra que se supunha que o Deus Vivo tivesse criado *ex nihilo* em 4004 a.C. De acordo com a visão de Hutton, as rochas da superfície da Terra são formadas em grande parte das ruínas de rochas mais antigas. Esses materiais jaziam no fundo do

A MORTE DE "DEUS"

mar, estavam comprimidos ali sob uma forte pressão e eram, subsequentemente, desalojados pela força do calor subterrâneo, e nesses períodos de elevação veios e massas de rocha derretida eram lançados nas fendas dos estratos deslocados. A terra elevada, exposta à atmosfera, tornava-se novamente sujeita à decomposição; e os resíduos eram novamente levados para o fundo do mar, onde o ciclo repetia-se – como em *Finnegans Wake*.

Sendo conflitante com a breve cronologia da Bíblia, esta teoria da transformação gradual encontrou oposição em uma ideia contrária, apaixonadamente sustentada, sobre catástrofes súbitas. Goethe em seu *Fausto,* Parte II, Ato II (a "Clássica Noite de Walpurgis"), joga ironicamente as duas visões opostas uma contra a outra, fazendo com que o filósofo grego Tales represente os gradualistas – os assim chamados "netunistas" – e Anaxágoras defenda o catastrofismo dos "vulcanistas". Goethe demonstra sua própria preferência pela primeira visão, confiando seu cômico heroizinho secundário Homúnculo (nascido da arte alquímica de Fausto e ainda encerrado em seu *vas Hermeticum,* figura 43) aos cuidados de Tales para ser incorporado, por infusão, nas águas vivas, nutritivas, deste mundo em evolução.[69]

O contemporâneo de Goethe, o grande naturalista francês, Barão Georges Léopold Chrétien Frédéric Dagobert Cuvier (1769-1832), tendo observado "que nenhuma das grandes espécies de quadrúpedes, cujos vestígios são agora encontrados enterrados em estratos rochosos regulares, assemelha-se de maneira alguma com qualquer uma das conhecidas espécies vivas" propôs que dilúvios e outras catástrofes, todas de acordo com os planos de Deus, tinham causado um progresso em direção ao homem por estágios súbitos. As formas posteriores não haviam evoluído biologicamente das anteriores, mas depois de cada aniquilação ocorrera uma recriação das formas num nível superior, provenientes de ideias platônicas na mente de Deus.[70] Jean Louis Rodolphe Agassiz (1807-1873), o grande contemporâneo suíço-americano de Darwin, manteve essa ideia de uma sucessão de criações que, entretanto, já fora contestada por Charles Lyell (1794-1875) em seu célebre *Princípios de Geologia* (1830), onde "leitos de transição" foram identificados, e uma teoria apoiando a transformação local de Hutton, e não catástrofes universais, respondia pelas mudanças da Terra: a elevação e diminuição das linhas costeiras, a lenta pressão (para cima) dos sistemas fluviais, por períodos de tempo ilimitado.[71] E assim estava preparado o caminho para a sexta grande revolução, à qual o nome de Charles Darwin (1809-1882) é hoje vinculada.

Uma antecipação da teoria geral da evolução orgânica já se encontra sugerida nos cadernos de anotações de Leonardo da Vinci (1452-1519), onde, escrevendo sobre anatomia comparada, ele estuda estruturas homólogas no homem e naqueles que, como ele diz, "são quase da mesma espécie: o babuíno, o macaco e outros semelhantes, que são muitos".[72] Goethe publicou em Jena em 1786 um famoso ensaio sobre o osso intermaxilar nos mamíferos superiores, no macaco e no homem; e em 1790 uma obra mais ampla sobre a metamorfose das plantas. "As semelhanças dos vários animais uns com os outros e, em particular, entre as espécies superiores" – ele declarou em uma preleção introduzindo a primeira dessas publicações – "chamam a atenção e são geralmente reconhecidas por todo mundo em silêncio. [...] Todos os organismos naturais superiores – entre os quais devemos citar: os peixes, os anfíbios, os pássaros, os mamíferos e a mais desenvolvida entre esses últimos, a espécie humana – formaram-se de acordo com um simples padrão, que apenas varia, mais ou menos, em suas várias partes e que até hoje, pela procriação, continua mudando e se desenvolvendo".[73] Em sua obra sobre a morfologia das plantas, esse tema da transformação contínua foi então explorado:

> Não importa que formas observemos, mas particularmente nas orgânicas, jamais encontramos algo permanente, resistente, completo, antes vemos que tudo está em movimento contínuo. [...] Nenhum ser vivo, além do mais, é uma unidade, mas uma pluralidade; mesmo que nos pareça ser um indivíduo é, no entanto, uma coleção de coisas vivas, independentes, que em ideia e potencial são semelhantes, embora em aparência possam tornar-se ou iguais e equivalentes, ou diferentes e variadas. Essas entidades estão por vezes unidas no início, por vezes encontram umas às outras e se unem. Elas separam-se e voltam a procurar-se e, dessa maneira, causam um curso interminável de produtividade de todas as formas e em todas as direções.
>
> Quanto mais imperfeita for a criatura, mais suas partes são semelhantes e equivalentes e lembram com isso o todo. Quanto mais perfeita torna-se a criatura, mais diferentes tornam-se as partes. No primeiro caso o todo é mais ou menos semelhante às partes, no último, o todo é diferente das partes. Quanto mais semelhantes forem as partes entre si, menos são subordinadas umas às outras. Subordinações das partes pertencem a uma criatura mais desenvolvida. [...]
>
> Quando o homem compara plantas e animais dos níveis menos desenvolvidos, eles dificilmente são distinguíveis uns dos outros. Um ponto de vida, fixo, ou ainda móvel ou semimóvel, está ali, mal perceptível aos nossos sentidos. Se um tal princípio, susceptível ao desenvolvimento em qualquer direção, desenvolver-se-á pela incidência da luz como planta, ou pela escuridão como um animal, dificilmente poderemos decidir se não houver exemplos análogos que nos permitam deduzir. O seguinte, entretanto, pode ser afirmado: que as criaturas que no curso do tempo se desenvolvem de forma gradual de uma condição originalmente mal distinguível, de um lado, como plantas e, de outro, como animais, aperfeiçoaram-se em duas direções, de maneira que as plantas alcançaram sua glória na forma fixa e resistente da árvore, e os animais na suprema mobilidade e liberdade do homem.[74]

Com isso a ideia imemorial de espécies fixas, seja na mente de Deus ou na ordem da natureza, foi transcendida, e o princípio da vida em evolução, introduzido. Restava apenas determinar e definir com precisão as condições do processo.

A sétima grande revolução nas ciências cosmológicas data da virada do século XX, quando, por um lado, a estrutura do átomo foi penetrada para revelar um universo interior de demônios rodopiantes e, por outro, as implicações filosoficamente devastadoras do experimento Michelson-Morley de 1887 foram estabelecidas na formulação de 1905 de Albert Einstein sobre a proposição básica da relatividade: "A natureza é tal que é impossível determinar movimento absoluto por qualquer experimento". Foi o Dr. Max Planck (1858-1947) da Universidade de Berlim que acabou com o reinado dos princípios de Newton no campo da física quando, em 1901, propôs sua teoria quântica das leis da radiação.[75] Sir Ernest Rutherford (1871-1937) em 1911 demonstrou que o átomo não é uma esfera sólida, mas um universo quase vazio de energias e, em 1913, o dinamarquês Niels Bohr (1885-1962), trabalhando na Inglaterra, aplicou a teoria dos quanta de Planck a uma definição da estrutura ativa do átomo de Rutherford. Todos nós sabemos o que aconteceu desde então. Conforme Henry Adams profetizou numa carta escrita a 17 de janeiro de 1905 a seu amigo Henry Osborn Taylor:

> O pressuposto de unidade que foi a marca do pensamento humano na Idade Média cedeu muito lentamente às provas da complexidade. O estupor da ciência diante do rádio é uma prova disso. Porém é absolutamente certo, de acordo com meu cálculo de relações e curvas que, na proporção acelerada de progresso que vem ocorrendo desde 1600, não será necessário mais um século para virar o pensamento de ponta-cabeça. A lei, neste caso, desaparecerá como teoria ou princípio *a priori*, e dará lugar à força. A moralidade se tornará a polícia. Os explosivos atingirão uma violência cósmica. A desintegração superará a integração.[76]

Alguns diriam que o Demônio vencera e que Fausto, preso nas garras de Satã, estava agora preparado para o extermínio por meio de sua própria ciência. Entretanto, no que concerne ao AQUI e AGORA (e, meus amigos, continuamos aqui), a primeira função de uma mitologia – despertar o sentido de espanto, humildade e respeito diante daquele mistério último que transcende nomes e formas, "do qual", como vimos, "as palavras retornam com a mente sem ter alcançado o objetivo" – foi magistralmente cumprida por todas essas ciências da segunda função: a expressão de uma cosmologia, uma imagem deste universo estarrecedor, seja ele considerado em seu aspecto espacial ou temporal, físico ou biológico. Não há mais em nenhum lugar qualquer certeza, qualquer rochedo sólido de autoridade, no qual os que temem enfrentar sozinhos o absolutamente desconhecido podem se acomodar, seguros no conhecimento de que eles e seus vizinhos estão em posse, de uma vez para sempre, da Verdade Encontrada.

3. O ASPECTO SOCIAL

Tampouco a situação é mais confortante na esfera social, moral de nossa terceira função mitológica tradicional: a validação e manutenção de uma ordem estabelecida. Nas palavras de John Dewey (1859-1952):

O cristianismo ofereceu uma revelação definitiva de um Ser e de uma verdade absolutos, imutáveis; e a revelação foi transformada em um sistema de regras e fins definidos para o direcionamento da vida. Consequentemente, os "costumes" foram concebidos como um código de leis, o mesmo em todas as partes e todos os tempos. A vida correta era a vivida em aderência permanente aos princípios fixos.

Em oposição a todas essas crenças, o fato saliente em todos os ramos da ciência natural é que existir é estar em processo, em mudança. [...]

O pensamento vitoriano concebeu os novos horizontes como se eles meramente colocassem em nossas mãos instrumentos eficazes para a realização de antigos ideais. O choque e a incerteza, tão característicos do presente, marcam a descoberta de que os próprios antigos ideais estão debilitados. Em vez de a ciência e a tecnologia nos proporcionarem meios mais eficazes de realizá-los, estão abalando nossa confiança em todas as crenças e propósitos amplos e abrangentes.

Um tal fenômeno é, entretanto, transitório. O impacto das novas forças é no momento negativo. A fé no autor divino e na autoridade divina, nos quais a civilização ocidental confiou, as ideias herdadas sobre o espírito e seu destino; sobre a revelação eterna; sobre as instituições totalmente estáveis e sobre o progresso automático, tornaram-se ideias impossíveis para a mente cultivada do mundo ocidental. É natural do ponto de vista psicológico que o resultado seja a falência da fé em todas as ideias fundamentais organizadoras e diretivas. O ceticismo torna-se a característica e a atitude da mente cultivada. Ele é mais influente porque não está dirigido contra este ou aquele artigo dos credos anteriores, mas é uma prevenção contra qualquer tipo de ideias mais abrangentes e uma negação da participação sistemática da parte de tais ideias na direção inteligente dos assuntos da vida.

É em tal contexto que uma radical filosofia da experiência, concebida à luz da ciência e da técnica, tem seu significado. [...]

Uma filosofia baseada na experiência aceitará plenamente o fato de que as existências sociais e morais estão, como as existências físicas, num estado de contínua mudança, mesmo que esta seja desconhecida. Ela não tentará ocultar a inevitabilidade da transformação e não fará nenhuma tentativa de colocar limites determinados para a extensão das mudanças que ocorrerão. O esforço vão de obter segurança e amparo em algo permanente, ela substituirá pelo esforço de determinar o caráter das mudanças que estão ocorrendo, dando a elas alguma medida de direção inteligente no que diz respeito aos assuntos que mais nos interessam.[77] [...]

Sempre que prevalece a ideia das regras fixas, prevalece também a da unidade todo-abrangente. A filosofia de vida popular é repleta de desejos de alcançar uma tal unidade todo-abrangente e as filosofias formais têm-se dedicado a uma realização intelectual desse desejo. Considerem o lugar ocupado no pensamento popular pela busca do significado da vida e do propósito do universo. Os homens que procuram um único propósito e uma única finalidade têm duas alternativas: ou formam uma ideia dessa unidade segundo seus desejos e tradições, ou então, ao não encontrar tal unidade, desistem, desesperados, concluindo que não há qualquer valor ou significado verdadeiro nos episódios da vida.

A MORTE DE "DEUS"

Entretanto, as alternativas não estão esgotadas. Não há necessidade de se decidir entre absolutamente nenhum significado e um único significado todo-abrangente. Há muitos significados e muitos propósitos nas situações com as quais nos confrontamos – um, por assim dizer, para cada situação. Cada uma oferece seu próprio desafio ao pensamento e empreendimento, e apresenta seu próprio valor potencial.[78]

Em resumo: o indivíduo está agora por sua própria conta. "É tudo falso! Dá tudo no mesmo!" (Nietzsche).[79] O dragão "Tu deves!" foi morto para nós *todos*. Daí o perigo! Anfortas também foi instalado sem nenhum feito, nenhuma virtude própria, no trono do poder: Senhor do Centro do Mundo que, como sabia Nicolau de Cusa, está em cada um. A roda na cabeça do *bodhisattva,* girando com seu fio cortante: quem consegue suportá-la? quem pode nos ensinar a suportá-la como uma coroa, não de espinhos, mas de louros – a grinalda da nossa própria Dama Orgeluse?

A pergunta niilista "Por quê?" [escreveu Nietzsche] é um produto de seu hábito anterior de esperar que um objetivo lhe seja dado, imposto de fora – isto é, por uma ou outra *autoridade sobre-humana.* Depois de ter deixado de acreditar em tal coisa, ele continua exatamente da mesma maneira, por hábito, a procurar *outra* autoridade de algum tipo que seja capaz de falar incondicionalmente e de colocar metas e tarefas através de *ordens.* A autoridade da Consciência é hoje a primeira a se apresentar (quando mais emancipada da teologia, mais imperativa torna-se a moralidade) como compensação para uma autoridade *pessoal.* Ou a autoridade da *Razão.* Ou o *Instinto Social* (a manada). Ou a *História,* com um espírito imanente que tem um propósito próprio, ao qual a pessoa pode se entregar. Deseja-se, por todos os meios, ter de querer, ansiar um propósito, colocar uma meta para si mesmo: quer-se evitar a responsabilidade (aceitar o fatalismo). Finalmente: *Felicidade* e, com uma certa hipocrisia, a *Felicidade da Maioria.*

A pessoa diz para si mesma: 1. um objetivo definido é desnecessário; 2. é impossível prever.

E assim, precisamente quando o que se requer é Vontade em seu supremo poder, ela se encontra mais fraca e frouxa, em *Absoluta Desconfiança da Força Organizacional da Vontade-para-tornar-se-um-Todo.* [...]

O niilismo tem duas facetas:

A. Niilismo como o sinal de um poder exaltado do espírito: *niilismo ativo.*

B. Niilismo como um declínio e regressão do poder do espírito: *niilismo passivo.*

As tentativas de escapar do niilismo sem reavaliar os valores anteriores apenas causam o oposto da fuga: uma intensificação do problema.[80]

4. A ESFERA PSICOLÓGICA

E assim somos inevitavelmente levados para a quarta esfera, a quarta função, de uma mitologia propriamente dita: a centralização e harmonização do indivíduo, que nos sistemas tradicionais supunha-se resultar da entrega dele – e mesmo de sua total entrega – a uma ou outra das autoridades acima mencionadas por Nietzsche. O mundo moderno está repleto de sobreviventes desses sistemas reacionários, dos quais o mais poderoso atualmente continua sendo o antigo levantino, o da ordem social. Entretanto, como diz Loren Eiseley: "A ética grupal, diferente da ética pessoal, é descaracterizada e obscura. Ela é o que os seus líderes querem que ela seja; ela destrói o inocente e justifica o ato em termos do futuro".[81]

Mas o futuro, como ele então observa (e poder-se-ia achar tal advertência desnecessária), *não* é o lugar para se buscar realização. "O progresso secularizado, o progresso que persegue apenas a próxima invenção, o progresso que esvazia a mente de pensamentos e os substitui por *slogans* vazios, não é absolutamente progresso. É uma miragem que acena num deserto sobre a qual cambaleiam gerações de homens. Porque o homem, cada indivíduo entre nós, possui sua própria alma [o 'caráter inteligível' de Schopenhauer] e por sua luz terá de viver ou perecer, não há caminho pelo qual as Utopias – ou o próprio Paraíso perdido – possam ser trazidas do futuro e presenteadas ao homem. Tampouco podemos avançar em direção a tal destino. Como no mundo do tempo cada homem vive apenas uma vida, é nele mesmo que tem de procurar descobrir o segredo do Jardim."[82]

CAPÍTULO 10

O PARAÍSO TERRESTRE

I. TODOS OS DEUSES NO TEU INTERIOR

Heinrich Zimmer declarou, ao iniciar um curso de filosofia indiana em 1942, que:

> Nós, ocidentais, estamos próximos da encruzilhada que os pensadores da Índia já haviam alcançado cerca de sete séculos antes de Cristo. Daí a verdadeira razão pela qual nos sentimos embaraçados e ao mesmo tempo estimulados, inquietos ainda que interessados, quando nos deparamos com os conceitos e as imagens da sabedoria oriental. Esta é a encruzilhada que os povos de todas as civilizações atingem, inexoravelmente, no percurso natural do desenvolvimento de suas capacidades e necessidades de experiência religiosa; e os ensinamentos da Índia nos obrigam a conscientizar os problemas de tal confluência. Contudo, não podemos fazer uso das soluções indianas; devemos entrar nesta nova época à nossa maneira e resolver as questões com nossos próprios recursos porque, embora a verdade – o esplendor da realidade – seja universalmente uma e a mesma, ela é espelhada diversamente conforme os meios que a refletem. A verdade aparece de maneira diferente em cada época e em cada terra, de acordo com a idiossincrasia, com a matéria viva na qual se forjam seus próprios símbolos.

Os conceitos e as palavras são símbolos assim como as visões, os rituais e as imagens; igualmente, usos e costumes da vida cotidiana; porém uma realidade transcendente impregna todos eles. Ainda que sejam muitas as metáforas a refletir e a apontar algo que, apesar de revelado de diferentes maneiras, é inefável, e a despeito de ser expresso em formas múltiplas, continua inescrutável. Os símbolos conduzem a mente à verdade, mas eles próprios não são a verdade, daí ser enganoso adotá-los. Cada civilização, cada época deve fecundar e conceber seus próprios símbolos.

Assim, temos de seguir o difícil caminho de nossas próprias experiências, produzir nossas próprias reações e assimilar nossos sofrimentos e realizações. Só então a verdade que manifestamos será tão nossa quanto uma criança o é de sua mãe, e a mãe, apaixonada pelo Pai, regozijar-se-á com o seu filho em quem verá o fiel retrato d'Aquele. A semente inefável deve ser concebida, gestada e nascida de nossa própria substância, alimentada com nosso próprio sangue se o que de fato queremos é a criança genuína, mediante a qual sua mãe renasce; e o Pai – o Divino Princípio Transcendente – também renascerá, isto é, emergirá do estado de não manifestação, de inação e de aparente não existência. Não podemos pedir Deus emprestado. Temos de efetuar Sua nova encarnação a partir de nossas próprias entranhas. O divino deve, de algum modo, descer na matéria de nossa própria existência e participar neste peculiar processo vital.[1]

Tradicionalmente, conforme revelou nossa pesquisa dos mitos do mundo, a ideia de uma distinção ontológica absoluta entre Deus e homem – ou entre deuses e homens, divindade e natureza – tornou-se pela primeira vez uma importante força social e psicológica no Oriente Próximo, especificamente na Acádia, no período dos primeiros reis semitas, por volta de 2500 a. C.

Foi lá que as antigas mitologias neolíticas e da Idade do Bronze da Deusa Mãe do Universo – em quem todas as coisas têm sua existência, deuses e homens, igualmente plantas, animais e objetos inanimados, e cujo próprio corpo cósmico é a esfera circundante do espaço-tempo interior que envolve toda a experiência, todo o conhecimento – foram suprimidas e colocadas de lado em favor daquelas mitologias patriarcais de orientação masculina, de deuses guerreiros arremessadores de raios que, após se passarem 1.000 anos, por volta de 1500 a. C., tinham-se tornado as divindades dominantes do Oriente Próximo. Os pastores guerreiros árias, saindo do norte para a Anatólia, Grécia e ilhas do Egeu, bem como para o oeste até o Atlântico, eram também patriarcais em costumes, adorando deuses do trovão e da guerra. Ao contrário dos semitas, entretanto, jamais hierarquizaram os deuses tribais ancestrais acima dos deuses da natureza, ou separaram a divindade da natureza; enquanto entre os semitas em sua terra natal no deserto, onde a natureza – a Mãe Natureza – tinha pouco ou nada para dar e a vida dependia em grande parte da ordem e solidariedade do grupo, toda fé foi colocada em qualquer deus que era localmente reconhecido como patrono-pai da tribo. "Todas as tribos semitas", declara uma importante autoridade no assunto, o Prof. S.H. Langdon da Universidade de Oxford, "parecem ter começado com uma única divindade tribal, que eles consideravam o criador divino de seu povo".[2] As leis pelas quais os homens viviam não eram, portanto, as leis da natureza, reveladas universalmente, mas a lei dessa ou daquela pequena tribo, cada uma específica daquele grupo e derivada de seu próprio primeiro ancestral mitológico.

Podemos então sumarizar da seguinte maneira os temas mais importantes dessa mitologia do deserto sírio-árabe: 1. dissociação mítica, Deus como transcendente no sentido teológico acima definido,* e a Terra e as esferas, consequentemente, como mera poeira, em nenhum sentido "divinas"; 2. a ideia de uma revelação especial do pai divino tribal exclusivamente a seu grupo, cujo resultado é; 3. uma religião comunal inerentemente exclusiva, como no judaísmo, de um grupo racial, ou como no cristianismo e islamismo, de credo, para e apenas daqueles que, professando a fé, participam de seus ritos. Ainda, 4. como as mulheres são da ordem antes da natureza do que da lei, elas não exercem funções clericais nessas religiões e a ideia de uma deusa superior, ou mesmo igual, ao deus reconhecido é inconcebível. Finalmente, 5. os mitos fundamentais a cada herança tribal são interpretados de forma histórica, não simbolicamente e, onde são reconhecidos paralelos com os de outros povos (gentios), a racionalização aplicada é: *illis in figura, sed nobis in veritate*, como na Segunda Carta de Pedro.**

Na ordem anterior, da Idade do Bronze, por outro lado – que é fundamental tanto à Índia quanto à China, bem como à Suméria, ao Egito e Creta – as ideias principais, de acordo com nossas descobertas, eram sobre: 1. o mistério último como transcendente em definição, porém imanente a todas as coisas; 2. a finalidade da religião como uma experiência da identidade própria, embora não identidade com aquela "causa" que não é nenhuma causa, além do ser e do não ser ($c \neq = x$);*** 3. o universo e todas as coisas contidas nele são a manifestação multifacetada da lei natural, que é eterna, extraordinária, extática e divina, de maneira que a revelação a ser reconhecida não é especial a nenhum único povo ou teologia sobrenaturalmente reconhecido, mas para todos, manifesta no universo (macrocosmo) e em cada coração individual (microcosmo); bem como na ordem hierática do estado com suas artes simbólicas e ritos (mesocosmo); consequentemente, 4. as mulheres exercem papéis nos rituais e já que a deusa universal personifica o poder aglutinante de *māyā* no campo da qual absolutamente todas as formas e pensamentos (incluindo os deuses) estão contidos, o poder feminino pode ser reverenciado mesmo como superior, já que é anterior ao masculino. E finalmente, 5. como todas as personificações, formas, atos e experiências tornam manifesto o mistério transcendente-imanente, nada do que é conhecido, nem mesmo a existência de qualquer deus, é substancial enquanto conhecido, mas todos são igualmente simbólicos no sentido dos versos frequentemente citados de Goethe na última estrofe do *Fausto:*

Alles Vergängliche
*Ist nur ein Gleichnis.*****

---

* *Supra,* p. 494.
** *Supra,* p. 143, nota de rodapé.
*** *Supra,* p. 299.
**** "Tudo o que passa é mera aparência." [N. da E.]

Os árias ao se introduzirem na Grécia, Anatólia, Pérsia e na planície do Ganges, c.1500-1250 a. C., levaram consigo, como vimos de maneira extensiva, as mitologias comparativamente primitivas de seus panteões patriarcais, que, em união criativa com as mitologias anteriores da Deusa Universal, geraram na Índia as doutrinas védica, purânica, tântrica e budista, e na Grécia as de Homero e Hesíodo, a tragédia e a filosofia gregas, a Escola de Mistérios e a ciência grega. Algo similar parece ter ocorrido na China quando chegou o povo shang – igualmente por volta de 1500 e 1250 a.C. – para fundar a primeira casa dinástica naquela região, onde antes fora conhecida apenas uma primitiva ordem neolítica superior de civilização aldeã. E no Oriente Próximo, onde os povos dominantes eram então amplamente semitas (fenícios, acádios, cananeus, árabes etc.), interações comparáveis das ordens feminina e masculina encontravam-se em andamento. "Como provam claramente os nomes de divindades na Fenícia: Melk-'Ashtart, em Hammon perto de Tiro; Eshmun-'Ashtart em Cartago; 'Ashtar-Kemosh, dos moabitas", afirma o Professor Langdon, "a Deusa Mãe das raças semíticas ocidentais ocupava um lugar ainda maior na sua religião do que os deuses locais de seus cultos mais importantes. [...] Toda a mitologia de Astarté tem sua origem na sumeriana Ininni-Ashdar-Ishtar, deusa do planeta Vênus e mãe, esposa e amante do deus mortal sumeriano Tammuz".[3]

Nossa leitura dos Livros de Samuel e dos Reis do Antigo Testamento demonstrou, entretanto, que na esfera hebraica tais interações enfrentavam resistências e de tempos em tempos foram severamente reprimidas. Que elas estavam ocorrendo com apoio mesmo da casa real está claro; pois de todos os reis de aproximadamente 1025 a 586 a.C. tanto em Israel quanto em Judá, não mais do que meia dúzia "agiram corretamente à vista do Senhor". Os outros "construíram para si mesmos residências e pilares notáveis, e Asherim em cada montanha alta e sob cada árvore. [...] E o povo continuou a fazer sacrifícios e a queimar incensos nos lugares elevados". Porém a facção reacionária representada nos grandes feitos de Elias e seu auxiliar Elisha (século nono a.C.: de Reis I, 17 até Reis II, 10) e, cinco séculos mais tarde, no sacerdote tirano Ezra prevaleceu e, no final, os judeus – no meio do amalgamado e amalgamante mundo helenista de ciência e filosofias seculares, mistérios sincretistas e culturas cosmopolitas – conservaram, ou antes, recriaram, uma mitologia exclusivamente tribal, baseada no deserto que, com sua antiga imagem sumeriana de três camadas de um universo plano criado por Deus, já estava obsoleta do ponto de vista científico quando composta por seus escribas sacerdotais.[4]

Mas, isso dificilmente pode ser dito com respeito ao culto cristão, que ganhou sua existência naquele meio e dali foi levado para a Europa. Não é possível afirmar que o cristianismo tenha "emanado" da substância, experiências de vida, reações, sofrimentos e realizações de algum dos povos sobre os quais ele foi imposto. Tanto seus símbolos como seu deus foram emprestados e dados a conhecer na condição de fatos; e todo movimento da vida nativa para expressar sua própria afirmação espiritual foi reprimido pelo clero que alegava ter autoridade sobre tais fatos. Toda divindade local tornou-se um demônio, cada pensamento natural, um pecado. De maneira que não é de surpreender que a característica mais marcante da história da Igreja no Ocidente tenha sido a brutalidade e futilidade de seus combates cada vez mais histéricos e sem êxito final contra a heresia em todas as frentes! Já no tempo de Agostinho, a heresia pelagiana irlandesa encontrava-se amplamente difundida. E aquela heresia é hoje vitoriosa. Pois quem hoje em dia, fora dos conventos, crê realmente que todo filho nascido de uma mulher em todo o mundo será literalmente enviado a um Inferno de verdade a menos que se verta água sobre sua cabeça pronunciando uma oração? Quem hoje aceita a ideia de pecado herdado? E como não houve nenhum Jardim do Éden, nenhum Adão e nenhuma Eva, nem nenhuma Queda, o que significa então toda essa conversa sobre Redenção, a não ser que por "Queda" e "Redenção" estejamos nos referindo aos mesmos estados psicológicos de ignorância e iluminação que os hindus e budistas assinalaram? Nesse caso, o que acontece com a doutrina da importância histórica única da Encarnação e Crucificação? Todo o mito, para fazer qualquer sentido, tem de ser totalmente reinterpretado – com olhos honestos.

"Exatamente como no período do esvaziamento dos deuses revelados do panteão védico" – declarou Zimmer – "o cristianismo atual [...] tem sido depreciado. O cristão, como diz Nietzsche, é um homem que se comporta como todos os outros. Nossas profissões de fé já não encontram nenhuma afinidade visível com nossa conduta pública ou com nossas esperanças mais íntimas. Em muitos de nós, os sacramentos não operam sua transformação espiritual; estamos abandonados e sem saber a quem recorrer. Entrementes, nossas filosofias acadêmicas seculares importam-se mais com a informação que com a transformação redentora exigidas por nossas almas. E esta é a razão pela qual uma olhadela na face da Índia pode nos ajudar a descobrir e recuperar algo de nós mesmos".[5]

As funções dos símbolos mitológicos, como dissemos, são quatro: mística, cosmológica, sociológica e psicológica; e hoje, conforme vimos, a ciência não apenas dissolveu a pretensão da Igreja e de seu Livro de representar a segunda delas – a cosmológica – mas a própria ordem social que supostamente estava fundada na autoridade bíblica também foi dissolvida. Até mesmo o seu horizonte social dissolveu-se. A maneira pela qual a Índia pode contribuir – e, na verdade, já está contribuindo – para o nosso resgate neste contexto é pelos ensinamentos contidos nas doutrinas upanixádica e budista da origem, força e função basicamente *psicológicas* dos mesmos símbolos que em *nosso* sistema foram interpretados como: a) revelados por um Deus pessoal ciumento e "externo" a nós; e b) historicamente único.

Do lado popular, em seus cultos populares, os indianos são, obviamente, tão positivistas em suas interpretações de seus mitos quanto qualquer agricultor do Tennessee, rabino do Bronx ou papa de Roma. Kṛṣṇa de fato dançou em êxtase múltiplo com as Gopis, e o Buda andou sobre as águas. Entretanto, assim que se volta para os textos consagrados, tal literalismo desaparece e toda imagem é interpretada simbolicamente, como se fosse da psique. Exemplo disso podemos ler no trecho a seguir do *Bṛhadaranyaka Upaniṣad*:

Isso que o povo diz: Adora este deus! Adora aquele deus! Um deus após outro! O mundo inteiro é sua criação e ele próprio é todos os deuses. [...]

Ele penetrou em todo este mundo, até as pontas das unhas, como a lâmina num aparelho de barbear, como o fogo na lenha. Ele, não vemos; se visto, é incompleto.

Quando respirando, ele é chamado o sopro vital; quando falando, voz; quando vendo, a visão; quando ouvindo, o ouvido; quando pensando, mente. Esses não passam de nomes de suas ações. Qualquer um meditando sobre um ou outro desses aspectos não conhece; pois em um ou outro destes, ele está incompleto. Dever-se-ia venerar através da ideia de que ele é o Si-Próprio da pessoa (*ātman*); pois nele todos eles tornam-se um. Esse – Si-Próprio – é a pegada desse Todo: e exatamente como, em verdade, encontra-se o gado pela pegada, também se encontra esse Todo por sua pegada – o Si-Próprio.

Quem quer que saiba "Eu sou *brahman*!" torna-se esse Todo, e nem mesmo os deuses podem impedir que ele se torne, pois ele torna-se o próprio Si-Próprio deles. Mas quem quer que adore outra divindade que não seu Si-Próprio, supondo "Ele é um, eu sou outro", nada sabe. Ele é como uma besta sacrificial para os deuses. E como muitos animais seriam úteis para um homem, também é uma tal pessoa útil aos deuses. Mas, se quando um único animal é tirado, não é agradável, o que dizer de muitos? Não agrada aos deuses, portanto, que as pessoas pensem assim.[6]

Sugerimos comparar com o Gênesis 3:22-24!

A mesma ideia parece ter sido expressa nos Textos das Pirâmides do Egito (*c.*2350-2175 a. C.) e no posterior *Livro dos mortos* (*c.*1500), onde a alma daquele que morreu é vista como *reabsorvendo os deuses*. "Ele é provido", lemos num talismã das Pirâmides, "aquele que incorporou os espíritos deles. Ele surge como o Grande, o senhor daqueles com mãos aptas". "É ele quem come a mágica deles e engole seus espíritos; seus Grandes são para sua refeição matinal, seus de tamanho médio são para sua refeição da tarde e seus pequenos para a refeição noturna, seus velhos e velhas, para o seu fogo".[7] E do *Livro dos mortos:* "Meu cabelo é o cabelo de Nu; minha face a face do Disco. Meus olhos são os olhos de Hátor; meus ouvidos, os ouvidos de Ap-uat. [...] Meus pés são os pés de Ptá. Não há membro de meu corpo que não seja membro de algum deus". "Eu sou Ontem, Hoje e Amanhã, e tenho o poder de nascer uma segunda vez; sou o Espírito divino oculto que cria os deuses. [...] Salve, senhor do santuário que se encontra no centro da terra. Ele é eu e eu sou ele, e Ptá cobriu seu céu com cristal".[8]

O *Finnegans Wake* de James Joyce é, em um certo plano, uma paródia desse *Livro dos mortos:* "Nós parecemos a nós (o verdadeiro Nós!), estarmos lendo em nosso Amenti no sexto capítulo selado do surgimento pelas trevas".[9] "O semeador eterno das sementes de luz nas almas velhas e frias que estão no sanatório de Defmut depois da noite da transmissão da palavra de Nuahs e da noite de fazer Mehs enrolar-se num caldeirão cozinhando a fogo brando, Pu Nuseht, senhor das insurreições no mundo do além de Ntamplin, tohp triunfante, fala."¹⁰*

"Se fosse permitido personificar o inconsciente", escreveu o Dr. Jung num ensaio sobre o homem moderno em busca de si mesmo,

> poderíamos chamá-lo de um ser humano coletivo que combina as características de ambos os sexos, transcendendo a juventude e a velhice, o nascimento e a morte e, por ter à sua disposição uma experiência humana de um ou dois milhões de anos, quase imortal. Se um tal ser existisse, ele seria elevado acima de toda mudança temporal; o presente não significaria para ele nem mais nem menos do que qualquer ano no século antes de Cristo; ele seria um sonhador de sonhos antigos e, devido à sua imensurável experiência, seria um prognosticador incomparável. Ele teria vivido inúmeras vezes mais do que a vida do indivíduo, da família, da tribo e do povo, e possuiria o sentido vivo do ritmo do crescimento, florescimento e declínio.¹¹

Exatamente assim era o herói de Joyce, H. C. E. ("Here Comes Everybody"). Assim também era o faraó embalsamado em sua pirâmide. Assim também é cada um de nós na essência de seu ser. Assim foi Cristo, o Verbo Encarnado.

No curso de qualquer manifestação desse indistinto Senhor/Senhora Todo Mundo na esfera espaço-tempo – à maneira do progresso biológico da infância e dependência, à idade adulta com seus deveres específicos, até a velhice e preparação para a morte – dois motivos principais são para ser reconhecidos: primeiro, na juventude o envolvimento e compromisso com os modos da cultura local (o motivo étnico), e segundo, o desligamento emocional do papel que se aprendeu a desempenhar e a reconciliação com o eu interior (o motivo arquetípico individual).

Na Índia essas duas finalidades eram atendidas no curso da ordem clássica de um tempo de vida, dividindo-se a vida em duas partes: a primeira metade para ser vivida na aldeia, e a segunda na floresta, sendo cada metade, por sua vez, dividida em outras duas. A primeira metade de cada uma sendo uma preparação para a segunda, conforme segue: 1. como discípulo, praticando obediência, aprendendo as habilidades e deveres de sua própria casta (*antevāsin*); 2. como um chefe de família responsável no casamento, desempenhando sem questionar todos os deveres de sua casta (*gṛhastha*); 3. na meia-idade, retiro em direção da floresta, para assumir seriamente a meditação (*vanaprastha*); e 4. realização da finalidade da vida (*mokṣa*: "libertação" da vontade de viver) e posterior perambulação sem rumo, como um mendigo desprovido de raízes e de vida (*bhikṣu, sannyāsin*), até que o corpo finalmente "adormeça".¹²

---

* *Amenti*: região egípcia dos mortos; também, *amenty,* loucura. *Owl*: pássaro da morte e sabedoria. *Cow* e *Sow*: animais de Hátor e Epet, respectivamente ("Aquela que dá à luz o Sol"). *Defmut*: surdo-mudo; também, Jeff-Mutt, codinomes dos filhos rivais do sonhador, Shaun e Shem. *Nuahs*: Shaun de trás para frente. *Mehs*: Shem de trás para frente. *Pu Nuseht*: *The Sun Up* (O sol nascido), de trás para frente. *Ntamplin*: Dublin; também *tamp. Tohp*: um altar budista; uma espécie de tubarão; também beber excessivamente (embebedar-se), e *Tophet*, Inferno.

No Ocidente, por outro lado, temos uma visão clássica inteiramente diferente, da qual a formulação de Dante no *Convito* de seu próprio ideal para os quatro estágios da vida pode ser tomada como exemplo. Dante compara o curso de uma vida com um arco. "É difícil dizer", ele admite, "onde se encontra o ponto supremo do arco. [...]; mas na maioria eu suponho encontrar-se entre o trigésimo e o quadragésimo ano de vida. E eu acredito que naqueles de natureza perfeita estaria no trigésimo quinto ano": que é onde ele próprio se encontrava naquele momento "no meio do caminho de sua vida" quando, no início de *A divina comédia,* descobriu-se num "bosque escuro" sozinho, confrontado por três bestas. Além do mais, seu trigésimo quinto ano de vida coincidia precisamente com o ano de Nosso Senhor 1300, que ele tomou como o ano do apogeu da história do mundo. E finalmente, Cristo, que era "de natureza perfeita", foi crucificado, ele acreditava, no final de seu trigésimo quarto ano, ao meio-dia, no ápice do dia.

Adolescência, a primeira etapa, na visão de Dante, prolonga-se até a idade de vinte e cinco anos. São quatro suas virtudes: obediência, docilidade, pudor e graciosidade física. "O adolescente", ele escreve, "que se introduz no bosque errante desta vida não saberia como se manter no caminho reto se não fosse instruído pelos mais velhos". A finalidade desse período de vida é crescer; é comparável com a primavera. A segunda parte é a da *vida adulta,* dez anos a cada lado do apogeu, vinte e cinco a quarenta e cinco. Suas virtudes características são a temperança, a coragem, o amor, a cortesia e a lealdade; seu objetivo são as realizações e sua estação o verão. Mas, em vez da retirada para a floresta, a próxima etapa seria de serviço, de doação. "Após o nosso próprio aperfeiçoamento, que é alcançado na idade adulta", escreve Dante, "deveria também proceder aquela perfeição que ilumina não apenas a nós mesmos, mas também aos outros". As virtudes da *velhice,* portanto, o outono da vida, dos quarenta e cinco aos setenta anos, são também quatro: prudência, justiça, generosidade e afabilidade. Depois da qual, finalmente, no inverno da *decrepitude,* o espírito nobre faz duas coisas: "ele retorna a Deus, como aquele porto de onde ele veio quando se introduziu no mar desta vida", e "louva a viagem que fez. [...] E assim como o bom navegante, quando se aproxima do porto, abaixa as velas e suavemente entra nele, assim também devemos abaixar as velas de nossas atividades mundanas para nos voltar a Deus com todos os nossos propósitos e vontade; para que alcancemos aquele porto com toda a suavidade e toda paz".[13]

Uma imagem muito diferente da que observamos no Oriente, marcada particularmente pela diferença de ideais para o terceiro período: retirada do mundo, no primeiro caso; serviço ao mundo, no segundo – o que responde em grande medida pelo contraste nas instituições econômicas e políticas, ciências e artes do Oriente e do Ocidente. "Pois, como diz Aristóteles", declara Dante, "o homem é um animal social; por isso ele tem de ser não apenas útil a si mesmo, mas também aos outros". Além do mais, em toda a história da tradição europeia propriamente dita, o ideal de maturidade em lugar algum jamais foi a obediência, que é a virtude antes da adolescência. O ideal é de julgamento crítico responsável e de decisão.

O PARAÍSO TERRESTRE

Mas isso requer idade. Conforme novamente as palavras de Dante: "o idoso [...] deveria respeitar as leis apenas na medida que seu próprio julgamento e a lei estivessem inteiramente de acordo; e ele deveria seguir sua própria mente justa, como se ela não tivesse nenhuma lei; o que o homem em sua juventude não pode fazer".[14]

O período crítico da transição, portanto, da obediência adolescente para a prudência e justiça, generosidade e afabilidade da velhice, é o período intermediário de vinte anos de vida adulta, na metade do qual, no apogeu, a aventura do bosque escuro ocorrerá: a crucificação, morte e descida ao Inferno, e passagem pelo Purgatório até o Paraíso – e retorno, então para servir o mundo. Dante cita frequentemente a paradigmática história do herói de Virgílio, Eneias, que na metade da vida, ao deixar para trás a fase asiática de sua vida, quando prestes a assumir a missão de fundar a Roma europeia, "fortaleceu-se para adentrar o inferno apenas acompanhado por Sibila e procurar pela alma de seu pai Anquises, apesar dos muitos perigos".[15] Igualmente Ulisses, embora numa diferente ordem de vida, ao retornar de sua missão militar para assumir o seu próprio palácio em seu próprio reino, desceu antes aos mundos ínferos guiado por Circe, e além dali, para a mítica Ilha do Sol. Goethe, também, no *Fausto* divide a obra em Primeira e Segunda Parte: a primeira dedicada, como ele próprio declara, ao "desenvolvimento de uma condição individual um tanto quanto obscura, quase totalmente subjetiva", e a segunda trazendo o herói do "pequeno mundo" de sua vida individual, para "o grande", de seus trabalhos no campo da história. Entre essas duas fases ocorrem suas visitas aos reinos míticos das cenas góticas e altamente clássicas da *Noite de Walpurgis*. O Parzival de Wolfram, conforme vimos, cavalgou para a provação daqueles anos áridos em sua transição da adolescência para a realização de seu supremo papel social como Rei e Guardião do Graal. E ainda, Stephen Dedalus, perambulando, meditando, à beira-mar, encontrava-se também na idade que ele considerava ser o meridiano de sua vida. Stephen associava o momento com a crucificação: "Vamos. Estou com sede". Com a queda de Lúcifer: "Todoesplendoroso ele cai, o clarão orgulhoso do intelecto". Com Hamlet e Ofélia: "Meu chapéu de bico, meu bastão e delemeus sapatos assandalhados... Ele pegou o cabo de sua bengala, dando uma estocada com ela, brincando parado com ela". Além do mais, a hora era o meio-dia: "A hora de Pan, o meio-dia do fauno". E a data era 16 de junho de 1904, cinco dias antes do solstício de verão.

"Sim", pensou Stephen, "a noite vai se encontrar em mim, sem mim. Todos os dias completam o seu fim. Por falar nisso o próximo quando será. Terça-feira será o dia mais longo. De todo este ano novo feliz, mamãe, rataplan, plan, plan."[16]

Mas aquele mesmo 16 de junho fora na vida real do autor o dia de seu primeiro encontro – naquela mesma praia – com Nora Barnacle, a mulher que se tornaria sua esposa.

"O encontro fora marcado" – conta Richard Ellmann em sua biografia de Joyce – "e para a noite de 16 de junho, quando eles saíram caminhando por Ringsend, e dali em diante passaram a se encontrar regularmente. Dar a *Ulisses* aquela data foi o mais expressivo, se indireto, tributo a Nora, um reconhecimento do efeito decisivo em sua vida de sua ligação com ela. A 16 de junho ele entrou em relação com o mundo a seu redor e deixou para trás a solidão que sentira deste a morte da mãe. Ele diria a Nora mais tarde: 'Tu fizeste de mim um homem'. 16 de junho foi o dia sagrado que separou Stephen Dedalus, o jovem rebelde, de Leopold Bloom, o complacente marido".[17]

E na criação de Thomas Mann, o despretencioso personagem Hans, cujo sobrenome sugere o membro mortal dos gêmeos clássicos Castor e Pólux (figura 3, estágios 12 e 13), outra vida é revelada na chegada de sua hora fauniana. Mann explicitamente compara o sanatório com o *vas Hermeticum* do alquimista. Já durante o curso da viagem de trem por dois dias para o pico da montanha rodopiante, muito do mundo exterior fora deixado para trás; pois, como diz o autor: "O espaço, girando e revolvendo-se entre Hans e sua charneca natal, apoderara-se e controlara os poderes que em geral atribuímos ao tempo, porém de uma maneira ainda mais notável. O espaço, como o tempo, engendra o esquecimento; mas ele o faz por nos libertar de nosso meio e devolver-nos a nosso estado primitivo, independente".[18] Como as *escamas* caindo do dragão da figura 40, os sentimentos do contexto social em que Hans se criara foram deixados para trás, e abandonaram-no ao seu próprio eu desgovernado. O Velho Adão desintegrou-se, o Adão das labutas e deveres de sua condição temporal, e um Novo veio à luz – como o Homúnculo no *vas* do *Fausto* de Goethe.

O pedagogo Settembrini, a quem Mann compara com o Mefistófeles de Goethe – um esperto retórico esforçando-se para conquistar as almas dos homens para seus próprios propósitos –, reconheceu no jovem alemão sinais de um crescente fascínio pelo espetáculo daquela dissoluta Montanha de Vênus, e o advertiu e suplicou que voltasse para casa. Entretanto, tal conselho, mesmo que prudente, como o de Gurnemanz a Parzival, ou do balseiro a Gawain, era contrário ao sentido da vida do jovem, e no interesse não da prudência, mas do *wyrd* – sua própria aventura em andamento – Hans deixou que o batimento do seu coração excitado o levasse e guiasse por seu próprio caminho não traçado.

A primeira etapa de sua aventura teria de ser de desligamento da sociedade, com uma profunda crença em sua própria natureza e na natureza do mundo. Settembrini temia e rejeitava a natureza. "Na antítese do corpo e do espírito", ele disse muito seriamente um dia, "o corpo é o princípio demoníaco do mal; porque o corpo é Natureza e a Natureza – dentro da esfera insisto, de seu antagonismo ao Espírito, à Razão – é má, mística e perversa".[19] E o segundo pedagogo, Naphta, o jesuíta-comunista-judeu, que aparecerá mais tarde na narrativa, seria igualmente, embora de maneira diferente, antagônico à influência do princípio da natureza no indivíduo. Como ele diria uma tarde aos três, Hans, Settembrini e Joaquim:

> Ou Ptolomeu e a Escolástica têm razão, e o mundo é finito quanto ao tempo e ao espaço. Nesse caso, a divindade é transcendental; a oposição entre Deus e o mundo

existe, e também o homem é um ser dualista: o problema da sua alma consiste no antagonismo entre o físico e o metafísico, e tudo quanto é social fica à distância, desempenhando um papel secundário. Essa é a única forma de individualismo que eu julgo consequente. Ou então os seus astrônomos renascentistas encontraram a verdade, e o cosmo é infinito. Então não há mundo transcendental, não há dualismo. O Além acha-se absorvido pelo Aquém; desaparece a oposição entre Deus e a natureza; e como nesse caso a personalidade do homem, em vez de ser o campo de batalha de dois princípios inimigos, é harmoniosa e una, o conflito que se trava no interior do homem baseia-se exclusivamente naquele dos interesses individuais e coletivos. A finalidade do Estado torna-se à boa maneira pagã, a lei moral.[20]

Estamos aqui diante de um dos problemas realmente difíceis do moderno homem ocidental: libertar sua consciência da convicção levantina de uma separação entre o espírito e a natureza (dissociação mítica), juntamente com seu dogma totalitário correlato (identificação social) de "sociedade", seja esta qualquer *quorum* que apresente sinais de um "povo", uma "igreja", mesmo um sindicato ou qualquer coisa que se intitule "o Estado". Sociedade como o único veículo de valor, por cuja associação uma vida individual ganha valor; quando de fato a verdade perfaz o caminho oposto: que qualquer que seja o valor humano que um grupo social reivindique, ele terá sido conquistado apenas pela graça dos grandes e pequenos indivíduos que dele fazem parte.

Foi, portanto, para Hans um momento da maior consequência espiritual quando, juntamente com seu primo Joaquim, ao entrar no laboratório para ser radiografado, ele pôde ver o esqueleto da morte ao observar sua própria mão viva mantida sobre um fluoroscópio. Ali fitou como que o seu próprio túmulo, mas à luz normal do mundo de Settembrini, quando ele voltou a examinar sua mão, o túmulo se fechara. E foi depois disso que ele espontaneamente afastou-se da retórica sociológica de seu amigo italiano para o estudo solitário das ciências da vida, inspirado não apenas, nem principalmente, pela maravilha de seu próprio corpo interessante, mas pelo ainda mais fascinante da irritante russa que batera a porta – e o fez repetidas vezes – na hora em que o peixe era servido.

A primeira fase da epopeia em *A montanha mágica* termina com aquela cena grotesca, um pouco tragicômica, qualificada por seu autor de "Noite de Walpurgis", onde Hans, de joelhos, no final de uma estúpida competição carnavalesca para ver quem, de olhos vendados, conseguiria desenhar um *porco*, declarou à sua Circe de tranças seu amor em pleno conhecimento de toda a ciência do corpo dela – que ela entendia ser a mesma ciência da Terra e dos astros. "Eu te amo", ele disse-lhe em francês, com os olhos fechados, a cabeça inclinada contra o regaço dela. "Sempre te amei; por que tu és o *Tu* da minha vida, meu sonho, meu destino, meu desejo eterno [...]." Ela acariciou os cabelos bem aparados na parte de trás da cabeça dele e, fora de si com a carícia dela, ele prosseguiu: "Oh amor [...] o corpo, o amor e a morte, esses três juntos são um único. Pois o corpo é prazer e doença:

é o que traz a morte. Sim, são ambos carnais, o amor e a morte; daí seu terror, sua grande mágica! [...]"

O primeiro volume acaba na Noite de Walpurgis da perda do controle – que é, à sua maneira, análoga à cena da desintegração de Bloom quando ele se viu como um porco, e à do desmaio de Stephen no mesmo evento da Noite de Walpurgis, quando, após uma louca rixa de rua, ele foi derrubado por um maldito soldado britânico que aqui exerce o papel do soldado romano que feriu o flanco de Cristo, ou o pagão que golpeou Anfortas.

"Como um noivo, Cristo saiu de seu aposento", diz a passagem de um sermão de Santo Agostinho. "Ele saiu com um presságio de suas núpcias para a esfera do mundo: correu como um gigante exultante em seu caminho e chegou ao leito nupcial da cruz e colocando-se sobre ela, consumou seu casamento. E quando percebeu os suspiros da criatura, afetuosamente entregou-se ao tormento no lugar de sua esposa, e uniu-se para sempre à mulher".[21]

Aqui, como na mente de Stephen, os mistérios do casamento e da crucificação – o leito cristalino de Tristão e o altar do sacrifício – são os mesmos. O estado sugerido é o do Rei Solar e da Rainha Lunar (figura 43) unidos no túmulo. Essa é a consumação última – onde reina uma tranquilidade de morte – do místico *coniunctio oppositorum*. "Quando Adão pecou, sua alma morreu", afirma Gregório, o Grande;[22] entretanto, nas palavras do alquimista Senior: "O que fora entregue à morte, retorna, depois de grande tribulação, à vida".[23] Como aquelas palavras de Paulo, que constituem o segredo do *Finnegans Wake* – "Pois Deus destinou todos os homens à desobediência, para que ele possa exercer misericórdia sobre todos nós" – também no silêncio do túmulo, da retorta, da caverna (novamente figura 43):

> Aqui cai o orvalho celestial, para banhar
> O corpo negro enterrado na sepultura.*

E na mesma ordem, tanto em *Ulisses* quanto em *A montanha mágica*, no final da jornada noite adentro ocorre uma mudança: o orvalho da misericórdia divina cai, *caritas*, compaixão, *karuṇā*, e a descida cada vez mais profunda torna-se iluminação de cima.

O breve impulso de compaixão de Stephen para com seu atormentado amigo mais velho, Bloom (comparar com a de Parzival para com Anfortas), e a de Bloom reciprocamente para com o torturado jovem derrubado por um policial na rua, quebrou as rédeas da lei da morte em ambas as vidas, e cada um dá ao outro em mútua solidariedade e breve companheirismo (o único momento de franca abertura durante o curso do longo dia de cada um) as chaves para a solução de seu impasse e a travessia do difícil limiar.

No bordel o fantasma da mãe morta de Stephen tinha-lhe aparecido:

---

* *Supra*, p. 258.

O PARAÍSO TERRESTRE

A MÃE (*com o sorriso sutil da loucura da morte*) Eu fui um dia a bela May Goulding. Estou morta.

STEPHEN (*horrorizado*) – Lemur, quem é você? Não. Que truque de espantalho é este?

A MÃE (*se aproxima, respirando sobre ele suavemente seu sopro de cinzas molhadas*) Todos têm de passar por isso, Stephen. Mais mulheres do que homens no mundo. Você também. A hora chegará.

STEPHEN (*sufocando de medo, remorso e horror*) Eles dizem que eu a matei, mãe. Ele ofendeu a sua memória. Foi o câncer que fez isto, não eu. O destino.

A MÃE (*um riacho verde de bile pingando de um lado de sua boca*) Você cantou aquela canção para mim. *O Mistério Amargo do Amor.*

STEPHEN (*veementemente*) Diga-me a palavra, mãe, se você souber agora. A palavra conhecida de todos os homens.

A MÃE – Quem salvou você na noite em que você saltou dentro do trem em Dalkey com Paddy Lee? Quem teve pena de você quando você ficou triste no meio de estranhos? A oração é todopoderosa. Oração pelas almas sofredoras no manual Ursulino e indulgência de quarenta dias. Arrependa-se, Stephen.

STEPHEN – Espírito maléfico! Hiena!

A MÃE – Eu rezo por você no meu outro mundo. Faça Dilly fazer aquele arroz cozido para você toda noite depois do seu trabalho intelectual. Anos e anos eu amei você, ó, meu filho, meu primogênito, quando você jazia em meu ventre.

ZOE (*se abanando com o abano da grelha*) Estou derretendo!

FLORRY (*aponta para Stephen*) Olhem! Ele está branco!

BLOOM (*vai para a janela para abri-la mais*) Tonto!

A MÃE (*com olhos ardendo*) Arrependa-se! Ó, o fogo do inferno!

STEPHEN (*ofegando*) A sublimação nãocorrosiva dele! A devoradoradecadáver! Cabeça em carne viva e ossos sangrentos!

A MÃE (*seu rosto se aproximando mais e mais, exalando um sopro de cinzas*) Cuidado! (*ela ergue seu braço direito escurecido e murcho lentamente para o peito de Stephen com o dedo esticado*) Preste atenção à mão de Deus!

(*Um caranguejo verde com olhos malignos vermelhos finca suas garras sorridentes no coração de Stephen.*)*

STEPHEN (*sufocado de raiva, seus traços tornados cinzentos e envelhecidos*) Merda!

BLOOM (*junto à janela*) O quê?

STEPHEN – *Ah non, par example*! A imaginação intelectual. Comigo ou tudo ou nada. *Non serviam*!

FLORRY – Dê-lhe um pouco de água gelada. Espere. (*ela sai apressada*)

A MÃE (*torce as mãos lentamente, gemendo desesperadamente*) Ó Sagrado Coração de Jesus, tenha piedade dele. Salve-o do inferno, Ó Divino Sagrado Coração!

---

* Com respeito ao caranguejo, ver *supra,* p. 230-231.

STEPHEN – Não! Não! Não! Dobrem meu espírito, todos vocês, se puderem! Eu porei todos vocês aos meus pés!
A MÃE (*na agonia do seu estertor*) Por mim, Senhor, tenha piedade de Stephen! Foi inexpressível minha angústia ao expirar com amor, sofrimento e agonia no monte Calvário.
STEPHEN – *Nothung*!
(*Ele ergue sua bengala bem alto com ambas as mãos e espedaça o candelabro. A chama lívida final do tempo salta e, na escuridão que se segue, ruína de todo o espaço, o vidro é estilhaçado e a alvenaria derrubada.*)
O JATO DE GÁS – Pfung!
BLOOM – Pare!
LYNCH (*avança rápido e agarra a mão de Stephen*) Olhe! Calma! Não ataque às cegas!
BELLA – Polícia!
(*Stephen, abandonando sua bengala, sua cabeça e seus braços jogados rígidos para trás, bate com os pés no chão e dispara para fora da sala, passando pelas prostitutas na porta.*)[24]

Foi então que ele encontrou o policial britânico e, quando derrubado, foi salvo e tomado aos cuidados de Bloom, para se recuperar na cozinha do anfitrião com uma xícara de chocolate, enriquecida com o "creme viscoso normalmente reservado para o desjejum de sua mulher Marion (Molly)".[25] Para Bloom essa foi uma ocasião para contar à sua parceira de cama Molly sobre sua aventura noturna pela cidade com Stephen. Isto afastaria de Molly sua galáxia de amantes e a atrairia para Bloom.[26] E em *A montanha mágica* foi a carícia suave e a resposta simpática da Frau Chauchat a seu amante carnavalesco, também tuberculoso, que lhe permitiu obter dela em sua gruta, finalmente, a realização de seu desejo.

No sanatório Berghof havia dois médicos cinicamente joviais e bastante duvidosos, um sempre vestido de preto reluzente e o outro com um avental branco de cirurgião, que controlavam a população daquele castelo dos mortos vivos. O de negro, Dr. Krokowski, era um psiquiatra, baixinho de ombros largos, gordo e pálido como a cera, com aproximadamente trinta e cinco anos de idade, com uma barba negra repartida em dois pontos. O outro, Dr. Behrens, cirurgião-diretor da instituição, três cabeças mais alto do que o seu subordinado escuro, tinha faces púrpuras doentias, olhos azuis salientes e injetados e usava, sob seu nariz chato, um bem aparado bigode branco. Foi ele quem introduzira Hans a seu esqueleto no fluoroscópio. E Krokowski, por uma série de palestras feitas na sala de jantar sobre "O Poder do Amor como Agente da Doença", voltara seus pensamentos ainda mais profundamente para seu interior, em direção ao problema de seu coração cujas batidas eram estranhamente violentas. Porque já na chegada, quando desembarcou do trem, seu coração acelerara em decorrência do ar alpino, e a consequente sensação de excitamento geral carecia de um objeto apropriado até que sua mente, por si mesma, após alguns dias na montanha, começou a se voltar irresistível e persistentemente para aquela mulher de cabelos ruivos trançados e olhos quirguizes asiáticos.

"Todos os sintomas das doenças", Krokowski declarara, "não passam de manifestações disfarçadas do amor; e a doença não é senão o amor transformado".[27] Reprimido – Krokowski explicara – o poder do amor infeta todo o sistema pelo efeito sobre alguma substância desconhecida no corpo que, desintegrando-se, libera toxinas. "Poder-se-ia mesmo acreditar", Hans posteriormente chamou a atenção de seu primo ao comentar a questão, "que talvez haja algo de verdade naquelas lendas de filtros amorosos e coisas semelhantes, aos quais se referem as antigas sagas".[28]

Foi Behrens, entretanto, quem explicou para Hans – algum tempo depois de ter visto o seu próprio corpo como seu túmulo vivo – o fio que separa a morte da vida. Viver, disse Behrens, consiste em morrer; porque a vida, assim como a putrefação, é um processo em última instância de oxidação, a combustão de albumina celular: por isso, a temperatura dela é por vezes demasiada. "Contudo há uma diferença: *a vida é a persistência da forma por meio da transformação da matéria.*"[29]

E foi assim que, depois que Hans Castorp, curiosamente pedante, expôs a Cláudia sua embriaguez erótica diante do prodígio do corpo agonizante dela, como o sol de um novo dia, apareceu o termo salvífico da luz apolínea – *sainte merveille de la forme*! – que será desenvolvido no final de seu discurso.

"O corpo e o amor do corpo" – ele declamava – "são assuntos indecentes e complicados. O corpo, com medo e vergonha de si mesmo, enrubesce e empalidece na sua superfície. Mas ele é também uma grandiosa e adorável glória, imagem miraculosa da vida orgânica, prodígio sagrado de forma e beleza: e amor por ele, pelo corpo humano, é além do mais um interesse totalmente humanitário, uma força muito mais instrutiva do que toda a pedagogia do mundo!"[30]

Assim, no apogeu de seus anos, hermeticamente afastado da história e suas circunstâncias, tocado pelos vapores da ciência e da filosofia, O Delicado Filho da Vida, como Mann o chama, incubando as febres do mistério e devoção de seu próprio corpo, alcançou à sua própria sublime maneira a experiência de centralidade e compromisso espirituais. Mann denomina tal processo de "Pedagogia Hermética". E a segunda parte do romance vai então tratar do amadurecimento do herói em torno desse centro de ordenamento de uma sabedoria coerente consigo mesma e sustentadora da vida; seguindo essa sabedoria – como uma "roda girando por si mesma" – Hans voluntariamente parte, com plena consciência do que está fazendo, para se entregar no campo de batalha (1914) ao seu povo por amor e lealdade. (Comparar com a idade e o ato de "doação" de Dante.)

Carl Jung, durante os anos em que Thomas Mann trabalhava em *A montanha mágica* (*c.*1912-1921), estava chegando por seu próprio caminho, independentemente, a interpretações tanto da psique quanto de seus símbolos míticos que coincidiam de forma notável com as do romancista – conforme ele mesmo reconheceu generosamente em seu discurso sobre "Freud e o Futuro", pronunciado em 1936. Os dois eram exatamente da mesma idade (Mann, 1875-1955; Jung, 1875-1961) e estavam atravessando juntos, naqueles anos catastróficos de antes, durante e depois da Primeira Guerra Mundial, o meridiano de suas vidas. Também, em certo sentido, estava a própria Europa: ou assim, pelo menos, pensava o contemporâneo deles, o historiador Oswald Spengler (1880-1936), cuja obra-prima, *A decadência do Ocidente*, apareceu em 1923 – exatamente entre *Ulisses*, 1922, e *A montanha mágica*, 1924. Além do mais, no ano de 1921, aparecera a obra de Leo Frobenius, *Paideuma*, um estudo antropologicamente documentado em profundidade histórica da psique e suas formas simbólicas que abrira (tanto em torno e embaixo da Montanha Mágica da Europa) uma nova e poderosa perspectiva da dimensão espiritual do homem. A respeito, Jung escreveu:

> Os motivos típicos dos sonhos [...] permitem uma comparação com os motivos da mitologia. Muitos desses motivos mitológicos, que Froebenius coletou prestando-nos um serviço de grande valia, também se encontram nos sonhos, com frequência exatamente com o mesmo significado [...] A comparação dos motivos típicos dos sonhos com os da mitologia sugere a ideia – já colocada por Nietzsche – que o pensamento onírico deveria ser considerado como um modo de pensar filogeneticamente mais antigo [...] Exatamente como o corpo carrega os traços de seu desenvolvimento filogenético, também a mente humana. Por isso não há nada de surpreendente na possibilidade de a linguagem figurativa dos sonhos ser uma sobrevivência da forma arcaica de pensar.[31]

Em *A montanha mágica*, a culminação da meditação diurna de Hans Castorp sobre o mistério da morte na vida é apresentada no capítulo intitulado "Neve", onde o não mais inocente, tanto com a cabeça quanto com o coração agora repletos de experiência, prepara-se para esquiar e, com mais coragem do que habilidade, põe-se em marcha sozinho. No vasto silêncio alpino ele logo percebe que se perdeu e, um pouco assustado, bebe um trago de vinho do Porto para recobrar a coragem, o que, entretanto, o faz adormecer apoiado em um abrigo coberto de neve. E ali, teve um lindo sonho, com uma paisagem que ele jamais vira: um mundo helênico maravilhosamente batido de sol onde pessoas se moviam solene e graciosamente entre altas colunatas jônicas.

Era um sonho que Mann extraíra dos últimos parágrafos de *O nascimento da tragédia* de Nietzsche, em que ele ilustra o tema central daquela obra: o relacionamento recíproco entre Dioniso e Apolo, respectivamente os poderes da vontade obscura impessoal (figura 3, estágio 10) e a beleza da forma (estágio 16). "No entanto – escreveu Nietzsche – "daquele fundamento de toda existência, do substrato dionisíaco do mundo, só é dado penetrar na consciência do indivíduo humano exatamente aquele tanto que pode ser de novo subjugado pela força transfiguradora apolínea, de tal modo que esses dois impulsos artísticos são obrigados a desdobrar suas forças em rigorosa proporção recíproca, segundo a lei da eterna justiça... Mas que esse efeito seja necessário, aí está algo que, por intuição, cada um o perceberia,

O PARAÍSO TERRESTRE

contanto que alguma vez, fosse mesmo em sonho, se sentisse transportado a uma existência vetero-helênica".[32]

Como o sonhador imaginário de Nietzsche, Hans também fora levado de volta para uma cena de nobreza e beleza idílicas. E tal como o sonhador anterior que aprendera de um guia inspirado no mundo de Ésquilo a perceber o imenso poder que deve ter tido a força terrível do deus de loucura ditirâmbica (já que uma tal beleza radiante era necessária para mantê-lo no controle), também Hans, com o coração exultante diante da beleza de sua visão, teve a oportunidade de perceber que atrás dele havia um templo de escuridão, morte e sangue, onde duas bruxas cinzentas, seminuas e com duas tetas bamboleantes, estavam num silêncio selvagem esquartejando uma criança sobre um caldeirão. E quando ele acordou horrorizado pela revelação, ainda fascinado pela beleza, seu significado saltou em sua mente, epitomizado num termo que ele ouvira pela primeira vez em uma conversa com Naphta e Settembrini, mas agora num sentido desconhecido para ambos: *Homo Dei*. "O mito", diz Jung, "é a revelação de uma vida divina no homem";[33] e assim fora aquele sonho, para Hans.

É o Homem, pensou Hans, *Homo Dei*, que é o senhor tanto da vida quanto da morte: apenas ele é nobre, não elas. Mais nobre do que a vida é a religiosidade de seu coração; mais nobre do que a morte, a liberdade de seu pensamento. E o amor, não a razão, é mais forte do que a morte. O amor, não a razão, proporciona pensamentos bondosos, e o amor e a bondade criam a forma: a forma e a civilização – em silencioso reconhecimento da orgia sangrenta. "Eu manterei a fé com a morte em meu coração", ele concluiu, "lembrando, entretanto, que manter a fé com a morte e o passado tornou-se pernicioso, ominosamente sensual e misantrópico, no instante em que permitimos que governem os pensamentos e ações. *Em nome da dignidade e do amor, o homem não permitirá que a morte tenha qualquer poder sobre seus pensamentos.* E com isso eu desperto."[34]

"O sonho" – afirma Jung – "é uma pequena porta oculta nas mais recônditas e secretas profundezas da psique, abrindo-se para aquela noite cósmica que fora a psique muito antes de haver qualquer consciência do ego, e que permanecerá sendo a psique não importa até onde a nossa consciência do ego possa se estender [...] Toda consciência separa; mas nos sonhos nós assumimos a semelhança daquele homem mais universal, mais verdadeiro, mais eterno que habita as trevas da noite primordial. Lá ele ainda é o todo, e o todo está nele, inseparável da natureza e despido de qualquer ego".[35]

No mundo antigo, segundo Hesíodo, Parmênides, Sócrates e Platão,[36] a divindade simbólica da energia criativa daquele todo era Eros:

> Que rompe a força dos membros
>   que em todos os deuses, em todos os seres humanos,
> sobrepuja a inteligência no peito,
>   e todo arguto planejamento.[37]

Jung, em seu comentário sobre essa ideia clássica escreve:

> "Eros era considerado um deus cuja divindade transcendia nossos limites humanos e que, por isso, não podia nem ser compreendido nem representado em qualquer forma. Eu poderia, como muitos antes de mim tentaram fazer, atrever-me a abordar esse *daimon*, cujo âmbito de atividades estende-se dos espaços infinitos dos céus aos abismos escuros do inferno; mas eu hesito diante da tarefa de encontrar uma linguagem que possa expressar devidamente os incalculáveis paradoxos do amor. Eros é um *kosmogonos*, um criador e pai-mãe de toda consciência superior. Às vezes sinto que as palavras de Paulo – "Ainda que eu fale com as línguas dos homens e dos anjos, se não tiver amor" – poderiam muito bem ser a primeira condição de toda cognição e a quintessência da própria divindade. [...] O amor "contém todas as coisas" e "suporta todas as coisas" (Coríntios I 13:7). Essas palavras dizem tudo o que há para ser dito; nada se pode acrescentar a elas. Pois somos no sentido mais profundo as vítimas e os instrumentos do "amor" cosmogônico.[38]

No Oriente o *bodhisattva* representa esse princípio em seus aspectos tanto de sabedoria que transcende o tempo (*bodhi*) quanto de compaixão relativa ao tempo (*karuṇā*), enquanto Śiva, sendo tanto o iogue arquetípico quanto a personificação do *liṅgam*, é uma representação anterior do mesmo. Dioniso, Orfeu e as outras figuras da Escola de Mistérios são diferentes aspectos em manifestação desse poder cosmogônico, cuja mitologia na esfera cristã foi centrada no Redentor crucificado (figura 9). ("Quem me vê, vê Aquele que me enviou." "Eu e o Pai somos um.")[39] Por meio de nossa humanidade (disseram-nos), estamos relacionados com a de Cristo, que mediante sua divindade nos relaciona com Deus (cRx).* No *bodhisattva,* por outro lado, cada um deve reconhecer o espelho-da-natureza de sua própria qualidade búdica inteligível ($c \neq = x$).** "Florry Cristo, Stephen Cristo, Zoe Cristo, Bloom Cristo, Kitty Cristo, Lynch Cristo", escreveu Joyce na cena do bordel. Feirefiz, Parzival e o pai deles, Gahmuret, são um só – também Wolfram von Eschenbach. A *Imitação de Cristo* própria do conhecimento não dual do *Homo Dei* tem de reconhecer a personalidade do deus ou deusa Eros-Amor, *kosmogonos*, não onde ela não pode ser nem procurada nem encontrada, "lá fora", em algum lugar, na transcendência, mas – como fez Cristo – em si mesmo. E não apenas no si mesmo, mas em todas as coisas, em todos os eventos: em cada indivíduo, exatamente como ele é – tosco ou refinado – a máscara de Deus.

---

* *Supra,* p. 298.
** *Supra,* p. 299 e 354.

II. SIMBOLIZAÇÃO

1.

A *Māṇḍukya Upaniṣad* indiana, em sua análise e exposição dos quatro elementos da sílaba mística *AUM*, fornece a pedra de toque para a classificação dos símbolos. *"AUM"*, começa o texto: "Esse som imperecível é o todo deste universo visível. Sua explicação é a seguinte: Tudo quanto tem acontecido, acontece e acontecerá, em verdade tudo isso é o som *AUM*. E o que está além destes três estados do mundo temporal, isso também, em verdade, é o som *AUM*".[40]

O elemento *A*, somos em seguida informados, denota Consciência Desperta e seu mundo (o que veio a ser); o elemento *U*, Consciência do Sonho e seu mundo (o que está vindo a ser); o elemento *M*, Sono Profundo sem Sonhos, o estado inconsciente (o que virá a ser); enquanto o quarto elemento – o *silêncio* anterior, posterior e em torno do *AUM* – denota aquele estado absoluto, não qualificado, incondicionado que não é nenhum estado de "consciência em si mesma", ao qual Erwin Schrödinger refere-se em sua passagem acima citada.[*]

Expondo detalhadamente: primeiro, o elemento A:

A Consciência Desperta, voltada para fora, é chamada a comum-a-todos-os-homens. Seus objetos são de matéria bruta e estão separados uns dos outros: **a** não é **b**. Percebidos pelos sentidos, nomeados pela mente e experimentados como desejáveis ou temíveis, eles compõem o mundo do que Goethe chamou "o acontecido e estabelecido: o morto", no qual o entendimento (*Verstand*) está interessado "apenas em fazer uso".[**] Esse é o aspecto da experiência que Mefistófeles compreende e controla: o mundo do homem empírico, seus desejos, medos e deveres, leis, estatísticas, economia e "fatos reais". É o mundo, segundo o julgamento de Stephen Dedalus, das conchas deixadas para trás pela vida: "Crash, crack, crick. Dinheiro do mar selvagem".[41] Dinheiro e apólices, banalidades e formas fixas. Essa é a Terra Desolada, o Inferno de Dante: o mundo da arte naturalista e da abstração intelectual. Sua ordem de símbolos pode hoje ser mais bem estudada no imponente *Tratado Lógico-Filosófico* de Ludwig Wittgenstein, como na seguinte seleção de suas fórmulas escrupulosamente áridas.

Proposição 2.1 "Fazemo-nos imagens dos fatos". 2.12 "A imagem é um modelo da realidade." 2.161 "O fato tem de ter, para ser imagem, alguma coisa em comum com o que é representado pictorialmente."

Proposição 3 "A imagem lógica dos fatos é o pensamento." 3.1 "Na proposição o pensamento exprime-se de modo perceptível pelos sentidos." 3.31 "A cada parte da proposição, que caracteriza o seu sentido, chamo uma expressão (um símbolo)." [...] 3.32 "O sinal é o que no símbolo é perceptível pelos sentidos."

---

[*] *Supra*, p. 516-518.
[**] *Supra*, p. 328.

Proposição 4 "O pensamento é a proposição com sentido". 4.001 "A totalidade das proposições é a linguagem." 4.11 "A totalidade de proposições verdadeiras é toda a ciência natural (ou a totalidade das ciências da natureza)." 4.111 "A Filosofia não é uma das ciências da natureza." [...] 4.112 "O objetivo da Filosofia é a clarificação lógica dos pensamentos [...] A Filosofia deve tornar claros e delimitar rigorosamente os pensamentos, que doutro modo são como que turvos e vagos." 4.1121 "A Psicologia não é mais relacionada com a Filosofia do que com qualquer outra ciência da natureza." [...] 4.116 "Tudo o que pode de todo ser pensado, pode ser pensado com clareza. Tudo o que se pode exprimir, pode-se exprimir com clareza." [...][42]

Bertrand Russel, nesse mesmo espírito tumular, sumarizou em uma sentença tanto sua própria ideia quanto a de Wittgenstein sobre o objetivo da simbolização: "A principal tarefa da linguagem é afirmar ou negar os fatos".[43] A tarefa mais usual de linguagem, entretanto, tem sido motivar a ação e, para esse fim, incitar o medo, a raiva ou o desejo, doutrinar, tergiversar, intimidar e fazer lavagem cerebral. Na realidade, afirmar ou negar "a realidade" é a última coisa para a qual a linguagem tem sido usada. "Ficção", antes, seria o termo honesto a ser usado por esse mestre da clareza – pois, como Nietzsche já sabia, "o que quer que possa ser pensado, só pode ser ficção". "Há muitos tipos de olhos. Mesmo a Esfinge tem olhos. Por isso, há muitos tipos de verdade – e, por isso, não há verdade alguma."[44] "A verdade é aquele tipo de erro sem o qual um sujeito pensante não pode viver." E "A lógica baseia-se em pressupostos aos quais nada no mundo real corresponde".[45]

As principais funções psicológicas envolvidas na ordem da cognição voltada para o exterior, "objetiva", "comum a todos os homens", são *sensação* e *pensamento*. *Sentimento* e *intuição*, por outro lado, levam para o interior, para as esferas privadas. Conforme diz Jung: "A reação dor-prazer de sentir caracteriza o grau máximo de subjetivação do objeto"; enquanto a intuição é aquele modo de percepção que inclui a apreensão de fatores subliminares: "a possível relação com os objetos que não aparecem no campo de visão, e as possíveis mudanças, passadas e futuras, sobre as quais o objeto não oferece nenhuma pista. A intuição é uma consciência imediata", continua Jung, "de relações que não poderiam ser estabelecidas pelas outras três funções no momento da orientação".[46]

Nas artes tanto de Joyce quanto de Mann, tais relacionamentos subliminares intuídos são indicados pelos motivos recorrentes que abundam em suas obras, sugerindo analogias, homologias, sincronicidades significativas e assim por diante; o motivo recorrente "cão" em *Ulisses*, por exemplo, ou, em *Tônio Kroeger*, os temas contrastantes desenvolvidos musicalmente dos "ciganos escuros" e dos "loiros de olhos azuis".*

Assim chegamos ao elemento U, o segundo elemento de *AUM*:

A Consciência dos Sonhos, chamada "a iluminada", é voltada para o interior, onde ela coincide com o movimento da vontade, isto é, "o que está vindo a ser".

---

* *Supra*, p. 241-243, 258-259 e 283-284.

Seus objetos não são de matéria bruta, mas de matéria sutil que, como o fogo, como o Sol, tem luminosidade própria não como a matéria bruta que é iluminada de fora. No mundo da consciência desperta, o fogo da lareira e da pira funerária, bem como a porta flamejante do Sol, conduzem para este mundo visionário que está além de todos os pares de opostos. Pois nele, como o sonhador e o sonho são a mesma coisa, desaparece a oposição sujeito-objeto: as visões são de seus próprios poderes motivadores; suas personificações são seus deuses – ou, se impropriamente servidos, desdenhados ou desconsiderados, tornam-se seus demônios ou inimigos. Outrossim, como os poderes da natureza *neste* sonhador, *naquele* sonhador e no macrocosmo da própria natureza, são os mesmos – apenas inflectidos diferentemente –, os poderes personificados em um sonho são aqueles que movem o mundo, e todos os deuses estão dentro, dentro de você e dentro do mundo. E será de acordo com as tensões e resoluções, equilíbrios e desequilíbrios internos do indivíduo que suas visões serão ou infernais ou celestiais: confusas e pessoais, ou iluminadas e genéricas; negativas, tenebrosas e monstruosas (como o Satã de três cabeças de Dante) ou positivas e radiantes (como a sua Trindade). Porque os infernos, purgatórios e céus são interiores, como modos de experiência do único terror-júbilo da Consciência dos Sonhos no ponto de ignição que Goethe denominou "o vir a ser e o mutável: o vivo", por meio do qual é do interesse da razão (*Vernunft*) "empenhar-se em direção ao divino". Ali todos os pares de opostos coincidem, seja de sujeito e objeto, o sonhador e seu sonho, desejo e repulsa, terror e júbilo, ou o micro e o macrocosmo.

Freud, em sua obra memorável, *A interpretação dos sonhos* (publicada em 1900), que se baseia nas percepções extraídas dos anos dedicados às fantasias dos neuróticos, concentra toda a atenção naquelas ansiedades e fixações *pessoais* distorcidas de seus pacientes que eram, na verdade, os "pecados" (para usar um termo teológico) que os confinavam em seus infernos, dos quais a finalidade de sua compadecida ciência era libertá-los. E para os infelizes atormentados, autocondenados, o mundo inteiro era um Inferno – como o é em *Doctor Faustus* de Marlowe para o seu Mefistófeles:

> FAUSTO – Onde estás condenado?
> MEFISTÓFELES – No inferno.
> FAUSTO – Como podes então estar fora do inferno?
> MEFISTÓFELES – Ora, este é o inferno, e eu não estou fora dele:
>   Pensas tu que eu, que vi a face de Deus,
>   E provei as alegrias eternas do Céu,
>   Não sou atormentado pelos dez mil infernos,
>   Ao ser privado da felicidade eterna?[47]

E de novo, um pouco adiante:

> FAUSTO – Dize-me onde fica o lugar que as pessoas chamam de inferno?
> MESFISTÓFELES – Sob os Céus.
> FAUSTO – Ah, mas onde?
> MEFISTÓFELES – Dentro das entranhas desses elementos,

Onde somos torturados e permanecemos para sempre;
O inferno não tem limites, tampouco é circunscrito
Em um mesmo lugar; porque onde estamos é o inferno,
E onde está o inferno, teremos de estar:
E, para concluir, quando o mundo inteiro se dissolver,
E todas as criaturas forem purificadas,
Todos os lugares que não são Céu serão inferno.
FAUSTO – Ora, eu acho que o inferno é uma fábula.
MEFISTÓFELES – Ah, continua pensando assim, até que a experiência te faça mudar de opinião.⁴⁸

"Acredito que uma grande parte da concepção mitológica de mundo que impregna as religiões mais modernas *não passa de psicologia projetada no mundo exterior.*" Freud escreveu no início de sua carreira no ensaio *Psicopatologia da vida cotidiana* (1904). "A vaga percepção (como se fosse a percepção endopsíquica) dos fatores psíquicos e relações do inconsciente foi tomada como modelo na construção de uma *realidade transcendental*, que está destinada a ser transformada novamente pela ciência em *psicologia do inconsciente*. [...] Nós buscamos explicar dessa maneira os mitos do paraíso e da queda do homem, de Deus, do bem e do mal, da imortalidade e similares – isto é, transformar a *metafísica* em *metapsicologia*."⁴⁹

O mesmo ocorre em *Humano, demasiadamente humano* de Nietzsche (1878): "Nos períodos dos princípios primitivos da cultura, o homem acreditava que estava descobrindo *um outro mundo* real nos sonhos e ali se encontra a origem de toda metafísica. Sem o sonho, a humanidade jamais teria tido a oportunidade de criar uma tal divisão do mundo. A separação entre espírito e corpo também provém dessa maneira de interpretar os sonhos; igualmente a ideia de um 'corpo' aparente do espírito: daí, toda crença nos fantasmas, e, aparentemente, também nos deuses".⁵⁰ Sugerimos ver Occam, *supra*, p. 495.

No escopo de sua ciência, Freud estava interessado fundamentalmente na patologia. Ele interpretou os símbolos dos sonhos alegoricamente, como referências mascaradas dos traumas psicológicos sofridos na infância pelo sonhador, especialmente em relação com as figuras dos pais; e ao se voltar dos sonhos para as mitologias, ele as diagnosticou, em consequência, como sintomas de traumas equivalentes no passado formativo dos povos aos quais os mitos em questão pertencem. "Nós baseamos tudo na assunção de uma psique da massa", ele escreveu em *Totem e tabu* (1913), "na qual ocorrem processos psíquicos como na vida do indivíduo. Além do mais, permitimos que um sentimento de culpa por um ato sobreviva por milhares de anos, permanecendo efetivo em gerações que não têm o menor conhecimento do fato".⁵¹

Jung, por outro lado, enfatiza em sua interpretação tanto dos sonhos quanto dos mitos, não tanto a história e biografia quanto a biologia e aquelas iniciações na natureza e sentido da existência que todos, durante o curso da vida, têm de suportar. Nas suas palavras:

O PARAÍSO TERRESTRE

De acordo com minha visão, o inconsciente divide-se em duas partes que deveriam ser nitidamente distintas uma da outra. Uma delas é o inconsciente pessoal; ele inclui todos aqueles conteúdos psíquicos que foram esquecidos durante e curso da vida do indivíduo. Vestígios deles continuam preservados no inconsciente, mesmo que toda memória consciente deles tenha desaparecido. Além do mais, ele contém todas as impressões ou percepções subliminares que não têm suficiente energia para chegar à consciência. A essas temos de acrescentar combinações inconscientes de ideias que são demasiadamente débeis ou mesmo indistintas para atravessar o limiar. Finalmente, o inconsciente pessoal abriga todos os conteúdos psíquicos que são incompatíveis com a atitude consciente. Esses compreendem todo um grupo de conteúdos, principalmente aqueles que parecem moral, estética e intelectualmente inadmissíveis e são reprimidos por sua incompatibilidade. Um homem não consegue sempre pensar e sentir o bom, o verdadeiro e o belo, e ao tentar se manter de acordo com uma atitude ideal, tudo o que não se adapta a ela é automaticamente reprimido. Se, como quase sempre é o caso em uma pessoa diferenciada, uma função, por exemplo, o pensamento, é especialmente desenvolvida e domina a consciência, então o sentimento é empurrado para o fundo e cai em grande parte no inconsciente.

A outra parte do inconsciente é a que eu chamo de inconsciente impessoal ou coletivo. Como o próprio nome indica, seus conteúdos não são pessoais, mas coletivos; isto é, eles não pertencem a apenas um indivíduo, mas a todo um grupo de indivíduos e, em geral, a toda uma nação ou mesmo toda a humanidade. Esses conteúdos não são adquiridos durante a vida do indivíduo, mas são resultantes de formas e instintos inatos. Apesar de a criança não possuir nenhuma ideia inata, ela, entretanto, tem um cérebro altamente desenvolvido que funciona de uma maneira extremamente definida. Esse cérebro é herdado de seus ancestrais; ele é um depósito da atuação psíquica de toda a raça humana. A criança, portanto, traz consigo um órgão apto para funcionar da mesma maneira que funcionou por toda a história humana. No cérebro os instintos encontram-se pré-formados e o mesmo ocorre com as imagens primordiais que sempre constituíram a base do pensamento humano – todo o tesouro de motivos mitológicos.[52]

Durante as seis décadas e meia em que passou desenvolvendo suas teorias do inconsciente (1896-1961: exatamente os anos durante os quais uma quantidade incrível de artistas e autores criativos – Yeats, Pound, Eliot, Joyce, Mann, Picasso e Klee, por exemplo – explorava o mesmo "bosque escuro", cada um seguindo seu próprio rumo, onde não havia nenhum caminho ou trilha), o Dr. Jung usava os termos "arquétipo" e "imagem primordial" de modo permutável para designar aqueles poderes formativos da psique que foram discutidos detalhadamente nos primeiros capítulos do primeiro volume desta obra: *Mitologia Primitiva*, Capítulo 1, "O Enigma da Imagem Hereditária", e 2, "A Estampagem ou Marcas da Experiência". As páginas dos capítulos e volumes posteriores foram dedicadas a uma pesquisa sistemática das mudanças através do espaço e do tempo daquelas "formas" proteicas eternas, que o poeta Robinson Jeffers chamou de "as regras fantasmas da humanidade / Que sem existir são ainda mais reais do que aquelas das quais nascem, e sem forma, modelam o que as faz":

> Os nervos e a carne passam como sombras, os membros e as vidas fantasmais, essas sombras permanecem, essas sombras
> A quem os templos, a quem as igrejas, a quem as fainas e as guerras, visões e sonhos são dedicados.⁵³

Adolf Bastian (1825-1905) cunhou o termo "ideias étnicas" (*Völkergedanke*) para designar as transformações históricas locais dos arquétipos, e o termo "ideias elementares" (*Elementargedanke*) para os próprios arquétipos. Leo Frobenius empregou então o termo "mônada cultural" para representar uma constelação operante de ideias étnicas em manifestação histórica. A força aglutinadora de tal "mônada" seria, de acordo com sua visão, uma intuição de ordem inspirada por alguma presença fascinante: por exemplo, entre os caçadores primitivos, a presença marcante do mundo animal, onde a permanência de cada espécie única aparece por meio de indivíduos efêmeros; entre os agricultores primitivos, o milagre do mundo vegetal, onde a vida surge da dissolução; e nas cidades-estados da Suméria, o prodígio do céu noturno, onde uma ordem cosmológica matematicamente calculável foi reconhecida nas transições dos planetas, da Lua e do Sol.

Tais revelações de relações subliminares fora e dentro das esferas de observação temporal-espacial foram recebidas com espanto – de acordo com Frobenius – e os próprios fenômenos relacionados a essas observações vistos com fascinação, forneceram então tanto as imagens quanto os principais focos de um sistema de mitologia e culto através do qual o grupo social afetado tentou se colocar em acordo com o princípio de ordem intuído. Frobenius enfatizou em seus estudos da gênese da mitologia os fenômenos do meio ambiente; enquanto Freud, que com respeito ao mito também trata principalmente dos fatores históricos, achou que, não importando qual o meio, o tema central de todo mito, arte, religião e civilização, até o seu próprio tempo, fora o da cena da família nuclear humana de desejo, ciúme e culpa no inevitável romance triangular Mãe, Pai e Filho.

É, entretanto, sensato supor que na formação das mitologias *ambos* os fatores devam ser considerados. Onde tais diferenças aparecem, digamos, entre as mitologias primitivas dos caçadores e agricultores, ou entre a Síria de Astarté e a bíblica de Jeová, o fator ambiental certamente merecerá maior consideração. Ao passo que no caso de um próspero vienense fantasiando em um divã, bem pode ter sido o drama familiar de sua própria infância semiesquecida o que construiu o labirinto no qual se perdeu sua alma de herói.

De qualquer maneira, seja como um reflexo de: a) o meio ambiente natural; b) a vida histórica tribal ou nacional; c) o triângulo familiar, ou d) o curso biológico inevitável de amadurecimento e envelhecimento humanos, juntamente com o que James Joyce chamou de "o grave e constante no sofrimento humano" – ao que eu

O PARAÍSO TERRESTRE

acrescentaria "e na felicidade humana" –, fica claro que as imagens reais e ênfase de qualquer sistema mitológico ou onírico têm de ser derivadas da experiência local. Por outro lado os "arquétipos", as "ideias elementares", os "papéis" que as imagens locais servem devem advir de uma ordem anterior à experiência: de uma trama, por assim dizer, um destino ou *wyrd* inerente à estrutura psicossomática da espécie humana.

Nas páginas iniciais do primeiro volume de sua grandiosa quatrilogia bíblica, *José e seus irmãos*, que em sentido e inspiração é um desdobramento – amplo e belo – da semente do sonho de Hans Castorp em *A montanha mágica*, Thomas Mann escreve sobre o impulso para trás da ciência em busca das origens daquelas formas míticas que têm sido o suporte de toda vida e cultura humanas. E como ele ali declara: "Quanto mais profundamente sondamos, mais profundamente descemos para as camadas inferiores do passado, pesquisando e destrinchando, mais descobrimos que as primeiras bases da humanidade, sua história e cultura, revelam-se insondáveis".[54] Ele então apela para o mito gnóstico que já consideramos – da criação como uma função da descida ou "queda" do espírito antes do começo dos tempos – para sugerir que o verdadeiro Jardim do Paraíso é inerente ao próprio espírito e antecede a criação. "Nós perscrutamos o poço do tempo até as suas entranhas e ainda não chegamos ao nosso objetivo [...] a história do homem é mais antiga do que o mundo físico que é obra de sua vontade, mais antiga do que a vida, que repousa sobre sua vontade".[55]

Assim, também, Jung: "As 'camadas' mais profundas da psique perdem sua singularidade individual à medida que se retraem cada vez mais em direção às regiões obscuras. Quer dizer que, à medida que se aproximam dos sistemas funcionais autônomos, elas se tornam cada vez mais coletivas, até se universalizarem e serem extintas na materialidade do corpo, isto é, em substâncias químicas. O carbono do corpo é simplesmente carbono. Consequentemente, 'no fundo' a psique é simplesmente 'mundo'."[56]

Não se pode deixar aqui de pensar no mito upanixádico do Si-Próprio na forma de um homem que se tornou toda esta criação,[57] e na visão de Schopenhauer do mundo como vontade: a vontade que está toda em todos nós e em cada um de nós é o todo.

Mas os "arquétipos", que são dessa ordem primal da psique, não são para ser concebidos como conteúdos determinados. Sobre isto afirma Jung:

> Muitas vezes encontro a ideia equivocada de que um arquétipo é determinado com respeito a seu conteúdo, em outras palavras, que ele é uma espécie de ideia inconsciente (se é que se pode usar tal expressão). É necessário notar mais uma vez que os arquétipos não são determinados no que diz respeito ao seu conteúdo, mas apenas em relação à sua forma, e mesmo assim apenas em grau muito limitado. Uma imagem primordial é determinada quanto ao conteúdo apenas quando ela se tornou consciente e está portanto preenchida com o material da experiência consciente. Sua forma, contudo [...] poderia talvez ser comparada com o sistema axial de um cristal que, por assim dizer, constrói a estrutura cristalina no líquido matriz, embora não tenham nenhuma existência material própria. Essa estrutura aparece de acordo com

a maneira específica pela qual os íons e moléculas se agregam. O arquétipo em si mesmo é vazio e puramente formal, nada mais do que *facultas praeformandi*, uma possibilidade de representação que é dada *a priori*. As próprias representações não são herdadas, apenas as formas, e nesse plano elas correspondem de todos os modos aos instintos, que também são determinados apenas na forma. A existência dos instintos não pode ser provada, assim como não pode ser provada a dos arquétipos, a não ser que se manifestem concretamente.[58]

Finalmente, saímos do elemento U chegando ao M, sono profundo sem sonhos, onde reside a potencialidade ou "o que virá a ser":

"Mas" – afirma a *Māṇḍukya Upaniṣad*, "quando aquele que dorme não deseja nada desejável, nem contempla sonho algum, isso é sono profundo. O Conhecedor que se tornou indiviso neste campo de sono sem sonho é a terceira parte do eu, ele é uma massa indiferenciada (massa informe, homogênea) de consciência, que consiste em beatitude e se alimenta de beatitude (como os anteriores se alimentavam do grosseiro e do sutil). Este é o Senhor de Tudo; o Onisciente; o Governante interior; a Fonte de tudo. Este é o começo e o fim de todos os seres".[59]

Do ponto de vista tanto da Consciência Desperta quanto da Consciência dos Sonhos, o Sono Profundo pareceria ser escuridão, um mero vácuo; porém os sonhos emanam dele e dele vem o despertar. Além do mais, de volta nele, tudo desaparece.

É a escuridão na qual Stephen Dedalus desapareceu, depois da conversa que teve com Bloom na cozinha do castelo deste, no seu templo, seu lar, onde vivia com sua deusa Molly, que estava naquela hora na cama no andar superior. É a escuridão na qual Bloom desapareceu, quando ele subiu para aquele segundo andar e na gruta de sua deusa subiu na cama, sua Cruz.

Como?

Com circunspecção, como o fazia invariavelmente ao entrar numa habitação (sua ou não sua): com solicitude, as molas em espiralserpentina do colchão sendo velhas, as argolas de metal e os barrotes viperinos pendentes soltos e trêmulos sob pressão e tensão: prudentemente, como ao entrar numa toca ou emboscada de luxúria ou de víboras: levemente, para perturbar o menos possível: reverentemente, a cama da concepção e do nascimento, da consumação do matrimônio e do rompimento do matrimônio, do sono e da morte.

O que encontraram os seus membros, quando gradualmente distendidos? Um novo lençol de linho limpo, odores adicionais, a presença de uma forma humana feminina, dela, o vestígio de uma forma humana, masculina, não dele, algumas migalhas, alguns nacos de carne enlatada, recozida, que ele removeu.

Se ele tivesse sorrido por que teria sorrido?

Para refletir que cada um que entra se imagina ser o primeiro a entrar enquanto que ele é sempre o último termo de uma série precedente mesmo se ele for o primeiro termo de uma série subsequente, cada um imaginando ser o primeiro o último, o

O PARAÍSO TERRESTRE

único e exclusivo enquanto ele não é nem o primeiro nem o último nem o único nem o exclusivo numa série originada ali e repetida ao infinito.[60]

Molly, a deusa, remexeu-se, perguntou sonolenta e foi respondida, sobre o regresso de seu consorte "Ulisses" naquele dia. E, exatamente como no final da subida de Dante ao Céu em *A divina comédia*, o poeta, contemplando a visão última de Deus, viu acima das cabeças da Trindade a maravilha de uma Luz Viva, da qual a própria Trindade era um reflexo, e sobre a qual ele afirma:

> dentro da profunda e clara subsistência daquela Luz imponente apareceram três círculos de três cores e de uma dimensão.[61]

Assim também, no teto acima do leito matrimonial adúltero de Marion e Leopold Bloom, viu-se enquanto ela escutava a saga dele:

> O deslocamento para cima do reflexo de uma lâmpada e sombra, uma série inconstante de círculos concêntricos de várias gradações de luz e sombra.
> Em que direção estavam deitados ouvinte e narrador?
> Ouvinte, SE, por E; Narrador, NO por O: no 53º paralelo de latitude N, e 6º meridiano de longitude O: num ângulo de 45º ao equador terrestre.
> Em que estado de repouso ou movimento?
> Em repouso em relação a si mesmos e um ao outro. Em movimento estando cada um e ambos impelidos para oeste, para a frente e para trás respectivamente, pelo movimento perpétuo e próprio da terra através das trajetórias sempre mutantes do espaço imutável.
> Em que postura?
> Ouvinte: reclinada semilateralmente, esquerda, mão esquerda debaixo da cabeça, perna direita estendida numa linha reta e repousando sobre a perna esquerda, na atitude de Gea-Tellus, repleta, recumbente, cheia de semente. Narrador: reclinado lateralmente, esquerda, com as pernas direita e esquerda flexionadas, o dedo indicador e o polegar da mão direita repousando no cavalete do nariz, na atitude descrita na fotografia instantânea por Percy Apjohn, o homem-criança cansado, o criança-homem no ventre.
> Ventre? Cansado?
> Ele repousa. Ele viajou.
> Com?
> Simbá o Marinheiro e Timbá o Timbadeiro e Jimbá o Jimbadeiro e Whimbá o Whimbadeiro e Nimbá o Nimbadeiro e Fimbá o Fimbadeiro e Bimbá o Bimbadeiro e Pimbá o Pimbadeiro e Mimbá o Mimbadeiro e Himbá o Himbadeiro e Rimbá o Rimbadeiro e Dimbá o Dimbadeiro e Vimbá o Vimbadeiro e Limbá o Limbadeiro e Ximbá o Ximbadeiro.

Quando?
Indo para uma cama escura havia um quadrado em volta de Simbá o Marinheiro ovo de ALCA de roco na noite da cama de todos os alças dos roços de Darkimbá o Darkimbeiro.

Onde?⁶²

●

Há um importante contraste a ser notado entre as atitudes de Joyce e Mann com respeito ao mundo da noite e da luz: o abismo no qual todos os pares de opostos desapareçem, e o dia no qual eles subsistem, ambos "comuns a todos os homens". Como já foi observado, embora esses dois mestres não se conhecessem, seus estágios de progresso percorreram caminhos paralelos, passo a passo. Começando ambos na virada do século XIX no estilo do romance realista sociopsicológico do mundo da Consciência Desperta, cada um narrou por meio de seu jovem herói o seu próprio afastamento na juventude dos interesses econômicos, sociais e políticos de seu povo, "para encontrar", conforme a colocação de Stephen Dedalus, "o modo de vida ou de arte pelo qual seu espírito pudesse expressar-se em liberdade irrestrita".⁶³ A fórmula de "ironia erótica" de *Tônio Kroeger,* exposta em sua carta a Lisabeta, e a teoria estética de Stephen – de arte própria e imprópria, estática e cinética* – representam igualmente, embora de diferentes ângulos, o sentido do arroubo estético, quando todas as faculdades da sensação, pensamento, sentimento e intuição estão dissociadas do serviço à vontade pessoal do artista, de maneira que, como o Buda no Ponto Imóvel, ele é liberto do medo e do desejo, porque ainda que momentaneamente está livre do ego: "fora de si mesmo", tomado pelo objeto. Sob um prisma biológico, o olho é um órgão a serviço de um organismo agressivo, sensual – examinando o mundo em busca de presas e avaliando os perigos. Mas, no momento estético, despido de interesses pessoais, o olho observa tudo como pelo Olho do Mundo de Apolo com sua lira no pico do monte Hélicon. A Canção do Mundo, a música das esferas, é então ouvida (a "Tália silenciosa", cantando) e, conforme diz Goethe em um famoso poema: "Então a alegria da vida jorra de todas as coisas".**

---

* *Supra,* p. 271-272, 283-284 e 300-302.
** Wenn im Unendlichen dasselbe
 Sich wiederholend ewig fliesst,
 Das tausendfältige Gewölbe
 Sich kräftig ineinander schliesst;
 Strömt Lebenslust aus allen Dingen,
 Dem kleinsten wie dem grössten Stern,
 Und alles Drängen, alles Ringen
 Ist ewige Ruh in Gott dem Herrn.
 ("Zahme Xenien VII", *Obras,* em 40 volumes, 1853; volume III, p. 135.)

Ulisses e *A montanha mágica* são visões do tal olho do mundo da nossa atual humanidade muito difamada. Os personagens e eventos, ostensivamente separados uns dos outros – como no campo de visão do romance sociológico e psicológico realista – são unificados como na esfera dos sonhos pela alquimia da arte. Nos termos de Stephen são "consubstanciais": essencialmente a visão é a da Rede de Pedras Preciosas do budismo Mahayana, segundo a qual o universo é um contexto de "harmonia totalizante que se relaciona e interpenetra mutuamente",[64] uma em todas e todas em uma; cada gema, cada joia de um ser, refletindo todas, de maneira que "mesmo num fio de cabelo há inumeráveis leões de ouro". Ou retomando o comentário de Wolfram sobre o combate entre Parzival e Feirefiz: se se quer, pode-se falar deles como dois, mas eles são um só. Motivos de associação mitológica explícita musicalmente desenvolvidos e manipulados, ecoando e reecoando, servem em ambos os romances – à maneira da anamorfose sugerida por Schopenhauer em seu ensaio sobre o sonho cósmico no qual todos os personagens do sonho também sonham – para revelar dentro de todos, dentro de cada um, a imagem inteira que no plano desperto está aparentemente fragmentada: o *Homo Dei* de Hans Castorp; "Florry Cristo, Stephen Cristo, Zoe Cristo, Bloom Cristo, Kitty Cristo, Lynch Cristo" de Stephen Dedalus.

A ordem do mundo da Consciência Desperta desintegra-se nesses romances e a do mundo do Sonho irrompe nas cenas, respectivamente, da visão da paisagem grega por Hans e a da orgia no bordel por Stephen. Entretanto, Hans é então levado mais longe e mais profundamente para a terrível esfera da noite quando, num estágio posterior de sua aventura – num capítulo intitulado por seu autor *Fragwürdigstes*, "Altamente Suspeito" – ele se permite participar de uma série de sessões espíritas, onde num momento de clímax Joaquim, que morreu há alguns meses, retorna, ressurge pela invocação do próprio Hans, vestido profeticamente com o uniforme que seria o destino de Hans usar – o do exército alemão na Primeira Guerra Mundial.

As sessões espíritas amadoras tinham sido organizadas como desdobramento das palestras de Krokowski e a chegada por acaso no sanatório de uma pequena jovem dinamarquesa de ombros curvados, de dezenove anos, que "abrigava em si coisas com as quais ninguém jamais poderia sonhar". Descobriu-se que ela tinha poderes ocultos e, no início simplesmente para passar o tempo, mas em seguida com mais seriedade, a velha guarda da Montanha da qual Hans agora fazia parte, explorou esses poderes até que, no clímax de uma estranhíssima sequência de aparições cada vez mais misteriosas naquele quarto escuro, Joaquim, que havia meses estava morto, foi invocado e de fato apareceu. Ele trajava um uniforme até então desconhecido e estava sentado numa cadeira desocupada. Hans arregalou os olhos, apavorado. Pareceu por um momento que seu estômago ia revolver-se. Sua garganta contraiu e começou a chorar. Inclinou-se então para a frente. "Perdoa-me!" Ele sussurrou para a aparição; seus olhos irromperam em lágrimas e não pode mais vê-lo. Levantou-se, deu dois passos até a porta e com um movimento rápido acendeu a luz.[65]

Stephen Dedalus, por outro lado, dominado por uma "visita similar" – a de sua mãe – apagou a luz entrando em desespero.*

Assim, o abismo que Hans rejeitou (e com ele o seu autor), Joyce e seus personagens adentraram: de maneira que nas obras-primas que se seguiram, *José e seus irmãos* e *Finnegans Wake*, as implicações do sonho na neve e da orgia no bordel chegam a seu auge abandonando a esfera da Consciência Desperta e caindo na do Sonho (que é a do mito). Ali, somos colocados diante de experiências e representações opostas dos arquétipos de nossas vidas, isto é: a do espírito da luz, por assim dizer, e a do espírito das trevas. Na linguagem da Bíblia: teríamos Abel e Caim, Isaac e Ismael, Jacó e Esaú, José e seus irmãos. Mann identificou-se com Jacó e José, Joyce com Esaú e Caim; ou seja, Mann com aquele que vence no mundo da luz, e Joyce com o que perde ali, retirando-se para a sua cova chamada "O Tinteiro Mal-Assombrado, Alameda do Gênio Mau, sem número, Ásia na Irlanda". E ali, "abatido dia e noite com latidos jesuítas e mordidas amargas", "aterrorizado-do-meio-dia até a pele e ossos por um fantasma inelutável", "copiou, sobre cada polegada quadrada do único papel almaço disponível, seu próprio corpo, até que por sua corrosiva sublimação um tegumento no presente contínuo lentamente expôs toda a história cíclica moldada-pelo-ânimo *marry-voising* (com isso, disse ele, refletindo a partir de sua própria pessoa individual, a vida invisível, transacidentada por meio dos fogos brandos da consciência para o caos *dividual*, perigoso, potente, comum a toda carne, apenas humana mortal".[66]

Jacó e José no romance de Thomas Mann, bem como no Livro do Gênesis, ganham a graça de Deus e tornam-se um destino (ou, como eles o consideram, uma "bênção") para o mundo. Hans desceu da Montanha Mágica para se engajar no curso da história. Mas "a história", declarou Stephen em *Ulisses*, "é um pesadelo do qual estou tentando despertar". E quando o mestre-escola, Mr. Deasy, proclama com grandiloquência: "Toda a história move-se em direção a uma grande meta, a manifestação de Deus", "Deus", Stephen responde: "Deus é um grito na rua".[67]

Em sânscrito, o termo *deśi*, que significa "local, étnico, da região", é usado (conforme observado no primeiro volume desta coleção)[68] para designar as formas históricas necessariamente variadas de mitologia e ritual: as "ideias étnicas" de Bastian; enquanto o termo *mārga*, "caminho" ou "senda", é usado para a transcendência delas, a passagem por um portal sem porteira em direção a uma experiência das formas informes do Sono Sem Sonhos. Em *José e seus irmãos* o sentido de desempenhar papéis míticos tem por objetivo suportar, engrandecer e sofisticar um modo de vida. "O olho do artista tem uma inclinação mítica para a vida", declarou Mann em seu discurso sobre "Freud e o Futuro", "que faz a vida parecer uma farsa, como uma representação teatral, uma festa prescrita, como uma epopeia do Polichinelo-e-sua-Namorada, na qual os míticos personagens-fantoches desenrolam uma trama que subsiste do passado e agora reapresenta-se em forma de pilhéria.

---

* *Supra*, p. 542.

O PARAÍSO TERRESTRE

Para que se produza uma epopeia como a das 'Lendas de Jacó', é preciso que essa inclinação mítica alcance a subjetividade dos próprios atores, torne-se um festival e consciência mítica de fora a fora. [...] Também José é outro celebrante da vida: com encantadores artifícios mitológicos ele representa em sua própria pessoa o mito de Tammuz-Osíris, 'fazendo acontecer' de novo a história do deus mutilado, enterrado e ressuscitado, desempenhando seu jogo festivo junto daquele que misteriosa e secretamente modela a vida a partir de suas próprias profundezas – o inconsciente. O José do romance é um artista, tocando com sua *imitatio dei* a corda inconsciente".[69]

Em *Finnegans Wake*, por outro lado, as formas míticas apontam, antes, para baixo. No capítulo final de *Ulisses*, depois do desaparecimento de Stephen na noite exterior e o de Bloom na interior, o comando passa para Molly, Gaia-Tellus. Nos versos de Hesíodo:

> Gaia dos vastos seios,
>   a base inabalável
> de todos os imortais que guardam as cristas
>   nevadas do Olimpo.[70]

Figura 56. A invocação da Deusa; Índia, *c.*1800 d. C.

Ela é a mãe de todos os seres: "a linhagem sagrada dos eternos imortais originou-se de Gaia", mesmo "o Urano estrelado", o Céu, filho e esposo dela.⁷¹ A figura 56 é de uma ilustração de um manuscrito indiano do século XVIII, exibindo as divindades masculinas do panteão hindu que, nem sozinhas nem juntas eram capazes de derrotar um búfalo-demônio que devastara e estava dominando o mundo. Os deuses são representados ali enviando as energias negativas do demônio de volta para a sua fonte: a Mãe Escura, Mãe Noite, da qual, então, apareceu a personificação de Māyā-Śakti-Devi, a Deusa Criadora de Todas as Formas, que, retomando de sua progênie os poderes originalmente dela, e com muitos braços em sinal das qualidades daqueles poderes, agora avança numa batalha de grande fúria, derrotando e matando o monstro, resgatando a vida para a terra desolada.

Com as palavras "Sim, porque" começa a recordação mãe-terra de Molly Bloom (depois que Bloom, seu marido, adormecera) dos muitos homens em sua vida, nenhum deles à sua altura. Ainda assim ela está recordando, também, de seu Leo e porque ela gostara dele (porque ela viu que ele entendia ou sentia o que é uma mulher) e como ela pensara "tanto faz ele quanto outro": "e primeiro coloquei meus braços em volta dele sim e puxei-o para junto de mim para que ele pudesse sentir meus seios todo o perfume sim e seu coração estava como que enlouquecendo e sim eu disse sim eu quero Sim".⁷²

Molly Bloom é a "Sim, porque" do mundo. As mentes de seus amantes separadamente podem não ser capazes de entender e sentir o que é a vida, o que é uma mulher, tampouco seus atos para realizar as aventuras da promessa delas (de maneira que o mundo da "consciência desperta" onde eles detêm o controle é, na verdade, uma Terra Desolada – um mundo, como diz a Bíblia, de pó), porém, conforme diz-se em *Finnegans Wake*: "Nossos anos não são mais que pó de tijolo, e sendo húmus, ao mesmo retorna".⁷³

Anna Lívia Plurabelle, a correspondente em *Finnegans Wake* de Molly Bloom em *Ulisses*, é a fonte viva vindo a ser, enquanto Molly é a fonte já concretizada. A primeira é do mundo da Consciência dos Sonhos, o mundo como visão; ao passo que Molly é do mundo da Consciência Desperta, do mundo como realidade. Tampouco ela é um composto de todas as mulheres; antes, um arquétipo *a priori*, uma imagem primordial da existência delas; com um consorte à altura na *a priori* tragicômica virilidade de *Here Comes Everybody* (Aí Vem Todo Mundo). Além do mais, como em sonho, também tudo está aqui e agora, em fluxo; não em progresso "movendo-se em direção a uma grande meta", mas girando caleidoscopicamente. "Os carvalhos de antanho agora jazem na turfa mas os olmos eclodem onde jazem as pinhas." "Muitas vezes que se repitam, o mesmo de novo." "Tudo pronto para recomeçar depois do silêncio." O átomo "explodetona"; nenhum minuto, nenhum segundo mais tarde, as duas partes aniquiladas novamente se dão as mãos, "mera mímica do homem: Deus tem troça. A velha ordem muda e dura como a primeira". "Chorando não devias estar quando o homem cai mas que o divino esquema fosse adorado" [...] "no multiespelho de megarón de laços que voltam girando sem fim até o fim".

E mediante toda essa revolução, quanto mais se trabalha e reflete sobre seu enigmático *"funforall"* (diversão para todos), suas "Folias Aqui-Estamos-Novamente", tornam-se mais impressionantes e onipresentes as presenças de H.C.E. e A.L.P como habitantes – criadores, mantenedores e desintegradores – da substância, da consciência e beatitude de todas as coisas. A ideia do Purgatório de Dante, como a condição de uma alma ser liberta de seu orgulho e com isso preparada para responder à radiância do amor de Deus (como Parzival, após sua conversa com Trevrizent), é equiparada no Oriente pela ideia da reencarnação, pela qual através de muitas vidas se alcança a libertação do egoísmo e com ela dos sofrimentos do renascimento. Joyce, em *Finnegans Wake*, junta as duas mitologias como símbolos alternativos daquele estado ou plano de experiência no qual as ilusões de separatividade próprias da luz do dia dissolvem-se e uma única Sílaba – Voz – Presença – começa a ser ouvida e percebida através de tudo.

Mas há uma outra profundidade a ser percebida e vivenciada dentro, além, antes e depois daquela noite na qual Bloom dissolveu-se – ● – e de onde surge a deusa de muitos braços, belezas, talentos e nomes, Anna Lívia Plurabelle (figura 56); ou seja, a de:

O quarto elemento de *AUM:* o Silêncio.

Como as últimas páginas de *Ulisses* foram o monólogo de Molly Bloom, também as últimas de *Finnegans Wake* são de Anna Lívia Plurabelle – em seu caráter de Velhice, expirando: o rio da Vida no final de seu curso, desaguando no mar, no Pai-de-Todos, gemendo ["moananoaning"]: Manannan. "Longe, sozinho, enfim, amado, ao longo do   " A última sentença de *Finnegans Wake* interrompe-se abruptamente, num branco. Assim o círculo é rompido – se se preferir! Entretanto, voltando para o início do livro, encontramos ali, no topo da primeira página, a continuação daquela última sentença, recomeçando tudo "curso do rio... traz-nos... de volta para o *H*owth *C*astle and *E*nvirons", isto é, para H.C.E., e o círculo recomeça.[74]

No Sono Profundo sem Sonhos, a Consciência Absoluta, o Onisciente, está enterrado como um tesouro nas trevas. "Exatamente como alguém que não conhece o lugar onde está enterrado um tesouro poderá passar vez após outra por sobre o ouro e não encontrá-lo, todas as criaturas vão diariamente para aquele mundo de Brahma no sono sem encontrá-lo."[75] As criaturas vão para ele também na morte, sem encontrá-lo. A finalidade da sabedoria é chegar lá desperto e vivo: levar a Consciência Desperta através das percepções dos sonhos a uma experiência lúcida de identidade com Aquilo (*Tat tvam asi*). No volume *Mitologia Oriental* há uma ilustração (figura 21) da mítica Ilha das Pedras Preciosas, o ventre do universo, exibindo a deusa do mundo sentada sobre seu esposo, que está ali sob ela em dois aspectos: um voltado para cima em conúbio, o outro para baixo e afastado. A referência do primeiro é à Consciência no estado de Sono Profundo que, como vimos, é "a Fonte (*yoni:* o Útero

Gerador) de Tudo: o Princípio e o Fim dos seres". Ali o mundo é criado, não à maneira de um ato no princípio dos tempos, mas continuamente, para sempre, como a base da existência; pois ali jamais houve um princípio dos tempos, jamais haverá um fim, o momento criativo é agora, no Sono Profundo sem Sonhos, a esfera do êxtase, de Śiva-Śakti, H.C.E. e A.L.P., do "Sim, porque" de Molly Bloom. Enquanto a figura afastada da deusa, voltada para baixo, é chamada Śava, o "cadáver", e representa a Consciência transcendente, a quarta parte do Si-Próprio, simbolizada no SILÊNCIO.

"O que conhecemos como a quarta parte", lemos na *Māṇḍukya Upaniṣad,* "não é nem consciência voltada para dentro nem para fora, nem as duas juntas; tampouco uma massa indiferenciada de onisciência adormecida; nem cognoscente nem incognoscente – porque invisível, inefável, intangível, desprovida de características, inconcebível, indefinível, sendo sua única essência a certeza de seu próprio Si-Mesmo: a chegada ao repouso tranquilo de toda existência diferenciada, relativa, extremamente silenciosa: pacífica e beatífica; uno sem segundo; o Si-Próprio a ser conhecido".[76]

2.

Em nossa classificação das formas simbólicas, todas as quatro ordens de experiência representadas na sílaba AUM terão de ser reconhecidas. No primeiro plano, *A,* da Consciência Desperta, as referências (idealmente, conforme ordenadas por Wittgenstein) serão direta e precisamente: a) aos fatos, e b) aos pensamentos. Outros símbolos neste plano (aparentemente não reconhecidos por Wittgesnstein) serão referências, entretanto: c) a sentimentos, e d) a intuições de relações subliminares (analogias, homologias etc.). Ainda outras: e) serão a imperativos, tais como pare, ande, retroceda, sente-se!

Para que um símbolo funcione conforme tencionado, certas condições têm de ser preenchidas. Primeiro, o código tem de ser compreendido tanto pelo transmissor quanto pelo receptor. Os códigos são de duas ordens: 1. herdado (instintivos), e 2. aprendidos; e nessa última categoria há: a) elementos codificados que desencadeiam reflexos condicionados, e b) elementos codificados conscientemente controlados. Os canais dos códigos em geral são a visão, o som, o odor, o paladar ou o toque. O transmissor e o receptor podem ser o mesmo ou não; e todo aquele que esqueceu o significado de seus próprios apontamentos em sua agenda provavelmente considerará a possibilidade de interpretar mal os símbolos, mesmo quando são seus próprios.

No plano do *U,* Consciência do Sonho, a possibilidade de interpretar mal os próprios comunicados é de alta significação. Porque o transmissor da mensagem seria nesse caso o inconsciente da própria pessoa, e o receptor, a sua personalidade consciente. Interpretados à maneira freudiana, como alegorias simbólicas de eventos esquecidos, os símbolos do sonho seriam então comparáveis com as mensagens da própria agenda em escrita ilegível ou esquecida; enquanto os mitos seriam como aquela carta rasgada que uma galinha encontrou ciscando em um montinho de lama com cheiro de laranja no *Finnegans Wake*.

Mas, por outro lado, quando a mensagem não provém de uma situação registrada no passado, seja de si mesmo ou de seu povo, será totalmente de outra ordem. Ela é então algo como uma bolha emergindo do fundo do mar. O que ou quem é o transmissor? O transmissor é a própria pessoa. Qual pode ser o seu significado? Qual é o significado de uma bolha vinda do fundo do mar?

Bem, em primeiro lugar, tal mensagem é intuitiva. Sua fonte, em última instância, é a consciência sob as ondas, a luz envolta nas trevas do Sono Profundo. Ela não é da ordem da Consciência Desperta, nem deve ser interpretada como um pensamento consciente. O Professor Thomas A. Sebeok, do Centro de Pesquisas em Antropologia, Folclore e Linguística da Universidade de Indiana, em um artigo publicado na *Science* sobre "Comunicação Animal", enumerou uma série de tipos de mensagem instintiva, dos quais pelo menos quatro podem ser relevantes para nós. O primeiro é o "Monólogo", uma "atividade de vácuo" na ausência de um receptor, feito sem consideração para com a capacidade de outros indivíduos em receber a mensagem: um espetáculo, uma espécie de canto espontâneo da vida. O segundo foi alcunhado (segundo Malinowski) "Comunicação Fática": mensagem que serve meramente para estabelecer ou prolongar a comunicação, um tipo de fala no qual vínculos de união são criados por uma mera troca. "Essa", ficamos sabendo, "é a primeira função verbal adquirida pelos bebês humanos e comumente predomina em atos comunicativos tanto dentro da própria espécie quanto entre espécies". Em seguida estão as "Mensagens Emotivas": aquelas que são reações a estímulos viscerais e sensoriais, e que servem principalmente para alertar os indivíduos receptores sobre a condição do indivíduo transmissor. Finalmente, "Vocativos e Imperativos": mensagens orientadas para o destinatário, despidas de valor verdadeiro, tendo uma função basicamente conativa – "Olha para mim!" "Deixa-me sair!"[77]

A mensagem de nossa bolha, então, será a anunciação de uma presença, possivelmente intencional, possivelmente dirigida para o mundo desperto, mas certamente não se referindo a um contexto de preocupações *consciente*. Seu único significado, portanto, é a expressão de sua própria presença – que pode não ter mais "significado" do que a presença em algum lugar de uma pedra, uma flor, uma montanha ou um rio sinuoso. O valor da mensagem à nossa Consciência Desperta será alertar-nos de um aspecto desconhecido de nós mesmos que, se quisermos "conhecer a nós mesmos" e com isso realizar nosso destino, nosso *wyrd*, terá de ser reconhecido.

A Consciência dos Sonhos é então, para sumarizar e concluir, o canal ou meio de comunicação entre as esferas de *M,* Sono Profundo sem Sonhos e *A,* a Consciência Desperta. Em seus estratos superiores, "pessoais", as mensagens são de um código e contexto derivados da Consciência Desperta de uma época antiga, talvez há muito esquecida, e podem ser interpretadas – embora com dificuldade – como se referindo a temas do cotidiano. Em seus estratos inferiores, entretanto, as mensagens e códigos são dos instintos, dos arquétipos, dos deuses: anunciações vácuas, fáticas,

Figura 57. Adaptada de Pablo Picasso: *Minotauro,* 1933

emotivas, vocativas ou imperativas de sua existência – exigindo reconhecimento. E sua linguagem é a do tanto... quanto, nem... nem: como a imagem de Deus exposta aos irmãos por Nicolau de Cusa, olhando para todos os lados ao mesmo tempo.

A figura 57, de um desenho de Picasso, feito quatro anos antes de seu *Guernica,* para a capa do primeiro número de uma elegante revista surrealista intitulada *Minotaure,* fornece um interessante suplemento ao ícone do pensamento de Nicolau de Cusa. A lua, o touro-lua, e o deus morto e ressuscitado, seja como o suave e afetuoso Cristo ou como esse monstro selvagem híbrido de um tempo abismal, são de uma ordem de simbolização cujos "significados" não podem ser reduzidos aos termos da esfera vigílica, nem mesmo aos do mundo do sonho. A faca aqui tem a forma de uma folha e Picasso arranjou ao lado do desenho três folhas semelhantes. O oxímoro morte-vida é sugerido. Na figura 58, de sua pintura chamada *Minotauro-*

maquia (1935), o mesmo monstro aparece das águas abismais, protegendo seus olhos da luz, em contraste polar com a figura do sábio à esquerda ("o Homem Socrático" de Nietzsche), subindo para escapar da realidade do terror dionisíaco, enquanto as Três Graças com sua pomba (o pássaro de Vênus-Afrodite) calmamente contemplam a aparição: a mais jovem delas, a inocente Tália, segura em uma mão as flores da abundância da vida e na outra a luz da consciência, que são aqui os focos da composição, equidistantes da vista do sábio e do olho esquerdo do touro. A espada do matador vencido não está apontada para o touro, mas para o cavalo eviscerado, e o matador revela ser uma mulher. Obviamente *Guernica* (1937) é um rearranjo dos mesmos motivos mitológicos, reconhecidos como implícitos num monstruoso ato de guerra e traduzidos em um momento tanto de arrebatamento quanto de dor (terror-júbilo). À direita vemos uma figura em chamas caindo e subindo ao mesmo tempo em relação à janela no canto superior direito que, como no final de *Finnegans Wake*, abre-se para o vazio.

"Ó fogo agradável!" louvou o místico espanhol Diego de Estella (1524-1578). "As chamas de Teu amor sagrado em Tua mais sagrada paixão sobem para o alto. Teus tormentos e aflições são a lenha que faz arder este fogo sagrado."[78] E de João da Cruz (1524-1591): "Esta chama de amor é o espírito de seu Esposo – o Espírito Santo. E essa chama, o espírito sente em si mesmo como um fogo que arde dentro de si e emite chamas para fora. [...] Nessa chama os atos da vontade unem-se e elevam-se, sendo arrebatados e absorvidos pela chama do Espírito Santo".[79]

"O touro é um touro e o cavalo é um cavalo", teria dito Picasso. "Eles são animais, animais massacrados. Isso é tudo, pelo que sei."[80] O que obviamente não é verdade: cavalos não são de *papier-mâché*, nem touros têm um olho no meio da testa. Tal prevaricação deliberada é justificada, entretanto, pelo fato de os símbolos míticos apontarem além do alcance do "significado" e, mesmo na esfera do significado, terem muitos "significados". Definir e fixar de modo autoritário qualquer conjunto conscientemente concebível de "significados" definitivos seria matá-los – que é, de fato, o que acontece na teologia dogmática e historicizante, bem como na arte didática e pornográfica. Os símbolos da ordem mitológica que eles desvendam das trevas para a luz estão ali, "vindos simplesmente" de além do "significado", em todos os planos ao mesmo tempo.

Consequentemente, como o título de James Joyce, *Ulisses*, nos leva do Plano Desperto da ação de seu romance para o mítico, também o título de Picasso, *Guernica*, nos conduz da ordem mítica de sua imagem para a Desperta do evento histórico. Tal duplo sentido, unindo a história e a geografia (*land náma*) com os arquétipos da psique, é da essência da arte-como-mito criativa; sendo a função primordial das Musas servir de canal de comunicação *(U)* entre as esferas do conhecimento da luz diurna *(A)* e a sede da vida *(M)*, o que corresponde na figura 13 à ordem terrena abaixo, da silenciosa Tália, e a de cima, de Apolo e das Graças, isto é: o Senhor da Luz (consciência) e a Deusa da Vida (energia criativa) em sua manifestação triádica como futuro, presente e passado – "Anna foi, Lívia é, Plurabelle será".[81]

MITOLOGIA CRIATIVA

Figura 58. Adaptada de Pablo Picasso: *Minotauromaquia*, 1935.

Na arte, nos mitos, nos ritos, entramos na esfera dos sonhos despertos. E como as imagens dos sonhos em certa esfera acontecem no plano local, pessoal e histórico, mas no fundo estão arraigadas nos instintos, assim acontece também com o mito e a arte simbólica. A mensagem de um mito vivo efetivo é enviada para a esfera da bem-aventurança do inconsciente profundo, onde ela toca, desperta e convoca energias; de maneira que os símbolos atuantes naquele nível são estímulos liberadores e canalizadores de energia. Essa é sua função – seu "significado" – no nível do Sono Profundo; ao passo que no nível da Consciência Desperta os mesmos símbolos são inspiradores, informativos, iniciatórios, produzindo uma sensação de iluminação com respeito aos instintos tocados, isto é, a ordem subliminar da natureza – natureza interior e exterior – da qual os instintos tocados são a vida.

A questão que surge é se na espécie humana qualquer um dos códigos de comunicação nesse nível pré-consciente ou inconsciente são hereditários. Entre os animais dos quais surgiu a nossa espécie, padrões de comportamento controlado comparáveis às formas rituais aparecem espontaneamente em ocasiões de excitação social. O exemplo mais notável encontramos no estilizado cortejar de certas espécies de pássaros. E essa exuberância de ação além do estritamente necessário foi frequentemente comparada com os rituais da nossa espécie, não apenas por sua formalidade, mas também por sua função, que é, em suma, envolver o indivíduo num evento supraindividual, que conduz ao bem-estar não dele próprio, mas da espécie. Em todas essas ocasiões cerimoniosas, os gritos, posturas e movimentos trazem à tona respostas recíprocas daqueles a quem foram dirigidos; e esses, em contrapartida, conduzem ao desdobramento de uma espécie de conjunto ritual, não inventado nem pelas criaturas que o representam nem por qualquer coreógrafo, mas fundada na espécie e trazida à tona por todos os membros em todas as partes exatamente da mesma maneira.

O mais elaborado desses festivais aparece entre as espécies com melhor visão; porque as várias exibições são sinais para serem vistos, cujo efeito depende das correlações entre o aparato transmissor e o órgão receptor – o que é tecnicamente chamado de estrutura de "cruzamento instintivo". Os estímulos atuam de forma automática como liberadores de energia e agentes direcionadores de energia; de maneira que as sequências entrelaçadas, embora aparentemente sejam dos indivíduos, são, na verdade, involuntárias, como os processos de um sonho. As abelhas, os pássaros, os peixes ou quadrúpedes atuantes são movidos espontaneamente a partir de centros de memória anteriores às suas próprias vidas. Por meio de cada um, a espécie fala. E como nos tradicionais ritos humanos, também ocorrem respostas coletivas espontâneas a expressões formalizadas, sendo que os primeiros criadores de mitos e ritos humanos podem não ter sido de maneira alguma indivíduos humanos, mas sim os genes da espécie. E como nos tradicionais ritos humanos também se percebe uma certa disposição psicológica para responder a estímulos específicos – particularmente entre as populações ancestrais –, os primeiros indivíduos criadores de mitos e ritos não devem ter sido meros delirantes livremente criativos, mas videntes (xamãs) com a vista e os ouvidos voltados para dentro, respondendo a alguma voz ou movimento interior da espécie.

Entretanto, já no reino animal, nos níveis superiores, e particularmente entre os macacos, foram observados casos de inteligência e inventividade individuais, bem como casos individuais, por assim dizer, de adoração fetichista. No volume *Mitologia Primitiva* citei com respeito a essa questão a obra do Dr. Wolfgang Köhler, *The Mentality of Apes*, onde ele conta sobre uma fêmea adulta chimpanzé chamada Tschengo que se afeiçoou tanto a uma pedra redonda que fora polida pelo mar que, segundo Köhler, "sob nenhum pretexto se conseguia tirar dela a pedra e à noite ela a levava consigo para sua toca". Também citei sua descrição da brincadeira rodopiante e dança inventadas por Tschengo e outra macaca chamada Chica,[82] onde a atividade era de mera brincadeira desinteressada, de nenhuma utilidade para a espécie, absolutamente de nenhum "valor de sobrevivência", mas apenas o prazer, que poderia ser escalado até o arrebatamento: quer dizer, a esfera da arte criativa.

No início do mesmo volume desta coleção discuti o velho problema da natureza e cultura em relação com as formas do mito e do rito; e ao longo dos capítulos subsequentes de nosso estudo, não apenas naquele volume mas também nos outros, apresentei evidências suficientes para provar a afirmação que faço agora de que de fato existem temas mitológicos universais, que nas diversas regiões apareceram em versões locais apropriadas aos diferentes cenários. Outrossim, que a fonte última e referências de tais temas permanentes não podem ter sido os meios externos mutáveis da geografia, da história e da crença, mas apenas algumas realidades interiores permanentes da espécie. Finalmente, que como o homem, ao contrário dos animais, é dotado de um cérebro e de um sistema nervoso não tão estereotipados quanto os deles, mas imensamente aberto a estampagens e ao aprendizado, os sinais aos quais a espécie responde não permanecem imutáveis através dos séculos, mas são transformados pela experiência. Basicamente, as *respostas* permanecem associadas com o que James Joyce chamou de "o grave e constante" no sofrimento e na felicidade humana; mas os *estímulos* pelos quais tais respostas se deram foram grandemente alterados no curso dos eventos humanos.

O mesmo ocorreu com os "significados" associados aos estímulos. O vasto cérebro humano, com sua capacidade para experiências imprevisíveis e pensamentos sem precedentes, e a longa infância humana, que é muito mais longa do que a de qualquer outra espécie, dotaram-nos com uma capacidade para aprender que supera em muito a de qualquer outra criatura, e isto acarreta também um novo perigo: o de desorientação. Por isso, uma das principais preocupações da tradição ritualística dos grupos humanos primevos e desenvolvidos sempre foi a de orientar a criança para o estado adulto. O sistema reativo infantil de dependência tem de ser transformado em responsabilidade e, especificamente, nos termos exigidos pela ordem social local. O filho terá de se tornar pai e a filha, mãe, passando da esfera da infância – que é em todas as partes a mesma –para a dos papéis sociais variados, que diferem radicalmente de acordo com os modos de vida humana. Os

O PARAÍSO TERRESTRE

instintos têm de ser controlados e amadurecidos conforme os interesses tanto do grupo quanto do indivíduo e, tradicionalmente, tem sido função básica da mitologia servir a essa finalidade sociopsicológica. O indivíduo é adaptado a seu grupo e o grupo a seu meio ambiente, com um sentido de gratidão pelo milagre da vida. E a isso eu chamaria de função da *mitologia do complexo aldeão*: o treinamento dos instintos e inculcação de valores.

Mas há outra função além desta: a da *mitologia da floresta, a busca, o indivíduo*: o SILÊNCIO. Em *A montanha mágica* de Thomas Mann encontramos uma cena fascinante na qual o sentido do silêncio se consuma. É a cena do piquenique do último capítulo da epopeia, onde aquele velho e varonil colono holandês, um cafeicultor aposentado, Mynheer Pieter Peeperkorn (que tinha entrado tardiamente no romance, junto com a muito mais jovem Frau Chauchat, quando ela retornara ao Castelo na Montanha após uma temporada na planície), conduziu uma expedição de amigos, um dia bem-aventurado de maio, para desfrutarem juntos de uma cachoeira pitoresca no vale do Fluela. Deixarei que o leitor descubra sozinho no romance, se ainda não o fez, o tratamento afetuoso que Mann dá a essa vigorosa personalidade tragicômica, com sua maneira de falar, agitando suas grandes mãos abertas com suas unhas pontudas, convidando a algum clímax revelador, o qual, entretanto, ninguém jamais chegou a entender. Sua conversa causava expectativa, suas frases não concluíam. E quando ele escolheu para o piquenique um lugar bem perto da cachoeira, onde o ruído daquela maravilha natural abafava completamente qualquer diálogo, de maneira que Settembrini e Naphta – aquela dupla de prodígios verbais – foram absolutamente silenciados à não existência, foi um acontecimento singular quando ele próprio levantou-se e pronunciou para seu grupo um discurso do qual nem uma única palavra conseguiu ser ouvida.

Ao chegarem a esse lugar romântico, Frau Chauchat e cinco cavalheiros, seus ouvidos foram saudados com o máximo de som. A água rolando, de espuma branca, salpicava as rochas, e os visitantes aproximaram-se do ribombar, envoltos em sua névoa, trocando olhares, movimentos de cabeça e gestos de admiração. Seus lábios formavam frases inaudíveis de maravilhamento e espanto. Então Hans, Settembrini e o quinto cavalheiro, um russo, Anton Karlovitch Ferge era seu nome, começaram a escalar uma série de degraus estreitos pela encosta da ladeira até uma ponte que se estendia sobre a água justamente onde ela arqueava-se para jorrar para baixo; e, durante o cruzamento, eles pararam no meio do caminho, para se inclinar sobre a grade e acenar para as pessoas embaixo; depois, prosseguindo, desceram laboriosamente pelo outro lado da corrente, para se reunir aos amigos. Uma jornada sem objetivo, um círculo, pelo simples prazer.

E quando eles acabaram de se acomodar para o piquenique, subitamente, o velho holandês, Peeperkorn, começou a falar. Que homem estranho!

> Não era possível que ouvisse a própria voz, e muito menos que os outros entendessem uma sílaba sequer daquilo que lhes comunicava sem comunicá-lo. Levantou,

entretanto, o dedo indicador. A seguir, mantendo o copo na mão direita, estendeu o braço esquerdo, com a palma da mão voltada obliquamente para cima. Viu-se então o rosto majestoso movimentar-se ao falar; viu-se a boca articulando palavras que permaneciam desprovidas de som, como se fossem proferidas num vácuo. Todos pensavam que logo desistiria desse esforço inútil, ao qual assistiam com um sorriso perplexo. Mas ele, com uma gesticulação esmerada, fascinante, imperiosa, continuava a arengar o fragor, fixando os olhinhos lassos, apagados e muito abertos, ora num, outro noutro espectador, de modo que a pessoa a quem parecia dirigir-se, estava obrigada a dar-lhe um sinal de aprovação, com as sobrancelhas alçadas, abrindo a boca e pondo a mão em concha na orelha, como se isso bastasse para resolver a situação irremediável. A seguir, Mynheer até se levantou. Tinha ainda o copo na mão. No surrado sobretudo de viagem que quase lhe ia até os pés, e cuja gola se achava erguida, com a cabeça descoberta, e com a alta e rugosa testa de ídolo rodeada pelas labaredas brancas do cabelo – assim se quedava junto ao penhasco e movia o semblante, à cuja frente elevava, doutrinando, o anel do polegar e do indicador, dominado pelos outros dedos em riste, como para remediar a indistinção do brinde mudo pelo sugestivo signo da exatidão. Compreendiam-se através dos gestos e liam-se-lhe dos lábios algumas palavras isoladas que habitualmente saíam da sua boca: "Absolutamente!", "Basta!" e nada mais. A cabeça pendia para um lado, com uma expressão de amargor nos lábios gretados: a perfeita imagem de um mártir. Em seguida, porém, desabrochou a lasciva covinha, sinal do espírito sibarita, galhofeiro, e do impudor sagrado de um sacerdote pagão que ao dançar arregaça as vestes. E Peeperkorn ergueu o copo, descreveu com ele um semicírculo em direção aos seus convidados, e esvaziou-o completamente em dois ou três tragos, de maneira que o fundo se voltava para o céu. Por fim, com o braço estendido, passou-o ao malaio que o recebeu com uma mesura, e deu o sinal de partida."[83]

Novamente, as palavras de Wittgenstein:
Proposição 6.44 "O que é místico é *que* o mundo exista, não *como* o mundo é."
Proposição 6.522 "Existe no entanto o inexprimível. É o que se *revela,* é o místico."
E finalmente, Proposição 6.4311 "[...] Se se compreende a eternidade não como a duração temporal infinita mas como intemporalidade, então vive eternamente quem vive no presente."[84] [...]

"É a personalidade o que conta", o velho mestre escultor Antoine Bourdelle costumava dizer aos estudantes em seu ateliê em Paris; e na orientação dos trabalhos deles: "A arte evidencia as grandes linhas da natureza". A imagem da arte, quer dizer, como do mito e do ritual religioso, é representativa, vai além do "significado", portanto abriga ao mesmo tempo muitos "significados" possíveis (muitos dogmas), tanto no plano do sonho quanto no de vigília, e com efeitos, igualmente, no inconsciente.

"Durante esta aventura espiritual, esta viagem interna" – observa Heinrich Zimmer em um comentário sobre a sílaba *AUM* – "a ênfase dada ao mundo exterior é deslocada para o interior e, por último, o imanifesto torna-se mais importante que o manifesto. Aumentam prodigiosamente os poderes obtidos, mas, mesmo assim, os estados inferiores bem com os superiores, permanecem sendo componentes da totalidade. [...] Cada parte repousa sobre as mesmas bases e direitos que os outros".[85] O mesmo ocorre com todo símbolo mítico: ele toca e une na realidade de uma pessoa toda a dimensão de sua vida presente: o mistério último de sua existência e do espetáculo de seu mundo, a ordem de seus instintos, de seus sonhos e de seus pensamentos. E atualmente de forma imediata.

Porque mesmo na esfera da Consciência Desperta, fixa e estabelecida, nada há hoje que persista. Os mitos conhecidos não podem persistir. O Deus conhecido não pode persistir. Enquanto antigamente, a vida manteve-se por gerações tão presa a normas estabelecidas que o tempo de vida de uma deidade podia ser contado em milênios, hoje todas as normas estão em mudança contínua, de maneira que o indivíduo é jogado, quer queira quer não, de volta para si mesmo, para a esfera interior de seu próprio vir a ser, sua aventura na floresta sem caminho ou trilha, a fim de chegar por meio de sua própria integridade à experiência de seu próprio Castelo do Graal – integridade e coragem na experiência, no amor, na lealdade e na ação. E para tanto os mitos direcionadores não podem mais ser de orientação étnica. Pois uma vez aprendidos, eles tornam-se obsoletos, fora de contexto, esvaziados. Não há hoje quaisquer horizontes, quaisquer zonas mitogenéticas. Ou melhor, a zona mitogenética é o coração do indivíduo. O individualismo e o pluralismo espontâneos – a livre associação de homens e mulheres de afinidades espirituais, sob a proteção de um estado secular, racional, sem nenhuma pretensão à divindade – são no mundo moderno as únicas possibilidades verdadeiras: cada um o centro criativo de autoridade para si mesmo, no círculo sem circunferência de Nicolau de Cusa, cujo centro está em todas as partes e onde cada um é o foco do olhar de Deus.

As normas do mito, entendidas à maneira antes das "ideias elementares" (*mārga*) do que das "étnicas" (*deśi*), reconhecidas como no teto da catacumba de Domitila (figura 1), mediante a "utilização" inteligente não de apenas uma mitologia, mas de todas as simbologias mortas e fixas do passado, permitirão ao indivíduo antecipar e ativar em si mesmo os centros de sua própria imaginação criativa, da qual poderá então emergir seu próprio mito e "Sim, porque" formador da vida. Mas no final, como no caso de Parzival, o guia interior será unicamente o seu próprio coração nobre, e o guia exterior, a imagem da beleza, a radiância da divindade que desperta em seu coração *amor:* a semente mais profunda, secreta, de sua natureza consubstancial com o processo do Todo, do "assim é". E nessa aventura criativa da vida o critério de realização será, como em cada um dos mitos aqui examinados, a coragem de deixar o passado, com suas verdades, metas, dogmas de "significado" e dons, ou seja: para morrer para o mundo e vir a nascer de dentro.

NOTAS DE REFERÊNCIA

PARTE I: A ANTIGA VIDEIRA
CAPÍTULO 1: EXPERIÊNCIA E AUTORIDADE

1. T.S. Eliot, *A terra desolada* (1922), em *Poesia (1909-1962)* de T.S. Eliot, verso 350. Tradução, introdução e notas de Ivan Junqueira. Editora Nova Fronteira, Rio de Janeiro, 1981, p. 102.
2. *Taittirīya Upaniṣad* 2.9.
3. William Shakespeare, *Hamlet,* Tradução de Millôr Fernandes, Coleção L&PM Pocket, volume 4, Porto Alegre, 2001, p. 68.
4. Ver *As máscaras de Deus: Mitologia Primitiva,* Palas Athena Editora, São Paulo, 1992, p. 40.
5. Ver *As máscaras de Deus: Mitologia Ocidental,* Palas Athena Editora, São Paulo, 2004, p. 212-222.
6. Mateus 4:19; Marcos 1:17; Lucas 5:10, em *A Bíblia de Jerusalém,* Edições Paulinas, São Paulo, 1987, 3ª impressão.
7. *Revue d'assyriologie et d'archéologie orientale,* 1905, p. 57; Robert Eisler, *Orpheus the Fisher,* J. M. Watkins, Londres, 1921, ilustração X.
8. João 3:5, op. cit.
9. Ver *As máscaras de Deus: Mitologia Oriental,* Palas Athena Editora, São Paulo, 1994, p. 259-262.
10. A. Wünsche, *Aus Israels Lehrhallen,* II, 53, citado por Eisler, op. cit., ilustração XLVII.
11. Ver *Mitologia Ocidental*, p. 80-83.
12. Edith Porada, *Corpus of Ancient Near Eastern Seals in North American Collections,* The Bollingen Series XIV, Pantheon Books, Nova York, 1948, vol. I, ilustração CXVII, 773 E.
13. Gênesis 3:19-20, op. cit.
14. Ver *Mitologia Primitiva*, p. 91 e *Mitologia Ocidental*, p. 155-156.
15. Coríntios 1 - 15:36 e 42, op. cit.
16. Romanos 7:24, op. cit.
17. Ver *Mitologia Ocidental,* figuras 3 e 4.
18. Ver *Mitologia Ocidental,* figura 24.
19. Ver *Mitologia Ocidental*, p. 18 e ss.
20. Ver *Mitologia Oriental,* figura 20.
21. O único manuscrito conservado do *Hor-*

tulus deliciarum da Abadessa Herrad von Landsberg foi destruído durante o cerco a Estrasburgo em 1870. Entretanto, muitas de suas ilustrações haviam sido reproduzidas na monografia de Christian M. Englehardt, *Herrad von Landsberg und ihr Werk Hortus deliciarum; ein Beytrag zur Geschichte[...]des Mittelalters,* Stuttgart e Tübingen, 1818.

22. Marcos 10:45; Mateus 20:28; também Timóteo 2:6, op. cit.
23. Para referências ver Ireneu, *Adversus haereses* 5,1; Orígenes, *Exhort. and martyr.,* 12; Gregório de Nisa, *The Great Catechism,* 26; Agostinho, *de Trinitate,* 13, 12-14; Gregório, o Grande, *Moralia in Librum Job* 33,7. Sobre esta questão, ver Adolph Harnack, *History of Dogma,* traduzido da terceira edição alemã, de 1900, por Neil Buchanan, Dover Publications, Nova York, 1961, vol. II, p. 367 e nota l; vol. III, p. 307; também W. Adams Brown, artigo "Expiation and Atonement (Christian)", em James Hastings (org.), *Encyclopaedia of Religion and Ethics* Charles Scribner's Sons, Nova York, 1928, vol. V, p. 642-643.
24. Segui Harnack, op. cit., vol. VI, p. 59-67, de maneira bastante abreviada e considerando, também, Brown, op. cit., p. 643-645. As citações de Anselmo são de *Cur deus homo?* II, 6-11 e 18-19, conforme traduzido em Harnack, op. cit., p. 64-67.
25. Harnack, op. cit., vol. VI, p. 78-80.
26. Etienne Gilson, *History of Christian Philosophy in the Middle Ages,* Random House, Nova York, 1955.
27. Ibid., p. 163.
28. Hans Leisegang, "The Mystery of the Serpent" em Joseph Campbell (org.), *The Mysteries,* Ensaios do Eranos Yearbooks, vol. 2, Bollingen Series XXX.2, Pantheon Books, Nova York, 1955, p. 257-258.
29. Hino Órfico XXXIV. Tradução de Thomas Taylor, *The Mystical Hymns of Orpheus,* C. Whittingham, Chiswick, 1824, p. 77-79, como citado em Leisegang, op. cit., p. 255.
30. Esboço adaptado de Eisler, op. cit., ilustração XXXI.
31. Eisler, op. cit., ilustração XXXI.
32. John A. T. Robinson, *Honest to God,* SCM Press, Ltd., Londres, 1963, p. 74.
33. João 15:5, op. cit.
34. Ver *Mitologia Oriental,* p. 202-203 e *Mitologia Ocidental,* p. 202-224.
35. Aristóteles, *Metafísica,* Livro XII, capítulo 8, parágrafo 1074a.
36. Baruch de Espinosa, *Tratado Teológico-Político,* capítulo XX, 245. Tradução, introdução e notas de Diogo Pires Aurélio, Martins Fontes, São Paulo, 2008, p. 307.
37. Segui a exposição do pensamento de Bruno no artigo de J.L. McIntyre, "Bruno", em James Hastings (org.), op. cit., vol. II, p. 878-881.
38. Leo Frobenius, *Monumenta Terrarum, Erlebte Erdteile,* vol. VII Frankfurter Societäts Druckerei, Frankfurt am Main, 1929, p. 178-180 e *passim.*
39. O trabalho fundamental de Einstein, "Zur Electrodynamik bewegter Körper" apareceu em *Annalen der Physik,* 4. Folge, Bd. 17 (1905), p. 891-921; traduzido para o inglês por W. Perrett e G. B. Jeffery em H. A. Lorentz, A. Einstein, H. Minkowski, e A. Weyl, *The Principle of Relativity* Methuen and Co., Londres, 1923. Minha interpretação e referência a Newton seguem Sir James Jeans, *The Mysterious Universe,* The Macmillan Co., Nova York, 1930, p. 95.

40. Sir Isaac Newton, *Philosophia naturalis principia mathematica* (1687), definição VIII, escólio IV, traduzido por Andrew Motte, *Newton's Principia*, Daniel Adee, Nova York, 1848, p. 79.
41. *Liber XXIV philosophorum*, proposição II; Clemens Bäumker, "Das pseudo-hermetische 'Buch der vierundzwanzig Meister' (Liber XXIV philosophorum)" in *Abhandlungen aus dem Gebiete der Philosophie und ihrer Geschichte*. Festgabe zum 70 Geburtstag Georg Freiherrn von Hertling Herdersche Verlagshandlung, Freiburg im Breisgau, 1913, p. 31.
42. Oswald Spengler, *Der Untergang des Abendlandes*, C. H. Beck, Munique, 1923, traduzido para o inglês por Charles Francis Atkinson, *The Decline of the West*, Allen and Unwin, Ltd., Londres; Alfred A. Knopf, Nova York, 1926, 1928, vol. II, p. 227 (alemã), p. 189 (inglesa).
43. Ver *Mitologia Ocidental*, p. 324 e ss.
44. Sir Arthur Keith, no volume editado anonimamente, *Living Philosophies*, Simon and Schuster, Nova York, 1931, p. 142-143.
45. Arthur Schopenhauer, *Über die Grundlage der Moral* (1840), em *Sämtliche Werke*, Cotta'sche Bibliothek der Weltlitteratur, Stuttgart, s.d., vol. 7, p. 133 e ss.
46. Arthur Schopenhauer, *Die Welt als Wille und Vorstellung*, livro II, seção 26; *Sämtliche Werke*, vol. 2, p. 176.
47. Ibid., livro III, seção 45; vol. 3, p. 65 e ss.
48. Ibid., livro II, seção 26; vol. 2, p. 175 e ss.
49. Ibid., livro II, Seção 20; vol. 2, p. 151.
50. Arthur Schopenhauer, *Aphorismen zur Lebensweisheit*, capítulo *VI; Sämtliche Werke*, vol. 9, p. 260.
51. Schopenhauer, *Die Welt als Wille und Vorstellung*, livro II, seção 28 (vol. 2, p. 202 e ss.) e livro IV, seção 55 (vol. 3, p. 140 e ss.).
52. Ver *Mitologia Oriental*, p. 196.
53. James Joyce, *A Portrait of the Artist as a Young Man* [Um retrato do artista quando jovem], Jonathan Cape, Ltd., Londres, 1916, p. 242.
54. Albert Pauphilet (org.), *La Queste del Saint Graal*, Champion, Paris, 1949, p. 26, versos 15-19. Para uma excelente interpretação deste trabalho, ver Frederick W. Locke, *The Quest for the Holy Grail*, Stanford University Press, Stanford, 1960.
55. Gottfried von Strassburg, *Tristan und Isold*, 45-66. As referências são ao texto do Médio Alto Alemão editado por Friedrich Ranke, Weidmannsche Verlagsbuchhandlung, 4ª ed., Berlim-Charlottenburg, 1959.
56. Joyce, op. cit., p. 281.
57. Passagens citadas por Peter Gast "Einführung in den Gedankenkreis von *Also sprach Zarathustra*," em Friedrich Nietzsche, *Werke*, Alfred Kroner Verlag, Leipzig, 1919, vol. VI, p. 496-497.

CAPÍTULO 2: O MUNDO TRANSFORMADO

1. Gottfried, op. cit., 111-118.
2. Ibid., 119-130; 235-240.
3. Ver *Mitologia Ocidental*, p. 397-407.
4. Gottfried, op. cit., 16689-16729.
5. Ibid., 16963-17138, abreviado.
6. Ibid., 16807-16820 e 16902-16908.
7. Ibid., 15166-15168.
8. Henry Adams, *Mont-Saint-Michel*

and *Chartres,* Houghton Mifflin Co., Boston e Nova York, 1904, p. 198.
9. Ibid., p. 94-95.
10. Ver *Mitologia Oriental,* p. 47-84.
11. Ver *Mitologia Primitiva,* p. 327-329.
12. A.R. Radcliffe-Brown *The Andaman Islanders,* 2ª impressão, Cambridge University Press, Londres, 1933, p. 233-234; citado em *Mitologia Primitiva,* p. 40-41.
13. Dante Alighieri, "Paraíso", canto XXXIII, versos 1-19, tradução e notas de Italo Eugenio Mauro, *A divina comédia,* edição bilíngue, Editora 34, São Paulo, SP, 1998, p. 229-230.
14. Spengler, op. cit., Edição Knopf, vol. II, tradução de Atkinson, muito abreviada, p. 288-290.
15. James Joyce, *Um retrato do artista quando jovem,* tradução de Bernardina da Silveira Pinheiro, Alfaguara, Editora Objetiva, Rio de Janeiro, 2006, p. 130-134.
16. Ibid., p. 135-136.
17. Gottfried, op. cit., 8112-8131.
18. Ver *Mitologia Primitiva,* p. 286-287.
19. Ver *Mitologia Ocidental,* p. 40-42.
20. Citação das cartas traduzidas por Henry Osborn Taylor, *The Mediaeval Mind,* Cambridge, Mass., Harvard University Press, quarta edição, 1925, vol. II, p. 30-41. A *Historia calamitatum* de Abelardo, junto com as cartas, foram editadas e publicadas por Jacques Paul Migne, *Patrologiae cursus completus,* série latina, Paris,1844-1855, vol. clxxviii, colunas 113-326.
21. H.O. Taylor, op. cit., p. 41.
22. Ibid., vol. II, p. 42, 49. Migne, *Patr. Lat.,* clxxviii, 187, 212.
23. Ver *Mitologia Ocidental,* p. 401 e ss.
24. Ver *Mitologia Ocidental,* p. 364.
25. Sarahapada, *Dohakosa* 34; citado em Shashibhusan Dasgupta, *Obscure Religious Cults as Background of Bengali Literature,* University of Calcutta Press, Calcutá, 1946, p. 95.
26. Ver *Mitologia Oriental,* p. 271-285.
27. Ver *Mitologia Ocidental,* p. 357-367.
28. Ver *Mitologia Ocidental,* p. 370-383.
29. Philip K. Hitti, *History of the Arabs,* The Macmillan Co., Nova York, 1951, p. 562. Esta derivação é claramente preferível à mais usual de um suposto latim vulgar *tropare, cujo significado teria sido "inventar".* (Ver por exemplo, *Webster's New International Dictionary of the English Language* [G. and C. Merriam Company, Springfield, Mass., 2ª edição, 1937.]) W. Meyer-Lubke's *Romanisches Etymologisches Wörterbuch* Carl Winter's Universitats-buchhandlung, Heidelberg, 1924, p. 683, item 8992, a palavra deriva do latim *turbare,* "agitar, perturbar, confundir" (cf. português "turbulento"); concedendo, entretanto, considerável dúvida a esta interpretação.
30. Hitti, op. cit., p. 600.
31. H.A.R. Gibb, artigo "Literature", em Sir Thomas Arnold e Alfred Guillaume (orgs.), *The Legacy of Islam,* The Clarendon Press, Oxford, 1931, p. 189-190.
32. Hitti, op. cit., p. 562.
33. Ver *Mitologia Oriental,* p. 381-382.
34. Ver *Mitologia Ocidental,* p. 364-365.
35. Ver *Mitologia Oriental,* p. 281-284.
36. Dante, *Divina Commedia,* último verso.
37. Idries Shah, *The Sufis,* Doubleday and Company, Nova York, 1964, p. 322-323.
38. Friedrich Nietzsche, *Also sprach Zarathustra,* 1.3: "Von den Hinterweltlern"; *Werke,* vol. VI, p. 43.
39. Hakuin "Song of Meditation" traduzido por Daisetz Teitaro Suzuki, *Manual of Zen Buddhism,* Rider and Company, Londres, 1935, p. 151-152.

40. Nietzsche, *Also sprach Zarathustra,* 1.6: "Vom bleichen Verbrecher"; *Werke,* vol. VI, p. 53.
41. José Ortega y Gasset, *História como sistema,* tradução de Juan A. Gili Sobrinho e Elizabeth Hanna Côrtes Costa, prólogo de Hélio Jaguaribe, coleção Orteguiana, Editora Universidade de Brasília, Brasília, DF, 1982, p. 31-32.
42. Gottfried, op. cit., 17101-17135.
43. James Joyce, *A Portrait of the Artist as a Young Man* [Um retrato do artista quando jovem], Londres, Jonathan Cape, Ltd. 1916, p. 223 e 242-243.
44. Dante Alighieri, *La Vita Nuova* II, traduzido por Charles Eliot Norton, Houghton Mifflin Company, Boston e Nova York, 1867, p. 2.
45. Ibid., XLIII (tradução de Norton, p. 89-90).
46. James Joyce, *Um retrato do artista quando jovem,* tradução de Bernardina da Silveira Pinheiro, Alfaguara, Editora Objetiva, Rio de Janeiro, 2006, p. 182-183.
47. A.T. Hatto, na introdução de sua tradução de Gottfried von Strassburg, *Tristan,* Penguin Books, Baltimore, 1960, p. 24.
48. August Closs, na introdução a sua edição do texto em alto alemão médio de Gottfried von Strassburg, *Tristan and Isolt,* Basil Blackwell, Oxford, 1958, p. xiv-xv.
49. Ver Eugene Vinaver, "The Love Potion in the Primitive Tristan Romance" em *Medieval Studies* in *Memory of Gertrude Schoepperle Loomis,* Librairie Honoré Champion, Paris; Columbia University Press, Nova York, 1927, p. 79.
50. Eilhart von Oberge, *Tristrant und Isolde,* F. Lichtenstein (org.), *Eilhart von Oberge,* Quellen und Forschungen zur Sprach, und Kulturgeschichte der germanischen Völker, 19, K.J. Trübner, Estrasburgo, 1877, versos 2288-2300.
51. *Briefwechsel zwischen Wagner und Liszt,* Breitkopf und Hartel, Leipzig, 1900, vol. II, p. 46.
52. Richard Wagner, *Mein Leben,* F. Bruckmann, Munique, 1911, p. 605.
53. Arthur Schopenhauer, *Sobre o fundamento da moral,* tradução de Maria Lúcia Mello Oliveira Cacciola, Martins Fontes, São Paulo, 2001, p. 136.
54. Wagner, op. cit., p. 626.
55. Ver *Mitologia Ocidental,* p. 245, 377-380.
56. Ver *Mitologia Ocidental,* p. 357, 362-366, 411.
57. Schopenhauer, *Sobre o fundamento da moral,* op. cit, p. 214-219.
58. Wagner, op. cit., p. 604.
59. Platão, *A República,* 7.
60. Ver *Mitologia Oriental,* p. 21 e ss., 146, 152, 192, 205 e 265.
61. Percy Bysshe Shelley, *"Adonais"* LII, p. 462-463.
62. Goethe, *Faust* II. 1, versos 4702-4727.
63. Schopenhauer, *Die Welt als Wille und Vorstellung,* II. 21; *Sämtliche Werke,* vol. 2, p. 152-153.
64. Arthur Schopenhauer, *O mundo como vontade e como representação,* tradução, apresentação, notas e índices de Jair Barboza, Editora UNESP, São Paulo, 2005, p. 170-171.
65. Arthur Schopenhauer, *Sobre o fundamento da moral,* tradução de Maria Lúcia Mello Oliveira Cacciola, Martins Fontes, São Paulo, 2001, p. 218-219.
66. Gottfried, op. cit., 4862-4895, um tanto abreviado.
67. Arthur Schopenhauer, *O mundo como vontade e como representação,* op. cit., p. 217-218.
68. Ibid., p. 245.
69. James Joyce, *A Portrait of the Artist as a Young Man* [Um retrato do artista quando jovem], Londres, Jonathan Cape, Ltd. 1916, p. 242.

70. Arthur Schopenhauer, *O mundo como vontade e como representação,* op. cit., livro 3, parág. 36, I 218, p. 253.
71. Sêneca, *De tranquilitate animi* 15.16.
72. John Dryden, *Absalom and Achitophel,* versos 163-164.
73. Schopenhauer, *Die Welt als Wille und Vorstellung* III. 36; vol. 3, p. 31.
74. Richard Wagner, *Tristan und Isolde,* ato i, conclusão.
75. Gottfried, op. cit., 11708-11870, muito abreviado.

CAPÍTULO 3: A PALAVRA POR DETRÁS DAS PALAVRAS

1. José Ortega y Gasset, *Man and Crisis,* tradução do espanhol de Mildred Adams, W.W. Norton and Company, Nova York, 1958, 1962, p. 113.
2. T.S. Eliot, "Os homens ocos", III, versos 40-50, em *Poesia.* Tradução, introdução e notas de Ivan Junqueira, Editora Nova Fronteira, Rio de Janeiro, RJ, 1981, p. 118-119.
3. Ibid., I, verso 10, p. 117.
4. Friedrich Nietzsche, *Assim falava Zaratustra,* tradução de Alfredo Margarido, Guimarães Editores, s/d, p. 55.
5. Benjamin Lee Whorf, "Science and Linguistics" *The Technology Review,* vol. XLII, nº 6 (abril, 1940); "Linguistics as an Exact Science", ibidem, XLIII, nº 2 (dezembro, 1940); "Languages and Logic", ibidem, XLIII, nº 6 (abril, 1941); "The Relation of Habitual Thought and Behavior to Language" *Language, Culture and Personality* (Menasha,Wis., 1941), p. 75-93; "An American Indian Model of the Universe" International Journal of American Languages, vol. 16, nº 2 (abril, 1950).
6. *Taittirīya Upaniṣad* 2.4.
7. *Muṇḍaka Upaniṣad* 2.2.1.
8. Tomás de Villanueva, *Opera,* 1761-64, Bibl., nº1073, Salamanca, vol. IV, p. 388; tradução de E. Allison Peers, *Studies of the Spanish Mystics,* S.P.C.K., Londres, 1960, vol. II, p. 68.
9. Eliot, op. cit., notas sobre "A terra desolada", parte V – O que disse o trovão – verso 420, p. 112.
10. Ver *Mitologia Primitiva,* p. 314.
11. Ver *Mitologia Ocidental,* p. 18-25.
12. Eliot, op. cit., "Os homens ocos", V, versos 70, 80 e 90, p. 119-120.
13. Ernest Robert Curtius, *European Literature and the Latin Middle Ages,* traduzido por Willard R. Trask, Bollingen Series XXXVI, Pantheon Books, Nova York, 1953, p. 12 e 591.
14. Ver *Mitologia Ocidental,* p. 212-223.
15. Leisegang, loc. cit., p. 194-260.
16. Gafurius, *De harmonia musicorum instrumentorum* (Milão, 1518), fol. 93v. Segui Edgar Wind, *Pagan Mysteries in the Renaissance,* Yale University Press, New Haven, 1958, p. 46, nota 5.
17. H.E.D. Blakiston, "Greco-Egyptian Religion" artigo em James Hastings (org.), op cit., vol. Vl, p. 377, coluna 2.
18. Macrobius, *Saturnalia,* Liber I, Caput XX, descrevendo o animal tricéfalo do deus-sol Serapis no templo de Alexandria.
19. Gafurius, op. cit., Cap. 92; como citado por Jean Seznec, *The Survival of the Pagan Gods,* Bollingen Series XXXVIII, Pantheon Books, 1953; Harper Torchbook, 1961; Nova York, p. 140-141.
20. Ver *Mitologia Ocidental,* p. 266-271.
21. Ver *Mitologia Primitiva,* p. 333-336.
22. Hesíodo, *Theogonia* 50-67.
23. Roger Sherman Loomis, *Celtic Myth*

and Arthurian Romance, Columbia University Press, Nova York, 1927, capítulo V, "Curoi, Gwri, and Gawain" e capítulo XVI, "The Grail Heroes".
24. Eleanor Hull, *Early Christian Ireland,* David Nutt; Dublin: M. H. Gill & Son, Londres, 1905, p. 253-254.
25. Ver *Mitologia Ocidental,* p. 377-380.
26. Harnack, op. cit., vol. V, capítulo VI, nota 1.
27. Dante Alighieri, "Inferno", canto I, versos 1 e 10, em *A divina comédia,* edição bilíngue, tradução e notas de Italo Eugenio Mauro, Editora 34, São Paulo, 1998, p. 25.
28. Ibid., canto I, versos 13 e 16, p. 25-26.
29. Ibid., canto I, versos 31, 43, 46, 49, p. 26-27.
30. Ibid., canto I, versos 112, p. 29
31. Ibid., canto II, versos 7, p. 31.
32. Ibid., canto II, versos 127-142.
33. Ver *Mitologia Primitiva,* p. 147-150.
34. Curtius, op. cit., p. 18-19.
35. Ver *Mitologia Ocidental,* p. 390-391.
36. *The Sutton Hoo Ship-Burial: A Provisional Guide,* The British Museum, Londres, 5ª impressão, 1956, p. 62.
37. Bede, *Historia Ecclesiastica Gentis, Anglotum,* livro IV, capítulo XXIV. Migne, op. cit., xlv, 212-213. Tradução de Vida D. Scudder, Everyman Library, 1910.
38. Ver *Mitologia Oriental,* p. 347-348.
39. Ver *Mitologia Oriental,* p. 350-356.
40. Ver *Mitologia Oriental,* p. 362-363, 364.
41. A data de *Beowulf,* entre *c.*700 e finais do século VIII, continua incerta. Ver C.L. Wrenn, "Sutton Hoo and Beowulf" em Lewis E. Nicholson (org.), *An Anthology of Beowulf Criticism,* University of Notre Dame Press, Notre Dame, Ind., 1963, p. 325-329.
42. Cf. C.L. Wrenn, *Beowulf,* D.C. Heath and Co., Boston; George G. Harrap and Co., Londres, 1953), p. 32-37.
43. Ibid., p. 64-65.
44. George K. Anderson, *The Literature of the Anglo-Saxons,* Princeton University Press, Princeton, 1949, p. 230.
45. Tradução de Anderson, op. cit., p. 231 – Bede, *Historia* V. 13.
46. Ver *Mitologia Oriental,* p. 185 e 195.
47. Miguel Asín y Palacios, *La escatologia musulmana en la Divina Comedia,* Imprenta de Estanislao Maestre, Madri, 1919; 2ª ed., Escuelas de Estudios Árabes, Madri-Granada, 1943, p. 166.
48. Wrenn, *Beowulf,* p. 83.
49. W.W. Lawrence, *Beowulf and the Epic Tradition,* Harvard University Press, Cambridge, Mass., 1928, p. 4.
50. Ibid., p. 7-8.
51. Spengler, op. cit., vol. II, p. 101-102; edição inglesa, vol. II, p. 87.
52. *Beowulf,* versos 700-702, como citado por Marie Padgett Hamilton, "The Religious Principle in *Beowulf,* em Nicholson (ed.), op. cit., p. 112.
53. Werner Speiser, *The Art of China* 73, Crown Publishers, Nova York, 1960, p. 36.
54. Ver *Mitologia Oriental,* p. 368-369.
55. *Beowulf,* 2419-2420.
56. *Poetic Edda, Völuspá* 20.
57. Grimm, Conto nº 50; cf. *Grimms Fairy Tales,* Pantheon Books, Nova York, 1944, p. 237-241.
58. Grimm, Conto nº 14; cf. ibid., p. 83-86.
59. Tradução baseada em Clarence Griffin Child, *Beowulf and the Finnesburgh Fragment,* Houghton Mifflin Company, Boston, Nova York, Chicago, 1904.
60. Segundo Levin L. Schucking, "The Ideal of Kingship in Beowulf" em Nicholson (org.), op. cit., p. 37.
61. Este aspecto de *Beowulf* foi detalhadamente estudado por F. Panzer, *Beowulf,* Studien zur germanischen

Sagengeschichte I, Munique, 1910. Ver também Johannes Bolte e Georg Polivka, *Ammerkungen zu den Kinder- und Hausmarchen der Brüder Grimm*, Dieterich'sche Verlagsbuchhandlung, Leipzig, 1915, vol. II, p. 300-316.
62. Ver *Mitologia Primitiva*, p. 276-283.
63. Ver *Mitologia Ocidental*, p. 138-150.
64. Ver *Mitologia Ocidental*, p. 38 e ss., e 62-68.
65. Ver *Mitologia Ocidental*, p. 240-244.
66. O.G.S. Crawford, *The Eye Goddess*, The Macmillan Company, Nova York, s.d.
67. Ver *Mitologia Ocidental*, p. 38-43, 60-68.
68. T.G.E. Powell, *The Celts*, Frederick A. Praeger, Nova York, 1958, p. 146-147.
69. Marcel Probé e Jean Roubier, *The Art of Roman Gaul*, University of Toronto Press, Toronto, 1961, ilustração 8.
70. Ver *Mitologia Primitiva*, p. 155-156.
71. Ver *Mitologia Primitiv*a, p. 356-364.
72. Ver *Mitologia Primitiva*, p. 349-351.
73. Gottfried, op. cit., 13513-13536.
74. Asín, op. cit.
75. *Analecta Bollandiana*, como citado pelo duque de Alba em sua introdução à tradução inglesa, op.cit., p. IX-X.
76. Dante, "Inferno", canto XV.
77. Asín, op. cit., tradução para o inglês por Harold Sunderland, *Islam and the Divine Comedy*, John Murray, Londres, 1926, p. 253-254.
78. *Opus majus* (Edit. Jebe, 1733), p. 246 (nota de Asín).
79. *Opera omnia* III.3, *De Anima* 166 (nota de Asín).
80. *Blanquerna* II. 105, 134, 158-160 (nota de Asín).
81. Asín, op. cit., tradução de Sunderland, op. cit., p. 256-258.
82. R.A. Nicholson, "Mysticism" em Arnold e Guillaume (orgs.), op. cit., p. 227-228.
83. Asín, op. cit., edição inglesa, p. 239-244 abreviada.
84. Ver *Mitologia Oriental*, p. 254-259. e *Mitologia Ocidental*, p. 327-331.
85. Ver *Mitologia Ocidental*, p. 359-360.
86. Ver *Mitologia Oriental*, p. 267-288, 376-387.
87. Jacobus de Voragine, *The Golden Legend*, Longmans, Green, Londres, Nova York, 1941; para a versão Copta ver E.A.W. Budge, *Baralâm and Yewâsef* Cambridge University Press, Londres, 1923; ver também a argumentação de J. Jacobs, *Barlaam and Josaphat*, David Nutt, Londres, 1896.
88. La Fontaine, *Fábulas*, "Introdução" ao volume 2.
89. Joseph Campbell (org.), *The Portable Arabian Nights*, The Viking Press, Nova York, 1952, p. 19-20.
90. Ibid., p. 14-15.
91. Ver *Mitologia Oriental*, p. 258; citando Hermann Goetz, "Imperial Rome and the Genesis of Classical Indian Art" em *East and West*, New Series, vol. 10, n°s 3-4, set.-dez., 1959, p. 264.
92. Spengler, op. cit., vol. II, p. 92 (edição inglesa, vol. II, p. 78).
93. Ibid., vol. II, p. 62 (edição inglesa, vol. II, p. 55).
94. Por exemplo, em uma interessante série de artigos sobre o destino em "Fate", Hastings (org.), op. cit., vol. V, p. 771-796.
95. Corão, 27:48.
96. Citado de Gilson, op. cit., p. 399, onde é dada uma referência precisa.
97. Ibn Rushd (Averroes), *Kitāb fasl al-maqal wa tagrir mā bayn ashshari'a wal-hikma min al-ittisal* ("The Book of the Decision of the Discourse, and a Determination of What There Is of Connection between Religion and Philosophy"), livro II, 7: 1-18 e 8.1l; traduzido po George F. Hourani, *Averroes: On the Harmony of Religion and Philosophy*, E.J.W. Gibb Memorial

Series, nº 21, Luzac and Co., Londres, 1961, p. 50-51.
98. Averroes, op. cit., 15.8-15; Hourani, p. 59.
99. Miguel Asín e Palacios, "El averroísmo teológico de Santo Tomás de Aquino" em *Homenáje á D. Francisco Codera,* Mariano Escar, Zaragoza, 1904, p. 307-308.
100. *Quest. disp. de* Ver*itate, q.* XIV, *De fide* a. 10.
101. Jacob Guttmann, *Das* Ver*haltnis des Thomas von Aquino zum Judenthum und zür jüdischen Litteratur,* Vandenhoeck and Ruprecht, Göttingen, 1891; *Die Scholastik des dreizehnten Jahrhunderts in ihren Beziehangen zum Judenthum und zür jüdischen Litteratur,* M. & H. Marcus, Breslau, 1902.
102. Asín e Palacios, "El Averroísmo" etc., p. 318-319.
103. Santo Tomás de Aquino, *Suma Teológica* I. 14. Art. 8.
104. Dante Alighieri, "Paraíso", canto X, 136, em *A divina comédia,* edição bilíngue, tradução e notas de Italo Eugenio Mauro, Editora 34, São Paulo, 1998, p. 76.
105. Dante, "Inferno", canto IV, versos 131-143.
106. Dante, "Inferno", canto XXVIII, versos 22-45.
107. Ver *Mitologia Oriental,* p. 190-193.
108. Ver *Mitologia Oriental,* p. 221-223.
109. Ver *Mitologia Oriental,* p. 234.
110. Por exemplo, Richard Garbe, *Die Samkhya-Philosophie,* H. Haessel, 2ª ed., Leipzig, 1917, capítulo III, "Uber den Zusammenhang der Samkhya-Lehre mit der griechischen Philosophie."
111. Ver *Mitologia Ocidental,* p. 335.
112. Mateus 19:21 (Marcos 10:21) e Mateus 8:21 (Lucas 9:60), em *A Bíblia de Jerusalém,* Edições Paulinas, São Paulo, 1987, 3ª impressão.
113. *O Evangelho de Tomé,* logion 56, traduzido e comentado por Jean-Yves Leloup, tradução brasileira de Guilherme João de Freitas Teixeira, Editora Vozes, Rio de Janeiro, 1997, p. 138.
114. Ver *Mitologia Ocidental,* p. 328-329.
115. Ver *Mitologia Oriental,* p. 21, 204-205, 212-213.
116. Ver *Mitologia Oriental,* p. 350-355.
117. Agostinho, *Confissões,* livro III, capítulo 6.
118. Gálatas 5:16. Citado por Santo Agostinho, *A Cidade de Deus,* livro XIII, capítulo 13.
119. Santo Agostinho, *A Cidade de Deus,* livro XIV, capítulo 5.
120. Ibid., livro XIII, capítulo 13.
121. Tertuliano, *Apologético* 7 (Migne, op. cit., i, 506); Aristides, *Apologia* 17.2; Justino Mártir, *Apologiae* I. 5, 15, 18, 27, e II.12 (J. P. Migne, *Patrologiae Cursus Completus, Series Graeca,* Paris, 1857-1860, vi. 335-336, 349-352, 355-356, 369-375, 463-466; Minucius Felix, *Octavian,* 9.6., Migne, *Patr. Lat.,* iii. 262, Plínio, o Jovem, *Epist., X.* 96. Ver Max Pulver, op. cit., p. 292-295.
122. Gálatas 3:13, op. cit.
123. Coríntios 1-11:20-22, op. cit.
124. Apocalipse 2: 19-25, op. cit.
125. Ibid., 2:14.
126. Judas 4 e 12, op. cit.
127. Tertuliano, *De Jejunis* 17 (Migne, *Patr. Lat., ii.* 977).
128. *O Evangelho de Tomé,* op. cit., logion 21, p. 83.
129. Ibid., logion 37, p. 106.
130. Ver *Mitologia Ocidental,* p. 315-320.
131. Epifânio, *Panarion* 1. 37.5 (272a e ss.), como citado por Leisegang, op. cit., p. 231.
132. Leisegang, op. cit., p. 231.
133. João 3:14, op. cit.
134. Números 21:6-9, op. cit.
135. Ver *Mitologia Ocidental,* p. 91-92.

136. Reis 2-18:4, op. cit.
137. Gênesis 3:15, op. cit.
138. Ver *Mitologia Ocidental*, p. 295-306.
139. Hippolytus Elenchos V. 17. 1-2 e 8, como citado por Leisegang, op. cit., p. 230.
140. Ver *Mitologia Ocidental*, p. 379.
141. *O Evangelho de Tomé*, op. cit., logion 3, p. 51 e logion 113, p. 209; citado também em *Mitologia Ocidental*, p. 299-300.
142. Ver *Mitologia Oriental*, p. 238-240.
143. Ver *Mitologia Oriental*, p. 386.
144. Ver *Mitologia Oriental*, p. 241.
145. Epifânio, *Panarion* 26.4.1; de Max Pulver, "Vom Spielraum gnostischer Mysterienpraxis" *Eranos-Jahrbuch* 1944, Rhein-Verlag, Zurique, 1945, p. 289-292.
146. Henry Adams, *The Education of Henry Adams*, Random House, The Modern Library, Nova York, 1931, p. 498.
147. Ver *Mitologia Ocidental*, p. 402-405.
148. Inocente III, *Epist.*, livro vii, nº 75, in Migne, *Patr. Lat.* ccxv, 355-357; como citado por J. Bass Mullinger, artigo "Albigenses" em Hastings (org.), op. cit., vol. I, p. 280.
149. Ver *Mitologia Ocidental*, p. 314, 376, 399.
150. Rene Fülöp-Miller, *Der Heilige Teufel: Rasputin und die Frauen* (Leipzig: Grethlein and Co., 1927). Tradução de F. S. Flint e D. F. Tait, *Rasputin, the Holy Devil*, The Viking Press, Londres e Nova York, 1928.
151. Leisegang, op. cit., p. 244.
152. Seguindo J.A. MacCulloch, artigo "Relics," em Hastings (org.), op. cit., vol. X, p. 655.
153. Charles Schmidt, *Histoire et doctrine des Cathares ou Albigeois*, J. Cherbulier, Paris, 1849, vol. I, p. 31.
154. Ver Heinrich Zimmer e Joseph Campbell, *The Art of Indian Asia*, Bollingen Series XXXIX, Pantheon Books, Nova York, 1955, vol. II, ilustrações 114-436, *passim*.
155. Ver *Mitologia Oriental*, p. 282 e nota.
156. *Mitologia Oriental*, p. 283, citando H. H. Wilson, "Essays on the Religion of the Hindus," *Selected Works*, Trubner and Company, Londres, 1861, vol. I, p. 263.
157. John Rutherford, *The Troubadours*, Smith, Elder, and Company, Londres, 1861, vol. I, 195.
158. Zimmer e Campbell, op. cit., vol. II, ilustrações 336-43.
159. Ver *Mitologia Oriental*, p. 271-281.
160. Arthur Avalon (Sir John Woodroffe), *The Principles of Tantra*, Ganesh and Co., Madras, 1914; 2ª edição, 1952, p. lxxi-lxxii.
161. Ver *Mitologia Oriental*, p. 257-258. e *Mitologia Ocidental*, p. 316-320.

PARTE II: A TERRA DESOLADA
CAPÍTULO 4: O AMOR-MORTE

1. Denis de Rougemont, *Love in the Western World*, Pantheon Books, Nova York, 1940, revisado e aumentado, 1956, *passim*.
2. Ver Barbara Smythe (trad.), *Trobador Poets*, Chatto and Windus, Londres, 1929, p. 152.
3. Malory, *Le Morte Darthur*, livro XI, capítulo IX a livro XII, capítulo IV. A fonte de Malory para a compilação desses livros foi "Vulgate Tristan" do início do século XIII, na versão ampliada de três manuscritos conservados no Museu Britânico, viz. Add. 5474, Royal

20 D ii, e Egerton 989. (Ver H. Oskar Sommer, *Le Morte Darthur,* David Nutt, Londres, 1891), vol. III, p. 280 e ss.
4. Rutherford, op. cit., p. 124-125.
5. Ver *Mitologia Ocidental,* p. 376-378.
6. Mateus 22:39, em *A Bíblia de Jerusalém,* Edições Paulinas, São Paulo, 1987, 3ª impressão.
7. Erik Routley, *The Man for Others,* Oxford University Press, Nova York, 1964, p. 99.
8. Guiraut de Borneilh, *Tam cum los oills el cor...* Rutherford, op. cit., p. 34-35. A rima do poema é a seguinte: a b c c b b a d d a/b c c b b a e e a.
9. Ver *Mitologia Oriental,* p. 376, 381-382.
10. Bernart de Ventadorn, *Joie d'aimer,* versos I, IV e VII; de Joseph Anglade, *Anthologie des Troubadours,* E. de Boccard, Paris, s.d, p. 39-41. A rima do poema é a seguinte a b b a c d d c/c a a c b d d b/a b b a c d d c . . . etc.
11. H.O. Taylor, op. cit., vol. II, p. 57.
12. Carl von Kraus (org.), *Die Gedichte Walthers von der Vogelweide,* Walter de Gruyter & Co., Berlim, 1962, p. 52-53, versos 39:11-40:18. A rima do poema é a seguinte: a b c, a b c, d–tandaraday–d.
13. Ibid., p. 165, versos 257:10-13 *(Swer giht daz minne sünde sî...).*
14. Ibid., p. 68; versos 48:38-39.
15. H.O. Taylor, op. cit., p. 58.
16. Kraus, op. cit., p. 115; versos 81:31-82:2 *(Diu minne ist weder man noch wêp...).* A rima é a seguinte: a a, b b, c d, c.
17. *Cambridge Medieval History,* Cambridge University Press, Cambridge; The Macmillan Company, Nova York, 1936, vol. VI, p. 50.
18. Kraus, op. cit., p. 11, versos 9:16-27 *(Ich sach mit mînen ougen)* .
19. Tradução de Dom Gaspar Lefebure O.S.B., *Daily Missal,* E. M. Lohmann Co., Saint Paul, Minn., 1934, p. 123-124.
20. Anglade, op. cit., p. 13-14. A rima é a seguinte: a, a, a, estribilho; b, b, b, estribilho etc. Cito três das cinco estrofes.
21. Geoffrey de Monmouth, *Historia Regum Britanniae,* livro XI, capítulo 2.
22. Wace, *Roman de Brut,* passagem final.
23. Layamon, *Brut,* G.L. Brook e R.F. Leslie (orgs.), Oxford University Press for the Early English Text Society, Londres, 1963, últimos versos.
24. Ver *Mitologia Ocidental,* p. 18-27.
25. Gottfried, op. cit., 704-758, e 847-853, abreviada.
26. Gottfried Weber, *Gottfried's von Strassburg Tristan und die Krise des hochmittelalterlichen Weltbildes um 1200,* J. B. Metzlersche Verlagsbuchhandlung, Stuttgart, 1953.
27. Ibid., vol. 1, p. 34.
28. *Webster's New International Dictionary of the English Language,* G. and C. Merriam Company, 2ª edição, Springfield, Mass., 1937, p. 1747.
29. *Muṇḍaka Upaniṣad* 2.2.1.
30. *Kena Upaniṣad* 1.3.
31. *Mu-mon, "The Gateless Gate"* 48; em Paul Reps, *Zen Flesh, Zen Bones,* Doubleday and Company, Anchor Books, Garden City, Nova York, 1961, p. 127.
32. *Mitologia Oriental,* citando *Astasahasrika Prajnaparamita* 1., p. 240.
33. Nicolau de Cusa, *Apologia doctae ignorantiae[Da douta ignorância],* citado em Gilson, op. cit., p. 538 e 536.
34. Tomás de Aquino, *Summa contra Gentiles* I. v.
35. Werner Heisenberg, *Physics and Philosophy,* Harper Torchbooks, Nova York, 1958, 1962, p. 49.
36. Nietzsche, *Also sprach Zarathustra,* "Von der Selbstüberwindung"; *Werke,* vol. VI, p. 167.
37. Gottfried, op. cit., 847-853.

38. Ibid., 915-982.
39. Ibid., 1159-1171.
40. Ibid., 1219-1330, 1337-1362 abreviada.
41. Ibid., 1373-1750.
42. Ibid., 3379-3384.
43. Schopenhauer, *Transcendente Spekulation über die anscheinende Absichtlichkeit im Schicksale des einzelnen; Werke,* vol. 8, p. 208-209.
44. Ibid., p. 210-211.
45. *Muṇḍaka Upaniṣad* 2.2.5.
46. Wordsworth, "Lines Composed a Few Miles above Tintern Abbey on Revisiting the Banks of the Wye During a Tour. July 13, 1789", versos 88-102.
47. Schopenhauer, *Transcendente Spekulation. . ., Werke,* vol. 8, p. 211.
48. James Joyce, *Ulysses,* Shakespeare and Company, Paris, 1922, 8ª edição, 1926, p. 204; Random House, The Modern Library, Nova York, 1934, p. 210.
49. Ibid., edição de Paris, p. 376-377; Random House, p. 388.
50. Jean-Paul Sartre, *L'Existentialisme est un humanisme,* Les Editions Nagel, Paris, 1946; tradução de Walter Kaufmann, *Existentialism from Dostoyevsky to Sartre,* Meridian Books, Nova York, 1956, p. 294-295.
51. *The Journals of Kierkegaard,* traduzido por Alexander Dru, Harper Torchbooks, Nova York, 1959, p. 189 e 203.
52. *Twelfth Night,* I. v. 331-332.
53. Schopenhauer, *Transcendente Spekulation...*, *Werke,* vol. 8, p. 212-213.
54. Standish H. O'Grady, *Silva Gadelica,* Williams and Norgate, Londres, 1892, vol. II, p. xiii e 311 e ss.
55. Gottfried, op. cit., 3721-3739.
56. Ver *Mitologia Ocidental*, p. 60-65.
57. Ver *Mitologia Primitiva*, p. 130-188.
58. Ver *Mitologia Primitiva*, p. 145-146.
59. Ver *Mitologia Oriental*, p. 18.
60. Ver *Mitologia Oriental*, p. 139-141.
61. Ver *Mitologia Primitiva*, p. 328-335.
62. Gertrude Schoepperle, *Tristan and Isolt,* David Nutt, Londres, 1913; Joseph Baer and Co., Frankfurt a. M., p. 227.
63. H. Zimmer, "Zur Namenforschung in den altfranzösischen Arthurepen" *Zeitschrift für französischer Sprache und Literatur,* vol. XIII (1891), p. 58 e ss.
64. Ver *Mitologia Primitiva*, p. 155-160.
65. Sir James G. Frazer, *The Golden Bough [O ramo dourado],* edição em volume único, The Macmillan Co., Nova York, 1922, p. 470. Ver *Mitologia Primitiva,* p. 155-156.
66. Ver *Mitologia Primitiva*, p. 349-351.
67. Ver *Mitologia Ocidental*, p. 40-43.
68. Béroul, *Le Roman de Tristan,* editado por Ernest Muret, Honoré Champion, Paris, 1962, verso 1334.
69. Ver *Mitologia Oriental*, p. 157-162.
70. *Nihongi* 19.34; como citado em *Mitologia Oriental,* p. 375.
71. Oswald Spengler, *Jahre der Entscheidung,* C.H. Beck, Munique, 1933, p. 36-37.
72. Ver *Mitologia Ocidental*, p. 240-274.
73. Ver *Mitologia Ocidental*, p. 370-397.
74. José Ortega y Gasset, *Meditações do Quixote,* comentário por Julián Marias, tradução de Gilberto de Mello Kujawski, Livro Ibero Americano, São Paulo, 1967, p. 57 linha 30; p. 58 linhas 1-5.
75. Ibid., p. 145, linhas 28-29.
76. Ibid., p. 146, linhas 27-29; p. 147 linhas 1-5.
77. Ibid., p. 147, linhas 13-33; p. 148, linhas 22-32.
78. Ibid., p. 171, linhas 1-15.
79. Ibid., p. 171, linhas 18-22 e 26-28.
80. G.V. Anrep (trad. e org.), I. P. Pavlov. *Conditioned Reflexes, an investigation of the physiological activity of the Cerebral Cortex,* Oxford University Press, Londres, 1927.

81. John B. Watson, *Psychology from the Standpoint of a Behaviorist*, J.B. Lippincott Company, Filadélfia e Londres, 1919, 1924.
82. Ibid., p. 9-10. Os grifos são do Dr. Watson.
83. *Satapatha Brahmana* 10.5.2.13 e 16, como citado por Ananda K. Coomaraswamy, *Hinduism and Buddhism*, Philosophical Library, Nova York, s.d., p. 7.
84. Ver *Mitologia Oriental*, p. 49-50.
85. *Bhagavad Gītā* 2:22.
86. James Joyce, *Finnegans Wake*, The Viking Press, Nova York, 1939, p. 455.
87. Ver *Mitologia Oriental*, p. 27-29.
88. Gottfried, op. cit., 6931-6947, abreviada.
89. Ibid., 7051-7059.
90. Ibid., 6732-6752.
91. Ibid., 6611-6616.
92. Ibid., 6594-6598.
93. Ibid., 7165-7195.
94. Nietzsche, "Die fröhliche Wissenschaft" §87, *Werke*, vol. 5, p. 120.
95. Gottfried, op. cit., 7275-7299, abreviada.
96. *Homeri Hymni* 7.
97. Gottfried, op. cit., 7507-7523.
98. Ibid., 7772-7821, abreviada.
99. Ibid., 7835-7859, abreviada.
100. Ver *Mitologia Ocidental*, p. 31.
101. W.B. Yeats, *Irish Folk and Fairy Tales*, The Modern Library, Nova York, s.d., Introdução, p. ix.
102. Gottfried, op. cit., 7911-7924.
103. Ibid., 8002-8018.
104. August Closs, *Tristan und Isolt: A Poem by Gottfried von Strassburg*, Basil Blackwell, Oxford, 1958, p. xlix-l.
105. Gottfried, op. cit., 8085-8089; 8112-8131.
106. Ibid., 8253-8262.
107. Joseph Anglade, op. cit., p. 30: "Amor de lonh", estrofe IV.
108. Gottfried. op. cit., 8608-8613.
109. Gottfried, op. cit., 8263-8284.
110. Cf. C.G. Jung, *The Archetypes of the Collective Unconscious*, traduzido por R.F.C. Hull, Bollingen Series XX, vol. 9, 1, Pantheon Books, Nova York, 1959, p. 25 e ss. Ver também *"Anima"* no Índice Remissivo.
111. Gottfried, op. cit., 8505-8509.
112. De acordo com a tradução do inglês médio de Thomas, *Sir Tristram*, estrofe 95.
113. Gottfried, op. cit., 8902-8924.
114. Ibid., 8925-11366.
115. Ver *Mitologia Ocidental*, p. 54-55.
116. Gottfried, op. cit., 10885-10898 abreviada, e 10992-11005.
117. Curtius, op. cit., p. 48 e ss.
118. Gottfried, op. cit., 11556-11580.
119. A.T. Hatto, tradutor; Gottfried von Strassburg, *Tristan*, Penguin Books, Baltimore, 1960, p. 28.
120. Closs, op. cit., p. lii.
121. Dante Alighieri, "Inferno", canto V, versos 118 e 127-136, *A divina comédia*, edição bilíngue, tradução e notas de Italo Eugenio Mauro, Editora 34, São Paulo, 1998, p. 53-54.
122. Weber, op. cit., p. 87.
123. Ibid., p. 89-90.
124. Gottfried, op. cit., 11964-11972.
125. Ibid., 11978-12041, abreviada.
126. Ibid., 11435-11444.
127. Ibid., 12106-12133, abreviada.
128. Ibid., 12157-12182.
129. Ibid., 12463-12502.
130. Bernard of Clairvaux, *Sermones in Cantica Canticorum* LXXIX. 1. Tradução de Terence L. Connolly, S.J., *Saint Bernard on the Love of God*, Spiritual Book Associates, Nova York, 1937, p. 224-225.
131. W.O.E. Oesterley e Theodore H. Robinson, *An Introduction to the Books of the Old Testament*, Meridian Books, Nova York, 1958, p. 217.

MITOLOGIA CRIATIVA

132. Bernard, op. cit., IX.2 (Connolly op. cit., p. 82-83). As frases grifadas são, respectivamente, do *Salmos* 99:4 e do *Cântico dos Cânticos* I: 2.
133. Ver *Mitologia Oriental*, p. 277-281.
134. Ver *Mitologia Primitiva*, p. 44-52, 62-63 e 72.
135. N. Tinbergen, *The Study of Instinct,* The Clarendon Press, Oxford, 1951, p. 45. A figura é reproduzida com a permissão de The Clarendon Press.
136. Bernard, op. cit., XXXII. 2 (Connolly. op. cit., p. 141). A frase grifada é de Apocalipse 14:4.
137. William Blake, *The Marriage of Heaven and Hell,* "A Memorable Fancy" e "Proverbs of Hell" (*c*.1793).
138. Gottfried, op. cit., 12217-12231 e 12279-12304.
139. Ibid., 12237-12244.
140. Ibid., 12527-12674, abreviada.
141. Ibid., 17770-17803, abreviada.
142. Ibid., 17858-17906, abreviada.
143. Ibid., 16587-16620, abreviada.
144. Ibid., 18335-18344.
145. Sigo Weber, op. cit., vol. I, p. 306.
146. Thomas, *Le Roman de Tristan,* Joseph Bédier (org.), Société des Anciens Textes Français, Paris, 1902, vol. I, p. 317, verso 1011.

CAPÍTULO 5: FOGO DA FÊNIX

1. Joyce, op. cit., p. 123.
2. Ibid., p. 232.
3. Ibid., p. 383.
4. Ibid., p. 105.
5. Ibid., p. 107.
6. Ibid., p. 32.
7. Gênesis 1: 27.
8. Joyce, op. cit., p. 261.
9. Ibid., p. 14, 61, 70, 73, 274, 310.
10. Ver Joseph Campbell e Henry Morton Robinson, *A Skeleton Key to Finnegans Wake,* Harcourt, Brace and Co., Nova York, 1944, p. 46.
11. Tradução de Lefebure, op. cit., p. 831: "Holy Saturday: Blessing of the Paschal Candle."
12. Joyce, op. cit., p. 536.
13. Ibid., p. 24.
14. James Joyce, *Ulisses,* tradução de Bernardina da Silveira Pinheiro, Editora Objetiva, Rio de Janeiro, 2005, p. 539.
15. *O Evangelho de Tomé,* logion 77, traduzido e comentado por Jean-Yves Leloup, tradução brasileira de Guilherme João de Freitas Teixeira, Editora Vozes, Rio de Janeiro, 1997, p. 164.
16. *Bhagavad Gītā* 10.8, 20, 36.
17. Joyce, *Ulisses,* op. cit, p. 541.
18. *Rosarium philosophorum. Secunda pars alchimiae de lapide philosophico vero modo praeparando.... cum figuris rei perfectionem ostendentibus,* Frankfurt a. M., 1550, p. 219, 230 e 274. O texto e as figuras são de C.G. Jung, "The Psychology of the Transference", no volume intitulado *The Practice of Psychotherapy,* Bollingen Series XX, vol. 16, Pantheon Books, 2ª edição, Nova York, 1966, p. 212-213 e 288, nota 15.
19. Mateus 7: 6, op. cit.
20. Lucas 8:10, op. cit.
21. Muhammad ibn Umail at-Tamini (conhecido no mundo latino como "Senior"), "The Book of the Silvery Water and Starry Earth" (traduzido para o Latim como *De chemia),* editado por E. Stapleton e M. Hidayat Husain, *Memoirs of the Asiatic Society of Bengal,*

vol. XII. Estou citando de Marie-Louise von Franz, *Aurora Consurgens*, Bollingen Series LXXVII, Pantheon Books, Nova York, 1966, p. 45, notas 8 e 9.
22. Theobald de Hoghelande, "Liber de alchemiae difficultatibus" in *Theatrum chemicum, praecipuos selectorum auctorum tractatus. . . . continens,* Ursel, 1602, vol. I, p. 155; citado por C.G. Jung, *The Practice of Psychotherapy,* p. 288, nota 15.
23. Heinrich Conrad Khunrath, *Von hyleanischen, das ist, primaterialischen catholischen, oder allgemeinen natürlichen Chaos,* Magdeburg, 1597, p. 21; citado por Jung, *The Practice of Psychotherapy,* p. 288, nota 15.
24. Giordano Bruno, *The Expulsion of the Triumphant Beast,* tradução e introdução de Arthur D. Imerti, Rutgers University Press, New Burnswick, N.J., 1964, p. 235 e 236.
25. Epístola dedicatória a *De l'infinito universo et mondi,* em *Opera italiane,* ed. Giovanni Gentile e Vincenzo Spampanato; Laterza & Figli; Bari, Gius., 1925-1927, vol. I, p. 156; citada por Arthur D. Imerti, em op. cit., p. 20.
26. Vincenzo Spampanato, *Documenti della vita di Giordano Bruno,* Leo S. Olschki, Florença: 1933, "Documenti romani," XXX. 202, como citado por Imerti, op. cit., p. 64.
27. Um episódio de *Finnegans Wake,* p. 21-23. Cf. William York Tindall, *James Joyce, His Way of Interpreting the Modern World,* Charles Scribner's Sons, Nova York, 1950, p. 86.
28. T.S. Eliot, "Burnt Norton", de Quatro Quartetos, verso 70, em *Poesia,* tradução, introdução e notas de Ivan Junqueira, Editora Nova Fronteira, Rio de Janeiro, 1981, p. 201.
29. C.G. Jung, *Psicologia e Alquimia,* tradução de Dora Mariana Ribeiro Ferreira da Silva, Editora Vozes, Petrópolis, RJ, 1992, p. 254.
30. Ibid., p. 258-260, de *Abtala Jurain. Hyle und Coahyl.* Traduzido do etíope ao latim e do latim para o alemão por Johannes Elias Müller, Hamburgo, 1732, capítulos VIII e IX. Na verdade o texto não é antigo, e sua origem não é a mencionada.
31. Ibid., p. 260-261; citando Hoghelande, "Liber de alchemiae difficultatibus" em *Theatrum chemicum, praecipuos seketorum auctorum tractatus.... continens,* Ursellis, 1602, vol. I, p. 121-215.
32. Ibid., p. 260 e nota 8.
33. Ibid., figura 2; de *Mutus liber in quo tamen tota Philosophia hermetica, figuris hieroglyphicis dipingitur. . . .* La Rochelle, 1677, p. 11, detalhe.
34. Khunrath, op. cit., p. 59 e *passim.*
35. Jung, *Psicologia e Alquimia,* op. cit., p. 324-325.
36. Ibid., p. 249-250.
37. Kalid, "Liber secretorum alchemiae" em *Artis Auriferae quam chemiam vocant,* Basileia, 1593, vol. I, p. 340; citado por Jung, *The Practice of Psychotherapy,* p. 248, nota 4.
38. Gottfried, op. cit., 15801-15893, abreviada.
39. Jung, *Psychology and Alchemy,* p. 313, citando Michael Maier, *Symbola aurea mensae duodecim nationum,* Frankfurt, 1617, p. 380.
40. Joyce, *Ulisses,* op. cit., p. 58-59.
41. Ibid., p. 54-55.
42. Eliot, "A terra desolada", op. cit., verso 70, p. 91.
43. Joyce, *Ulisses,* op. cit., p. 621.
44. Eliot, "A terra desolada", op. cit., verso 40, p. 90.
45. Ibid., verso 50, p. 90.

46. Ibid., nota aos versos 422 e ss., op. cit., p. 112.
47. Londres, Museu Britânico. MS. Additional 5245. "Cabala mineralis", Rabbi Simeon ben Cantara. Figuras alquímicas em aquarela com explicações em latim e inglês; fol. 2. Em Jung, *Psychology and Alchemy,* p. 227.
48. Ovídio, *Metamorfoses,* livro I. 5-9; tradução de Paulo Farmhouse Alberto, Livros Cotovia e Paulo Farmhouse Alberto, Lisboa, 2007, p. 35
49. Ibid., livro I, 17-20, p. 35.
50. Lynn Thorndike, *A History of Magic and Experimental Science,* Columbia University Press, Nova York, 1923-1958, vol. I, p. 82, citando Plínio, *Historia naturalis* XX. 33.
51. Ibid., vol. I, p. 580, citando a edição grega de seu texto preparada por Robert Étienne Stephanus (1567), vol. I, p. 156-157; e a mais recente edição de Theodore Puschmann, *Alexander von Tralles, Original text und Ubersetzung nebst einer einleitenden Abhandlung,* Viena, 1878-79, vol. I, p. 567-573.
52. Ibid., vol. I, p. 769.
53. Primeiro parágrafo de Joyce, *Um retrato do artista quando jovem.*
54. Joyce, *Ulysses,* ed. Paris, p. 376; ed. Random House, p. 388.
55. *Mitologia Oriental,* p. 333, citando o *Tao Te Ching* 15. Tradução de Arthur Waley, *The Way and Its Power,* The Macmillan Co., Nova York; George Allen and Unwin, Ltd., Londres, 1949, p. 160.
56. *Mitologia Primitiva,* p. 336-338; citando S. N. Kramer, *Sumerian Mythology (Memoirs of the American Philosophical Society,* vol. XXI, 1944), p. 90-95.
57. Ver *Mitologia Primitiva,* p. 328-339 e *Mitologia Oriental,* p. 41-44.
58. Ver *Mitologia Oriental,* p. 54-72.
59. Ver *Mitologia Oriental,* p. 310, 315-318, 362.
60. Ver *Mitologia Oriental,* p. 60-61 e 157-162.
61. João 12:24-25, op. cit.
62. Eliot, "A terra desolada", V, O que disse o trovão, versos 400-410, op. cit., p. 104.
63. A referência de Eliot, *Bṛhadaranyaka Upaniṣad* 5.1. é incorreta; a passagem está em 5.2.
64. Eliot, ibid., versos 410-430, p. 104-105.
65. Joyce, *Ulysses,* ed. de Paris, p. 37; ed. Random House, p. 38.
66. Ibid., ed. de Paris, p. 593 e 600; ed. Random House, p. 618 e 625.
67. Ibid., ed. de Paris, p. 21, 38, 189, 374 e 638; ed. Random House, p. 22, 39, 194, 385 e 666.
68. Jung, *The Practice of Psychotherapy,* p. 241.
69. *Rosarium,* p. 241; Jung, *The Practice of Psychotherapy,* p. 242.
70. *Rosarium,* p. 239; Jung, *The Practice of Psychotherapy,* p. 244.
71. Jung, *The Practice of Psychotherapy,* p. 244.
72. *Bṛhadaranyaka Upaniṣad* 4.3. 1921, abreviada.
73. A tradução é de R.F.C. Hull, em Jung, *The Practice of Psychotherapy,* p. 247.
74. Jung, *The Practice of Psychotherapy,* p. 247.
75. Um clássico de origem árabe, traduzido para o latim entre os séculos XI e XII. [Nota de C. G. Jung, ibid., p. 274, nº 7]
76. Julius Ruska (org.), *Turba philosophorum* J. Springer, Berlim, 1931, p. 247; citado por C.G. Jung, *Mysterium Coniunctionis: An Inquiry into the Separation and Synthesis of Psychic Opposites in Alchemy,* traduzido por R.F.C. Hull, Bollingen Series XX, vol. 14, Pantheon Books, Nova York, 1963, p. 21.

77. Jung, *The Practice of Psychotherapy*, p. 268-269.
78. Ibid., p. 273 e 282-283.
79. *Rosarium*, p. 277; citado em Jung, *The Practice of Psychotherapy*, p. 274.
80. Jung, *The Practice of Psychotherapy*, p. 286-287.
81. Joyce, *Ulysses*, ed. de Paris, p. 527-528; ed. Random House, p. 549.
82. Joyce, *Ulisses*, Editora Objetiva, op. cit., p. 620-621.
83. Da tradução de Emma Gurney Salter, Nicolau de Cusa, *The Vision of God*, E.P. Dutton and Co., Nova York, 1928; reimpresso, Frederick Ungar, Nova York, 1960, capítulos III e X, p. 12-13 e 46.

CAPÍTULO 6: O EQUILÍBRIO

1. Myrrha Lot-Borodine, "Tristan et Lancelot" em *Medieval Studies in Memory of Gertrude Schoepperle Loomis,* Honoré Champion, Paris; Columbia University Press, Nova York, 1927, p. 23.
2. Ver *Mitologia Ocidental*, p. 382-383. e *Mitologia Primitiva*, p. 349-351.
3. A. Glasheen, "Out of My Census" *The Analyst*, nº XVII (1959), p. 23; citado por Clive Hunt, *Structure and Motive in Finnegans Wake,* Northwestern University Press, Evanston, Ill., 1962, p. 81.
4. Schoepperle, op. cit., p. 391-444; John Arnott MacCulloch *Celtic Mythology,* The Mythology of All Races, vol. III, Marshall Jones Company, Boston, 1918, p. 175-178; Lady Gregory, *Gods and Fighting Men,* John Murray, Londres, 1904, p. 343-399, e para o texto completo de uma versão da história ver Standish Hayes O'Grady (org.), *The Pursuit after Diarmuid O'Duibbne, and Grainne, the Daughter of Cormac Mac Airt, King of Ireland in the Third Century,* Memória do ano de 1855 da Ossianic Society, vol. III, John O'Daly, Dublin, 1857, p. 40-211.
5. Roger S. Loomis (trad.), *The Romance of Tristan and Ysolt of Thomas of Britain,* E.P. Dutton and Co., Nova York, 1923, seguindo a H. Zimmer, op. cit., p. 103.
6. Sobre esta identificação, ver Jessie L. Weston, *From Ritual to Romance,* The University Press, Cambridge, 1920, p. 130, 180, 185-188.
7. Thomas, *Tristan* 2120.
8. *Elucidation* 4-9; 12-13.
9. *First Continuator.*
10. Ver *Mitologia Primitiva*, p. 130-181.
11. Sobre as variantes e referências, ver C. Kerényi, *The Heroes of the Greeks,* Grove Press, Nova York, 1960, p. 227-234, e notas.
12. Eurípides, *Hipólito,* versos 525-532 e 563-564; tradução do grego de Maria Cristina R. da S. Franciscato, a partir da edição de W. S. Barrett, *Eurípides, Hippolytos,* Oxford University Press, 1964.
13. Joyce, *Finnegans Wake,* p. 92.
14. Ibid., p. 259.
15. Sigmund Freud, *Jehnseits des Lustprinzips* (1921); Gesammelte Werke chronologisch geordnet, Imago Publishing Co., Londres, 1940-1952, Bd. 13.
16. Thomas Mann, *Die Forderung des Tages: Reden und Aufsdtze aus den Jahren 1925-1929,* S. Fischer Verlag, Berlim, 1930, p. 175.

17. Thomas Mann, *Tônio Kroeger*, tradução de Maria Deling, Abril Cultural, São Paulo, 1971, p. 84-85.
18. Ver *Mitologia Oriental*, p. 21-35 e *passim*.
19. Joyce, *Um retrato do artista quando jovem*, op. cit., p. 259-260.
20. Thomas Mann, *Betrachtungen eines Unpolitischen*, S. Fischer Verlag, Berlim, 1922, p. 560-561. Este trabalho não foi traduzido.
21. Ibid., p. 364.
22. Ibid., p. 202.
23. Ibid., p. 445-446.
24. Ibid., p. 227.
25. Mann, *Die Forderung des Tages*, p. 191 e 193-194.
26. *The New York Times*, 7 de dezembro de 1951; muito abreviado.
27. *Mitologia Oriental*, capítulo 1 e *passim*.
28. Aldous Huxley, *Brave New World* (1932), Harper, Nova York, 1946, página tema.
29. Mann, *Betrachtungen eines Unpolitischen*, p. 431.
30. Thomas Mann, *Bemühungen*, S. Fischer Verlag, Berlim, 1925, p. 270-274.
31. Mann, *Betrachtungen eines Unpolitischen*, p. 60.
32. Ibid., p. 60-62.
33. Thomas Mann, *Rede und Antwort*, S. Fischer Verlag, Berlim, 1922, p. 13-15.
34. Mann, *Betrachtungen eines Unpolitischen*, p. 604-605 e 608. Outra tradução deste trecho em Joseph Warner Angell (org.), *The Thomas Mann Reader*, Alfred Knopf, Inc., Nova York, 1950, p. 493-494, 496.
35. São Mateus 5: 43-44, op. cit.
36. São Mateus 7:1, op. cit.
37. Ver *Mitologia Oriental*, p. 391-392.
38. Filipenses 2:6-8, op. cit.
39. Gálatas 2:20, op. cit.
40. Ver *Mitologia Oriental*, p. 225, 240 e 252-253.
41. *Vairacchedika* 5.
42. *Madhyamika-sastra* 15.8.
43. Friedrich Nietzsche, *O nascimento da tragédia*, tradução, notas e posfácio de J. Guinsburg, Companhia das Letras, São Paulo, 1992, p. 27.
44. Ibid., p. 27-32.
45. Ver *Mitologia Oriental*, p. 21 e ss.
46. Joyce, *Ulysses*, ed. de Paris, p. 37; ed. de Random House, p. 38.
47. Ibid., ed. de Paris, p. 38; ed. de Random House, p. 39.
48. Immanuel Kant, *Prolegomena zu einer jeden kunttigen Metaphysik, die als Wissenschaft wird auftreten können*, parágrafos 57-58.
49. Johannes Scotus Erígena, *De divisione naturae*, Liber II, 28; em ed. Monasterii Guestphalorum (1838), p. 152, 154; Migne, *Patr. Lat.*, cxxii, 594c, 596c.
50. Schopenhauer, *Transcendente Spekulation...*, *Werke*, vol. 8, p. 220-225.
51. *Chāndogya Upaniṣad* 6.9-16.
52. Joyce, *Ulysses*, ed. de Paris, p. 660-661, 693, 735; ed. de Random House, p. 688-689, 722, 768.
53. *Māṇḍukya Upaniṣad*, completo.
54. Ver *Mitologia Oriental*, p. 36-73.
55. Ver *Mitologia Oriental*, p. 84-86.
56. Ver *Mitologia Primitiva*, *passim*.
57. Joyce, *Um retrato do artista quando jovem*, Editora Objetiva, op. cit., p. 224-225.
58. Ibid., p. 216.
59. Ver *Mitologia Oriental*, p. 22-26.
60. Schopenhauer, *O mundo como vontade e como representação*, op. cit., p. 245-247, citando Espinosa, *Ética* V. prop. 31; schol.; também *ib* II. prop. 40, schol. 2, e V. prop. 25-28.
61. Robinson Jeffers, "Natural Music" em op. cit., p. 232.
62. Ver *Mitologia Oriental*, p. 36-37. e *Mitologia Ocidental*, p. 419.
63. Otto, op. cit., p. 12-13.

NOTAS DE REFERÊNCIA

64. Joyce, *A Portrait of the Artist as a Young Man*, p. 232-233.
65. Schopenhauer, "Zur Rechtslehre und Politik", *Parerga und Paralipomena*, Par. 127; *Werke*, vol. 10, p. 245.
66. Nietzsche, *O crepúsculo dos ídolos*, tradução, notas e posfácio de Paulo César de Souza, Companhia das Letras, São Paulo, 2006, p. 67-68 e 106.
67. Schopenhauer, *O mundo como vontade e como representação*, Editora UNESP, op. cit., livro terceiro (último parágrafo), p. 349-350.
68. Thomas Mann, "Leiden und Grösse Richard Wagners," em *Leiden und Grösse der Meister*, S. Fischer Verlag, Berlim, 1935, p. 99 e 95-97. Outra tradução por H.T. LowePorter, em Thomas Mann, *Essays of Three Decades*, Knopf, Nova York, 1947, p. 311-312.
69. Ibid., p. 93. (*Essays*, p. 309.)
70. Ibid., p. 109-110. (*Essays*, p. 319-320.)
71. Ibid., p. 99.
72. Wolfgang Golther, *Richard Wagner an Mathilde Wesendonck*, Britkopf und Härtel, Leipzig, 1922, p. 260-261.
73. Mann, *Leiden und Grösse der Meister*, p. 136-137. (*Essays*, p. 336.)
74. Ibid., p. 133. (*Essays*, p. 334.)
75. Thomas Mann, *Joseph und seine Brüder*, I. *Die Geschichten Jaakobs* (Berlim: S. Fischer Verlag, 1933), publicado em inglês como *Joseph and His Brothers*, tradução de H. T. Lowe-Porter (Nova York: Alfred A. Knopf, 1936), ver Capítulo 2, Seção 1: "Lunar Syntax".
76. Joseph Campbell, *The Hero with a Thousand Faces*, Bollingen Series XVII, Pantheon Books, Nova York, 1949.
77. Joyce, *Finnegans Wake*, p. 581.
78. Joyce, *Um retrato do artista quando jovem*, op. cit., p. 23-24, 44 e 51.
79. Jung, *The Archetypes of the Collective Unconscious*, p. 13-15, abreviada.
80. Ibid., p. 12-13.
81. Joyce, *Um retrato do artista quando jovem*, op. cit., p. 256.
82. Joyce, *Ulysses*, ed. de Paris, p. 34; ed. de Random House, p. 35.
83. Nietzsche, *Crepúsculo dos ídolos*, op. cit., seção 8, parágrafo 3, p. 57.
84. Mann, *Betrachtungen eines Unpolitischen*, p. 395.
85. Nietzsche, *O nascimento da tragédia*, op. cit., parágrafo 13, p. 85-86.
86. Goethe, em "Geistes-Epochen", *Sämmtliche Werke* (1853), vol. 3, p. 327-330.
87. Thomas Mann, *Der Zauberberg* [A montanha mágica], S. Fischer Verlag, Berlin, 1924, p. 526-528, abreviada; traduzido para o inglês por H.T. Lowe-Porter, *The Magic Mountain*, Knopf, Nova York, 1927, p. 510-511.
88. Ibid., p. 537, 538; inglês, p. 520, 522.
89. Ibid., p. 515; inglês, p. 499.
90. Isaías 24:1-6, op. cit.
91. Ver *Mitologia Oriental*, p. 393-401.
92. Números 15:32-36, op. cit.
93. Ralph Waldo Emerson, *Essays (First Series)*, "Self-Reliance"; *Works*, Houghton, Mifflin Company, Boston e Nova York, 1883, vol. II, p. 51-52.
94. Johann Peter Eckermann, *Gespräche mit Goethe in den letzten Jahren seines Lebens, 1823-1832*, Deutsches Verlaghaus Bong & Co., Berlim, 1916, vol. I, p. 251 (13 de fevereiro de 1829). Traduzido por Charles Francis Atkinson, em Oswald Spengler, *The Decline of the West*, vol. I, p. 49, nota 1.
95. Ver *Mitologia Primitiva*, p. 189-311.
96. Ver *Mitologia Primitiva*, p. 125-129 e 327-339. *Mitologia Oriental*, capítulo 2 e *Mitologia Ocidental*, p. 16.
97. Hans Heinrich Schaeder, *Der Mensch in Orient und Okzident: Grundzüge einer*

eurasiatischen Geschichte, R. Piper & Co., Munique, 1960, p. 30-32.
98. Ver *Mitologia Oriental*, p. 330-335.
99. Emerson, "History", em op. cit., p. 7.
100. Ortega y Gasset, *Man and Crisis*, traduzido por Mildred Adams, op. cit., p. 98-99.
101. Wagner, *Mein Leben*, vol. III, p. 605-606.
102. Chrétien de Troyes, *Li Contes del Graal*, versos 3507-3524; Alfons Hilka (org.), Max Niemeyer Verlag, Halle, p. 158.
103. Wolfram von Eschenbach, *Parzival* IX. 478:8-16. Minhas referências são dos versos do texto em médio alto alemão, como foram editados por Karl Lachmann, *Wolfram von Eschenbach*, Walter de Gruyter & Co., Berlim-Leipzig, 6ª ed., 1926.
104. Ibid., IX. 479:1 480:29, abreviada.
105. James Douglas Bruce, *The Evolution of Arthurian Romance*, Vandenhoeck & Ruprecht, Göttingen; The Johns Hopkins Press, Baltimore, 1928, vol. I, p. 317.
106. Ver *Mitologia Oriental*, p. 15-16, 27, 91, 109-110, 307, 389 e *Mitologia Ocidental*, p. 68-83.
107. Tertuliano, *On the Flesh of Christ*, como citado em Gilson, op. cit., p. 45.
108. Coríntios 1-1:21, op. cit.
109. Abailard, *Dialogus inter philosophum, Judaeum et Christiannum*, em Migne, *Patr. Lat.*, clxxviii, 1610 e ss.
110. Gilson, op. cit., p. 163.
111. Abailard, *Sic et Non*, prólogo, em Migne *Patr. Lat.*, clxxviii, 1347.
112. Abailard, *Introducto ad Theologian* ii. c., em Migne, *Patr. Lat.*, clxxviii, 1050. Segui o artigo "Abelardo", de H. B. Workman em Hastings (org.), op. cit., vol. I, p. 14-18.
113. Abailard, *Historia Calamitatum*, capítulos IX-XIII.
114. São Tomás de Aquino, *Suma Teológica*, tradução de Alexandre Corrêa, organização de Rovílio Costa e Luis A. De Boni, introdução de Martin Grabmann, Escola Superior de Teologia São Lourenço de Brides, Livraria Sulina Editora, Porto Alegre, RS; Universidade de Caxias do Sul, RS, 1980, primeiro tomo, parte I, questão 2, artigo I.
115. Ibid., segundo tomo, parte II, questão I, artigo V.
116. Citado de Gilson, op. cit., p. 392, 397.
117. Ibid., p. 405-408.
118. Ver *Mitologia Ocidental*, p. 406-407.

PARTE III: O CAMINHO E A VIDA
CAPÍTULO 7: O CRUCIFICADO

1. Roger Sherman Loomis, *Celtic Myth and Arthurian Romance*, Columbia University Press, Nova York, 1927; *Arthurian Tradition and Chretien of Troyes*, Columbia University Press, New York, 1949; *The Grail: From Celtic Myth to Christian Symbol* Columbia University Press, Nova York, 1963.
2. Ver *Mitologia Primitiva*, p. 325-351.
3. Elucidação, 11. 4-5, como citado em Weston, op. cit., p. 130.
4. Mateus 27:57-60; Marcos 15:14-46; Lucas 23:50-53; João 19:38-42, op. cit.
5. Weston, op. cit., capítulo X, "The Fisher King".
6. William A. Nitze, "Perceval and the Holy Grail", *University of California Publications in Modern Philology*, vol. 28, nº 5 (1949), p. 316.

7. Ver *Mitologia Oriental*, p. 304-307.
8. *The Mabinogion,* tradução de Lady Charlotte Guest, em Everyman's Library, J. M. Dent and Sons, Londres; E.P. Dutton and Co., Nova York, 1906, p. 185.
9. Weston, op. cit., p. 111.
10. Wolfram, op. cit., IX. 491:1-14.
11. Ver *Mitologia Oriental*, p. 218, 227, 229, 242, 253, 379.
12. Ver *Mitologia Oriental*, p. 251-252.
13. *Pañcatantra,* Livro 5, Fábula 3; tradução de Arthur Ryder, *The Panchatantra,* The University of Chicago Press, Chicago, 1925, p. 434-441.
14. Theodor Benfey, *Pantschatantra,* F. A. Brockhaus, Leipzig, 1859, p. 487.
15. William Blake, *The Marriage of Heaven and Hell,* "Proverbs of Hell", Provérbio 3.
16. Viktor E. Frankl, *Man's Search for Meaning: An Introduction to Logotherapy,* Washington Square Press, Nova York, 1963.
17. J. A. MacCulloch, *The Religion of the Ancient Celts,* T. & T. Clark, Edimbugo, 1911, p. 368.
18. Benfey, op. cit., p. 487.
19. *Grimm's Fairy Tales,* Pantheon Books, Nova York, 1944, p. 258-264.
20. Johannes Bolte e Georg Polívka, *Anmerkungen zu den Kinder-und Hausmärchen der Brüder Grimm,* Dieterich'sche Verlagsbuchhandlung, Leipzig, 1937, vol. I, p. 464-485.
21. *Chāndogya Upaniṣad* 7.15.1.
22. *Bṛhadaranyaka Upaniṣad* 2.5.15.
23. *Prasna Upaniṣad* 6.6.
24. Ver *Mitologia Primitiva*, p. 122, 213 e 269
25. Ibid., p. 122, 126-127, 184-195, 356.
26. Ver *Mitologia Oriental*, p. 172-177.
27. *Mahā-Vagga* 1.21. 1-4.
28. Ver *Mitologia Oriental*, p. 21-27.
29. Píndaro, *Pythia* 2.21-48.
30. Virgílio, *Eneida* 6.601.
31. Ovídio, *Metamorfoses,* 4.465.
32. Albert Camus, *Le Mythe de Sisyphe,* Gallimard, Paris, 1942, p. 163-165.
33. Ibid., p. 20.
34. Frankl, op. cit., p. 187-188.
35. Dante, "Inferno", canto XXXIV, versos 4-67, Editora 34, São Paulo, op. cit.
36. Harnack, op. cit., vol. VI, p. 78-79, citando Abelardo, sobre Romanos 3:22 e ss.; 5:12 e ss.; *Sermons,* V, X, XII; *Theologia christiana IV;* and the Dialogue. All in Migne, *Patr. Lat.,* clxxviii respectively: col. 417-425; 448-453; 479-484; 1259-1516; 1609-1682.
37. Ver *Mitologia Ocidental*, p. 364-365.
38. Abu Yazid (Bayazid), citado por R.A. Nicholson, "Mysticism," em Sir Thomas Arnold (ed.), *The Legacy of Islam,* The Clarendon Press, Oxford, 1931, p. 216.
39. Chrétien de Troyes, *Li Contes del Graal,* 11.66ff.
40. "Entre os documentos provenientes do palácio bispal em Troia há um datado de 1173 que traz como um de seus signatários o nome de um certo Christianus or Chrétien. Ele era um cônego da antiga Abadia de Saint-Loup, na qual hoje estão a biblioteca pública e o museu da cidade. A abadia, estabelecida no século quinto por São Bernardo, aparentemente usufruiu do especial favor da casa de Champagne. 'Christianus, canonicus Sancti Lupi,' talvez seja nosso poeta. Certamente o outro era um clérigo. [...]" (Nitze, op. cit., p. 282).
41. Wolfram, op. cit., IX. 454: 17-25.
42. Loomis, *The Grail,* p. 29.
43. Cf. Arnold of Villanova (1312?), no *Rosarium philosophorum, Artis Auriferae,* Basel, 1593, vol. II, Part XII, p. 210; citado por Jung, *Psychology and Alchemy,* p. 78, 171, nota 117.

44. Wolfram, op. cit., IX. 469: 7-28.
45. Ibid., II. 115-127.
46. Ibid., III. 140: 16-17.
47. Ibid., XVI. 827. 19-24.
48. Ibid., 1: 1-14.

CAPÍTULO 8: O PARACLETO

1. *In dûhte, wert gedinge/daz waere ein hôhiu linge/ze disem lêhe hie unt dort./ daz sint noch ungelogeniu wort.* (Wolfram, op. cit., III 177: 6-9.)
2. *Wer immer strebend sich bemüht,/ Den können wir erlösen./(Fausto* II. v. 11936-11937.)
3. Wolfram, op. cit., IV. 199: 23-203: 11.
4. Gottfried Weber, *Parzival, Ringen und Vollendung,* Kompass-Verlag, Oberursel, 1948, p. 31.
5. Cf. *Mitologia Oriental,* p. 227-228, citando *Assim Falava Zaratustra,* parte I, "Três metamorfoses do espírito".
6. Karl Jaspers e Rudolf Bultmann, *Myth and Christianity: An Inquiry into the Possibility of Religion without Myth.* The Noonday Press, Nova York, 1958, p. 19.
7. Ver *Mitologia Ocidental,* p. 397-407.
8. Joyce, *A Portrait of the Artist as a Young Man,* p. 177-178; 183
9. Ibid., págs. 184-185.
10. Joyce, *Ulysses,* ed. de Paris, p. 481; Ed. Random House, p. 499.
11. Ibid., ed. de Paris, p. 528-533; Ed. Random House, p. 549-554.
12. Ver *Mitologia Ocidental,* p. 164-165.
13. Weston, op. cit., p. 71-72.
14. Ver Heinrich Zimmer, *The King and the Corpse,* editado por Joseph Campbell, Bollingen Series XI, Pantheon Books, Nova York, 1948, p. 67-95. Na edição brasileira, ver Heinrich Zimmer, *A conquista psicológica do mal,* Palas Athena Editora, São Paulo, 1988, p. 51-67.
15. Ibid.
16. W.B. Yeats, *A Vision,* Collier Books Edition, Nova York, 1966, baseada numa edição revisada de 1956, p. 286-287.
17. Wolfram, op. cit., IX. 435: 23-25.
18. Ibid., IX. 438:28-29.
19. Ibid., IX. 470: 1-8.
20. Joyce, *Ulysses,* Paris ed., p. 542-545; Random House ed., p. 564-568.
21. Weber, *Parzival,* p. 63.
22. Joyce, *Ulysses,* Paris ed. p. 40; Random House ed., p. 40.
23. Ver *Mitologia Ocidental,* p. 405-406.
24. Ver *Mitologia Ocidental,* p. 286.
25. Ver *Mitologia Oriental,* p. 217.
26. Marcos 15:38, op. cit.
27. Nitze, op. cit., p. 317.
28. Joseph Campbell (ed.), *The Portable Arabian Nights,* The Viking Press, Nova York, 1952, p. 95-114.
29. Campbell, *The Hero with a Thousand Faces* [O herói de mil faces], p. 30.
30. *Bhagavad Gītā* 3:35.
31. Ibid., 2:22.
32. Ibid., 2:71.
33. Swami Nikhilananda (tradutor), *The Gospel of Sri Ramakrishna,* Ramakrishna--Vivekananda Center, Nova York, 1942, p. 257 e *passim.*
34. C.G. Jung, *Psychology and Religion: West and East,* traduzido para o inglês por R.F.C. Hull, Bollingen Series XX, vol. 11, Pantheon Books, Nova York, 1958, p. 502.
35. Schopenhauer, *O mundo como vontade*

e como representação, Editora UNESP, livro terceiro, p. 300-301.
36. Joyce, *Ulisses*, Editora Objetiva, p. 15.
37. Mann, *Der Zauberberg* [A montanha mágica], capítulos I e II.
38. *O Evangelho de Tomé,* logion 113, Editora Vozes, op. cit., p. 209.
39. Ver *Mitologia Primitiva,* p. 108-109.
40. Joyce, *Um retrato do artista quando jovem*, último parágrafo.
41. Joyce, *Ulisses*, Editora Objetiva, op. cit., p. 556-557.
42. Ibid., p. 560.
43. Ibid., p. 71.
44. Ibid.
45. Mann, *A montanha mágica*, op. cit., p. 84.
46. Ver *Mitologia Ocidental*, p. 148.
47. Jung, *The Archetypes of the Collective Unconscious*, p. 32.
48. Ver *Mitologia Oriental*, figura 21 e p. 217-285.
49. Jung, *The Archetypes of the Collective Unconscious*, p. 29.
50. C.G. Jung, *Aion: Researches into the Phenomenology of the Self,* traduzido por R.F.C. Hull, Bollingen Series XX., vol. 9, Parte 2, Pantheon Books, Nova York, 1959, p. 13.
51. Ibid.
52. Ver nossa discussão sobre a psicologia das "impressões" no início deste estudo, *Mitologia Primitiva*, p. 38-114.
53. Ver *Mitologia Ocidental*, p. 113-114.
54. Jung, *Aion*, p. 13.
55. Thomas Mann, "Freud and the Future", traduzido por H.T. Lowe-Porter em Mann, *Essays of Three Decades*, p. 418.
56. C.G. Jung, como citado por W.Y. Evans-Wentz (org.), *The Tibetan Book of the Dead,* Oxford University Press, Galaxy Book edition, Nova York, 1960, p. vi.
57. C.G. Jung, "Psychological Commentary", de Evans-Wentz (org.), op. cit., p. xi.
58. Mann, "Freud and the Future", p. 419.
59. Aśvaghosa, *The Awakening of Faith*, traduzido por Timothy Richard, Shangai, 1907, p. 26, como citado por Evans-Wentz (org.), op. cit., p. 227.
60. Schopenhauer, *Die Welt als Wille und Vorstellung* IV. 54; Werke, vol. 3, p. 127.
61. Goethe, *Faust* II, 1. 6213-6216.
62. Lefebure, op. cit., p. 831.
63. Shakespeare, *Hamlet* III. i. 79-80.
64. Mateus 26:41; Marcos 14:38, op. cit.
65. Ver *Mitologia Ocidental*, p. 81-82.
66. Zimmer, *A conquista psicológica do mal,* Palas Athena Editora, p. 61.
67. Frazer, op. cit., p. 9. Questão 1 é respondida, p. 9-592; Questão 2, p. 592-711. Para discussões sobre ritual regicida, ver *Mitologia Primitiva*, p. 130-144, 321, 328-371. *Mitologia Oriental*, p. 41-87, 133-139, 168-169, 226, 308, 310; e *Mitologia Ocidental*, p. 58-59, 62, 133, 256-257, 264 e 409.
68. Augustine, *The City of God* XXI.4, como citado por C.G. Jung, *Mysterium Coniunctionis*, p. 292, nota 134.
69. Ângelo de Gubernatis, *Zoological Mythology,* Trübner and Co., Londres, 1872, vol. II, p. 323, como citado por Jung, *Mysterium Coniunctionis*, p. 291.
70. Jung, *Mysterium Coniunctionis*, p. 289.
71. *Musaeum hermeticum,* Frankfurt a. M., 1678, p. 693-694; como em Arthur Waite (org. e trad.), *The Hermetic Museum Restored and Enlarged,* Londres, 1893, vol. II, p. 194. Citado por Jung, *Mysterium Coniunctionis*, p. 288-289.
72. Ver *Mitologia Ocidental*, p. 142.
73. Gênesis 3:24, op. cit.
74. Wolfram, op. cit., IX. 490. 15-18.
75. Ver Kerényi, op. cit., p. 340-341, citando *Diodorus Siculus* 4.59.5; *Pausanias Periegata* 1.39.3; *Apollodoro*

Mythographus, epitoma 1.3; *Hygini Fabulae* 38; e *Bacchlydes* 18.28.
76. Ver *Mitologia Ocidental*, p. 31.
77. Wagner, *Mein Leben*, vol. II, p. 360.
78. Ibid., vol. III, p. 649.
79. Wagner, *Tannhäuser*, Act II, Scene iv.
80. Golther, op. cit., p. 191.
81. Mann, *Leiden und Grösse der Meister*, p. 115-116. Versão de Lowe-Porter em Mann, *Essays of Three Decades*, p. 323-324.
82. Ver *Mitologia Oriental*, p. 22-25.
83. Ver *Mitologia Ocidental*, p. 219.
84. Nietzsche, *Nietzsche contra Wagner*, "Wie ich Von Wagner loskam," § 1 *Werke*, vol. 8, p. 200.
85. Ibid., "Wagner als Apostel der Keuschheit," § 3; *Werke*, vol. 8, p. 198-200, versão abreviada.
86. Ver *Mitologia Ocidental*, p. 397-406, 410, 415.
87. Zimmer, *A conquista psicológica do mal*, Palas Athena Editora, p. 61.
88. Roger Sherman Loomis, "Gawain, Gwri, and Cuchulinn," *Publications of the Modern Language Association*, vol. XLII, nº 2, junho 1928, p. 384.
89. Para essas identificações, ver Weston, op. cit., p. 417.
90. Thomas, *Tristan* 2120.
91. *Elucidation* 4-9; 12-13, Hilka ed., op. cit., p. 417.
92. Segundo ("Wauchier") Continuação, British Museum MS. Additional 36614, Fol. 241 Vº. Para uma discussão e comparação de outras passagens manuscritas, ver Jessie L. Weston, "Wauchier de Denain and Bleheris (Bledhericus)" em *România* XXXIV (1905), p. 100-105; também Roger Sherman Loomis, "The Arthurian Legend before 1134," em *The Romanic Review* XXXII (1941), p. 16-19.
93. Ver *Mitologia Ocidental*, p. 311-320, 370-397.
94. Ver *Mitologia Ocidental*, p. 110-121.
95. Nennius, *Historia Britonum* (org. por Josephus Stevenson, English Historical Society, 1838), parágrafo 56.
96. Ibid., parágrafo 40-42.
97. *Annales Cambriae*, John Williams ab Ithel (org.) (Great Britain, Public Record Office: Chronicles and Memorials of Great Britain and Ireland during the Middle Ages, nº 20, 1860).
98. Nennius, op. cit., parágrafo 73.
99. Loomis, *Arthurian Tradition and Chrétien de Troyes*, p. 198.
100. Ver *Mitologia Primitiva*, p. 168.
101. William Stubbs (org.), *Willelmi Malmesbiriensis monachi De gestis regum Anglorum*, Public Records Office: Chronicles and Memorials of Great Britain and Ireland during the Middle Ages, nº 90, Grã-Bretanha, 1887-1889), p. 11.
102. Giraldus Cambrensis, *Itinerarium Cambriae* I.5 (*The Works of Giraldus Cambrensis*, Rolls Series, 1861-91, p. 57-58).
103. Sebastian Evans, "The Translator's Epilogue," em Everyman's edition of *Geoffrey of Manmouth, Histories of the Kings of Britain*, J. M. Dent and Sons, Londres; E. P. Dutton and Co., Nova York, 1912, p. 241-242.
104. Ibid., p. 243.
105. Roger Sherman Loomis, "Geoffrey of Monmouth and Arthurian Origins," em *Speculum*, vol. III (1928), p. 16.
106. Layamon, op. cit., linhas 6-13.
107. Wace, op. cit., linhas 9994 e ss., 1055, 13675; Layamon, op. cit., linhas 2273 e ss.
108. Wace, op. cit., linhas 13681 e ss., Layamon, op. cit., 23080 e ss., 28610 e ss. Ver discussão em Evans, op. cit., p. xvii-xx.
109. Bruce, op. cit., vol. I, p. 119-120.
110. W. Wiston Comfort, *Introduction to Arthurian Romances of Chrétien de*

Troyes (Everyman's Library, nº 698), p. xviii.
111. Para uma interpretação deste conto como oral, ver Wendelin Foerster (org.), *Der Karrenritter (Lancelot) und Das Wilhelmsleben (Guillaume d'Angleterre) Von Christian Von Troyes*, Max Niemeyer, Halle, 1899, p. LXXVI--LXXVII.
112. Loomis, *Arthurian Romance and Chrétien de Troyes*, p. 36-37.
113. Bruce, op. cit., vol. I, p. 120-122.
114. Loomis, *The Grail*, p. 239.
115. Ibid., p. 179.
116. Pesquisas sobre esta parte da lenda estão sobretudo nos Evangelhos (Mateus 27:57, Marcos 15:43; Lucas 23:51; e João 19:38-42), o apócrifo "Evangelho de Nicodemo" e dois outros trabalhos apócrifos: a "Vingança do Vingador de Cristo" (*Vindicta Salvatoris*) e a "História de José de Arimateia (*Narratio Josephi*). Para isso, ver Montague Rhodes James, *The Apocryphal New Testament*, The Clarendon Press, Oxford, 1953, p. 94 e ss. e 161 e ss.
117. H. Oskar Sommer, *The Vulgate Version of the Arthurian Romances*, The Carnegie Institute of Washington, Washington, 1909, vol. I, p. 264, 267, 269-279.
118. Ibid., p. 289
119. Ibid., p. 285
120. Ibid., p. 77
121. Ibid., p. 290
122. Malory, *Le Morte Darthur*, Livro XI, capítulos II e III, em parte.
123. Albert Pauphilet (org.), op. cit., p. 19, linhas 12-26.
124. Ibid., p. 26.
125. João 20:19, op. cit.
126. Atos 2:1-4. Esta identificação do dia da ressurreição de Cristo aparecendo na sala superior com o milagre de Pentecostes é feita pelo autor na *Queste* (Pauphilet [org.], op. cit.) p. 78, linhas 12-18.
127. Ver *Mitologia Oriental*, p. 277.
128. Mansi, *Sacrorum Conciliorum Nova et Amplissima Collectio* (Venice, 1778), XXII. 982; citado por Frederick W. Locke, *The Queste for the Holy Grail*, Stanford University Press, Stanford, 1960, p. 110, nota 11.
129. Malory, *Le Morte Darthur*, Livro XVII, capítulo XX. Uma passagem correspondente em *La Queste del Saint Graal* aparece em Pauphilet (org.) op. cit., p. 268-271.
130. Pauphilet (org.), op. cit., p. 277-278.
131. Malory, *Le Morte Darthur*, Livro XVII, capítulo XXII.
132. Migne, *Patr. Lat.*, clxxxiv, col. 21; citado por Loomis, *The Grail*, p. 187, seguindo Albert Pauphilet, *Études sur la "Queste del Saint Graal,"* p. 151.
133. Locke, op. cit., p. 10-11.
134. Ibid., p. 10.
135. Pauphilet (org.), op. cit., p. viii.
136. *Regula Templi* (org. Henri de Curzon, Paris 1886), regras 70 e 71; citada por Locke, op. cit., p. 114, nota 21.
137. Jessie L. Weston, *The Legend of Sir Gawain*, David Nutt, Londres, 1897, p. 59.
138. Zimmer, *A conquista psicológica do mal*, Palas Athena Editora, p. 119-120.
139. Ananda K. Coomaraswamy, *Am I My Brother's Keeper?*, The John Day Company, Nova York, 1947, p. 28.
140. Spengler, *Der Untergang des Abendlandes*, vol. I, ed. alemã, p. 408; ed. inglês, p. 319.
141. Wolfram, op. cit., XVI, 795:29.
142. Wolfram, op. cit., XVI. 827:1-11.
143. Para um argumento contrário, ver Loomis, *The Grail*, p. 197; para um

favorável, Franz Rolf Schroeder, *Die Parzivalfrage,* C. H. Beck'sche Verlagsbuchhandlung, München, 1928, p. 70-71.
144. Wolfram, op. cit., I. 1-14.
145. Wolfram, op. cit., XI. 569. 12-13.
146. Wolfram, op. cit., XVI. 827: 19-24.
147. Wolfram, op. cit., XVI. 817:4-7.
148. Adams, *The Education of Henry Adams,* p. 388-389.

PARTE IV: O NOVO VINHO
CAPÍTULO 9: A MORTE DE DEUS

1. J. Fahie, *Galileo, His Life and Work,* John Murray, Londres, 1903, p. 313-314.
2. Ver *Mitologia Oriental,* p. 90 e figura 13.
3. Ortega y Gasset, *Man and Crisis,* p. 92-93.
4. Ver *Mitologia Primitiva,* p. 328-332
5. Emerson, op. cit., p. 71.
6. Emerson, "The Over-Soul," op. cit., p. 252-253.
7. Ver *Mitologia Oriental,* p. 162 e ss., 250.
8. Summa contra Gentiles 1.5. Observei em Anton C. Pegis, *Basic Writings of Saint Thomas Aquinas,* Random House, Nova York, 1945, que o capítulo contendo esta passagem não foi publicado.
9. *Acta Bollandiana,* p. 712 e ss., como citado por Marie-Louise von Franz, op. cit., p. 424-425.
10. Ibid., p. 713. Em von Franz, op.cit., p. 425-426.
11. Angelo Walz, "De Alberti Magni et S. Thomae personali relatione," *Angelicum* (Roma), 11:3 (1925), p. 299 e ss. Citado por von Franz, op. cit., p. 428-429.
12. Henri Petitot, *Saint Thomas d'Aquin: La Vocation – l'oeuvre – la vie spirituelle* (Paris, 1923), p. 154. Citada por von Franz, op. cit., p. 427-428.
13. Karl Jaspers, *Nietzsche,* traduzido por Charles F. Wallraff e Frederick J. Schmitz, The University of Arizona Press, Tucson, Ariz., 1965, Livro 1.
14. Nietzsche, *Die fröhliche Wissenschaft, Vorrede zur zweiten Ausgabe*; *Werke,* vol. 5, p. 8; citado por Jaspers, op. cit., p. 114.
15. Jaspers, op. cit., p. 114.
16. Ibid.
17. Nietzsche, *Ecce homo, "Warum ich so klug bin,"* par. 2; *Werke,* vol. 15, p. 30-31.
18. Nietzsche, *Umwertung aller Werthe,* par. 54; *Werke,* vol. 8, p. 295.
19. Swami Nikhilananda (trad. e org.), op. cit., p. 858.
20. Nicolau de Cusa, *The Vision of God,* traduzido por Emma Gurney Salter, op. cit., p. 1-6.
21. Ortega y Gasset, *History as a System,* traduzido por Helen Weyl, op. cit., p. 172.
22. Estou aqui enfaticamente mencionando Lynn Thorndike, *A History of Magic and Experimental Science,* 8 volumes, Columbia University, Nova York, 1923-1958, vol. II, 41. p. 19-43.
23. Ibid., p. 31-32 e 35.
24. Ibid., p. 9, de Adelard of Bath, *De eodem et diverso,* H. Willner, Des Adelard von Bath Traktat *De eodem et diverso, zum ersten Male herausgegeben und historischktitisch untersucht* (Münster, 1903), in *Beitrage zur Geschichte der Philosophie des Mittelalters* (ed. C.

Baeumker, G. von Hertling, M. Baumgartner, et al., Münster, 1891-), p. 13.
25. Thorndike, op. cit., p. 28-29, citando *Questiones*, cap. 6.
26. Thomas Aquinas, *Summa Theologica* 2-2. Q. 1. Art. 5. (Pegis, ed., vol. II, p. 1062.)
27. Ver *Mitologia Ocidental*, p. 316.
28. Thorndike, op. cit., vol. II, p. 439.
29. Ibid., p. 439-440.
30. Ibid., p. 441, citando Ludwig Bauer, *Die Philosophischen Werke des Robert Grosseteste*, Münster, 1912, in Baeumker's *Beiträge zur Geschichte der Philosophie des Mittelalters*, vol. IX, 74.
31. Ibid., p. 443, citando Bauer, op. cit., p. 60.
32. Thorndike, op. cit., vol. II, p. 657, citando J. H. Bridges (org.), *The Opus Maius of Roger Bacon*, 3 vols. Oxford, 1897 e 1900, vol. II. 202.
33. Thorndike, op. cit., vol. II, p. 656, citando J. H. Bridges (org.), op. cit., vol. II. 208.
34. Gilson, op. cit., p. 515.
35. Ibid., p. 516.
36. Ibid., p. 516.
37. Thorndike, op. cit., vol. III, p. 450, citando O Vaticano, FL Asburnham 210, fol. 38 v., col. 1.
38. Gilson, op. cit., p. 518.
39. Henry Charles Lea, *A History of the Inquisition of the Middle Ages*, 3 volumes (reimpressão, Russell & Russell, Nova York, 1955, vol. I, p. 328, 337-339, 421-422.
40. Ibid., vol. III, 464.
41. Frazer, op. cit., p. 681.
42. Lea, op. cit., vol. III, p. 500-501.
43. Desiderius Erasmus (1509), traduzido por John Wilson (1668), *The Praise of Folly*, The Clarendon Press, Oxford, 1913, p. 177.
44. Sigo o comentário de Bayard Taylor sobre a lenda de Fausto, em sua tradução do *Fausto* de Goethe, Houghton Mifflin Company, Boston e Nova York, 1870, vol. I, p. 337-344, e, quase literalmente, o refinado artigo do Professor W. Alison Phillips da Universidade de Dublin em *The Encyclopaedia Britannica* (14ª ed., 1936), vol. 9, p. 120-122, o qual, por sua vez, cita Karl Engel, *Zusamenstellung der Faust-Schriften, vom 16. Jahrhundert bis Mitte 1884* (Bibliotheca Faustiana, 2ª ed., Oldenburg, 1885) e Karl Kiesewetter, *Faust in der Geschichte und Tradition* (M. Spohr, Leipzig, 1893).
45. Henry Adams, *The Degeneration of the Democratic Dogma*, editada com uma introdução de Brooks Adams, The Macmillan Co., Nova York, 1919, 1947, p. 287.
46. Adams, *The Education of Henry Adams*, p. 484.
47. Miguel de Cervantes Saavedra, *Don Quijote de la Mancha*, Parte I, capítulo VIII.
48. Ortega y Gasset, *Meditações do Quixote*, Livro Ibero Americano, op. cit., p. 144-147.
49. Ibid., p. 146-147.
50. Ibid., p. 155-156.
51. Ibid., p. 159-162.
52. Christopher Marlowe, *The Tragical History of Doctor Faustus*, Cena VI.
53. Ibid., Cena XIV.
54. Goethe, *Faust*, Prólogo no céu, versos 304-307, traduzido por Bayard Taylor (modificado).
55. Spengler, *Der Untergang des Abendlandes*, vol. I, p. 240 (ed. alemã), p. 187 (inglesa).
56. *Taittirīya Upaniṣad* 2.9.
57. Erwin Schrödinger, *My View of the World*, traduzido por Cecily Hastings,

MITOLOGIA CRIATIVA

Cambridge University Press, Cambridge, 1964, p. 20-22.
58. "The Gospel According to Thomas" 94:26 (op. cit., p. 43).
59. *R Veda* I. 164.46.
60. Cecil Jane, *The Voyages of Christopher Columbus; being the journals of his First and Third, and the Letters concerning his First and Last Voyages, to which is added the Account of his Second Voyage written by Andreas Bernaldez,* The Argonaut Press, Londres, 1930, p. 36.
61. Aquino, *Summa Theologica,* Parte I; Questão 102, Artigo 1, Réplica 3.
62. *Glossa ordin.,* super Genesis 2:8 (I, 36F)
63. Santo Agostinho, *De Genesi ad Litt.* VIII, I (PL 34, 371); também *De Civit. Dei* XIII, 21 (PL 41, 395).
64. Ananda K. Coomaraswamy, "The Christian and Oriental, or True Philosophy of Art," em *Why Exhibit Works of Art,* Luzac and Company, Londres, 1943, p. 32-33.
65. Jeffers, op. cit., p. 24.
66. Loren Eiseley, *The Firmament of Time,* Atheneum Publishers, Nova York, 1962, p. 14.
67. Ibid., p. 14-15.
68. David Bergamini e Os Editores da Life, *The Universe,* Life Nature Library, Time Incorporated, Nova York, 1962, p. 131-137, breve resumo.
69. Goethe, *Faust* II. 2. 7495-8487.
70. Eiseley, op. cit., p. 45-47.
71. Ibid., p. 51.
72. Edward MacCurdy (org.), *The Notebooks of Leonardo da Vinci,* George Braziller, Nova York, 1955, p. 191.
73. Goethe, *Vorträge über die drei ersten Capitel des Entwürfs einer allgemeinen Einleitung im die vergleichende Anatomie, ausgehend von der Osteologie* (1796), em *Werke* (1858), vol. 36, p. 323.
74. Goethe, *Bildung und Umbildung organischer Naturen, Einleitendes zur Metamorphosen der Pflanzen* (1790), *Werke* (1858), vol. 36, p. 6-9, abreviada.
75. Max Planck, "Über die Elementarquanta der Materie und der Elektrizität," *Ann. der Phys., iv* (1901), p. 564.
76. Harold Dean Cater (org.), *Henry Adams and His Friends,* Houghton Mifflin Co., Boston, 1947, p. 558-559.
77. John Dewey, em *Living Philosophies,* Simon and Schuster, Nova York, 1931, p. 25-26, 34-35.
78. Ibid., p. 26-27.
79. Nietzsche, *Der Wille zur Macht,* Livro III, Par. 602, em *Werke,* vol. 16, p. 96.
80. Ibid., I. "Der europäische Nihilismus," 20, 22, 28, em *Werke* (1922), vol. 15, p. 155-156 e 160.
81. Eiseley, op. cit., p. 137.
82. Ibid., p. 140.

CAPÍTULO 10: O PARAÍSO TERRESTRE

1. Heinrich Zimmer, *Filosofias da Índia,* p. 17-18.
2. Stephen Herbert Langdon, *Semitic Mythology,* em MacCulloch (org.), *The Mythology of All Races,* vol. V, p. 11.
3. Ibid., p. 13 e 14.
4. Ver *Mitologia Ocidental,* p. 87-121, 186-189, 224-239.
5. Zimmer, *Filosofias da Índia,* p. 24.
6. *Bṛhadaranyaka Upaniṣad* 1.4.6, 7 e 10, abreviada. De acordo com tradução de Robert Ernest Hume, *The Thirteen Principal Upanishads,* Oxford University Press, Londres, 1921, p. 82-84, e comentário, nota 1, p. 83.

7. Samuel A.B.Mercer, *The Pyramid Texts,* Longmans, Green and, Co., Nova York, Londres, Toronto, 1952, vol. I, p. 93-94; textos 398 e 403.
8. Tradução de E. A.W. Budge, *The Per--em-hru or "Day of Putting Forth,"* mais conhecido como *The Book of the Dead,* em *The Sacred Books and Early Literature of the East,* Parke, Austin, and Lipscomb, Nova York e Londres, 1917, vol. 2, p. 190-191 e 196-197.
9. Joyce, *Finnegans Wake,* p. 62.
10. Ibid., p. 593.
11. C.G.Jung, *Modern Man in Search of a Soul,* Harcourt, Brace, Nova York, 1956, p. 215.
12. Ver Zimmer, *Filosofias da Índia,* p. 116-121.
13. Dante, *Convivio,* Tratado IV capítulos 23-28. De acordo com tradução de Philip H. Wicksteed, *The Convivio of Dante Alighieri,* J. M. Dent and Sons, Londres, 1903, p. 341-375.
14. Ibid., IV, 26, v. (Wicksteed, op. cit., p. 363.)
15. Ibid., IV, 26, i-ii. (Wicksteed, op. cit., p. 361.)
16. Joyce, *Ulisses,* Editora Objetiva, op. cit., p. 57-59.
17. Richard Ellmann, *James Joyce,* Oxford University Press, Nova York, 1959, p. 162-163.
18. Mann, *The Magic Mountain,* traduzido por H. T. Lowe-Porter, p. 4. (alemão, p. 12.)
19. Ibid, p. 317. (alemão, p. 329.)
20. Mann, *A montanha mágica,* op. cit, p. 410.
21. *Sermo suppositus,* 120, 8 (em *Natali Domini* IV), tradução de Marie-Louise von Franz, *Aurora Consurgens: A Document Attributed to Thomas Aquinas on the Problem of Opposites in Alchemy,* Bollingen Series LXXVII, Pantheon Books, Nova York, 1966, p. 428.
22. Epist. CXIV, Migne, P.L., vol. lxxvii col. 806, citada por Jung, *The Practice of Psychotherapy,* p. 258, nota 6.
23. *De chemia,* p. 16, citada por Jung, *The Practice of Psychotherapy,* p. 258, nota 5.
24. Joyce, *Ulisses,* Editora Objetiva, op. cit., p. 604-607.
25. Joyce, *Ulysses,* Paris ed., p. 633; Random House ed., p. 661.
26. Ibid., Paris ed., p. 690-692 e 727 e ss.; Random House ed., p. 719-721 e 759 e ss.
27. Mann, *Der Zauberberg* [A montanha mágica], p. 170-171; inglês, p. 165.
28. Ibid., p. 249; inglês p. 241.
29. Ibid., p. 351; inglês p. 338.
30. Ibid., p. 449-450; inglês, p. 432-433.
31. C. G. Jung, *The Structure and Dynamics of the Psyche,* traduzido por R. F. C. Null, Bollingen Series XX. 8, Pantheon Books, Nova York, 1960, p. 247-248.
32. Nietzsche, *O nascimento da tragédia,* op. cit., conclusão, p. 143-144.
33. Jung, *Memories, Dreams, Reflections,* p. 340.
34. Mann, *Der Zauberberg* [A montanha mágica], p. 647-648; inglês, p. 625-626.
35. Jung, *Civilization in Transition,* p. 144-145.
36. *Theogony* 116 ss.; Parmênides, fragmentos 132; *Symposium* 178 b.
37. Traduzido por Richmond Lattimore, *Hesiod,* University of Michigan Press, Ann Arbor, 1959, p. 130.
38. C. G. Jung, *Memories, Dreams, Reflections,* anotado e editado por Aniela Jaffé, traduzido do alemão por Richard e Clara Winston, Pantheon Books, Nova York, l963, p. 353-354.
39. João 12:45 e 10:30, op. cit.
40. *Māṇḍukya Upaniṣad* 1. Segui minha própria tradução em Heinrich Zimmer, *Filosofias da Índia,* p. 261-265.
41. Joyce, *Ulysses,* Paris ed., p. 37; Random House ed., p. 38.
42. Ludwig Wittgenstein, *Tratado lógico--filosófico,* tradução e prefácio de M.S. Lourenço, Fundação Calouste Gul-

benkian, Lisboa, 2002.
43. Bertrand Russell, "Introduction" a Ludwig Wittgenstein's *Tractatus*, Pears e McGuinness (orgs.), op. cit., p. x.
44. Nietzsche, *Der Wille zur Macht,* Parte 3, Seção 1, "Der Wille zur Macht als Erkenntnis," Aforismos n°s 539 e 540.
45. Nietzsche, *Menschlich Allzumenschliches,* vol. I, Aforismo, n° 11.
46. Jung, *The Structure and Dynamics of the Psyche,* p. 123-124.
47. Marlowe, *Doctor Faustus,* Cena 3.
48. Ibid., Cena 3.
49. Sigmund Freud, *The Psychopathology of Everyday Life,* traduzido por A.A. Brill em *The Basic Writings of Sigmund Freud,* The Modern Library, Nova York, 1938, p. 164-165.
50. Nietzsche, *Menschlich Allzumenschliches,* Aforismo n° 5.
51. Sigmund Freud, *Totem and Tabu,* em Brill (transl.), op. cit., p. 927.
52. Jung, *The Structure and Dynamics of the Psyche,* p. 310-311.
53. Jeffers, "Roan Stallion," em *Roan Stallion, Tamar, and Other Poems,* p. 24.
54. Thomas Mann, *Joseph and His Brothers,* vol. I, traduzido por H. T. Lowe-Porter, Alfred A. Knopf, Nova York, 1936, p. 3.
55. Ibid., p. 37-38.
56. Jung, *The Archetypes of the Collective Unconscious,* p. 173.
57. Ver *Mitologia Oriental,* p. 17-18.
58. Jung, *The Archetypes of the Collective Unconscious,* p. 79-80.
59. *Māṇḍukya Upaniṣad* 5-6.
60. Joyce, *Ulisses,* Editora Objetiva, op. cit., p. 756.
61. Dante, *Divina Commedia,* Paradiso XXXIII, 115-17. Tradução de Norton.
62. Joyce, *Ulisses,* Editora Objetiva, op. cit., p. 761-762.
63. Joyce, *A Portrait of the Artist as a Young Man,* p. 280.
64. Ver *Mitologia Oriental,* p. 378.
65. Mann, *The Magic Mountain,* alemão, p. 856-893; inglês, p. 822-857.
66. Joyce, *Finnegans Wake,* p. 182-186.
67. Joyce, *Ulysses,* Paris ed., p. 34; Random House, p. 35.
68. Ver *Mitologia Primitiva,* p. 372-380.
69. Mann, "Freud and the Future," op. cit., p. 425-426.
70. Hesíodo, *Theogony,* 117, tradução de Lattimore.
71. Ibid., 106.
72. Joyce, *Ulysses,* últimas linhas.
73. Joyce, *Finnegans Wake,* p. 18.
74. Ibid., p. 4, 215, 382, 353, 486 563, 582, 458, 455.
75. *Chāndogya Upaniṣad* 8.4.2.
76. *Māṇḍukya Upaniṣad* 7.
77. Thomas A. Sebeok, "Animal Communication," *Science,* v. 147, p. 1006-1014.
78. Diego de Estella, *Meditations on the Love of God,* n°s 18 e 28. Traduzido de E. Allison Peers, *Studies of the Spanish Mystics,* S.P.C.K., Londres; The Macmillan Co., Nova York, 1951, v. II, p. 190.
79. John of the Cross (São João da Cruz), *Living Flame of Love* I, traduzido de Peers, v. I, p. 213.
80. Citado em Rudolf Arnheim, *Picasso's Guernica: The Genesis of a Painting,* University of California Press, Berkeley e Los Angeles, 1962, p. 138, nota da p. 23.
81. Joyce, *Finnegans Wake,* p. 215.
82. *Mitologia Primitiva,* p. 292 citando Wolfgang Köhler, *The Mentality of Apes* [A mentalidade dos macacos] (2ª ed., Humanities Press, Nova York, 1927, p. 95.)
83. Mann, *A montanha mágica,* op. cit., p. 642-643; alemão, 813-814.
84. Wittgenstein, op. cit.
85. Zimmer, *Filosofias da Índia,* p. 271.

ÍNDICE REMISSIVO

A

Abássidas 126, 428
Abelardo, Pedro, 33-39, 61-75, 166, 204, 217, 220, 268, 337-340, 367, 408, 437, 446, 489, 499, 511, 514
Abtala Jurain, 236
Acádia, 88, 530
Acta Bollandiana, 491
Ad extirpanda (Papa Inocêncio IV), 504
Adams, Henry, 55, 60, 148, 196, 337, 482, 509, 518, 525
Adelardo de Bath, 499
Adhemar de Monteil, 166
Admirável mundo novo (Huxley), 279
Adolescência, em Dante, 536
Adônis, 119, 142, 261, 393, 414
Aethelhere, rei,107
Aethelwald, rei, 107
Afonso VI, Rei, 126, 67
Afonso X, o Sábio, Rei, 122, 126,
Afrodite, 140,183,184, 235, 267-270, 311, 565
Agamênon, 211, 251
Ágape, 159, 160, 235, 239, 287, 288, 321, 391, 430, 480, 139, 140, 141, 147; ver também Amor, Banquete do
Agassiz, Jean Louis Rodolphe, 523
Agatodemon, 30
Aglaia, 103

Agostinho, Arcebispo de Canterbury, 110, 341
Agostinho, Santo, Bispo de Hipona; 32, 52, 103, 138, 149, 229, 509, 540
Aileran, Abade de Cloncard, 103
Ailill, 185,
Ainos, 118
Alain, 453, 455
Alan de Lille, 42
Alberto Magno, 123, 493
Albigense, cruzada, 148
Albigenses,149, 151
Albion, 262
Alcis, 35
Alcuíno, 110
Além do princípio do prazer (Freud), 270
Alexandre de Tralles, 246
Alexandre IV, Papa, 504
Alfarabi (Farabe), 132, 124
A.L.P. 228, 561, 562; ver também Anna Lívia Plurabelle
Alphasem, rei, 455
Alquimia, 287, 299, 349, 368, 369, 420, 427, 503, 557, 235, 236, 240, 246, 252 ver também *aqua mercurialis; aqua permanens*
Álvaro de Córdoba, Bispo, 125

Ambrosia, 37, 71, 81-82, 354-359, 364
Ambrósio, 440
Amfortas 78, 329, 335, 403, 430-434; ver também Anfortas
Amor, 129, 160, 159, 164, 288; ver também Amor; *Minne*; Minne
Amor, 480, 546; ver também *Amor*; *Minne*; Minne
Amor, Banquete do, 138-139, 146, 160-161; ver também Ágape
Amor, gruta do, 52-54, 70-72, 153, 164-165, 223-224
Amor, poção do, 78-79, 81-82, 199-200, 212-213, 216, 217
Amor-morte
Amṛta, 82
Anagogia, 477
Anamorfoscópio, 282
Anamorfose, 174-178, 310, 557
Ānanda, 355
Andrômeda, 115
Anel dos Nibelungos, O (Wagner), 197, 243
Anfortas, 329, 336, 338, 383, 391, 393, 404, 426-429, 431-437, 474-476, 480, 482, 493, 511, 527, 540; ver também Amfortas
Angélico, Fra, 508
Anglos, 439
Angra Mainyu, 137, 139,
Anima, 239, 417, 418, 437
Anir, 441
Anna Lívia Plurabelle, 560, 561; ver também A.L.P.
Annales Cambriae, 440
Annwfn, 358
Anselmo, Santo, 32, 39, 58, 338, 367
Antanor, 376,
Antão, Santo, 137
Antevāsin, 535
Antikonie, 397, 398, 416
Anton Karlovitch Ferge, 569
Apolínea, cultura clássica, 515
Apolo, 81, 94, 98, 102-105, 140, 171, 172, 183, 205, 234, 285, 289-294, 351, 393, 544, 556, 565
Apolo, Hiperbóreo, 29, 35, 82

Apologia doctae ignorantiae (Nicolau de Cusa), 171
Appearance and Reality (Bradley), 90
Aqua mercurialis, 482
Aqua permanens, 246, 483
Aquiles, 430, 514
Aquino, Santo Tomás, 132-135, 171, 491, 493, 300, 301, 313, 339, 340
Árabe (língua), 127
Arca sagrada (*cista mystica),* 30, 140
Argante, 447
Ariadne, 197, 266, 268
Árias, 64, 119, 187, 190, 347, 348, 530, 532
Aristóteles, 38, 50, 83, 126, 128, 132-135, 306, 340-342, 499, 536
Arnive, Rainha, 423, 435, 437, 471
Arrebatamento, princípio do, 288
Artur, Rei, 167, 168, 376, 384-388, 398, 471-474, 401, 407, 435-438, 440-447, 452, 457, 459, 467, 470-474
Arturiano, romance, 347, 479; desenvolvimento do, 438-469
Árvore Bodhi, 360, 417, 429, 433
As mil e uma noites, 410
Aserá, 142
Ashdar-Ishtar, 532
Ashoka, Imperador, 136
'Ashtar-Kemosh, 532
Ashvaghosha, 419
Asín y Palacios, Miguel, 109, 122, 134
Assim falava Zaratustra (Nietzsche), 88
Assur, 28, 33
Astarté, 235, 532, 552
Astecas, 106, 504
Astor de Lanverunz, Duque, 394, 396
Aśva-medha, 187
Átila (Etzel, Atli), 441 n.
Átis, 119, 393
Atlas, 356
Atli, 441 n.
Ātman, 80, 154, 293, 359, 534
Atômica, revolução, 171, 337
Átropos, 116
AUM, 547, 548, 570, 562, 561, 570
"Autoconfiança" (Emerson), 490
Autos da Fé, 504

Avalon, 167, 168, 211, 240, 242, 347, 387, 396n., 441, 444, 447, 465
Averróis (Ibn-Rushd), 132-135, 581
Averroísta, Teologia de Santo Tomás de Aquino, A (Asín y Palacios), 134
Averroístas, 134, 135, 495
Avicena, 128, 132, 135
Axis mundi, 359, 360, 429

B

Babel, Torre de, 488, 500
Baco, 37, 38, 141
Bacon, Roger, 123, 501
Badon, monte, batalha no, 440, 443
Bagā, 67
Bagdá, 68, 111, 126, 127, 372
Ballyshannon, festa em, 181
Banquete do Amor
Barlaam, abade, 127
Barnacle, Nora, 537
Barth, Karl, 343
Bastian, Adolf, 552
Baudemagus, Rei, 460
Baudoin de Flandre, 446n.
Bayazid, 68, 367
Beakurs, 472
Beatífica, visão, 459
Beatriz, 68, 72, 74, 101, 104, 105, 124, 341, 417, 459, 467
Beda, Venerável, 108, 109, 110, 452, 518
Bédier, Joseph, 446n
Bedivere, Sir, 444
Begardi, Philipp, 505
Behrens, Dr., 542
Bel Inconnu, Le, 467
Bela Adormecida, A 116
Belakane, Rainha, 371n., 372, 482n.
Bella Cohen, 414-415
Bene, 407, 421, 434, 435, 470, 471
Benfey, Theodor, 355, 359
Beowulf e a tradição épica (Lawrence), 110
Beowulf, 109, 111-118, 122, 209, 440, 442
Berdiaeff, Nicolas, 279
Bernardo de Claraval, São, 51, 166, 217, 219, 220, 339

Bernart de Ventadorn, 162
Béroul, 74, 186, 206
Bhagavad Gītā, 194, 230, 411,460
Bhairava, 355
Bhairavānanda (Terror-Júbilo), 355
Bhakti, movimento, 67
Bhavacakra, 356
Bhikṣu, 535
Bhils (Índia), 504
Bíblia, de Mazarino, 508
Blake, William, 48, 171, 220, 262, 313, 355
Bledri (Bréri, Bleheris, Blihis), 265, 439, 442
Bleheris (Bréri, Bledri, Blihis), 265, 439, 442
Blihis (Bréri, Bledri, Bleheris), 265, 439, 442
Bocácio, Giovanni, 507
Bodhi, 71, 80, 137, 145, 146, 366, 367, 417, 546
Bodhisattva, 352-355, 362-367, 428, 527, 546
Boécio da Suécia, 132
Boehme, Jacob, 77
Bohr, Niels, 525
Book of Kells, The [O Livro de Kells], 103, 144
Bors, Sir, 457, 461-464
Bourdelle, Antoine, 46, 305, 570
Bradley, F.H, 90, 250n.,
Bragi Boddason, o Velho, 442n.
Brahman, 80, 293, 294, 460n., 490, 496, 534
Brahmātman (Si-Próprio Cósmico), 411
Bran, o Abençoado (Manawyddan), 358, 466; 482, ver também Manannan Mac Lir
Brancaflor, 169, 172-175
Brangaene, 81, 200, 211, 216, 217, 221, 225, 226, 267
Bréri (Bledri, Bleheris, Blihis), 265, 439, 442
Bretanha, conquista da, pelos anglos, jutas e saxões, 439
Bṛhadaranyaka Upaniṣad, 249, 255, 359, 533
Brisen, Dama, 456, 457
Bron, 453-455, 466
Bruce, James Douglas, 448, 450
Bruce-Mitford, R.L.S., 107,
Brunhilda, 441n., 446.
Brunhilda, Rainha, 441n.

Bruno, Giordano, 40, 42, 77, 233, 234, 497, 509
Brut (Layamon), 447
Brut, 444
Bruxas, 504
Buch der Byspel der alten Wysen, Das, 127,
Buck Mulligan, 412
Buda, 43, 44, 69, 76, 86, 127, 137, 146, 200, 287, 288, 302, 307, 333, 352-362, 366, 369, 407, 409, 417, 429, 433, 434, 533, 556
Buda, Reinos de, 145
Buddenbrooks (Mann), 48, 270, 280, 283-285, 312, 418
Budismo; 44, 145, 331, 411; Mahayana, 145, 146, 162, 288, 353-356, 411, 557; Zen, 69, 89, 108, 170
Buridan, John, 502, 503, 507, 510, 520
Burnouf, Eugène, 76
"Burnt Norton" (Eliot), 234

C

Cabala mineralis (Simeon ben Cantara), 244
Cabala, 369 n.
Caedmon, 109
Caer Sidi; 358; ver também Castelo Giratório
Caim, raça de; 112
Cakra-vartin, 356
Calíope, 101
Camenes, 81; ver também musas
Caminho do Meio, 288, 369
Camlann, batalha de, 440
Camus, Albert, 422
Canção de Rolando, 445, 446
Canção de Rolando, A, 445, 446n.
Canções de gesta, 445
Candelaio, Il (Bruno), 234
Cânone (Avicena), 128
Canonicus, 490
Cântico dos Cânticos, 51, 217, 218, 339, 465,
Cantora Careca, A (Ionesco), 87
"Canto do Pastor, O" (Jayadeva), 219
Carduino, 449
Carduino, 467
Caritas, 540, 389; ver também *karuṇā*

Carlos Magno, 103, 109-111, 125, 190, 324, 445, 446n., 447
Carro de rodas com raios, 189 n., 359
"Casamento de Sir Gawain com a Dama Ragnall, O", 390
Castelo das Maravilhas, 387, 388, 420-429, 434, 436, 474
Castelo do Graal, 335, 336, 349-351, 359, 363, 371, 389, 391, 393, 394, 409, 414, 419, 426, 427, 430, 436, 452, 475, 478, 480, 571; ver também Munsalvaesche
Castelo giratório, 358, 359, 466
Castor, 34-35
Catão, 104, 106
Catastrofismo, 523
Catedral, construção medieval, 57, 337
Cauda pavonis, 427, 428
Caval, 441
"Cavaleiro Esperado", 453, 457; ver Galahad
Caverna, parábola de Platão, 79, 195
Celto-germânica, herança, 107, 109
Cernunnos, 103, 351, 352
Cervantes Saavedra, Miguel de, 511
Challenge of the Day, The [O desafio da época], (Mann), 276
Chandogya Upanisad, 359
Chandragupta II, 154
Chapelizod, 227
Chapur I, rei, 137
Chaucer, Geoffrey, 390, 507
Chertsey, Abadia, 5, 23, 181, 197, 198, 201, 213
Chinesa (língua), 108
Chrétien de Troyes, 325, 348, 368, 414, 447-452, 477
Cícero, 101
Cidade de Deus, A (Santo Agostinho), 139
Cidegast, Duque de Logroys, 425-426, 435
Circe, 119, 185, 312, 416, 537, 539
Cista mystica, 30, 140
Clamide, Rei, 378-380, 385, 388
Claudia Chauchat, 416, 441n., 542, 543, 569
Clemente IV, Papa, 501
Cligés (Chrétien de Troyes), 448
Clinschor, 403, 423-426, 430, 435-437, 511; ver também Klingsor
Clio, 102

Closs, August, 205, 213
Cloto, 116
Coitus (termo alquímico), 239
Colombo, Cristóvão, 508, 509, 518-519
Colombo, revolução de, 518-520
Compaixão (*karuna*), 80, 288, 540
Comunicação, problema de, 85
Conchobar, Rei, 347
Concílio de Trento, 168, 508
Condenação de 1277 (Papa João XXI), 341, 495
Condwiramurs, Rainha, 378, 379, 390-394, 399, 414, 425 n., 438, 472-481
Confissões (Santo Agostinho), 148
Coniugium, 239
Coniunctio oppositorum, 239, 540
Connidas, 266
Conquista Psicológica do Mal, A (Zimmer), 470
Consciência Desperta, 297, 547, 549, 554, 556, 557, 558, 560, 561, 562, 563, 567, 571
Consciência do Sonho, 547, 548, 549, 554, 560, 562, 563
Contes del Graal, Li (Perceval) (Chrétien de Troyes), 335, 348, 368, 414, 447, 451, 477; ver Perceval, ou A Lenda do Graal
"Conto da Esposa de Bath" (Chaucer), 390
Contos de Canterbury (Chaucer), 128, 507
Contra a vã curiosidade nas questões de fé (Gerson), 343
Contra-Reforma, 508
Convito (Dante), 130, 458, 536,
Coomaraswamy, Ananda K, 469, 519
Copernicana, revolução, 519
Copérnico, Nicolau, 487, 508, 519, 520
Corbenic, 452, 455, 461, 463, 465, 466
Cordélia, 444
Corineu, 52n.
Cormac, rei, 261-263
Corz-benoiz, 466; ver também Corbenic
Cosmologia, 518-525,
Credo de Atanásio, 339, 341
Crepúsculo dos deuses (Wagner), 117, 196, 432, 465
Crepúsculo dos ídolos (Nietzsche), 305, 306, 320, 321

Cristianismo, culto, 533
Cristo, 367, 368, 391, 393, 407-421, 430, 451-467, 490, 535, 546, 557, 564
Crítica da razão pura (Kant), 510
Cuchullin, 103, 359, 403, 438, 442
Culto corpete, 152, 235
Cultura Mônada, 552
Cultura Mundial, período da, 489
Cumanus, 504
Cundrie (feiticeira), 386, 387, 399, 400, 404, 423, 426, 430, 474, 475
Cundrie (irmã de Gawain), 423, 426, 430
Cunneware, Dama, 376, 380, 384, 385, 386, 387, 388
Cupido, 184
Cur deus homo? (Santo Anselmo), 32
Curoi, 359, 403
Curtius, E.R.; 94, 104, 106,
Curvenal, 174, 266; ver também Kurvenal
Cusa, Nicolau de, 42, 171, 259, 268, 489, 497, 507, 517,527, 564, 571, 583
Cuvier, Barão Georges L.C.F.D., 523
Cymbeline, Rei, 444

D

Dante Alighieri, 48, 56, 68, 72, 74, 85, 86, 94, 101, 104, 105, 106, 107, 109, 110, 122, 123, 124, 134, 135, 136, 166, 214, 217, 220, 227, 250, 298, 312, 341, 356, 364, 366, 369, 381, 412, 417, 420, 453, 458, 459, 467, 488, 489, 490, 496, 507, 518, 536, 538, 543, 547, 549, 555, 561
Darwin, Charles, 40, 192, 523
Darwiniana, revolução, 523
Davi, rei, 23-24
De docta ignorantia (Nicolau de Cusa), 497
De eodem et diverso (Adelard of Bath), 499
De exidio et conquestu Britanniae (Gildas), 440
De praestigus daemonium (Weiher), 506
De visione dei (Nicolau de Cusa), 297, 497
Deasy, Mr., 558
Decadência do Ocidente, A (Spengler), 42, 129, 324, 515, 544
Decrepitude, em Dante, 536

Deguilleville, 507
Deméter, 30, 36
Demiurgo, 144
Demônio, 181, 318, 367, 505, 506, 515, 525
"Descida de Inanna ao mundo ínfero", 102
Deśi, 558, 571
Destino, 48, 62, 116, 130, 131, 174-180, 192, 195, 204, 215, 294-296, 304, 407, 417, 419, 439, 511, 513, 553, 563
Destino, Deusas do, 116
Detlev Spinell, 272
Deusa Mãe, 37, 97, 119, 169, 187, 194, 255, 424, 530, 532
Deusa-Olho, 119,
Devotio moderna, 498, 504
Dewey, John, 525-526
Dharma, 44, 356
Dharma-cakra, 356
Dharmakāya, 491
Diabo, 31, 32-34, 39, 47, 55, 57, 60, 91, 139; 146, 147, 151, 183; ver também Demônio
Diálogo entre um filósofo, um judeu e um cristão (Abelardo), 339
Diarmuid O'Duibhne, 121, 261-265
Dido, 94, 214, 266
Diógenes, 333
Dioniso, 29, 37, 38, 98, 142, 172, 203, 266, 393, 544, 546
Directorum humanae vitae, 127
Discours sur les arts et sciences (Russeau), 21
Discursos e demonstrações matemáticas referentes às duas novas ciências pertencentes à mecânica e movimentos locais (Galileu), 520
Divina comédia, A (Dante), 106, 107, 122, 166
Divino Artífice platônico, 31
Dom Quixote, 191, 196, 316, 510-512
Domador de Feras, O, 111, 112
Domitila, catacumba de, 37, 38, 48, 104, 106, 571
Donatista, heresia, 149
Doni, A.F., 127
Donzela Abominável, 389-390; ver também Cundrie (feiticeira)
Dragões, 113, 114, 115, 267, 384, 440, 501

Drihthelm de Cunningham, 109, 185, 190
Drustan, Rei, 184, 264
Dryden, John, 83
Dualidade, 80
Dulcineia de Toboso, Dama, 511
Dumuzi-absu, 37, 38, 184, 351, 417
Dupla verdade, doutrina da, 134, 135, 495
Dürer, Albrecht, 507
Dvandva, 80

E

Early History of the Grail, The; ver *L'Estoire del Saint Graal*
Ebuleu, 185
Eckhart, Mestre, 489-490, 496,
Edda Poético (Snorri Sturleson), 440 n.
Edda, em Prosa (Snorri Sturleson), 440, 442 n.
Eddas, The (Snorri Sturleson), 442n.
Egeu, Rei, 266-267
Eilhart von Oberge, 74
Einstein, Albert, 42, 525
Eiseley, Loren, 521, 528
Eisler, Robert, 37
Ekkehard d'Aura, 446n.
Elaine, 456, 457, 462
"Elementares, ideias", 48, 552-553, 571
Elêusis, mistérios de, 71
Eliot, T.S., 87, 90, 91, 106, 191, 234, 242, 243, 244, 249, 250n., 251, 348, 351n., 400n., 551
Ellmann, Richard, 537
Elogio da Loucura (Erasmo), 505
"Emotivas, mensagens", 564
Emerson, Ralph Waldo, 328; 330, 333, 490
Eneias, 266, 268, 445, 537,
Eneida (Virgílio), 52n., 106, 360
Enki, 248
"Ensaio sobre o absurdo" (Camus), 361
"Étnicas, ideias", 23, 552, 558, 571
Enygeus, 453
Eochaid, 185, 186
Epifânio, Santo, 140, 141, 143, 146
"Épocas do espírito" (Goethe), 324
Epopeias patrióticas anglo-normandas, 444

Eras da Trindade na história, doutrina, 465
Erasmo, 505, 508
Erato, 101
Erec e Enid (Chrétien de Troyes), 448, 450,
Eros, 160, 287, 288, 391, 430, 479
Eros, 184, 545, 546
erótica, ironia, 279, 284, 285, 286, 311, 556
Escaldos, poesia dos, 442 n.
Escoceses, 440
Escoto Erígena, 77, 103, 296
Eshmun-'Ashtart, 532
Espinosa, Baruch de, 39, 77, 303, 509
Estácio, 104, 106
Estágios da vida, conforme Dante, 536; na Índia, 535
Estella, Diego de, 565
Estudo do Instinto [Study of Instinct] (Tinbergen)
Etzel, 441n.
Eufrósina, 100, 102
Eurípides, 267
European Literature and the Latin Middle Ages, [Literatura europeia e Idade Média latina] (Curtius), 94
Euterpe, 101
Eva, 52, 100, 106, 144, 166, 236, 254, 293, 367, 401, 454, 466, 467, 500, 518, 533
Evans, Sebastian; 445
Evolução, teorias da, 521, 522, 524
Evolution of Arthurian Romance, The (Bruce), 448
Ewig-Weibliches, 430
Excalibur, 167, 266, 438
Expulsão da Besta Triunfante, A (Bruno), 233
Êxtase estético, 72, 82, 556
Ezequias, rei, 142

F

Fábulas (La Fontaine), 127
Fanā, 67
Farabe; ver Alfarabi
Fática, comunicação, 563
Faust, Johann, 505
Faustiana, cultura, 469, 515
Fausto (Goethe), 48, 79, 271, 377, 420, 523

Fausto, lenda de, 505
Fé, individual vs. coletiva, 69-70
Fedra, 267
Feirefiz Angevin, 373, 387, 404, 423, 426-427, 428n., 473-478, 480, 482, 491, 546-557
Fênix, 227, 287, 368, 369, 427
Fiannas, 262-263
Fibionitas, 146, 219, 239
Filid, 442
Filipe de Suábia, 165
Filipe, Conde de Flandres, 368
Finn Mac Cumhaill (Finn McCool), 121, 185, 262, 263, 264, 347
Finnegans Wake (Joyce), 48, 49, 106, 178, 194, 227, 229, 231, 232, 246, 247, 254, 262, 269, 283, 297, 298, 311, 312, 313n., 314n., 318, 320, 441n., 478, 479n., 523, 534, 540, 558, 559, 560, 561, 563, 565
Fiorenza (Mann), 271
Firmament of Time, The (Eisely), 521
Flaubert, Gustave, 510
Flegetanis, 368, 369n.
Florant, o Turkoyte, 423-424, 435, 472
"Floresta Virgem", 461
Francesca de Rimini, 214, 215, 216, 220, 420, 467
Francisco de Assis, São, 160, 409
Frankl, Viktor E, 356, 362,
Frazer, Sir James George, 185, 424, 504,
Fredegunda, rainha, 441n.
Frederico II, Imperador, 110, 168, 436, 504
Freixo do Mundo, 107, 116
Freud, Sigmund, 89, 90, 270, 309, 363, 418, 419, 439, 443, 510, 543, 549, 550, 552, 558
Frimutel, Rei, 383
Frobenius, Leo, 41, 488-489, 544, 552
From Ritual do Romance [Do ritual ao romance] (Weston), 348
Fundamento do Ser, 490

G

Gafurius, 99, 100, 101, 102, 103, 104, 105, 141, 144, 195, 479

Gahmuret, 372, 373, 374, 387, 438, 473, 478, 482n., 546
Galaad, 452; ver também Galahad, Sir
Galahad, Sir, 349, 452, 455-469, 480-481, 492, 494
Galehaut, 214n.
Galileu, 487, 488, 490, 500-502, 508-510, 512, 519-520
Gama, Vasco da, 508
Ganesa, 352
Garbha-gṛha, 153
Garlon, 430
Garm, 117
Gast, Johann, 506
Gateless Gate, The [O caminho sem trilha], 170
Gaulês, deus com javali, 118-119
Gawain, Sir, 103, 265, 373, 385-388, 390, 394-399, 403-410, 412, 414-426, 434-439, 442-444, 449, 455, 457-458, 460-461, 466-467, 469-470, 471-472, 474, 480, 481, 511, 512, 538
Geis, 262, 263,
Geoffrey de Monmouth, 167, 444-447
Geraint, 448, 449
Gerardo de Cremona, 127
Gerbert, 448
Germânicas, epopeias biográficas, 468
Gerson, John, 343, 496, 504
Gest des Bretons (Wace), 446
Gesta Regum Anglorum (William de Malmesbury), 443
Ghazali,124
Gibb, H.A.R., 67
Gilbert de Holland, 465
Gildas, 440
Gilead, 452
Gilgamesh, 28, 29, 502n.
Gilson, Etienne, 33, 342, 502
Giotto, 507
Giraldus Cambrensis, 444,
Gītā Govinda (Jayadeva), 67, 153
Gnosis, 80, 145, 417
Gnosticismo, 26, 136, 145, 159
Godefroy de Bouillon, 446n.
Godefroy de Lagny, 448
Goethe, Johann Wolfgang von, 48, 79, 94, 179, 271, 312, 324, 328, 377, 412, 418, 420, 430, 444, 469, 514, 515, 523, 531, 537, 538, 547, 549, 556
Goetz, Hermann, 129, 154, 369n., 371n., 404n., 428n., 436n., 482n.
Goneril, 444
Gopis, 61, 153
Gottfried Von Strassburg, 47, 48, 49, 51, 52, 53, 54, 61, 70 -71, 74, 81, 84, 85, 90, 94, 103, 122, 155, 159, 160, 165, 169-174, 183, 185, 197-240, 267-269, 286, 288, 299, 334, 338, 355, 363, 366, 369, 380, 409, 480, 575
Gower, John, 390
Graal, 21, 26, 27, 46, 78, 128, 149, 244, 265, 335-351, 356, 368, 369, 382, 383, 387, 390-393, 399-410, 413, 420-421, 426- 431, 439, 445, 448, 449, 451-468, 472-490
Graal, Castelo do, 349, 350, 351, 359, 363, 371, 377, 389, 391, 393, 394, 409, 414, 419, 423, 426, 427, 430, 436, 452, 472-490, 571; ver Castelo do Graal
Graal, Donzela do, 27; ver também Repanse de Schoye
Graal, herói do, 363, 349, 363, 368, 390, 452, 467, 551; ver também Galahad, Parzival
Graal, O (Loomis), 466
Graal, Rei do, 329n., 335, 336, 338, 339, 354, 363, 367, 391, 401, 402, 420, 426, 429, 430, 433, 467, 472-490, 537; ver também Anfortas e Amfortas; Titurel
Graças, 98, 100, 102, 105, 116, 171, 195, 211, 230, 234, 565
Gramoflanz de Rosche Sabins, Rei, 425-429, 435-438, 469-474
Grande Deleite (Mahasukha), 356
Grande Reversão, 360
Gregório I, o Grande, Papa, 32, 327, 367, 540,
Gregório IX, Papa, 504
Grendel, 112-114
Gṛhastha, 535
Grianne, 121, 262-265
Grimm, Jacob, 359, 443

ÍNDICE REMISSIVO

Gringuljete, 399, 406, 422, 423, 425, 438
Grosseteste, Robert, 500, 501
Guardião dos Peixes, 27
Gudrum, 441n
Guernica (Picasso), 187, 190,193, 194, 196, 564, 565
Guia dos perplexos (Maimônides), 134 n.
Guilherme de Occam, 491, 495, 518
Guilherme IX, Conde de Poitiers, Duque de Aquitânia, 67, 265, 439
Guilherme X, Conde de Poitiers, Duque de Aquitânia, 265, 439
Guinevère, 60, 159, 253, 420, 438, 444, 449, 450, 452, 456, 458, 461, 465, 467
Guinglain, 467
Guiraut de Borneilh, 161, 170, 205
Gupta, Período, 126, 129, 154
Gurmun, o Lascivo, Rei de Dublin, 197, 207, 208, 266, 267
Gurnemanz de Graharz, Príncipe, 377-382, 387, 390, 391, 410, 538
Gutemberg, Johann, 508

H

H.C.E., 228; ver também Humphrey Chimpden Earwicker Hector
Hades, 31, 34, 98, 103, 106, 120, 185, 351, 355
Hafiz, 66
Haines, 412
Hainuwele, 105
Hakuin, 69
Hamlet, 191
Hans Castorp, 279
Hans Sachs, 289
Harnack, Adolph, 103
Harriot, Thomas, 513
Hasāmūid-dn Tīmūrtāsh, 371
Hatto, AT., 213
Hauptmann, Gerhart, 93
Heisenberg, Werner, 171
Hel, 117
Helinand de Froidmont, Abbot, 368
Heloísa, 33, 61-71, 75, 81, 85, 164, 204, 217, 220, 268, 337, 338, 489, 490, 499, 514
Hengest , 186, 440

Henrique VI, Imperador, 165
Heráclito, 136, 334,
Heresia, 26, 57, 110, 144, 148-151, 159-162, 171, 232, 326, 334, 488, 491, 503-504, 509, 513, 533
Hermafrodita, 183
Hermes, 203, 410
"Hermética, pedagogia", 321, 543
Herrad von Landsberg, Abadessa de Hohenburg, 32
Herwegh, George, 78n.
Herzeloyde, rainha, 373, 374, 387, 402, 473, 477
Hesíodo, 102, 532, 545, 559
Hespérides, 168
Hieronymus Magdeburger, 142, 144
Hilda, Santa, 108
Hildico, 441n.
Hipólito (Eurípides), 267, 269
Hipólito, 267, 268
Hipólito, Santo, 143, 145, 155, 157
Historia Britonum (Nennius), 440
Historia calamitatum (Abelardo), 61
História do Dr. Joh. Faust (Spies), 506
História dos árabes (Hitti), 67
História dos Reis da Bretanha (Geoffrey de Monmouth), 444; ver *Historia Regum Britanniae*
Historia Ecclesiastica Gentis Anglorum (Beda), 109
Historia Naturalis (Plínio, o Velho), 246
Historia Regum Britanniae (Geoffrey of Monmouth), 167, 444
Histórias de Jacó, As (Mann), 311
History of Christian Philosophy in lhe Middle Ages (Gilson), 33
History of Magic and Experimental Science (Thorndike), 500
Hitti, Philip K., 67
Homero, 94, 104
Homo Dei, 545, 546, 557
Homunculus, 244, 245, 247, 523, 538
Horácio, 104, 106
Horsa, 186, 187, 440
Hortulus deliciarum (Abadessa Herrad von Landsberg), 32

611

Hrothgar, rei, 112
Hughes, Robert, 513
Hui-neng, 109
Humano, demasiadamente humano [All-Too--Human] (Nietzsche), 550
Humphrey Chimpden Earwicker, 227; ver também H.C.E.
Hutton, James, 522-523
Huttoniana, revolução, 522
Huxley, Aldous, 279
Hygelac, rei, 112

I

Iblis, Rainha, 436
Ibn Quzman, 67
Ibn-Rushd, 132; ver Averróis
Ibnu'I-'Arabi, 122-124
Idílios do Rei [Idylls of the King] (Tennyson), 465
Idries Shah, Grande Xeque, 68
Ildico, 441n.
Ilha das Maçãs Douradas, 168
Ilha das Pedras Preciosas, 353
Ilha do Sol, 537
Imitação de Cristo (Gerson?), 496, 504, 546
Ímpeto, doutrina do, 502
Imprensa, invenção da, 508
Inanna, 102, 184, 248
Indeterminação, princípio de, 171
Index sanitatis (Begardi), 505
Indiculus luminosus (Álvaro de Córdoba), 125
Individuação, princípio
Inferno (Dante), 56, 85, 86, 94, 104, 106, 110, 122, 135, 136, 214, 217, 250, 364, 412, 459, 467, 537, 547
Ingeborg Holm, 288
Ininni, 532
Inocêncio IV, Papa, 504
Inocêncio, Papa, , III, 148, 327, 388, 436
Inquisição, 233, 234, 487
Interpretação dos Sonhos, A [Interpretation of Dreams, The] (Freud), 549
Introdução à história do budismo indiano [Introduction à l'histoire du Bouddhisme indien] (Burnouf), 76
Ioga, 493, 496

Ionesco, Eugène, 87
Irineu, 32
Irot, rei, 436
Isaías, 23
Isenhart, 371n., 373
Isidoro de Sevilha, 452
Islām, 131
Islã, legado do, 122, 124, 132
Isolda, 51-54, 60-61, 67, 73
Isolda (mãe), 73, 81, 216
Isolda das Mãos Brancas, 224-226
Ístar, 184
Ither, rei de Kukumerlant, 376, 380, 402
Itonje, 423, 425, 435, 470-472
Ixíon, 360, 363, 367

J

Jacob, 77, 135
Jainismo, 44
Jaspers, Karl; 388, 493
Jaufre Rudel, 206
Javali, 119, 122, 183-185, 199, 261, 263, 300, 335, 368, 386, 390, 393, 414, 441
Jayadeva, 219
Jean de Meung, 333
Jeffers, Robinson; 195, 303, 519, 552, citado
Jeschute, 385
"Joia no lótus, a", 393
Jó, 356
Joana d'Arc, 504
João da Cruz, São, 565
João Damasceno, 127,
João XXI, Papa 246, 341
João XXII, Papa, 496
Joaquim de Fiori, 409, 410, 465, 489
Joaquim Ziemssen, 279, 413
John Eglinton, 177
João de Jandun, 132
Johnson, Samuel, 444
Jonas, 28, 29, 500
Josaphat, Abbot , 127
José de Arimateia , 349, 451, 453, 457, 464
José e seus irmãos (Mann), 48, 106, 311, 312, 418, 553, 558
José no Egito (Mann), 311, 418

ÍNDICE REMISSIVO

José, o provedor (Mann) 311
José, 151, 311
*Joseph d'Arimathie (*Robert de Boron), 454
Josefe, 349, 350, 454-455, 461-463, 465
Jovem José, O (Mann), 311, 418
"Joy of Being in Love, The" (Bernart de Ventador
Joyce, James, 46-49, 60, 72, 82, 85, 106, 176-178, 194, 203, 227-232, 246, 249-254, 258, 262, 269, 273, 282, 283, 292, 300-304, 308, 312-318, 388, 409, 413-414, 437, 459, 478, 480, 488, 534-537, 546, 548, 551, 552, 556, 558, 561, 565, 568
Judas, São, Epístola de 150
Jung, Carl G., 207, 235-239, 251-258, 315-317, 334, 411, 414, 417, 418, 419, 427, 439, 535, 543-553
Justiniano, Imperador, 107
Jutas, 439

K

Kali, 355
Kalid ibn Yazid, 240
Kalilah e Dimnah, As fábulas de Pilpai, 240
Kāma, 80, 360
Kāma-māra, 360
Kancuḷi, 152; ver também Culto corpete
Kant, Immanuel, 76-79, 293, 297, 304, 459, 494, 510, 518, 521, 590
Kant-Laplace, revolução, 521
Kapila, 137
Kardeiz, 473, 474, 476
Kartikeya, 429
Karuṇā, 80, 288, 367, 389, 540-546
Kay, Sir, 44
Keie, Sir, 376, 385, 437
Keith, Sir Arthur, 43, 45, 49
Kepler, Johann, 41, 509
Kett, Francis, 513
Khosru Anushirvan, rei, 127
Kierkegaard, Søren, 178
King and the Corpse, The [A conquista psicológica do mal] (Zimmer), 407;
Kingrimursel, Príncipe, 387, 398
Kingrun, 378, 379, 385

Kismet, 130, 131
Klee, Paul, 551
Klingsor, 413, 429, 430-433, 460; ver também Clinschor
Klöterjahn, Frau and Herr, 272
Köhler, Wolfgang, 568
Kojiki coleção, 108
Kolatschek, Adolph, 78n.
Kosmogonos, 546
Kriemhild, 411 n.
Krokowski, Dr., 542, 543, 557
Kṛṣṇa, 67, 153, 219, 230, 533
Kundry, 386, 403 n., 430-433; ver também Cundrie
Kurvenal, 174, 199, 226
Kyot, 368
Kyot, Duque de Catalunha, 475-477

L

L'Estoire de Merlin, 451n.
L'Estoire del Saint Graal, 451
La Fontaine, Jean de, 127
Lambor, 455
Lança, 381-386, 391, 393, 399, 400, 403 n., 424-430, 433, 434, 454, 455, 461-464, 469, 475, 510, 511
Lancelot, ou *O cavaleiro da carruagem* (Chrétien de Troyes), 448
Lancelote em Prosa, O, 451 n., 452
Lancelote, Sir, 159-160, 167, 214, 253, 420, 438, 449-452, 455, 456, 470, 478-481
Land-náma, 443
Langdon, S.H., 530, 532
Lapis exilis, 368-369
Laplace, Pierre Simon, 521
Láquesis, 116
Latim (língua), 110, 127
Latini, Brunetto, 122
Lawrence, W.W, 110
Layamon, 168, 447
Leão de Anjou, 198
Leão, 113
Lear, rei, 444
Legado do Islã, O (Nicholson), 122-124, 132
Legenda Áurea (Voragine), 127

613

Légendes épiques, Les: recherches sur la formation des Chansons de Geste (Bédier), 446 n.
Leisegang, Hans, 34, 98, 141-149
Leitmotiv, 282
Leito cristalino, 53, 70, 74, 90, 165, 167, 217, 223, 256, 456, 480, 540
Leito das Maravilhas, 421, 422, 425, 480
Leito Perigoso, 420, 481; ver Leito das Maravilhas
Leopold Bloom, 178, 229, 416-469, 538, 555
Lessing, Gotthold E., 515
Leviatã, 32
Liaze, 390
Libeaus Desconus, 467
*Liber secretorum alchemiae (*Kalid ibn Yazid), 240
Libra, 235
Libri II adversus Nefarium Sectam Saracenorum (Pedro, o Venerável), 128
Linas, Charles de, 34
Linda Rosa Juvenil, 116
*Lingam,*153, 183, 393
Linguagem simbólica, 85, 94
Lionel, Sir, 457
Lira de Orfeu (Plêiades), 37
Lisabeta, 271, 284, 556
Lischoys Gwelljus, 403
Little Garden of Delights, The (Abadessa Herrad von Landsberg), 32
Livre-arbítrio, 478
Livres de Lancelot, Li, 451 n., 452
Livro da água argêntea e da terra estrelada (Senior), 232
Livro dos mortos, 534
Livro dos vinte e quatro filósofos, O, 24 46, 128
Locke, Frederick, 466
Locorum communium collectanea (Mannel), 506
Lohengrin (Wagner), 431
Loherangrin (Lohengrin), 473-476
Loki, 356
Loomis, Roger S., 264, 368, 438, 441, 445, 449, 451, 452-466

Lot, rei da Noruega, 373
Lot-Borodine, Myrrha, 261, 264
Lucano, 104, 106
Lucrécio, 289
Lúlio, Raimundo, 123
Lunar, rainha, 233-234, 238, 247, 253, 255, 300
Lutero, Martinho, 342, 496
Lyell, Charles, 523
Lyppaut de Bearosche, Duque, 394-396

M

Machina Coelestis, 520
Macpherson, James, 444
Macrobius, 98
Madame Bovary (Flaubert), 510
Madya, 152
"Maga" levantina, cultura, 515
Magalhães, Fernão de, 519
Magna Mater, 210
Mahāsukha, 356
Mahayana, budismo, 145, 146, 162, 288, 353-356, 411, 557; Zen, 69, 89, 108, 170
Maia, 183
Maimônides, 135
Maithuna, 152
Maki, ceremônia de, 120
Malcreatiure, 404, 405, 426-427
Malinowski, Bronislaw, 563
Malory, Thomas, 430, 430 n., 447, 455, 462-465
Māṁsa, 152
Man's Search for Meaning (Frankl), 356
Manannan Mac Lir, 181, 183, 230-231, 349, 351, 358, 451, 466, 482, 561; ver também Manawyddan
Manawyddan (Bran, o Abençoado), 358, 466, 482
Mandukya Upanisad, 298, 547, 554, 562
Manessier, 448
Mani, 137
Maniqueísmo, 26, 137-138, 160-162, 205, 429
Mann, Thomas, 48-49, 106, 268-288, 308-314, 321-327, 335-336, 412, 414, 418-419, 427, 432, 441, 493-494, 538, 543-544, 548, 551-558, 569

Mannel, Johann, 506
Mansões dos mortos, 248
Map, Walter, 451 n.
Māra, 80, 360
Marcílio de Pádua, 132
Marcos, Rei, 23, 24, 52, 73, 74, 122, 167, 169, 174, 181, 184-187, 190, 196-200, 206, 207, 210, 213, 216-217, 221-228, 262-269, 273, 379, 438, 449
Mārga, 44, 558, 571
Maria, Virgem Mãe, 56-57, 60, 81, 100-106, 140, 142, 168, 239, 259, 314, 440
Marie de Champagne, Condessa, 447
Marjadoc, 122, 222
Marlowe, Christopher, 507, 513, 514, 549
Martinho da Dinamarca, 132
Matrimonium, 239
Matsya, 152
Maya, 254, 418; ver também *Māyā*
Māyā, 77-81, 105, 137, 231, 287, 292; ver também Maya
Meave, rainha, 64, 185
Meca, Revelações da (Ibnu'l-'Arabi), 122
"Mecanicista, escola" (século catorze), 502
Medeia, 266, 267
Meditações do Quixote (Ortega y Gasset), 191, 511
Medraut, 440; ver também Mordred
Medusa, 204, 430
Mefistófeles, 312, 322, 507, 514-515, 538, 547, 549; em Marlowe, *Doctor Faustus,* 513-514, 549-550
Meistersinger, Deis [mestres cantores, Os] (Wagner), 289
Melâncton, 19, 505
Meleagant, 438, 449
Meljacanz, Príncipe, 394, 396
Meljanz de Liz, rei, 394-396
Melk-'Ashtart, 532
Melot, 226
Melpômene, 101
Mentality of Apes, The [A mentalidade dos macacos] (Köhler), 568
Mercúrio, 101-103, 237 n., 240, 244, 250-253, 351
Mercurius Homunculus, 245
Mercurius, 239, 244, 245-247

Merlin em Prosa, 430 n., 451 n.
Merlin, 119, 167, 430 n., 440, 444, 451 n., 461
Metais como símbolos dos planetas, 102
Metamorfoses (Ovídio), 106, 210, 245, 317, 360
Miantonomo, 490
Michelangelo, 507
Michelson-Morley, experimento, 525
Mictlan, 58
Midas, rei, 186
Minne, 165, 167, 215, 235; ver também *Amor;* Amor; *Minne*
Minne, 55, 163-166, 172-173, 178; os cantores de, 163; ver também *Amor;* Amor; Minne
Minos, rei, 197, 266
Minotaure, 564
Minotauro (Picasso), 564
Minotauro, 34, 114, 197, 225, 261, 265-267
Minotauromaquia (Picasso), 566
Mi'rāj, lenda de, 122, 124
Misticismo: epistalâmico, 496; *unitivo,* 496
Mítica, dissociação, 336-337, 531-539
Mito de Sísifo, O (Camus), 360-363
Mitogenéticas, zonas, 90, 93, 347, 571; celta, 441, germânica, 441 n., 442 n., 445
Mitologia, cosmológica, 518, 525; funções da, 20-23, 516-528; psicológica, 516-528; religiosa, 516-518; sociológica, 525-527
Mitos, normas dos, 570-571
Mitraísmo, 26, 30 n., 31, 96, 348, 356 n.
Mnemósina, 102
Moira, 116
Moisés (Móis), 455
Moisés e o monoteísmo (Freud), 439
Moisés, 23, 141-144, 236-237, 328, 409, 413, 417
Mokṣa, 80, 535
Molly Bloom, 298, 418, 542, 554, 555, 559-562
Monarca universal, *cakra-vartin,* 356
Mônica, Santa, 138
Monomito, 311
Montanha do Mundo da Deusa, 488
Montanha mágica, A (Mann), 48, 268-270, 274, 279-280, 288, 308, 311-312, 319, 321, 325, 412, 413, 416, 441, 493, 494, 539-544, 553, 557, 569

Mont-Saint-Michel and Chartres (Adams), 55
Monumenta Terrarum (Frobenius), 41
"Monumental, Estágio", 488-489
Moral filosophia, La (Doni), 127
Moraliteit, 205, 334
Morall Philosophie, The (North), 127
Mordrain, 454
Mordred, 167, 440, 444
Morgana, 167, 447
Morgant, 447
Morholt, 373; ver também Morold
Morold, 196-199, 202, 207, 210-213, 430
Morrigan, 438 n.
Mort Artu, La, 451, 464
Mortal, poção, 81
Morte Darthur (Malory), 430, 430 n., 447, 455
"*Morte de Artur*" (Tennyson), 168
Morte, acompanhantes (Japão), 248
Morte, medo da, 80-81; três ordens de, 217, 220
Mudrā, 152
Muhammad ibn Umail at-Tamimi ("Senior"), 232, 237, 540
Muṇḍaka Upaniṣad, 176
Mundo como vontade e como representação, O (Schopenhauer), 79, 291, 298, 299, 307
Mundo do Lótus Dourado, 356
Munsalvaesche, 383, 384, 387, 399, 400, 423, 436, 475, 476, 479
Murasaki, Lady, 68, 162
Murillo, Bartolomé Esteban, 508
Musas, 81, 82, 94, 98, 100-104, 171, 205, 243, 479, 503, 565
Música das Esferas, 81, 84, 98, 141, 195, 479, 519, 556
Musicais modos, gregos, 101
Musical, escala, notas da, 101
Mutilado, rei, 351, 363, 388, 390, 393, 426, 4555, 462-463, 478; ver também Anfortas; Rei Pescador; Rei do Graal; Pelleam

N

Nandi, 34
Não dualidade, 80, 183, 366
Naphta, 279, 325-327, 538, 545, 569

Narayana, 292
Nascien, 454
Nascimento da tragédia, O (Nietzsche), 271, 288, 298, 304, 308, 323, 363, 544
"Natural Music" (Jeffers), 352
Nennius, 440
Netuno, 34, 349
Newton, Sir Isaac; 42, 509, 510, 520, 521, 525
Newtoniana, revolução, 520-521
Nibelungenlied, 440 n.
Nibelungos, lenda, 75, 78, 197, 243, 432, 440 n.
Nicholson, R.A., 124
Nietzsche, Friedrich Wilhelm, 42, 48, 50, 68, 69, 88, 90, 172, 201, 219, 268-289, 292, 298, 300, 312, 320, 324, 363, 368, 388, 418, 434, 478, 493-496, 527, 528, 533, 544-550, 565
Nihongi, coleção, 108
Ningizzida, 31
Nir-dvandva, 80
Nir-guṇa brahman, 496
Nirvāṇa, 44, 311
Nir-vikalpa samādhi, 496
Nitze, William A., 349, 410
Nizām, 124
Nodens, 350
Noé, 23, 40, 228, 350, 447, 350
Noestã, 142
Noiva Abominável, 390
Nominalismo, 495, 350
Normandos, na Sicília, 125
North, Sir Thomas, 127
Novalis, 39
Nuadu da Mão de Prata, rei, 350
Nūr-uddīn Balak ben Bahram, 371 n.

O

Obie, 395
Obilot, 394, 395, 396, 397, 416
Occam, navalha de, 491, 495, 496, 505, 510, 518, 550
Odin, 107
Odisseia (Homero), 185, 413, 421
Odobesco, Alexander, 35
O'Donnell, Black Hugh, 181
Ofélia, 537

Ofitas, 141
Oisin (Ossian), 121, 185, 414
Olimpo, 98, 488, 559
Om mani padme hum, 459
Omíadas, 126
Omnes colores, 427
"On the Order of the Emanation of Things Caused by God (Grosseteste), 500
Óptica, 501
Oresme, Nicolas, 502, 503, 510
Orfeu, o Pescador [Orpheus the Fisher] (Eisler), 27, 37, 349
Orfeu, 22, 23, 27, 29, 37, 38, 104, 136, 141, 180, 183, 201, 352, 393, 546; ver também Rei Pescador
Órfica, taça sacramental, 24, 25, 26, 171, 357, 417, 442 n.
Órfica, taça, da serpente, 96, 97, 357
Orgeluse de Logroys, 403-405, 417-437, 471-72, 481, 527
"Oriente das Cruzadas, O", em Parzival de Wolfram" (Goetz), 369 n., 371 n.
Orígenes, 32, 103
Orilus de Lalander, Duque, 375
Órion, 37
Orpheos Bakkikos, 36, 37
Ortega y Gasset, José, 69 -70, 85, 191, 192, 333, 335, 489, 499, 511, 512, 513
Osíris, 98, 142, 183, 261, 300, 353, 393, 417, 428 n.; culto de, 299, 300
Ossian, 444; ver também Oisin
Otto, Rudolf, 304, 516
Ouro (na alquimia), 246, 247
Ovídio, 104, 106, 210, 245, 299, 317, 360, 514
Owain e a Condessa da Fonte, 449
Oxímoro, 170, 171, 194, 229, 299, 355, 517, 564

P

Paideuma (Frobenius), 544
Pañcatantra, 127, 354, 359, 363
Paolo, 214, 215, 217, 220, 420, 467
Paraíso Terrestre, 104, 336, 341, 409, 426, 519, 529
Paraíso, localização cosmológica do, 518-519
Pāramitā, 145

Parsifal (Wagner), 48, 75, 94, 407, 430, 432, 433, 434
Parsifal, 335, 367, 368, 391, 408 ver também Parzival, Perceval
Parzival (Wolfram von Eschenbach), 335
Parzival, 369, 372-438, 448, 449, 469-482, 489, 491, 511-514, 537-540, 546, 557, 561, 571; ver também Parsifal, Perceval
Pascal, Blaise, 42
Paśu-patí, 183, 352
Paulo, São, 30, 62, 138, 139, 144, 229, 239, 287, 338, 341, 343, 421, 540
Pauphilet, Albert, 466
Pavão, cauda *(cauda pavonis),* 427-429
Pavlov, Ivan P., 192, 510
Pecado Original, 52, 138, 160, 327, 467
Pedra filosofal, 239, 368, 407, 452, 482; ver também Alquimia
Pedro (filho de Bron), 455
Pedro, o Venerável, 127
Peixe, 27-32, 349, 416, 422 n., 453
Peixe, Cheiro de, 28
Pelagiana, heresia, 533
Pelágio, 52, 160
Pelleam, 455
Pelles, rei, 452, 455, 456, 457, 462
Perates, seita, 143, 144, 145, 146
Perceval, 349, 457, 458, 461, 462, 463, 464, 467; ver também Parsifal, Parzival
Perceval, or The Legend of the Grail (Li Contes del Graal) (Chrétien de Troyes), 335, 348, 448, 449, 450
Peredur, 351, 449
Perséfone, 30, 34, 37, 120, 185, 312
Perseu, 114, 115
Pescador de Homens, 349, 429
Pescador Rico, 349, 454, 455, 457, 482
Pescador, Anel do, 27
Pescador, Rei; 27, 244, 335, 349, 351, 356, 394, 428, 429; ver também Rei do Graal; Rei Mutilado; Orfeu
Pescador; 27, 30; ver também Rei Peixe; Rei Mutilado; Orfeu
Petrarca, 322, 507
Picasso, Pablo, 187, 188, 190, 191, 193, 194, 195, 551, 564, 565, 566

MITOLOGIA CRIATIVA

Pictos, 184, 190, 440
Pieter Peeperkorn, Mynheer, 569-570
Pietroasa, taça de, 24, 96, 102, 103, 149, 171, 442 n.
Píndaro, 360
Pirâmides, 55
Pirâmides, Textos das (Egito), 76 n., 534
Pitágoras, 76, 360
Piteu, 266
Planck, Max, 525
Planetas, metais, como símbolos dos, 101-102
Platão, 79, 82, 84, 135, 195
Plêiades, 37
Plínio, o Velho, 246
Plotino, 76, 77, 126, 128, 137
Plutão, 31, 34, 103, 120, 351, 355, 357
Poemas de Ossian (Macpherson), 444
Polímnia, 101
Pólux, 34, 35, 538
Porco, 119, 120, 121, 182, 185, 210, 211, 222, 261, 356, 358
Posídon, 31, 34, 181, 183, 349, 351, 352, 354
Potifar, esposa de, 418
Pound, Ezra, 551
Poydiconjunz de Gors, Rei, 394, 396
Practica musice (Gafurius), 98
Prajapati, 249
Prajñā-pāramitā, 145
Praśna Upaniṣad, 359, 360
Presença Real do corpo de Cristo, dogma da, 460
Preste João, 477
"Princesa distante", tema da, 206
"Príncipe enfeitiçado, O", 410
Principia (Newton), 42
Princípios de Geologia (Lyell), 523
Princípios do tantra, (Woodroffe), 153
Principium individuationis, 288, 291, 308
Proibidas, Cinco Coisas, 152
Prolegômenos a toda metafísica futura que possa apresentar-se como ciência (Kant), 293
Prometeu, 43, 415
Proserpina, 120
Protestantismo, 315

Proteu, 200
Pseudomorfose, histórica, 42, 515
Psicopatologia da vida cotidiana (Freud), 550
Purgatório, 56, 94, 105, 227, 341, 412, 417, 459, 508, 518, 537, 561

Q

Quântica, teoria, 525
Quartetos, Quatro (Eliot), 106
Quarto Concílio de Latrão, 452, 460, 500
Queste del Saint Graal, La, 451 n., 453, 457, 460, 466, 479, 481
Questiones naturales (Adelardo de Bath), 499
Quilpético, rei, 441 n
Qutub ud-dīn Aibak, 428 n.

R

Ra, 300
Rabelais, François, 42
Rabia de Basra, 66
Radcliffe-Brown. A R., 56
Radha, 153, 219
Rafael, 307
Rāgānuga bhakti, 67
Raio de diamante (*vajra*), 357
Raleigh, Sir Walter, 513
Ral-pa-chen, 108
Ramakrishna, 411, 497
Ramo dourado, O (Frazer), 185, 424, 504,
Ramon de Sauvetat, 127
Raquel, 417, 418
Realismo escolástico, 495
Rede de Pedras Preciosas, 557
Reencarnação, 360, 561
Reflexões de um homem apolítico (Mann), 274, 280
Regan, 444
Regime de Marte, 427, 429
Reginaldo de Piperno, 491
Reine de la Terre Gaste, La, 461
Reino da Eterna Juventude, 180
Reino das Montanhas Mágicas, 180
Reino das Montanhas Mágicas, O, 180

Reino Sob as Ondas, 113, 167, 169, 178, 180, 185, 211, 252, 347, 358, 417, 452
Relatividade, princípio da, 42
Renascimento, 161, 191, 326, 507, 512
Repanse de Schoye, rainha, 381, 382, 476, 477, 481
Retrato do artista quando jovem, Um (Joyce), 46-48, 58, 82, 232, 246, 283, 300, 312-313, 317, 388, 408, 459
Ṛg Veda, 37, 517
Rivalino, 169, 172, 174, 175, 184, 266, 373
Rivalon, 264
Robert de Boron, 451-455, 465, 482
Roberto de Kelene, 128
Robinson, John A.T., 37, 39
Rocinante, 191, 193, 510, 511
Roda da Lei, 356-358, 359-360
Rogério II, rei, 125
Roman de Brut (Wace), 168, 447
Romance da Rosa (Jean de Meung), 333
Romances palacianos franceses, 447
Rosarium philosophorum, 231, 232, 247, 250, 252, 253, 255-258
Rousseau, Jean Jacques, 21, 332, 333, 496
Rual li Foitenant, 174
Ruggieri degli Ubaldini, Arcebispo, 250 n.
Rúnica, escrita, 107
Russell Bertrand, 548
Rutherford, Ernest, 525
Rutherford, John, 152
Ruysbroeck, Jan van, 496

S

Sabedoria da Margem de Lá, 145, 366, 407
Sagrado, O (Otto), 304, 516
Sa-guṇa brahman, 496
Śakti, 249, 255, 353, 560, 562; ver também Śakti
Śakti, 68, 249, 254, 353, 417, 418, 560, 562
Salomão, navio de, 455, 461, 463, 465, 481, 492
Salvação, teorias da, 32, 33, 52
"*Salve Rainha"* (Adhemar de Monteil), 166
Saṁsāra, 356
Samyogitā, 428 n.

Sancho Pança, 191, 510, 511
Sangive, 423, 435, 437, 472
Sannyāsin, 497, 535
Sânscrito (língua), 127
Sarras, 454, 455, 462-467, 480
Sartre, Jean-Paul, 178
Satã, 32, 351, 352, 364, 366, 436 n., 503, 504, 505, 514, 525, 549; ver também Demônio; Satanás
Satanás, 139, 141, 142, 322
Sati, sacrifícios, 248
Saturnalia (Macrobius), 98, 312
Saul, rei, 23, 24, 184
Sa-vikalpa samādhi, 496
Saxões, 109, 116, 190, 439, 440, 441, 444
Schaeder, Hans Heinrich; 330, 331, 332
Schedula Diversarurn Artium (Theophilus), 246
Schelling, Friedrich Wilhelm Joseph von, 77
Schianatulander, Príncipe, 376
Schopenhauer, Arthur, 43-49, 74-84, 101 n., 116, 130, 165, 175, 177, 179, 192, 195, 200, 205, 225, 271, 273, 278, 281-284, 290-294, 297-308, 312, 323, 390, 394, 411, 417-419, 479, 490, 511, 517, 528, 553, 557
Schrödinger, Erwin, 516, 547
Sebeok, Thomas A., 563
Secundille, rainha, 404, 423, 426, 427, 428, 473, 476, 477
Sedulius, Abade de Kildare, 103
Séfora, 417
Segramors, Sir, 385
Self, 411; ver também Si-Próprio
Semitas, 64, 530, 532
Sêneca, 83, 136
Senhor da Terra, 488
Senhor do Abismo, 31, 35
Senior (Muhammad ibn Umail at-Tamimi), 232, 237, 540
Seram Ocidental, 105
Serápis, 98
Sermones convivales (Gast), 506
Serpente, 29, 31, 40, 91, 95, 96, 97, 98, 100, 101, 102, 140-146, 195, 208, 236, 239, 245, 300-357, 393, 495, 500, 502 n

Serpente, na liturgia ofídica, 140
Serpente, reis, 114
Serpente, taça, 96-98, 140-141, 145
Settembrini, 279, 319, 322-327, 416, 538, 539, 545, 569
Shang, tumbas, 248
Shatapatha Brahmana, 193
Shaw, Bernard, 269
Shelley, Percy Bysshe, 79, 83, 301, 302
Shotoku, Príncipe, 187
Sic et Non (Abelardo), 339
Sicília, normandos na, 125
Síd, montanhas mágicas, 181
Siegfried (Wagner), 431, 432
Sigeberto, rei, 441 n.
Sigério de Brabante, 132, 134, 135, 341
Sigune, 376, 383, 389, 400, 408, 409, 430, 475, 476
Sigurd, 446 n.
Silêncio, 547, 560-569
Simbólica, linguagem, 85-86
Simeon ben Cantara, rabino, 244
Sinai, monte, 46, 142, 488
Si-Próprio, 183, 230, 255, 359, 411, 517, 534, 553, 562; ver também Self
Sir Gawain e o Cavaleiro Verde, 397
Sir Percevelle, 449
Sírio-árabe, mitologia do deserto, 531
Sísifo, 360-363
Śiva, 34, 153, 183, 194, 249, 299, 349, 352, 353, 355, 389, 429, 546, 562
Skuld, 116
Snorri Sturleson, 440 n.
"Sob a tília" (Walther von der Vogelweide), 163-164
"Sobre a aparente intencionalidade no destino do indivíduo" (Schopenhauer), 175, 294
"Sobre o espírito da medicina" (Mann), 280
Sobre o fundamento da moral (Schopenhauer), 75, 76
"Sobre o matrimônio" (Mann), 271, 274
Social, identificação, 539
Sofia, 430
"Sofrimento e a grandeza de Richard Wagner, O" (Mann), 308

Solar, rei, 187, 232-234, 238, 241, 247, 253, 255, 540
Song-tsen Gam-po, 108
"Sonho de Cipião Africano, o Jovem, O" (Cícero), 101
Sono Profundo sem Sonhos, 547
Spengler, Oswald, 42, 43, 57, 111, 129, 130, 187, 189, 324, 332, 469, 515, 544
Spies, Johann, 506, 514
Stephen Dedalus, 47, 72-73, 177-178, 241-243, 246, 258, 273, 292, 297-304, 312-313, 318-319, 388, 394, 408-409, 412-417, 469, 537-538, 540-542, 546-547, 554-559
Stephen Hero (Joyce), 48, 312
Sthūla, 508
Stonehenge, 119, 444,
Suástica, 360
Sucellos, 31, 356, 358,
Sufis, 67, 77, 127, 149, 162
Sufis, The (Idries Shah), 68
Sukṣma, 508
Sultão Shah, 371 n.
Summa contra Gentiles (Aquino), 491
Summa Theologica (Aquino), 340, 341, 491, 500
Superstição, 520
Susano-O, 115, 265 n.
Sutton Hoo, navio-sepultura, 107, 112, 113, 117
Sva-dharma, 411

T

Tale of Genji [Conto de Genji] (senhora Murasaki), 162
Tália, 98, 100, 101, 102, 104, 171, 195, 230, 479, 556, 565
Tallwch, 184
Talorc, 184, 264
Tammuz, 37, 38, 119, 142, 183, 184, 351, 393, 428, 532, 559
Tânatos, 430
Tannhäuser (Wagner), 431, 432
Tannhäuser, 312, 431, 432
Tântalo, 360
Tao Te Ching, 89, 294, 333
Tao, 194

ÍNDICE REMISSIVO

Tãotris, 203, 204, 206, 207, 211, 480; ver também Tristão
Tat tvam asi, 78, 80, 298, 367, 517, 561
Tathāgata, 362
Tauler, Johannes, 496
Távola Redonda, 46, 90, 103, 376, 385, 386, 389, 396, 429, 435, 447, 466, 470, 474
Taylor, Henry, 65, 163, 164, 525
Tebaida (Estácio), 107
Télefo, 430
Tennyson, Alfred Lord, 168, 391, 403 n., 447, 451, 465
Teodósio I, "o Grande", Imperador, 140, 154, 190, 317
Teófilo, 246
Terpsícore, 101
Terra Desolada, 21, 54, 72, 318, 320, 332, 337, 339, 340, 351 n., 379, 394, 415, 420 436, 452, 455, 547, 560
Terra Desolada, A (Eliot), 21, 87, 90, 191, 242, 243, 249, 251, 348, 351, 400
Terre de Salvaesche, 383
Terre Foraine, 455
Terre Gaste, 455, 461
Terror-Júbilo (*Bhairavānanda*), 354, 355, 549, 565
Tertuliano, 60, 140, 239, 338, 343
Teseu, 114, 197, 225, 261, 266, 267, 268
Theobald de Hoghelande, 232, 237
Theologica Germanica, 496
Theory of the Earth, or an Investigation of the Laws Observable in the Composition, Dissolution and Restoration of Land upon the Globe (Hutton), 522
Thomas da Bretanha, 74, 197, 202, 207, 225, 265, 438, 439
Thorndike, Lynn, 500
Tibetano, livro dos mortos, O, 419
Ticiano, 507
Tício, 360
Tigre, 113
Tillich, Paul, 37, 39, 490
Tinbergen, N., 219
Tindall, William, 234
Tintagel, 71, 167, 174, 228, 267
Tique, 30

Tirésias, 185
Titãs, 29, 356 n.
Titurel, 383, 429, 476, 482
Toledo (Espanha), 67, 122, 123, 126, 127, 135, 190, 368, 443, 446
Tomás de Aquino, Santo, 105, 132, 134, 135, 171, 300, 301, 313, 339, 340, 341, 491, 492, 493, 494, 499, 500, 501, 518, 519; ver Aquino, Santo Tomás
Tomás de Vilanova, São, 89
Tomé, O evangelho de, 137, 140, 145, 413, 517
Tônio Kroeger (Mann), 48, 271, 283, 284, 286, 288, 311, 312, 418, 548, 556
Tônio Kroeger, 271, 283, 284, 288, 323
Torre de Babel, 488, 500
Totem e Tabu (Freud), 500
Touro, celta, 103-105; em Picasso, 187-190, 193-195, 564, 565
Tradução de Saint Servais, 446
Trágica História do Doutor Fausto, A (Marlowe), 507
Transcendência, 491, 494
Tratado decisivo determinando a conexão entre a Lei e a Sabedoria (Averróis), 133
Tratado lógico-filosófico (Wittgenstein), 547
Tratado Sobre o Céu e a Terra (Oresme), 503
Três Fiandeiras, 116
Trevrizent, 383, 399, 401, 402, 408, 409, 410, 430, 473, 475, 477, 478, 561
Tribais, deuses, 530-533
Trindade, 105
Triptólemo, 34
Tristão (Chrétien de Troyes), 448
Tristão (Gottfried von Strassburg), 74 , 183, 185, 207, 220, 299 , 338
"Tristão" (Mann), 280, 286, 418
*Tristão e Isolda (*Wagner), 74-78, 197, 243, 272, 308, 311, 335, 431-432, 441
Tristão, 23-24, 47-48, 51-54, 61, 67, 73, 78, 81, 84, 104, 122, 153, 155, 159, 160, 167, 169, 174-175, 180-185, 196-217, 221-243, 251-252, 261-280, 334, 338-339, 363, 369, 373, 376, 379, 410 , 420, 430 , 438, 455, 465, 480, 514, 540
Tristão, lenda, 47, 180, 240, 449, 489
Tristão, o anão, 225

Tritheim, Johann, 505
Troubadours, The (Rutherford), 152
Trovadores, 26, 61, 67, 110, 129, 148, 159-163, 166, 169, 206
Troynt, 441
Tuatha De Danann, 181
Tumbas Reais (Ur), 184, 248, 489
Turba Philosophorum, 255, 274

U

Ugolino della Gherdaresca, Conde, 250
Ulisses (Joyce), 48, 176-178, 229-230, 241, 246, 249-250, 258, 282-283, 292, 297-298, 310, 318-319, 349, 388-389, 408, 412, 414, 458, 540, 544, 548, 555, 557, 558-561, 565
Ulisses, 106, 119, 122, 185, 312, 537, 312, 413, 429, 537, 537
Unidade do intelecto contra os averroístas, A (Aquino), 135
Universalia ante rem, 308
Upanixades, 76, 89, 170, 176, 294, 516
Upāya, 146
Ur, Tumbas Reais de, 184, 248, 489
Urânia, 103
Urians, 405, 406, 416, 426
Urina puerorum, 246
Urina, crença nas virtudes medicinais da, 246-247
Urso, filho do, 118-119
Urth, 116

V

Vaidhī bhakti, 67
Vajra, 357
Valdenses, 149
Valentim, 152
Valentim, São, 152
Valentins, provençais, 152-153
Valquíria, 430
Valquírias, As (Wagner), 335
Vanaprastha, 535
Vas Hermeticum, 239, 258, 312, 321, 523, 538
Vedas, 76 n.

Vela branca ou vela preta, navio de, tema do, 266
Velhice, em Dante, 536
Vênus, 48, 64, 95, 101, 102, 235, 237 n., 247, 250, 253, 416, 427, 532, 565
Vênus, Mountanha de, 167, 312, 538; ver também Venusberg
Venusberg, 431; ver também Montanha de Vênus
Verdandi, 116
Vergulaht de Ascalun, rei, 396, 398, 399, 416
"Versos compostos a algumas milhas da abadia de Tintern" (Wordsworth), 176
Via da mão esquerda, 152, 153, 231-235, 247-249, 253
Vida adulta, em Dante, 538-539
Vidal, Peire, 159
Vikings, 442 n.
Vilkina Saga, 440
Viṇa-dhara, 183
Vinci, Leonardo da, 86, 523
Virgílio, 94, 104, 106, 109, 227, 266, 268, 322, 341, 360, 364, 366, 424, 445, 537
Visão de Deus, Da (Nicolau de Cusa), 497; ver De visione dei
Visão, Uma (Yeats), 407-408
Viṣṇu, 153, 292, 294, 299
Vita Merlini (Geoffrey de Monmouth), 167
Vita Nuova (Dante), 72, 122, 459
"Vocativos e imperativos", 563
Völkergedanke, 552
Völsunga Saga, 440-442
Voltaire, 42, 77, 322
Völuspá, 116, 117, 243
Vontade, conceito da, em Schopenhauer, 80
Voragine, Jacobus de, 127
Vortigern, rei, 440
Vulgata de Lancelote, 214 n., 451 n., 452, 469
Vulgata, Ciclo, 451-453, 465
Vyāsa, 28

W

Wace, 168, 446, 447
Wagner, Minne, 431

Wagner, Richard, 47-49, 74-78, 81-85, 94, 117, 174, 196-201, 212-215, 223-226, 243, 271, 272, 282, 284, 292, 308-312, 329, 334, 335, 351, 367, 377, 386, 391, 403 n., 429-434, 436, 441, 442, 451, 460
Walpurgisnacht, 318, 319
Walther von der Vogelweide, 163
Walwen (Gawain), 443
Warner, Walter, 513
Weber, Gottfried, 170, 214, 217, 380, 409
Weiher, Johann, 506
Wesendonck, Mathilde, 74, 200, 226, 311, 431, 432
Wesendonck, Otto, 74, 200, 431
Weston, Jessie L., 348, 393, 467
Whorf, Benjamin Lee, 89, 90
Widmann, Georg Rudolf, 507
Wigalois, 467
Wiglaf, 117
William de Malmesbury, 443
Williams, Roger, 490
Windung, Johann, 505
Wittgenstein, Ludwig, 547, 548, 562, 570
Woden, 107
Wolfram von Eschenbach, 49, 335, 351, 368, 369, 370, 371, 379, 382, 383, 389, 391, 393, 403, 407, 408, 409, 410, 412, 413, 414, 419, 420, 421, 424, 426, 427, 428, 429, 430, 431, 433, 436, 437, 449, 452, 459, 468, 469, 477, 479, 480, 481, 482, 489, 491, 537, 546, 557
Woodroffe, John, 153
Wordsworth, William, 176, 179
Wotan, 79, 107
Wrenn, C.L., 110
Wurd, 116
Wu-tsung, Imperador, 108, 138
Wyrd (Norn), 116
Wyrd, 116, 117, 130, 131, 175, 192, 407, 411, 412, 538, 553, 563

X

Xiitas, 149

Y

Years of the Decision [Os anos decisivos] (Spengler), 189
Yeats, Willian Butler, 48, 204, 407, 551
Yoga, ver Ioga
Yoni, 153, 183, 393, 561
Yü, 350
Yvain, ou o Cavaleiro do Leão (Chrétien de Troyes), 448-450, 466

Z

Zagreu, 37
Zaida, 126
Zanger, Zacarias, 501
Zazamanc, 371 n., 372
Zen budismo, 69, 89, 108, 170
Zervan Akarana, 31, 356
Zeus, 29, 98, 102, 183, 267, 360
Zigurates (Nipur), 488, 489, 520
Zimmer, Heinrich (filho), 34, 184, 407, 422, 438, 468, 481, 529, 533, 570
Zimmer, Heinrich (pai), 184

SOBRE A JOSEPH CAMPBELL FOUNDATION

A Joseph Campbell Foundation (JCF) é uma organização sem fins lucrativos cuja missão é continuar a obra de Joseph Campbell, explorando os campos da mitologia e religião comparada. Três objetivos orientam suas atividades:

- Em primeiro lugar, a Fundação preserva, protege e perpetua o trabalho pioneiro de Campbell e todas as suas obras. Isto inclui a catalogação e arquivamento, o desenvolvimento de novos livros, a orientação da venda e distribuição, a proteção dos direitos autorais e disseminação em formato digital no site da JCF: www.jcf.org.
- Em segundo lugar, a Fundação promove o estudo da mitologia e da religião comparada. Isto envolve implementar e/ou oferecer apoio e patrocínio a diferentes programas de educação mitológica, eventos idealizados para ampliar a consciência do público a respeito, bem como doar as obras arquivadas de Campbell (principalmente ao Joseph Campbell and Marija Gimbutas Archive and Library) e utilizar o site da JCF como relevante fórum de diálogo intercultural.
- Em terceiro lugar, a Fundação auxilia indivíduos a enriquecerem suas vidas pela participação em uma série de programas, incluindo o nosso programa eletrônico global, nossa rede internacional de Mesas Redondas Mitológicas, e os eventos e atividades periódicos ligados a Joseph Campbell.

Para mais informações sobre Joseph Campbell e a Joseph Campbell Foundation, entre em contato com:

Joseph Campbell Foundation
www.jcf.org
P.O. Box 1836
New York, New York 10026
Estados Unidos

OBRAS DO AUTOR PUBLICADAS PELA PALAS ATHENA EDITORA

AS MÁSCARAS DE DEUS V.1 – MITOLOGIA PRIMITIVA

Aproxima-nos de um mundo e de uma experiência de vida que podem parecer distantes, mas que estão presentes em muitas das nossas crenças, medos e ansiedades. As mitologias dos povos surgem de uma perspectiva não apenas antropológica, mas também histórica e psicológica; recria-se a textura de um passado que continua pulsando no inesgotável mundo interior das culturas e dos indivíduos, portanto sempre atual.

AS MÁSCARAS DE DEUS V.2 – MITOLOGIA ORIENTAL

Inicia com uma reflexão sobre o diálogo mítico entre Oriente e Ocidente: a tradição contemplativa oriental e a contrapartida ocidental que revela a separação entre as esferas divina e humana. Aborda mitologias que se desenvolveram na Suméria, no Vale do Nilo, na Índia dravídica, védica e budista, na China taoísta e confuciana, na Coreia, no Tibete e no Japão.

AS MÁSCARAS DE DEUS V.3 – MITOLOGIA OCIDENTAL

Trata das relações entre o Oriente e Ocidente, de como as antigas cosmologias e mitologias foram transformadas e reinterpretadas nos mitos gregos e na Bíblia, bem como no Judaísmo, Cristianismo e Islamismo. O livro aborda questões da atualidade e desenvolve uma crítica à ortodoxia das devoções monoteístas, que têm como implicação a intolerância a partir da crença numa verdade única e excludente.

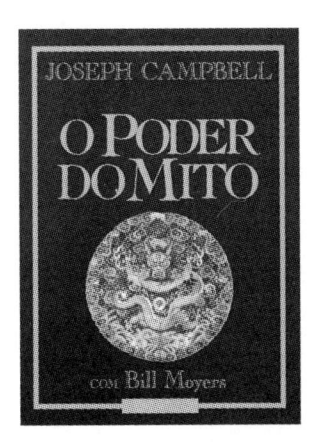

O PODER DO MITO

Fruto de entrevistas com Joseph Cambpell realizadas pelo destacado jornalista Bill Moyers, revela sua extraordinária jornada numa brilhante combinação de sabedoria e humor. O mito e o mundo moderno, a jornada interior, a saga do herói, os nascimentos virginais, sacrifício e bem--aventurança, amor e matrimônio, e mesmo os personagens de *Guerra nas estrelas*, são tratados de modo único, revelando a dimensão mítica na experiência humana e seu significado universal.

**DEUSAS –
OS MISTÉRIOS DO DIVINO FEMININO**

Esta obra acompanha a evolução da Grande Deusa. Joseph Campbell, exímio tecelão, colheu os fios desse processo no solo sagrado de culturas de todos os quadrantes do mundo, que continuam a oferecer significados psicológicos e existenciais que orientam a compreensão do humano até os nossos dias.

Texto composto em Times New Roman.
Impresso em papel Offset 90g. na Cromosete.